Lexikon der SYNONYME

Hinweise für die Benutzung

Liebe Benutzerin, lieber Benutzer,

wie oft kommt man in eine Situation, in der man ein anderes Wort oder einen treffenderen Ausdruck für eine Formulierung sucht! Ob Schulaufsatz, Privatbrief oder Behördenkorrespondenz – oftmals erfordert die Suche nach einem alternativen Wort oder einem Begriff, der die Idee einfach besser fasst, viel Zeit.

Jetzt haben Sie es leichter! Denn das vorliegende Synonym-Wörterbuch hilft Ihnen, Ihren Ausdruck zu verbessern und Abwechslung in die Sprache zu bringen.

Was sind Synonyme?

Synonyme sind Wörter mit gleicher oder ähnlicher Bedeutung. Schauen Sie in diesem Buch zum Beispiel unter »tapfer« nach:

tapfer: waghalsig, verwegen, vermessen, unerschrocken, tollkühn, herzhaft, kühn, stark, kämpferisch, heldenhaft, entschlossen, beherzt, heroisch, mutig, furchtlos

Fünfzehn weitere Wörter stehen Ihnen zur Auswahl, um ein Wort mit ähnlicher Bedeutung zu finden. Wären Ihnen diese Wörter gleich eingefallen?

Dieses Wörterbuch führt etwa 13.000 Stichwörter mit ungefähr 83.000 Synonymen auf. Damit haben Sie eine gute Auswahl.

Bedeutungsebenen und Sinnzusammenhänge

Viele Wörter der deutschen Sprache werden in verschiedenen Sinnzusammenhängen verwendet. Für diese benötigt man auch jeweils verschiedene Wörter. Damit Sie den Sinnzusammenhang besser erkennen, werden hier die einzelnen Bereiche zur leichteren Unterscheidung durchnummeriert. Die Nummerierung bedeutet aber keine Rangfolge.

Ein Beispiel zeigt das deutlich:

eckig: 1. kantig, scharf 2. steif, plump, linkisch
Der erste Sinnzusammenhang bezieht sich beispielsweise auf die Kante eines Brettes, die zweite Bedeutungsebene beschreibt das Verhalten eines Menschen.

Oftmals gibt es aber auch viele Sinnzusammenhänge. Das Adjektiv

zart: 1. mild, schonungsvoll, behutsam, sacht, schonend 2. zerbrechlich, zierlich, feingliedrig, schmal, schmächtig, fein gegliedert 3. sensibel, überspannt, überempfindlich, mimosenhaft, gemüthaft, gefühlsselig, schwärmerisch, innerlich, empfindsam, feinfühlend, feinsinnig, gefühlvoll, einfühlsam 4. weich, locker, leicht, dünn, duftig, fein

wird hier in vier unterschiedlichen Sinnebenen dargestellt – eine große Hilfestellung beim Schreiben.

Reflexive Verben

Wenn es von einem Wort auch eine reflexive Form (mit »sich« gebildet) geben sollte, erscheint diese immer – schnell auffindbar – am Ende eines Stichwortes.

vertiefen: 1. ausheben, ausbaggern, ausschachten, ausgraben 2. ausbauen, festigen, sichern, untermauern, zementieren 3. verstärken, steigern, vorantreiben, vergrößern
s. vertiefen: s. beschäftigen, s. befassen, s. auseinander setzen

A

aalen (s.): s. ausrecken, s. strecken, s. ausstrecken, s. rekeln, s. dehnen

aalglatt: 1. angepasst, nicht fassbar 2. schleimig, opportunistisch

Aas: Tierleiche, Kadaver

abändern: verwandeln, abwandeln, umändern, verändern, umgestalten, umfunktionieren, umarbeiten, umsetzen

Abänderung: Umsetzung, Abwandlung, Korrektur, Umarbeitung, Umformung, Umänderung, Änderung, Umgestaltung, Überarbeitung, Verwandlung, Veränderung

abarbeiten (s.): s. abmühen, schuften, s. mühen, s. anstrengen, s. quälen, s. strapazieren, s. plagen, s. abplagen

Abart: Variante, Spielart

abartig: unnatürlich, widernatürlich, abnorm, verkehrt

Abartigkeit: Unnatürlichkeit, Widernatürlichkeit, Abweichung, Anomalität

Abbau: 1. Schwund, Rückgang 2. Auflösung, Zerteilung, Zerlegung, Demontage, Zertrennung, Abbruch 3. Kündigung, Reduzierung

abbauen: 1. pensionieren, entlassen 2. nachlassen, zurückgehen, schwinden 3. begrenzen, eingrenzen, reduzieren, beschränken, mindern 4. absetzen, hinauswerfen, kündigen 5. abbrechen, zerteilen, zerlegen, abmachen, zertrennen

abbeißen: abnagen, abkauen, abknabbern

abbekommen: 1. entfernen, ablösen 2. erben, bekommen, abkriegen 3. hinnehmen müssen, einstecken müssen

abberufen: 1. stürzen, absetzen, zurückziehen, pensionieren, zurückrufen, entmachten, entlassen 2. einschlummern, sterben, umkommen, heimgehen, scheiden

Abberufung: 1. Absetzung, Entlassung, Rückberufung, Amtsenthebung, Entmachtung, Enthebung, Ablösung 2. Heimgang, Ende, Hinscheiden, Abscheiden, Ableben, Tod

abbestellen: annullieren, zurückziehen, zurücknehmen

Abbestellung: Absage, Zurücknahme, Zurückziehung

abbiegen: 1. abblocken, unterbinden, verhindern, blockieren, abwehren, vereiteln 2. abdrehen, einschwenken, abzweigen

Abbiegung: Gabelung, Weggabelung, Biegung, Wegbiegung, Kehre, Abzweigung, Kreuzung

Abbild: Spiegelbild, Bild, Ebenbild

abbilden: 1. porträtieren, fotografieren 2. wiedergeben, darstellen 3. darstellen, vervielfältigen, abformen

Abbildung: Nachbildung, Vervielfältigung, Bild

abbinden: 1. andicken, legieren, binden 2. abklemmen, abnehmen, abschnüren

abblasen: 1. wegblasen, wegpusten 2. absagen, ausfallen lassen, canceln

abblocken: nicht zulassen, unterbinden, verhindern, vereiteln, abweisen

abbrechen: 1. einhalten, pausieren, unterbrechen 2. aufhören, einstellen, beenden, aufgeben 3. abtrennen, wegbrechen 4. losbrechen, abknicken

abbremsen: 1. blockieren, einschränken, drosseln, behindern, hemmen, lähmen 2. herabsetzen, verringern, vermindern

abbringen: abreden, abraten, abhalten, warnen

abbröckeln: 1. ablösen, abfallen, s. lockern, losgehen 2. nachlassen, zurückgehen, abflauen

Abbruch: 1. Niederreißung, Abriss, Abbau, Zerlegung 2. Beendigung, Abschluss, Schluss, Ende

abdampfen: abfahren, sich entfernen, seiner Wege gehen, Leine ziehen, abrauschen, abhauen, sich vom Acker machen

abdanken: zurücktreten, abtreten

Abdankung: Amtsniederlegung, Abschied, Kündigung, Rücktritt, Ausscheiden

abdecken: 1. abschirmen, bewachen, schützen 2. abräumen, abtragen, hinaustragen 3. verdecken, bedecken, zudecken, schützen

abdrängen: wegschieben, verdrängen, zurückschieben

abdrehen: 1. abmachen, lostrennen, losmachen 2. ausdrehen, abschalten, abstellen, ausschalten, ausmachen 3. fertig stellen, drehen, filmen

abdrosseln: 1. aufhalten, hemmen, erschweren, abbremsen, sabotieren, bremsen 2. verringern, abstellen

abdrucken: drucken, publizieren, veröffentlichen

abdrücken: 1. abschießen, losdrücken, abfeuern 2. nachbilden, reproduzieren, nachformen, abgießen, abformen

abebben: abklingen, s. beruhigen, abflauen, abnehmen, zurückgehen, nachlassen

Abendland: Alte Welt, Okzident, Alte Welt

Abenteuer: 1. Experiment, Wagnis 2. Erlebnis, Ereignis, Sensation, Unternehmung, Geschehen 3. Liebschaft, Liebeserlebnis, Seitensprung, Affären, Romanze

abenteuerlich: 1. leichtsinnig, unvorsichtig, unüberlegt, unbedacht, fahrlässig, sorglos, unverantwortlich 2. halsbrecherisch, riskant, lebensgefährlich, gefährlich, gefahrvoll

abenteuerlustig: erlebnishungrig, unternehmungslustig

aber: hingegen, allerdings, doch, andererseits, höchstens, dagegen, demgegenüber, jedoch, nur, indessen, sondern

Aberglaube: Hexenglaube, Gespensterglaube, Wunderglaube, Geisterglaube

abermalig: wiederholt, erneut, nochmals

abernten: lesen, einbringen, pflücken

aberwitzig: paradox, wahnsinnig, lachhaft, absurd, hirnrissig, lächerlich

abfahren: 1. hinunterrasen, hinunterfahren 2. abreisen, wegfahren, fortfahren, wegfliegen

Abfahrt: 1. Aufbruch, Abmarsch, Weggang, Start 2. Fahrtbeginn, Abreise 3. Abwärtsfahrt, Schussfahrt, Talfahrt, Hangabfahrt 4. Ausfahrt, Abzweigung

Abfall: 1. Abfallstoffe, Abfallprodukte, Müll 2. Loslösung, Absage, Bruch, Abkehr, Treuebruch, Umkehr

abfallen: 1. zurückbleiben, übrig bleiben 2. abstürzen, herunterfallen 3. nachlassen, abnehmen 4. s. senken, s. neigen

abfällig: abwertend, missbilligend, missfällig, geringschätzig, verächtlich

Lexikon der SYNONYME

Sinn- und sachverwandte Wörter finden

Emil-Hoffmann-Str. 1, D-50996 Köln
Gesamtherstellung: Naumann & Göbel Verlagsgesellschaft mbH, Köln

ISBN 978-3-625-12753-6
www.naumann-goebel.de

abfassen: aufschreiben, schreiben, verfassen

abfertigen: 1. abweisen, ablehnen, verweigern 2. heruntermachen, anbrüllen, kritisieren, zurechtweisen, tadeln 3. bedienen, servieren 4. erledigen, tun, machen

Abfertigung: 1. Tat, Erledigung 2. Ermahnung, Kritik, Maßregelung, Zurechtweisung, Lektion, Verweis, Tadel

abfinden: 1. entschädigen, danken, s. revanchieren, belohnen 2. abspeisen, abfertigen

s. abfinden: dulden, s. begnügen, s. ergeben, s. zufrieden geben, hinnehmen

Abfindung: 1. Gegenstoß, Rache, Gegenmaßnahme, Gegenangriff, Abrechnung, Vergeltungsmaßnahme, Heimzahlung, Sühne 2. Dank, Entschädigung, Belohnung

abflauen: abklingen, schwächer werden, nachlassen, sich beruhigen, sich vermindern, schwinden

Abflug: Take-off, Start, Departure

abfragen: abhören, prüfen, überprüfen

Abfuhr: 1. Ablehnung, Verweis, Abweisung, Zurechtweisung, Maßregelung, Tadel, Rüffel 2. Abfahrt, Abtransport

abführen: 1. abgeben, überweisen, abliefern 2. wegführen, verhaften

Abgabe: 1. Zoll, Gebühr, Steuer, Maut 2. Aushändigung, Ablieferung, Übergabe 3. Vertrieb, Auslieferung, Veräußerung, Verkauf 4. Zuspiel, Abspiel 5. Abgabetermin, Termin, Frist

Abgang: 1. Abzug, Aufbruch, Weggang 2. Fehlbetrag, Defizit, Manko, Schulden 3. Abfahrt, Abreise 4. Abtritt, Rücktritt 5. Abberufung, Lebensende, Absterben, Tod, Sterben, Ableben

abgeben: 1. abfeuern, schießen 2. zuspielen, abspielen, passen 3. strahlen, ausströmen 4. veräußern, vererben 5. überbringen, übergeben, übertragen, abliefern, überreichen 6. abtreten, verkaufen, verschenken

s. abgeben: s. befassen, s. widmen, s. beschäftigen

abgebrannt: arm, bankrott, pleite, knapp bei Kasse, ruiniert

abgebrüht: gemütsarm, herzlos, dumpf, gleichgültig, kaltblütig, lieblos, unmenschlich, gefühllos, abgestumpft, verroht, unbarmherzig

Abgebrühtheit: Hartherzigkeit, Gnadenlosigkeit, Gefühlskälte, Grausamkeit, Unbarmherzigkeit

abgefallen: 1. ketzerisch, abtrünnig, untreu 2. reif, überreif

abgefeimt: pfiffig, clever, ausgekocht, durchtrieben, bauernschlau, gewitzt, ausgefuchst, gerissen

abgegriffen: 1. abgenutzt, dünn, blank, benutzt, durchgewetzt 2. abgedroschen, leer

abgehärtet: gestählt, unempfänglich, unempfindlich, immun, resistent

abgehen: 1. abschicken, wegschicken 2. mangeln, fehlen 3. abfahren, auslaufen, abfliegen, ablegen, weggehen 4. abirren, abkommen 5. abzweigen, abbiegen 6. losgehen, s. lösen

abgekämpft: abgespannt, ausgelaugt, überlastet, down, mit den Nerven runter, überarbeitet, todmüde, fix und fertig, erledigt

abgeklärt: 1. besonnen, ausgeglichen, ruhevoll, still, ruhig, gereift, harmonisch 2. abgemacht, besprochen, klar, eindeutig

abgelaufen: beendet, vergangen, zu Ende, aus

abgelegen: öde, einsam, entlegen, verlassen, menschenleer, fern, abgeschieden, ab vom Schuss

abgemacht: ausgemacht, beschlossen, abgesprochen

abgemagert: eingefallen, abgezehrt, mager, dürr, ausgezehrt, herabgekommen

abgeneigt: unlustig, ungern, widerstrebend, widerwillig

abgenutzt: 1. abgelaufen, alt, abgetragen, abgenützt 2. abgedroschen, bekannt, phrasenhaft, alt, inhaltslos

Abgeordneter: Landtagsabgeordneter, Parlamentarier, Bundestagsabgeordneter, Volksvertreter

abgerissen: 1. heruntergekommen, zerlumpt 2. zusammenhanglos, chaotisch, ungeordnet, durcheinander 3. kurzatmig, abgehackt, unartikuliert

abgerundet: 1. stilvoll, passend, einwandfrei 2. harmonisch, abgestimmt

abgeschieden: 1. verstorben, tot 2. einsam, abgelegen, verlassen, entlegen, öde

abgeschmackt: banal, ideenlos, inhaltsleer, nichtssagend, trivial, fade

abgesondert: 1. gesondert, isoliert, vereinzelt 2. extra, abgetrennt, einzeln 3. abgelegen, fern, abseits, verlassen

abgespannt: ermattet, abgehetzt, angegriffen, müde, abgearbeitet, urlaubsreif, überanstrengt, erholungsbedürftig

Abgespanntheit: Erschöpfung, Kräfteverfall, Kraftlosigkeit, Ermüdung, Schlaffheit, Übermüdung, Mattigkeit, Mattheit, Schwäche

abgesperrt: verschlossen, zu, dicht, versperrt

abgestanden: alt, verbraucht, schal, schlecht

abgestumpft: unempfindlich, abgebrüht

abgrenzen: abzäumen, einfrieden, einzäunen, begrenzen, umzäunen, eingrenzen

s. abgrenzen: s. heraushalten, s. distanzieren

Abgrenzung: 1. Distanz, Reserviertheit, Abstand, Verschlossenheit 2. Grenze, Umzäunung, Grenzlinie, Umgrenzung, Begrenzung

Abgrund: 1. Schlucht, Tiefe, Krater 2. Elend, Unheil, Katastrophe, Sturz, Unglück, Verhängnis

Abguss: 1. Ausfluss, Becken 2. Nachbildung, Wiedergabe

abhaken: 1. beenden, erledigen, fertig werden 2. abchecken

abhalten: 1. durchführen, organisieren, ausrichten, unternehmen 2. verhindern, lahm legen, hindern, boykottieren, abwenden, verwehren, abwehren, verhüten 3. vereiteln, durchkreuzen 4. abschirmen, fern halten

abhandeln: betrachten, darlegen, darstellen, behandeln, schreiben

Abhandlung: Bericht, Artikel, Untersuchung, Erörterung

Abhang: Böschung, Hang, Absturz, Bergabhang, Berg

abhetzen (s.): s. beeilen, stürzen, rennen, hasten, s. überstürzen

abholen: 1. holen, besorgen 2. verhaften, gefangen nehmen, festnehmen

abholzen: absägen, roden, fällen, kahl schlagen

abhorchen: 1. abhören, untersuchen 2. abhören, überwachen, ablauschen, lauschen

abhören: 1. abhorchen, untersuchen 2. abhorchen, überwachen, ablauschen, lauschen

Abhörgerät: Wanze, Spion

Abitur: Hochschulreife, Gymnasialabschluss, Reifeprüfung, Matura

abjagen: abnehmen, stehlen, abknöpfen, abluchsen, fortreißen, klauen

abkapseln (s.): s. verschließen, s. isolieren, s. absondern, s. abschließen

Abkapselung: Abgeschiedenheit, Kontaktlosigkeit, Zurückgezogenheit, Absonderung

abkassieren: 1. kassieren, einnehmen, vereinnahmen 2. abschöpfen, absahnen

abkauen: abknabbern, abbeißen

abkaufen: 1. ankaufen, einkaufen, erwerben, s. eindecken, anschaffen, erstehen, bestellen, kaufen 2. glauben, abnehmen

Abkehr: 1. Buße, Läuterung, Besserung, Umkehr 2. Abwendung, Loslösung, Entsagung, Bruch

abkehren: 1. säubern, putzen, reinigen 2. umkehren, s. bessern 3. s. abwenden, s. lösen

abklappern: absuchen, durchkämmen, abgrasen, durchstöbern

Abklatsch: Nachbildung, Nachahmung, Kopie, Attrappe

abklemmen: 1. ablösen, abtrennen, abmachen, lösen 2. abschnüren, losbinden, abbinden

abklingen: 1. abebben, verschwinden, nachlassen, abflauen 2. verklingen, absterben, verhallen

abkommen: 1. abweichen, abschweifen, abirren 2. s. verfahren, s. verirren, fehlgehen, s. verlaufen 3. abheben, starten

Abkommen: Vereinbarung, Pakt, Bündnis, Handel, Verpflichtung

abkühlen: nachlassen, zurückgehen, s. beruhigen, verschlechtern

Abkühlung: Temperaturrückgang, Temperatursenkung, Wärmeabnahme

abkürzen: abschneiden, verkürzen

Abkürzung: Kürzel, Kurzwort, Verkürzung

abküssen: knutschen, einen Kuss aufdrücken, abschmatzen

abladen: entleeren, ausladen, ausleeren, entladen, löschen

abladen: 1. auspacken, entladen, löschen 2. aufbürden, übertragen, abschieben, von sich schieben, überwälzen

ablagern: 1. reifen, abhängen 2. anschwemmen, antreiben 3. s. niederschlagen, s. absetzen

Ablagerung: 1. Sediment, Bodensatz 2. Reifung, Lagerung

Ablauf: 1. Ausguss, Ausfluss, Abfluss 2. Verlauf, Tagesordnung, Programm

ablaufen: 1. verschleißen, abtreten, abnutzen 2. verfallen, auslaufen 3. abspielen, geschehen 4. s. leeren, abfließen 5. abgehen, abschreiten, prüfen

ableben: sterben, umkommen, ums Leben kommen, entschlummern, hinscheiden, von der Bühne treten, aus unserer Mitte gerissen werden, ins ewige Leben eingehen, sein Leben aushauchen, sein Dasein vollenden, abberufen werden

ablegen: 1. abstellen, niederlegen 2. leisten, absolvieren 3. fortlegen, abheften, einordnen 4. abstreifen, ausziehen, abschnallen

Ableger: 1. Setzling, Schössling, Spross 2. Nachkomme, Sohn, Filiale, Zweigstelle, Vertretung

ablehnen: 1. missbilligen, zurückweisen 2. ausschlagen, danken 3. verschmähen, zurückweisen, ausschlagen, abschlagen, abwehren

ablehnend: 1. widerstrebend, unwillig, abgeneigt 2. scharf, kritisch 3. verschlossen, abweisend, zurückhaltend, unfreundlich 4. zurückweisend, verneinend, negativ, missbilligend

Ablehnung: Verweigerung, Zurückweisung, Abfuhr, Absage

ableiten: 1. ablenken, wegleiten 2. folgern, entwickeln, zurückführen **s. ableiten:** abstammen, herstammen

Ableitung: Herleitung, Zurückführung, Entwicklung

ablenken: 1. verwirren, täuschen 2. abbringen, leiten 3. zerstreuen, anregen, aufheitern 4. abfälschen, fälschen

Ablenkung: Unterhaltung, Kurzweil, Zeitvertreib

ablesen: 1. auflesen, zusammentragen, sammeln 2. lesen, vorlesen, vortragen 3. bestimmen, feststellen

abliefern: übereignen, aushändigen, anvertrauen, überreichen, abgeben, überlassen

Ablieferung: Übergabe, Überweisung, Auslieferung, Abgabe, Weitergabe, Zustellung, Überbringung

ablösen: 1. entfernen, abmachen, losreißen 2. kündigen, entlassen, entthronen, verabschieden 3. nachkommen, folgen **s. ablösen:** abgehen, s. lösen, abfallen, abplatzen, losgehen

Ablösung: 1. Lostrennung, Bruch 2. Wechsel, Abwechslung 3. Tilgung, Abzahlung

abmachen: 1. verabreden, vereinbaren 2. losmachen, entfernen

abmalen: abzeichnen, wiedergeben, kopieren

Abmarsch: Abzug, Aufbruch, Start

abmarschieren: gehen, aufbrechen, abziehen, wegziehen, fortgehen, fortziehen, davonziehen, losmarschieren

abmessen: 1. dosieren, zumessen, zuteilen 2. bemessen, prüfen, berechnen

abmildern: lindern, beruhigen, eindämmern, dämpfen, entschärfen, entspannen, die Spitze nehmen, verwässern

abmühen (s.): s. anstrengen, s. strapazieren, s. abarbeiten, s. bemühen

Abnahme: 1. Nachprüfung, Revision, Inspektion, Untersuchung, Kontrolle 2. Einschränkung, Verkürzung, Minderung, Verkleinerung, Verringerung

abnehmen: 1. schwinden, zurückgehen, s. beruhigen, sinken, verebben, abflauen, nachlassen 2. entfernen, herunternehmen 3. wegnehmen, fortnehmen 4. helfen, tragen 5. untersuchen, kontrollieren

Abneigung: Antipathie, Abscheu, Widerwille, Ekel, Hass, Voreingenommenheit

abnicken: absegnen, befürworten, zustimmen, genehmigen, gestatten, bewilligen, entsprechen

abnutzen: abnützen, abwetzen, abtragen, verschleißen

abonnieren: bestellen, beziehen, anfordern

abordnen: abkommandieren, schicken, delegieren, entsenden

Abordnung: Abkommandierung, Entsendung, Delegation

abpassen: 1. abwarten, erwarten 2. auflauern, abfangen, überfallen

abplagen (s.): s. anstrengen, s. abmühen, s. abquälen, s. fordern, s. abarbeiten, s. strapazieren

abreagieren (s.): s. Luft machen, Dampf ablassen, s. beruhigen, zur Ruhe kommen, s. einkriegen

Abrechnung: 1. Bilanz, Schlussrechnung 2. Rache, Sühne, Vergeltung, Gegenangriff, Gegenschlag

abreiben: 1. abtrocknen, trockenreiben, abfrottieren 2. abschmirgeln, glatt feilen, feilen, glätten 3. abwischen, reiben, reinigen

Abreibung: 1. Prügel, Hiebe, Schläge, Dresche 2. Lektion, Lehre, Warnung, Maßregelung, Schelte, Zurechtweisung, Denkzettel

Abreise: Abfahrt, Start, Aufbruch

abreisen: abfahren, aufbrechen, starten

abreißen: 1. abtragen, zerstören, niederreißen, abbrechen, vernichten, einreißen 2. abmachen, abtrennen 3.pflücken, abrupfen 4. s. ablösen, abgehen

abriegeln: zumachen, verriegeln, zuschließen, versperren, abschließen

Abriss: 1. Übersicht, Querschnitt, Zusammenfassung, Überblick, Aufriss 2. Abbau, Abbruch

abrollen: 1. ablaufen, abwickeln 2. stattfinden, sein, geschehen 3. abwickeln, abspulen

abrufen: 1. entschlafen, heimgehen, scheiden, ableben, sterben, hinscheiden 2. holen, wegholen

abrupt: plötzlich, unvermittelt, auf einmal, aus heiterem Himmel, urplötzlich, schlagartig

abrüsten: 1. entwaffnen, Streitkräfte abbauen 2. wegnehmen, demontieren

Absage: Weigerung, Ablehnung, Abweisung, Zurückweisung

absagen: 1. widerrufen, dementieren 2. entsagen, aufgeben, abschwören 3. abbestellen, widerrufen, abmelden

absägen: 1. abschneiden, fällen, umlegen 2. absetzen, kündigen

absahnen: 1. abrahmen, abschöpfen 2. sich einen Gewinn verschaffen, einsacken, einheimsen, einkassieren, profitieren, einstreichen, einstecken

Absatz: 1. Hacke, Stöckel 2. Podest, Treppenabsatz 3. Teil, Kapitel, Abschnitt 4. Verkauf, Umsatz

abschaffen: einstellen, auflösen **s. abschaffen:** s. abplagen, s. abquälen, s. bemühen, s. abarbeiten, s. fordern, s. abmühen

Abschaffung: Entfernung, Beseitigung, Aufhebung

abschalten: 1. ausmachen, ausschalten, abdrehen, ausdrehen 2. s. beruhigen, s. entspannen

abschätzen: beurteilen, begutachten, schätzen

Abscheu: Widerwille, Grauen, Ekel, Abneigung, Schauer

abscheulich: widerlich, ekelhaft, gemein, böse, scheußlich

abschicken: aufgeben, absenden, wegschicken, fortschicken

abschieben: 1. aufladen, abwälzen, zuschieben 2. fortschicken, kündigen, entlassen

Abschied: 1. Entlassung, Rücktritt, Kündigung 2. Weggang, Lebewohl

abschießen: 1. abdrücken, abfeuern 2. erschießen, töten, umnieten, wegpusten 3. absetzen, kaltstellen, rausschmeißen, hinausschmeißen, abservieren

abschirmen: 1. abblenden, abdunkeln, verfinstern 2. schützen, schonen

Abschlag: 1. Ermäßigung, Abzug, Preissenkung, Preisnachlass 2. Abstoß, Abwurf

abschlagen: 1. abhauen, abhacken, abtrennen 2. ablehnen, abwinken, versagen, zurückweisen 3. fällen, schlagen

abschlägig: verneinend, negativ, ablehnend

abschleppen (s.): s. abrackern, s. abmühen, s. abrackern

abschließen: 1. zusperren, verschließen, absperren, verriegeln 2. beendigen, aufhören **s. abschließen:** s. isolieren, s. abkapseln, s. absondern

Abschluss : Vereinbarung, Abkommen, Übereinkunft, Vertrag

abschminken (s.): aufgeben, s. aus dem Kopf schlagen, verzichten, Abstand nehmen, sausen lassen, streichen, abschreiben, s. verabschieden

abschneiden: 1. schneiden, kupieren 2. abgeben, abscheiden, absondern 3. abtrennen, lösen 4. schneiden, mähen

Abschnitt: 1. Kapitel, Passage, Absatz 2. Gegend, Umgebung 3. Zinsabschnitt, Kupon 4. Phase, Zeitabschnitt, Ära, Epoche 5. Teilstrecke, Teilstück

abschrecken: 1. abraten, warnen, zurückschrecken 2. hindern, zurückhalten

abschreckend: 1. widerlich, abscheulich, unschön 2. schrecklich, warnend, drohend

abschreiben: 1. abgucken, spicken 2. abtippen, kopieren 3. aufgeben, verzichten 4. plagiieren, abfeilen

Abschreibung: Bezahlung, Amortisation, Abzahlung

abschüssig: steil, schroff, jäh

abschweifen: 1. abgeraten, abweichen 2. vom Thema abkommen, den Faden verlieren, sich verlieren

abschwören: abkommen, absagen, ablassen, s. lossagen, entsagen

absegnen: abnicken, bewilligen, genehmigen, gestatten, für gut befinden

absehen: 1. abschätzen, voraussehen 2. abschreiben, abschauen, spicken

abseilen: herunter lassen, herab lassen, sich aus dem Staub machen, verschwinden

abseits: 1. draußen, außerhalb 2. einsam, fern, abgelegen, entfernt

abservieren: 1. abräumen, abtischen, fortnehmen 2. abschießen, kaltstellen, in die Wüste schicken, rausschmeißen, aufs Abstellgleis schieben

absetzen: 1. anschwemmen, sedimentieren 2. veräußern, loswerden, verkaufen, anbieten 3. stürzen, abwählen 4. niederlegen, niedersetzen, hinstellen 5. herunternehmen, abnehmen, ablegen 6. streichen, ausfallen, absagen 7. abstillen, abgewöhnen **s. absetzen:** 1. s. entfernen, fliehen, verschwinden 2. s. ablagern, sintern

Absetzung: 1. Amtsenthebung, Ablösung, Kündigung, Entlassung 2. Streichung, Abstrich, Einschränkung, Verminderung, Verringerung, Kürzung 3. Herunterstufung, Degradierung

Absicht: Ziel, Plan, Zweck, Vorhaben

absichtlich: 1. mutwillig, böswillig 2. gewollt, vorsätzlich, bewusst, willentlich

absitzen: 1. absteigen, abspringen 2. im Gefängnis sitzen, hinter Gittern sein, brummen, hinter schwedischen Gardinen sein, Knast schieben

absolut: 1. vollständig, bedingungslos, unbedingt, uneingeschränkt 2. völlig, vollkommen 3. unbeschränkt, autoritär, uneingeschränkt

Absolution: Vergebung, Begnadigung, Sündenerlass

Absolvent: Prüfling, Kandidat

absonderlich: wunderlich, seltsam, sonderbar, komisch, eigentümlich, merkwürdig, ungewöhnlich, eigenartig

absondern: 1. transpirieren, schwitzen 2. abteilen, abtrennen, trennen, isolieren, abspalten, abschließen 3. ausscheiden, abgeben, auswerfen 4. harzen, bluten **s. absondern:** s. abschließen, s. zurückziehen, s. isolieren, s. fern halten, s. abkapseln, s. verschließen

abspeisen: 1. bewirten, verpflegen, durchfüttern 2. abfinden, vertrösten

absperren: 1. abschalten, ausdrehen, abstellen 2. verschließen, abriegeln, zumachen, abschließen 3. s. verschließen, s. abkapseln

Absperrung: 1. Sperre, Abriegelung, Blockade, Kordon, Mauer 2. Absonderung, Isolation

abspringen: 1. absitzen, herunter springen 2. verzichten, sich lösen, Abstand nehmen, untreu werden, abfallen, sich verabschieden

abstammen: herkommen, herstammen

Abstammung: Geschlecht, Herkommen, Herkunft

Abstand: 1. Vergütung, Entschädigung 2. Zwischenzeit, Zwischenraum 3. Distanz, Entfernung

abstauben: 1. Staub wischen, entstauben 2. einkassieren, mitgehen lassen, sich aneignen, herausschlagen, einsacken

Abstecher: Umweg, Trip, Ausflug

abstellen: 1. ablegen, niederlegen, niederstellen, absetzen 2. unterbinden, beheben, verhindern, beseitigen 3. parken, halten 4. s. abgewöhnen, einstellen, aufgeben 5. entsenden, abkommandieren 6. ausmachen, ausschalten, abschalten 7. einstellen, ausrichten

Abstellraum: Nebenraum, Abstellkammer

abstempeln: 1. stempeln, siegeln, mit einem Stempel versehen 2. einstufen, stigmatisieren, einordnen, kennzeichnen

absterben: 1. untergehen, aussterben 2. sterben, verdorren, vertrocknen 3. verklingen, abklingen

abstimmen: wählen, beschließen

Abstimmung: Votum, Wahl, Stimmabgabe

abstinent: enthaltsam, genügsam

abstinent: enthaltsam, verzichtend, trocken, clean

Abstinenz: Entsagung, Enthaltsamkeit

Abstoß: Abschlag, Abwurf

abstoßen: 1. abtragen, abwetzen, abnutzen 2. veräußern, verkaufen 3. ekeln, missfallen 4. s. verletzen, s. abschürfen

abstoßend: hässlich, widerlich, unangenehm, abscheulich, verwerflich, scheußlich, unfreundlich

abstottern: abbezahlen, zurückbezahlen, Kredit tilgen, in Raten zahlen

abstrakt: theoretisch, begrifflich

abstreifen: 1. entledigen, entblößen, ablegen 2. abziehen, entfernen, ablösen, abhäuten

abstreiten: bestreiten, ableugnen, leugnen, verneinen

Abstrich: Kürzung, Verringerung, Verminderung, Abzug, Verkürzung, Streichung

abstufen: 1. nuancieren, staffeln 2. abtönen, abschattieren

Abstufung: 1. Nuance, Staffelung 2. Abschattung, Abtönung

Absturz: 1. Unglück, Katastrophe 2. Fall, Sturz

abstürzen: herunterstürzen, herabstürzen, niederfallen

abstützen: 1. verstreben, abfangen, stützen, versteifen 2. halten, helfen

absuchen: 1. durchstreifen, ablaufen, durchsuchen 2. ablesen, absammeln 3. ableuchten

abtasten: kontrollieren, betasten, untersuchen

abtauen: schmelzen, auftauen

Abtei: Kloster, Stift

Abteil: Zugabteil, Eisenbahnabteil

abteilen: 1. teilen, aufteilen, abtrennen, trennen 2. absperren, abschließen

Abteilung: 1. Bereich, Sektion, Sparte 2. Einheit, Verband, Truppe, Zug, Schar

abtöten: vernichten, zerstören, ausrotten, verdrängen, unterdrücken

abtragen: 1. verschleißen, abscheuern 2. abräumen, abdecken 3. zerstören, einebnen, abbrechen 4. bezahlen, tilgen, abzahlen

Abtransport: Entfernung, Beseitigung

abtransportieren: entfernen, fortschaffen, fortbringen, forträumen, wegräumen, wegschaffen, wegbringen

abtreiben: 1. ausstoßen, abtöten 2. forttreiben, wegtreiben 3. abweichen, wegtreiben 4. eine Schwangerschaft abbrechen

Abtreibung: Schwangerschaftsabbruch, Abbruch

abtrennen: 1. lösen, abdrehen 2. abhacken, abhauen 3. losreißen, abreißen 4. abstechen, herausnehmen 5. losmachen, losbinden 6. amputieren, trennen

Abtrennung: 1. Abfall, Bruch, Loslösung 2. Amputation, Abnahme

abtreten: 1. entlassen, kündigen, s. zurückziehen, aufhören 2. abgeben, überlassen, abliefern 3. verbrauchen, abnutzen, abnützen 4. abschreiben, aufgeben 5. zurücktreten, verlassen, abdanken

Abtretung: Entlassung, Abgang, Ausscheiden, Rücktritt, Abschied, Austritt

abtrocknen: trockenreiben, abreiben, abfrottieren **s. abtrocknen:** s. abfrottieren, s. trockenreiben

abtrünnig: wortbrüchig, verräterisch, abgefallen, treulos, unbeständig

Abtrünnige: Irrgläubige, Sektierer, Ketzer, Abgefallene, Verräter

abtun: 1. abnehmen, ausziehen, sich entledigen 2. ignorieren, keine Bedeutung beimessen, nicht beachten, links liegen lassen, übergehen, keine Notiz nehmen, geringschätzig behandeln

abverlangen: fordern, haben wollen, beanspruchen, zumuten

abwägen: verlangen, erwägen, nachdenken, überlegen

Abwägung: Nachdenken, Überlegung, Berechnung

abwälzen: 1. wegwälzen, herunterwälzen 2. abschieben, aufladen, zuschieben, s. entledigen

abwandeln: verändern, umändern, überarbeiten, umarbeiten, verwandeln, korrigieren, umwandeln

abwandern: fortgehen, s. entfernen, wegziehen, s. absetzen, weggehen, davongehen, davonlaufen, s. wegbegeben, auswandern, fortziehen

Abwanderung: Auszug, Auswanderung, Abmarsch, Wegzug, Aufbruch

Abwandlung: Abänderung, Umwandlung, Veränderung, Variante

abwarten: abpassen, warten, s. gedulden, verharren, erwarten, ausharren

abwärts gehen: 1. hinuntergehen, absteigen 2. schlechter werden, absteigen

abwärts: herunter, hinunter, nieder, ab, herab, hinab

abwaschen: spülen, säubern, waschen

Abwasser: Abwässer, Schmutzwasser

Abwasserkanal: Abfluss, Senkgrube, Gully

abwechseln: wechseln, folgen **s. abwechseln:** s. ablösen, tauschen

abwechselnd: nacheinander, wechselseitig, aufeinander folgend

Abwechslung: 1. Wechsel, Änderung, Ablösung 2. Kurzweil, Unterhaltung, Ablenkung, Zerstreuung, Belustigung

abwechslungsreich: spannungsvoll, interessant, variierend, abwechslungsvoll, unterhaltend, kurzweilig, unterhaltsam

Abweg: Sackgasse, Irrweg

abwegig: 1. verfehlt, irrig, seltsam, unsinnig 2. ausgefallen, verrückt

Abwehr: 1. Defensive, Widerstand, Verteidigung, Notwehr 2. Ablehnung, Gehorsamsverweigerung 3. Geheimdienst, Nachrichtendienst, Abwehrdienst

abwehren: 1. ablehnen, verweigern 2. verteidigen, blocken, auffangen, abschlagen, vereiteln, abstellen, verwehren, zurückschlagen, zurückweisen, aufhalten, unterbinden, abwenden

abweichen: 1. s. unterscheiden, abstechen, variieren 2. abschweifen, s. entfernen, abgehen, abkommen

abweichend: andersartig, verschieden, verschiedenartig, unterschiedlich

Abweichung: 1. Richtungsänderung, Abirrung 2. Normwidrigkeit, Anomalität, Änderung, Sonderfall, Lesart, Abnormität, Anomalie, Differenz, Missverhältnis, Verschiedenartigkeit, Unterschied, Spielart, Regelwidrigkeit, Variante, Ungleichmäßigkeit, Variation 3. Widernatürlichkeit, Abartigkeit, Unnatürlichkeit

abweisen: abfertigen, abwehren, zurückweisen, ausschlagen, abschlagen, versagen, verweigern, eine Abfuhr erteilen, einen Korb geben

abweisend: 1. barsch, taktlos, plump, verschlossen, unfreundlich, unverbindlich, unliebenswürdig, unhöflich, ungehobelt 2. unnahbar, reserviert, ablehnend, zurückhaltend, herb, verschlossen, zugeknöpft, unfreundlich, unzugänglich

Abweisung: 1. Verweigerung, Ablehnung, Zurückweisung, Weigerung 2. Ungeschliffenheit, Unhöflichkeit, Grobheit, Schroffheit

abwenden: 1. vorbeugen, abstellen, unterbinden, vereiteln, verhindern, verhüten 2. wegwenden, abkehren

s. abwenden: s. wegkehren, s. wenden, s. abkehren, s. wegwenden

Abwendung: 1. Vorsorge, Verhinderung 2. Änderung, Abkehr, Wandlung

abwerben: ausspannen, abspenstig machen, fortlocken

abwerfen: 1. beschießen, herunterwerfen, bombardieren, zuwerfen 2. zerreißen, zerbrechen, abstreifen, s. entledigen, abschütteln, s. befreien 3. s. auszahlen, s. lohnen, s. rentieren 4. nadeln, s. entlauben

abwerten: 1. demütigen, verunglimpfen, schlecht machen, entwürdigen, abqualifizieren, verleumden, herabsetzen 2. vermindern, herabsetzen

abwertend: verächtlich, missfällig, abfällig, geringschätzig, abschätzig

Abwertung: 1. Herabsetzung, Entwürdigung, Demütigung, Verunglimpfung 2. Inflation, Geldentwertung

abwesend: 1. zerstreut, unkonzentriert, geistesabwesend, verträumt 2. anderwärts, fehlend, absent, fort, weg, sonst wo, verschwunden

Abwesenheit: 1. Unaufmerksamkeit, Unkonzentriertheit, Zerstreutheit 2. Fehlen

abwickeln: verwirklichen, machen, tun, durchführen, realisieren

Abwicklung: Abhaltung, Veranstaltung, Bewerkstelligung, Ausführung, Organisation

abwiegeln: begütigen, beruhigen, glätten, beschwichtigen

abwimmeln: abweisen, fortschicken, einen Korb geben, eine Abfuhr erteilen, die kalte Schulter zeigen, abblitzen lassen

abwischen: abtupfen, putzen, abreiben, abstreichen, waschen, feudeln, säubern, wegwischen

abwürgen: 1. niederhalten, ersticken, dämpfen, unterlassen, hindern, zurückhalten, zurückdrängen 2. ersticken, ermorden

abzahlen: abtragen, finanzieren, aufwenden, tilgen, zurückerstatten, ausgeben, zurückzahlen, nachzahlen, investieren

abzählen: 1. durchzählen, zählen 2. abziehen, subtrahieren, wegnehmen

Abzahlung: Begleichung, Bezahlung, Ratenzahlung, Aufwendung, Abtragung, Teilzahlung, Ausgabe, Finanzierung, Tilgung, Zurückzahlung

abzapfen: abgewinnen, abjagen, abringen, abluchsen, zur Ader lassen, ausnutzen

Abzehrung: Gewichtsverlust, Auszehrung,

Abmagerung, Magersucht, Gewichtsabnahme

Abzeichen: Erkennungszeichen, Erkennungsmarke

abzeichnen: 1. kopieren, durchzeichnen, nachzeichnen 2. paraphieren, gegenzeichnen, unterschreiben, zeichnen **s. abzeichnen:** s. andeuten, s. ankündigen, s. abheben

abziehen: 1. abkommandieren, abstellen, abschieben 2. glätten, verputzen 3. schälen, enthäuten, abdecken, abschälen, abbalgen, häuten 4. herausziehen, zapfen 5. abstreichen, abzählen, abnehmen, kopieren, nachbilden, subtrahieren, nachmachen, verringern 6. abnehmen, abstreifen 7. abhobeln, glätten 8. abmarschieren, zurückziehen, abrücken 9. abpumpen, absaugen

abzielen: bezwecken, verfolgen, zum Ziel haben, ansteuern, gerichtet sein auf, hinauswollen auf

Abzug: 1. Dunstabzug, Entlüfter, Abzugskamin 2. Bild 3. Abzugshahn, Abzugshebel 4. Abziehen, Abrechnen, Abstrich 5. Nachbildung, Kopie 6. Rückzug, Aufgabe, Zurückweichen, Abgang, Räumung 7. Preisrückgang, Preisnachlass, Preisabbau

abzüglich: ohne, abgerechnet, exklusive, nicht enthalten, minus

abzweigen: 1. rationieren, einsparen, sparen, aufheben, ersparen, erübrigen, zurücklegen, wegnehmen 2. abbiegen, teilen, einbiegen, abdrehen, abgehen, gabeln, einschwenken, verzweigen

Abzweigung: Verzweigung, Gabelung, Kreuzung, Ausfahrt, Abbiegung, Weggabelung

Accessoires: Extras, Schmuck, Zubehör, Putz, Drum und Dran

Achtgeben: bemerken, achten, zuhören, aufpassen, aufmerken, Acht haben, beachten, s. konzentrieren

achtbar: beachtlich, groß, anerkennenswert, anständig, lobenswert, rühmenswert, ehrenhaft

achten: 1. beschützen, aufpassen 2. anbeten, vergöttern, schätzen, hoch achten, bewundern, würdigen 3. befolgen, beachten, aufpassen, einhalten, beherzigen

ächten: bannen, verfemen, verurteilen, ablehnen, aufs Abstellgleis schieben, ins Abseits drängen, anprangern, kritisieren, verwerfen, missbilligen, verdammen

achtlos: gleichgültig, unbedacht, oberflächlich, gedankenlos, unaufmerksam, flüchtig, unachtsam, unordentlich, sorglos, ungenau, unkonzentriert, nachlässig

Achtlosigkeit: Nachlässigkeit, Gedankenlosigkeit, Unbesonnenheit, Sorglosigkeit, Ungenauigkeit, Unordentlichkeit, Gleichgültigkeit, Unachtsamkeit

achtsam: aufmerksam, konzentriert, wachsam

Achtsamkeit: Fürsorglichkeit, Umsicht, Aufmerksamkeit, Fürsorge, Vorsicht

Achtung: Anerkennung, Bewunderung, Schätzung, Ehrerbietung, Ehrfurcht, Ehrerweisung, Wertschätzung, Hochschätzung, Rücksicht

achtungsvoll: respektvoll, ehrfurchtsvoll, ehrerbietig, höflich

ächzen: 1. knarren, knarzen 2. stöhnen, krächzen, seufzen

Acker: Boden, Feld, Land

ackern: 1. den Acker bearbeiten, bestellen, pflügen 2. s. abarbeiten, s. abplagen, s. abmühen, schuften, s. schinden, s. abstrampeln

adäquat: angemessen, geeignet, passend

addieren: dazuzählen, hinzuzählen, zusammenzählen

adelig: blaublütig, hochgeboren

Ader: 1. Talent, Berufung, Fähigkeiten, Veranlagung, Klugheit, Begabung 2. Schlagader, Blutgefäß

Adonis: Paris, Schönling, Beau

adrett: gepflegt, sauber, frisch, ordentlich

Advent: Vorweihnachtszeit, Adventszeit, Zeit der Vorfreude

Affäre: 1. Angelegenheit, Frage, Sache 2. Abenteuer, Liebesabenteuer 3. Episode, Zwischenspiel, Erlebnis, Zwischenfall, Geschehen, Begebenheit, Besonderheit, Sensation

Agent: Verräter, Kundschafter, Spion, Spitzel

Aggression: Sturm, Einmarsch, Anschlag, Attacke, Überfall, Erstürmung, Invasion, Angriff

aggressiv: kampfeslustig, kampfesfreudig, streitbar, kampfbereit, streitsüchtig, zanksüchtig, angriffslustig

Aggressivität: Kampfesfreude, Zanksucht, Eroberungslust, Streitbarkeit, Angriffslust, Kampfbereitschaft

Aggressor: Angreifer, Kriegstreiber

agieren: 1. verfahren, vorgehen, handeln 2. gestikulieren, bewegen 3. spielen, verkörpern, auftreten, darstellen

agil: temperamentvoll, unruhig, lebhaft, vital, quirlig

ahnden: 1. vergelten, heimzahlen 2. bestrafen, züchtigen, strafen, rächen, s. revanchieren, vergelten, maßregeln

ähneln: nachahmen, nahe kommen, s. nähern, passen, nacharten, gleichen

ahnen: mutmaßen, spekulieren, annehmen, erahnen, wähnen, kalkulieren, schätzen, spüren, erwarten, vermuten

ähnlich: gleich, verwandt, vergleichbar, analog, gleichartig

Ähnlichkeit: Gleichartigkeit, Übereinstimmung, Vergleichbarkeit, Analogie

Ahnung: Befürchtung, Besorgnis, Vorgefühl, Vermutung, Vorahnung, Gefühl

ahnungslos: 1. arglos, unschuldig 2. Nichts ahnend, unwissend, unvorbereitet

ahnungsvoll: 1. unterrichtet, aufgeklärt, wissend, eingeweiht 2. vorahnend, vorausahnend

Akademiker: Studierter, Wissenschaftler, Hochschulabsolvent

akademisch: gelehrt, gebildet

Akkord: 1. Wohlklang, Zusammenklang 2. Akkordarbeit, Lohnarbeit

akkurat: genau, präzise, gewissenhaft, gründlich, sorgfältig, ordentlich

Akrobat: Artist, Künstler

akrobatisch: gekonnt, geschickt, gewandt, meisterhaft, perfekt, artistisch, vollendet

Akt: 1. Handlung, Vorgang, Tun 2. Geschlechtsakt, Beischlaf 3. Ritual, Zeremonie 4. Aufführung, Spiel, Vorstellung, Teil, Schau, Vorführung

Akte: 1. Dossier, Aktensammlung 2. Urkunde, Dokument

aktenkundig: 1. bekannt, gerichtskundig 2. vermerkt, aufgeschrieben

Aktie: Kupon, Zinsabschnitt

Aktion: 1. Tat, Verfahren, Vorgehen, Handlung, Maßnahme 2. Unternehmung, Maßnahme

Aktionär: Aktieninhaber, Gesellschafter, Shareholder, Anteilseigner

aktiv: eifrig, unermüdlich, kühn, rastlos, emsig, fleißig, arbeitsam, tüchtig, ehrgeizig, rührig, unternehmend, tätig, wagemutig

Aktivität: Bewegungsdrang, Geschäftigkeit, Unternehmungslust, Fleiß, Wagemut, Anstrengung, Tätigkeitsdrang, Eifer, Betätigungsdrang, Rastlosigkeit, Tatkraft, Unternehmungsgeist

Aktualität: Zeitnähe, Gegenwärtigkeit, Gegenwartsnähe

aktuell: 1. spruchreif, brisant 2. modern, fortschrittlich, aufgeschlossen, neuzeitlich, gegenwartsnah, zeitgemäß 3. gegenwärtig, gegenwartsnah, neu

akzeptieren: eingehen, dulden, genehmigen, beipflichten, billigen, einwilligen, gestatten, anerkennen, respektieren, beistimmen, unterschreiben, einräumen, tolerieren, bejahen, zustimmen, gutheißen, zulassen, zugeben, annehmen

albern: 1. aufgeweckt, aufgelegt, heiter, übermütig, ausgelassen, ungestüm, vergnügt, aufgekratzt, unbändig, ungebärdig, wild 2. herumalbern, spaßen 3. kindisch, komisch, töricht, närrisch, lächerlich, simpel

Albernheit: Getue, Narretei, Quatsch, Firlefanz, Kinderei

Alibi: Nachweis, Rechtfertigung, Abwesenheitsnachweis, Ausrede

Alimente: Unterhaltszahlungen, Unterhalt

alkoholhaltig: berauschend, alkoholisch, hochgeistig

Alkoholiker: Alkoholsüchtiger, Trinker, Gewohnheitstrinker, Alki, Schluckspecht, Säufer, Schnapsdrossel, Süffel

alkoholisiert: angeheitert, lustig, betrunken, angetrunken, benebelt

alle: 1. allesamt, ganz, jedermann, vollzählig, sämtliche, jeder 2. gegessen, getrunken, verbraucht

Allee: Parkweg, Chaussee, Prachtstraße

allein: 1. nur, ausschließlich 2. jedoch, indes, aber 3. solo, ledig, verlassen, einsam

allenfalls: 1. bestenfalls, höchstens, günstigstenfalls 2. vermutlich, eventuell, möglicherweise, gegebenenfalls, wahrscheinlich, vielleicht

allergisch: 1. überempfindlich 2. unwillig, verärgert, gereizt, verschnupft

allerlei: mancherlei, verschiedenerlei, vielerlei, unterschiedliche, allerhand

alles: restlos, vollends, total

allgemein: 1. vage, ungenau, unklar, unbestimmt 2. umfassend, allgemein gültig, allseitig, global, gemeinsam, gesamt, weltumfassend, weltweit, international

Allgemeinheiten: Gemeinplätze, Phrasen, Plattitüden, Schlagworte

allmählich: schrittweise, langsam, nacheinander, anfangs, stufenweise

alltäglich: mittelmäßig, durchschnittlich, verbreitet, gewöhnlich, gebräuchlich, regelmäßig, weit verbreitet, gängig, gewohnt, normal, vertraut, landläufig, üblich, regulär

Allüren: schlechte Manieren, Launen, Mucken, schlechtes Benehmen, Flausen, Starallüren

Almosen: Gabe, Spende, Hungerlohn

alt: 1. verlebt, betagt, altersschwach, angegraut, verbraucht, vergrämt 2. morsch, baufällig, verfallen, brüchig, zerfallen 3. unerheblich, minderwertig, nutzlos, wertlos, belanglos 4. ehemalig, früher, vergangen 5. uninteressant, langweilig, bekannt 6. ungenießbar, verdorben, schlecht 7. gebraucht, secondhand 8. unmodern, altmodisch, veraltet 9. jahrelang, langjährig

altbacken: 1. hart, nicht mehr frisch, alt 2. altmodisch

Alter: Greisenalter, Bejahrtheit, Lebensabend

altern: verfallen, ergrauen, vergreisen

Alternative: Wahlmöglichkeit, Entscheidung, zweite Möglichkeit, Gegenangebot, Kontrastprogramm

Alternativer: Grüner, Linker, Ökopax, Müsli

altersschwach: 1. elend, schwach, gebrechlich, zittrig, hinfällig 2. verkommen, morsch, verfallen, baufällig, brüchig, zerfallen

Altersschwäche: Hinfälligkeit, Abzehrung, Gebrechlichkeit, Kräfteverfall, Auszehrung

altertümlich: alt, antik, archaisch, uralt, altehrwürdig

Altlast: 1. Müllkippe, Erblast 2. ungelöstes Problem

altmodisch: angestaubt, gestrig, altertümlich, abgelebt, unmodern, veraltet, uralt

Amateur: 1. Laie, Nichtfachmann 2. Pfuscher, Dilettant 3. Amateursportler, Freizeitsportler

Ammenmärchen: Erfindung, Legende, Hirngespinst, Flunkerei, Erdichtung, Fiktion

amputieren: absetzen, abtrennen, abnehmen, abmachen

Amt: 1. Behörde, Verwaltung, Stelle, Dienststelle 2. Vermittlungsstelle, Fernsprechamt, Telefonvermittlung, Telefonzentrale 3. Gottesdienst, Hochamt 4. Arbeitsgebiet, Aufgabe, Bereich

amtlich: 1. äußerlich, förmlich, steif 2. bestätigt, glaubwürdig, fest 3. behördlich, dienstlich, verwaltungsmäßig, öffentlich, offiziell

Amulett: Talisman, Fetisch, Maskottchen

amüsant: vergnüglich, fröhlich, interessant, lustig

an sein: eingeschaltet, angeschaltet, angezündet, in Betrieb sein, laufen, leuchten

an: 1. bei, nahebei 2. annähernd, nahezu, ungefähr 3. nach, bis

anbahnen: beginnen, anknüpfen, einfädeln, vorbereiten, einleiten **s. anbahnen:** s. ankündigen, kommen, s. zeigen

anbändeln: aufreißen, anmachen, flirten, kokettieren, kennen lernen, anlachen

Anbau: Bestellung, Feldbestellung, Anpflanzung, Bepflanzung, Bewirtschaftung

anbauen: 1. bestellen, bewirtschaften, bebauen, kultivieren, anpflanzen, bepflanzen 2. erweitern, vergrößern

anbei: anliegend, beiliegend, innen

anbeißen: annagen, anknabbern

anbeten: 1. umschwärmen, bewundern, lieben, verehren, anhimmeln, vergöttern 2. flehen, bitten, anflehen

Anbeter: Bewunderer, Verehrer, Schwärmer

anbetteln: anborgen, anpumpen, betteln

Anbetung: Vergötterung, Liebe, Bewunderung, Verehrung

anbiedern (s.): s. einschleimen, s. einschmeicheln, s. aufdrängen, schöntun, in den Hintern kriechen

anbieten: 1. darbieten, bieten, hinreichen, reichen, darreichen 2. verkaufen, bieten, anpreisen, feilbieten 3. aufwarten, kredenzen, reichen 4. erkaufen, bestechen 5. offerieren, antragen, s. erbieten

anbinden: befestigen, anketten, anschließen, zusammenbinden, anmachen, festbinden, anseilen

anblicken: besichtigen, beschauen, ansehen, anstarren, anschauen, beobachten, mustern, betrachten

anbrechen: 1. beginnen, eintreten, anfangen 2. verwenden, gebrauchen 3. angreifen, anreißen

anbrennen: 1. Feuer legen, anzünden, in Brand setzen 2. ansetzen, schwarz werden 3. Feuer fangen, s. entzünden

anbringen: 1. befestigen, festmachen, aufhängen, aufstecken, aufmachen 2. herbeischaffen, herbeitragen, herbeibringen 3. anbieten, verkaufen

Anbruch: 1. Eröffnung, Anfang, Beginn 2. Start, Auftakt, Startschuss

Andacht: 1. Messe, Gottesdienst, Gebet 2. Konzentration, Anspannung, Sammlung

andächtig: angestrengt, andachtsvoll, aufmerksam, gespannt, angespannt

andauern: anhalten, dauern, währen, s. hinziehen

andauernd: gleichbleibend, ununterbrochen, stets, dauernd, unaufhörlich, konstant, immerzu, pausenlos, anhaltend

Andenken: 1. Mahnung, Denkzettel 2. Familienstück, Erbstück, Erinnerungstück, Souvenir

andere: andersartig, ähnlich, entsprechend, verwandt

andererseits: indes, aber, hingegen, jedoch, mindestens, dahingegen, nur, demgegenüber, immerhin, wenigstens, dagegen, allerdings, dabei, allein

ändern: 1. ersetzen, wechseln 2. s. brechen, reflektieren, ableiten, ablenken 3. umgestalten, korrigieren, überarbeiten, abwandeln, wandeln, verbessern, umändern, umwandeln, umarbeiten, verwandeln, verändern

andernfalls: ansonsten, widrigenfalls, sonst, außerdem, darüber hinaus, im Übrigen

anders: fremd, neu, unbekannt

andersartig: unterschiedlich, verschieden, abweichend

Andersartigkeit: Verschiedenheit, Anderssein, Unterschied

Änderung: Umkehr, Veränderung, Umänderung, Umarbeitung

andeuten: anspielen, hinweisen, einen Wink geben, durch die Blume sagen

s. andeuten: s. zeigen, s. ankündigen

Andeutung: Anspielung, Zeichen, Wink, Fingerzeig

andeutungsweise: nebelhaft, unbestimmt, ungenau, verschwommen, unklar, andeutend, unscharf, schattenhaft

andichten: nachsagen, verleumden, verunglimpfen, anschwärzen, schlecht machen, verdächtigen

Andrang: 1. Gemenge, Durcheinander, Gewühl, Getriebe, Gedränge 2. Ansturm, Zustrom, Run, Zulauf

andrehen: 1. anschalten, anmachen, anstellen, anknipsen, einschalten 2. zuschieben, aufbürden, aufladen 3. anrichten, anstellen, verbocken 4. bereden, aufschwatzen, bearbeiten, werben, aufreden, breitschlagen, überreden 5. täuschen, prellen, betrügen, hintergehen

androhen: ankündigen, verwarnen

andrücken: aneinander pressen, aneinander drücken, anpressen, anstemmen **s. andrücken:** s. ankuscheln, s. anlehnen, s. anschmiegen

anecken: 1. anstoßen, sich wehtun, rempeln 2. unangenehm auffallen, ins Fettnäpfchen treten

aneignen: 1. s. einprägen, erlernen, s. anlesen, studieren, lernen 2. einverleiben, einsacken, s. bemächtigen, bereichern, raffen, einkassieren, erwerben, wegnehmen, einstecken

Aneignung: 1. Besitzergreifung, Diebstahl, Erwerb, Erbeutung, Bemächtigung 2. Erlernung, Lernen, Übernahme

anekeln: abstoßen, verabscheuen, anwidern, widerlich sein

anerkennen: bewundern, würdigen, verehren, achten, schätzen, anbeten

anerkennenswert: vorbildlich, ausgezeichnet, vorzüglich, vortrefflich, tadellos, lobenswert, beachtlich, beeindruckend

Anerkennung: 1. Ehrfurcht, Hochachtung, Achtung, Respekt, Bewunderung, Ehrerbietung 2. Loblied, Belobigung, Bestätigung, Lobrede, Beifall, Lobspruch, Lobpreisung, Lob, Lobgesang, Würdigung, Zustimmung, Billigung, Lobpreis

anfachen: 1. zum Brennen bringen, entzünden 2. anstacheln, animieren, entfachen, ins Rollen bringen, entfesseln

anfahren: 1. rammen, zusammenfahren, auffahren, kollidieren 2. umstoßen, verletzen, streifen 3. ausschimpfen, zurechtweisen, schimpfen, zusammenstauchen, anbrüllen, schelten 4. reichen, auftragen, auftischen, vorsetzen, bewirten 5. herbeischaffen, herantransportieren

Anfahrt: 1. Anfahrtsweg, Anfahrtsstrecke, Weg, Wegstrecke, Anmarsch 2. Auffahrt, Zufahrtsstraße 3. Hinweg, Anreise

Anfall: 1. Anwandlung, Aufwallung, Koller 2. Krankheitsanfall, Attacke

anfallen: angreifen, überfallen, bestürmen, erstürmen, attackieren

anfällig: schwach, empfänglich, kraftlos, schwächlich, labil, allergisch, empfindlich, zart

Anfang: Ausbruch, Beginn, Auftakt, Startschuss, Eröffnung, Start

anfangen: 1. anpacken, bewerkstelligen, ausbrechen, anstimmen, intonieren, starten, s. eröffnen, beginnen 2. beginnen, einsetzen, hereinbrechen, anbrechen

Anfänger: Unerfahrener, Debütant, Grünschnabel, Neuling

anfängerhaft: laienhaft, stümperhaft, dilettantisch

anfänglich: als Erstes, ursprünglich, am Anfang, in der ersten Zeit, primär, zuallererst

anfangs: allmählich, schrittweise, zuerst, sukzessive, langsam

Anfangsbuchstaben: Initialen, Monogramm

anfassen: 1. behandeln, tun, wieder aufnehmen, machen 2. antasten, berühren, anrühren, betasten, befühlen

anfechtbar: beanstandbar, fehlerhaft, ungerecht, bestreitbar, gesetzwidrig, unredlich, kritisierbar, umstritten

anfechten: beklagen, nörgeln, s. beschweren, kritisieren, beanstanden, bemängeln, missbilligen, bestreiten, reklamieren

Anfechtung: 1. Versuchung, Reiz 2. Reklamation, Beanstandung, Einspruch, Klage, Beschwerde, Protest, Entgegnung, Gegenmeinung, Einwurf, Widerspruch, Zweifel

anfeinden: 1. kränken, beleidigen, angreifen, verwunden, kritisieren, entwürdigen, diffamieren, abqualifizieren, verletzen, verunglimpfen, anschwärzen 2. entgegenwirken, entgegentreten, angreifen, befeinden, bekämpfen

Anfeindung: Auseinandersetzung, Kampf, Konflikt, Unfriede, Feindseligkeit, Feindschaft, Streit, Zerwürfnis, Zank, Zwist, Gefecht

anfertigen: 1. fertigen, zubereiten, machen, herstellen 2. edieren, schreiben, verfassen, niederschreiben, publizieren

Anfertigung: 1. Abfassung, Arbeit 2. Herstellung, Bau, Fertigung, Erzeugung, Erschaffung, Hervorbringung, Schaffung, Fabrikation, Produktion

anfeuchten: sprengen, benässen, gießen, einspritzen, beregnen, benetzen, spritzen, sprühen, berieseln, wässern

anfeuern: 1. antreiben, anregen, anstiften, ermutigen, aufstacheln, anstacheln, anspornen 2. entzünden, anheizen

anflehen: beschwören, bestürmen, bitten

anfliegen: 1. ansteuern, s. nähern, herankommen 2. überfallen, erfassen, ergreifen, s. bemächtigen

Anflug: 1. Annäherung, Ansteuerung 2. Andeutung, Hauch, Nuance, Anklang

anfordern: vorbestellen, bestellen

Anforderung: 1. Vorbestellung, Bestellung, Anschaffung, Auftrag 2. Forderung, Beanspruchung

Anfrage: Nachfrage, Rückfrage, Interview, Frage, Erkundigung, Bitte

anfragen: fragen, nachfragen, s. umhören, ausforschen, s. erkundigen, ausfragen

anfressen: 1. anknabbern, kauen, nagen 2. beschädigen, zerstören, auflösen, korrodieren

anfreunden: s. befreunden, s. anschließen, s. annähern, s. kennen lernen

anfügen: hinzufügen, ergänzen, dazugeben, anhängen

anfühlen: anfassen, betasten, befingern, befühlen **s. anfühlen:** s. betasten, s. anfassen

anführen: 1. nennen, vorbringen, erwähnen, aufzählen 2. leiten, befehligen 3. anschmieren, irreführen

Anführer: 1. Oberbefehlshaber, Führer, Vorsitzender 2. Bandenführer, Boss, Sprecher, Hauptperson, Haupt, Chef, Rädelsführer

Anführung: 1. Aufführung, Erwähnung, Angabe, Zitat, Aufzählung 2. Führerschaft, Herrschaft, Führung

Anführungszeichen: Gänsefüßchen, Anführungsstriche

Angabe: 1. Aufschneiderei, Prahlerei, Aufgeblasenheit, Wichtigtuerei, Angeberei, Protzerei 2. Aufschlag, Vorgabe

angaffen: anstarren, anglotzen, fixieren, den Blick heften, bestieren

angeben: aufschneiden, aufblasen, prunken, aufspielen, prahlen, s. blähen

Angeber: Großtuer, Großsprecher, Prahler, Wortheld, Wichtigtuer, Münchhausen, Aufschneider, Besserwisser, Schaumschläger

angeberisch: großsprecherisch, prahlerisch, großtuerisch, wichtigtuerisch, protzig

Angebeteter: Liebhaber, Verehrter, Freund, Flamme, Liebchen, Mätresse, Geliebter, Auserwählter, Macker

angeboren: ererbt, vererbbar, angestammt, erblich

Angebot: 1. Offerte, Annonce, Ausschreibung, Inserat, Anzeige 2. Antrag, Vorschlag

angebracht: 1. notwendig, unerlässlich, nötig, sinnvoll, erforderlich 2. zweckmäßig, passend

angebrochen: angerissen, geöffnet, aufgerissen

angeheitert: betrunken, aufgekratzt, beschwipst, angetrunken, lustig, feuchtfröhlich, berauscht

angehen: 1. betreffen, berühren 2. anbetreffen, anbelangen, berühren, belangen, betreffen, handeln 3. anfangen, beginnen, starten

angehend: künftig, zukünftig, in spe, in der Ausbildung begriffen

Angehöriger: Ahnherr, Anverwandter, Abkomme, Familienangehöriger, Familienmitglied, Nachfahre, Vorfahr, Nachkomme, Verwandter

angeklagt: verklagt, beschuldigt, angezeigt

angeknackst: angeschlagen, angebrochen

angelaufen: beschlagen, trübe, blind

Angelegenheit: Frage, Problem, Affäre, Fall, Sache, Punkt, Sachverhalt, Begebenheit

Angelpunkt: 1. Drehpunkt, Pol 2. Hauptsache, Hauptteil, Wesen, Schwerpunkt, Kernpunkt, Hauptattraktion

angemeldet: geladen, eingeladen, erwartet, vorangemeldet

angemessen: 1. entsprechend, gleichwertig 2. gebührend, gebührlich, schuldig, schicklich, geziemend, gehörig 3. zweckmäßig, geeignet

angenehm: 1. anmutig, aufreizend, sympathisch, charmant, toll, lieb, nett, liebenswert, anziehend, hübsch 2. lustig, fröhlich, heiter 3. duftend, wohlriechend 4. entkrampft, entspannt 5. wohl klingend, rein 6. heiter, sonnig, warm, sommerlich 7. erfreulich, positiv, wohltuend, gut 8. willkommen, gern gesehen 9. behaglich, bequem, wohnlich 10. appetitlich, wohlschmeckend

angenommen: 1. gedacht, erdacht, vorgetäuscht, erfunden, hypothetisch, ausgedacht 2. anerzogen, erworben

angeregt: interessant, lebhaft, munter, unterhaltsam, spannend

angesagt: modern, verbreitet, allgemein gebräuchlich, gang und gäbe, trendy, aktuell, üblich, begehrt

angeschlagen: 1. aufgerissen, geöffnet 2. entkräftet, angegriffen, ausgelaugt, ermattet, kaputt, erschöpft, abgehetzt, zerschlagen, müde, mitgenommen, erschlagen, überfordert, abgekämpft, schwach, überanstrengt 3. leidend, unpässlich, krank, unwohl, angegriffen

angesehen: bewundert, schätzenswert, geschätzt, bekannt, berühmt, verdient, begehrt, anerkannt, verehrt, beliebt, geachtet, geehrt, geliebt, populär

angesichts: unter Berücksichtigung, im Hinblick auf, wegen

angespannt: 1. bedrohlich, bedenklich, ernst, problematisch, gefährlich, heikel, explosiv, Besorgnis erregend 2. gespannt, straff, fest

angewöhnen: übernehmen, lernen, s. aneignen, annehmen

Angewohnheit: Gewohnheit, Gepflogenheit, Eigenart

angewurzelt: 1. verwurzelt, festgewachsen, angewachsen 2. unbeweglich, starr, bewegungslos, wie versteinert, wie gelähmt, still, bewegungslos

angezogen: 1. gefroren, kalt 2. verdeckt, angekleidet, bekleidet, verhüllt

angleichen: anpassen, annähern, abstimmen **s. angleichen:** s. einfügen, harmonisieren, s. einleben, s. anpassen, s. einordnen, s. fügen

Angleichung: Anpassung, Abstimmung, Übereinstimmung

angreifen: 1. losstürmen, attackieren, losschlagen, bestürmen, stürmen, vorrücken 2. beschädigen, zerstören 3. abqualifizieren, entwürdigen, schmähen, kränken, verwunden, treffen

angreiferisch: angriffslustig, aggressiv, streitsüchtig, herausfordernd, kampflustig, offensiv, zanksüchtig, kämpferisch

angrenzen: anrainen, anliegen

angriffsbereit: offensiv, stürmisch, aggressiv

Angriffslust: Streitlust, Aggressivität, Kampfbereitschaft

Angst: 1. Zaghaftigkeit, Kleinmut, Ängstlichkeit, Feigheit 2. Scheu, Schüchternheit, Verlegenheit, Furcht, Unsicherheit, Panik

ängstigen: entmutigen, einschüchtern **s. ängstigen:** 1. s. sorgen, leiden, befürchten, s. quälen 2. s. scheuen, erbeben, s. fürchten, zusammenfahren, bangen, zurückschrecken, zurückscheuen, erschrecken

ängstlich: 1. feige, mutlos, kleinmütig 2. furchtsam, angstbebend, bang, beklommen, verschüchtert, angstverzerrt, verkrampft, schreckhaft, zag, scheu, angstvoll

anhalten: 1. stoppen, bremsen, stehen bleiben, halten 2. fortdauern, andauern, dauern, s. hinziehen, währen 3. ermahnen, hinweisen, tadeln

anhaltend: fortgesetzt, gleichbleibend, andauernd, allzeit, beharrlich, immerzu, ständig, beständig, unaufhörlich, ununterbrochen, immer, dauernd, unaufhaltsam, unausgesetzt, stets, pausenlos

Anhalter: Tramper, Hitchhiker, Autostopper

Anhaltspunkt: Hinweis, Orientierungshilfe, Zeichen, Indiz

Anhang: 1. Gefolge, Gefolgschaft, Anhänger, Stab, Gesellschaft, Anhängerschaft 2. Verwandtschaft, Familie, Sippe 3. Beifügung, Beilage, Zusatz

anhängen: 1. ansetzen, anbrennen 2. hinzufügen, ergänzen, erweitern 3. verbinden, ankuppeln 4. Schlecht machen, belasten, herabwürdigen, anhaften

Anhänger: 1. Freund, Verehrer, Parteigenosse, Fan, Komplize, Mitläufer, Mitglied 2. Schmuck, Schmuckstück 3. Caravan, Wohnwagen 4. Anhängeadresse, Anhängeschild

Anhängerschaft: 1. Freundeskreis, Freunde 2. Anhang, Stab, Gesellschaft, Gefolgschaft, Tross, Gefolge

anhänglich: ergeben, loyal, beständig, treu, getreulich, brav

Anhängsel: 1. Anhänger, Amulett 2. Zubehör, lästige Begleiterscheinung, unliebsame Begleitperson, Zugabe

Anhäufung: Ansammlung, Menge, Aufspeicherung, Sammlung, Ballung, Haufen

anheben: heraufsetzen, erhöhen, hochheben, verbessern, aufbessern

anheimelnd: gemütlich, wohnlich, lauschig, kuschelig

anheizen: 1. aufhetzen, aufputschen, aufwiegeln 2. feuern, wärmen, anstellen, erwärmen, heizen 3. ankurbeln, vorantreiben

anhimmeln: anbeten, anschwärmen

Anhöhe: Hügel, Erhöhung, Höcker, Buckel

anhören: hinhören, horchen, hören, lauschen, mithören, zuhören **s. anhören:** 1. erscheinen, sein 2. tönen, klingen

Anhörung: Befragung, Hearing

ankämpfen: befehden, bekämpfen, entgegenarbeiten, entgegenwirken, attackieren

ankaufen: erwerben, erstehen, kaufen, aufkaufen

anketten: sichern, anlegen, befestigen, anschließen

Anklage: Prozess, Beschuldigung, Klage

anklagen: anschuldigen, beschuldigen, bezichtigen, unterstellen, verdächtigen, anlasten

Ankläger: Anklagevertreter, Staatsanwalt

anklammern: anmachen, festklammern, anheften **s. anklammern:** s. anhalten, s. anhängen, s. festhalten

Anklang: 1. Resonanz, Echo, Zuspruch 2. Vergleichbarkeit, Verwandtsein, Gleichartigkeit, Übereinstimmung, Ähnlichkeit, Entsprechung

ankleben: 1. aufkleben, anmachen, anleimen, anbringen, festmachen, befestigen 2. anbacken, festbacken

ankleiden: anziehen, hineinschlüpfen, bekleiden, s. kleiden

Ankleideraum: Garderobe, Ankleidezimmer, Ankleidekabine, Umkleidekabine, Umkleideraum

anklicken: über Mausklick anwählen, draufklicken

anknipsen: anschalten, anmachen, einschalten

anknüpfen: 1. zusammenbinden, befestigen, festbinden, sichern 2. vorbereiten, anbahnen

Anknüpfung: Kontaktaufnahme, Vorbereitung, Anbahnung, Einleitung

Anknüpfungspunkt: Ausgangspunkt, Anhaltspunkt

ankommen: 1. angelangen, erscheinen, eintreffen, herkommen, s. nähern, nahen 2. zusagen, behagen

ankreiden: verübeln, verdenken, zum Vorwurf machen, krumm nehmen, zur Last legen, aufs Butterbrot schmieren

ankündigen: ansagen, veröffentlichen, kundmachen, bekannt geben, verlautbaren, verkünden, ausrufen **s. ankündigen:** s. andeuten, s. abzeichnen, s. ansagen, s. zusammenbrauen, s. zeigen

Ankündigung: Anzeige, Bekanntgabe, Anmeldung, Mitteilung, Verkündung, Veröffentlichung, Ansage

Ankunft: Anfahrt, Aufzug, Auftritt, Einfahrt, Erscheinen, Landung, Rückkehr, Eintritt, Arrival, Wiederkehr

ankurbeln: 1. durchstarten, anlassen 2. beleben, steigern, beschleunigen, vorantreiben, fördern

anlächeln: zulächeln, anlachen, anschmunzeln, anbändeln

anlachen (s.): s. angeln, aufreißen, anbandeln, ein Verhältnis eingehen, s. liieren

Anlage: 1. Beilage, Beischreiben 2. Apparat, Einrichtung 3. Geldanlage, Investition 4. Industriegelände, Fabrikanlage

anlangen: 1. eintreffen, herkommen, kommen, erscheinen, ankommen, nahen 2. anfassen, anpacken, hinlangen, betasten, antasten, berühren

Anlass: 1. Aufhänger, Einstieg 2. Gelegenheit, Handhabe, Motiv, Veranlassung, Grund, Ursache, Beweggrund

anlassen: 1. ankurbeln, anwerfen, antreten, anstellen, flottmachen, starten 2. anbehalten, tragen

anlässlich: 1. als, wenn, wegen, bei, zum, zu 2. infolge, weil, wegen, nämlich, denn

anlasten: 1. ankreiden 2. abladen, abschieben, wälzen, übertragen

anlegen: 1. zahlen, ausgeben, aufwenden, bezahlen, zuzahlen 2. säugen, stillen 3. festmachen, ankern 4. festlegen, investieren 5. schaffen, ausführen, gestalten

anlehnen: stützen, anschmiegen, anstellen, lehnen **s. anlehnen:** s. lehnen, s. zurücklehnen, s. stützen, s. anschmiegen

Anlehnung: Abziehbild, Imitation, Kopie, Abschrift

anleiten: 1. einführen, anweisen, einarbeiten, unterweisen, einweisen, 2. anlernen, ausbilden, lehren

Anleitung: Anweisung, Einarbeitung, Unterweisung, Einführung, Einweisung, Lehre

Anliegen: Bitte, Wunsch, Herzensangelegenheit

anliegend: 1. benachbart, anstoßend 2. beiliegend, anbei, inliegend, innen

Anlieger: Anwohner, Anrainer, Grundstücksnachbar, Nachbar

anlocken: ködern, anziehen, verlocken, verführen, locken

anmachen: 1. anbinden, sichern, anseilen, binden, festbinden, befestigen, anleinen, anketten 2. anstellen, anschalten, einschalten, aufdrehen 3. zubereiten, anrühren 4. anfeuern, anzünden, anbrennen 5. anbringen, aufhängen 6. heranlocken, anlocken, anziehen

anmalen: anstreichen, ausmalen, übertünchen, färben

anmarschieren: eintreffen, s. nähern, herankommen, heranmarschieren, nahen

anmaßend: hochmütig, hochnäsig, vermessen, überheblich

Anmaßung: Vermessenheit, Überheblichkeit, Hochnäsigkeit, Hochmut

Anmeldebestätigung: Meldeschein, Meldebogen

anmelden: s. immatrikulieren, s. einschreiben

Anmeldung: Rezeption, Empfang, Aufnahme

anmerken: 1. anfühlen, ansehen, anhören 2. aufschreiben, hinschreiben, anstreichen

Anmerkung: Zwischenbemerkung, Randbemerkung, Fußnote, Glosse, Vermerk, Notiz

Anmut: Sympathie, Charme, Bezauberung, Schönheit, Lieblichkeit, Attraktivität, Reiz, Zauber

anmutig: 1. bildhübsch, bezaubernd, bildschön, sympathisch, graziös, hübsch, attraktiv, charmant, gewinnend, anziehend 2. geschmeidig, graziös, zierlich, beweglich, leicht, gazellenhaft

annähern (s.): s. anfreunden, s. anpassen, s. nahe kommen, s. angleichen, s. näher kommen, s. nähern

annähernd: fast, halbwegs, angenähert, gleichartig, praktisch, knapp, schätzungsweise, erheblich, überschlägig, beinahe, zirka, ungefähr, einigermaßen, vielleicht, rund, kaum, vergleichbar

Annäherung: 1. Fühlungnahme, Kontaktaufnahme 2. Einordnung, Harmonisierung, Eingewöhnung, Angleichung, Kompromiss, Kontakt

Annahme: 1. Vorgefühl, Ahnung, Besorgnis, Vermutung, Vorahnung 2. Unterstellung, Behauptung, Hypothese 3. Empfang, Entgegennahme

Annalen: Jahrbuch, Chronik, Aufzeichnungen

annehmbar: akzeptabel, leidlich, passabel, erträglich, befriedigend, zufrieden stellend, vernünftig, vertretbar

annehmen: 1. billigen, einwilligen, zusagen, zustimmen 2. lernen, übernehmen, s. aneignen 3. einstellen, aufnehmen 4. erhalten, entgegennehmen, bekommen 5. aneignen, lernen 6. aufnehmen, adoptieren 7. erwarten, mutmaßen, schätzen, wähnen, spekulieren, erahnen, glauben, ahnen

anno dazumal: anno Tobak, anno dunnemals, eines fernen Jahres

Annonce: Inserat, Zeitungsanzeige, Anzeige

annoncieren: anzeigen, werben, inserieren

Annullierung: Stornierung, Auflösung, Abschaffung, Streichung, Zurücknahme

anomal: regelwidrig, anormal, normwidrig, abnorm, unnormal

anordnen: 1. anlegen, arrangieren, aufstellen, gruppieren, gliedern, zusamenstellen 2. komponieren, gestalten 3. auferlegen, befehlen, bestimmen, erlassen, beauftragen, verkünden, festlegen, aufgeben, veranlassen, verfügen, diktieren

Anordnung: 1. Befehl, Geheimbefehl, Anweisung, Diktat, Kommando, Aufforderung, Geheiß, Auftrag, Bestimmung, Geheimauftrag 2. Aufstellung, Gruppierung, Arrangement, Zusammenstellung

anpacken: 1. bewerkstelligen, schaffen, helfen, zupacken 2. antasten, befühlen, hinlangen, betasten, anfassen, berühren 3. beginnen, eröffnen, mithelfen, loslegen, anfangen 4. fassen, ausheben, packen, aufgreifen, ergreifen, erwischen

anpassen: 1. abmessen, anhalten, anprobieren 2. uniformieren, adaptieren, annähern

s. anpassen: 1. s. akklimatisieren, s. assimilieren 2. s. einfügen, s. einleben, s. einordnen, s. angleichen, s. umstellen, s. einpassen, s. unterordnen

Anpassung: 1. Annäherung, Angleichung, Gewöhnung, Unterordnung 2. Abstimmung, Angleichung, Assimilation

anpassungsfähig: einfügsam, einordnungswillig, elastisch, flexibel, anschmiegsam, geschmeidig

Anpassungsfähigkeit: Einordnungsfähigkeit, Anpassungsvermögen, Einordnungsvermögen

anpeilen: ansteuern, ins Auge fassen, erstreben

anpfeifen: 1. ausschelten, tadeln, wettern, anfahren, zurechtweisen, zanken, ausschimpfen, zetern, anherrschen 2. eröffnen, beginnen, starten

Anpfiff: 1. Beginn, Anfang, Start 2. Verweis, Vorhaltung, Rüge, Vorwurf, Zurechtweisung, Tadel, Beanstandung

anpflanzen: bestellen, säen, anbauen, pflanzen, setzen, stecken, bebauen, bepflanzen

anpflaumen: 1. ärgern, lächerlich machen, verspotten, auf den Arm nehmen, verulken 2. ausschimpfen, anfauchen, kritisieren, angiften, zur Sau machen, zur Minna machen, anschnauzen, anschreien

anpöbeln: ausfallend werden, belästigen, belämmern, frech werden, beleidigen

anprangern: anzeigen, bloßstellen

anprobieren: anpassen, probieren, anziehen

Anrainer: Anlieger, Anwohner, Grundstücksnachbar

Anrede: Titel, Benennung

anreden: betiteln, ansprechen

anregen: 1. veranlassen, ermuntern 2. erheitern, vergnügen, unterhalten, animieren, belustigen, amüsieren, beleben 3. beleben, aufpeitschen, anreizen, dopen, anfachen, aufputschen, aufregen, stimulieren, anspornen 4. veranlassen, beeinflussen, vorschlagen

anregend: 1. spannend, belustigend, witzig, sprühend, ermunternd, unterhaltsam, amüsant, interessant 2. rhythmisch, modern, heiß 3. aufregend, anreizend, belebend, stimulierend, aufputschend

Anregung: 1. Ermutigung, Auftrieb, Ermunterung, Ansporn, Anreiz 2. Rat, Anstoß, Gedanken, Antrieb, Idee, Einfall, Vorschlag, Impuls 3. Amüsement, Ablenkung, Zerstreuung, Unterhaltung, Vergnügen

Anregungsmittel: Aufputschmittel, Stimulans, Dopingmittel

Anreise: Anfahrt, Tour, Reise, Fahrt

anreisen: reisen, ansteuern, anfahren

Anrichte: Serviertisch, Büfett

anrichten: 1. bereitstellen, herrichten, bereiten, zubereiten, anmachen 2. anstellen, verursachen

anrollen: 1. losfahren, anfahren, sich in Bewegung setzen 2. anfangen, in Schwung kommen 3. eintreffen, ankommen

anrüchig: 1. fragwürdig, übel beleumdet, verdächtig, undurchsichtig, berüchtigt, bedenklich, verrufen, zweifelhaft 2. unzüchtig, liederlich, anstößig, unanständig, schlecht, lasterhaft, zweideutig, verworfen, unmoralisch, wüst, pikant

anrücken: herkommen, nahen, herankommen, anmarschieren

anrufen: anläuten, telefonieren

Ansage: Verkündigung, Bescheid, Mitteilung, Ankündigung, Nachricht

ansagen: verkünden, ankündigen, kundmachen, veröffentlichen, ausrufen, verlautbaren, bekannt geben

Ansager: Fernsehansager, Nachrichtensprecher, Conférencier

ansammeln: aufheben, häufen, zusammenkommen, aufbewahren, speichern, hamstern, zurückhalten, sammeln, behalten

Ansammlung: Getümmel, Aufmarsch, Gedränge, Auflauf, Anhäufung, Gewühl

ansässig: beheimatet, angesessen, angestammt, ortsansässig, eingebürgert, eingewurzelt, wohnhaft, eingesessen

Ansässige: Bewohner, Einheimische, Einwohner, Ortsansässige, Angestammte

anschaffen: 1. bezahlen, bekommen, verdienen 2. s. verkaufen, prostituieren 3. kaufen, erwerben, bestellen, ankaufen

Anschaffung: Erledigung, Ankauf, Kauf, Erwerb, Einkauf

anschalten: anmachen, anknipsen, anstellen, einstellen, einschalten

anschauen: beschauen, mustern, besehen, anblicken, besichtigen, betrachten, ansehen

anschaulich: deutlich, bildhaft, farbig, einprägsam, interessant, demonstrativ, lebendig, veranschaulichend, verständlich, illustrativ, plastisch, wirklichkeitsnah

Anschaulichkeit: Deutlichkeit, Verständlichkeit, Lebendigkeit, Plastizität, Bildhaftigkeit

Anschauung: 1. Besichtigung, Anblick, Betrachtung 2. Denkweise, Annahme, Auffassung, Ansicht, Standpunkt, Urteil, Meinung 3. Vorstellung, Bild, Begriff

Anschauungsmaterial: Demonstrationsmaterial, Anschauungsmittel, Unterrichtsmittel

Anschauungsweise: Denkweise, Weltanschauung, Betrachtungsweise

Anschein: Wahrscheinlichkeit, Schein, Aussehen, Vermutung

anscheinend: offenbar, angeblich, denkbar, vermeintlich, möglich, vermutlich, offensichtlich, wahrscheinlich, voraussichtlich

anscheißen: anschreien, schimpfen, motzen

Anschiss: Tadel, Zurechtweisung, Vorhaltung, Maßregel, Beschimpfung

Anschlag: 1. Plakat, Bekanntmachung, Aushang 2. Kalkulation, Schätzung, Ansatz 3. Überfall, Mordanschlag, Attentat, Verbrechen

anschlagen: 1. bellen, kläffen 2. ansetzen, abschätzen, schätzen, kalkulieren

Anschlagsäule: Litfaßsäule, Plakatsäule

anschleichen: heranschleichen, anpirschen, s. nähern, beschleichen

anschließen: 1. Daneben liegen, angrenzen 2. beitreten, eintreten 3. zusagen, einwilligen, zustimmen, gutheißen 4. installieren, anbringen 5. aufgreifen, aufnehmen

s. anschließen: mitlaufen, folgen, mitgehen, s. beigesellen

anschließend: 1. darauf, später, hinterher, nachher, dann, nachträglich, sodann, danach, nachfolgend, sofort 2. angrenzend, bei

Anschluss: 1. Kontakt, Berührungspunkt, Leitung, Verbindung 2. Besitzergreifung, Übernahme, Besitznahme, Einverleibung, Eingliederung

anschmiegen (s.): s. ankuscheln, s. anlehnen

anschmieren: 1. ausbeuten, bluffen, prellen, übervorteilen, hintergehen, betrügen, täuschen, überlisten 2. verschmutzen, verschmieren, voll schmieren, beflecken, bespritzen, beschmutzen, verunreinigen

anschnallen: festmachen, sichern

anschnauzen: schimpfen, attackieren, ausschimpfen, anfahren, zurechtsetzen, schelten, herunterkanzeln, zurechtweisen

anschneiden: 1. anführen, angeben, berühren, erwähnen, ansprechen, zitieren, nennen 2. aufschneiden, freilegen

anschrauben: festschrauben, einschrauben, befestigen, anbringen

anschreiben: 1. vorsprechen, herantreten 2. notieren, leihen

Anschrift: Adresse, Aufenthaltsort

anschuldigen: anzeigen, verdächtigen, bezichtigen, anklagen

Anschuldigung: Bezichtigung, Verdächtigung, Unterstellung, Inkriminierung

anschüren: anmachen, anblasen, anzünden, anfachen

anschwärzen: 1. schwarz färben 2. schlecht machen, in Misskredit bringen, durch den Schmutz ziehen, in ein schlechtes Licht rücken, denunzieren, diskreditieren, diffamieren, verraten, verpetzen

anschwellen: 1. anwachsen, s. ausdehnen, ansteigen, zunehmen, quellen, auftreiben 2. auffrischen, aufbrisen 3. zunehmen, s. steigern

anschwemmen: anspülen, anströmen, absetzen, ablagern, antreiben

Anschwemmung: Anlandung, Ansandung

anschwindeln: lügen, die Unwahrheit sagen, flunkern, verkohlen, vormachen, einen Bären aufbinden, das Blaue vom Himmel lügen, vorgaukeln

ansehen: 1. anschauen, besehen, anblicken, betrachten, besichtigen, beobachten, prüfen, studieren, mustern 2. beurteilen, einschätzen 3. aushalten, dulden, ertragen

Ansehen: Ehre, Rang, Autorität, Prestige, Würde, Name, Profil, Geltung, Bedeutung, Stolz, Achtung, Stand, Wichtigkeit, Unbescholtenheit, Ruhm

ansehnlich: 1. beträchtlich, stattlich, ordentlich 2. attraktiv, gewinnend, sympathisch, aufreizend, liebenswert

ansetzen: 1. beginnen, s. anschicken 2. anberaumen, anordnen 3. annähen, anbringen 4. kochen, zubereiten 5. veranschlagen, festlegen 6. beauftragen, einsetzen

Ansicht: Meinung, Anschauung, Überzeugung, Auffassung, Vorstellung, Standpunkt

ansiedeln (s.): übersiedeln, s. niederlassen, s. etablieren

Ansiedlung: Siedlung, Ort, Weiler

Ansinnen: Bitte, Vorschlag, Forderung, Wunsch

ansonsten: 1. außerdem, darüber hinaus, daneben 2. sonst, andernfalls, im anderen Fall

anspannen: 1. s. fordern, s. plagen, s. abschleppen, s. mühen, s. abschinden, s. anstrengen, schuften, s. abarbeiten 2. festmachen, vorspannen, befestigen, anschirren, einspannen

Anspannung: Kraftaufwand, Aktivität, Anstrengung, Arbeit, Strapaze, Stress, Mühe, Beschwerde

Anspielung: Gestichel, Stichelei, Anzüglichkeit, Häkelei, Andeutung, Seitenhieb

anspornen: loben, unterstützen, ermutigen, anstacheln, anstiften, aufstacheln, antreiben, anfeuern, anregen

ansprechen: darlegen, aufwerfen, vorbringen, anreden

ansprechend: annehmlich, genehm, gefällig, bestechend, gewinnend, wohlgefällig, sympathisch, berückend, bezaubernd, liebenswürdig, hinreißend, hübsch, anziehend, reizend, verlockend

anspringen: 1. angehen, starten 2. angreifen, anfallen, überfallen

Anspruch: Anforderung, Anrecht, Recht, Berechtigung, Gewohnheitsrecht, Forderung

anspruchslos: einfach, genügsam, bescheiden, unverwöhnt, zurückhaltend, schlicht

Anspruchslosigkeit: Einfachheit, Genügsamkeit, Schlichtheit, Zurückhaltung, Bescheidenheit

anspruchsvoll: 1. hochgeistig, bildend 2. wählerisch, verzogen, verzärtelt, verwöhnt, unbescheiden 3. gehoben, verfeinert

anspucken: bespeien, anspeien, bespucken

anstacheln: anspornen, anfeuern, anfachen, antreiben, anstiften, anzetteln

Anstalt: 1. Krankenhaus, Heilanstalt 2. Institut, Einrichtung, Stelle 3. Strafvollzugsanstalt, Gefängnis

Anstand: Benehmen, Höflichkeit, Unbescholtenheit, Korrektheit, Sittsamkeit, Schick, Sittlichkeit, Takt, Zucht, Taktgefühl

anständig: 1. einwandfrei, gut, ordentlich 2. artig, gehorsam, folgsam, ordentlich, lieb 3. unberührt, jungfräulich, keusch 4. beträchtlich, viel, beachtlich 5. sportlich, sauber 6. tugendhaft, gesittet, korrekt, züchtig, höflich, unbescholten, sittsam

anstandslos: bereitwillig, kurzerhand, unbesehen, ohne zu zögern

Anstandsregeln: Benehmen, Etikette, Manieren, Sitte, Betragen, Anstand, Umgangsformen

anstarren: besehen, anblicken, begucken, angucken, anstieren, fixieren, ansehen, durchbohren, studieren

anstauen: aufhalten, hemmen aufstauen

anstecken: 1. qualmen, rauchen 2. suggerieren, beeinflussen 3. anzünden, anschüren, anfachen, anbrennen, entzünden 4. anmachen, festmachen, befestigen, anheften
s. anstecken: s. infizieren, erkranken

ansteckend: 1. mitreißend 2. übertragbar, gefährlich, infektiös, infizierend

Ansteckung: Infizierung, Übertragung, Infektion

anstehen: 1. offen stehen, ausstehen, fehlen 2. warten, abwarten, s. anstellen 3. gehören, zustehen, beanspruchen

ansteigen: 1. s. vermehren, steigen, anwachsen, zunehmen, s. vergrößern, wachsen, anschwellen, s. vervielfachen 2. steigen, s. erwärmen 3. hoch steigen, s. verteuern 4. aufsteigen, emporsteigen

ansteigend: 1. anschwellend, anwachsend, zunehmend 2. herauf, bergauf, auf, hinauf, aufwärts, nach oben

anstelle: statt, anstatt, ersatzweise

anstellen: 1. einstellen, beschäftigen, übernehmen 2. versuchen, anrichten, unternehmen, tun 3. warten, s. einordnen, abwarten 4. einschalten, anschalten, anmachen, andrehen

Anstellung: 1. Einstellung, Aufnahme, Übernahme 2. Stelle, Posten, Amt, Funktion, Stellung

ansteuern: anfahren, berühren, anpeilen

Anstieg: Preisanstieg, Zunahme, Verteuerung

anstiften: anfeuern, anstacheln, antreiben, verursachen, anspornen, überreden, anzetteln, einheizen, aufstacheln, verleiten, aufhetzen

Anstifter: Antreiber, Verführer, Aufwiegler

Anstiftung: Aufhetzung, Anstachelung

Anstoß: 1. Anprall, Stoß, Schups, Stups 2. Anlass, Impuls, Veranlassung, Auslöser

anstoßen: 1. anfahren, anrempeln, zusammenstoßen, anschlagen, anrennen 2. anregen, in Gang bringen, veranlassen

anstößig: empörend, unanständig, schmutzig, ruchlos, unkeusch, ungehörig, ausschweifend, verwerflich, verworfen, zweideutig, unsolide, verdorben, wüst, unschicklich, obszön

Anstößigkeit: Sittenlosigkeit, Verwerflichkeit, Ungehörigkeit, Unschicklichkeit, Schmutz, Zweideutigkeit

anstreichen: 1. streichen, spritzen, lackieren, grundieren 2. kalken, tünchen, weißen, anmalen 3. hervorheben, markieren

anstrengen (s.): s. fordern, s. aufreiben, s. abmühen, s. abquälen, s. plagen, s. strapazieren, s. zusammenreißen

anstrengend: beschwerlich, mühsam, erschöpfend, mühselig, schwierig, aufreibend, schwer, strapaziös, ermüdend

Anstrengung: Beschwerde, Anspannung, Bemühung, Belastung, Arbeitsaufwand, Beschwernis, Kraftaufwand, Stress, Zerreißprobe, Strapaze, Arbeit, Schlauch, Mühe, Kraftanstrengung

Ansturm: 1. Angriff, Offensive, Powerplay 2. Zulauf, Andrang, Run

Anteil nehmend: 1. mitmenschlich, barmherzig 2. interessiert, teilnehmend, teilnahmsvoll, gerührt, mitfühlend

Anteil: 1. Teil, Hälfte, Ration 2. Mitwirkung, Beitrag 3. Beteiligung, Achtsamkeit, Beachtung, Aufmerksamkeit, Anteilnahme

Anteilnahme: Mitgefühl, Mitleid, Interesse, Sympathie, Mitempfinden

antiautoritär: liberal, ohne Zwang, ohne Repressalien, freiheitlich, repressionsfrei, herrschaftsfrei

Antipathie: Ablehnung, Widerwille, Abneigung

antiquarisch: gebraucht, alt, nicht mehr neu, aus zweiter Hand, secondhand

Antrag: 1. Gesuch, Eingabe, Angebot, Bittgesuch, Vorlage, Petition, Vorschlag 2. Heiratsantrag, Bewerbung

antreiben: 1. unterstützen, fördern, helfen 2. anstacheln, anspornen, vorwärts treiben, aufstacheln, begeistern, anfeuern, drängen 3. steigern, hochjagen

antreten: 1. s. hinstellen, s. aufstellen 2. übernehmen, aufnehmen, beginnen

Antrieb: Impuls, Anlass, Anregung, Anreiz, Veranlassung, Triebkraft, Anstoß

Antriebsschwäche: Willenlosigkeit, Willensschwäche

Antritt: 1. Beginn, Arbeitsbeginn 2. Aufnahme, Übernahme, Beginn

Antwort: 1. Gegenrede, Entgegnung, Erwiderung 2. Rückantwort, Antwortschreiben, Antwortbrief

antworten: entgegnen, kontern, widersprechen, reagieren, entgegenhalten, einwerfen, beantworten, zurückgeben

anwachsen: 1. s. summieren, vervielfachen, anlaufen, s. vermehren, auflaufen, s. steigern 2. einwurzeln, festwachsen, anwurzeln

Anwalt: Rechtsanwalt, Fürsprecher, Rechtsbeistand

Anwandlung: Einfall, Laune, Grille

Anwärter: Bewerber, Interessent, Kandidat, Aspirant

anweisen: anstellen, befehlen, auftragen, verpflichten, beauftragen

anwenden: nutzen, gebrauchen, verwenden, benutzen

Anwender: Nutzer, Benutzer, Lizenznehmer

Anwendung: Nutzung, Benutzung, Verwendung, Gebrauch

anwesend: daheim, greifbar, zugegen, dort, da, hier

Anwesenheit: Zugegensein, Dabeisein, Gegenwart, Dasein

anwidern: zurückweisen, missbilligen, anekeln, verabscheuen

Anzahl: Übermaß, Reihe, Unmasse, Menge, Masse, Haufen, Schar, Serie, Vielzahl, Zahl, Unmenge, Unzahl

Anzeichen: Mahnung, Vorzeichen, Zeichen, Anhaltspunkt, Omen

Anzeige: 1. Angebot, Annonce, Bekanntgabe, Inserat, Zeitungsanzeige 2. Meldung, Berichterstattung, Denunziation

anzeigen: 1. inserieren, bekannt geben, anbieten, werben 2. bezichtigen, denunzieren

anziehen: 1. heranlocken, locken 2. anlegen, s. bedecken, überziehen, hineinschlüpfen, anhaben, aufsetzen, s. kleiden, s. bekleiden, überwerfen 3. hineindrehen, festdrehen, festmachen 4. verteuern, aufschlagen, steigen

anziehend: angenehm, attraktiv, liebenswert, lieblich, reizend, bezaubernd, anmutig, toll, reizvoll, sexy

Anziehung: 1. Erdanziehung, Anziehungskraft, Adhäsion 2. Anreiz, Anmut, Zauber, Verlockung, Reiz

Anzug: Frack, Kombination, Overall, Gesellschaftsanzug, Trainingsanzug

anzüglich: anstößig, frivol, lasziv, doppeldeutig, unanständig, nicht stubenrein, versaut, unflätig

anzünden: entfachen, anfachen, anbrennen, anschüren, anstecken, zünden

apart: 1. ansprechend, elegant, stilvoll, schick, ausgefallen, außergewöhnlich 2. getrennt, besonders, extra

apathisch: gleichgültig, uninteressiert, teilnahmslos, unbeteiligt

Appeal: Charme, Ausstrahlung, Attraktivität, Anziehung, Reiz

Appell: Aufruf, Antreten, Weckruf

appellieren: s. wenden, aufrufen, ansprechen

Appetit: Esslust, Hunger, Verlangen

appetitlich: fein, köstlich, lecker, vorzüglich, delikat, würzig, vollmundig

applaudieren: klatschen, beklatschen, jubeln

Applaus: Jubel, Beifallsbezeugung, Beifall, Beifallskundgebung, Ovation

apropos: übrigens, nebenbei bemerkt, eigentlich

Ära: Zeitalter, Epoche, Periode

Arbeit: 1. Tun, Tätigkeit, Beschäftigung, Betätigung 2. Mühe, Plage, Anstrengung 3. Beschäftigung, Dienst, Arbeitsplatz, Beruf, Stellung, Arbeitsverhältnis, Posten, Anstellung 4. Erzeugnis, Werk, Produkt

arbeiten: 1. reifen, aufgehen, gären 2. schaffen, s. regen, betreiben, s. beschäftigen, tüfteln, s. befassen, s. rühren, wirken, werken, nachdenken, s. betätigen 3. pflegen, beseitigen 4. herstellen, anfertigen 5. erstellen, machen, hantieren, s. beschäftigen 6. s. anstrengen, s. mühen, s. abplagen, s. rühren, s. befleißigen 7. laufen, gehen, funktionieren 8. s. verziehen, schrumpfen, s. dehnen, s. verändern

Arbeiter: Werktätige, Beschäftigte

Arbeitgeber: Dienstherr, Boss, Chef, Unternehmer

Arbeitnehmer: Bedienstete, Untergebene, Arbeiter, Angestellter, Beschäftigte

arbeitsam: geschäftig, betriebsam, rastlos, arbeitswillig, strebsam, unermüdlich, tüchtig

Arbeitseifer: Arbeitswille, Schaffenslust, Arbeitsfreude, Arbeitslust, Tatendrang

Arbeitsgebiet: Fach, Aufgabenbereich, Arbeitsbereich, Arbeitsfeld, Arbeitskreis, Referat, Sachgebiet, Bereich, Wirkungskreis

arbeitslos: unbeschäftigt, brotlos, beschäftigungslos, stellungslos, erwerbslos

Arbeitslosigkeit: Erwerbslosigkeit, Beschäftigungslosigkeit

arbeitsscheu: bequem, arbeitsfaul, müßig, tatenlos, untätig

Arbeitsspeicher: Zentralspeicher, Hauptspeicher

arbeitsunfähig: krank, indisponiert, invalid

arbeitswillig: rastlos, arbeitsam, ehrgeizig, strebsam, betriebsam, geschäftig, fleißig, emsig, tüchtig, unermüdlich

Archiv: Urkundensammlung, Dokumentensammlung

Areal: Bezirk, Gelände, Region, Distrikt, Fläche, Gebiet

Ärger: Trübsal, Belästigung, Empörung, Unzufriedenheit, Aufgebrachtheit, Gekränktheit, Streit, Erregung, Enttäuschung, Missgunst, Zorn, Jähzorn, Unwille, Verdruss, Grimm, Wutanfall, Unannehmlichkeit, Verstimmung, Gereiztheit, Unmut

ärgerlich: entrüstet, aufgebracht, empört, wutentbrannt, erzürnt, erbost, missvergnügt, verärgert, wütend, böse, unwirsch, wutschäumend, missgelaunt, ungehalten, mürrisch

ärgern: belästigen, reizen, aufbringen, verwunden, kränken, peinigen, verstimmen, betrüben, quälen, verärgern **s. ärgern:** aufbrausen, ergrimmen, entrüsten, s. erzürnen, schäumen, auffahren, kochen, sieden

Ärgernis: Geschehen, Zwischenfall, Vorfall, Begebenheit, Unannehmlichkeit, Skandal

Arglist: Falschheit, Intrige, Hinterhältigkeit, Unaufrichtigkeit, Schliche, List, Hinterlist, Verrat

arglistig: unaufrichtig, heimtückisch, falsch, hinterlistig, hinterhältig

arglos: 1. rein, unschuldig, ahnungslos, unschuldsvoll 2. gutgläubig, harmlos, einfältig, zutraulich, naiv, leichtgläubig

Arglosigkeit: Gutgläubigkeit, Leichtgläubigkeit, Kritiklosigkeit, Gläubigkeit, Vertrauensseligkeit, Zutraulichkeit, Einfalt

Argument: Begründung, Rechtfertigung, Beleg, Beweis

argumentieren: verdeutlichen, begründen, erörtern

Argwohn: Bedenken, Vermutung, Zweifel, Verdacht, Misstrauen

argwöhnisch: kritisch, ungläubig, zweifelnd, misstrauisch

Aristokratie: 1. Adel, Adelsstand 2. Adel, Vornehmheit, Noblesse, Würde

arm: Not leidend, bedürftig, hungernd, mittellos, elend, vermögenslos, pleite, besitzlos, unbemittelt, unvermögend

Armee: Streitkräfte, Wehrmacht, Militär, Landstreitkräfte

ärmlich: besitzlos, dürftig, armselig, wenig, bescheiden, kümmerlich, elend, spärlich, unbemittelt

Armut: 1. Mittellosigkeit, Bedürftigkeit, Verknappung, Geldnot, Mangel, Not, Elend, Besitzlosigkeit 2. Geistlosigkeit, Leere

Aroma: 1. Würzung, Würze, Würzstoff 2. Blume, Bukett

aromatisch: appetitlich, schmackhaft, wohlschmeckend, wohlriechend, würzig, kräftig

arrangieren: 1. ausführen, durchführen, erledigen 2. anordnen, gruppieren, zusammenstellen, strukturieren, einteilen

Arrest: Haft, Freiheitsberaubung, Einschließung, Freiheitsstrafe, Gewahrsam

arrogant: hochfahrend, gnädig, hochmütig, stolz, selbstgefällig, snobistisch, herablassend, hochnäsig, wichtigtuerisch, hoffärtig, überheblich

Arroganz: Anmaßung, Einbildung, Geltungsbedürfnis, Überheblichkeit, Dünkel

Arsenal: 1. Lager, Magazin, Waffenkammer 2. Ansammlung, Konvolut

Art: 1. Gattung, Schlag, Typ, Spezies 2. Anlage, Disposition, Veranlagung 3. Güte, Zustand, Qualität, Beschaffenheit

artig: gehorsam, brav, gesittet, folgsam, lieb, manierlich, wohlerzogen

artikulieren: sagen, aussprechen, formulieren, ausdrücken, in Worte fassen, bekunden

Artist: Zirkuskünstler, Gaukler, Akrobat

artistisch: meisterhaft, perfekt, vollendet, geschickt, akrobatisch

Arzneimittel: Heilmittel, Arznei, Medizin, Präparat, Medikament

Arzt: Therapeut, Doktor, Mediziner

aseptisch: steril, keimfrei

Asket: Flagellant, Märtyrer, Geißelbruder

asozial: gemeinschaftsfeindlich, unsozial

Ass: Bester, Experte, Kenner, Meister, Star, Champ, Spitzenkönner, Matador, Crack

Assistent: Hilfskraft, Mitarbeiter, Gehilfe

ästhetisch: 1. schöngeistig, geschmackvoll 2. bildschön, makellos, formvollendet, wohlgeformt, wohlgestaltet, schön, wundervoll 3. elegant, auserlesen, fein, apart, gepflegt, gewählt, hübsch, geschmackvoll, vornehm, kleidsam, smart, kultiviert, schick, passend, schön

astrein: 1. lupenrein, sauber, einwandfrei 2. sehr gut, vortrefflich, brillant, ausgezeichnet, super, exzellent, prima, cool, geil

Astrologe: Wahrsager, Schicksalsdeuter

Astronaut: Raumfahrer, Kosmonaut

Astronomie: Himmelskunde, Sternkunde

astronomisch: überhöht, übertrieben

asymmetrisch: ungleichmäßig, unsymmetrisch, verzerrt

Atelier: Werkstatt, Studio

Atem: Hauch, Puste

atemberaubend: spannend, hinreißend, interessant

atemlos: 1. groggy, erschöpft 2. gespannt, mitreißend 3. fix, flugs, eilig, flink, schnell, rasant

Atemnot: Kurzatmigkeit, Atembeschwerden

Atempause: Pause, Verschnaufpause, Erholung, Ruhepause, Unterbrechung

atmen: keuchen, einatmen, röcheln

Atmosphäre: 1. Erdatmosphäre, Lufthülle, Luft 2. Umgebung, Lebenskreis, Milieu, Umwelt 3. Ausstrahlung, Flair, Stimmung

Atmung: Seufzer, Schnaufer, Atem

Atomenergie: Atomkraft, Kernkraft

Atomreaktor: Atomkraftwerk, Kernkraftwerk, Atommeiler

Attacke: 1. Anfall, Überfall, Einbruch, Angriff, Vorstoß, Ansturm, Invasion, Sturm, Einfall 2. Herzanfall, Schlaganfall, Kollaps

attackieren: 1. zersetzen, zerstören, beschädigen 2. entwürdigen, kritisieren, kränken, schlecht machen, verwunden, beleidigen, angreifen, verletzen, schmähen 3. erstürmen, überraschen, stürmen, vorrücken, angreifen, überfallen

Attentat: Raubzug, Anschlag

Attentäter: Mörder, Verbrecher

Attest: 1. Zertifikat, Zeugnis, Bestätigung, Beglaubigung, Quittung, Beleg, Nachweis, Beurkundung 2. Bescheinigung, Krankmeldung

attestieren: bestätigen, beglaubigen, bescheinigen, beurkunden

Attraktion: Glanzpunkt, Glanznummer, Zugnummer, Paradenummer, Glanzstück, Prachtstück

attraktiv: 1. anziehend, anmutig, hübsch, charmant, betörend, gewinnend, bezaubernd, toll, reizvoll, reizend 2. interessant, Erfolg versprechend, aussichtsreich

Attraktivität: Reiz, Zauber, Anziehung, Anmut, Anreiz, Verlockung

ätzend: abscheulich, furchtbar, übel, scheußlich, grässlich, fürchterlich, zum Kotzen, uncool

Aubergine: Eierfrucht, Melanzane

Audienz: Besuch, Unterredung, Empfang

auf: 1. stromaufwärts, flussaufwärts 2. aufgeschlossen, unverschlossen, geöffnet 3. geöffnet, offen, verkaufsoffen 4. aufwärts, bergan, herauf, hoch, empor

aufarbeiten: 1. erneuern, auffrischen, aufpolieren, aufpolstern 2. wegarbeiten, erledigen

Aufbau: 1. Aufsatz, Giebelaufsatz, Giebel, Verzierung 2. Erbauung, Bau, Aufrichtung, Aufstellung, Errichtung 3. Struktur, Anordnung, Aufriss, Gliederung 4. Wiederherstellung, Rekonstruktion 5. Überbau, Oberbau

aufbauen: 1. erstellen, hochziehen, errichten, aufrichten, bauen, zusammenfügen, aufstellen 2. s. ansiedeln, s. niederlassen 3. helfen, fördern, betreuen, managen, begünstigen **s. aufbauen:** provozieren, s. hinstellen

aufbauend: förderlich, heilsam, ersprießlich, hilfreich, fruchtbar, gedeihlich, nützlich

aufbäumen (s.): s. aufrichten, s. widersetzen, aufbegehren

aufbauschen: 1. ausweiten, vergrößern 2. überziehen, hochspielen, aufblähen, übertreiben, überspannen

aufbegehren: s. erheben, s. aufbäumen, rebellieren, protestieren, meutern, s. auflehnen, s. widersetzen, s. sträuben, s. verschwören, auftrumpfen, s. empören

aufbekommen: aufhaben, aufkriegen

aufbereiten: 1. reinigen, säubern, waschen 2. herrichten, vorbereiten, behandeln 3. auswerten

aufbessern: auffrischen, aufwerten, verfeinern, aufpolieren, verbessern

aufbewahren: hamstern, behalten, aufheben, sammeln, speichern, zurückhalten, verwahren, horten

aufbieten: 1. aufbringen, verwenden, in Anspruch nehmen 2. einsetzen, zum Einsatz bringen, mobilisieren

aufbinden: 1. lösen, aufmachen, aufknüpfen, entknoten, aufknoten, öffnen 2. anschmieren, anführen, foppen, äffen 3. hochbinden, hochstecken, aufstecken

aufblähen: 1. aufbauschen, ausfüllen, aufschwellen 2. ausdehnen, steigern, mehren, vergrößern, aufstocken, verstärken 3. s. wölben, s. bauschen, s. blähen **s. aufblähen:** 1. s. aufspielen, angeben, prahlen, aufschneiden, großtun 2. s. blähen, s. bauschen

aufblenden: blenden, aufleuchten

aufblitzen: aufblinken, aufleuchten, aufkeimen, auftauchen, aufsteigen, erwachen, zum Vorschein kommen, aufflackern

aufblühen: aufbrechen, erblühen, s. entfalten, aufgehen

aufbrauchen: 1. konsumieren, essen, verbrauchen 2. abwetzen, abtragen, abnutzen, verbrauchen, verschleißen 3. verprassen, durchbringen, verschleudern, verwirtschaften

aufbrausend: reizbar, unbeherrscht, heftig, erregbar, hysterisch, hochgehend, cholerisch, jähzornig, wild

aufbrechen: 1. fortgehen, wegrennen, ausziehen, davonlaufen, weglaufen, s. entfernen, davongehen 2. öffnen, aufschlagen 3. erblühen, aufgehen, aufblühen

aufbringen: 1. betrüben, bekümmern, peinigen, verwunden, aufziehen, kränken, reizen, ärgern, quälen 2. erregen, aufscheuchen, provozieren 3. erbeuten, kapern, entern 4. öffnen, aufkriegen, aufbekommen 5. auftreiben, beschaffen, bringen, besorgen, zusammenraffen, erschwingen, herbeischaffen, verschaffen, holen

Aufbruch: Abflug, Abmarsch, Start

aufbrummen: aufbürden, auffahren

aufbürden: 1. aufladen, aufbuckeln, belasten, auflasten, aufpacken 2. andrehen, aufladen, auferlegen

aufdecken: 1. zeigen, offenbaren 2. aufklären, aufzeigen, anzeigen, entlarven, demaskieren, vorzeigen, auspacken, entschleiern, durchschauen, offen legen, enthüllen, darlegen, nachweisen

Aufdeckung: Darlegung, Enthüllung, Entlarvung, Offenlegung, Nachweis, Bekanntmachung, Anzeige, Aufklärung

aufdonnern: s. schön machen, s. zurechtmachen, s. schick anziehen, s. aufmotzen, s. in Schale werfen, s. stylen

aufdrängen: andrehen, aufnötigen, aufzwingen, anbieten **s. aufdrängen:** s. anbieten, belästigen

aufdrehen: 1. erwärmen, anheizen, einheizen 2. aufschrauben, öffnen 3. übertreiben, s. öffnen 4. aufbegehren, aufbrausen 5. anstellen, anmachen, anschalten, einstellen

aufdringlich: 1. frech, lästig, unverschämt, zudringlich 2. aufreizend, auffallend

aufdröseln: auftrennen, auflösen, entwirren, analysieren, zerlegen, auseinanderklamüsern

aufdrücken: 1. aufbrechen, öffnen 2. aufstülpen 3. aufstempeln, aufdrängen

aufeinander folgen: wechseln, abwechseln

aufeinander: 1. gegenseitig, wechselweise 2. übereinander, gestapelt 3. folgend, nacheinander

Aufeinanderfolge: Hintereinander, Abfolge, Aneinanderreihung, Folge, Sequenz, Reihenfolge, Ordnung, Reihung, Nacheinander, Stufenleiter

auferlegen: 1. aufbürden, unterjubeln, aufladen 2. s. begrenzen, s. einschränken, s. beschränken, s. beengen 3. s. belasten, aufbürden

aufessen: aufzehren, konsumieren, verschlingen, verschlucken, verdrücken, verspeisen, verzehren

auffahren: 1. zusammenknallen, aufprallen, zusamenstoßen, anfahren, zusammenfahren 2. hochfahren, aufschrecken, hochschnellen, auffliegen, aufspringen 3. auftischen, anfahren, bewirten, vorsetzen, servieren, auftragen

Auffahrt: Einfahrt, Rampe, Aufgang, Zugang, Zufahrt

auffallend: bemerkenswert, außergewöhnlich, hervorstechend, außerordentlich, augenfällig, markant, schreiend

auffällig: 1. ausgeprägt, stark, hochgradig

2. Aufsehen erregend, außergewöhnlich, fabelhaft, bedeutungsvoll, ansehnlich, eindrucksvoll, einzigartig, ungewöhnlich, grandios, entwaffnend, groß, ohnegleichen, sagenhaft, stattlich, spektakulär, erstaunlich

auffangen: 1. retten, greifen, ergreifen 2. hinwegkommen, bestehen, verkraften, verdauen, dulden, aushalten, ertragen, tragen, leiden, stillhalten 3. sammeln, mitbekommen 4. fangen, einfangen, erhaschen

auffassen: 1. begreifen, durchblicken, durchschauen, einsehen, mitbekommen, kapieren, verstehen 2. auslegen, deuten

Auffassung: 1. Meinung, Überzeugung 2. Begabung, Auffassungsgabe, Begriffsvermögen, Aufnahmefähigkeit, Verstand, Intelligenz 3. Auslegung, Nachweis, Deutung

Auffassungsgabe: Begriffsvermögen, Verständnis, Intelligenz, Grips, Köpfchen

auffinden: ermitteln, vorfinden, finden, antreffen, aufspüren, wiedersehen, sehen, entdecken, ausmachen, aufstöbern, herausfinden

aufflackern: aufbrennen, aufkommen, aufleuchten, aufglimmen

aufflammen: 1. losgehen, starten, beginnen, anfangen 2. aufbegehren, aufbrausen 3. flackern, glühen, lohen, glimmen, aufflackern, aufbrennen, aufleuchten

auffliegen: 1. emporfliegen, hochsteigen, steigen 2. scheitern, straucheln, misslingen, fehlschlagen 3. s. öffnen, aufgehen 4. entdecken, finden, auflösen

auffordern: 1. einreden, zuraten, ermuntern, ermahnen, ermutigen 2. bitten, engagieren

Aufforderung: 1. Ermahnung, Aufruf, Mahnung, Ultimatum, Appell 2. Vorschrift, Befehl, Geheimbefehl, Ersuchen, Auftrag, Bestimmung, Anordnung, Geheiß, Gebot, Weisung

aufforsten: bepflanzen, setzen, anpflanzen

auffressen: 1. verzehren, verschlucken, verschlingen 2. zerrütten, aufreiben, aufzehren

auffrischen: 1. restaurieren, erneuern 2. erfrischen, aufmuntern 3. wiederholen, aufarbeiten, üben 4. aufpolstern, aufarbeiten

Auffrischung: 1. Erfrischung, Aufmunterung 2. Abkühlung, Wetterumschlag 3. Erneuerung, Restaurierung, Aufarbeitung 4. Übung, Wiederholung, Aufarbeitung

aufführen: 1. errichten, bauen 2. herausbringen, vorführen, inszenieren, spielen, zeigen 3. bringen, anführen, nennen

s. aufführen: s. hochspielen, s. aufspielen

Aufführung: Vorstellung, Darbietung

auffüllen: 1. anfüllen, anreichern, bereichern 2. hinzufügen, nachfüllen, ergänzen

Aufgabe: 1. Funktion, Pflicht, Schuldigkeit, Verpflichtung, Bestimmung, Auftrag 2. Rätsel 3. Waffenruhe, Waffenstillstand 4. Frage, Streitfrage, Tagesproblem, Problem 5. Ausverkauf, Hergabe, Auslieferung, Überlassung, Preisgabe, Entäußerung, Verzicht 6. Auftrag, Pflicht, Amt, Ressort, Funktion 7. Arbeit, Pensum 8. Einstellung, Enthaltung, Abbruch, Entwöhnung, Abgewöhnung 9. Rückzug, Abzug

aufgabeln: auffinden, entdecken, mitnehmen

Aufgabenbereich: Aufgabenkomplex, Arbeitsgebiet, Aufgabengebiet, Aufgabenkreis

Aufgang: 1. Rampe, Zufahrt, Auffahrt, Zugang 2. Tagesbeginn, Morgenröte, Sonnenaufgang 3. Anstieg, Aufstieg

aufgeben: 1. absetzen, anbieten, verkaufen, vertreiben, ausschreiben, ausverkaufen, veräußern 2. s. enthalten, aufhören, abstellen, s. abgewöhnen, einstellen, s. entwöhnen 3. schließen, aussteigen, beenden, aufhören, abbrechen 4. anbieten, werben, annoncieren, inserieren 5. anordnen, auftragen, verfügen, auferlegen, beauftragen 6. liquidieren, auflösen, schließen 7. s. stellen, s. ergeben 8. umziehen, übersiedeln, fortziehen, ausziehen 9. ableben, scheiden, sterben, umkommen 10. s. fügen, entgegenkommen, zurückstecken, einlenken, s. beugen, unterliegen, passen, s. ergeben, s. unterwerfen, kapitulieren 11. abliefern, liefern, hinbringen, abgeben 12. abstreichen, verzichten, abschreiben 13. wechseln, umfallen, ändern 14. abtreten, resignieren

aufgeblasen: arrogant, selbstgefällig, stolz, überheblich, anmaßend, eingebildet, herablassend, unbescheiden

Aufgebot: Mannschaft, Team, Elf, Vertretung, Riege, Staffel

aufgebracht: ärgerlich, rabiat, erbittert, böse, empört, peinlich, erzürnt, übellaunig, entrüstet, mürrisch, wütend, unwirsch, missmutig, zornig, verdrossen, erbost, unwillig, gereizt, misslaunig

aufgebraucht: ausgegangen, erschöpft, alle, verbraucht, leer gemacht, leer

aufgedonnert: gestylt, rausgeputzt, aufgebrezelt, aufgetakelt, ausstaffiert

aufgedreht: fröhlich, aufgeheitert, ausgelassen, heiter, vergnügt, angeheitert, lustig, vergnüglich, lebhaft, aufgekratzt

aufgehen: 1. aufblühen, keimen, s. entfalten 2. kommen, hervorkommen, aufsteigen

aufgeklärt: 1. unterrichtet, erfahren, informiert, wissend, eingeweiht 2. freisinnig, vorurteilslos

aufgelockert: entspannt, gelöst, gelockert, entkrampft

aufgeputzt: herausgeputzt, aufgedonnert, angemalt, zurechtgemacht

aufgeräumt: 1. munter, fröhlich, heiter, strahlend, lustig, vergnügt, froh, wohlgemut, gut gelaunt 2. ordentlich, wohnlich

aufgeregt: hektisch, aufgelöst, ungeduldig, erhitzt, unruhig, erregt, ruhelos, gereizt, nervös, unstet

Aufgeregtheit: Ungeduld, Erregung, Aufgelöstheit, Unruhe, Hektik, Nervosität

aufgeschlossen: ansprechbar, aufnahmebereit, aufnahmefähig, aufnahmewillig, interessiert, gestimmt, empfänglich, zugänglich, aufgelegt, offen

aufgeschwemmt: aufgedunsen, schwammig, aufgeschwollen, gedunsen

aufgeweckt: 1. wach, ausgeschlafen, munter 2. intelligent, geistreich, klug

aufgewühlt: 1. stürmisch, aufgepeitscht, bewegt 2. bewegt, ergriffen, erschüttert

aufgliedern: 1. verteilen, aufteilen, teilen 2. gliedern, unterteilen, einteilen, klassifizieren, ordnen, einordnen

Aufgliederung: 1. Aufschlüsselung, Einteilung, Unterteilung, Einordnung, Fächerung, Gliederung, Aufteilung, Ordnung 2. Teilung, Verteilung, Aufteilung

aufgraben: aufbuddeln, öffnen

aufhalten: 1. festhalten, zurückhalten 2. wohnen, verweilen, zubringen, bleiben 3. anhalten, stoppen 4. erschweren, behindern, lähmen, stören, beeinträchtigen, verzögern, bremsen

aufhängen: befestigen, aufmachen, aufbringen, festmachen **s. aufhängen:** s. umbringen, s. erhängen, s. töten

Aufhänger: 1. Anhänger, Henkel 2. Einstieg

aufhäufen: 1. ansammeln, sammeln 2. schichten, aufwerfen, aufschütten

aufheben: 1. beenden, abschließen 2. einstellen, abschaffen, beseitigen 3. heben, lüften 4. hochnehmen, aufnehmen, sammeln, auflesen 5. zurücklegen, aufbewahren, zurückhalten, speichern, bewahren, horten

Aufhebung: 1. Auflösung, Einstellung, Beseitigung, Abschaffung 2. Ungültigkeitsmachung, Löschung, Streichung

aufheitern: erheitern, zerstreuen, ablenken, aufmuntern **s. aufheitern:** aufklaren, s. lichten, s. aufhellen

Aufheiterung: 1. Aufhellung, Wetterbesserung, Aufklärung 2. Ablenkung, Trost, Ermunterung, Erheiterung, Aufmunterung, Zerstreuung

aufhellen (s.): s. aufklären, s. aufheitern, auflichten, s. bessern, s. aufklaren

Aufhellung: Aufklarung, Aufheiterung, Wetterbesserung

aufhetzen: fanatisieren, anstiften, hetzen, aufstacheln, anstacheln, schüren, aufwiegeln, verhetzen

aufhetzerisch: hetzerisch, revolutionär, aufwieglerisch

Aufhetzung: Aufputschung, Volksverhetzung, Verhetzung, Aufwiegelung

aufholen: 1. nacharbeiten, nachziehen, aufarbeiten, einholen, einbringen 2. ausgleichen, wettmachen, einholen, nachholen, gutmachen

aufhorchen: hellhörig werden, die Ohren spitzen, stutzen, aufmerksam werden

aufhören: 1. aufgeben, abgewöhnen, abgehen, einstellen 2. lassen, aussetzen, unterlassen 3. abtreten, ausscheiden, weggehen, verlassen

aufkaufen: ankaufen, erstehen, anschaffen, erwerben

aufkeimen: sich entwickeln, sprießen, aufgehen, sich entfalten, entstehen, sich bilden, beginnen, erwachen

aufklären: 1. aufhellen, erhellen, aufklaren, aufheitern 2. dahinter kommen, feststellen, enträtseln, herauskriegen, lösen, herausbekommen, entschlüsseln 3. unterrichten, unterweisen, belehren, informieren 4. auskundschaften, spionieren

Aufklärer: 1. Spion, Kundschafter 2. Agitator, Werber, Propagandist

Aufklärung: 1. Aufheiterung, Aufhellung, Wetterbesserung 2. Aufdeckung, Auflösung, Aufhellung, Erklärung, Einblick, Auskunft, Feststellung, Lösung, Bescheid 3. Information, Unterrichtung, Belehrung

Aufkleber: Sticker, Etikett, Label

aufknüpfen: 1. aufhängen, Knoten lösen, aufbinden, aufmachen

aufkommen: 1. entlohnen, bezahlen, vergüten 2. bezahlen, begleichen, aufwenden, unterstützen, zahlen, helfen, bestreiten

3. heraufziehen, nahen, herankommen, heranziehen, nähern, s. zusammenbrauen 4. auftauchen, herauskommen, erscheinen, s. entfalten, s. zeigen, s. bilden 5. durchdringen, s. herumsprechen, s. verbreiten, durchsickern

aufkrempeln: 1. aufrollen, hochkrempeln, umschlagen, aufstülpen 2. schaffen, arbeiten, anpacken

aufkreuzen: ankommen, eintreffen, erscheinen, eintrudeln, hereinschneien, auf der Bildfläche erscheinen, landen

aufkündigen: auflösen, annullieren, abbrechen, stilllegen, nicht weiter machen, den Kram hinwerfen, das Handtuch werfen

aufladen: 1. abwälzen, abschieben, aufbürden, aufhalsen, zuschieben 2. aufpacken, aufbürden, bepacken

Auflage: 1. Überzug, Schutzschicht 2. Neuausgabe, Ausgabe, Neudruck, Druckauflage, Fassung, Verlagsausgabe, Neuauflage 3. Bedingung

auflassen: offen lassen, aufbehalten, anlassen, auf dem Kopf behalten

auflauern: abpassen, s. heranschleichen, anfallen

Auflauf: Anhäufung, Gewühl, Getümmel, Zusammenrottung, Menschenansammlung, Ansammlung

auflaufen: 1. s. vervielfachen, s. ansammeln, anwachsen 2. auffahren, stranden, aufsitzen, auf Grund laufen, festfahren

aufleben: 1. verändern, s. entwickeln, aufblühen, wandeln 2. gesunden, s. erholen 3. s. beleben, entstehen

auflehnen: s. empören, s. sträuben, rebellieren, s. erheben, aufbegehren, s. aufbäumen, s. widersetzen

auflesen: 1. entdecken, auftreiben, finden, aufspüren, begegnen, auffinden, sehen, wiedersehen 2. aufheben, aufsammeln, aufnehmen, hochnehmen

aufleuchten: aufblinken, erstrahlen, aufblitzen, aufscheinen, leuchten, aufflammen, aufblenden, aufstrahlen

auflockern: lösen, entkrampfen, entspannen **s. auflockern:** aufhellen, aufklaren, aufklären

auflodern: aufkommen, aufsteigen, aufwallen, aufflammen

auflösen: 1. einstellen, beseitigen, abschaffen 2. lösen, entziffern, aufklären, dahinter kommen, entschlüsseln, entwirren 3. verflüssigen **s. auflösen:** 1. ziehen, wegziehen, fortziehen 2. s. losreißen, scheiden, weggehen, s. verabschieden, s. trennen 3. s. verteilen, s. verlaufen, auseinander gehen

Auflösung: 1. Beseitigung, Abschaffung, Aufhebung, Einstellung 2. Abwicklung, Stilllegung 3. Demontage, Abbruch 4. Trennung, Ehescheidung 5. Antwort, Lösung 6. Verfall, Verwesung, Zerfall, Zersetzung

aufmachen: 1. aufreißen, aufschließen, aufschlagen, aufsperren, öffnen 2. aufknoten, aufbinden, aufknüpfen, lösen 3. verlassen, weggehen, scheiden, ziehen, gehen 4. gründen, eröffnen

Aufmachung: Ausstattung, Aufzug, Gestaltung

Aufmarsch: 1. Ansammlung, Versammlung 2. Aufzug, Kundgebung, Umzug, Demonstration

aufmerken: 1. Acht geben, zuhören, beachten, beobachten, s. sammeln, befolgen 2. staunen, stutzen

aufmerksam: 1. interessiert, andächtig, gegenwärtig, konzentriert, wachsam, angespannt, gespannt, umsichtig, lernbegierig, angestrengt 2. achtsam, hellhörig 3. entgegenkommend, rücksichtsvoll, manierlich, fein, gefällig, höflich, nett, zuvorkommend, pflichtschuldigst

Aufmerksamkeit: 1. Achtsamkeit, Wachsamkeit, Sammlung, Anspannung, Konzentration 2. Anteilnahme, Nachfrage, Interesse 3. Geschenk, Gabe, Spende, Gastgeschenk 4. Anstand, Artigkeit, Gefälligkeit, Hilfsbereitschaft, Höflichkeit, Takt, Zuvorkommenheit

aufmucken: s. wehren, s. widersetzen, aufbegehren, die Stirn bieten, rebellieren, auf die Barrikaden gehen, s. querstellen

aufmuntern: 1. aufheitern, ablenken, zerstreuen 2. zuraten, anregen, ermuntern, zureden, auffordern, bestärken

Aufmunterung: Aufheiterung, Zerstreuung, Ablenkung, Aufforderung, Ermunterung, Anregung

aufmüpfig: aufsässig, bockig, dickköpfig, störrisch, unbotmäßig

aufnähen: applizieren, aufsteppen, anbringen, aufsetzen, anheften

Aufnahme: 1. Bandaufnahme, Aufzeichnung 2. Sendung, Direktsendung 3. Anknüpfung, Herstellung 4. Bild, Fotografie, Foto 5. Einlieferung, Übernahme, Erfassung 6. Übernahme, Anstellung, Einstellung

aufnahmebereit: aufgeschlossen, ansprechbar, empfänglich, aufnahmewillig, zugänglich, interessiert, offen, gestimmt, aufnahmefähig

Aufnahmefähigkeit: 1. Kapazität, Auffassungsgabe 2. Aufnahmevermögen, Fassungsvermögen, Inhalt

aufnehmen: 1. sehen, beobachten, bemerken 2. annehmen, zulassen 3. drehen, filmen 4. beginnen, anfangen 5. aufnotieren, abfassen, aufzeichnen, formulieren, aufschreiben, verfassen, zusammenstellen 6. unterbringen, beherbergen 7. aufheben, hochnehmen, hochheben 8. borgen, s. leihen 9. begreifen, lernen, auffassen

aufopfern (s.): s. opfern, s. abarbeiten, s. hingeben

aufopfernd: selbstlos, entsagungsvoll, aufopferungsvoll, uneigennützig

Aufopferung: Eifer, Engagement, Entsagung, Idealismus, Einsatz, Nächstenliebe, Hingabe

aufpäppeln: sich kümmern, gesund pflegen, versorgen, bemuttern

aufpassen: annehmen, achten, Acht haben, s. konzentrieren, aufmerken, s. merken, zuhören, s. sammeln

Aufpasser: Aufseher, Aufsicht, Wärter, Bewacher

aufpeitschen: 1. anreizen, beleben, animieren, anfachen, steigern, dopen, aufregen, stimulieren 2. aufwühlen, stürmen, toben

aufplatzen: zerbersten, aufspringen, zerspringen, s. entladen, explodieren, zerplatzen, s. öffnen, implodieren

Aufprall: Aufschlag, Kollision, Zusammenstoß, Karambolage

Aufpreis: Preisaufschlag, Mehrpreis, Zuschlag

aufputschen: anfachen, animieren, beleben, anreizen, steigern, dopen, stimulieren

Aufputschmittel: Dopingmittel, Anregungsmittel, Stimulans

aufraffen: 1. aufheben, auflesen, aufnehmen, aufsammeln 2. unterstützen, helfen, ermuntern **s. aufraffen:** s. aufschwingen, s. überwinden, s. entscheiden, s. überwinden, s. zwingen

aufragen: s. auftürmen, s. erheben, aufstreben, s. aufbauen

aufräumen: beseitigen, zusammenstellen, entrümpeln

aufrecht: 1. festbleibend, standhaft, mutig 2. kerzengerade, stocksteif, aufgerichtet 3. lotrecht, vertikal, senkrecht 4. lauter, rechtschaffen, unbestechlich, sauber, hochanständig, ehrenhaft, achtbar

aufrechterhalten: bestehen lassen, erhalten, wach halten, beibehalten, behaupten

aufregen: 1. ereifern, erregen, elektrisieren, aufreizen, erhitzen, aufwühlen, aufrühren 2. stören, belästigen

aufregend: 1. spannend, interessant 2. ermüdend, nervenaufreibend, mühsam, mühselig, aufreibend

Aufregung: Erregung, Aufruhr, Überreizung, Aufgeregtheit, Gemütsbewegung, Überspanntheit

aufreiben: 1. besiegen, bezwingen, vernichten, zermürben, fertig machen, ruinieren, zerreiben 2. verletzen, wund reiben **s. aufreiben:** s. fordern, s. bemühen, s. quälen, s. anstrengen

aufreibend: mühsam, beschwerlich, aufregend, anstrengend, strapaziös, nervenaufreibend

aufreißen: 1. öffnen, lüften 2. ausbaggern, auskoffern 3. öffnen, aufsperren 4. aufklaren, aufhellen

aufreizen: aufhetzen, aufputschen, aufwiegeln, aufbringen, aufpeitschen, entflammen, erregen, anheizen

aufreizend: erregend, herausfordernd, lasziv, provokant

aufrichten: 1. erbauen, trösten, stärken 2. stapeln, aufschichten, anhäufen, aufstapeln 3. helfen, stützen 4. aufbauen, hochziehen, bauen, erstellen 5. hochrichten, emporrichten, aufsetzen **s. aufrichten:** s. erheben, aufstehen

aufrichtig: unverhüllt, ehrlich, gerade, offen, wahrhaft, wahrhaftig, vertrauenswürdig, wahr, freimütig, echt, ernsthaft, geradsinnig, geradlinig

Aufrichtigkeit: Ehrlichkeit, Offenheit, Freimütigkeit, Offenherzigkeit, Zuverlässigkeit

aufrollen: 1. bloßlegen, entlarven, durchschauen, aufdecken 2. aufspulen, aufwickeln 3. entrollen, abrollen 4. behandeln, wieder aufnehmen 5. aufspulen, aufwickeln, zusammenrollen

aufrücken: 1. auffahren, s. nähern 2. befördern, höher stufen

Aufruf: Aufforderung, Appell, Proklamation

aufrufen: 1. bewegen, mahnen, auffordern 2. sagen, nennen

Aufruhr: Unruhen, Durcheinander, Wirren, Aufstand, Empörung, Revolution

aufrühren: 1. auskramen, hervorholen, aufwärmen 2. aufwühlen, aufregen

Aufrührer: Rebell, Revolutionär, Verschwörer, Empörer, Aufständischer

aufrührerisch: rebellisch, aufsässig, aufmüpfig, widersetzlich

aufrüsten: mobil machen, rüsten, s. bewaffnen

Aufrüstung: Bewaffnung, Rüstung, Mobilmachung

aufrütteln: 1. aufwecken, wachrütteln, wecken 2. wachrufen, wachrütteln

aufsagen: heruntersagen, hersagen, herunterleiern, vortragen

aufsammeln: hochnehmen, lesen, aufheben, zusammenraffen, auflesen, zusammenlesen, aufraffen, aufsuchen

aufsässig: 1. stur, bockig, unfolgsam, rechthaberisch, unnachgiebig, starrsinnig, trotzig, verschlossen, ungehorsam, widersetzlich, unzugänglich, eigensinnig, verstockt 2. aufwieglerisch, revoltierend, aufständisch, umstürzlerisch, rebellisch, aufrührerisch

Aufsatz: 1. Schulaufsatz, Niederschrift 2. Beitrag, Arbeit, Abhandlung, Bericht, Traktat, Essay

aufsaugen: aufnehmen, beanspruchen, verzehren, in Beschlag halten, schlauchen, stressen, in Anspruch nehmen

aufschauen: hochblicken, hochsehen, aufsehen

aufscheuchen: aufschrecken, aufjagen, aufstöbern

aufschieben: 1. hinausschieben, hinauszögern, verzögern, aussetzen, umdisponieren, verlegen, vertagen 2. aufmachen, öffnen

Aufschlag: 1. Agio, Aufgeld, Zuschlag, Aufpreis 2. Aufstoß, Kollision, Karambolage, Zusammenprall, Aufprall, Auffahrunfall, Zusammenstoß 3. Revers, Fasson, Besatz 4. Angabe 5. Stulpe, Umschlag

aufschlagen: 1. aufstoßen, aufknallen, aufprallen 2. öffnen, aufklappen, aufblättern, aufmachen 3. aufklopfen 4. aufschließen, aufmachen, aufsperren, öffnen 5. anziehen, s. verteuern

aufschließen: 1. nachrücken, aufrücken, auffahren 2. aufreißen, öffnen, aufmachen, aufsperren

Aufschluss: Aufdeckung, Ermittlung, Auflösung, Klärung, Aufklärung, Auskunft, Klarheit, Bescheid, Einblick

aufschlüsseln: durchgliedern, einteilen, unterteilen, gliedern, aufgliedern, fächern, ordnen, einordnen

Aufschlüsselung: Abstufung, Fächerung, Ordnung, Gliederung, Einteilung, Aufgliederung, Aufteilung

aufschlussreich: wichtig, interessant, bemerkenswert, bedeutungsvoll, beachtenswert, vielseitig

aufschnappen: 1. mitbekommen, erhaschen, hören 2. auffangen, greifen, abfangen, fangen

aufschneiden: 1. zerlegen, zerteilen 2. aufmachen, öffnen 3. s. großtun, s. aufblähen, s. brüsten, s. aufspielen, prahlen, angeben, übertreiben

Aufschneider: Angeber, Prahler, Schaumschläger, Protz, Großmaul, Maulheld, Sprücheklopfer, Wichtigtuer

aufschrecken: 1. aufscheuchen, hochjagen 2. alarmieren, wachrütteln, beunruhigen, in Sorge versetzen

Aufschrei: Ruf, Brüller, Schrei

aufschreiben: 1. notieren, vermerken, anmerken, verzeichnen 2. notieren, schreiben, aufzeichnen

aufschreien: aufbrüllen, aufkreischen

Aufschrift: Beschriftung, Aufdruck, Etikett

Aufschub: 1. Frist, Verschiebung, Gnadenfrist, Bedenkzeit 2. Vertagung, Verschiebung 3. Aufhaltung, Verlangsamung, Aufenthalt, Verzögerung, Verzug

aufschürfen (s.): s. verletzen, s. aufscheuern, s. wund reiben

aufschütten: aufhäufen, errichten, erhöhen, verbreitern

aufschwatzen: einreden, bequatschen, breitschlagen, herumkriegen, aufdrängen

Aufschwung: 1. Boom, Aufstieg, Welle, Blüte 2. Genesung, Besserung, Genesungsprozess

aufsehenerregend: abenteuerlich, außerordentlich, bewundernswert, auffällig, bewundernswürdig, beachtlich, erstaunlich, auffallend, ausgefallen, brillant, einzigartig, beeindruckend, hervorragend, unvergleichlich, imposant, überwältigend, groß, eindrucksvoll, überragend, sensationell, stattlich

aufsehen: emporsehen, hochschauen, hochblicken, aufschauen, aufblicken

Aufsehen: Eklat, Aufheben, Ereignis, Sensation, Skandal

Aufseher: Aufsicht, Präfekt, Bewacher, Aufsichtsperson, Ordner, Wärter, Aufpasser

aufsetzen: 1. aufstülpen, bedecken, anziehen 2. auftischen, auftragen, servieren 3. landen, wassern, niedergehen, notlanden 4. aufschreiben, hinschreiben, anmerken, niederschreiben, protokollieren, zusammenstellen, verfassen, verzeichnen, vermerken, aufnehmen, abfassen

Aufsicht: 1. Perspektive, Draufsicht 2. Überwachung, Zensur, Beaufsichtigung, Bewachung

aufsichtslos: frei, selbstständig, unkontrolliert, unbeaufsichtigt, unbewacht

aufsitzen: 1. stranden, festsitzen 2. s. hinaufschwingen, besteigen, aufsteigen

aufspalten: durchhacken, spalten, trennen

aufspannen: ausbreiten, öffnen, entfalten

aufsparen: zurückhalten, reservieren, zurücklegen, aufheben, erübrigen

aufspeichern: horten, zusammenraffen, speichern

aufsperren: öffnen, aufmachen, aufschließen

aufspielen: spielen, musizieren **s. aufspielen:** s. aufblähen, s. aufblasen, s. aufplustern, prahlen, angeben

aufspießen: 1. anstecken, aufnehmen 2. kritisieren, tadeln, brandmarken, anprangern

aufspringen: 1. s. aufrichten, erwachen, s. aufrecken, s. aufsetzen, s. erheben, aufstehen 2. s. auftun, s. öffnen, s. entfalten, aufplatzen, platzen

aufspüren: sehen, aufgabeln, auffinden, ausmachen, entdecken, finden, treffen, vorfinden, aufstöbern

aufstacheln: anspornen, anstiften, aufhetzen, einheizen, reizen, antreiben, anfeuern

Aufstand: Erhebung, Gewaltakt, Aufruhr, Krawall, Putsch, Meuterei, Ausschreitung, Unruhen, Revolution, Tumult, Verschwörung, Unterwanderung, Empörung, Übergriff

aufstauen (s.): zusammenkommen, s. aufsammeln, s. akkumulieren

aufstecken: aufhören, aussteigen, einstellen, aufgeben, schließen, brechen, beenden

aufstehen: 1. s. erheben, aufschnellen, s. aufrichten 2. s. widersetzen, s. empören, s. erheben, aufbegehren, s. aufbäumen

aufsteigen: 1. besteigen, zusteigen, einsteigen 2. emporsteigen, aufrücken, hinaufsteigen, vorwärts kommen, hochkommen, hochklettern 3. s. verbessern, aufschwingen 4. emporsteigen, hochgehen, ansteigen

Aufsteiger: Emporkömmling, Karrierist, Arrivierter

aufstellen: 1. formulieren, notieren, festhalten 2. bauen, gründen 3. s. hinstellen, s. postieren, s. stellen 4. zusammenstellen, vereinigen 5. montieren, aufbauen, aufrichten, zusammenbauen, bauen 6. nominieren, nennen **s. aufstellen:** postieren, s. platzieren, s. aufbauen

Aufstellung: 1. Benennung, Ernennung, Nominierung 2. Zusammenstellung, Bildung 3. Platzierung, Postierung

Aufstieg: 1. Beförderung, Entfaltung, Fortkommen, Emporkommen, Vorwärtskommen 2. Gipfelfahrt, Hochtour, Besteigung, Bergbesteigung 3. Lohnaufbesserung, Gehaltserhöhung 4. Steigung, Schräge, Höhenunterschied 5. Hoch, Boom, Aufschwung, Blüte, Konjunktur 6. Treppe, Stufen, Leiter

aufstöbern: herausfinden, herauskriegen, begegnen, aufspüren, ermitteln, finden, entdecken, aufscheuchen, sehen, wiedersehen

aufstoßen: 1. aufschlagen, öffnen 2. hochkommen, rülpsen

Aufstrich: 1. Anstrich, Strich nach oben 2. Brotbelag, Brotaufstrich

aufstülpen: 1. aufsetzen, anlegen 2. aufklappen, hochschlagen

aufstützen (s.): s. aufrichten, s. stützen, s. halten

auftakeln (s.): s. schön machen, s. aufdonnern, s. aufmotzen, s. in Schale schmeißen, s. schmücken

Auftakt: Beginn, Anfang, Eröffnung, Startschuss, Anbeginn

auftanken: tanken, nachfüllen, volltanken

auftauchen: 1. aufblitzen, aufdämmern 2. herauskommen, entstehen, s. entwickeln 3. emportauchen, ankommen, erscheinen, aufkreuzen, wieder erstehen, auftreten, hervorkommen

auftauen: wegschmelzen, entfrosten, wegtauen, abtauen, enteisen

aufteilen: 1. aufgliedern, einteilen, verteilen, aufschlüsseln 2. parzellieren, einteilen, teilen, trennen

Aufteilung: 1. Aufgliederung, Aufschlüsselung 2. Einteilung, Verteilung, Abteilung

auftischen: 1. anbieten, auftragen, anrichten 2. bezahlen, spendieren 3. einreden, eingeben, erzählen, weismachen, einflüstern

Auftrag: 1. Sendung, Beauftragung, Mandat 2. Pflicht, Bestimmung, Funktion, Schuldigkeit, Aufgabe 3. Vorausbestellung, Bestellung, Abonnement 4. Anordnung, Kommando, Statut, Befehl, Aufgabe, Aufforderung, Erlass, Weisung, Satzung, Unterrichtung, Vorschrift, Order 5. Berufung, Ruf

auftragen: 1. anfahren, vorsetzen, servieren,

bewirten, auftischen 2. anweisen, festlegen, befehlen, anordnen, verfügen 3. anmalen, s. fein machen, s. zurechtmachen, s. schminken

Auftraggeber: 1. Mandant, Käufer, Besteller 2. Hintermann, Strohmann

auftreiben: 1. aufschrecken, aufstöbern, aufjagen 2. schwellen, in die Höhe treiben, aufquellen 3. aufspüren, entdecken, finden

auftrennen: aufdrehen, zertrennen, aufmachen

auftreten: 1. erscheinen, auftauchen 2. bezeugen 3. s. zeigen, s. gebärden, s. verhalten, s. geben

Auftreten: Art, Benehmen, Etikette, Haltung, Umgangsformen, Betragen, Manieren, Sitte

Auftritt: 1. Debüt, Auftreten, Start, Gastspiel, Comeback 2. Szene, Nummer 3. Vorstellung, Darbietung, Aufführung

auftrumpfen: 1. s. auflehnen, s. erheben, s. empören, s. aufbäumen, aufbegehren, s. widersetzen, s. verschwören, protestieren, opponieren, trotzen 2. angeben, s. rühmen, renommieren, prahlen, s. aufspielen

auftun (s.): s. bieten, s. ergeben, s. öffnen, s. zeigen, s. darbieten

aufwachen: munter werden, die Augen öffnen, erwachen

Aufwand: 1. Ausgaben, Tantiemen, Auslagen 2. Prunk, Verschwendung, Ausstattung, Pracht

aufwärmen: 1. erhitzen, aufkochen 2. wiederkäuen, auffrischen, wiederholen **s. aufwärmen:** s. erwärmen, s. bessern

aufwärts: 1. flussaufwärts, stromauf, flussauf 2. bergan, talauf, bergauf 3. auf, hoch, empor

aufwecken: erwecken, wachrütteln, wecken

aufweichen: 1. durchweichen, durchfeuchten 2. untergraben, zersetzen, unterminieren

aufwenden: einsetzen, aufbieten, reinstecken

aufwendig: 1. luxuriös, prächtig 2. teuer, kostspielig, unerschwinglich, unbezahlbar

Aufwertung: Steigerung, Anreicherung, Verbesserung, Erhöhung

aufwiegeln: anstacheln, aufhetzen, aufreizen, fanatisieren, verhetzen

Aufwiegelung: Aufputschung, Fanatisierung, Aufhetzung

Aufwiegler: Fantast, Hetzredner, Hetzer, Demagoge, Volksverhetzer

aufwieglerisch: hetzerisch, aufrührerisch, provokatorisch

aufwirbeln: auftreiben, in die Luft wirbeln, aufrühren

aufwischen: sauber machen, wischen, putzen, reinigen, schrubben

aufzählen: 1. sagen, erwähnen 2. erzählen, zählen, aufblättern 3. aufschreiben, auflisten

Aufzählung: 1. Zitat, Zitierung 2. Auflistung, Erwähnung

aufzehren: verbrauchen, aufessen **s. aufzehren:** s. verbrauchen, s. abmühen, s. verausgaben

aufzeichnen: aufschreiben, verfassen, niederschreiben, notieren

Aufzeichnung: Manuskript, Niederschrift, Protokoll

aufzeigen: darlegen, dokumentieren, nachweisen, zutage bringen

aufziehen: 1. beziehen, bespannen, aufspannen 2. aufmachen, öffnen 3. heraufziehen, s. nahen, s. zusammenballen, s. nähern, aufkommen, s. zusammenziehen, herankommen 4. füttern, ernähren, aufzüchten, hochbringen, heranziehen 5. gestalten, unternehmen 6. bebauen, bestellen, anpflanzen, großziehen, aufwachsen, stecken, legen, pflanzen, aussäen, setzen 7. einrollen, hochmachen, zusammenrollen 8. witzeln, hänseln, höhnen, ärgern, ausspotten

Aufzug: Fahrstuhl, Paternoster, Lift

aufzwingen: aufdrängen, diktieren

Auge: 1. Sehorgan, Glotzer, Gucker 2. Gespür, Spürsinn, Scharfblick 3. Keim, Knospenansatz

Augenblick: Moment, Weilchen, Sekunde

augenblicklich: 1. jetzt, derzeit, eben, soeben, gerade, heute 2. vorübergehend, zeitweilig, vergänglich

augenfällig: deutlich, auffallend, nicht zu übersehen, unverkennbar, offensichtlich, evident

Augenmerk: Achtsamkeit, Konzentration, Anspannung, Andacht, Aufmerksamkeit

Augenschein: 1. Anblick, Sicht, Optik 2. Schein, Anschein, Aussehen

Augenweide: sehr schöner Anblick, Freude, Genuss, Augenschmaus, Wonne

aus sein: 1. beendet, zu Ende sein, nicht mehr vorrätig sein, ausgeschaltet sein 2. nicht zu Hause sein, weg sein, aushäusig 3. ansteuern, es abgesehen haben auf, versessen sein, abzielen

aus: 1. vergangen, gewesen, vorüber, vergessen, vorbei 2. durch, wegen, angesichts, kraft, aufgrund

ausarbeiten: planen, erstellen, anlegen, erarbeiten

Ausarbeitung: Bearbeitung, Ausführung, Tat

ausatmen: aushauchen, keuchen, schnaufen, stöhnen

ausbaden: büßen, herhalten, wiedergutmachen, entgelten, wettmachen

ausbaldowern: auskundschaften, nachforschen, ausfindig machen, spionieren

Ausbau: 1. Entwicklung, Vertiefung, Erweiterung 2. Renovation, Renovierung, Neugestaltung, Umbau, Restaurierung 3. Ausweitung, Erweiterung, Vergrößerung

ausbauen: 1. ausweiten, erweitern, vergrößern, verbreitern 2. herausbauen, herausnehmen 3. erweitern, vertiefen, entwickeln

ausbedingen (s.): verlangen, fordern, heischen, wollen, s. ausbitten

ausbessern: 1. stopfen, flicken, zusammennähen 2. reparieren, wiederherstellen

Ausbesserung: Wiederherstellung, Reparatur, Instandsetzung

Ausbeute: 1. Ertrag, Ergebnis 2. Profit, Erlös, Gewinn, Einnahmen

ausbeuten: 1. ausplündern, ruinieren, aussaugen 2. herausholen, auswerten, ausnützen, auslasten, verwerten

Ausbeuter: Erpresser, Profitmacher, Wucherer, Blutsauger

Ausbeutung: 1. Lohnabhängigkeit, Lohnsklaverei 2. Auswertung, Ausnutzung 3. Nutzbarmachung, Verwertung

ausbezahlen: zahlen, abbezahlen, bezahlen, unterstützen, verauslagen, auszahlen, erstatten, entrichten, abzahlen, vergüten

ausbilden: anweisen, erziehen, unterrichten, belehren, schulen, anleiten, unterweisen, exerzieren

Ausbilder: Kursleiter, Instrukteur, Unterrichtender

Ausbildung: Lehrzeit, Lehre, Bildung, Erziehung, Schulung, Ausbildungszeit, Studienjahre

ausbitten (s.): 1. erflehen, erbitten 2. verlangen, fordern

ausblenden: herausnehmen, ausstreichen **s. ausblenden:** beenden, vergehen, abschalten

Ausblick: Fernsicht, Fernblick, Aussicht, Panorama, Sicht

ausbooten: absetzen, aus dem Sattel heben, abservieren, absetzen, auf die Straße setzen, kaltstellen, in die Wüste schicken, beiseiteschieben, aufs Abstellgleis setzen

ausbrechen: 1. losbrechen, knallen, auflodern, s. entladen, aufflammen, zerspringen 2. entfernen, lösen 3. entkommen, entspringen, enteilen, fliehen, davonlaufen, fortlaufen, flüchten 4. s. ausbreiten, wüten, rasen, s. ergießen, s. häufen 5. s. übergeben, erbrechen 6. beginnen, starten 7. spritzen, sprühen

Ausbrecher: Flüchtling, Ausreißer

ausbreiten: 1. s. durchsetzen, s. verbreiten 2. auflegen, auslegen 3. auseinander falten, aufdecken, zeigen **s. ausbreiten:** 1. reden, s. äußern 2. s. ausdehnen, anschwellen, s. verbreiten, s. verdicken, zunehmen, s. vergrößern, s. ausweiten

Ausbreitung: Expansion, Zunahme, Vergrößerung, Ausweitung, Ausdehnung

Ausbruch: 1. Anfang, Beginn 2. Vulkanausbruch, Eruption 3. Anfall, Gefühlsausbruch, Entladung

ausbuddeln: 1. ausgraben 2. herausziehen

ausbügeln: beilegen, regeln, wiedergutmachen, zurechtbiegen, einrenken, bereinigen, hinbiegen, zurechtrücken, schlichten, ausgleichen

ausbuhen: niederschreien, pfeifen, auspfeifen

Ausbund: Höchstmaß, Verkörperung, Inbegriff, Prototyp

ausbürgern: ausweisen, aussiedeln, verbannen, expatriieren

Ausbürgerung: Ausweisung, Expatriierung, Aussiedlung, Verbannung

Ausdauer: Beharrlichkeit, Hartnäckigkeit, Zähigkeit, Unverdrossenheit

ausdauernd: beharrlich, hartnäckig, zäh, unbeirrt, unbeirrbar, krampfhaft, unentwegt, unverdrossen

ausdehnen: 1. ausbreiten, entwickeln, ausweiten, vermehren, erweitern 2. weitern, erweitern, s. dehnen 3. vergrößern, strecken, weiten, verbreitern, verlängern

Ausdehnung: 1. Ausbreitung, Breite 2. Größenordnung, Dimension 3. Weitung, Streckung, Dehnung, Vergrößerung 4. Ausbreitung, Entwicklung, Vermehrung, Erweiterung, Ausweitung

ausdenken: konstruieren, erfinden, ersinnen, erdichten, erdenken

ausdiskutieren: debattieren, klären, erörtern, durchkauen, bequatschen, bekakeln, durchsprechen

ausdörren: austrocknen, vertrocknen, ausbrennen, versengen

Ausdruck: 1. Vokabel, Bezeichnung, Wort 2. Mimik, Zug, Gesichtsausdruck, Miene 3. Bestätigung, Beweis 4. Redewendung, Formulierung, Redeweise, Redensart 5. Ausdrucksart, Stil

ausdrücken: 1. formulieren, erklären, s. auslassen, äußern, sprechen, meinen 2. pressen, auspressen 3. besagen, aussagen, verraten, zeigen, bedeuten 4. austreten, ausblasen, löschen, ersticken, auslöschen 5. bekunden, bezeigen, aussprechen

ausdrücklich: genau, bestimmt, fest, entschieden, nachdrücklich

Ausdruckskraft: Beredsamkeit, Ausdrucksfähigkeit, Kraft, Überzeugungskraft, Eindringlichkeit

ausdruckslos: ausdrucksleer, nichts sagend, unartikuliert

ausdrucksvoll: 1. bildreich, ausdrucksstark, dichterisch, sprechend, rednerisch 2. bedeutsam, viel sagend, bedeutend 3. anschaulich, deutlich, lebendig, farbig, einprägsam, bildhaft, sinnfällig, wirklichkeitsnah, interessant, verständlich, sprechend

Ausdrucksweise: Redeweise, Sprache, Stil, Darstellungsweise

auseinandergehen: 1. differieren, s. unterscheiden 2. auflösen, s. verabschieden, s. losreißen, s. trennen, s. empfehlen, scheiden, weggehen

auseinander setzen: 1. erklären, besprechen, darlegen, s. befassen, s. streiten, beraten, erörtern, durchsprechen 2. teilen, trennen

auseinander treiben: verjagen, wegschicken, verteilen

auseinander: 1. entfernt, weg, fort 2. zweigeteilt, getrennt, geteilt

auseinanderbringen: 1. trennen, auseinanderbekommen 2. entfremden, entzweien, Unfrieden stiften, einen Keil treiben zwischen

auseinanderhalten: nicht verwechseln, unterscheiden, voneinander abheben, abgrenzen

Auseinandersetzung: Feindseligkeit, Kampf, Streit, Gefecht, Fehde, Konflikt, Hader, Unfriede, Zerwürfnis, Zank, Händel

auserlesen: 1. erstklassig, einmalig 2. auserkoren, erwählt, auserwählt, berufen, exquisit

Auserwählte: 1. Geliebte, Liebste, Bekannte, Schatz, Freundin, Einzige, Favoritin 2. Geliebter, Schatz, Freund, Liebhaber

ausfahren: 1. abfahren, fortfahren, s. entfernen 2. anliefern, hinbringen 3. abnutzen, verschleißen 4. herablassen, hinunterlassen

Ausfahrt: 1. Gartentor, Haustor, Tor 2. Tour, Spazierfahrt, Spritztour

Ausfall: Einbuße, Verlust, Schädigung, Schaden, Streichung, Wegfall

ausfallen: 1. wegfallen, ausbleiben 2. herausfallen, herausfliegen 3. absagen, wegfallen

ausfallend: gemein, ordinär, grob, beleidigend, unhöflich, frech, unfreundlich

ausfechten: austragen, zu Ende führen, durchkämpfen

ausfeilen: vervollständigen, den letzten Schliff anlegen, feilen, korrigieren, verbessern, durcharbeiten

ausfertigen: aufschreiben, ausfüllen, ausstellen

ausfließen: herausfließen, entfließen, entströmen, herauslaufen, s. leeren

ausflippen: 1. die Beherrschung verlieren, wütend werden, in Zorn geraten, ausrasten, austicken, die Nerven verlieren, an die Decke gehen 2. hingerissen sein, in Begeisterung ausbrechen, angetan sein, Feuer und Flamme sein

Ausflucht: Flucht, Alibi, Täuschung, Ausrede, Rückzieher, Entschuldigung, Vorwand, Notlüge, Rückzug, Trick

Ausflug: Vergnügungsfahrt, Partie, Trip, Spaziergang, Tour, Abstecher, Ausfahrt, Wanderung

ausfragen: befragen, interviewen, auspressen, ausforschen, fragen, aushorchen, bohren, nachbohren

ausfressen: 1. aufessen, leer essen 2. Schuld auf sich nehmen, schuldig werden 3. aushöhlen, ausschwemmen

Ausfuhr: Export, Auslieferung, Verkauf

ausführbar: denkbar, durchführbar, machbar, möglich

ausführen: 1. exportieren, ausliefern 2. erledigen, verwirklichen, gehen, vollstrecken, durchführen, vollziehen 3. erzeugen, bauen, fertigen, machen, ausstoßen, anfertigen 4. darlegen, erklären

ausführlich: langatmig, umständlich, weitläufig, wortreich, breit

Ausführung: 1. Herstellungsart, Machart 2. Organisation, Durchführung, Vollzug, Abwicklung, Erledigung, Tat, Betätigung, Veranstaltung, Vollstreckung 3. Erklärung, Demonstration, Darstellung 4. Bemerkung, Überlegung, Aussage, Äußerung, Darstellung, Demonstration

Ausfuhrverbot: Embargo, Handelssperre, Ausfuhrsperre

ausfüllen: 1. zubringen, überbrücken 2. voll schreiben, eintragen, ausfertigen 3. schließen, zuschütten 4. s. aufbauschen, s. blähen, s. bauschen

Ausgabe: 1. Auflage, Edition, Publikation, Veröffentlichung, Herausgabe 2. Verteilung, Aushändigung, Vergabe 3. Unkosten, Aufwand, Kosten, Spesen, Auslage

Ausgang: 1. Freizeit, Urlaub 2. Tür, Tor, Ausstieg 3. Schluss, Ende, Abschluss, Ausklang, Schlusspunkt, Beendigung

Ausgangspunkt: 1. Basis, Stützpunkt 2. Ursprung, Beginn, Anfang

ausgeben: 1. ausschütten, auswerfen, verbrauchen 2. anordnen, befehlen 3. zuteilen, aushändigen, verteilen, verschenken, austeilen 4. kaufen, verschwenden 5. bezahlen, spendieren

ausgebeult: ausgeleiert, geweitet

ausgebildet: 1. geschult, profihaft, vollkommen, perfekt 2. stark, ausgeprägt

ausgebrannt: überanstrengt, gestresst, mit den Nerven runter, abgearbeitet, gerädert, überarbeitet, groggy, ausgepowert, zerschlagen, verbraucht, fix und fertig, schachmatt, abgeschlafft

ausgebucht: 1. verkauft, vergriffen, ausverkauft, nicht mehr frei, reserviert 2. vollbeschäftigt, ausgelastet

ausgedehnt: lang gestreckt, groß, breit, ausgestreckt, weit, weitschichtig

ausgedient: 1. abgewetzt, zerschlissen, schäbig, abgegriffen, verschlissen, alt 2. schadhaft, abgestoßen, unbrauchbar, defekt 3. abgedankt, abgebaut, pensioniert, abgesetzt, entlassen

ausgefallen: 1. abseitig, abwegig, verstiegen 2. abenteuerlich, eindrucksvoll, enorm, erstaunlich, Aufsehen erregend, bedeutungsvoll, fabelhaft, groß, überraschend, außerordentlich, nennenswert, brillant, verblüffend, ungewöhnlich, beachtlich, stattlich, sagenhaft 3. unüblich, ungewohnt, abnormal, anomal, absonderlich, närrisch

Ausgefallenheit: Überspitztheit, Verrücktheit, Überspanntheit, Verstiegenheit

ausgefeilt: stilistisch, geschliffen

ausgeflogen: nicht da, nicht zu hause, nicht anwesend, aushäusig

ausgefüllt: 1. voll, beschrieben 2. voll, erfüllt, interessant

ausgeglichen: 1. gleichartig, ebenbürtig, ähnlich 2. harmonisch, abgeklärt, ruhevoll, besonnen, beherrscht, ruhig, bedacht, würdevoll

Ausgeglichenheit: 1. Harmonie, Bedachtsamkeit, Haltung, Würde, Selbstbeherrschung, Gefasstheit, Besonnenheit 2. Übereinstimmung, Ebenmäßigkeit

ausgeklügelt: scharfsinnig, raffiniert, clever, ausgetüftelt

ausgekocht: gewitzt, raffiniert, clever, durchtrieben, geschickt, findig

ausgelassen: überschäumend, aufgeweckt, übermütig, vergnügt, albern, ungestüm, wild, aufgekratzt, unbändig

Ausgelassenheit: Vergnügtheit, Lustigkeit, Lebenslust, Unbekümmertheit, Übermut

ausgelastet: vollbeschäftigt, ausgebucht

ausgenommen: exklusive, ohne, außer, ausschließlich

ausgepowert: überanstrengt, gestresst, mit den Nerven runter, abgearbeitet, gerädert, überarbeitet, groggy, ausgepowert, zerschlagen, verbraucht, fix und fertig, schachmatt

ausgeprägt: 1. auffällig, hochgradig, stark, krass 2. markant, profiliert

ausgepumpt: abgearbeitet, urlaubsreif, gestresst, abgespannt, angegriffen, erschöpft, ausgelaugt, fertig

ausgereift: 1. ausgewogen, ausgefeilt, wohl überlegt, überlegt 2. gereift, reif, vollreif

Ausgereiftheit: Durchdachtheit, Überlegenheit, Ausgewogenheit

ausgeruht: munter, ausgeschlafen, wach

ausgeschlossen: 1. abgelehnt, verschmäht, verachtet 2. unwahrscheinlich, unglaubhaft, unvorstellbar

ausgeschrieben: offeriert, angeboten

ausgesöhnt: befreundet, einträchtig, versöhnt

ausgesprochen: 1. regelrecht, direkt 2. entschieden, fest, erklärt 3. angedeutet, artikuliert, gesagt

ausgestalten: 1. einrichten, ausschmücken 2. einrichten, arrangieren, verwirklichen, gestalten

Ausgestaltung: Einrichtung, Ausschmückung

ausgestorben: öde, entvölkert, menschenleer, verlassen

ausgestorben: menschenleer, öde, verwaist, unbelebt, entvölkert, leer

ausgesucht: erstklassig, exklusiv, auserlesen, vorzüglich

ausgetreten: 1. benutzt, abgetreten, verbraucht 2. üblich, bekannt

ausgewachsen: geschlechtsreif, kräftig, erwachsen, mündig, gereift, heiratsfähig, groß, volljährig

Ausgewogenheit: Harmonie, Ausgeglichenheit, Gleichgewicht, Proportionalität

ausgezehrt: ausgehungert, abgemagert, ausgemergelt, nur noch Haut und Knochen, vom Fleisch gefallen, elend, dürr, unterernährt

ausgezeichnet: 1. herrlich, bestens, preisgekrönt, lobenswert, famos, brillant, exemplarisch, außerordentlich, vorzüglich, trefflich, pfundig, untadelig, beispielhaft, tadellos, überragend, toll 2. etikettiert, ausgeschrieben

ausgezogen: entblößt, bloß, frei, enthüllt, unangezogen, nackt, unbedeckt

ausgiebig: genügend, reichlich, viel, massenhaft

ausgießen: entleeren, schütten, weggießen, kippen, einschenken, leeren

Ausgleich: 1. Gutschrift, Auszahlung, Verrechnung, Bezahlung, Abzahlung, Tilgung, Rückzahlung 2. Regulierung, Einlösung, Begleichung 3. Abschluss, Bilanz, Saldierung 4. Abmachung, Abschluss, Papier, Friede, Verabredung, Vereinbarung, Übereinkunft, Vertrag, Bereinigung 5. Nivellierung, Begradigung, Einebnung 6. Gegengewicht, Kompromiss, Balance

ausgleichen: 1. glätten, nivellieren, gleichmachen, einebnen, planieren 2. überwinden, überbrücken 3. wettmachen, gleichziehen, nacharbeiten, nachholen 4. einzahlen, nachzahlen, einlösen, auffüllen, tilgen, abrechnen, erfüllen 5. abarbeiten, abschreiben, kompensieren, wettmachen, anrechnen, aufrechnen 6. abschließen, saldieren 7. vergelten, s. revanchieren, belohnen, wiedergutmachen 8. schlichten, beilegen, vermitteln 9. neutralisieren, balancieren

ausgraben: 1. ausmachen, roden 2. s. erinnern, hervorholen, s. zurückerinnern 3. ausbetten, umbetten, freilegen

aushalten: 1. freihalten, spendieren 2. verkraften, standhalten, vertragen, ausharren 3. durchmachen, ertragen, dulden, erleiden, verarbeiten, hinnehmen

aushändigen: abliefern, abgeben, ausgeben, überlassen, abtreten, übergeben, überreichen, überbringen

Aushändigung: Lieferung, Übereignung, Überbringung, Abgabe, Ausgabe

Aushang: Steckbrief, Anschlagzettel, Aufgebot

aushängen: 1. veröffentlichen, anschlagen, bekannt geben, bekannt machen 2. ausheben, herausheben

ausharren: 1. standhalten, aushalten 2. verharren, s. anstellen

aushauchen: 1. keuchen, ausatmen 2. sterben, dahinscheiden, heimgehen, verscheiden

ausheben: 1. einziehen, einberufen 2. aufgreifen, ergreifen, erwischen, entdecken 3. schürfen, ausbaggern, höhlen, freilegen, vertiefen, ausschachten

aushecken: sich ausdenken, planen, ausklamüsern, auskochen, s. etwas einfallen lassen

Aushilfe: 1. Beistand, Mithilfe, Unterstützung 2. Aushilfspersonal, Vertreter

aushöhlen: 1. absorbieren, ruinieren, beanspruchen 2. ausgraben, ausrunden, höhlen 3. bekämpfen, befehden, untergraben

aushorchen: ausforschen, ausfragen

ausklingen: 1. aushallen, verhallen, verklingen, abklingen 2. ausgehen, endigen, aufhören

ausklinken (s.): s. fernhalten, s. isolieren, s. abschotten, s. verkriechen, s. zurückziehen, in Klausur gehen, s. absondern

ausklügeln: sich ausdenken, planen, ausklamüsern, auskochen, s. etwas einfallen lassen

ausknipsen: ausschalten, abstellen, ausmachen

Auskommen: Lebensunterhalt, Versorgung, Einkommen

auskosten: genießen, auskosten, sich sonnen in

auskundschaften: ausforschen, erkunden, ausspähen, nachforschen, spionieren, ausspionieren

Auskundschafter: Späher, Agent, V-Mann, Lauscher, Spitzel

Auskunft: Antwort, Nachricht, Bescheid, Mitteilung

auskurieren: wiederherstellen, heilen

auslachen: verspotten, hänseln, verlachen

ausladen: entladen, ausleeren, auskippen, ausgießen, abladen, schütten, löschen, ausschiffen

Ausland: Fremde, Übersee, Weite, Ferne

Ausländer: Fremdling, Fremder

ausländisch: fremdartig, fremdländisch

Auslass: Luke, Öffnung, Einstieg

auslassen: 1. loslassen, entlassen, freilassen 2. zerlassen, schmelzen 3. tyrannisieren, drangsalieren, schinden, foltern, schikanieren, peinigen 4. weglassen, übergehen, streichen 5. passen, überspringen, weglassen, aussparen, fortlassen, übergehen 6. einklammern, ausklammern 7. zerreden, besprechen

auslaufen: 1. endigen, aufhören, ausgehen, hinauslaufen 2. verfallen, ablaufen 3. herauslaufen, s. leeren, entfließen, leerlaufen, herausfließen 4. ausgehen, abfärben 5. abgehen, ablegen

ausleben (s.): das Leben genießen, auf nichts verzichten, es sich gut gehen lassen, s. austoben

ausleeren: ausschütten, ausgießen, leeren, auskippen, entladen

auslegen: 1. auffassen, klarmachen, erläutern, deuten, erklären, interpretieren, herauslesen 2. vorschießen, vorstrecken, vorlegen 3. bespannen, verschalen, auskleiden, ausfüttern, vertäfeln, verkleiden 4. bedecken, schützen

Auslegung: Deutung, Bestimmung, Definition, Erläuterung, Sinndeutung, Stellungnahme, Kommentar, Erklärung, Worterklärung, Interpretation, Ausdeutung

ausleiern: lockern, ausweiten, ausdehnen

ausleihen: herleihen, verleihen, borgen

Auslese: 1. Auswahl, Blütenlese 2. Elite, Auswahl, Blüte

auslesen: selektieren, aussondern

ausliefern: 1. übergeben, opfern, preisgeben 2. anliefern, bringen, zustellen, beliefern, überbringen **s. ausliefern:** s. überstellen, s. stellen

Auslieferung: Anlieferung, Lieferung, Überbringung, Ablieferung, Überstellung, Belieferung, Übergabe, Hergabe, Zuleitung, Weitergabe, Zustellung, Zusendung, Weiterleitung, Übermittlung, Zufuhr

auslöschen: 1. verdrängen, vergessen 2. abschaffen, beseitigen, aufheben, vernichten, töten, beheben, ausräumen 3. löschen, ausblasen 4. ausknipsen, ausschalten

auslösen: 1. herauslösen, herausschälen 2. ziehen, ausklinken 3. beginnen, entfesseln, anfangen 4. loskaufen, freikaufen 5. herbeiführen, anrichten, erregen, verschulden, bewirken, erwecken, veranlassen, verursachen, hervorrufen, bedingen

ausmachen: 1. ausfinden, aufspüren, sehen, herausfinden, finden, entdecken, wiedersehen, auftreiben 2. s. belaufen, betragen 3. betragen, sein 4. abmachen, s. verständigen, s. abstimmen, übereinkommen, aushandeln, s. einigen 5. ernten, roden, ausgraben 6. heißen, bedeuten 7. abdrehen, abschalten, abstellen, ausschalten 8. erkunden

ausmalen: bebildern, kolorieren **s. ausmalen:** s. ausdenken, s. vorstellen

ausmanövrieren: ausschalten, ausschließen, verweisen, unterdrücken, unmöglich machen, ausstoßen, entmachten

Ausmaß: Ausweitung, Ausdehnung, Größe, Vergrößerung, Weite, Umfang, Dimension, Dehnung

ausmergeln: entkräften, auslaugen, zehren, zusetzen, Kraft kosten, beanspruchen

Ausnahme: 1. Vorrecht, Vergünstigung, Privileg 2. Abweichung, Not, Anomalie, Ausnahmefall, Einzelfall, Sonderfall

Ausnahmezustand: Notstand, Belagerungszustand

ausnahmslos: generell, vollzählig, alle, sämtliche, jedermann

ausnehmen: 1. nachfragen, ausfragen, überschütten, ausforschen 2. schröpfen, abgaunern, abschwätzen, herauslocken 3. bestehlen, berauben, erleichtern, ausrauben 4. ausweiden, aufbrechen

ausnehmend: auffallend, sehr, eindrucksvoll, beachtlich, beeindruckend, erstaunlich

ausnutzen: ausbeuten, ausnehmen

Ausnutzung: Raubbau, Ausbeutung

auspacken: 1. aussagen, eingestehen, zugeben, ausplaudern, offenbaren, gestehen, berichten 2. aufpacken, enthüllen, auswickeln

auspfeifen: pfeifen, auszischen, ausbuhen, niederschreien

ausplaudern: bekannt geben, informieren, weitersagen, preisgeben, äußern, verplaudern, zutragen, darstellen, mitteilen, verraten, verkünden

ausplündern: berauben, ausrauben, bestehlen, einstecken, abnehmen, mitnehmen, entwenden, klauen, plündern, wegnehmen

auspumpen: absaugen, entleeren, entfernen, beseitigen

ausquartieren: verjagen, ausweisen, fortschicken

ausrasten: 1. die Beherrschung verlieren, wütend werden, in Zorn geraten, ausflippen, austicken, die Nerven verlieren, an die Decke gehen 2. hingerissen sein, in Begeisterung ausbrechen, angetan sein, Feuer und Flamme sein

ausräuchern: ausbrennen, desinfizieren

ausräumen: 1. ausrauben, bestehlen, plündern, mitnehmen, abnehmen, einstecken, entwenden, klauen, wegnehmen 2. transportieren, wegbringen, wegschaffen, entfernen, fortschaffen, beseitigen

ausrechnen: 1. berechnen, vorausberechnen, ermitteln, kalkulieren 2. auflösen, erraten, herausfinden, lösen

s. ausrechnen: glauben, spekulieren, s. erhoffen

Ausrede: Rückzieher, Rückzug, Notlüge, Vorwand, Entschuldigung, Alibi, Ausflucht, Flucht, Trick, Unwahrheit

ausreden: warnen, widerraten, abraten

ausreichen: reichen, hinreichen, genügen, langen

ausreichend: 1. genug, hinreichend, zureichend, gut, angemessen 2. schuldig, ordentlich, gehörig, anständig

ausreifen: 1. vollenden, reifen 2. heranreifen, s. entwickeln

Ausreise: Abreise, Start

ausreißen: 1. ausbrechen, flüchten, fliehen, türmen, abhauen 2. herausrupfen, jäten, entfernen, auszupfen, rupfen

ausrenken (s.): s. verrenken, s. auskugeln, s. ausdrehen

ausrichten: 1. mitteilen, unterrichten, informieren, schildern 2. geben, organisieren, abhalten, durchführen, machen, unternehmen, veranstalten, verwirklichen 3. vermögen, durchbringen, erwirken, können, schaffen, durchsetzen 4. bestreiten, begleichen, zahlen 5. abfluchten, gerade richten, richten

ausrollen: kneten, auswalzen, glätten, ausbreiten, entfalten

ausrotten: ausräumen, ausmerzen, töten, auslöschen, ausradieren, killen, aus der Welt schaffen, töten, erledigen, niedermachen, vernichten

ausrücken: 1. ausreißen, ausbrechen, entfliehen, entkommen, fortlaufen, davonlaufen, fliehen 2. aufbrechen, fortgehen, ziehen, weggehen, abmarschieren, s. entfernen, davongehen

ausruhen: 1. pausieren, rasten 2. s. entspannen, verschnaufen, ruhen

Ausrutscher: 1. Sturz, Fall 2. Fehler, Irrtum, Versehen, Missgeschick, Lapsus, Schnitzer, Fauxpas

Aussage: Geständnis, Darlegung, Bemerkung, Angabe, Ausführung, Darbietung, Nachweis, Hinweis

aussagen: gestehen, bezeugen, ausführen,

angeben, zugeben, auspacken, darlegen, offenbaren

aussaugen: auslutschen, leer saugen, entfernen, leeren

ausschalten: 1. absondern, ausstoßen, ausschließen, verstoßen 2. abschalten, ausstellen, ausdrehen, abstellen, ausknipsen, ausmachen 3. ausschließen, unterbinden

Ausschaltung: Behebung, Beseitigung, Abschaffung, Entfernung, Abstellung

ausscheiden: 1. kündigen, weggehen, abtreten, verlassen 2. abgeben, aussondern, ausschließen, absondern, abscheiden, entleeren 3. s. abmelden, verlassen, gehen, aussteigen 4. aufhören, aussteigen, einstellen, quittieren, abbrechen, zurücktreten, aufgeben, beenden, kündigen

Ausscheidung: 1. Ausscheidungskampf, Wettkampf 2. Ausfluss, Entleerung, Absonderung, Auswurf, Sekret, Exkret, Schleim

ausschelten: attackieren, anbrüllen, anschreien, wettern, ausschimpfen, heruntermachen, schelten

ausschenken: zapfen, ausgeben, entnehmen, abfüllen

ausscheren: Richtung ändern, s. entfernen, Fahrspur wechseln, verlassen

ausschiffen: entleeren, ausladen, löschen, ausleeren

ausschlachten: 1. ausweiden, ausnehmen 2. ausbauen, ausbeuten, ausnutzen, missbrauchen, s. zunutze machen

ausschlagen: 1. ausstoßen 2. abwinken, verachten, zurückweisen, verweigern, verschmähen, ablehnen, abschlagen 3. austreiben, knospen, sprießen, keimen

ausschließen: 1. ausstoßen, sperren, isolieren, verstoßen, relegieren 2. explizieren, ausschalten 3. aussperren, verschließen **s. ausschließen:** absondern, s. isolieren, s. fern halten

ausschließlich: lediglich, bloß, nur, uneingeschränkt

Ausschließung: Ausstoßung, Ausschluss

ausschlüpfen: auskriechen, kommen, schlüpfen

ausschlürfen: austrinken, aussaufen

Ausschluss: Eliminierung, Verfluchung, Ächtung, Entfernung, Ausschließung, Disqualifizierung, Ausstoßung, Kündigung, Kirchenbann

ausschmücken: 1. ausputzen, ausstaffieren, schmücken, ausmalen, dekorieren 2. Übertreiben, ausmalen

Ausschmückung: 1. Ausgestaltung, Ausstattung, Verschönerung, Dekoration, Verzierung, Festschmuck, Dekorierung 2. Übertreibung, Ausgestaltung

Ausschnitt: 1. Sektor, Kreisausschnitt 2. Dekolletee, Halsausschnitt

ausschreiben: 1. ausstellen, ausfertigen 2. verkaufen, anbieten

Ausschreitung: 1. Krawall, Tumult, Aufruhr, Pogrom, Übergriff 2. Ausschweifung, Exzess

Ausschuss: 1. Beirat, Kreis, Gremium, Rat, Kommission, Komitee 2. Pfuscherei, Pfuscharbeit, Stückwerk 3. Ausschussware, Ladenhüter, Schleuderware

ausschütten: 1. auszahlen, auswerfen 2. auskippen, ausgießen, ausleeren, schütten, wegschütten 3. erzählen, s. anvertrauen, beichten

ausschwärmen: s. ausbreiten, verlassen, fortgehen, s. auseinander ziehen, ausfliegen, s. verteilen, hinauseilen

ausschweifend: sittenlos, unsittlich, liederlich, ruchlos, schlecht, lasterhaft, unsolide, unziemlich, schmutzig, unzüchtig, wüst, zuchtlos

Ausschweifung: Anstößigkeit, Lasterhaftigkeit, Ausschreitung, Zuchtlosigkeit, Sittenlosigkeit, Unanständigkeit, Übertreibung, Unkeuschheit, Unsittlichkeit

Aussehen: Anblick, Erscheinung, Ansehen, Typ

Außenhandel: Ausfuhr, Export, Überseehandel

Außenseiter: Außenstehender, Outsider, Nonkonformist, Einzelgänger, Verfemter, Original, Sonderling

Außenstände: Schulden, Geldforderungen

Außenstehende: Uneingeweihte, Dritte, Unbeteiligte

außerdem: ansonsten, daneben, noch, obendrein, sonst, und, zusätzlich, dazu, weiter, auch, überdies, ferner

Äußere: 1. Außenseite, Oberfläche, Oberseite 2. Anschein, Figur, Augenschein, Körperbau, Statur, Typ, Wuchs

außerehelich: illegitim, unehelich, vorehelich

außergewöhnlich: auffallend, Aufsehen erregend, bewundernswert, nennenswert, sondergleichen, hervorragend, verblüffend, sensationell, sagenhaft, ungewöhnlich, überwältigend, überragend, großartig, ansehnlich, überraschend

Äußerlichkeit: 1. Förmlichkeit, Formalität 2. Oberflächlichkeit, Nachlässigkeit 3. Unwesentliches, Nebensache, Unwichtigkeit

äußern: 1. kritisieren, nörgeln 2. behaupten, erklären, s. ausbreiten, informieren, s. auslassen, artikulieren, berichten, bemerken, aussprechen, klarstellen, kundtun, feststellen, vorbringen, bekannt geben, zuraten, sprechen, reden, zutragen, sagen, vortragen, meinen 3. verraten, preisgeben

außerordentlich: eindrucksvoll, außergewöhnlich, beachtlich, erstaunlich, auffallend, auffällig, abenteuerlich, groß, eminent, bedeutsam, bewunderswert, hervorragend, beachtenswert, sagenhaft, unvergleichlich, beispiellos, einzigartig, umwerfend

äußerst: höchst, beträchtlich, allenfalls, unermesslich, unbändig, unsäglich, überaus, zutiefst, sehr

außerstande: nicht in der Lage, nicht fähig

Äußerung: Bemerkung, Aussprache, Behauptung, Rede, Bericht, Klarstellung, Darstellung, Feststellung, Stellungnahme, Meinung, Bekanntmachung

aussetzen: 1. rasten, pausieren, abbrechen, ruhen 2. anbieten, versprechen, ausschreiben 3. ausliefern, preisgeben 4. aufhören, beenden, enden 5. verpflanzen, umpflanzen

Aussicht: 1. Fernsicht, Ausblick, Blick, Überblick 2. Perspektive, Zukunft, Lichtblick, Hoffnung, Chance, Möglichkeit

aussichtslos: verfahren, verbaut, verstellt, hoffnungslos, ausweglos

aussichtsreich: günstig, Gewinn bringend, viel versprechend, aussichtsvoll

aussiedeln: ausbürgern, umsiedeln, ausweisen, verjagen, wegjagen, vertreiben

Aussiedler: Übersiedler, Emigrant, Auswanderer

aussöhnen: 1. schlichten, beilegen, bereinigen, zurechtbiegen, ausbügeln, versöhnen 2. s. vertragen, s. einigen, s. vergleichen

aussondern: auswählen, ausmustern, aussuchen, ausscheiden, lesen, ausgliedern, aussortieren, entfernen

Aussonderung: Auswahl, Ausgliederung, Ausscheidung, Auslese, Entfernung, Aussortierung

ausspannen: 1. wegnehmen, nehmen, abwerben 2. absatteln, abzäumen, ausschirren, abschirren, abspannen **s. ausspannen:** s. ausruhen, s. regenerieren, s. erholen

Aussperrung: Arbeitsverbot, Ausschließung

ausspielen: 1. verraten, austrumpfen, intrigieren, verschwören, überlisten 2. anspielen, anfangen

ausspionieren: erkunden, ausbaldowern, ausfindig machen, beschatten, observieren, überwachen, aushorchen, bespitzeln, unter die Lupe nehmen, nicht aus den Augen lassen, auf den Zahn fühlen

Aussprache: 1. Gespräch, Debatte, Plauderei, Diskussion, Beratung, Erörterung, Stellungnahme, Unterredung 2. Lautung, Tonfall, Akzent, Betonung

aussprechen: 1. kritisieren, nörgeln, bemängeln 2. klarstellen, unterrichten, bekannt geben, darstellen, äußern, vortragen, bekannt machen, mitteilen, zutragen, kundtun, informieren, verraten, preisgeben

Ausspruch: Denkspruch, Zitat, Sprichwort, Wort, Satz, Gedankenblitz, Kernspruch, Bemerkung, Lebensregel

ausspülen: 1. herausspülen, entfernen 2. auswaschen, säubern

ausstaffieren: ausgestalten, ausschmücken, ausstatten, dekorieren, rausputzen, stylen

Ausstand: Streik, Arbeitsniederlegung

ausstatten: 1. einrichten, möblieren 2. ausstaffieren, ausrüsten **s. ausstatten:** s. ausrüsten, s. versorgen

Ausstattung: 1. Dekor, Aufzug, Aufmachung 2. Ausstaffierung, Ausrüstung

ausstechen: 1. abstechen, heraustrennen, schachten 2. übertreffen, übertrumpfen, schlagen, abhängen, hinter sich lassen

ausstehen: 1. gern haben, mögen, lieben, schätzen 2. erdulden, hinnehmen, ertragen, aushalten, durchstehen 3. herankommen, erwarten, heraufziehen

aussteigen: 1. verlassen, hinaussteigen, heraussteigen, absteigen 2. abbrechen, aufstecken, aufhören, beschließen, abspringen, einstellen, beendigen

Ausstellung: Schau, Verkaufsmesse, Messe

Ausstellungsstück: Muster, Dekorationsstück, Schaustück

aussterben: 1. untergehen, zurückgehen, dahinschwinden 2. abnehmen, nachlassen, verschwinden

Aussteuer: Heiratsgut, Ausstattung, Brautschatz, Mitgift

Ausstieg: 1. Öffnung, Luke 2. Abbruch, Beendigung, Einstellung

ausstoßen: 1. separieren, verstoßen, absondern, isolieren, scheiden, trennen, ausschließen 2. seufzen, aufstöhnen 3. ausatmen, keuchen, auspressen

ausstrahlen: 1. spenden, ausströmen, strahlen 2. übertragen, senden, funken

Ausstrahlung: Klima, Flair, Atmosphäre, Stimmung, Ausstrahlungskraft

ausstrecken (s.): s. ausrecken, s. aalen, s. recken, s. dehnen, s. strecken

aussuchen: verlesen, aussondern, auslesen, auswählen

austauschbar: auswechselbar, kompatibel

austauschen: auswechseln, wechseln, erneuern, ersetzen

austeilen: verteilen, aufteilen

austoben (s.): s. verausgaben, herumtollen, auskosten, ausschweifend leben, Spaß haben, s. vergnügen

austragen: 1. durchstehen, durchfechten, auskämpfen, durchkämpfen 2. anliefern, zubringen, verteilen, zustellen, liefern, bringen

Australien: Fünfter Kontinent, Down Under

austreiben: 1. verscheuchen, verjagen, treiben, fortjagen, wegjagen 2. keimen, grünen, sprießen

austreten: 1. löschen, auslöschen 2. s.lösen, auseinander gehen, scheiden, s. trennen, ausscheiden, verabschieden, s. empfehlen 3. ausfließen, s. verbreiten 4. s. entleeren, s. erleichtern

Austritt: Abgang, Abschied, Kündigung, Ausscheiden

austrocknen: 1. verlanden, versanden 2. vertrocknen, dörren, eintrocknen

ausüben: 1. regieren, herrschen 2. versehen, praktizieren, betreiben

ausufern: 1. über die Ufer treten, überfluten 2. s. ausweiten, ausarten, überhand nehmen, zu weit gehen, steigen

Ausverkauf: Schlussverkauf, Räumungsverkauf, Totalausverkauf, Sommerschlussverkauf, Winterschlussverkauf

Auswahl: 1. Auswahlmannschaft 2. Auslese, Muster, Sortiment, Warenangebot, Zusammenstellung, Palette, Kollektion 3. Wahl, Aussonderung, Auslese 4. Almanach, Auswahlband

auswählen: bestimmen, erlesen, ausersehen, aussuchen, heraussuchen, wählen, auslesen, suchen, erwählen, finden, herauslesen

Auswanderer: Emigrant, Aussiedler, Flüchtling, Umsiedler

auswandern: fortgehen, weggehen, ausziehen, verlassen, verschwinden

auswechselbar: austauschbar, konvertibel

auswechseln: 1. wechseln, austauschen 2. verbessern, erneuern

Ausweg: Resultat, Schlüssel, Patentrezept, Ergebnis, Lösung

Ausweglosigkeit: Trostlosigkeit, Not, Hoffnungslosigkeit, Aussichtslosigkeit, Verzweiflung, Unmöglichkeit

ausweichen: 1. s. drücken, fliehen, vermeiden, umgehen, scheuen 2. s. krümmen, offen lassen, umgehen, zögern 3. herumgehen, zurückweichen

ausweichend: 1. vage, unverständlich, verschwommen, andeutungsweise, ungenau 2. zögernd, hinhaltend, schleppend

ausweinen (s.): s. ausheulen, sein Herz ausschütten

Ausweis: 1. Identifikationskarte, Papiere, Ausweispapiere, Reisepass, Personalausweis, Kennkarte, Pass 2. Fahrerlaubnis, Führerschein

ausweisen: säubern, umsiedeln, abschieben, vertreiben, fortjagen, verbannen, verstoßen, versprengen, aussiedeln, ausbürgern, hinauswerfen

ausweiten: ausbeulen, ausdehnen, austreten **s. ausweiten:** anschwellen, s. vervielfachen, s. ausdehnen, anwachsen, s. vergrößern, s. vermehren, s. weiten, s. erweitern

Ausweitung: 1. Vergrößerung, Wachstum, Verstärkung, Anstieg, Steigerung, Zuwachs, Zunahme 2. Vermehrung, Ausbreitung, Vergrößerung, Erweiterung, Ausdehnung

auswendig: frei, aus dem Gedächtnis

auswerten: 1. interpretieren, deuten 2. ausschlachten, nutzen, erschöpfen, ausschöpfen

Auswüchse: Maßlosigkeit, Zügellosigkeit, Übertreibung, Ausschweifung

auszahlen: bezahlen, erstatten, hinlegen **s. auszahlen:** s. lohnen, s. rentieren

Auszahlung: Bezahlung, Rückzahlung, Begleichung

auszeichnen: 1. prämieren, belohnen 2. belobigen, anerkennen, beloben, ehren, verklären, würdigen, feiern, loben, rühmen, lobpreisen

Auszeichnung: 1. Lobpreisung, Belobigung, Lob, Ehrung, Vorschusslorbeeren 2. Verleihung, Preis, Orden, Belohnung, Prämierung, Ehrenzeichen, Laudatio, Lobrede 3. Ehrenzeichen, Orden

ausziehen: 1. scheiden, wegziehen, verlassen, ziehen 2. ausreißen, herausziehen, rupfen 3. ausreiten, ausmarschieren 4. fordern, ausrauben **s.ausziehen:** abstreifen, entkleiden, auskleiden, enthüllen

Auszubildender: Azubi, Lehrmädchen, Lehrjunge

Auszug: 1. Wegzug, Weggang, Abwanderung 2. Destillat, Essenz 3. Zitat, Ausschnitt, Textstelle

autark: selbstständig, unabhängig, eigenverantwortlich, selbstbestimmt

Auto: Fahrzeug, Personenkraftwagen, Kraftwagen, Wagen, Kraftfahrzeug

Autofahrer: Lkw-Fahrer, Pkw-Fahrer, Fahrer

Autogramm: Unterschrift, Signatur, Paraphe

automatisch: selbsttätig, mechanisch

autoritär: 1. herrschsüchtig, antidemokratisch, tyrannisch, herrisch, gebieterisch, totalitär 2. streng

Azubi: Lehrling, Volontär, Auszubildender, Stift

B

Backwaren: Gebäck, Teilchen

Bad: 1. Badezimmer, Badestube 2. Heilbad, Badeort 3. Freibad, Schwimmbad

baden: 1. tauchen, schwimmen 2. s. reinigen, s. waschen

baggern: ausgraben, ausschachten

Bahn: 1. Eisenbahn, Zug 2. Strecke, Aschenbahn

bahnbrechend: richtungweisend, wegweisend, revolutionär, fortschrittlich

Bahre: Trage, Tragbahre

Bakterie: Bazillus, Krankheitserreger

bald: 1. künftig, demnächst, später, baldig, sogleich 2. gleich, rechtzeitig, früh

Ball: 1. Festball, Tanzveranstaltung 2. Kegel, Spielball

Ballast: 1. Kreuz, Mühsal, Bürde, Strapaze 2. Last, Gewicht

ballen: zusammendrücken, zerknüllen

Ballon: 1. Heißluftballon, Montgolfiere 2. Luftballon

banal: alltäglich, einfallslos, inhaltslos, flach, witzlos, abgegriffen

Banalität: Allgemeinplatz, Trivialität, Plattitüde

bändigen: 1. kontrollieren, aufhalten 2. bezähmen, mäßigen, zügeln, dressieren

Bandit: Räuber, Verbrecher, Betrüger

bang: 1. bedrückt, trübsinnig, skeptisch 2. besorgt, aufgeregt, zaghaft, verschüchtert, furchtsam, ängstlich, eingeschüchtert

bangen: warten, s. sorgen, abwarten, Angst haben, in Sorge sein

Banknote: Geldschein, Note, Schein

Bann: 1. Verzauberung, Beeinflussung 2. Exkommunikation, Kirchenausschluss 3. Bulle, Verstoßung, Verfluchung, Ausschließung, Ächtung

bannen: 1. beeinflussen, besprechen, beschwören, faszinieren, verhexen, verzaubern 2. ausschließen, verstoßen, vertreiben, ächten

Baracke: Bude, Hütte, Baubude, Bretterbude

barbarisch: gnadenlos, unbarmherzig, erbarmungslos, verroht, herzlos, brutal

barfuß: mit nackten Füßen, ohne Schuhe und Strümpfe

barmherzig: gütig, gut, gnädig, mitleidig, gutherzig, weichherzig

Barmherzigkeit: Wohltätigkeit, Menschenliebe, Mitleid

bärtig: borstig, unrasiert, stoppelig

bartlos: glatt, glatt rasiert, ohne Bart

Basis: 1. Ausgangspunkt, Stützpunkt 2. Fundament, Grundmauer 3. Parteimitglieder, Fußvolk 4. Volk, Masse 5. Vorstufe, Bedingung, Grundlage

Bastei: Befestigung, Verteidigungsanlage, Festung, Wehr

Bau: 1. Bauprojekt, Bauvorhaben 2. Bauplatz, Baustelle 3. Haus, Gebäude 4. Röhre, Höhle 5. Aufbau, Wiederherstellung 6. Gefängnis, Strafvollzugsanstalt 7. Form, System 8. Gliederung, Strukturierung

Bauchlandung: 1. Bruchlandung, Notlandung 2. Fehler, Misserfolg

bauen: 1. entwickeln, konstruieren 2. anfertigen, errichten, hochziehen, aufrichten, erstellen 3. machen, verursachen 4. anbauen, anpflanzen

baufällig: zerfallen, verkommen, morsch, verfallen

bayerisch: bajuwarisch

Bazille: Krankheitserreger, Bakterie, Keim

beabsichtigen: verfolgen, bezwecken, vorhaben, planen, s. vornehmen, gewillt sein, ins Auge fassen

beabsichtigt: 1. vorsätzlich, wohlweislich, bewusst, absichtlich, mutwillig, mit Absicht

beachten: 1. einbeziehen, berücksichtigen 2. Acht geben, s. konzentrieren, s. merken, aufpassen 3. s. fügen, s. unterwerfen, befolgen, nachkommen

beachtlich: bewundernswert, eindrucksvoll, sensationell, ansehnlich, außergewöhnlich, großartig, erstaunlich, bedeutend, umwerfend, überragend, verblüffend, stattlich

Beachtung: 1. Erfüllung, Unterwerfung, Fügung, Befolgung 2. Achtung, Respekt, Rücksicht, Anerkennung, Hochachtung, Verehrung 3. Aufmerksamkeit

beängstigen: 1. einschüchtern, verängstigen, schrecken 2. bedrücken, niederschlagen

beanstanden: bemängeln, s. beschweren, missbilligen, ablehnen, kritisieren, reklamieren

Beanstandung: Klage, Beschwerde, Kritik, Reklamation, Ablehnung

beantworten: 1. entgegnen, zurückschießen, reagieren, einwenden 2. aufbegehren, zurückgeben

Beantwortung: Bescheid, Nachricht, Kritik, Antwort, Entgegnung, Mitteilung, Auskunft, Gegenrede

bearbeiten: 1. bereden, zwingen, zusetzen, bedrängen 2. pflegen, warten, hüten 3. s. beschäftigen, s. befassen, s. abgeben, behandeln, ausformen, ausarbeiten, handeln, s. kümmern, verarbeiten, gestalten, s. bekümmern 4. kultivieren, anbauen, bebauen 5. bekehren, erweichen, überreden, überzeugen, werben, breitschlagen, umstimmen

Bearbeitung: 1. Druckauflage, Fassung, Auflage 2. Gestaltung, Behandlung, Ausarbeitung, Verarbeitung, Erledigung 3. Druck

Beaufsichtigung: Überwachung, Aufsicht, Betreuung

beauftragen: anordnen, anweisen, bestimmen, verpflichten, auftragen, verfügen

Beauftragter: Vertreter, Delegierter, Unterhändler, Bevollmächtigter

bebauen: bewirtschaften, anpflanzen, bestellen

Bebauung: Anpflanzung, Bewirtschaftung, Kultivierung, Bepflanzung

beben: 1. s. bewegen, wackeln 2. schüttern, erzittern, aufbeben 3. zittern, s. ängstigen

bedacht: 1. weit blickend, umsichtig 2. besonnen, langsam 3. teilnehmend, interessiert, offen

Bedacht: 1. Umsicht, Überblick, Weitsicht, Ruhe 2. Interesse, Teilnahme, Offenheit

bedächtig: 1. beherrscht, gemächlich, langsam, besonnen, gleichmütig, geruhsam, gefasst, überlegen, still, ruhevoll, ruhig 2. weit blickend, umsichtig

bedachtsam: behutsam, vorsichtig, sorgfältig, besonnen, umsichtig

Bedarf: Nachfrage, Verlangen, Bedürfnis

bedauerlich: 1. schade, leider, jammerschade 2. bemitleidenswert, Mitleid erregend, bedauernswert, kläglich

Bedauern: 1. Abbitte, Verzeihung, Entschuldigung, Vergebung, Nachsicht 2. Einfühlungsvermögen, Verständnis

bedauernswert: 1. bedauerlich, schade 2. Mitleid erregend, beklagenswert, unglücklich, erbärmlich, jämmerlich

bedecken: 1. s. verfinstern, s. beziehen, s. bewölken 2. eindecken, bestellen 3. überziehen, überhängen, zudecken, abdecken, verhängen

bedeckt: 1. verhangen, wolkig, bezogen 2. bekleidet, angezogen

bedenken: 1. wägen, berücksichtigen, prüfen 2. geben, schenken, überreichen 3. erwähnen, würdigen, loben **s. bedenken:** s. erinnern, überlegen, s. besinnen

bedenkenlos: 1. blindlings, kritiklos 2. selbstverständlich, anstandslos, gern 3. unbarmherzig, unmenschlich, gewissenlos, rücksichtslos

Bedenkenlosigkeit: Gewissenlosigkeit, Unmenschlichkeit, Rücksichtslosigkeit

bedenklich: 1. beängstigend, arg, schlimm, verhängnisvoll 2. Besorgnis erregend, zweifelhaft, undurchsichtig, ernst, kritisch

bedeutend: ausgefallen, erstaunlich, eindrucksvoll, hervorragend, überraschend, beachtlich, sensationell, überragend, bemerkenswert, wichtig

bedeutsam: erwähnenswert, notwendig, zentral, wesentlich, wichtig, gewichtig

Bedeutung: 1. Sinn, Idee, Inhalt 2. Wert, Größe, Tiefe

bedeutungslos: 1. durchschnittlich, mittelmäßig 2. unerheblich, unwichtig, zufällig, belanglos

bedeutungsvoll: 1. erstaunlich, groß, ungewöhnlich 2. bedeutsam, zentral, wesentlich, erwähnenswert, gewichtig, wichtig 3. wirkungsvoll, ausdrücklich, eindringlich

bedienen: 1. aufwarten, besorgen 2. bewirten, aufwarten 3. betätigen, steuern, führen 4. beraten, verkaufen **s. bedienen:** s. holen, s. nehmen

Bediensteter: 1. Diener, Hausangestellter, Dienstbote, Hausmädchen 2. Beamter

Bedienung: 1. Handhabung, Betätigung, Steuerung 2. Bewirtung, Service 3. Leistung, Aufwartung 4. Kellner, Ober 5. Kellnerin, Fräulein

bedingungslos: 1. unbedingt, durchaus 2. uneingeschränkt, vorbehaltlos

bedrängen: 1. unterdrücken, drangsalieren 2. ansuchen, bitten, anrufen, bestürmen, beschwören 3. bestürmen, zusetzen

Bedrängnis: Zwangslage, Notlage, Bredouille, Klemme, Patsche, Zwickmühle, Sackgasse, Enge, Bedrohung

bedrohen: erpressen, androhen, nötigen, zwingen

bedrohlich: gefahrvoll, ernst, gewagt, kritisch, tödlich, riskant

bedrücken: 1. bekümmern, betrüben, quälen 2. beschweren, plagen, schmerzen, belasten 3. bedrängen, unterdrücken, knebeln, knechten, drangsalieren

bedrückend: entmutigend, belastend, niederschmetternd

bedrückt: 1. sorgenschwer, gramerfüllt 2. traurig, unfroh, unglücklich, trübe, wehmütig, betrübt, elend

Bedürfnis: Verlangen, Begehren, Wunsch

bedürfnislos: bescheiden, genügsam, ohne Ansprüche

bedürftig: mittellos, verarmt, arm, unbemittelt

beeilen (s.): s. überstürzen, s. tummeln, s. abhetzen, s. dranhalten, s. dazuhalten

beeindrucken: bestechen, bezaubern, gefallen, imponieren, wirken

beeindruckend: Aufsehen erregend, einzigartig, überragend, überraschend, erstaunlich, verblüffend

beeinflussen: einreden, einwirken, suggerieren

beeinflusst: einseitig, parteilich, voreingenommen, ungerecht, unsachlich

Beeinflussung: Einwirkung, Einfluss, Überredung

Beeinträchtigung: Schaden, Minderung, Abbruch, Schmälerung

beenden: schließen, abschließen, aufhören, aufheben

Beendigung: 1. Schlussstrich, Abbruch, Aufhebung, Ende, Schluss 2. Ende, Schlusspunkt, Finale

beengen: einengen, einschränken, einschnüren

beerben: bekommen, erben, übergeben

beerdigen: begraben, beisetzen, bestatten

Beerdigung: Beisetzung, Trauerfeier, Aussegnung, Bestattung, Begräbnis

befähigen: erlauben, erziehen, ermöglichen, gestatten, ausbilden

Befähigung: Begabung, Eignung, Fähigkeit

befahren: 1. benutzen, gebrauchen, nutzen 2. durchpflügen, durchfurchen, durchfahren 3. durchschiffen, passieren, durchfahren

befallen: 1. ergreifen, erfassen 2. anfallen, überkommen, anwandeln, ankommen, überfallen, verfolgen, beschleichen, heimsuchen

befangen: 1. parteilich, voreingenommen, einseitig 2. besorgt, bang, betroffen, scheu, schüchtern, beklommen, verängstigt

Befangenheit: Eingenommenheit, Voreingenommenheit, Vorurteil

Befehl: Anordnung, Verordnung, Bestimmung, Kommando, Anweisung

befehlen: 1. zitieren, berufen, bestellen 2. kommandieren, aufgeben, festlegen, verfügen, anweisen

Befehlsform: Imperativ

Befehlsgewalt: Gewalt, Oberbefehl, Hoheit, Staatsgewalt, Kommando

Befehlshaber: Kommandant, Oberbefehlshaber, Kommandeur, Kapitän, Heerführer

befestigen: anmachen, festmachen, montieren

befestigt: 1. abgestützt, gesichert, fest 2. abgegrenzt, gesichert

Befestigung: Festung, Befestigungsanlage, Befestigungsbau

befeuchten: 1. netzen, benässen, anfeuchten 2. berieseln, sprengen, gießen, wässern, besprühen, einspritzen

befinden: gutheißen, billigen, zustimmen
s. befinden: 1. stehen, sein, liegen 2. bleiben, s. aufhalten, weilen, wohnen

Befinden: 1. Zustand, Gesundheit, Ergehen 2. Denkweise, Meinung

befindlich: vorhanden, zugegen, anwesend

beflecken: beschmutzen, bespritzen, verunreinigen

befleckt: angeschmutzt, schmutzig, verschmutzt, trübe, unrein, verfleckt

befolgen: beachten, einhalten, gehorchen, nachkommen

Befolgung: Beachtung, Gehorsam, Fügung, Einhaltung, Beugung

befördern: 1. höher stufen, hinaufbefördern 2. transportieren, schaffen, fahren, fortbringen, überführen

Beförderung: 1. Rangerhöhung, Aufstieg 2. Ferntransport, Transport

befragen: verhören, ausfragen, interviewen, umfragen, herumfragen

befreien: 1. zurückerobern, retten, herausholen 2. beurlauben 3. retten, erlösen 4. entlasten, entbinden 5. beurlauben, freistellen, entheben **s. befreien:** 1. abstreifen, abwerfen 2. s. emanzipieren, s. loslösen 3. s. freikämpfen, ausbrechen

Befreiung: 1. Rettung, Bergung, Errettung 2. Entbindung, Beurlaubung

Befriedigung: Erfüllung, Zufriedenstellung, Genugtuung, Wohlbehagen, Zufriedenheit

Befund: Feststellung, Diagnose, Darlegung, Ergebnis

befürchten: fürchten, schätzen, mutmaßen, wähnen, ahnen, argwöhnen, erwarten, Bedenken haben

Befürchtung: Vorgefühl, Verdacht, Annahme, Ahnung

befürworten: 1. zuraten, aufmuntern, ermutigen 2. fördern, unterstützen, herausbringen

begabt: intelligent, vielseitig, talentiert, befähigt

Begabung: Intelligenz, Gaben, Fähigkeit, Veranlagung, Befähigung, Talent

begaffen: anstarren, fixieren, mustern, anglotzen, anstieren, nicht aus den Augen lassen, taxieren

Begebenheit: 1. Ereignis, Geschehen, Sensation, Erlebnis, Episode, Hergang 2. Wirklichkeit, Tatsache, Realität

begegnen: 1. zusammentreffen, antreffen 2. widerfahren, zustoßen 3. treffen, vorfinden 4. unterbinden, verhüten, entgegentreten, verhindern, ankämpfen
s. begegnen: s. treffen, s. finden, s. versammeln

Begegnung: 1. Zusammenkunft, Versammlung, Treffen 2. Spiel, Wettkampf, Kampf

begehen: 1. beschreiten, betreten 2. feiern 3. durchführen, verüben, tun

begehren: 1. fordern, zurückverlangen, verlangen 2. wünschen, erträumen, ersehnen

Begehren: 1. Wunsch, Sehnsucht, Traum, Herbeisehnen 2. Verlangen, Forderung

begehrenswert: 1. anstrebenswert, wünschenswert 2. anmutig, attraktiv, betörend, hübsch, toll, entzückend, bezaubernd

begehrlich: lüstern, wollüstig, sinnlich, begierig

begeistern: hinreißen, entzücken, mitreißen, berauschen

begeistert: fanatisch, entzückt, enthusiastisch, berauscht, hingerissen, leidenschaftlich

Begeisterung: Übereifer, Entzücken, Überschwang, Verzückung, Feuer, Leidenschaft, Enthusiasmus

Begierde: Begehren, Begier, Triebhaftigkeit, Leidenschaft

begierig: 1. eifrig, begeistert, glühend, schwärmerisch, inbrünstig 2. scharf, gierig, sinnlich

begießen: bewässern, besprengen, wässern

Beginn: 1. Aufkommen, Bildung, Entstehung, Entwicklung 2. Anfang, Start, Anbruch

beginnen: 1. s. zeigen, auftauchen, s. entfalten, entstehen 2. anfangen, angehen, starten

beglaubigen: 1. bescheinigen, bestätigen 2. bestätigen, zulassen

Beglaubigung: 1. Unterschrift, Bestätigung, Bescheinigung 2. Bestätigung

begleichen: 1. entrichten, unterstützen, nachzahlen, tilgen, bezahlen 2. ausgleichen, aussöhnen, beseitigen, vermitteln, zurechtrücken, s. versöhnen, schlichten

Begleichung: 1. Ausgleich, Regelung, Schlichtung, Vermittlung, Beseitigung 2. Bezahlung, Rückzahlung, Abzahlung, Nachzahlung, Tilgung, Zahlung, Rückerstattung

begleiten: heimbegleiten, mitkommen, heimbringen

Begleiter: 1. Trabant, Erdbegleiter, Mond 2. Betreuer, Begleitperson, Beistand, 3. Weggenosse, Begleitung, Weggefährte

Begleiterscheinung: Nebenerscheinung, Begleitsymptom

Begleitung: 1. Aufpasser, Begleiter, Weggenosse 2. Geleit, Gefolge, Gesellschaft, Eskorte

beglücken: belustigen, aufmuntern, aufheitern, erfreuen, genießen

beglückt: beschwingt, froh, begeistert, freudig, überglücklich, glücklich, fröhlich, zufrieden

begnadet: genial, talentiert, befähigt, begabt

begnadigen: verzeihen, vergeben, amnestieren

Begnadigung: Gnade, Verzeihung, Straferlass, Amnestie

begraben: 1. beisetzen, bestatten, beerdigen 2. entfallen, vergessen 3. aufgeben, kapitulieren, resignieren

Begräbnis: Beisetzung, Bestattung, Trauerfeier, Aussegnung, Leichenfeier, Beerdigung

begreifen: durchschauen, einsehen, erkennen, verstehen, durchblicken, auffassen

begreiflich: fassbar, plausibel, einsichtig, glaubhaft, verständlich

begrenzen: 1. beschränken, einschränken 2. umfrieden, abgrenzen, eingrenzen, einfrieden, umgrenzen, umzäunen 3. drosseln, mindern, verringern, schmälern, heruntergehen, herabmindern

begrenzt: 1. klein, mäßig, gering 2. umzäunt, umgrenzt, eingegrenzt, eingezäunt 3. eingeschränkt, beschränkt

Begriff: 1. Standpunkt, Ansicht, Anschauung, Betrachtungsweise, Vorstellung 2. Wort, Benennung, Formulierung, Ausdruck 3. Größe, Kategorie

begrifflich: abstrakt, theoretisch, begriffsmäßig, gedacht

begründen: 1. beweisen, argumentieren 2. überzeugen, motivieren 3. eröffnen, beginnen, errichten

begründet: fundiert, geformt, durchdacht, überlegt

Begründung: 1. Fundierung, Beweisführung, Argumentation 2. Beginn, Gründung, Anfang, Instituierung, Konstituierung, Stiftung, Etablierung

begrüßen: 1. gutheißen, annehmen, unterschreiben, billigen, gestatten 2. grüßen, salutieren

begünstigen: fördern, bevorzugen, vorziehen, unterstützen

Begünstigung: Vergünstigung, Auszeichnung, Bevorzugung

begutachten: beurteilen, beleuchten, werten, einschätzen

Behagen: Frohsinn, Vergnügen, Zufriedenheit, Wohlgefallen

behaglich: wohlig, gemütlich, bequem, heimisch, komfortabel, angenehm, wohnlich

Behaglichkeit: Annehmlichkeit, Komfort, Gemütlichkeit, Bequemlichkeit

behalten: 1. speichern, verwahren, beibehalten, aufheben 2. verschweigen, verbergen, bewahren, vorenthalten 3. aufnehmen, lernen 4. bewahren, beibehalten, halten, erhalten 5. zurückhalten, einbehalten

Behälter: Gefäß, Dose, Container

behände: geschickt, zügig, geschwind, eilig, schnell, flink, rasch, rasant

behandeln: 1. verarzten, helfen, betreuen, pflegen, heilen 2. darlegen, besprechen, erörtern 3. erschließen, bearbeiten

Behandlung: 1. Abhandlung, Darlegung, Bericht 2. Betreuung, Bekämpfung, Heilung, Krankenbehandlung

beharrlich: fest, unermüdlich, starrsinnig, unverdrossen, stur, ausdauernd, trotzig, verzweifelt, entschlossen

Beharrlichkeit: Unbeugsamkeit, Ausdauer, Durchhaltevermögen, Zielstrebigkeit, Strebsamkeit, Geduld, Entschlossenheit

beherrschen: 1. knechten, unterdrücken, bedrücken 2. können, verstehen 3. bändigen, zügeln, bezähmen

s. beherrschen: s. zähmen, s. mäßigen, s. überwinden, s. zusammennehmen, s. beruhigen, s. zügeln, s. zurückhalten, s. bezwingen, s. bändigen

beherrscht: gefasst, bedacht, ruhig, ruhevoll, gehalten, gemächlich, besonnen, würdevoll, abgeklärt, überlegen, gezügelt, still, diszipliniert, in aller Ruhe

Beherrschung: Mäßigung, Besonnenheit, Gelassenheit, Umsicht, Gleichgewicht, Bedacht, Fassung, Ruhe

beherzigen: einhalten, berücksichtigen, beachten, einhalten

beherzt: unverzagt, unerschrocken, mutig, furchtlos, kühn, waghalsig

behindern: beeinträchtigen, verzögern, hindern, erschweren, stören, lähmen, aufhalten, hemmen

Behinderte: behinderter Mensch, Mensch mit Behinderung

Behinderung: 1. Barriere, Engpass 2. Hindernis, Hemmung, Erschwerung

beibringen: 1. beschaffen, bringen, holen 2. unterrichten, erklären, lehren, unterweisen

Beichte: Geständnis, Bekenntnis, Eingeständnis

beichten: gestehen, bekennen, zugeben, eingestehen, offenbaren

Beifahrer: Mitfahrer, Begleiter, Sozius

Beifall: Beifall, Applaus, Händeklatschen, Ovation

Beigabe: Zugabe, Ergänzung, Hinzufügung

Beihilfe: Zusatzleistung, Unterstützung, Hilfeleistung

Beil: Axt, Hacke

Beilage: 1. Einlage, Anlage, Beiheft 2. Anfügung, Zusatz, Anhang 3. Beikost, Zubrot 4. Beigabe, Zugabe, Zutat

beiläufig: nebenbei, apropos, ohnehin, übrigens

beilegen: 1. schlichten, aussöhnen, begleichen, abhelfen, ausbügeln, s. versöhnen, einrenken 2. beifügen, dazulegen

Beileid: Mitgefühl, Teilnahme, Kondolenz, Anteilnahme

beimengen: zusetzen, zufügen, zugeben, einrühren, beimischen

Beirat: Komitee, Ausschuss, Rat, Kommission

beirren: irritieren, verunsichern, durcheinander bringen, verstören

Beisetzung: Bestattung, Beerdigung, Begräbnis

Beispiel: 1. Muster, Probe, Modell 2. Richtschnur, Vorbild, Wunschbild, Leitbild

beißen: 1. zuschnappen, zubeißen 2. brennen, jucken, stechen 3. knabbern, kauen

beißend: 1. schmerzlich, quälend, bohrend 2. scharf, brennend, ätzend

Beitrag: 1. Mitwirkung, Hilfe, Förderung 2. Summe, Obolus 3. Arbeit, Artikel, Abhandlung 4. Anteil, Teil

beitreten: mitmachen, s. anschließen, eintreten, einsteigen, s. beteiligen

Beitritt: Eintritt, Erwerb der Mitgliedschaft

beizeiten: bald, baldigst, frühzeitig, pünktlich

bejahen: annehmen, zubilligen, beistimmen, unterschreiben, zugeben, einräumen, genehmigen, erlauben, anerkennen, zustimmen, dulden, gutheißen

bejahrt: grauhaarig, weise, ehrwürdig, alt, verbraucht

bekämpfen: entgegentreten, ankämpfen, entgegenwirken, angreifen **s. bekämpfen:** s. befehden, s. bekriegen, s. streiten

bekannt geben: ankündigen, beschreiben, mitteilen, äußern, verraten, verkünden, bekannt machen, weitertragen, darstellen, weitererzählen

bekannt: 1. berühmt, weltbekannt, ausgewiesen, anerkannt, wohl bekannt, prominent 2. veröffentlicht, publik, amtlich

Bekanntmachung: 1. Bekanntgabe, Kundgabe, Mitteilung 2. Schlagzeile, Überschrift

bekennen: eingestehen, offenbaren, zugeben, beichten **s. bekennen:** s. identifizieren, dabei sein

Bekenntnis: 1. Beichte, Geständnis, Offenbarung 2. Konfession, Religion, Glaube

bekifft: zugedröhnt, breit, berauscht

beklagen: bedauern, nachtrauern, betrauern, beweinen **s. beklagen:** anfechten, s. beschweren, kritisieren, missbilligen, beanstanden

beklagenswert: ergreifend, bedauerlich, herzergreifend, bedauernswert, zerreißend, kläglich, jämmerlich

Beklemmung: Beklommenheit, Angst, Platzangst, Verschüchterung

beklommen: bang, befangen, scheu, argwöhnisch, betroffen, zaghaft, verschreckt, ängstlich, schüchtern, besorgt

Beklommenheit: Beklemmung, Verschüchterung, Angst

bekloppt: verrückt, bescheuert, gaga, plemplem, nicht bei Sinnen, nicht ganz richtig im Kopf, von Sinnen, behämmert

bekommen: 1. wohl tun, nützen 2. empfangen, erhalten 3. zusprechen, befördern 4. s. anstecken, s. einhandeln, s. zuziehen, s. infizieren 5. zufallen, erben, abbekommen

bekömmlich: gesund, essbar, verträglich

bekräftigen: 1. beschwören, beeiden 2. versichern, beglaubigen, bestätigen 3. unterstützen, ermutigen

bekümmert: traurig, trübe, bedrückt, schwermütig

Bekundung: Beteuerung, Äußerung, Statement

belächeln: s. lustig machen, s. amüsieren

beladen: 1. aufbürden, verschiffen, aufladen, verladen 2. voll, schwer beladen

Belag: 1. Brotbelag, Aufstrich 2. Schutzschicht, Kruste, Überzug

belagern: einschließen, umzingeln, einkreisen, abriegeln, blockieren

belanglos: nebensächlich, bedeutungslos, unerheblich, unwesentlich, unbedeutend

Belanglosigkeit: Bedeutungslosigkeit, Nebensächlichkeit, Unwesentlichkeit, Unbedeutendheit

belasten: 1. beschweren, bedrücken, schmerzen 2. verdächtigen, anlasten, bezichtigen 3. voll packen, bepacken, aufpacken 4. aufbürden, auferlegen

belastet: 1. niedergeschlagen, sorgenvoll 2. niederschmetternd, bedrückend, entmutigend 3. schuldig, schuldvoll

belästigen: 1. behelligen, ärgern, reizen 2. anpöbeln, anrempeln

Belästigung: 1. Behelligung, Zudringlichkeit, Plage, Aufdringlichkeit 2. Anpöbelei, Anrempelei

Belastung: 1. Bemühung, Anstrengung, Arbeit, Überlastung 2. Anschuldigung, Verdächtigung, Beschuldigung 3. Bürde, Leid, Last 4. Anschuldigung, Anklage, Bezichtigung, Verdächtigung

belauern: aufpassen, beobachten, beschatten, auf der Lauer liegen, überwachen

beleben: 1. auffrischen, anregen 2. aufputschen, aufpulvern, stimulieren **s. beleben:** s. bessern, s. aufhellen

belebt: 1. lustig, vergnügt, heiter, aufgekratzt 2. überfüllt, verkehrsreich, bevölkert

Beleg: Indiz, Bestätigung, Probe, Beweisstück, Zeugnis, Nachweis, Erweis, Beweis

belegbar: beweisbar, urkundlich, aktenkundig

belegen: 1. aufzeigen, beweisen, nachweisen 2. verdecken, überziehen, decken, zudecken, abdecken 3. einnehmen, stürmen, erobern, nehmen 4. reservieren, beanspruchen 5. verschanzen, sichern, blockieren

Belegschaft: 1. Besatzung, Flugzeugbesatzung 2. Team, Kollegium 3. Firmenangehörige, Betriebsangehörige, Mitarbeiter, Personal 4. Dienerschaft, Bedienung 5. Personal, Mannschaft

belegt: 1. voll, besetzt 2. vorbestellt, reserviert, vorgemerkt 3. rauchig, heiser 4. amtlich, gesetzlich 5. richtig, glaubhaft, beglaubigt, zuverlässig

belehren: 1. dozieren, lehren 2. zeigen, unterrichten 3. besserwissern, schulmeistern 4. beeinflussen, überzeugen, bekehren 5. klarstellen, aufklären, klären, verbessern

beleibt: plump, stattlich, vollschlank, groß, dick

beleidigen: verletzen, kränken, treffen, verwunden

beleidigend: kränkend, ausfällig, verletzend, persönlich

beleidigt: eingeschnappt, getroffen, verletzt, gekränkt

Beleidigung: Erniedrigung, Demütigung, Verletzung, Herabsetzung, Verunglimpfung, Kränkung, Beschimpfung, Verleumdung

beleuchten: 1. veranschaulichen, darlegen 2. nachprüfen, überprüfen 3. anleuchten, anscheinen, anstrahlen, bestrahlen, erhellen

Beleuchtung: 1. Licht, Illumination 2. Aufarbeitung, Betrachtung, Untersuchung

beliebt: 1. geschätzt, bekannt, angesehen, volkstümlich 2. anziehend, betörend, attraktiv, geschätzt, anmutig, bezaubernd, gern gesehen, lieb, sympathisch, geachtet

beliefern: schicken, ausliefern, liefern, aushändigen, bedienen, zustellen, bringen

bellen: kläffen, knurren, anschlagen

Belletristik: Unterhaltungsliteratur, Romane

belletristisch: literarisch, schöngeistig

belobigen: rühmen, loben, auszeichnen, würdigen, anerkennen, verklären, ehren

belohnen: danken, lohnen, vergelten, entschädigen, wiedergutmachen

belügen: anlügen, anschwindeln, vorlügen, vorschwindeln, betrügen

belustigen: 1. freuen, beglücken 2. s. freuen, aufheitern, erheitern, unterhalten, aufmuntern, zerstreuen

Belustigung: 1. Zeitvertreib, Aufheiterung, Vergnügen, Erheiterung, Zerstreuung 2. Festlichkeit, Feier, Fest, Veranstaltung, Party

bemängeln: kritisieren, reklamieren, beanstanden

bemerken: 1. erkennen, identifizieren 2. beobachten, beschatten, überwachen 3. einfügen, ausdrücken, äußern, einwerfen 4. entdecken, wahrnehmen 5. feststellen, registrieren

bemerkenswert: 1. eindrucksvoll, beeindruckend, ungewöhnlich, Aufsehen erregend, beachtlich, abenteuerlich, groß, umwerfend, erstaunlich, hervorragend, überraschend, sensationell, einzigartig, bewundernswert 2. anregend, interessant, erwähnenswert

Bemerkung: 1. Anspielung, Andeutung, Hinweis, Tip 2. Kommentar, Anmerkung, Randbemerkung

bemuttern: sich kümmern, umsorgen, betüddeln, betreuen

benachrichtigen: informieren, vortragen, kundtun, mitteilen, bekannt machen

Benachrichtigung: Mitteilung, Information, Meldung

benachteiligen: 1. vernachlässigen, diskriminieren, schaden, zurückstellen 2. beschwindeln, übervorteilen, hineinlegen

Benachteiligung: Zurücksetzung, Vernachlässigung, Zurückstellung

Benehmen: Anstand, Manieren, Etikette, Erziehung, Betragen

benommen: umnebelt, duselig, unaufmerksam, schwindlig

Benommenheit: Schwindel, Unaufmerksamkeit, Dumpfheit, Betäubung

benoten: beurteilen, bewerten, zensieren, begutachten

benötigen: bedürfen, brauchen

benutzbar: geeignet, handlich, praktisch, brauchbar

benutzen: 1. gebrauchen, anwenden, nutzen 2. begehen, befahren

Benutzer: Anwender, Nutzer, User

benutzt: 1. alt, antiquarisch 2. gebraucht, secondhand 3. abgegriffen, durchgewetzt, abgenutzt

beobachten: überwachen, bewachen, bespitzeln, spionieren, beschatten, belauern, in Augenschein nehmen, achten auf, inspizieren, im Fadenkreuz haben

Beobachter: 1. Besucher, Betrachter, Publikum, Zuschauer 2. Späher, Spion

Beobachtung: 1. Untersuchung, Arbeit, Abhandlung 2. Observierung, Spionage

bepacken: laden, voll packen, aufladen

bepflanzen: pflanzen, säen, bestellen, bebauen

bequem: 1. einfach, leicht, mühelos 2. faul, träge, langsam 3. unordentlich, lässig, nachlässig 4. gemütlich, angenehm, wohnlich

Bequemlichkeit: 1. Wohnlichkeit, Behaglichkeit 2. Unbeschwertheit, Mühelosigkeit 3. Untätigkeit, Faulheit, Arbeitsscheu

berappen: abbezahlen, abtragen, investieren, abstottern, ausgeben, zahlen, hinblättern, abdrücken

beraten: 1. unterweisen, raten 2. durchsprechen, darlegen, abhandeln, bereden, besprechen, untersuchen **s. beraten:** beratschlagen, s. besprechen, tagen

Berater: Fachmann, Mentor, Ratgeber, Konsultant, Helfer

Beratung: 1. Anleitung, Rat 2. Erörterung, Sitzung, Aussprache, Konferenz

berechnen: 1. errechnen, bewerten, kalkulieren, überschlagen 2. veranschlagen

berechnend: eigennützig, auf Gewinn bedacht, gewinnsüchtig, opportunistisch

Berechnung: 1. Rechnung, Vorhersicht, Voraussicht 2. Bewertung, Überschlag, Kalkulation, Ausrechnung

berechtigen: bevollmächtigen, ermächtigen, autorisieren

berechtigt: bevollmächtigt, ermächtigt, autorisiert, befugt, verantwortlich

bereden: 1. besprechen, beraten 2. beeinflussen, überzeugen, begeistern

bereichern: anreichern, ausbauen, verbessern **s. bereichern:** herausholen, sparen, zuschlagen, s. aneignen, zugreifen

bereinigen: 1. regeln, beilegen, ausgleichen, begleichen, aussöhnen, vermitteln, hinbiegen, zurechtrücken 2. bezahlen, tilgen

Bereinigung: 1. Bezahlung, Tilgung 2. Ausgleich, Schlichtung, Beilegung, Vermittlung

bereit: 1. einsichtig, gewillt, folgsam, willig

2. reisefertig, startbereit, fertig, abmarschbereit, abfahrbereit

bereiten: vorbereiten, zurichten, zubereiten, anfertigen, herstellen

bereithalten: bereitstellen, zur Verfügung halten, griffbereit halten

bereits: schon, längst

Bereitschaft: Bereitwilligkeit, Einsicht, Folgsamkeit

bereitwillig: bereit, kurzerhand, gern

Berg: 1. Masse, Vielzahl, Menge 2. Erhebung, Steigung, Anhöhe, Höhe

bergen: 1. herausholen, retten 2. verstecken, verwahren, zurückhalten, behalten

Bergfried: Wehrturm, Burgfried, Turm

Bergung: Befreiung, Rettung, Erlösung

Bericht: Dokumentation, Abhandlung, Meldung, Reportage, Nachricht, Aussage, Erzählung

berichten: darlegen, vortragen, beschreiben, mitteilen, erzählen

berichtigen: 1. korrigieren, verbessern, vervollkommnen 2. verbessern, bereinigen, klären **s. berichtigen:** s. korrigieren, s. verbessern

Berichtigung: 1. Richtigstellung, Korrektur, Klärung 2. Korrektur, Verbesserung

berüchtigt: gefährlich, zweifelhaft, verschrien, verrufen, bedenklich, verdächtig

berücksichtigen: einkalkulieren, anrechnen, beachten, bedenken

Beruf: Betätigung, Beschäftigung, Wirkungsbereich, Stellung, Job, Arbeit

berufen: 1. vorladen, zitieren, schicken, rufen 2. verpflichten, einsetzen, anstellen, betrauen, einstellen, beschäftigen

berufstätig: tätig, angestellt, beschäftigt

Berufsverkehr: Stoßverkehr, Stoßzeit, Rushhour

beruhigen: trösten, versöhnen, zufrieden stellen, besänftigen **s. beruhigen:** s. abreagieren, s. abkühlen, s. entspannen, s. setzen, s. abregen

beruhigend: 1. lindernd, mildernd, entspannend, dämpfend 2. tröstlich, ermutigend

beruhigt: 1. sorglos, unbesorgt 2. gefasst, froh, ausgeglichen, bedacht, zufrieden, geruhsam, sicher, ruhig, überlegen, besonnen

Beruhigung: Trost, Versöhnung, Besänftigung, Glättung

berühmt: bedeutend, weltberühmt, bekannt, prominent, angesehen, anerkannt, groß, in aller Munde

berühren: anfassen, betasten, streifen, angreifen **s. berühren:** 1. s. annähern, s. angleichen 2. streifen, angrenzen

Besamung: Befruchtung, Insemination, Fertilisation

besänftigen: beschwichtigen, beruhigen, vermitteln, begütigen
s. besänftigen: 1. s. entspannen, s. mildern 2. s. beruhigen, s. setzen, s. abkühlen

Besänftigung: 1. Zuspruch, Trost 2. Beschwichtigung, Beruhigung

beschädigen: schaden, anstoßen, zurichten, schädigen, anschlagen

beschädigt: kaputt, defekt, zerrissen, abgestoßen, schadhaft, angeschlagen

Beschädigung: Beeinträchtigung, Einbuße, Schaden

beschaffen: besorgen, aufbringen, vermitteln, versorgen, bringen

Beschaffenheit: 1. Eigenschaft, Art, Zustand 2. Veranlagung, Anlage, Begabung

beschäftigen: 1. anstellen, berufen, einstellen, verpflichten 2. beanspruchen, fordern, belasten **s. beschäftigen:** s. abgeben, s. befassen

beschäftigt: 1. pflichteifrig, diensteifrig 2. tätig, geschäftig, fleißig, tüchtig 3. bedienstet, angestellt

Beschäftigte: Angestellte, Arbeiter, Arbeitnehmer, Mitarbeiter, Kollegen

Beschäftigung: 1. Tätigkeit, Funktion, Verrichtung 2. Abwechslung, Ablenkung, Zerstreuung 3. Position, Arbeit, Job, Tätigkeit, Beruf

beschämen: herabsetzen, bloßstellen, demütigen, diskriminieren

beschaulich: gemütlich, geruhsam, ruhig, friedlich

Bescheid: 1. Auskunft, Meldung, Mitteilung, Information, Nachricht 2. Nachricht, Schreiben, Urkunde

bescheiden: 1. bestellen, berufen 2. anspruchslos, genügsam, einfach 3. sparsam, schlicht, klein, ärmlich, einfach 4. kommandieren, befehlen, anordnen **s. bescheiden:** 1. s. einschränken, sparen 2. s. zufrieden geben, s. begnügen

Bescheidenheit: Anspruchslosigkeit, Einfachheit, Zufriedenheit, Genügsamkeit

bescheinen: anleuchten, erleuchten, anscheinen, anstrahlen, bestrahlen

bescheinigen: bestätigen, beglaubigen, bezeugen

bescheinigt: bestätigt, beglaubigt, attestiert

Bescheinigung: 1. Quittung, Bestätigung, Zeugnis, Attest 2. Empfangsbestätigung, Empfangsbescheinigung

beschenken: überreichen, weggeben, bescheren, beglücken

Bescherung: 1. Unfall, Missgeschick, Panne 2. Überraschung, Verblüffung 3. Weihnachtsbescherung, Gabenverteilung

bescheuert: verrückt, gaga, plemplem, nicht bei Sinnen, nicht ganz richtig im Kopf, von Sinnen, behämmert, beknackt, doof, ärgerlich, bekloppt

beschimpfen: beleidigen, zurechtweisen, belästigen, schelten

Beschimpfung: 1. Blasphemie, Gotteslästerung 2. Verleumdung, Verunglimpfung, Beleidigung, Kränkung

Beschiss: Betrug, Schwindel, Bauernfängerei, Mogelei, Flunkerei

beschlagen: 1. feucht, klamm 2. belesen, bewandert 3. gebildet, qualifiziert 4. anlaufen, schwitzen 5. trübe, angelaufen, blind

beschlagnahmen: 1. verweltlichen, säkularisieren 2. einziehen, enteignen, verstaatlichen 3. pfänden, einziehen, sicherstellen

beschleichen: ergreifen, überkommen, erfassen, anwandeln, s. bemächtigen, überfallen

beschleunigen: 1. nachhelfen, vorantreiben, forcieren, vorwärts treiben, antreiben, verstärken 2. s. beeilen, s. schicken

Beschleunigung: Temposteigerung, Forcierung, Aktivierung, Verstärkung

beschließen: 1. abschließen, beenden, aufgeben, aufhören, einstellen 2. wählen, abstimmen

beschmeißen: bewerfen, nachwerfen, bombadieren

beschmutzen: 1. beschmieren, beflecken, verunreinigen, verschmutzen 2. entehren, schänden **s. beschmutzen:** s. beschmieren, s. beflecken

beschmutzt: 1. befleckt, schmutzig, fleckig, unsauber, verschmutzt 2. entehrt, geschändet

beschönigen: herunterspielen, schönfärben, bagatellisieren, verharmlosen, schönreden

beschränken: 1. abmindern, streichen, abgrenzen, verkleinern, schmälern 2. einengen, einschnüren, beengen 3. einschränken, verringern **s. beschränken:** s. einschränken, s. begnügen

beschränkt: 1. borniert, verbohrt, kurzsichtig, einfältig, unvernünftig 2. knapp, wenig, ärmlich, bescheiden, schmal

Beschränktheit: Einfalt, Borniertheit, Dummheit

Beschränkung: 1. Einengung, Einschränkung 2. Reduzierung, Kürzung 3. Erschwernis, Blockade, Komplikation

beschreiben: 1. berichten, mitteilen, kundtun, darstellen, verraten, schildern 2. beschriften, beschmieren

Beschreibung: Geschichte, Mitteilung, Darstellung

Beschriftung: Aufdruck, Beschreibung, Inschrift

beschuldigen: anklagen, verdächtigen, anzeigen, belasten

Beschuldigung: Bezichtigung, Anklage, Verdächtigung, Klage

Beschuss: Kugelhagel, Bombardement, Feuerzauber, Feuer

Beschwerde: 1. Gegenstimme, Gegenmeinung 2. Protest, Reklamation 3. Einspruch, Klage 4. Krankheit, Leiden 5. Strapaze, Mühe, Anstrengung

beschweren: beladen, bepacken, voll packen, aufladen **s. beschweren:** nörgeln, s. stoßen, bemängeln, beanstanden, kritisieren

beschwerlich: strapaziös, anstrengend, ermüdend, mühsam

beschwindeln: erdichten, erfinden, anlügen, fantasieren

beschwingt: freudig, lustig, fröhlich, ausgelassen, wohlgemut, froh, aufgeheitert, gut gelaunt, vergnügt, heiter

beseitigen: 1. reparieren, ausbessern 2. entfernen, wegschaffen, transportieren, wegmachen 3. unterbinden, verhüten, abstellen 4. einstellen, ausrichten 5. ermorden, umbringen 6. auflösen, abschaffen, aufheben

Beseitigung: 1. Ermordung, Tötung 2. Ausbesserung, Instandsetzung 3. Abschaffung, Einstellung, Auflösung 4. Verhinderung, Behebung 5. Abtransport, Wegschaffung, Entfernung

Besenkammer: Abstellraum

besetzt: voll, komplett, nicht frei, vergeben

besiegen: bezwingen, überwältigen, schlagen, unterwerfen, überwinden, triumphieren, übermannen

besiegt: unterworfen, ruiniert, bezwungen, vernichtet

Besinnung: 1. Überlegung, Nachdenken, Betrachtung 2. Bewusstsein

besinnungslos: bewusstlos, ohnmächtig, weg, betäubt

Besitz: 1. Anwesen, Besitztum 2. Habe, Eigentum 3. Geld, Mittel, Reichtum, Wohlstand, Kapital

Besitz: Eigentum, Habseligkeiten, Hab und Gut, Güter

Besitzer: Eigentümer, Inhaber, Halter, Vermieter

Besonderheit: 1. Eigenart, Spezialität, Charakter, Wesensart 2. Sonderheit, Originalität, Eigenheit

besonnen: 1. sorgfältig, exakt, genau 2. behutsam, gemächlich 3. ausgeglichen, geruhsam, überlegen, ruhevoll, ruhig, gefasst, würdevoll

Besonnenheit: Harmonie, Abgeklärtheit, Beherrschung, Würde, Weitsicht, Sicherheit, Ruhe, Umsichtigkeit

Besorgnis: Befürchtung, Vermutung, Gefühl, Vorgefühl, Ahnung

besorgt: 1. achtsam, fürsorglich, sorgsam 2. angstvoll, verschüchtert, ängstlich, zaghaft, schüchtern, verängstigt

Besorgung: 1. Anschaffung, Erwerb, Kauf 2. Bestellung, Abfertigung, Erledigung

bespitzeln: überwachen, beschatten, kontrollieren, verfolgen, spionieren, abhören

besprechen: 1. abhandeln, erörtern, überreden 2. würdigen, rezensieren, kritisieren

s. besprechen: s. beraten, s. absprechen, beratschlagen

Besprechung: 1. Würdigung, Kritik, Rezension 2. Abhandlung, Erörterung 3. Tagung, Unterredung, Konferenz

bespritzen: 1. beschmutzen, beflecken, voll spritzen 2. bewässern, anfeuchten, besprengen

bespucken: anspucken, anrotzen

bessern: 1. s. steigern, s. verbessern 2. bereuen, s. bekehren, umkehren, s. wandeln

Besserung: 1. Heilung, Genesung 2. Verbesserung, Vervollkommnung 3. Umkehr, Wandlung, Reue

Besserwisser: Rechthaber, Sprücheklopfer, Alleswisser, Angeber

Besserwisser: Alleswisser, Rechthaber, Klugredner, Oberlehrer, Klugschwätzer

Bestand: 1. Lager, Rücklage, Vorrat 2. Fortbestand, Beständigkeit, Fortgang, Dauer, Weitergehen 3. Grundlage, Grundstock

beständig: 1. getreulich, ergeben, anhänglich, treu 2. pausenlos, dauernd, gleichbleibend, unaufhörlich, immerzu 3. abgehärtet, widerstandsfähig, zäh, fest

Beständigkeit: 1. Beharrlichkeit, Charakterfestigkeit, Standhaftigkeit, Festigkeit 2. Fortdauer, Dauer, Weitergehen, Fortbestand

bestärken: 1. bestätigen, helfen, stützen, bekräftigen, vertiefen, stärken 2. zureden, zuraten, aufmuntern

bestätigen: 1. beglaubigen, beweisen, bekräftigen, unterschreiben 2. schreiben, mitteilen, erhärten

bestätigt: bezeugt, amtlich, beglaubigt, besiegelt

Bestätigung: 1. Bescheinigung, Nachweis, Beglaubigung 2. Ermunterung, Bekräftigung, Bejahung, Unterstützung, Zustimmung

bestaunen: bewundern, verehren, anerkennen

bestechen: 1. auffallen, wirken, bezaubern, gefallen 2. anbieten, schmieren, erkaufen

bestechlich: verführbar, zugänglich, bestechbar, käuflich

Besteck: Essbesteck, Tafelsilber, Messer und Gabel

bestehen: 1. da sein, existieren 2. versichern, behaupten, dabei bleiben, beteuern

s. behaupten: 1. durchstehen, durchhalten 2. s. durchsetzen, s. bewähren 3. ablegen, entsprechen

bestehlen: berauben, stehlen, erleichtern, ausnehmen

bestellen: 1. mitteilen, ausrichten, überbringen 2. befehlen, beauftragen, anordnen, verfügen, veranlassen 3. beziehen, abonnieren 4. anstellen, ernennen, einstellen, anwerben 5. säen, bepflanzen, anpflanzen 6. bescheiden, bitten, befehlen

Bestellung: 1. Befehl, Verfügung, Auftrag 2. Reservierung, Kauf 3. Bebauung, Bewirtschaftung 4. Meldung, Botschaft 5. Anforderung, Abonnement 6. Einsetzung, Berufung, Ernennung

bestialisch: brutal, grausam, unmenschlich, barabarisch, verroht

Bestie: 1. wildes Tier, Raubtier 2. Unmensch, Scheusal, Gewaltmensch

bestimmen: 1. anweisen, anordnen, beauftragen, veranlassen, verpflichten 2. ausersehen, vorsehen, auswählen

bestimmt: 1. sicher, unweigerlich, gewiss, zweifelsfrei 2. eindeutig, unzweideutig, klar 3. fest, nachdrücklich, ausdrücklich 4. ernst, energisch, entschieden

Bestimmtheit: 1. Gewissheit, Sicherheit 2. Entschiedenheit, Nachdruck 3. Unzweideutigkeit, Deutlichkeit

Bestimmung: 1. Aufgabe, Sendung 2. Los, Schicksal, Fügung 3. Zweck, Sinn, Absicht 4. Anordnung, Befehl, Weisung, Erlass, Festsetzung, Order

bestmöglich: optimal

bestrafen: rächen, ahnden, strafen, züchtigen, maßregeln, sanktionieren

Bestrafung: Abrechnung, Gegenstoß, Rache, Vergeltung, Sühne

Bestrebung: 1. Absicht, Plan, Ziel, Vorsatz, Bestreben 2. Anstrengung, Bemühung, Mühe

bestreiten: leugnen, abstreiten, ableugnen, verneinen

bestürmen: beschwören, bitten, ansuchen, anrufen, flehen, ersuchen

bestürzt: betreten, entsetzt, verwirrt, fassungslos, überrascht, betroffen

Bestürzung: Schock, Grausen, Schreck, Entsetzen, Schrecken, Betroffenheit

besuchen: 1. kommen, aufsuchen, vorbeikommen, vorsprechen 2. durchfahren, bereisen, gastieren

Besucher: 1. Zuschauer, Zuhörer, Publikum, Anwesender, Auditorium 2. Gast, Eingeladener, Besuch 3. Tourist, Reisender

betagt: alt, greis, in die Jahre gekommen, senil

betasten: anfassen, anrühren, anfühlen, befingern

betätigen: bedienen, steuern, betreiben, handhaben

betäuben: 1. benebeln, berauschen 2. anästhesieren, narkotisieren 3. besänftigen, beruhigen

Betäubung: Narkose, Anästhesie

beteiligen: einbeziehen, eingliedern, einschließen **s. beteiligen:** handeln, beisteuern, teilhaben, teilnehmen, dabei sein, mitmachen

beteiligt: 1. integriert, dazugehörig 2. wach, aufmerksam

Beteiligung: Teilnahme, Engagement, Anteilnahme

beten: bitten, danken

betonen: 1. behaupten, hervorheben, herausstellen, unterstreichen 2. hervorheben, akzentuieren

betont: 1. herausgehoben, ausgesucht, nachdrucksvoll 2. deutlich, wirkungsvoll, nachdrücklich 3. akzentuiert, zugespitzt

Betonung: 1. Aussprache, Tonfall, Akzent 2. Akzent, Tonzeichen 3. Unterstreichung, Hervorhebung

betrachten: anschauen, begutachten

beträchtlich: außergewöhnlich, außerordentlich, ziemlich, erstaunlich, bedeutend, ungewöhnlich

Betrachtung: 1. Darlegung, Beschreibung, Schilderung, Entwicklung, Abhandlung 2. Versenkung, Beschaulichkeit, Nachdenken 3. Anblick, Besichtigung

Betrag: Geldbetrag, Summe, Geldsumme

betrauen: anvertrauen, übertragen, verpflichten, ermächtigen, bevollmächtigen

betreffen: anbetreffen, belangen, angehen, gelten, s. beziehen auf, s. drehen um, Bezug haben

betreiben: 1. praktizieren, beibehalten, ausüben, versehen 2. arbeiten, führen, leiten 3. einziehen, kassieren, eintreiben

betreten: 1. befangen, beschämt, verwirrt, verlegen, betroffen 2. eintreten, hineinkommen, hineingehen, hereinkommen

Betreuung: Pflege, Versorgung, Wartung

Betrieb: 1. Unternehmen, Laden, Firma, Werk, Werkstätte, Fabrik, Geschäft 2. Leben, Unternehmungslust, Betriebsamkeit, Trubel

betriebsam: unermüdlich, tatendurstig, unternehmungslustig, dynamisch

betrinken (s.): s. beschwipsen, s. berauschen

Betroffenheit: Bestürzung, Beklommenheit, Bekümmertheit

betrüben: 1. bedrängen, terrorisieren, unterdrücken 2. bekümmern, quälen, bedrücken, vergrämen

betrüblich: traurig, schade, jammerschade, bedauerlich

betrübt: traurig, bedrückt, unglücklich

Betrug: Unterschlagung, Betrügerei, Gaunerei, Irreführung, Täuschung, Schwindel

betrügen: 1. hintergehen, beschwindeln, täuschen, überlisten, hereinlegen 2. ehebrechen, fremdgehen

Betrüger: Schwindler, Gauner, Geschäftemacher, Krimineller

betrügerisch: schwindelhaft, falsch, lügnerisch, unredlich, unwahrhaftig, unaufrichtig, unehrlich

Bett: 1. Strombett, Flussbett 2. Bettstatt, Bettstelle, Schlafstätte 3. Federbett, Zudecke

betteln: 1. schnorren, bitten 2. ansuchen, bitten, drängen, anrufen, nachsuchen, flehen

Bettler: Schnorrer, Hausierer, Bettelbruder

beugen: 1. unterdrücken, demütigen 2. abwinkeln, biegen, neigen 3. konjugieren, deklinieren **s. beugen:** 1. passen, einlenken, nachgeben, aufgeben, unterliegen, zurückstecken 2. s. bücken, s. biegen, s. neigen, s. lehnen

Beugung: 1. Abwandlung, Konjugation 2. Neigung, Biegung, Krümmung

beunruhigen: 1. alarmieren, aufregen 2. durcheinander bringen, verunsichern, verwirren 3. bedrücken, bekümmern, quälen

beunruhigend: Angst erregend, Besorgnis erregend, gefährlich, schlimm, verkrampft, aufregend

beurkunden: beglaubigen, dokumentieren, bestätigen

beurlauben: 1. suspendieren, freigeben 2. entlassen, kündigen, entmachten, absetzen, verabschieden, ablösen, stürzen, abberufen

beurteilen: benoten, einschätzen, werten, taxieren, zensieren, begutachten

Beurteilung: Wertung, Urteil, Begutachtung, Zensur, Benotung, Einschätzung

Beute: Diebesgut, Fang, Raub, heiße Ware, Hehlerware

bevölkern (s.): voll werden, sich füllen

Bevölkerung: Gesamtbevölkerung, Einwohner

bevollmächtigen: berechtigen, ermächtigen, beauftragen, ernennen

Bevollmächtigter: Anwalt, Beauftragter, Repräsentant

bevor: ehe, bis

Bevorzugung: 1. Überlegenheit, Vorteil 2. Begünstigung, Gunst, Vorrecht, Sonderrecht, Vorzug, Vorrang

bewachen: 1. absichern, schützen, beschützen, sichern, bewahren, abwehren, verteidigen, decken 2. decken, abdecken 3. überprüfen, beaufsichtigen, überwachen

Bewachung: Aufsicht, Beschützung, Deckung, Schutz, Verteidigung

bewaffnen: mobilisieren, aufrüsten
s. bewaffnen: s. ausrüsten, s. bewehren

bewaffnet: verteidigungsbereit, abwehrbereit, aufgerüstet, kampfbereit, angriffsbereit, kampfentschlossen, gewappnet

Bewaffnung: Mobilmachung, Aufrüstung

bewahren: 1. sammeln, speichern, aufbewahren, anhäufen, verschließen, behalten, zurückhalten, aufheben 2. wahren, beibehalten 3. behüten, schützen, decken, verteidigen 4. abhalten, fern halten

bewährt: verlässlich, eingeführt, erprobt, geeignet, bekannt, zuverlässig, gängig, gültig

bewältigen: 1. erreichen, vollbringen, lösen, drehen, meistern, ausführen, beikommen, vollenden 2. schaffen, zurücklegen

bewältigt: beendet, vorbei, vollbracht, gelöst

bewandert: belesen, intelligent, versiert, erfahren, sicher

bewässern: 1. spritzen, gießen, sprengen, bespritzen, beregnen 2. benässen, befeuchten, netzen

Bewässerung: Besprühung, Beregnung, Berieselung

bewegen: 1. machen, veranlassen, beschäftigen, verändern 2. schütteln, rütteln
s. bewegen: s. fortbewegen, s. regen, s. rühren, eilen, gehen, laufen, rennen, hasten, marschieren, s. begeben

Beweggrund: Motiv, Auslöser, Ursache, Veranlassung

beweglich: 1. gewandt, agil 2. mobil, bewegbar, transportierbar, verrückbar, transportabel 3. zappelig, unruhig, ruhelos, rastlos 4. biegsam, dehnbar, elastisch 5. wild, dynamisch, temperamentvoll, unruhig, lebhaft

bewegt: 1. bunt, aufregend, ereignisreich 2. aufgewühlt, erschüttert, beeinflusst, überwältigt, bestürzt, ergriffen 3. rege, aufgeregt, nervös, unstet, unruhig, hektisch

Bewegung: 1. Änderung, Veränderung 2. Geste, Gebärde 3. Fortbewegung, Beweglichkeit 4. Ergriffensein, Rührung, Erregung, Mitleid, Teilnahme

Bewegungsfreiheit: Unabhängigkeit, Freizügigkeit, Spielraum

bewegungslos: starr, regungslos, leblos, unbewegt, erstarrt

Bewegungslosigkeit: Ruhe, Reglosigkeit, Stille

Beweis: 1. Begründung, Argument 2. Beleg, Beweismaterial, Bestätigung, Zeugnis, Nachweis 3. Unterpfand

beweisbar: unwiderleglich, belegbar, nachweisbar, belegt

beweisen: 1. erkennen, zeigen 2. begründen, bringen, aufzeigen, bestätigen, erhärten, untermauern, zeigen

beweiskräftig: belegt, sicher, bewiesen, urkundlich, beglaubigt, amtlich

bewerben (s.): 1. inserieren, annoncieren 2. kandidieren, s. vorstellen, vorsprechen

Bewerber: 1. Freier, Verehrer 2. Anwärter, Bittsteller, Antragsteller, Interessent

Bewerbung: 1. Aufstellung, Kandidatur 2. Antrag, Stellenbewerbung

Bewertung: Berechnung, Wertung, Beurteilung, Zensierung

bewilligen: zugestehen, genehmigen, entsprechen, einräumen, bejahen, stattgeben

Bewilligung: Bejahung, Einverständnis, Einwilligung, Jawort, Zustimmung

bewirken: 1. bewerkstelligen, einleiten 2. erwecken, herbeiführen, verursachen, veranlassen, hervorrufen, auslösen

bewirten: servieren, anbieten, verköstigen, kredenzen, auftragen

bewirtschaften: 1. betreiben, unterhalten 2. beackern, bebauen, bestellen

Bewirtung: Bedienung, Service, Logis, Verpflegung

Bewohner: Einwohner, Bürger, Ureinwohner

bewohnt: besiedelt, bebaut, bevölkert

bewölken (s.): s. verfinstern, s. eintrüben, s. beziehen, s. verdüstern, s. verdunkeln

bewölkt: bedeckt, bezogen, verhangen

bewundern: achten, ehren, preisen, schätzen, vergöttern, anerkennen

Bewunderung: Lobpreisung, Staunen, Achtung, Verehrung

bewusst: 1. mutwillig, böswillig 2. beabsichtigt, gewollt, willentlich, vorsätzlich, absichtlich 3. unverbesserlich, überzeugt, ausgemacht, gewohnheitsmäßig

bewusstlos: ohnmächtig, besinnungslos, ohne Bewusstsein

Bewusstlosigkeit: Benommenheit, Besinnungslosigkeit, Bewusstseinstrübung, Ohnmacht

Bewusstsein: 1. Sicherheit, Erkenntnis,

Gewissheit 2. Wachen, Wachzustand 3. Besinnung, Erinnerung

bezahlen: 1. erstatten, zahlen, ausgeben, finanzieren 2. büßen, leiden 3. entlohnen, honorieren, besolden 4. s. lohnen, s. rentieren

bezahlt: 1. gelitten, gebüßt, gestraft 2. überwiesen, erledigt, beglichen

Bezahlung: 1. Ausgabe, Abzahlung, Finanzierung 2. Gehalt, Entlohnung, Lohn, Verdienst

bezähmen: 1. beherrschen, drangsalieren, unterdrücken, terrorisieren 2. zügeln, bändigen **s. bezähmen:** s. zurückhalten, s. beherrschen

bezaubern: 1. beeindrucken, entzücken, betören, blenden, verzaubern, hinreißen 2. überreden, überzeugen 3. bannen, beschwören

bezaubernd: attraktiv, verführerisch, charmant, sympathisch, liebenswert, anziehend, gewinnend, reizend, betörend

bezeichnend: unverkennbar, charakteristisch, spezifisch, eigentümlich

Bezeichnung: 1. Kennung, Nennung 2. Charakterisierung, Kennzeichnung

bezeugen: aussagen, zeugen, bekunden

Bezeugung: 1. Aussage, Bestätigung 2. Zeugenaussage, Eid

bezichtigen: beschuldigen, verdächtigen, anschuldigen

Bezichtigung: Anschuldigung, Beschuldigung

beziehen: 1. abonnieren, bestellen 2. verdienen, einnehmen 3. s. einmieten, umziehen, einziehen 4. ziehen, spannen 5. bespannen, bedecken, auslegen, schützen **s. beziehen:** 1. s. umwölken, s. bewölken 2. s. stützen, s. berufen

Bezieher: Abonnent, Kunde, Leser, Käufer

Beziehung: 1. Liebesverhältnis, Romanze 2. Gesichtspunkt, Richtung, Hinblick 3. Kontakt, Zusammenhang, Umgang, Verhältnis 4. Verbindung, Bezug, Abhängigkeit, Verhältnis

Beziehungen: Kontakte, Verbindungen, Connections, Vitamin B, Klüngel

beziehungslos: zusammenhanglos, isoliert, verbindungslos, kontaktarm

beziffern (s.): betragen, s. belaufen auf, ausmachen

Bezirk: 1. Landschaft, Gebiet, Bereich, Raum, Gegend 2. Distrikt, Kanton

Bezug: 1. Folgerung, Herleitung 2. Einkommen, Honorar, Rente, Pension, Gehalt 3. Verbindung, Beziehung, Zusammenhang, Abhängigkeit, Verhältnis 4. Überbezug, Bettbezug 5. Bezugnahme, Berufung 6. Verbindung, Hinsicht, Gesichtspunkt, Hinblick

bezweifeln: wanken, misstrauen, schwanken, anzweifeln

bezwingbar: überwindbar, schwach, besiegbar, schlagbar

bezwingen: 1. erstürmen, meistern, bewältigen 2. unterwerfen, besiegen, schlagen, überwältigen, vernichten **s. bezwingen:** s. bändigen, s. überwinden, s. beruhigen, s. zähmen, s. zügeln, s. zusammenreißen, s. mäßigen

Bibel: Heilige Schrift, Buch der Bücher, Wort Gottes

Bibliografie: Literaturverzeichnis, Bücherverzeichnis

Bibliothek: Bücherei, Bücherbestand, Leihbücherei

biegen: 1. s. neigen, s. beugen, s. bücken 2. falzen, knicken, umbiegen, brechen, falten 3. krümmen, zurechtbiegen, einbiegen

biegsam: elastisch, beweglich, gelenkig, geschmeidig, dehnbar

Biegung: Bogen, Drehung, Abbiegung, Kurve, Wende

bieten: 1. verlangen, zumuten, abverlangen 2. versprechen, anbieten 3. feilschen, mitbieten 4. überreichen, geben, opfern 5. bezeugen, versichern, garantieren 6. darbieten, reichen 7. darbieten, zeigen 8. vorbereiten, anbieten **s. bieten:** s. zeigen, s. darbieten

Bild: 1. Abbildung, Gemälde, Bildnis, Darstellung, Ansicht, Zeichnung 2. Sinnbild, Symbol, Gleichnis 3. Vorstellung, Eindruck 4. Foto, Lichtbild, Aufnahme, Fotografie 5. Aussicht, Ansicht

bilden: 1. herstellen, formen, anfertigen, nachbilden 2. ausbilden, unterweisen, erziehen, unterrichten 3. ergeben, bedeuten, ausmachen **s. bilden:** 1. s. ankündigen, entstehen, s. entwickeln, beginnen, aufkommen, s. formen, s. abzeichnen, s. entfalten, s. ergeben, s. zeigen, anbahnen 2. s. fortbilden, vervollkommnen, s. weiterbilden

bildlich: 1. symbolisch, übertragen, sinnbildlich 2. deutlich, anschaulich, bildhaft, veranschaulichend, verständlich

Bildnis: 1. Konterfei, Bild, Fotografie, Porträt 2. Bild, Gemälde

Bildschirm: 1. Screen, Monitor 2. Mattscheibe, Röhre

Bildung: 1. Kultur, Benehmen 2. Kenntnisse, Wissen, Allgemeinbildung, Gelehrsamkeit 3. Ausbildung, Training, Unterweisung, Schulung, Erziehung, Unterrichtung

billig: 1. wertlos, nichts sagend 2. leer, nichts-sagend, unbedeutend, geistlos, gewöhnlich, abgegriffen, seicht 3. schlecht, einfach 4. richtig, gerecht, verdient 5. günstig, erschwinglich, preisgünstig

billigen: 1. genehmigen, unterschreiben 2. beistimmen, gutheißen, bekräftigen, unterschreiben, anerkennen, erlauben

Billigung: Bestätigung, Erlaubnis, Einverständnis, Zustimmung, Bejahung, Genehmigung

bimmeln: läuten, klingeln, schellen

binden: 1. legieren, andicken, dicken 2. broschieren, heften 3. schnüren, flechten, knoten, knüpfen 4. anbinden, festbinden **s. binden:** s. festlegen, heiraten

Bindung: Band, Freundschaft, Kameradschaft

binnen: innerhalb von, während, in der Zeit von

Bissen: Mund voll, Brocken, Stück

bissig: 1. scharf, wachsam 2. beißend, ironisch, verletzend, spitz, scharf

Bitte: Nachsuchen, Anliegen, Wunsch, Ersuchen

bitten: anrufen, bestürmen, ansuchen, drängen, flehen, anflehen, beschwören

bitter: 1. spitz, verletzend, höhnisch, spöttisch 2. unangenehm, schmerzlich 3. unangenehm, sauer, streng 4. hart, ärgerlich 5. schlecht, negativ

Bitterkeit: 1. Verärgerung, Erbitterung,

Groll, Unbehagen, Verbitterung 2. Widerwärtigkeit, Widerlichkeit

bizarr: ausgefallen, extravagant, skurril, grotesk, merkwürdig, absonderlich

blank: 1. abgenutzt, abgewetzt, abgetragen 2. gesäubert, sauber, glänzend

Blank: Leerschritt, Abstand

blasen: 1. schmettern, trompeten 2. zischen, pusten, fauchen 3. aufkommen, brausen, sausen

blass: 1. farblos, langweilig, unansehnlich 2. grau, fahl, blutleer, bleich 3. schwach, leicht

blau: 1. benebelt, betrunken, angetrunken, angeheitert 2. verletzt, blutunterlaufen

blauäugig: naiv, leichtgläubig, arglos

bleiben: 1. aushalten, überdauern, überstehen, standhalten 2. zurückbleiben, übrig bleiben 3. weilen, hierbleiben, zubringen, wohnen, s. aufhalten, dableiben

bleibend: dauerhaft, unzerstörbar, fest, zeitlebens, ewig, unvergänglich

bleich: weiß, blass, blutleer, fahl

blenden: 1. überfahren, überrumpeln 2. vorspielen, bezaubern, täuschen, beeindrucken

blendend: 1. ausgezeichnet, prachtvoll, glänzend 2. reflektierend, spiegelnd 3. hervorstechend, augenfällig, aufdringlich, außergewöhnlich, bemerkenswert

blicken: sehen, schauen, spähen

Blickfeld: Sichtfeld, Horizont

Blickpunkt: 1. Brennpunkt, Fokus, Mittelpunkt 2. Blickwinkel

blind: 1. geblendet, erblindet 2. glanzlos, matt, trübe, beschlagen 3. kritiklos, gutgläubig 4. gedankenlos, unvernünftig, leichtsinnig, blindlings, unvorsichtig, ziellos, unüberlegt

Blindheit: Erblindung, Blendung

blinken: blitzen, strahlen, glitzern, leuchten, glänzen, funkeln

blitzen: 1. strahlen, glänzen, leuchten, blinken 2. wetterleuchten, gewittern

blitzschnell: schnell, rasch, fix, eilends, geschwind

Block: 1. Fraktion, Gruppe 2. Gebäudekomplex, Wohnblock, Häuserviertel 3. Notizblock, Zeichenblock 4. Steinblock, Quader

Blockade: Absperrung, Abriegelung, Sperre

blocken: zurückschlagen, auffangen, fern halten, unterbinden, abblocken, abwehren, verhüten, abbiegen

blockieren: 1. besetzen, verschanzen, sichern 2. boykottieren, verwehren, verhindern 3. sperren, verstellen

bloß: 1. entblößt, nackt, unverhüllt, barfüßig, unangezogen 2. nur, ausschließlich, lediglich

Bluff: Irreführung, Täuschung, Finte, Trick

blühen: 1. florieren, gedeihen 2. erblühen, gedeihen, aufblühen

blühend: 1. gut gehend, attraktiv, Gewinn bringend 2. jung, schön 3. wohlauf, aufgeblüht, gesund

Blume: Bukett, Aroma, Duft

blumig: 1. theatralisch, barock, gekünstelt, verschnörkelt, überladen 2. gleichnishaft, bildlich, symbolisch 3. duftend, würzig, aromatisch

blutdürstig: bestialisch, mordsüchtig, erbarmungslos, grausam, blutgierig

Blüte: 1. Auswahl, Auslese 2. Aufschwung, Hochkonjunktur 3. Hochkultur, Blütezeit

Bluterguss: blauer Fleck, Hämatom, Beule, Erguss, Blutbeule

blutig: 1. blutbefleckt, blutüberströmt 2. grausam, mörderisch

blutleer: 1. gefühllos, taub, empfindungslos 2. blass, bleich

Bö: Windstoß

bockig: eigensinnig, widerspenstig, rechthaberisch, aufsässig, dickköpfig, unerbittlich, unnachgiebig, stur, ungehorsam, verschlossen, trotzig, starrsinnig, unzugänglich

Boden: 1. Erde, Scholle, Erdboden 2. Eigentum, Besitz 3. Speicher, Dachboden 4. Fußboden, Diele

bodenständig: 1. heimisch, alteingesessen, verankert, ansässig 2. naturnah, natürlich, naturverbunden, ursprünglich

Bodenvertiefung: Geländesenkung, Bodensenke, Graben, Vertiefung, Senke

Bogen: 1. Windung, Kehre, Biegung, Knick 2. Abzug, Fahne 3. Formular, Vordruck, Formblatt, Fragebogen 4. Rundung, Wölbung

bohren: 1. wünschen, begehren, zusetzen, drängen, nachfragen, belästigen 2. stechen, schmerzen 3. graben, suchen

bolzen: kicken, treten, schießen

Bon: 1. Jeton, Chip 2. Gutschein, Wertmarke, Kassenzettel

Bonmot: witzige Äußerung, geistreicher Ausspruch

Boot: Gondel, Barke, Kahn

booten: hochfahren, starten

Bordell: Freudenhaus, Puff, Dirnenhaus

borgen: entleihen, verleihen, leihen

borniert: arrogant, eigensinnig, kleinkariert, starrsinnig, engstirnig

Börse: 1. Portmonee, Geldbörse 2. Geldmarkt, Aktienbörse

borstig: 1. stoppelig, unrasiert, bärtig 2. zerzaust, unordentlich, struppig 3. stachelig, kratzig, kratzend, stoppelig 4. grob, ungehobelt, abweisend, rau, taktlos, schroff, barsch

bösartig: 1. boshaft, schlimm, unausstehlich, bitterböse, böse, übel 2. lebensgefährlich, schlimm

Böschung: Absturz, Gefälle, Abhang, Hang

böse: 1. wütend, streitsüchtig, angriffslustig 2. gefährlich, ernst, bösartig 3. übel, gemeingefährlich, unfreundlich, bitterböse, schlimm

Bösewicht: Gauner, Schuft, Schurke, Krimineller

boshaft: böse, übel wollend, gehässig, schadenfroh, tückisch, niederträchtig, bösartig

Bosheit: Boshaftigkeit, Gemeinheit, Niedertracht, Unverschämtheit, Gehässigkeit, Schadenfreude

Bote: 1. Überbringer, Laufbursche, Botenjunge, Boy 2. Anzeichen, Omen, Vorzeichen

Botschaft: 1. Konsulat, Gesandtschaft 2. Nachricht, Urkunde, Schreiben

Botschafter: Wahlkonsul, Gesandter, Konsul, Diplomat

boxen: fighten, kämpfen

Boy: Page, Hoteldiener, Diener

Boykott: 1. Aussperrung, Ausschluss 2. Embargo, Ächtung, Warensperre

boykottieren: ausschließen, sperren, ausgliedern, ächten, ausstoßen

Brand: 1. Feuer, Flammenmeer 2. Riesendurst, Durst

brandmarken: verurteilen, anprangern, verhöhnen, verdammen, verspotten

brandschatzen: ausrauben, vernichten

Brandstifter: Feuerteufel, Brandleger

Brandung: Gischt, Schaumkrone

braten: rösten, garen, backen

Brauch: 1. Landessitte, Ritus, Sitte 2. Gepflogenheit, Usus, Gewohnheit

brauchbar: geeignet, zweckmäßig, tauglich, lohnend, gut, verwendbar

brauchen: gebrauchen, bedürfen, benötigen

braun gebrannt: braun, gebräunt

braun: 1. braunhaarig, brünett 2. braun gebrannt, gebräunt 3. rostig, rostbraun

brausen: 1. stürmen, dröhnen, wüten 2. eilen, stürmen **s. brausen:** abbrausen, duschen

Braut: Verlobte, Heiratskandidatin

Bräutigam: Heiratskandidat, Verlobter

Brautkleid: Hochzeitskleid, Traum in Weiß

brav: 1. tüchtig, fähig 2. treuherzig, kleinbürgerlich, harmlos, bieder 3. achtbar, redlich, unbescholten 4. artig, gehorsam, lieb

bravo: hervorragend, spitze, super, tolle Leistung, klasse

brechen: 1. abpflücken, ernten, abbrechen, lesen, pflücken 2. auseinander brechen, zerbrechen, teilen, durchhauen 3. aussetzen, pausieren 4. s. erbrechen, s. übergeben 5. abbrechen, zerfallen 6. trennen, auflösen 7. bezwingen, überwinden 8. umbiegen, falzen **s. brechen:** 1. ablenken, ableiten 2. branden, zurückschlagen

Brecher: hohe Welle, Flutwelle

Brechreiz: Unwohlsein, Übelkeit

Brei: 1. Schlamm, Sumpf, Matsch 2. Püree, Mus

breit: 1. eingehend, ausführlich, weitläufig 2. dick, füllig, mollig 3. ausgedehnt, weit

Breiten: Landschaft, Region, Gegend

bremsen: 1. herabmindern, verringern, halten 2. zurückhalten, mäßigen 3. knapp halten, mäßigen 4. einschränken, hemmen

brennbar: feuergefährlich, entzündbar

brennen: 1. lodern, glimmen, schwelen, flammen, verkohlen, verbrennen, sengen, glühen 2. destillieren 3. schmerzen, stechen 4. jucken, beißen, kratzen, stechen

brennend: 1. flammend, glühend 2. beißend, gepfeffert 3. wichtig, akut, dringend, zwingend, ernstlich

Brennpunkt: Fokus, Mittelpunkt, Blickpunkt, Zentrum, Kern

Brennstoff: Heizstoff, Brennmaterial

brenzlig: gefährlich, bedenklich, beunruhigend, bedrohlich, zugespitzt, kritisch, ernst

Bretter: 1. Boden 2. Bühne, Theater

Brief: Nachricht, Botschaft, Post, Schreiben, Mitteilung

brillieren: imponieren, s. hervortun, herausragen, prunken, wirken, glänzen

bringen: 1. zeigen, darbieten, aufführen 2. veröffentlichen, bieten 3. s. lohnen, s. rentieren 4. tragen, beschaffen, liefern, heranschaffen, befördern 5. bewältigen, schaffen 6. ergeben, erzielen 7. darlegen, untersuchen, abhandeln, verhandeln 8. aussenden, ausstrahlen, übertragen

9. hinbringen, begleiten 10. zuschicken, hintragen, hinschaffen

brisant: 1. hochexplosiv, feuergefährlich 2. bedeutend, kritisch, heiß, heikel 3. brennend, aktuell

Brisanz: Aktualität, Konfliktstoff, Sprengkraft, Zündstoff

Brise: Windzug, Lüftchen, Lufthauch, Wind

Bruch: 1. Trennung, Zerwürfnis 2. Trennung, Auflösung, Scheidung, Ehescheidung 3. Fraktur, Knochenfraktur 4. Ramsch, Ladenhüter, Ausschuss 5. Bruchstelle, Bruchfläche, Bruchkante 6. Grabenbruch, Mulde, Graben

brüchig: zerfallen, baufällig, verfallen, morsch

Brücke: 1. Teppich, Läufer 2. Kommandobrücke 3. Steg, Überweg, Übergang 4. Zahnprothese, Zahnersatz

brüderlich: einig, partnerschaftlich, freundschaftlich, einmütig

Brühe: 1. Schlamm, Brei 2. Bouillon, Suppe

brühwarm: aktuell, sofort, unverzüglich, brandneu, gleich, auf der Stelle

brüllen: 1. krachen, dröhnen 2. rufen, schreien 3. zetern, anschnauzen, heruntermachen, wettern

brummen: 1. summen, surren 2. brummeln, knurren

brüsk: barsch, derb, rau, schroff, grob, ruppig, ungeschliffen, unfreundlich

Brut: 1. Gelege, Nachkommenschaft 2. Bagage, Lumpengesindel, Abschaum, Sippschaft

brut: trocken, herb, dry

brutal: gnadenlos, grausam, bestialisch, kaltblütig, gewalttätig, unmenschlich, unbarmherzig, roh, erbarmungslos, verroht

Brutalität: Härte, Erbarmungslosigkeit, Grausamkeit, Rohheit, Gefühlskälte, Gefühllosigkeit, Rücksichtslosigkeit, Gewalttätigkeit, Unmenschlichkeit, Kälte

BSE: Rinderwahnsinn, Rinderseuche

Buch: Werk, Schrift, Band, Druckerzeugnis, Titel

buchen: 1. vorbestellen, reservieren 2. gutschreiben, verbuchen, belasten 3. erfassen, eintragen, niederschreiben

Bücherei: Bibliothek, Büchersammlung

Buchprüfung: Steuerprüfung, Betriebsprüfung

Büchse: 1. Dose, Konserve 2. Flinte, Gewehr

Buchstabe: Schriftzeichen, Letter

buckeln: s. beugen, s. einschmeicheln, kriechen, dienern

bücken (s.): s. niederbeugen, s. beugen

bucklig: 1. hügelig, bergig 2. krumm, verwachsen, missgestaltet

Bude: 1. Schaubude, Marktbude, Kiosk 2. Hütte, Baubude, Baracke 3. Kammer, Raum 4. Blockhaus, Blockhaus

bügeln: ebnen, plätten, glätten, mangeln

bugsieren: befördern, schleppen, ziehen, transportieren

buhen: pfeifen, ausbuhen

Bukett: 1. Blumenstrauß 2. Aroma, Duft, Blume, Geruch

Bummel: Streifzug, Spaziergang

bummeln: spazieren gehen, trödeln

Bums: Donnerschlag, Krach, Schuss

Bund: 1. Staatenbund, Bundesstaat 2. Koalition, Zusammenschluss, Organisation, Verbindung 3. Ehe, Lebensgemeinschaft 4. Ballen, Bündel

bündig: überzeugend, einsichtig, sicher, zwingend, schlagend, einleuchtend

bunt: 1. durcheinander, zusammengewürfelt 2. farbenfreudig, farbig

Burg: Festung, Kastell, Zitadelle, Bollwerk

Bürger: 1. Staatsbürger, Einwohner 2. Mitbürger, Einwohner

Bürgersteig: Gehsteig, Fußgängerweg, Gehweg

Bürgschaft: 1. Garantie, Haftung, Gewähr 2. Sicherheitsleistung, Hinterlegung

Büro: 1. Dienststelle, Behörde 2. Kanzlei, Geschäftszimmer, Kontor, Amtsstube, Amtszimmer

Bursche: Milchgesicht, Kerl, Jüngling, Twen, Teenager, Halbstarker, Milchbart

Burschenschaft: Studentenverbindung, Korps

bürsten: schrubben, putzen, reinigen, säubern

Busen: Büste, Brust, Titten, Möpse, Vorbau

Buße: Sühne, Strafe

büßen: zahlen, wiedergutmachen

C

Cash: Bargeld, Barzahlung

Champagner: Perlwein, Schaumwein, Schampus

Champignon: Pilz, Egerling

Chance: Möglichkeit, Glücksfall, Aussicht, Hoffnung

chancenlos: hoffnungslos, aussichtslos, verfahren

chancenreich: günstig, Erfolg versprechend, aussichtsreich, Gewinn bringend, viel versprechend

Chanson: Lied, Gesangsstück

Chaos: 1. Verwirrung, Unordnung, Durcheinander, Gewirr 2. Herrschaftslosigkeit, Gesetzlosigkeit

chaotisch: durcheinander, ungeordnet, wirr, gesetzlos

Charakter: 1. Eigenheit, Besonderheit, Typ, Eigentümlichkeit, Merkmal, Spezialität 2. Respektsperson, Persönlichkeit 3. Veranlagung, Eigenart, Wesensart, Gemütsart

charakterfest: redlich, aufrecht, rechtschaffen, beständig, unbestechlich

charakteristisch: kennzeichnend, charakterisierend, bezeichnend, unverkennbar

charakterlos: würdelos, verächtlich, ehrlos

Chauvi: Macho, Sexist, Chauvinist

Chip: 1. Spielmarke, Jeton 2. Mikrochip 3. Kartoffelchip

Chor: 1. Gesangverein, Sängervereinigung 2. Kirchenchor, Altarraum

Christus: Erlöser, Jesus, Gotteslamm, Gottessohn

chronisch: 1. andauernd, anhaltend, schleichend 2. hartnäckig, langwierig

City: Innenstadt, Zentrum, Geschäftsviertel, Downtown

Cocktail: Mixgetränk, Longdrink, Drink

Copyright: Urheberrecht

Cousine: Kusine, Base

Creme: Heilsalbe, Salbe

Crèpe: Pfannkuchen, Eierkuchen, Palatschinken

D

dabei: 1. andererseits, allein, aber, indes, jedoch, doch, mindestens, sondern, höchstens, nur, dagegen, freilich 2. unterdessen, mittlerweile, einstweilen, inzwischen, indem, währenddessen, dazwischen

dabeibleiben: 1. s. aufhalten, verweilen, bleiben 2. weiterführen, fortfahren

dableiben: 1. s. befinden, wohnen, s. aufhalten 2. verweilen, ausharren

Dach: 1. Giebel, Hausdach 2. Behausung, Unterkunft, Quartier, Absteige, Obdach

Dachboden: Boden, Söller, Speicher

Dachrinne: Regenrinne, Dachtraufe, Kandel

dafür: stellvertretend, für, anstatt, anstelle

dagegen: 1. andererseits, höchstens, doch, aber, sondern, jedoch, allein, mindestens, nur, immerhin 2. hingegen, wiederum

Daheim: Zuhause, Wohnsitz, Heim, die eigenen vier Wände, Elternhaus

daher: 1. herzu, heran, herbei, hinzu 2. dadurch, deswegen, darum, deshalb

dahingehen: 1. verfliegen, vorbeigehen, verrinnen 2. dahinscheiden, sterben, entschlafen, verscheiden, scheiden

dahinleben: vegetieren, dahindämmern

dahinscheiden: ableben, umkommen, sterben, verscheiden

dahinschwinden: 1. s. vermindern, s. verringern, abflauen, zurückgehen, abebben, abklingen 2. verkommen, untergehen, zerfallen, absterben, s. auflösen, aussterben

dahinter: hinten, auf der Rückseite, hintendran

damals: einst, vormals, seinerzeit, früher, ehemals

damit: dadurch, hierdurch

Damm: 1. Stauwerk, Abdämmung, Deich, Absperrung, Wall 2. Mole, Kai, Pier

dämmerig: schummerig, schattig, dunkel

Dämmerlicht: Dämmerstunde, Dämmerung

Dämon: Teufel, Satan, böser Geist, böse Macht

Dampf: Hauch, Atem, Wasserdampf, Qualm, Schwaden, Nebel

Dampfbad: Sauna, Schwitzbad, Heißluftbad

dampfen: rauchen, qualmen, aufwallen, verdunsten

dämpfen: 1. beruhigen, bändigen, beschwichtigen 2. mildern, vermindern, dämmen, mindern, abschwächen 3. garen, dünsten

dämpfend: mindernd, abschwächend, dämmend, beruhigend

Dämpfer: Kritik, Zurechtweisung, Anpfiff, Maßregelung

danach: 1. alsdann, darauf, folglich, also, jedenfalls 2. schließlich, dann, nach, später, sodann, endlich, nachher

Dandy: Schönling, Beau, Modenarr

daneben: 1. nebenbei, außerdem 2. nahe, seitlich, neben, dabei, daran

danebengehen: 1. misslingen, fehlschlagen, missglücken, missraten 2. verfehlen, vorbeischießen, danebentreffen, danebenschießen

Dank: Anerkennung, Lohn, Dankeswort, Vergeltung, Belohnung

dankbar: 1. erkenntlich, verpflichtet 2. ergiebig, nützlich, lohnend

danken: 1. ablehnen, verzichten 2. anerkennen, danksagen, s. bedanken 3. vergelten, abfinden, belohnen

dann: 1. hinterher, nachher, danach, später, sodann 2. manchmal, gelegentlich, zuweilen

darauf folgend: hintereinander, nacheinander, aufeinander folgend

darauf: endlich, dann, danach, nachher, sodann, später, nach

daraus: hieraus, draus, dadraus

darben: schmachten, entbehren, hungern, ermangeln

darbieten: 1. geben, s. anbieten 2. anbieten, geben, reichen 3. spielen, aufführen

Darbietung: Vorstellung, Schau, Darstellung, Aufführung

darbringen: 1. weihen, opfern 2. beschenken, schenken, geben

darin: 1. mittendrin, zwischen 2. mitten, zentral 3. binnen, in

darlegen: abhandeln, erzählen, erklären, schildern, berichten

Darlegung: Erläuterung, Bericht, Abhandlung, Schilderung

Darlehen: Vorauszahlung, Kredit, Vorschuss

darreichen: anbieten, servieren, kredenzen, offerieren

darstellen: 1. verkörpern, darbieten, vorstellen 2. ausdrücken, beschreiben 3. zeichnen, malen **s. darstellen:** s. zeigen, s. offenbaren

Darsteller: Star, Schauspieler, Filmstar

Darstellung: 1. Aufführung, Vorführung, Darbietung 2. Zusammenstellung, Abhandlung, Darlegung, Bericht 3. Ausdruck, Beschreibung

darüber: 1. oberhalb, über 2. dazu, hiervon

darunter: 1. unterhalb, unten 2. dazwischen, darin

Date: Verabredung, Stelldichein, Rendezvous, Treffen

Daten: Fakten, Werte, Zahlen, Maße, Angaben

Dauer: 1. Dauerhaftigkeit, Bestand 2. Zeitlosigkeit, Ewigkeit, Unsterblichkeit 3. Zeitdauer, Frist 4. Durchhalten, Überstehen

dauerhaft: 1. stabil, strapazierfähig 2. bleibend, beständig, wertbeständig 3. konserviert, haltbar 4. imprägniert, wetterfest 5. immergrün, dauergrün 6. waschecht, farbecht 7. feuerfest, feuersicher

Dauerlauf: Jogging, Marathon, Langstreckenlauf

dauern: 1. erbarmen, schmerzen 2. anhalten, bleiben, währen, hinziehen, fortbestehen, gleichbleiben

dauernd: 1. chronisch, unheilbar 2. bleibend, beständig, gewohnt 3. andauernd, unaufhaltsam, konstant, fortdauernd, ständig

Dauerwurst: Hartwurst

davongehen: s. entfernen, fortgehen, davonlaufen, weggehen, weglaufen

davonjagen: 1. entlassen, kündigen 2. fortjagen, verjagen, verscheuchen 3. ausbrechen, entlaufen, s. absetzen, entwischen, wegschleichen, weglaufen, durchbrennen, flüchten, fliehen

davonkommen: 1. s. retten, entrinnen 2. weiterleben, gesunden

davonlaufen: s. wegbegeben, davongehen, gehen, s. fortbegeben, weggehen, fortgehen, das Weite suchen

davontragen: 1. wegbringen, entfernen, wegtragen 2. siegen, gewinnen

davor: zuvor, vorher, zuerst

dazu: 1. zusätzlich, obendrein 2. außerdem, hinzu, zudem, ferner, dann, überdies 3. hierzu, dafür

dazugeben: anfügen, beifügen, drauflegen, beisteuern, bezuschussen, subventionieren

dazugehören: mitwirken, mitarbeiten, teilnehmen, mitmachen

dazukommen: 1. kommen, erscheinen 2. hinzukommen, hinzutreten

dazulegen: dazugeben, dazutun, hinzutun

dazurechnen: 1. einbeziehen, anrechnen, mitzählen, einplanen, berücksichtigen 2. addieren, hinzuzählen

Dazutun: Hilfeleistung, Mithilfe, Zutun, Beteiligung

dazwischen: 1. darunter, dabei 2. in, zwischen, inmitten 3. inzwischen, dabei, solange, unterdessen, indem, währenddessen, unterdessen, in der Zwischenzeit

Deal: Handel, Abkommen, Abmachung, Geschäft

dealen: Drogen verkaufen, mit Drogen handeln

Decke: 1. Haut, Schicht 2. Zudecke, Reisedecke, Bettdecke 3. Tischdecke, Tischtuch

decken: 1. schmücken, eindecken 2. s. eindecken, kaufen 3. überziehen, abdecken, zudecken 4. befruchten, begatten 5. verbergen, schützen, helfen

s. decken: s. gleichen, s. ähneln, übereinstimmen

Deckname: Pseudonym, Künstlername, falscher Name

Deckung: 1. Unterstützung, Hilfe, Schutz 2. Schutz, Sicherheit 3. Übereinstimmung, Ähnlichkeit, Gleichheit 4. Begattung, Befruchtung

defekt: schadhaft, beschädigt, kaputt

Defekt: Beschädigung, Fehler, Schaden

Defensive: Verteidigung, Widerstand

dehnbar: 1. verschwommen, undeutlich, ungenau 2. biegsam, elastisch

Dehnbarkeit: Elastizität, Biegsamkeit

dehnen: längen, strecken, spannen, ausweiten **s. dehnen:** s. ziehen, s. ausdehnen, s. ausweiten

Deich: Damm, Schutzwall, Erddamm, Wall

dekadent: 1. abgelebt, verfallen, heruntergekommen 2. über die Verhältnisse

Dekor: Aufmachung, Ausschmückung, Ausstattung

dekorieren: 1. schmücken, verzieren 2. auszeichnen, ehren, würdigen

delikat: 1. fein, vorzüglich, appetitlich, schmackhaft 2. gefährlich, schwierig

Delikatesse: Köstlichkeit, Leckerbissen, Spezialität

Delle: Beule, Vertiefung, Einbuchtung, Druckstelle

demagogisch: provokativ, hetzerisch, agitatorisch

demaskieren: 1. enthüllen, bloßlegen, aufdecken, entlarven 2. dahinter kommen, erkennen, feststellen

Demaskierung: Enthüllung, Entlarvung, Bloßstellung, Aufdeckung

Demokratie: Volkssouveränität, Herrschaft des Volkes

Demonstration: 1. Veranschaulichung, Verdeutlichung 2. Kundgebung, Massenversammlung

demonstrativ: 1. absichtlich, bewusst, vorsätzlich, gewollt 2. verständlich, anschaulich, deutlich, wirklichkeitsnah

demonstrieren: 1. zeigen, vorführen 2. hervorheben, erklären, zeigen, veranschaulichen

demoralisieren: entmutigen, zermürben, fertigmachen, kleinkriegen

Demut: Fügsamkeit, Bescheidenheit

demütig: unterwürfig, demutsvoll, ergeben

demütigen: schmähen, erniedrigen, beschämen **s. demütigen:** s. ergeben, s. erniedrigen

Demütigung: Verachtung, Ergebenheit, Missachtung, Geringschätzung

Denkart: Anschauung, Einstellung, Denkweise, Gesinnung, Gedanken, Sinnesart

denkbar: 1. durchführbar, ausführbar, möglich 2. erdenklich, vorstellbar 3. wahrscheinlich, anscheinend

denken: 1. rätseln, überlegen, nachsinnen, nachdenken 2. meinen, glauben 3. s. erinnern, zurückschauen, s. entsinnen 4. vorhaben, beabsichtigen

Denkmal: Ehrenmal, Monument, Mahnmal

Denkvermögen: Verstand, Denkfähigkeit, Urteilsfähigkeit, Abstraktionsvermögen

Denkzettel: Warnung, Lektion, Strafe

dennoch: doch, gleichwohl, aber, trotzdem

Deponie: 1. Müllhalde, Abraumhalde, Schuttabladeplatz 2. Ablagerung

Deportation: Abschiebung, Verschleppung, Zwangsverschickung, Ausweisung, Verbannung

depressiv: bekümmert, bedrückt, schwermütig, trübselig, wehmütig, unfroh

derb: 1. rüde, unfein, barsch, deftig 2. einfach, bäuerlich 3. vulgär, unanständig

deshalb: dadurch, folglich, mithin, darum, daher, somit

Design: Dekor, Gestaltung, Aufmachung, Entwurf, Muster

designiert: auserwählt, berufen, bestimmt, erkoren

Desinfektion: Entkeimung, Entseuchung

desinfizieren: keimfrei machen, auskochen, entseuchen

Desinteresse: Gleichgültigkeit, Ungerührtheit, Interesselosigkeit, Teilnahmslosigkeit, Stumpfheit

desinteressiert: interesselos, gleichgültig, unempfindlich, unbewegt, teilnahmslos

Dessert: Nachtisch, Nachspeise

Detail: Ausschnitt, Auszug, Einzelheit, Baustein, Glied

Detektiv: 1. Beobachter, Spitzel 2. Kriminalbeamter, V-Mann

detonieren: explodieren, hochgehen, in die Luft fliegen

deutlich: 1. bestimmt, eindeutig, genau, handfest, unmissverständlich 2. bildhaft, verständlich, wirklichkeitsnah, anschaulich 3. verstehbar, verständlich 4. offenbar, sichtbar, offenkundig 5. nachdrücklich, inständig, drastisch

Deutlichkeit: 1. Klarheit, Genauigkeit 2. Exaktheit, Unverblümtheit, Eindeutigkeit, Genauigkeit 3. Verständlichkeit, Verstehbarkeit

Devise: Leitspruch, Motto, Wahlspruch, Slogan

Diagnose: Befund, Feststellung

Dialog: Gespräch, Aussprache, Unterredung, Gedankenaustausch, Unterhaltung

Diät: 1. Schonkost, Krankenkost 2. Schlankheitskur, Abmagerungskur, Hungerkur, Fastenkur

Diäten: Spesen, Aufwandsentschädigung

dicht: 1. kugelsicher, kugelfest 2. gesichert, geschützt 3. zu, verschlossen, luftdicht 4. geschlossen, zugesperrt, zu, abgeschlossen, abgesperrt, verriegelt 5. voll, gedrängt 6. imprägniert, wasserundurchlässig

dichten: 1. isolieren, abdichten 2. schreiben, reimen 3. fantasieren, schwindeln, s. ausdenken

Dichter: Literat, Schriftsteller, Schreiber, Autor

dichterisch: literarisch, schriftstellerisch, erzählerisch

Dichtung: Epos, Gedicht, Lyrik, Poesie

dick: 1. verdickt, entzündet 2. schwerflüssig, dickflüssig, breiartig, zähflüssig 3. geschwollen, aufgebläht, aufgedunsen 4. breit, füllig, korpulent, rund, stark, vollschlank, fett

dicke: bestimmt, fraglos, auf jeden Fall, zweifellos, vollauf

dickflüssig: dick, breiartig, schwerflüssig, zähflüssig

Dickicht: Gesträuch, Unterholz, Gebüsch

didaktisch: erzieherisch, belehrend, pädagogisch wertvoll

Dieb: Räuber, Einbrecher

Diebstahl: Plünderung, Einbruch, Eigentumsdelikt, Raub

Diele: 1. Flur, Gang 2. Bohle, Brett

dienen: 1. s. eignen, nützen 2. unterstützen, beistehen, helfen

Diener: 1. Bote, Lakai, Hausangestellte, Page, Butler 2. Bückling, Verbeugung

Dienst: 1. Amt, Pflicht, Funktion 2. Gefälligkeit, Dienstleistung 3. Fron, Verpflichtung 4. Job, Beschäftigung, Stelle, Arbeit, Beruf

dienstbereit: einsatzbereit, dienstfertig

dienstlich: amtlich, offiziell, förmlich

Dienststelle: Geschäftsstelle, Behörde, Amt, Behörde

dienstunfähig: krank, arbeitsunfähig

Dienstweg: Amtsweg, Instanzenweg, Behördenweg

Diesseits: Erde, irdisches Leben, Hier und Jetzt

Differenz: 1. Unterschied, Fehlbetrag 2. Nichtübereinstimmung, Meinungsverschiedenheit

digital: nicht analog, in Ziffern

Diktator: Alleinherrscher, Gewaltherrscher, Tyrann, Unterdrücker

diktieren: anordnen, verkünden, befehlen, ansagen, beauftragen

Dimension: 1. Ausmaß, Größenordnung, Reichweite 2. Abmessung, Ausdehnung

dingen: beauftragen, anheuern

dingfest: verhaftet, sicher

Diplom: Urkunde, Dokument, Zeugnis

Diplomat: Gesandter, Botschafter, Konsul

Diplomatie: 1. Verhandlungsgeschick, Verhandlungskunst 2. Taktik, Gewandtheit, Durchtriebenheit

diplomatisch: schlau, clever, geschäftstüchtig, verschmitzt, taktisch, geschickt

direkt: 1. geradezu, regelrecht 2. geradewegs, schnurstracks 3. sogleich, augenblicklich, sofort 4. unumwunden, einfach, geradeheraus

Direktor: 1. Boss, Chef 2. Schulleiter, Rektor

Direktübertragung: Liveübertragung, Originalsendung

Dirigent: 1. Orchesterchef, Bandleader 2. Spielgestalter, Spielmacher

dirigieren: 1. führen, lenken 2. lenken, leiten

Diskont: Zwischenzins, Vorzinsen

Diskothek: Tanzbar, Beatclub, Club, Dancing

diskret: 1. geheim, vertraulich 2. zurückhaltend, rücksichtsvoll, taktvoll

Diskretion: Takt, Verschwiegenheit, Rücksicht

diskriminieren: missachten, gering schätzen, zurücksetzen, herabwürdigen

Diskriminierung: Geringschätzung, Herabwürdigung, Ungerechtigkeit, Verachtung, Benachteiligung

diskutieren: behandeln, debattieren, beraten, durchsprechen, erörtern, besprechen

Disqualifizierung: Ausschluss, Ausscheidung, Disqualifikation

Dissertation: Promotion, Doktorarbeit

Distanz: 1. Strecke, Etappe 2. Abstand, Entfernung 3. Unzulänglichkeit, Einsilbigkeit, Reserve, Wortkargkeit, Schweigsamkeit

distanziert: zurückhaltend, kontaktarm, schweigsam, wortkarg, abweisend, unzugänglich

Disziplin: 1. Teilgebiet, Bereich 2. Zucht, Ordnung

diszipliniert: ordentlich, züchtig, beherrscht

disziplinlos: 1. vorlaut, ungesittet, unverschämt, unartig 2. durcheinander, chaotisch, unordentlich, wirr

Disziplinlosigkeit: 1. Unordnung, Gewirr, Chaos, Wirrsal 2. Unordnung, Zügellosigkeit

diverse: etliche, wenige, einige, manche, mehrere

dividieren: auseinan dernehmen, teilen, zerteilen

doch: aber, immerhin, dabei, trotzdem, jedoch

Dogma: Glaubenssatz, Doktrin, Lehre

Dokument: 1. Urkunde, Akte, Schriftstück 2. Beweisstück, Beweis

dokumentarisch: beweiskräftig, überzeugend, belegt

Dokumentation: 1. Nachweis, Aufdeckung 2. Zusammenstellung, Sammlung

dokumentieren: zeigen, bekunden, belegen

Dom: Kathedrale, Münster, Bischofskirche

donnern: 1. lärmen, brausen, widerhallen, krachen, dröhnen 2. wettern, grollen, gewittern 3. lärmen, dröhnen, krachen

Donnerwetter: 1. Gewitter, Wetter 2. Strafpredigt, Zurechtweisung, Denkzettel, Schelte

doppeldeutig: doppelsinnig, mehrdeutig, zweideutig, rätselhaft

doppelt: beidseitig, doppelseitig, zweiteilig, zweifach

Dorf: Siedlung, Weiler, Kaff, Nest

dörflich: bäuerlich, rustikal, ländlich

Dorn: Spitze, Stachel

dornig: schwer, beschwerlich, leidvoll

dörren: ausdörren, darren, austrocknen

dort: 1. anwesend, zugegen, da 2. ebenda, da

Dose: Büchse, Gefäß, Konservendose

dösen: schlafen, ruhen

dosieren: einteilen, zuteilen

Dosierung: Abmessung, Zuteilung

Dosis: Quantum, Menge

Dossier: Dokumente, Vorgang, Aktensammlung, Unterlagen, Schriftstücke

Drache: Ungeheuer, Feuerspeier

Draht: 1. Abgrenzung, Zaun 2. Flechtwerk, Geflecht

Drama: 1. Bühnenstück, Theaterstück, Schauspiel 2. Tragödie, Katastrophe

Dramatik: Aufregung, Spannung, Beunruhigung

dramatisch: aufregend, erregend, spannend, fesselnd, nervenaufreibend, packend

dramatisieren: überspannen, hochspielen, übertreiben, übersteigern

Drang: Trieb, Instinkt

drängen: 1. verlangen, begehren 2. bedrängen, zusetzen 3. drücken, schieben

Drangsal: Leiden, Dilemma, Notlage, Elend, Qual

drastisch: 1. deutlich, unmissverständlich, nachdrücklich 2. verständlich, sprechend, anschaulich, lebendig 3. bestimmt, rücksichtslos, strikt, entschieden, scharf, hart, streng

draußen: 1. fernab, abgelegen, unerreichbar, abseits, entlegen, fremd, weitab 2. auswärts, außerhalb

Dreck: 1. Schund, Zeug, Gerümpel 2. Schmutz, Unrat 3. Angelegenheit, Kleinigkeit, Chose

dreckig: 1. schmutzig, angeschmutzt, angestaubt, speckig, verschmutzt 2. unanständig, anstößig, unschicklich, zweideutig

Dreh: 1. Kunstgriff, Schliche, Trick 2. Lösung, Ergebnis, Aufklärung

drehen: 1. leiern, kurbeln 2. umdrehen, wenden **s. drehen:** s. wälzen, rotieren

Drehpunkt: Mittelpunkt, Angelpunkt, Achse

Drehung: Umdrehung, Rotation, Wendung

Dress: Kleidung, Sportoutfit, Outfit

Dresseur: Tierbändiger, Abrichter

dressieren: abrichten, schulen

Dressur: Dressurakt, Schulung, Abrichtung

drillen: schinden, stählen, trimmen, hart ausbilden

dringen: s. versteifen, erzwingen, bestehen

dringend: 1. eilig, drängend, wichtig 2. bestimmt, entschieden, eindeutig 3. zwingend, wichtig, notwendig, akut, gewichtig

Dringlichkeit: Entschiedenheit, Eindringlichkeit, Nachdruck, Inständigkeit

drinnen: 1. herinnen, darin, inwendig 2. in, privat, innerhalb

drohen: 1. kommen, herankommen, nahen 2. ankündigen

dröhnen: brüllen, widerhallen, brausen, krachen

dröhnend: lautstark, laut, schrill

Drohung: Mahnung, Warnung, Ankündigung

drosseln: 1. verringern, kürzen, abdrosseln, streichen, verkleinern 2. eindämmen, hindern, erschweren, zügeln, abbremsen 3. erwürgen, strangulieren

Druck: 1. Unterdrückung, Zwang, Nötigung 2. Druckwerk, Veröffentlichung, Abdruck 3. Gewalt, Härte, Wuchtigkeit 4. Gewicht, Last

drucken: herausgeben, publizieren, herausbringen

drücken: 1. bedrücken, bedrängen 2. betätigen, tippen 3. einschnüren, einengen 4. stoßen, drängen, schieben, rücken 5. unterdrücken, unterwerfen 6. pressen, kneten, quetschen 7. beschränken, verringern, eingrenzen 8. umarmen, umfassen 9. heben, stoßen, reißen 10. spritzen, fixen **s. drücken:** s. entfernen, fliehen, s. davonmachen

drückend: 1. gewittrig, feuchtwarm, schwül 2. bleiern, wuchtig, gewichtig

Druckwerk: Druckerzeugnis, Veröffentlichung, Reproduktion, Erscheinung

Dschungel: Urwald, Busch, Regenwald, Wildnis

dubios: anrüchig, verrufen, zweifelhaft, suspekt, verdächtig

Dublette: Duplikat, Kopie, Zweitausfertigung, Abschrift

Duft: 1. Bukett, Parfüm, Aroma, Geruch, Hauch 2. Ausdünstung, Dunst, Gestank

duften: angenehm riechen, Duft verströmen

dulden: 1. durchmachen, leiden, tragen, vertragen, ausstehen, bewältigen, verarbeiten, auffangen, mitmachen 2. zulassen, tolerieren, akzeptieren, s. gefallen lassen, einräumen, s. einverstanden erklären

duldsam: nachsichtig, großmütig, versöhnlich, tolerant, verständnisvoll

Duldsamkeit: Toleranz, Großmut, Nachgiebigkeit

dumm: 1. ärgerlich, verdrießlich, lästig, verpönt, störend 2. unerfahren, töricht, naiv 3. schwachsinnig, idiotisch

Dummheit: 1. Begriffsstutzigkeit, Unerfahrenheit, Nichtwissen, Unkenntnis, Unbedarftheit 2. Unsinn, Irrwitz, Unvernunft 3. Idiotie, Idiotismus 4. Vergehen, Fehler, Verstoß 5. Lausbubenstreich, Streich

dumpf: 1. unempfindlich, teilnahmslos, abgestumpft 2. klanglos, gedämpft 3. glanzlos, matt 4. gering, schwach 5. betäubt, benommen 6. modrig, stickig, feucht 7. leise, dunkel, dumpf tönend, gedämpft

dunkel: 1. bedeckt, bezogen 2. undurchsichtig, kritisch 3. vieldeutig, rätselhaft, geheimnisvoll 4. düster, finster, trübe 5. ungewiss, unklar 6. schwarz, dunkelfarben

Dunkelheit: Schwärze, Finsternis, Dämmerung, Düsterkeit, Nacht

dünn: 1. gelichtet, schütter, spärlich 2. sommerlich, leicht 3. abgenützt, verschlissen, abgetragen 4. zart, schmal, schlank, feingliedrig 5. brüchig, wackelig, schwach 6. dünnflüssig, wäßrig 7. hauchdünn, fein

Dunst: 1. Ausscheidung, Ausdünstung, Geruch 2. Diesigkeit, Dunstschleier, Nebel

dünsten: 1. duften, stinken 2. garen, dämpfen

dunstig: neblig, diesig

Dunstschicht: Nebel, Dunstglocke

Duplikat: Durchschrift, Kopie, Abschrift

durch: 1. entzwei, auseinander 2. hindurch, mittendurch

durcharbeiten: 1. vorbereiten, durchlesen 2. drücken, durchwirken, durchwalken, kneten, vermengen 3. massieren, bearbeiten

durchblättern: durchsehen, überfliegen, ansehen, anschauen

durchblicken: 1. prüfen, testen 2. erkennen, s. auskennen 3. durchblättern, durchschauen 4. hindurchschauen, hindurchsehen

durchbohren: 1. erdolchen, erstechen 2. durchbrechen, durchschlagen 3. anstarren

durchbrechen: 1. teilen, trennen, auseinander brechen 2. durchschimmern, durchleuchten, durchdringen 3. perforieren, durchbohren

Durchbruch: 1. Glück, Erfolg 2. Durchstich, Durchgang, Engpass, Bresche, Enge, Stollen, Durchlass, Pforte, Einschnitt

durchdacht: vollendet, fertig, geprägt, begründet, überlegt

durchdrehen: 1. mahlen, durchjagen 2. explodieren, platzen

durchdringen: durchfeuchten, durchbrechen, durchgehen, durchschlagen, durchtreten, durchlaufen

durchdringend: 1. penetrant, stechend, beißend, scharf, streng 2. schrill, lautstark, ohrenbetäubend, laut

durchdrücken: 1. durchbiegen, strecken 2. durchstreichen, durchrühren, durchpressen, durchpassieren

durcheinander bringen: 1. austauschen, vermischen, verwechseln, vertauschen, durcheinander werfen, vermengen 2. verunsichern, beunruhigen

durcheinander: 1. geistesabweisend, zerstreut, verwirrt 2. chaotisch, vermischt, wirr, ungeordnet

Durcheinander: 1. Chaos, Verwirrung, Unordnung 2. Getümmel, Gedränge, Aufruhr

durchfahren: 1. durchzucken, durchblitzen 2. weiterfahren, hindurchfahren, durchreisen

Durchfahrt: 1. Transit, Durchfuhr 2. Straße, Durchgang, Passage

Durchfall: 1. Darmkatarrh, Diarrhö 2. Misserfolg, Pleite, Zusammenbruch, Bankrott, Enttäuschung, Versagen

durchfallen: 1. durchgehen, durchpassen 2. durchkrachen, versagen, durchrauschen

durchfeiern: durchmachen, durchzechen

durchfeuchten: 1. anfeuchten, durchnässen, nässen, feuchten, einweichen 2. durchweichen, aufweichen

durchfliegen: 1. überfliegen 2. durchziehen, weiterfliegen 3. durchziehen, überfliegen

durchfließen: durchlaufen, durchrinnen, durchströmen

Durchfluss: Durchstich, Durchlass

durchforschen: 1. ergründen, bearbeiten, durcharbeiten 2. durchsuchen, absuchen, durchstöbern, durchspüren, durchkämmen

durchführbar: erfüllbar, ausführbar, machbar, möglich

durchführen: 1. abhalten, arrangieren, ausrichten, erledigen, unternehmen, machen, verwirklichen 2. einziehen, einfädeln, durchziehen

Durchführung: 1. Realisierung, Ausführung, Verwirklichung 2. Abfertigung, Regelung 3. Verwirklichung, Erledigung, Realisierung, Abwicklung

Durchgang: 1. Ausgang, Durchfuhr, Passage, Einfahrt 2. Durchfahrt, Transit

durchgeben: 1. durchreichen 2. senden, melden, durchsagen

durchgehen: 1. losbrechen, scheuen 2. überprüfen, nachprüfen 3. ausbrechen, fliehen, davonlaufen 4. durchlaufen, hindurchschreiten, durchschreiten 5. durchsehen

durchgehend: 1. fortlaufend, andauernd, regelmäßig, anhaltend, endlos, unaufhaltsam, fortdauernd, ununterbrochen 2. ausnahmslos, durchweg

durchhalten: aushalten, standhalten, bestehen

durchhauen (s.): s. durchboxen, durchkommen, s. durchschlagen

durchkämmen: 1. kämmen, s. frisieren 2. absuchen, durchsuchen

durchkämpfen (s.): s. durchbeißen, durchkommen, es schaffen, s. durchschlagen, s. durchquälen, s. durchbringen

durchkommen: 1. überstehen, gesunden 2. weiterkommen, bestehen 3. durchschlüpfen, durchgelangen 4. davonkommen, überstehen 5. weiterkommen, weiterfahren

durchkreuzen: 1. abwenden, abwehren, abstellen, verwehren, verhüten 2. durchstreichen, anstreichen

Durchlass: 1. Durchgang, Durchfahrt 2. Durchbruch, Durchgang

durchlässig: undicht, porös, durchlöchert, leck

durchlaufen: 1. absolvieren, durchmachen 2. durchfahren, durchqueren

durchlesen: durchschauen, überlesen, überfliegen

durchleuchten: 1. untersuchen, röntgen 2. nachprüfen, prüfen, aufdecken

durchlüften: lüften, entlüften, die Fenster öffnen, Durchzug machen, frische Luft hereinlassen

durchmachen: 1. durchzechen, durchfeiern 2. mitmachen, absolvieren

durchpausen: abpausen, durchzeichnen

durchqueren: durchziehen, durchlaufen, durchkreuzen, durchfahren

Durchreise: Durchquerung, Durchfahrt

durchreisen: besuchen, durchqueren, durchziehen, bereisen, befahren, durchfahren, durchwandern, durchkreuzen

durchreißen: auseinander reißen, vernichten, trennen, durchtrennen

durchringen (s.): s. entschließen, entscheiden

Durchsage: Information, Ansage, Auskunft

durchschaubar: durchsichtig, vordergründig

durchschauen: 1. durchsehen, durchblicken 2. durchsichten, durchblättern 3. durchblicken, erkennen, s. auskennen

durchscheinen: durchleuchten, durchschimmern

Durchschlag: Abschrift, Durchschrift, Kopie, Pause

durchschlagen: 1. aufteilen, spalten, entzweien, zerlegen, zertrennen, trennen, abschneiden 2. kappen, beschneiden

s. durchschlagen: s. durchquälen, s. durchbringen, s. durchkämpfen

durchschneiden: durchtrennen, teilen, trennen, halbieren, zerschneiden

Durchschnitt: 1. Alltäglichkeit, Mittelmäßigkeit 2. Mittelwert, Mittelmaß 3. Schnitt, Mittelwert 4. Massenartikel, Massenware

durchschnittlich: üblich, gewöhnlich, mittelmäßig

Durchschrift: Kopie, Zweitschrift, Durchschlag, Abschrift

durchsehen: 1. durchblicken, durchschauen 2. prüfen, überprüfen, erproben, testen, durchchecken, durchgehen

durchsetzt: durchzogen, gemischt, durchwachsen

Durchsicht: 1. Kontrolle, Musterung, Überprüfung, Test 2. Test, Prüfung 3. Anblick, Ausblick, Fernsicht, Sicht, Durchblick

durchsichtig: 1. gläsern, rein, ungetrübt, lichtdurchlässig, dünn, klar 2. durchschaubar, vordergründig 3. dünn, leicht, duftig, locker

Durchsichtigkeit: Lichtdurchlässigkeit, Transparenz

durchsickern: 1. durchdringen, durchtropfen 2. herauskommen, s. herumsprechen

durchsieben: 1. durchfiltern, durchseihen 2. durchlöchern, durchbohren

durchsprechen: 1. besprechen, ausdiskutieren, darlegen, verhandeln 2. behandeln, erörtern, besprechen

durchspüren: 1. spüren, ahnen, merken, voraussehen, fühlen 2. absuchen, durchschauen, durchsuchen, schnüffeln

durchstecken: einfädeln, durchziehen, einziehen

durchstehen: aushalten, überstehen

durchstoßen: vordringen, durchbrechen

durchstreichen: 1. ausixen, streichen, durchkreuzen 2. durchpassieren, durchpressen, durchschlagen

durchsuchen: absuchen, nachsuchen, durchmustern, durchspüren, durchkämmen

durchtrennen: 1. halbieren, teilen, durchschneiden, zerschneiden 2. vernichten, entzweireißen, auseinander reißen, durchreißen

durchtreten: 1. durchweichen, durchbrechen, durchdringen, durchlaufen, durchkommen 2. verschleißen, abtreten, ablaufen

durchwachsen: 1. durchbrechen, s. durchfressen, durchfeuchten 2. alltäglich, durchschnittlich, passabel, erträglich

durchweg: ausnahmslos, durchgehend, rundweg

durchwühlen: durchkämmen, absuchen, durchschnüffeln, durchsuchen, schnüffeln

durchzeichnen: durchschreiben, abpausen, durchpausen

durchziehen: 1. durchkommen, vorüberkommen 2. reinigen, durchwaschen, spülen 3. erreichen, durchboxen, durchsetzen, ertrotzen 4. durchfahren, durchqueren 5. einfädeln, einziehen 6. durchfliegen, überfliegen

durchzucken: durchfahren, durchblitzen

Durchzug: 1. Hauch, Lüftung, Lufthauch, Zug 2. Durchmarsch, Invasion

dürftig: 1. kärglich, kümmerlich, beschränkt, karg, wenig 2. sparsam, dünn 3. nüchtern, einförmig 4. unfruchtbar, karg, ertragsarm

Dürftigkeit: 1. Geldmangel, Kärglichkeit, Mangel, Armut, Spärlichkeit 2. Verarmung, Verelendung

dürr: 1. ertragsarm, karg, trocken, mager, unfruchtbar 2. ausgedörrt, verdorrt, abgestorben 3. dünn, spindeldürr, hager, mager, schmal

Dürre: 1. Plattheit, Stumpfsinn, Beschränktheit, Einfallslosigkeit 2. Wasserarmut, Wassernot, Trockenheit

dürsten: verlangen, lechzen, schmachten

durstig: 1. lechzend, dürstend 2. verlangend, sehnlich

Dusche: 1. Brause, Brausebad 2. Wolkenbruch, Guss, Regen, Schauer

duschen: 1. regnen, gießen 2. brausen, abduschen

düster: 1. halbdunkel, dämmrig, trübe 2. traurig, unangenehm 3. gespenstig, zwielichtig, grauenvoll 4. tragisch, hart, dunkel, betrüblich, bedauerlich, trist, erschütternd, hoffnungslos

Dynamik: Energie, Triebkraft, Aktivität, Vitalität, Drive, Elan, Power

Dynastie: 1. Herrschergeschlecht, Herrscherfamilie 2. Geschlecht, Familie, Clan

E

eben: 1. glatt, flach 2. genau, gerade
Ebenbild: Spiegelbild, Bild, Ähnlichkeit, Abbild
ebenbürtig: wesensgleich, gleichwertig
Ebene: 1. Flachland, Tiefland 2. Flachland, Gelände, Terrain
ebenfalls: geradeso, ebenso, gleichfalls, auch
ebenmäßig: regelmäßig, gleichmäßig,
Ebenmäßigkeit: Symmetrie, Gleichmaß
ebenso: so, auch, genauso, geradeso
Echo: 1. Gefallen, Beifall, Anerkennung 2. Gegenhall, Widerhall, Nachhall
echt: 1. richtig, natürlich, ursprünglich 2. stabil, dauerhaft 3. redlich, aufrecht, anständig, ehrlich, wahrheitsliebend 4. wahr, wirklich, tatsächlich 5. wirklich, richtig
Ecke: 1. Rand, Kante 2. Winkel, Nische
eckig: 1. kantig, scharf 2. steif, plump, linkisch
edel: 1. erlesen, fein, hochwertig, wertvoll, ausgewählt, kostbar 2. fein, schön 3. rechtschaffen, redlich, unbestechlich, aufrecht 4. großherzig, edelmütig, uneigennützig
Edelmut: Selbstverleugnung, Aufopferung, Hochherzigkeit
edelmütig: hochherzig, aufopfernd, uneigennützig
Edelstein: Juwel, Schmuckstein, Brillant
Eden: Garten Eden, Paradies, Himmel
Effektivität: Leistung, Effizienz, Wirkungskraft
egal: 1. gleichgültig, einerlei 2. gleich, ähnlich, gleichartig
Egoismus: Eigennutz, Berechnung, Ichsucht, Selbstsucht
egoistisch: ichbezogen, selbstsüchtig, eigennützig
ehe: früher, bevor, vorher
Ehe: Ehebund, Bund, Lebensgemeinschaft
Ehefrau: Frau, Ehepartnerin, Lebensgefährtin, Gattin
ehelichen: heiraten, s. vermählen, s. verheiraten
ehelos: alleinstehend, unverheiratet, ledig
ehemals: einmal, damals, einst, seinerzeit
Ehemann: Lebensgefährte, Mann, Gatte, Ehepartner
Ehepaar: Paar, Eheleute
Ehescheidung: Scheidung, Trennung
Eheschließung: Hochzeit, Trauung, Heirat
ehrbar: sauber, hochanständig, rechtschaffen, unbestechlich, redlich, achtbar
Ehre: 1. Selbstachtung, Ansehen, Würde 2. Würde, Geltung, Rang, Ansehen, Größe
ehren: 1. preisen, loben, beehren, würdigen, verherrlichen, auszeichnen 2. bewundern, achten, respektieren, würdigen, anerkennen, verehren
ehrenamtlich: unentgeltlich, freiwillig
ehrenhaft: rechtschaffen, redlich, hochanständig, sauber, unbestechlich
Ehrenhaftigkeit: Biederkeit, Unbestechlichkeit, Ehrsamkeit, Aufrichtigkeit
Ehrenmal: Denkmal, Mahnmal, Memorial, Monument
Ehrentag: Gedenktag, Festtag

ehrenvoll: 1. ruhmreich, glanzvoll, ruhmvoll, glorreich 2. schmeichelhaft

Ehrenwort: Schwur, Versprechen, Wort, Handschlag

Ehrenzeichen: 1. Gedenkmünze, Schaumünze 2. Plakette, Orden

Ehrfurcht: 1. Achtung, Hochachtung, Respekt, Verehrung 2. Scheu, Furcht

ehrfürchtig: 1. ehrfurchtsvoll, respektvoll 2. demütig, unterwürfig

ehrfurchtslos: verächtlich, geringschätzig, ohne Ehrfurcht, frech

Ehrgefühl: Stolz, Würde, Anstand, Achtung

Ehrgeiz: 1. Machtstreben, Machtgier, Machtanspruch 2. Strebertum, Ehrsucht, Streben 3. Emsigkeit, Unermüdlichkeit, Eifer, Rastlosigkeit 4. Geltungsbedürfnis

ehrgeizig: 1. ruhmsüchtig, eitel, streberhaft 2. fleißig, geschäftig, leistungswillig, eifrig, strebsam

ehrlich: 1. rechtschaffen, aufrecht, redlich, sauber, fair, anständig, sportlich, zuverlässig, gerecht 2. gerade, redlich, anständig, offen, rechtschaffen, zuverlässig, wahrhaftig, aufrichtig

Ehrlichkeit: Anstand, Geradheit, Rechtschaffenheit, Offenheit, Wahrheitsliebe, Redlichkeit

ehrlos: gemein, charakterlos, niederträchtig, unehrenhaft, schmählich, verächtlich, würdelos

Ehrlosigkeit: Unredlichkeit, Untreue, Unehrlichkeit, Charakterlosigkeit, Treulosigkeit, Wortbrüchigkeit, Wankelmütigkeit

Ehrung: Feier, Würdigung, Lobpreis

Ei: 1. Eizelle, Ovulum 2. Frühstücksei, Hühnerei

Eifer: 1. Bereitwilligkeit, Ehrgeiz, Mühe, Bereitschaft, Streben, Tatendrang 2. Fleiß, Arbeitslust, Übereifer, Arbeitseifer

Eifersucht: Misstrauen, Argwohn, Neid

eiförmig: oval, ellipsenförmig, eirund

eifrig: bestrebt, pflichtbewusst, strebsam, unermüdlich

Eigelb: Eidotter, Gelbei

eigen: 1. wunderlich, merkwürdig, sonderbar, seltsam, absonderlich, eigenartig 2. zugehörig, gehörig 3. genau, sorgsam 4. selbstständig, autark, unabhängig

Eigenart: Typ, Besonderheit, Eigenschaft, Wesensart, Charakter

eigenartig: absonderlich, erstaunlich, eigen, seltsam, eigentümlich, kurios, sonderlich, verschroben, wunderlich, sonderbar

Eigenliebe: Egoismus, Ichbezogenheit

Eigenlob: Selbstverherrlichung, Selbstlob

eigenmächtig: willkürlich, unbefugt, selbstständig, unberechtigt

eigennützig: 1. selbstsüchtig, ichsüchtig 2. berechnend, spekulativ

Eigennützigkeit: Selbstsucht, Ichbezogenheit

Eigenschaft: Eigenart, Wesenszug, Kennzeichen

Eigenschaftswort: Adjektiv, Wiewort, Beiwort

Eigensinn: Bockigkeit, Dickköpfigkeit, Widerspenstigkeit, Starrköpfigkeit, Eigenwille

eigensinnig: halsstarrig, starrköpfig, aufmüpfig, verstockt, bockig, unaufgeschlossen, unbotmäßig, rechthaberisch, unnachgiebig, stur, widersetzlich, verbohrt

eigenständig: autonom, frei, ungebunden, unabhängig

Eigenständigkeit: Ungebundenheit, Autonomie, Selbstständigkeit, Unabhängigkeit

eigentlich: 1. tatsächlich, auch, anders 2. sozusagen, genau genommen, schließlich, ursprünglich 3. unleugbar, wahr, richtig, wirklich, gewiss

eigentümlich: 1. sonderbar, absonderlich, eigenartig, erstaunlich, seltsam, komisch, verschroben, wunderlich, merkwürdig 2. eigen, wesenseigen, charakteristisch, wesenhaft

eigentümlicherweise: merkwürdigerweise, sonderbarerweise, erstaunlicherweise

Eigentümlichkeit: 1. Besonderheit, Eigenschaft, Wesensart, Eigenart, Merkmal, Kennzeichen, Typ, Spezialität 2. Sonderheit, Besonderheit, Eigenheit 3. Merkwürdigkeit, Seltsamkeit

eignen: besitzen, gehören **s. eignen:** stimmen, entsprechen, zusammenpassen, passen

Eigner: Eigentümer, Reeder, Schiffseigentümer

Eignung: 1. Tauglichkeit, Qualifizierung, Befähigung 2. Klugheit, Fähigkeiten, Gaben, Begabung, Befähigung, Talent, Auffassungsgabe, Veranlagung, Verstand

Eile: 1. Gehetze, Ruhelosigkeit, Hast, Gejage, Tempo, Eifer, Zeitmangel, Umtrieb 2. Wichtigkeit, Notwendigkeit 3. Spurt, Endspurt 4. Schnelligkeit, Flinkheit

eilen: 1. pressieren, brennen 2. flitzen, hetzen, rennen, rasen, stürzen, hasten, laufen, sausen **s. eilen:** s. beeilen, s. hetzen, keine Zeit verlieren

eilig: 1. schleunigst, fieberhaft, geschwind, flink, rasch 2. dringlich, dringend, drängend

Eimer: Kübel, Kessel

einatmen: einziehen, wittern, atmen, schnaufen, inhalieren

Einband: Buchdeckel

einbauen: 1. einfügen, einschieben, einarbeiten 2. montieren, installieren, einsetzen, einpassen

einbegriffen: inklusive, einschließlich, inbegriffen

einberufen: 1. rekrutieren, einziehen, mobilisieren 2. herbeirufen, zusammenrufen

Einberufung: 1. Gestellungsbefehl, Einberufungsbefehl 2. Einziehung, Mobilmachung, Musterung, Rekrutierung

einbeziehen: 1. resozialisieren, eingliedern 2. einplanen, anrechnen, berücksichtigen, einrechnen, hinzurechnen, dazurechnen, mitrechnen

einbilden (s.): s. einreden, spekulieren, befürchten, vermuten, mutmaßen

Einbildung: 1. Mutmaßung, Befürchtung, Erdichtung, Fantasie, Zwangsvorstellung, Illusion, Täuschung 2. Anmaßung, Überheblichkeit, Selbstgerechtigkeit, Aufgeblasenheit, Hochmut

einblenden: 1. einfügen, einsetzen, einschieben, eingliedern 2. zufügen, ergänzen, einschieben, hinzufügen

einbrechen: 1. einkrachen, durchkrachen 2. einfallen, einstürzen, zusammenbrechen, zusammenstürzen, zusammenfallen 3. einsteigen, eindringen

Einbrecher: Dieb, Eindringling, Räuber

Einbruch: 1. Plünderung, Raub, Entwendung, Diebstahl 2. Eindringen, Durchbruch

einbürgern: die Staatsangehörigkeit verleihen, naturalisieren, integrieren

Einbuße: Mangel, Verringerung, Abnahme, Verlust

einbüßen: verringern, verlieren, zusetzen

eindämmen: zähmen, aufhalten, dämmen, beschränken

eindecken: 1. überschütten, zudecken 2. belegen, decken, zudecken

eindeutig: genau, anschaulich, einfach, handfest, deutlich, bestimmt, unmissverständlich

Eindeutigkeit: Klarheit, Einfachheit, Bestimmtheit, Deutlichkeit, Anschaulichkeit

eindringen: 1. einbrechen, einsteigen, s. einschleichen 2. erobern, einmarschieren, einziehen, einfallen 3. s. einmischen, belästigen, s. einschalten, s. einmengen 4. s. niederlassen, s. eindrängen

Eindringling: Einbrecher, Räuber, Dieb, Störenfried

Eindruck: 1. Vorstellung, Einwirkung, Empfindung 2. Bild, Vorstellung 3. Druckspur, Einprägung

eindrücken: einprägen, einpressen

eindruckslos: ermüdend, langweilig, uninteressant, einschläfernd, reizlos

eindrucksvoll: beeindruckend, einprägsam, stattlich, schön, unauslöschbar, imposant, wunderbar

einebnen: glätten, ebnen, planieren, abstimmen, gleichmachen

Einebnung: Planierung, Glättung

Einehe: Monogamie

eineinhalb: anderthalb, einundeinhalb

einengen: 1. frustrieren, enttäuschen 2. beengen, begrenzen

einerlei: 1. langweilig, eintönig 2. egal

Einerlei: Gleichförmigkeit, Alltag, Eintönigkeit, Öde

einfach: 1. primitiv, schlicht, unkompliziert 2. bescheiden, kalorienarm 3. farblos, unscheinbar, unauffällig 4. ungebildet, unqualifiziert 5. leichtgläubig, naiv, arglos, weltfremd, einfältig 6. anspruchslos, bescheiden 7. bescheiden, schlicht, zurückhaltend

Einfachheit: 1. Schlichtheit, Anspruchslosigkeit 2. Übersichtlichkeit, Klarheit, Verständlichkeit 3. Natürlichkeit, Urwüchsigkeit 4. Arglosigkeit, Leichtgläubigkeit, Einfalt, Unschuld 5. Urteilslosigkeit, Kritiklosigkeit

einfädeln: 1. durchziehen, durchstecken 2. einleiten, bewirken, bewerkstelligen

s. einfädeln: einordnen, einfahren

Einfahrt: Durchgang, Tür, Zufahrt, Zugang, Tor

Einfall: Erleuchtung, Geistesblitz, Gedankenblitz, Idee

einfallen: 1. zusammenfallen, zusammenbrechen, einstürzen 2. beginnen, anfangen, mitsingen 3. einsetzen, einfügen, einwerfen 4. s. entsinnen, dämmern, s. erinnern 5. einziehen, einmarschieren, besetzen, einrücken 6. altern, abmagern

einfallslos: einförmig, uninteressant, langweilig, üblich, einfach, fantasielos, wirkungslos, geistlos

Einfallslosigkeit: Geistlosigkeit, Ideenlosigkeit, Gedankenarmut, Fantasielosigkeit

einfallsreich: 1. schlau, erfindungsreich 2. fantasiereich, gedankenreich, schöpferisch, geistreich, ideenreich

Einfallsreichtum: Produktivität, Erfindungsgabe, Kreativität, Erfindergeist, Fantasie, Schöpfertum

Einfalt: 1. Beschränktheit, Leichtgläubigkeit, Vertrauensseligkeit, Einfältigkeit, Gutgläubigkeit 2. Einfachheit, Schlichtheit, Redlichkeit

einfältig: 1. beschränkt, vertrauensselig, naiv, treuherzig, schlicht 2. einfach, schlicht 3. ungeschickt, schwerfällig 4. stumpfsinnig, beschränkt

einfangen: 1. fangen, ergreifen, erhaschen 2. festhalten, fixieren

einfarbig: eintönig, uni

einfassen: 1. einsäumen, säumen 2. umfassen, eingrenzen, umzäunen

Einfassung: 1. Zaun, Grenze, Rahmen 2. Rand, Saum, Bündchen

einfetten: 1. einölen, einsalben, eincremen, einreiben 2. abschmieren, fetten

einfinden (s.): eintreffen, anrücken, herkommen, ankommen, erscheinen

Einfluss: 1. Beeinflussung, Wirkung 2. Geltung, Macht

Einflussbereich: Geltungsbereich, Wirkungsbereich, Herrschaftsbereich, Gebiet, Machtbereich

einflusslos: 1. hilflos, schwach, ohnmächtig 2. einflussarm, allein

Einflusslosigkeit: Machtlosigkeit, Hilflosigkeit, Ohnmacht, Schwäche

einflussreich: mächtig, stark

einfordern: einziehen, fordern, verlangen, eintreiben, einklagen

einförmig: abwechslungslos, eintönig, langweilig, eindruckslos, gleichförmig, traurig, trostlos, uninteressant, einschläfernd

Einförmigkeit: Traurigkeit, Gleichförmigkeit, Trostlosigkeit, Langeweile, Eintönigkeit

einfrieren: 1. tiefkühlen, tiefgefrieren, einfrosten 2. stocken, ruhen

einfügen: 1. einblenden, einarbeiten, einreihen, integrieren, einbauen, einstreuen, einpassen 2. ergänzen, auffüllen, hinzufügen

s. einfügen: s. anpassen, s. einordnen

einfühlsam: teilnehmend, empfindend, gefühlvoll, herzlich, rücksichtsvoll, einfühlend, seelenvoll

Einfühlungsvermögen: Entgegenkommen, Rücksicht, Einsicht, Einfühlungkraft, Teilnahme, Anteilnahme, Wärme, Mitgefühl, Feingefühl, Fingerspitzengefühl

einführen: 1. einschleusen, einschmuggeln 2. unterweisen, anlernen, anleiten 3. hineinschieben, durchstecken

Einführung: Einleitung, Erläuterung

Einfuhrverbot: Embargo, Einfuhrsperre

einfüllen: füllen, eingießen, einschenken, voll schütten

Eingabe: 1. Anfrage, Bittschrift 2. Abgabe, Zuspiel

Eingabetaste: Entertaste

Eingang: 1. Aufnahme, Entgegennahme 2. Pforte, Einfahrt, Zugang, Tor, Tür, Einlass 3. Posteingang, Einlauf

eingangs: zu Anfang, zu Beginn, zuerst, anfangs

eingeben: 1. vorlegen, beantragen 2. vorschlagen, beeinflussen

eingebildet: 1. angeberisch, überheblich, selbstgefällig 2. unwirklich, abstrakt 3. erfunden, ausgedacht

eingefangen: eingesperrt, inhaftiert, arretiert, festgenommen

eingefettet: eingecremt, eingeschmiert, eingerieben, eingeölt

eingefleischt: 1. überzeugt, uneingeschränkt, vollkommen, ausgesprochen, ausgemacht 2. unveränderbar, ausgeprägt

eingefroren: 1. abgebrochen, unterbrochen, eingestellt 2. tiefgekühlt, gefroren

eingeführt: 1. gültig, geltend 2. üblich, alltäglich

eingehen: 1. hinscheiden, heimgehen, verscheiden, sterben 2. kommen, eintreffen, ankommen 3. zusammenschrumpfen, einlaufen 4. annehmen, nachgeben, billigen 5. welken, sterben, vertrocknen, dorren

eingehend: ausführlich, breit, gründlich

eingemeindet: eingegliedert, einverleibt

Eingemeindung: Eingliederung, Einverleibung

eingeschlossen: 1. inbegriffen, einschließlich 2. mit gemeint, inbegriffen 3. eingeengt, eingesperrt, gefangen, eingeklemmt

eingeschränkt: 1. anspruchslos, zurückhaltend, genügsam, einfach, bescheiden 2. behindert

eingestehen: zugeben, beichten, aussagen, bekennen

eingeübt: vorbereitet, geübt

Eingeweide: Innereien, Gedärme

eingeweiht: wissend, unterrichtet

eingewöhnen (s.): s. unterordnen, s. einordnen, s. einleben, s. anpassen

eingießen: nachgießen, einschenken, einschütten

eingleisig: einsträngig, einspurig

eingliedern: anpassen, aufnehmen, einordnen, einbeziehen

Eingliederung: Aufnahme, Einordnung

eingraben: 1. beisetzen, bestatten, beerdigen 2. einkratzen, einkerben 3. versenken, vergraben, untergraben, einbuddeln

s. eingraben: s. schützen, s. verschanzen, s. einschanzen

eingravieren: einstanzen, gravieren, einmeißeln, punzen

eingreifen: einhaken, s. einmischen, verhindern, durchgreifen, s. einschalten, s. einmengen

eingrenzen: 1. begrenzen, verkürzen, verkleinern, einschränken, verringern, schmälern, beschränken 2. einzäunen, umzäunen, einfassen, umgrenzen

Eingrenzung: Umzäunung, Einfriedung

eingruppieren: einordnen, klassifizieren, einstufen, zurechnen

einhalten: 1. aufhören, enden 2. s. unterwerfen, beherzigen, beachten, befolgen, nachkommen 3. innehalten, aussetzen, rasten, unterbrechen, ausruhen 4. zufrieden stellen, befriedigen 5. festhalten, beharren

Einhaltung: Berücksichtigung, Befolgung, Beachtung, Respektierung

einhandeln: eintauschen, einkaufen

einhängen (s.): s. unterhaken, s. einhaken, Arm in Arm gehen

einheimisch: 1. ansässig, eingeboren, heimisch, beheimatet 2. inländisch, hiesig

Einheit: 1. Vollständigkeit, Gesamtheit, Einheitlichkeit 2. Gemeinsamkeit, Ganzes 3. Kolonne, Abteilung, Verband, Truppe 4. Maßeinheit, Größe 5. Geschlossenheit, Verbundenheit, Zusammengehörigkeit

einheitlich: 1. übereinstimmend, gleich, gleichartig, zusammenfallend, einhellig 2. einig, zusammenhängend, gemeinsam, unteilbar 3. zusammenhängend, gewachsen

einheizen: 1. anzetteln, anfeuern, antreiben 2. anheizen, erwärmen, feuern

einhellig: 1. gleich, übereinstimmend 2. einstimmig, einmütig

einholen: 1. gleichziehen, aufholen, ausgleichen, wettmachen 2. einfangen, erhaschen 3. erreichen, gleichziehen 4. erstehen, einkaufen, erwerben

einhüllen: 1. tarnen, einnebeln 2. einwickeln, bedecken, umhüllen 3. einwickeln, einmummen, umhüllen

einig: 1. vereint, verbündet, gemeinsam, verschworen 2. vereinigt, verbunden 3. einheitlich, übereinstimmend, gleich gestimmt, einträchtig 4. zusammenhaltend, zusammengehörend

einige: mehrere, manche, wenige, einzelne

einigen (s.): 1. s. aussöhnen, s. versöhnen, s. vertragen 2. verabreden, s. verständigen, aushandeln, übereinkommen, abmachen 3. schlichten, beilegen, klären

Einigkeit: Einklang, Frieden, Zustimmung, Einmütigkeit, Einigung, Eintracht, Einheit, Partnerschaft, Gleichklang

Einigung: 1. Vergleich, Versöhnung, Schlichtung 2. Vereinbarung, Abkommen, Übereinstimmung

einkalkulieren: 1. berücksichtigen, einplanen, berechnen 2. fürchten, spekulieren, s. einbilden, befürchten, erwarten

Einkauf: Besorgung, Erledigung, Ankauf, Kauf, Erwerb

einkaufen: erwerben, besorgen, kaufen, erledigen, anschaffen, einholen

Einkaufsroller: Caddie, Enkaufstrolley, Einkaufswagen, AOK-Shopper, Opaporsche

Einkaufstasche: Tüte, Einkaufsbeutel, Markttasche, Einkaufskorb

Einklang: Frieden, Gleichklang, Einhelligkeit, Eintracht, Übereinstimmung, Harmonie, Einmütigkeit, Verbundenheit

einkleiden: ausstatten, ausstaffieren

einklemmen: einkeilen, dazwischenklemmen, festklemmen

einkochen: konservieren, einmachen, einwecken

Einkommen: Gehalt, Einkünfte, Rente, Erträge, Verdienst, Lohn, Bezüge

Einkreisung: Einschließung, Einzingelung, Einkesselung, Umzingelung

einladen: 1. laden, vorladen, beordern 2. rufen, bestellen 3. bezahlen, freihalten, einen ausgeben, spendieren

einladend: verführerisch, verlockend, anregend, ansprechend

einlagern: lagern, einmieten, einwintern, einkellern

Einlauf: 1. Ankunft, Eintreffen 2. Klistier, Darmspülung

einlaufen: 1. zusammenschrumpfen, schrumpfen, eingehen 2. nahen, ankommen, eintreffen 3. s. voll füllen, s. füllen

einlegen: 1. einmachen, einwecken 2. hineinbringen, hineinlegen 3. pausieren, rasten, unterbrechen 4. frisieren, wellen, legen 5. fördern, helfen, unterstützen 6. beanstanden, anfechten

Einleitung: 1. Ankündigung, Vorspann, Ansage 2. Einführung, Vorbemerkung 3. Anfang, Beginn 4. Geleit, Vorwort, Vorrede, Prolog

einlenken: 1. einbiegen, abbiegen 2. s. beugen, s. fügen, s. unterwerfen, s. unterordnen, s. ergeben

einleuchtend: deutlich, glaubhaft, anschaulich, überzeugend, unzweideutig, einsichtig, logisch, nachvollziehbar

einliefern: 1. abgeben, abliefern 2. einweisen, einquartieren

Einlieferung: 1. Einquartierung, Einweisung 2. Ablieferung, Abgabe

einmachen: einwecken, einkochen, konservieren

einmal: 1. einst, früher, damals 2. irgendeinmal, irgendwann 3. nächstens, künftig

einmalig: 1. kostbar, unersetzlich, einzig 2. außergewöhnlich, vorbildlich, super, hervorragend

einmarschieren: einziehen, einrücken, besetzen, überfallen, einfallen

einmauern: ins Mauerwerk einarbeiten, einbetonieren, zumauern

einmischen (s.): dazwischentreten, s. dazwischenmischen, s. einmengen, dreinreden, eingreifen

Einmischung: Eingriff, Hineinreden, Intervention

einmünden: münden, zusammenlaufen, hineinfließen

einmütig: einstimmig, einhellig, gleich gestimmt, geschlossen, vereint, einträchtig

Einnahme: 1. Besitznahme, Aneignung, Beschlagnahme, Unterwerfung, Eroberung 2. Gehalt, Lohn, Einkommen 3. Erlös, Ertrag, Gewinn

einnehmen: 1. essen, trinken 2. aneignen, beschlagnahmen, eindringen, unterwerfen 3. verdienen, erwerben, erhalten, aufbringen 4. besetzen, s. setzen, s. niederlassen 5. ausüben, bekleiden, versehen

einnehmend: sympathisch, gewinnend, bezaubernd, charmant, anziehend

Einöde: 1. Einsamkeit, Leere 2. Steppe, Wildnis, Öde

einordnen: einfügen, zuordnen, einsortieren, einstellen **s. einordnen:** s. integrieren, s. anpassen

einpacken: 1. einschlagen, einrollen, einwickeln, verpacken, schnüren 2. zusammenpacken, unterbringen, verstauen

einpflanzen: 1. einsetzen, eingraben 2. transplantieren, implantieren

einprägen: 1. einschärfen, beibringen, einhämmern, einpauken, unterrichten, eingraben, lehren 2. einpressen, eindrücken, eingravieren, prägen **s. einprägen:** 1. s. merken, lernen 2. s. abzeichnen, s. abdrücken

einrahmen: einfassen, umgeben, umfassen

einräumen: überlassen, zugestehen, gestatten, einwilligen, zubilligen

einreden: 1. bearbeiten, bereden 2. aufschwatzen, erzählen, einflüstern, auftischen, weismachen

einreiben: einfetten, eincremen, salben

einreichen: abgeben, vorlegen, aushändigen, übergeben

einreisen: einwandern, zuwandern, immigrieren

einreißen: 1. abbauen, abbrechen, niederreißen, abtragen, zerstören, abreißen 2. einschleichen, überhand nehmen

einrenken: 1. einrichten, einkugeln 2. beilegen, aussöhnen, schlichten, einigen

einrichten: möblieren, einräumen, ausgestalten

Einrichtung: 1. Möbel, Hausrat, Ausstattung, Inventar, Ausgestaltung 2. Anlage, Apparatur 3. Anstalt, Institut

einrücken: eindringen, einfallen, einmarschieren

einsam: 1. isoliert, abgeschieden, allein 2. entlegen, abgeschieden, abgelegen, unbewohnt, öde

Einsamkeit: 1. Alleinsein, Beziehungslosigkeit, Zurückgezogenheit, Ungeselligkeit 2. Wüste, Einöde, Abgeschiedenheit

einsammeln: einnehmen, eintreiben, einstecken, kassieren, einheimsen

Einsatz: 1. Beginn, Start, Anfang 2. Verwendung, Anwendung, Gebrauch 3. Bemühung, Hingabe, Anstrengung, Aufopferung, Eifer 4. Pfand, Anlage, Einlage

einsatzbereit: betriebsbereit, startbereit, fertig, mobil

einsaugen: einziehen, einatmen, inhalieren

einschalten: 1. einschieben, zufügen, einblenden 2. andrehen, anschalten, anstellen, anmachen **s. einschalten:** eingreifen, s. einmischen, ausgleichen, vermitteln, dazwischentreten

einschieben: schieben, ergänzen, hineinschieben, zufügen, einblenden

einschlafen: 1. einschlummern, einnicken 2. enden, verebben, nachlassen, abebben, aufhören 3. entschlafen, abscheiden, sterben, verscheiden

einschläfern: 1. beruhigen, beschwichtigen 2. narkotisieren, betäuben

einschlagen: 1. einklopfen, einkeilen, einstoßen, hineintreiben 2. roden, auslichten 3. zerschlagen, zerstören, beschädigen, zertrümmern 4. beipflichten, zustimmen 5. einrollen, verpacken, einpacken, einwickeln

einschleusen: hineinbringen, reinschmuggeln, schmuggeln

einschließen: 1. einsperren, einriegeln 2. abtrennen, absperren 3. aufheben, wegschließen, verschließen, sicherstellen 4. umfassen, einbeziehen, beinhalten 5. einkreisen, einkesseln, umstellen, umzingeln

einschließlich: eingerechnet, zuzüglich, inklusive, umfassend, inbegriffen, einbegriffen, eingeschlossen

einschlummern: 1. abscheiden, sterben, entschlummern, dahinscheiden, einschlafen 2. einnicken, einschlafen, eindämmern

einschmeicheln (s.): schöntun, s. anbiedern, s. beliebt machen, antichambrieren

einschmuggeln: einschleichen, einschleusen, hineinbringen

einschneidend: ernstlich, ausschlaggebend, einprägsam, wirksam, merklich, fühlbar, entscheidend, nachhaltig, wichtig

einschneien: zudecken, verschneien, zuschneien

Einschnitt: 1. Einkerbung, Spalt, Scharte 2. Pause, Zäsur

einschränken: kürzen, verringern, einengen, mindern, beschränken, beschneiden **s. einschränken:** s. begnügen, s. verkleinern, haushalten, s. bescheiden, sparen

Einschränkung: 1. Auflage, Vorbehalt 2. Herabsetzung, Beschränkung, Abbau, Abstrich, Minderung, Verringerung, Streichung

einschreiben: anmelden, immatrikulieren

einschreiten: hindern, durchgreifen, dazwischentreten, eingreifen, ausgleichen

einschrumpfen: schrumpfen, zusammenfallen, eintrocknen, zusammenlaufen, einfallen, verdorren

Einschub: Einfügung, Zusatz, Ergänzung, Parenthese

einschüchtern: 1. beängstigen, schrecken, verängstigen 2. bedrücken, bekümmern

einseitig: 1. einsträngig, einspurig, eingleisig 2. unerfüllt, unglücklich 3. engstirnig, unsachlich, subjektiv, engherzig

einsenden: einschicken, zusenden, zuschicken

einsetzen: 1. einfügen, einbauen, hineinbringen 2. implantieren, erneuern 3. verwenden, nutzen, verwerten, anwenden 4. wagen, riskieren 5. starten, anheben, anfangen 6. einpflanzen, pflanzen 7. beginnen, anfangen 8. berufen, bestallen, ernennen **s. einsetzen:** s. verwenden, s. bemühen

Einsetzung: 1. Berufung, Amtseinführung 2. Einpflanzung, Implantation

Einsicht: 1. Wissen, Erfahrung, Vertrautheit, Lebenserfahrung, Weisheit, Erkenntnis 2. Anschauung, Kenntnis, Einblick, Wissen, Überblick

einsichtig: 1. einfühlend, besonnen, verstehend 2. nachsichtig, weitherzig, aufgeschlossen 3. triftig, augenfällig, unzweideutig, stichhaltig, klar, deutlich, treffend

Einsiedler: Eremit, Einsiedel

einsilbig: verschwiegen, reserviert, schweigsam, zugeknöpft, wortkarg, still

einsinken: 1. sich senken 2. zusammenstürzen, einbrechen, einstürzen, zusammenfallen

einspannen: 1. heranziehen, beanspruchen 2. anspannen, aufzäumen, anschirren 3. festspannen, einsetzen

einsparen: 1. weglegen, s. beschränken, einteilen, haushalten, aufsparen, Maß halten 2. anhäufen, zusammentragen, ansammeln

Einsparung: Ersparnis, Zurückhaltung, Abbau, Sparsamkeit

einspeichern: lagern, ablegen, zusammentragen, zurücklegen

einsperren: gefangen nehmen, einkerkern, verhaften, gefangen setzen, inhaftieren

einspritzen: 1. spritzen, einimpfen 2. bespritzen, feucht machen, befeuchten

Einspruch: Gegenmeinung, Protest, Berufung, Entgegnung, Ablehnung, Beanstandung, Widerspruch, Klage, Reklamation, Widerrede

einspurig: eingleisig, auf einer Spur

einst: 1. künftig, später 2. früher, einstmals, dereinst

einstecken: 1. erdulden, hinnehmen, schlucken, ertragen 2. hineinstecken, mitnehmen 3. einkassieren, stehlen, s. aneignen 4. abschicken, einwerfen, absenden

einstehen: bezahlen, begleichen, aufkommen, ersetzen, erstatten, sühnen, abtragen, verantworten, gutmachen

einsteigen: 1. besteigen, aufspringen 2. zusteigen, besteigen, eintreten, hineinsteigen 3. wagen, s. beteiligen, mitmachen 4. einbrechen, eindringen

einstellen: 1. justieren, regulieren, einrichten 2. anstellen, beschäftigen, verpflichten, anheuern 3. aufhören, abbrechen, innehalten, beenden 4. hineinstellen, hineinlegen, unterstellen, einfügen, einordnen **s. einstellen:** 1. ankommen, auftauchen, erscheinen, s. einfinden 2. s. abspielen, s. ereignen, vorfallen

Einstellung: 1. Einrichtung, Justierung 2. Ernennung, Anstellung 3. Sinnesart, Gesinnung, Überzeugung, Grundhaltung, Auffassung, Meinung 4. Annullierung, Beendigung, Aufhebung, Abschaffung, Ende, Schließung

Einstieg: 1. Zugang, Einlass, Öffnung 2. Anfang, Start 3. Luke, Tür

einstimmen (s.): s. vorbereiten, s. einstellen

einstimmig: 1. gleichstimmig 2. einmütig, einhellig, vereint, geschlossen

einstürzen: einfallen, einbrechen, zusammenstürzen, zusammenkrachen, zusammenbrechen, zusammenfallen

eintauschen: umwechseln, umtauschen, einhandeln

einteilen: 1. bemessen, planen, zuweisen, aufteilen, sparen 2. teilen, gliedern, einordnen, zerlegen

Einteilung: 1. Gliederung, Aufteilung, Ordnung 2. Haushaltung, Zuweisung, Sparmaßnahmen, Einsparung

eintönig: einförmig, langweilig, trocken, monoton, ermüdend, uninteressant

Eintönigkeit: Einförmigkeit, Öde

einträchtig: 1. einmütig, übereinstimmend, unzertrennlich, einhellig 2. verschworen, geschlossen, einig, verbündet, gemeinsam

Eintrag: 1. Vormerkung, Buchung 2. Notiz, Vermerk

eintragen: 1. einzeichnen, verzeichnen, verbuchen 2. erreichen, einbringen, tragen **s. eintragen:** s. immatrikulieren, s. einschreiben

einträglich: einbringlich, ergiebig, nutzbringend, lukrativ, lohnend, ertragreich, vorteilhaft, nützlich

Eintragung: 1. Bemerkung, Buchung 2. Einschreibung, Immatrikulation

eintreffen: 1. s. einfinden, anrücken, kommen, landen, einlaufen, eingehen, ankommen 2. eintreten, s. bewahrheiten, s. bestätigen

Eintreffen: Ankunft, Landung

eintreiben: 1. einschlagen, hineinstoßen 2. einziehen, erheben, fordern

eintreten: 1. hineinkommen, betreten, hineingehen 2. s. bewahrheiten, s. erfüllen, s. zutragen, eintreffen, kommen, s. ereignen

3. s. beteiligen, einsteigen, teilhaben, s. anschließen 4. zerschlagen, beschädigen

Eintritt: 1. Eintrittspreis, Eintrittsgeld 2. Eintreten, Beitritt 3. Zutritt, Eingang, Zugang 4. Start, Beginn, Anfang, Antritt, Eröffnung

eintrocknen: 1. einschrumpfen, zusammenschrumpfen, einfallen 2. ausdorren, verdorren, austrocknen 3. versiegen, ausgehen

eintrüben (s.): s. trüben, s. beziehen, s. bedecken, s. bewölken, s. verdunkeln, s. zuziehen, s. verdüstern

eintrüben (s.): s. bewölken, s. verfinstern, s. verdunkeln, trübe werden, s. verdüstern

einüben: 1. proben, s. beibringen, einprägen, lernen, einstudieren 2. vorbereiten, proben, einstudieren

einverstanden: abgemacht, in Ordnung, o.k., all right, akzeptiert

Einverständnis: Einvernehmen, Einwilligung, Zustimmung, Gewährung

Einwand: Anfechtung, Beschwerde

Einwanderer: 1. Siedler, Kolonist 2. Asylant, Immigrant

einwandern: s. ansiedeln, siedeln, immigrieren

einwandfrei: 1. essbar, trinkbar 2. tadellos, mustergültig, fehlerlos, vollkommen, in Ordnung, fehlerfrei

einwärts: nach innen, hinein

einweihen: 1. aufklären, belehren, einführen, unterrichten 2. eröffnen, enthüllen, taufen

Einweihung: Taufe, Enthüllung, Eröffnung

einweisen: 1. einliefern, einquartieren 2. anlernen, einarbeiten, unterrichten, anleiten, anweisen, unterweisen

Einweisung: 1. Einlieferung, Abschiebung 2. Unterricht, Einarbeitung, Ausbildung, Vorbereitung, Anleitung

einwenden: dagegenhalten, entgegnen, einwerfen, widersprechen

einwerfen: 1. einschlagen, zerstören, zerschlagen 2. dazwischenrufen, einwenden 3. aufgeben, verschicken, versenden

einwickeln: 1. beschwindeln, täuschen, blenden, verschaukeln, betrügen 2. einpacken, verpacken, einschlagen 3. überreden, erweichen, bereden, breitschlagen, beeinflussen

einwilligen: billigen, zustimmen, gutheißen

Einwilligung: Jawort, Genehmigung, Zustimmung, Billigung

Einwohner: Bewohner, Bürger, Mitbürger

Einwurf: 1. Zuspiel, Ballabgabe 2. Bemerkung, Zwischenruf, Zwischenbemerkung

Einzahl: Singular

Einzelfall: Ausnahme, Extremfall, Sonderfall

Einzelgänger: Außenseiter, Sonderling, Eigenbrötler

Einzelhandel: Kleinhandel, Tante-Emma-Laden

Einzelheit: Teilstück, Ausschnitt, Detail

einzeln: 1. gesondert, getrennt, einsam, abgetrennt, vereinzelt 2. punktweise, speziell, präzise, exakt

einziehen: 1. streichen, einholen, bergen 2. s. informieren, s. erkundigen 3. einfallen, einrücken, einmarschieren 4. verpflichten, einberufen, mobilisieren 5. durchstecken, einfädeln 6. inhalieren, einatmen 7. wegnehmen, beschlagnahmen, sicherstellen, abnehmen 8. einfordern, eintreiben, einmahnen, fordern

einzigartig: Aufsehen erregend, ausgefallen, auffällig, eindrucksvoll, bedeutungsvoll, überragend, außergewöhnlich, unvergleichlich, hervorragend

Eis: 1. Eisglätte, Glatteis 2. Eiscreme, Speiseeis

eisern: ehern, stählern, stark

eisig: 1. frostig, eiskalt 2. erbarmungslos, brutal, gnadenlos, hartherzig, kaltblütig, ungesittet, grausam

Eisschrank: Kühlschrank, Gefrierschrank

eitel: 1. pur, lauter, rein 2. putzsüchtig, gefallsüchtig 3. hoffärtig, selbstgefällig, angeberisch, wichtigtuerisch, hochmütig

Eitelkeit: Selbstgefälligkeit, Gefallsucht

Ekel: 1. Ungeheuer, Scheusal, Schurke 2. Abscheu, Widerwille

ekelhaft: 1. widerlich, unappetitlich, abscheulich, widerwärtig, abstoßend 2. scheußlich, unsympathisch, übel, greulich, widrig, abschreckend 3. gemein, schrecklich, niederträchtig

ekeln: widern, abstoßen, anwidern, zurückstoßen **s. ekeln:** s. entsetzen, s. schütteln

Eklat: Aufsehen, Streit, Sensation, Skandal

elastisch: beweglich, biegsam, weich, flexibel

Elastizität: Spannkraft, Dehnbarkeit

Eldorado: Paradies, Traumland, Schlaraffenland, Dorado

elegant: vornehm, ausgesucht, mondän, schick, erlesen

Eleganz: Vornehmheit, Schick, Stil

Elektrizität: Strom, elektrische Energie

Element: 1. Bestandteil, Grundstoff, Wesenszug 2. Gauner, Person 3. Lieblingsbeschäftigung, Fahrwasser, Steckenpferd 4. Elementarkraft, Naturgewalt

elementar: 1. einfach, unkompliziert 2. entscheidend, ausschlaggebend, grundlegend, maßgebend, wichtig 3. urwüchsig, bodenständig, ursprünglich

elend: 1. erbärmlich, minderwertig 2. erbärmlich, hilfsbedürftig, schlecht, mitgenommen 3. scheußlich, verwerflich, abscheulich, gemein 4. verarmt, ärmlich, verelendet, bedürftig, Not leidend 5. ausgehungert, zerbrechlich

Elend: 1. Leid, Last, Sorge, Kummer, Trauer, Not, Jammer, Gram, Verzweiflung 2. Armseligkeit, Not, Armut, Unglück, Verelendung, Geldnot

Elite: Auslese, Oberschicht, die oberen Zehntausend, Establishment

Elixier: Absud, Essenz, Zaubertrank, Heilmittel, Heiltrank

Eltern: Vater und Mutter, Erziehungsberechtigte, Alte, alte Herrschaften

E-Mail: Mail, elektronische Post, elektronischer Brief

Emblem: Symbol, Wahrzeichen, Kennzeichen, Wappen, Logo

Emigration: Exil, Ausland, Verbannungsort

emigrieren: übersiedeln, weggehen, umsiedeln, auswandern

Emotion: Gefühl, Stimmung, Leidenschaft, Empfinden, Gemüt

Empfang: 1. Fest, Einladung, Gesellschaft 2. Empfangsbüro, Rezeption, Anmeldung

3. Begrüßung, Aufnahme 4. Übertragung 5. Ankunft, Erhalt, das Eintreffen

empfangen: 1. begrüßen, aufnehmen 2. bekommen, annehmen, erhalten, übernehmen

empfänglich: ansprechbar, interessiert, aufnahmefähig, offen, zugänglich, aufgeschlossen

Empfänglichkeit: Aufgeschlossenheit, Ansprechbarkeit, Offenheit, Interessiertheit, Aufnahmebereitschaft, Zugänglichkeit

Empfangsraum: Anmelderaum, Empfangssaal

empfehlen: 1. anpreisen, werben, befürworten, rühmen, anbieten 2. vorschlagen, raten, nahe legen **s. empfehlen:** verlassen, scheiden, weggehen, fortgehen

empfehlenswert: ratsam, nützlich, gut

empfindlich: 1. anfällig, reizbar, feinfühlig, verletzlich, sensibel, empfindsam 2. weichlich, zimperlich, verweichlicht 3. einschneidend, tief greifend, spürbar, nachhaltig, fühlbar

empfindsam: 1. verwundbar, verletzbar 2. gefühlsbetont, sensibel, feinfühlend, einfühlsam, schwärmerisch, zart, weich

Empfindsamkeit: Feinfühligkeit, Überempfindlichkeit, Feinnervigkeit, Empfindlichkeit, Sensibilität, Verletzbarkeit

Empfindung: 1. Gefühlseindruck, Sinneseindruck 2. Herzlichkeit, Takt, Verstehen, Teilnahme, Wärme, Mitgefühl, Anteil, Einfühlungsvermögen, Höflichkeit

empfindungslos: 1. gefühllos, unempfindlich 2. gefühllos, abgestorben, taub 3. benommen, betäubt, benebelt

empirisch: erfahrungsgemäß, wissenschaftlich erprobt, beobachtet

emporarbeiten (s.): s. heraufarbeiten, aufsteigen, hochkommen, weiterkommen, s. verbessern, s. durchsetzen, s. hocharbeiten

Empore: Galerie, Rang, Balkon

empören (s.): 1. s. entrüsten, s. erregen 2. s. ärgern, s. sträuben, s. dagegenstemmen, s. wehren, trotzen, s. entgegenstellen, s. auflehnen, s. sperren

Emporkömmling: Aufsteiger, Neureicher, Karrieremensch

emporsteigen: 1. beginnen, aufkommen 2. anwachsen, keimen, aufgehen 3. emporarbeiten, aufsteigen, emporkommen, hochkommen, weiterkommen

empört: aufgebracht, erbost, entrüstet, ärgerlich, unwirsch, mürrisch, verdrossen

Empörung: 1. Entrüstung, Wut, Ärger, Zorn, Erregung 2. Aufruhr, Auflehnung, Protest

emsig: betriebsam, pflichtbewusst, eifrig, unermüdlich, arbeitsam, fleißig, strebsam

Ende: 1. Zipfel, Schwanz, Hinterteil 2. Ausklang, Abschluss, Schluss, Endpunkt, Schlusspunkt 3. Abschied, Tod, Ableben

enden: 1. erledigen, vollenden 2. endigen, stillstehen, aufhören, abreißen, ausklingen 3. einstellen, beenden, abschließen

endgültig: unabänderlich, abgemacht, beschlossen, fest

endlich: 1. schließlich, zuletzt 2. sterblich, begrenzt

endlos: 1. dauernd, ewig, ununterbrochen, immer 2. grenzenlos, weit, unbeschränkt, unendlich, unbegrenzt

Endlosigkeit: Ewigkeit, Ungezähltheit, Zahllosigkeit, Unendlichkeit, Unbegrenztheit

Endprodukt: Produkt, Endergebnis

Endpunkt: Ziel, Bestimmungsort, Ende

Endspiel: Finale, Endrunde, Endkampf, Schlussrunde, Schlusskampf

Energie: 1. Eindringlichkeit, Nachdruck, Bestimmtheit 2. Eifer, Entschiedenheit, Schaffensdrang, Aktivität, Schwung, Initiative, Willensstärke, Tatkraft, Willenskraft, Unternehmungslust

energiegeladen: kraftvoll, schwungvoll

Energiekrise: Ölschock, Versorgungskrise, Energiemangel, Ölkrise

energielos: schwach, entschlusslos, willensschwach, willenlos, kraftlos

Energielosigkeit: Willenlosigkeit, Schwachheit, Entschlusslosigkeit

energisch: 1. aktiv, entschlossen, entschieden, tatkräftig, zielstrebig, resolut 2. ernsthaft, bestimmt, entschieden, eindringlich, nachdrücklich

eng: 1. zusammengedrückt, dicht, gedrängt, zusammengepresst 2. eingeengt, schmal, beengt 3. innig, vertraut, herzlich, fest, nah 4. körpernah, knapp, eng anliegend

Engagement: 1. Aktivität, Interesse, Begeisterung, Einsatz 2. Job, Anstellung, Verpflichtung

engagieren: beschäftigen, anstellen, verpflichten **s. engagieren:** s. verwenden, s. einsetzen, eintreten für

engagiert: aktiv, sich einsetzend für, Anteil nehmend, eintretend für

Enge: 1. Intoleranz, Engstirnigkeit, Voreingenommenheit, Beschränktheit 2. Gewühl, Gedränge 3. Hohlweg, Engpass 4. Platzmangel, Beengung, Beklemmung, Raumnot, Beengtheit

engherzig: einseitig, unduldsam, übergenau, spießbürgerlich, kleinlich

Engpass: 1. Erschwernis, Zwangslage, Übel, Not, Hemmung, Behinderung 2. Enge, Hohlweg

engstirnig: einfältig, beschränkt, voreingenommen, unverbesserlich, kurzsichtig

enorm: beträchtlich, groß, außerordentlich, überraschend, erstaunlich, ungeläufig, einzigartig, ansehnlich, beachtlich, verblüffend, ungewöhnlich, imponierend, erstaunlich, ohnegleichen

Ensemble: Truppe, Theatergruppe, Künstlerteam

entbehren: 1. darben, vegetieren, verschmachten 2. abgehen, verzichten, fehlen

entbehrlich: übrig, überflüssig, unnütz, zu viel, abkömmlich

Entbehrung: Bedürftigkeit, Geldnot, Unglück, Armseligkeit, Not

entbinden: 1. gebären, niederkommen 2. erlassen, entheben, freigeben, beurlauben, zurückstellen, befreien

entblößen: enthüllen, entschleiern **s. entblößen:** s. auskleiden, s. ausziehen, s. enthüllen, s. freimachen

entbrennen: 1. ausbrechen, aufflackern, auflodern, entstehen 2. s. begeistern, s. verlieben

entdecken: 1. ergründen, erforschen, herausfinden, erkunden 2. sichten, gewahren, wahrnehmen

Entdecker: Erfinder, Urheber, Begründer

entehren: 1. beschmutzen, entweihen, schänden, entwürdigen, verunehren 2. notzüchtigen, vergewaltigen, missbrauchen

entehrend: entwürdigend, verletzend, schändlich

enteignen: beschlagnahmen, verstaatlichen

Entertaste: Eingabetaste

entfachen: 1. heraufrufen, starten, verursachen, entfesseln, auslösen 2. anschüren, anzünden, anbrennen, entzünden

entfahren: herausrutschen, entschlüpfen

entfallen: 1. entgleiten, herunterfallen 2. verdrängen, vergessen 3. wegfallen, ausfallen

entfalten: 1. auseinander falten, öffnen 2. erklären, darlegen, auseinander setzen, verdeutlichen 3. zeigen, entwickeln **s. entfalten:** aufblühen, heranwachsen, reifen

entfernen: wegmachen, fortbringen, beseitigen, wegschaffen, auslöschen **s. entfernen:** abmarschieren, scheiden, losmarschieren, s. absetzen, aufbrechen, s. aufmachen, weggehen, weglaufen, wegrennen

entfernt: 1. unerreichbar, abseits, abgelegen 2. undeutlich, gering

Entfernung: 1. Zwischenraum, Abstand, Ferne 2. Abschaffung, Beseitigung, Aufhebung, Abtransport

entfesseln: erzeugen, erregen, verursachen, auslösen, bewirken, heraufbeschwören, hervorbringen, veranlassen

entfesselt: ungezwungen, übermütig, ausgelassen, ungehemmt, hemmungslos

entfliehen: 1. umgehen, ausweichen, meiden 2. durchbrennen, s. absetzen, davonlaufen, durchgehen, fliehen, verschwinden, ausbrechen, entrinnen

entfremden: auseinander bringen, trennen, verfeinden **s. entfremden:** s. verzanken, s. verfeinden, s. entzweien, s. trennen, s. zerstreiten, s. auseinander leben

entführen: wegschleppen, verschleppen, kidnappen

Entführer: Luftpirat, Kidnapper

Entführung: Kidnapping, Luftpiraterie

entgegen: wider, gegen, gegensätzlich

entgegengesetzt: gegensätzlich, widersinnig, gegenteilig, extrem, umgekehrt, unvereinbar, widerspruchsvoll

entgegenkommen: 1. unterstützen, helfen 2. s. bequemen, nachgeben, s. herablassen 3. zuvorkommen, anbieten

entgegenkommend: aufmerksam, gefällig, verbindlich, hilfsbereit, freundlich, nett, großmütig, zuvorkommend, wohlwollend

entgegenstellen (s.): s. in den Weg stellen, den Weg versperren

entgegentreten: hintertreiben, vereiteln, unterbinden, bekämpfen, verhüten

entgegnen: einwenden, erwidern, widersprechen, beantworten, zurückgeben

Entgegnung: Antwort, Einwand, Erwiderung, Bescheid, Einspruch

entgehen: entkommen, entrinnen, davonkommen, entwischen, vermeiden

entgeistert: erschrocken, bestürzt, entsetzt, fassungslos, sprachlos, vor den Kopf geschlagen

Entgelt: Einnahmen, Bezahlung, Einkünfte, Bezüge, Honorar

enthalten: fassen, einschließen, umspannen, beinhalten, umgreifen, innewohnen, umfassen **s. enthalten:** entsagen, aufgeben, s. versagen

enthaltsam: maßvoll, genügsam, zurückhaltend, bescheiden, abstinent

Enthaltsamkeit: Abstinenz, Mäßigung, Zurückhaltung, Enthaltung

enthaupten: hinrichten, köpfen, Kopf abschlagen, einen Kopf kürzer machen

entheben: absetzen, abberufen, hinauswerfen, kündigen, entlassen, verabschieden

enthemmt: 1. maßlos, hemmungslos, zügellos 2. locker, zwanglos, zutraulich, frei, gelöst

Enthemmung: 1. Hemmungslosigkeit, Maßlosigkeit, Zügellosigkeit 2. Freiheit, Zwanglosigkeit, Zutraulichkeit

enthüllen: 1. feststellen, aufstöbern, herausfinden, herausbringen 2. entlarven, aufdecken, darlegen, auspacken, offen legen

enthüllt: 1. ausgezogen, unverhüllt, nackt, entkleidet 2. frei, offen, unverhüllt

enthusiastisch: begeistert, fanatisch, überschwänglich, temperamentvoll, elanvoll, euphorisch

entjungfert: defloriert

entkleiden: 1. absetzen, entlassen 2. abwerfen, auskleiden, s. freimachen, s. ausziehen, abstreifen

entkommen: loskommen, s. entziehen, entwischen, weglaufen, davonkommen

entkräften: 1. aufbrauchen, beeinträchtigen, abnutzen, aufzehren, mitnehmen, zehren 2. schwächen, erlahmen, ermüden, aushöhlen 3. zehren, schwächen, erschöpfen

entkräftet: mitgenommen, geschafft, abgekämpft, schwach, erschöpft, erholungsbedürftig, erledigt

entkrampfen: 1. beruhigen, beschwichtigen, abmildern 2. lockern, entspannen, lösen

entkrampft: entspannt, gelockert, gelöst

entladen: entleeren, löschen, auspacken, ausladen **s. entladen:** 1. schimpfen, toben, s. auslassen 2. bersten, zerspringen, hochgehen 3. wüten, rasen, toben

entlang: längs, an der Seite lang, auf der ganzen Länge

entlarven: finden, aufdecken, herausfinden **s. entlarven:** s. offenbaren, s. demaskieren

entlassen: 1. freilassen, freigeben 2. abberufen, absetzen, kündigen

Entlassung: 1. Freiheit, Repatriierung 2. Dienstentlassung, Kündigung

Entlastung: 1. Befreiung, Erleichterung, Unterstützung 2. Kontoausgleich

entlaufen: ausbrechen, flüchten, entkommen, entwischen, türmen, entfliehen, wegschleichen, s. absetzen

entledigen (s.): 1. loskommen, s. freimachen, s. befreien, abschütteln 2. abnehmen, abstreifen 3. ausziehen, auskleiden, entkleiden

entleeren: ausräumen, abladen, ausschütten, wegschaffen

Entleerung: Entladung, Ausleerung

entlegen: 1. ausgefallen, abwegig, sonderbar, verstiegen 2. abgelegen, abgeschieden, verlassen

entlehnen: übernehmen, nachmachen

entleihen: vorstrecken, überlassen, verleihen, borgen, ausleihen

s. entleihen: s. ausleihen, s. entlehnen, s. borgen

entlohnen: besolden, entlöhnen, bezahlen

Entlohnung: Besoldung, Lohn, Bezahlung

entmutigen: 1. niederschlagen, bekümmern, bedrücken 2. einschüchtern, ängstigen, verängstigen

entmutigend: hoffnungslos, aussichtslos, bedrückend

entmutigt: gedrückt, deprimiert, verzweifelt, geknickt, verzagt, niedergedrückt, mutlos

entnervt: erledigt, überanstrengt, abgespannt, geschafft, erschöpft, mitgenommen, abgehetzt

entpuppen (s.): s. erweisen, s. enthüllen, s. herausstellen, s. entlarven

enträtseln: 1. klarstellen, lösen 2. entschleiern, auflösen, entschlüsseln, entziffern, entwirren

entrinnen: 1. umgehen, ausweichen, meiden 2. entfliehen, s. absetzen, türmen, durchgehen, entkommen, davonlaufen, ausbrechen, wegschleichen 3. entkommen, davonkommen

entrüsten (s.): 1. empören, verärgern, brüskieren 2. s. ereifern, s. erbosen, s. empören, aufbrausen, s. erregen

entrüstet: schockiert, aufgeregt, wütend

Entrüstung: Empörung, Wut

entsagen: aufgeben, abgewöhnen, s. ersparen, verzichten, s. enthalten

Entsagung: Verzicht, Abstinenz, Aufgabe, Lossagung, Askese

entsagungsvoll: selbstlos, aufopferungsvoll, entbehrungsvoll

entschädigen: zurückzahlen, abgelten, erstatten, ausgleichen, wettmachen, rückvergüten, entgelten

Entschädigung: Ersatz, Abfindung, Ausgleich, Gegenleistung, Gegenwert, Erstattung, Schadenersatz, Wiedergutmachung, Abstand, Schmerzensgeld

entschärfen: entgiften, beruhigen, entspannen, mildern

entscheiden: 1. bestimmen, festlegen, wählen, verfügen 2. s. herausstellen, s. zeigen

s. entscheiden: s. entschließen, wählen, s. durchringen

entscheidend: 1. hoch, groß 2. folgenreich, bestimmend, grundlegend, bedeutsam, wichtig, wesentlich, zentral

Entscheidung: Wahl, Alternative

entschieden: 1. ausgesprochen, eindeutig 2. anerkannt, geklärt, vollzogen, beschlossen, abgemacht, vereinbart

entschleiern: durchschauen, enthüllen, offen legen, nachweisen, bloßlegen, freilegen, aufdecken

entschließen (s.): s. überwinden, s. durchringen

entschlossen: 1. fest, entschieden, zupackend, nachdrücklich, zielbewußst, unbeirrt, tatkräftig 2. gewillt, willig

entschlüpfen: 1. entkommen, entfliehen, davonkommen, entwischen 2. aussprechen, herausplatzen, herausfahren, sagen

Entschluss: Beschluss, Entscheidung, Vorsatz

entschlüsseln: erforschen, finden, entziffern, aufdecken, lösen, erschließen

entschuldbar: verzeihlich, verständlich

entschuldigen: 1. entlasten, rechtfertigen 2. vergeben, nachsehen, verzeihen

entschwinden: 1. dahinschwinden, dahineilen 2. entwischen, durchgehen, s. absetzen, entfliehen, verschwinden, davonlaufen, fliehen, ausbrechen 3. ausweichen, meiden, umgehen

entsenden: schicken, abkommandieren, abordnen

entsetzen: 1. bangen, erbeben, erzittern, s. fürchten 2. s. ekeln, s. grausen

Entsetzen: Schreck, Betroffenheit, Bestürzung, Erschütterung, Fassungslosigkeit

entsetzlich: 1. Grauen erregend, schaurig, abscheulich, fürchterlich, verheerend, beängstigend 2. überaus, sehr

entsetzt: erschrocken, starr, bestürzt, entgeistert, fassungslos

entsinnen (s.): 1. s. erinnern, mahnen, auffrischen 2. auffrischen, einfallen, wiedererwachen, s. merken, zurückdenken

entsorgen: fortschaffen, wegbringen, beseitigen, entfernen, wegschaffen

Entsorgung: Vernichtung, Beseitigung

entspannen: 1. entschärfen, mildern, beruhigen 2. lockern, entkrampfen **s. entspannen:** 1. ruhen, auftanken, s. erholen, verschnaufen 2. s. beruhigen, s. legen, s. geben

entspannt: 1. familiär, leger, frei, gelöst, zwanglos, unbefangen, ungehemmt, lässig 2. gelöst, ruhig, entkrampft

Entspannung: Erleichterung, Ruhe, Beruhigung

entsprechend: 1. passend, gemäß, angemessen, gebührlich 2. laut, gemäß, nach 3. verwandt, ähnlich 4. betreffend, zusammengehörig

entstehen: s. bilden, s. abzeichnen, s. herausbilden, s. entspinnen, aufkommen, s. ankündigen, s. ergeben, s. entwickeln, s. ausprägen, s. formen, s. auftun, s. zeigen

Entstehung: 1. Entwicklung, Beginn, Anfang 2. Herkunft, Geburt

Entstehungsherd: Keimzelle, Ausgangspunkt, Brutstätte

entstellen: 1. verdrehen, umkehren 2. verstümmeln, verunzieren, verunstalten

entstört: einwandfrei, störungslos

enttäuschen: frustrieren, ernüchtern, verbittern

enttäuscht: ernüchtert, verbittert, frustriert

entvölkert: ausgestorben, menschenleer, unbewohnt, verlassen, öde, unbelebt, verwaist

entwaffnen: 1. die Waffe abnehmen 2. wehrlos machen, überwältigen, besiegen, für sich gewinnen

entwässern: dränieren, kanalisieren, trocknen

Entwässerung: Kanalisation, Trockenlegung, Dränage

entweichen: 1. fliehen, durchgehen, entlaufen, davonlaufen, s. absetzen, flüchten, wegschleichen, entkommen 2. umgehen, ausweichen 3. enteilen, verfliegen 4. ausfließen, auslaufen, herauslaufen

entweihen: schänden, entwürdigen, verletzen

entwenden: ausplündern, ausräumen, erbeuten, unterschlagen, s. aneignen, abnehmen, stehlen, wegtragen, s. bemächtigen, wegnehmen

entwerfen: 1. planen, s. ausdenken, umreißen, s. zurechtlegen, ausarbeiten, erarbeiten 2. erläutern, darlegen

entwerten: 1. gering schätzen, herabsetzen, verunglimpfen, abqualifizieren 2. knipsen, stempeln 3. verkleinern, abwerten, degradieren, schwächen

entwickeln: 1. hervorbringen, planen, schaffen, ausbilden 2. ausbauen, hervorbringen 3. aufzeichnen, verdeutlichen, darlegen 4. entstehen, s. entfalten, s. bilden, erwachsen, s. ankündigen, beginnen, s. zeigen **s. entwickeln:** 1. s. entfalten, voranschreiten 2. heranwachsen, entwachsen 3. erblühen, s. fortsetzen, geraten, s. vermehren, wachsen, s. erweitern, aufleben, anwachsen

entwickelt: ausgewachsen, reif, groß, erwachsen

Entwicklung: 1. Werden, Entstehung, Wachstum 2. Entfaltung, Wachstum, Prozess 3. Geschichte, Werdegang 4. Ausbau, Ausformung 5. Konstruktion, Planung

entwirren: 1. auseinander bekommen, zergliedern, lösen 2. berichtigen, verdeutlichen, klären, klarstellen

entwischen: entrinnen, s. absetzen, entkommen, flüchten, verschwinden, davonlaufen, fliehen, durchgehen

entwöhnen: 1. absetzen, abstillen 2. aberziehen, austreiben, abgewöhnen

Entwöhnung: Entziehung, Abgewöhnung, Enthaltung, Einstellung

Entwurf: Gestaltung, Plan, Überblick, Skizze, Konzept

entziehen: 1. abschirmen, schützen 2. versagen, wegnehmen, fortnehmen, verweigern, vorenthalten **s. entziehen:** 1. s. abkapseln, s. absondern, s. zurückziehen 2. davonlaufen, entrinnen, durchgehen, flüchten 3. vermeiden, s. drücken 4. s. losmachen, s. lösen, abschütteln

entziffern: übersetzen, entschlüsseln

entzücken: 1. gefallen, erfreuen 2. bezaubern, begeistern, gefallen, erfreuen

Entzücken: Lust, Vergnügen, Begeisterung, Freude, Heiterkeit

entzückend: bezaubernd, reizend, anziehend, sympathisch, aufreizend, einnehmend, hübsch

entzünden: 1. anbrennen, anfachen, anstecken, einheizen 2. s. entwickeln, fortschreiten **s. entzünden:** röten, anschwellen

entzwei: auseinander, zerbrochen, defekt, kaputt, schadhaft

entzweien: verfeinden, entfremden, auseinander bringen **s. entzweien:** s. entfremden, s. überwerfen, s. trennen, auseinander geraten, s. zerstreiten

Epik: Dichtkunst, Prosa, Erzählkunst

Epilog: Nachwort, Nachspiel, Nachtrag

Episode: 1. unwichtige Begebenheit, kleines Ereignis, Zwischenspiel, Intermezzo 2. Folge, Serie

Epoche: Ära, Zeitalter, Periode

erarbeiten: 1. aneignen, lernen 2. erwerben, vollbringen, erzielen, schaffen, leisten, erreichen 3. ausarbeiten, entwickeln

erbarmen (s.): mitfühlen, dauern, mitleiden

Erbarmen: Anteilnahme, Verständnis, Barmherzigkeit, Sympathie, Mitgefühl

erbärmlich: 1. schändlich, verabscheuenswert, gemein, abscheulich 2. arm, verelendet, unbemittelt, ärmlich, hilfsbedürftig 3. elend, miserabel, schlecht 4. zerbrechlich, geschwächt, krank 5. herzergreifend, kläglich, beklagenswert 6. abgewirtschaftet, herabgekommen

erbarmungslos: eisig, roh, unmenschlich, gnadenlos, brutal, grausam, kaltblütig, gefühlskalt

Erbarmungslosigkeit: Grausamkeit, Mitleidlosigkeit, Rücksichtslosigkeit, Rohheit, Brutalität, Unmenschlichkeit, Unbarmherzigkeit, Gefühlskälte

erbarmungsvoll: mitfühlend, bedauernd, teilnehmend, mitleidig, teilnahmsvoll

erbauen: 1. bauen, aufrichten, hochziehen, errichten 2. erheben, erfreuen, belustigen

s. erbauen: s. ergötzen, s. erfreuen, s. aufrichten

erbaulich: 1. gewichtig, getragen, salbungsvoll, nachdrücklich 2. besinnlich, erhebend

erbaulich: feierlich, bewegend, besinnlich

Erbe: 1. Überlieferung, Tradition 2. Nachkomme, Hinterbliebene 3. Erbschaft, Vermächtnis, Hinterlassenschaft

erbeuten: erobern, ergattern, erringen, wegnehmen

erbitten: anfragen, angehen, s. ausbitten, ersuchen, ansuchen

erbittert: 1. böse, aufgebracht, verärgert, erbost, zornig, gekränkt, wütend 2. stur, eisern, unbeirrt

erblassen: s. verfärben, erbleichen

erblich: urprünglich, angeboren, vererbt, von Geburt an

erblicken: bemerken, wahrnehmen, sehen, erkennen

erblühen: aufspringen, heranwachsen, wachsen, aufblühen, reifen

erbosen (s.): erregen, verärgern, aufregen, beunruhigen, empören

erbringen: 1. beweisen, nachweisen 2. s. auszahlen, abwerfen, einbringen 3. vorlegen, herbeibringen, beschaffen

Erde: 1. Fußboden 2. Erdball, Planet, Welt 3. Erdboden, Grund 4. Ferne, Welt

Erdgeschoss: Parterre

erdichtet: erschwindelt, falsch, erlogen

Erdkunde: Geografie

Erdöl: Mineralöl, schwarzes Gold, Öl, Mineralöl

Erdrutsch: Abrutsch, Steinlawine, Felssturz, Bergrutsch, Felsrutsch

erdulden: durchmachen, erleiden, aushalten, ertragen

ereignen (s.): eintreten, passieren, vorgehen, s. begeben, s. abspielen, vorfallen

Ereignis: Sensation, Episode, Geschehen, Begebenheit

Erektion: Aufrichtung, Versteifung, Anschwellung, Ständer, Steifer

Eremit: 1. Einsiedler 2. Außenseiter, Sonderling

ererbt: übernommen, vererbt, angeboren

erfahren: 1. kennen lernen, erleben 2. alt, lebenserfahren 3. klug, weise, bewandert 4. hören, vernehmen

Erfahrung: Menschenkenntnis, Wissen, Lebenserfahrung, Bildung, Klugheit, Einsicht, Lehre Moral

erfassen: 1. überwältigen, beschleichen, bemächtigen 2. begreifen, verstehen, durchblicken 3. verzeichnen, eintragen 4. erreichen, packen 5. mitrechnen, einbeziehen, berücksichtigen

Erfassung: Aufnahme, Registrierung

erfinden: 1. entwickeln, konstruieren, entwerfen 2. erschwindeln, fantasieren, dichten, erlügen

erfinderisch: einfallsreich, kreativ, originell, fantasiereich, produktiv

Erfindung: 1. Entwurf, Entwicklung 2. Unwahrheit, Lüge, Schwindel

Erfindungsgabe: Fantasie, Erfindergeist

Erfolg: 1. Durchbruch, Fortschritt, Sieg 2. Hit, Publikumserfolg 3. Folge, Resultat, Ergebnis

erfolgen: s. abspielen, vorfallen, stattfinden, s. zutragen, s. ereignen, s. einstellen, passieren

erfolglos: umsonst, fruchtlos, unnütz, nutzlos, wirkungslos

erfolgreich: 1. gelungen, geschafft 2. preisgekrönt, sieghaft, erfolggekrönt

erforderlich: notwendig, zwingend, wesentlich, unerlässlich, wichtig

Erfordernis: Bedingung, Voraussetzung, Notwendigkeit

erforschen: 1. stöbern, nachforschen 2. nachdenken, erkunden, untersuchen

Erforschung: Erkundung, Untersuchung

erfreuen: anregen, genießen, beglücken, aufmuntern

erfreulich: 1. wohltuend, angenehm, gut 2. günstig, glücklich

erfrischen: stärken, beleben, auffrischen

s. erfrischen: 1. s. stärken, s. kräftigen 2. s. waschen, s. säubern

erfrischend: labend, wohltuend, angenehm

Erfrischung: 1. Erfrischungsgetränk, Getränk 2. Auffrischung, Wohltat

erfühlen: ertasten, erahnen, erspüren

erfüllbar: durchführbar, machbar, zu machen

erfüllen: 1. eintreten, eintreffen 2. s. ausbreiten, s. entfalten, s. ausdehnen 3. verwirklichen, einlösen, halten 4. durchdringen, beseelen 5. nachkommen, zufrieden stellen, einlösen

erfüllt: glücklich, freudig, selig, beglückt

Erfüllung: 1. Verwirklichung, Einlösung 2. Befriedigung, Zufriedenheit

ergänzen: 1. erweitern, vollenden, nachtragen, ausbauen, auffüllen 2. zusetzen, nachtragen, beimengen, zugeben, hinzufügen, dazulegen, beifügen

Ergänzung: 1. Nachtrag, Zugabe 2. Hinzufügung, Erweiterung, Vervollständigung, Auffrischung

ergaunern: erschleichen, erschwindeln

ergeben: 1. untertänig, unterwürfig 2. gefügig, brav, folgsam, gehorsam 3. ertragen, erbringen, einbringen 4. anhänglich, treu, hingebungsvoll **s. ergeben:** 1. nachgeben, s. unterwerfen, s. beugen, aufgeben 2. s. hingeben, s. aufopfern 3. s. abzeichnen, s. herausschälen

Ergebenheit: 1. Unterwürfigkeit, Untertänigkeit, Schmeichelei 2. Ergebung, Demut, Treue, Geduld

Ergebnis: 1. Summe, Ausbeute, Endergebnis, Fazit, Schlussergebnis 2. Erzeugnis, Endprodukt

ergebnislos: unwirksam, zwecklos, vergebens, erfolglos, nutzlos, verfehlt, fruchtlos, misslungen, negativ

ergebnisreich: fruchtbar, erfolgreich

ergiebig: einträglich, ertragreich, lohnend, nützlich, vorteilhaft

Ergiebigkeit: Profit, Vorteil, Einträglichkeit

erglühen: 1. s. schämen, erröten, s. genieren 2. aufleuchten, aufscheinen 3. begeistern, s. erwärmen

ergrauen: altern, grau werden, vergreisen, in die Jahre kommen, weiß werden

ergreifen: 1. erfassen, zugreifen, nehmen 2. beeindrucken, aufwühlen, erregen, nahe gehen, überwältigen 3. beginnen, anfangen 4. aufgreifen, fangen, schnappen, fassen 5. sprechen, reden

ergreifend: rührend, bewegend, herzbewegend

ergriffen: bewegt, erschüttert, betroffen, gerührt

Ergriffenheit: Erschütterung, Rührung

ergründen: herausbekommen, entdecken, enträtseln, merken, herausfinden

erhaben: 1. erhebend, würdevoll, feierlich 2. überlegen, unberührbar

erhalten: 1. unterhalten, durchbringen, versorgen 2. tiefgefrieren, einmachen, einlegen 3. schonen, pflegen 4. weiter bestehen, fortdauern 5. erlangen, gewinnen, erzielen 6. bekommen, empfangen

erhältlich: käuflich, lieferbar, vorrätig, vorhanden

Erhaltung: 1. Lebensunterhalt, Versorgung, Lebenshaltungskosten 2. Instandhaltung, Wartung, Pflege

erhängen: henken, hängen, aufhängen

erhärten: 1. bestätigen, festigen, bekräftigen, absichern, belegen 2. abhärten, erstarren, härten

erheben: 1. aufheben, hochheben 2. wollen, fordern, verlangen 3. eintreiben, kassieren, einfordern 4. stärken, erfreuen, aufrichten, trösten **s. erheben:** 1. s. auftürmen, emporragen, aufragen 2. s. aufrichten, s. heben, s. aufsetzen, aufstieben 3. s. auflehnen, s. empören, s. entgegenstellen, s. wehren, s. widersetzen, s. sträuben

erhebend: erhaben, feierlich, würdevoll

erheblich: beachtlich, ansehnlich, sondergleichen, beträchtlich, großartig, unvergleichlich, nennenswert, erstaunlich

Erhebung: 1. Hügel, Anhöhe, Berg 2. Befragung, Umfrage 3. Feststellung, Untersuchung, Ermittlung 4. Eintreibung, Einziehung 5. Empörung, Volkserhebung, Revolution, Auflehnung

erheitern: aufheitern, ergötzen, aufmuntern, belustigen, genießen

erheitert: ausgelassen, gut gelaunt, froh, heiter, fröhlich, vergnügt, übermütig, freudig, lustig

Erheiterung: Belustigung, Kurzweil, Aufheiterung, Zerstreuung

erhellen: 1. aufheitern, verklären 2. bestrahlen, beleuchten 3. enträtseln, enthüllen, verdeutlichen, aufklären

erhitzen: erwärmen, aufheizen, aufwärmen **s. erhitzen:** toben, s. erregen, s. entrüsten, s. erzürnen, s. aufregen

erhoffen: erwarten, ersehnen, wünschen

erhöhen: 1. steigern, aufbessern, anheben,

vermehren 2. glorifizieren, ehren, hochloben, preisen, würdigen 3. s. ausdehnen, anschwellen, anwachsen, zunehmen

Erhöhung: 1. Podest, Podium 2. Aufpreis, Mehrpreis, Zuschlag 3. Anstieg, Steigerung, Vermehrung, Wachstum, Zuwachs 4. Preisanstieg, Teuerung, Verteuerung 5. Hügel, Bodenerhebung 6. Gehaltserhöhung, Lohnerhöhung

erholen (s.): 1. s. beleben, anziehen 2. abschalten, entspannen, ausruhen, ausschlafen, stärken, kräftigen 3. aufleben, gesunden, s. kräftigen, s. regenerieren

erholsam: 1. gemütlich, friedlich, behaglich 2. ruhevoll, ruhig

erholt: rüstig, leistungsfähig, lebendig, unverbraucht, ausgeruht

Erholung: 1. Bettruhe, Schlummer, Schlaf 2. Ferien, Urlaub, Entspannung 3. Belebung, Heilung, Aufschwung, Stärkung, Genesung

erinnern: mahnen, gemahnen **s. erinnern:** s. wieder erinnern, s. entsinnen, s. zurückerinnern, auffrischen, zurückschauen, s. merken

Erinnerung: 1. Strafe, Denkzettel 2. Rückblick, Rückschau, Rückblende 3. Gedächtnis, Andenken 4. Erinnerungsvermögen, Merkfähigkeit

erkalten: 1. durchfrieren, abkühlen, erstarren 2. abflauen, nachlassen 3. aufhören, enden

Erkältung: Husten, Schnupfen, grippaler Infekt, Atemwegserkrankung

erkannt: ausgemacht, definiert, durchschaut, zur Kenntnis genommen, klar umrissen, verstanden

erkennbar: 1. wahrnehmbar, vernehmlich 2. offenbar, augenscheinlich, eindeutig 3. leserlich, lesbar 4. vorhersagbar, voraussehbar, absehbar 5. deutlich, kenntlich

erkennen: 1. nachweisen, feststellen 2. erfassen, dämmern, herausfinden 3. sehen, gewahren, erblicken, entdecken, wahrnehmen

Erkenntnis: Erfahrung, Erleuchtung, Einsicht

Erkennungszeichen: Abzeichen, Erkennungsmarke

erklären: 1. mitteilen, erzählen, bekannt geben 2. einführen, unterrichten 3. auseinander setzen, auseinander legen, darlegen, erläutern, klarmachen, veranschaulichen, klarlegen 4. deuten, auslegen, begründen 5. aussagen, gestehen, beichten

Erklärer: Kommentator, Interpret, Deuter

erklärlich: deutlich, verständlich, unzweideutig, einleuchtend

Erklärung: Verdeutlichung, Auslegung, Erläuterung, Deutung

erklimmen: 1. besteigen, hochsteigen, ersteigen, hochklettern 2. erreichen, erlangen, erarbeiten

erklingen: anklingen, klingen

erkunden: herausfinden, auskundschaften, prüfen

erkundigen: nachfragen, herumhorchen, s. umhören

Erkundung: Ermittlung, Feststellung, Aufklärung

erlahmen: 1. stocken, festfahren 2. erschlaffen, ermüden, schwächen 3. zurückgehen, abflauen, abebben

erlangen: erreichen, erzielen, gewinnen, s. aneignen, erarbeiten, bekommen

Erlass: Verordnung, Gesetz, Bekanntmachung

erlassen: bestimmen, vorschreiben, anordnen, anweisen

erlauben: 1. berechtigen, ermächtigen 2. genehmigen, stattgeben, gewähren, zugestehen, zustimmen, bewilligen **s. erlauben:** s. anmaßen, s. herausnehmen

Erlaubnis: 1. Einwilligung, Einverständnis, Zustimmung, Genehmigung 2. Bevollmächtigung, Berechtigung

erlaubt: gestattet, zulässig, bewilligt, genehmigt

erläutern: darlegen, veranschaulichen, erklären

Erläuterung: Veranschaulichung, Erklärung, Darlegung

erleben: erfahren, durchleben, erleiden, durchmachen

Erlebnis: Geschehnis, Ereignis, Erleben

erledigen: 1. machen, vollführen, erfüllen, beenden 2. töten, ermorden 3. besiegen, vernichten, fertig machen

erledigt: 1. besiegt, vernichtet 2. angeschlagen, schwach, geschafft, abgehetzt, verbraucht, zerschlagen, mitgenommen, abgekämpft 3. gescheitert, ruiniert 4. beendet, vollzogen, ausgeführt, abgeschlossen

Erledigung: Durchführung, Besorgung, Tat, Ausführung

erlegen: abschießen, töten

erleichtern: 1. mildern, lindern 2. berauben, abnehmen, bestehlen 3. lockern, nachlassen 4. vereinfachen, leichter machen

Erleichterung: Befreiung, Beruhigung, Entspannung, Entlastung, Entschärfung, Erholung, Erlösung

erleiden: 1. überstehen, aushalten, erdulden, durchstehen, ertragen 2. durchleben, zustoßen, erleben

erlernen: s. aneignen, erwerben, studieren, lernen

erlernt: gelernt, angeeignet

erlesen: 1. aussuchen, erwählen, auswählen 2. vortrefflich, hervorragend, fein, vorzüglich, köstlich

erleuchten: 1. bescheinen, beleuchten 2. enträtseln, offen legen, aufdecken, erhellen 3. verklären, aufheitern

erlogen: unglaubhaft, unwahr, erfunden, unrichtig

Erlös: Ertrag, Verdienst, Gewinn, Einkommen, Vorteil

erloschen: erkaltet, abgekühlt

erlöschen: auslöschen, ausgehen, verglühen, verlöschen

erlösen: 1. befreien, loskaufen 2. verdienen, kassieren

Erlösung: Befreiung, Freiheit, das Erlösen

ermahnen: mahnen, tadeln, verwarnen, erinnern

Ermahnung: Rüge, Warnung, Tadel, Mahnung

ermäßigen: senken, verbilligen, verringern, nachlassen, herabsetzen

ermäßigt: herabgesetzt, verringert, verbilligt

Ermäßigung: Preissenkung, Nachlass, Verringerung, Sonderangebot

ermatten: 1. erlahmen, ermüden, erschöpfen, schwächen 2. s. abschwächen, abflauen, s. verringern

Ermessen: Einschätzung, Bewertung, Beurteilung, Abschätzung, Urteil

ermitteln: ergründen, erfragen, nachgehen, erforschen, untersuchen, nachforschen, suchen

Ermittlung: 1. Feststellung, Recherche 2. Erkundigung, Investigation, Untersuchung 3. Strafverfolgung

ermöglichen: 1. fertigbringen, bewerkstelligen, erreichen 2. gestatten, fügen

ermorden: erschlagen, erstechen, erwürgen, erschießen, morden, töten, umbringen

ermüden: ermatten, erschlaffen, schwächen

ermuntern: 1. begeistern, ermutigen, bestärken, helfen, aufrichten 2. aufrichten, ablenken, zerstreuen, erfreuen

Ermutigung: Aufmunterung, Ermunterung, Trost, Bestärkung

ernähren: nähren, aushalten, erhalten, unterhalten, verpflegen, verköstigen, füttern

Ernährung: 1. Unterhalt, Kost, Verköstigung, Lebensunterhalt 2. Essen, Nahrung, Nahrungsaufnahme

ernennen: ausersehen, erwählen, erküren, berufen

Ernennung: Berufung, Amtseinsetzung

erneuern: 1. wiederholen, bekräftigen 2. ändern, auffrischen 3. ändern, auffrischen, umarbeiten, wieder beleben, ersetzen, überholen, verbessern

Erneuerung: 1. Neubelebung, Wiedererstehung 2. Auffrischung, Änderung 3. Bekräftigung, Wiederaufbau, Wiederholung 4. Ausbesserung, Auffrischung, Wiederherstellung, Änderung

erneut: wieder, abermalig, noch einmal, von Neuem

erniedrigen: herabwürdigen, herabsetzen, demütigen, verunglimpfen, verletzen

Erniedrigung: Verachtung, Beleidigung, Herabsetzung, Verächtlichmachung, Herabwürdigung

ernst: 1. ernstlich, ernsthaft 2. kritisch, gefährlich, bedrohlich, bedenklich 3. eindringlich, folgenreich, gewichtig, beachtlich, schwerwiegend 4. trocken, hart, unnachsichtig, gestreng 5. würdevoll, gemessen, feierlich

Ernst: 1. Feierlichkeit, Seriosität 2. Bereitschaft, Anspannung, Ergebenheit, Streben, Ehrgeiz, Tatenlust, Mühe, Bestreben 3. Gefahr, Bedrohung 4. Arbeitslust, Schaffenslust, Strebsamkeit 5. Strenge, Härte 6. Rang, Zweck, Größe, Bedeutung, Würde

ernten: 1. bekommen, erreichen, erhalten, erzielen, gewinnen 2. pflücken, einfahren, einsammeln

ernüchtern: entzaubern, enttäuschen, desillusionieren

erobern: besiegen, erstürmen, s. aneignen, einnehmen, erkämpfen, unterwerfen, erbeuten, wegnehmen

Eroberung: Besetzung, Beschlagnahme, Unterwerfung, Einnahme, Erstürmung

eröffnen: 1. anfangen, beginnen, einsetzen 2. einweihen, informieren 3. einweihen, einrichten, aufmachen, gründen 4. aussagen, gestehen, zugeben, eingestehen, einräumen, bekennen

Eröffnung: 1. Bekanntmachung, Mitteilung, Bekanntgabe 2. Eintritt, Anfang, Startschuss, Start, Beginn

erörtern: beraten, auseinandersetzen, untersuchen, behandeln, besprechen, abhandeln, darlegen

Erörterung: Abhandlung, Behandlung, Streit, Untersuchung, Besprechung, Verhandlung

erotisch: sexuell, sinnlich, körperlich

erprobt: 1. erfahren, sachverständig, geübt 2. bewährt, eingeführt, gebräuchlich, gültig, bekannt, zuverlässig

erraten: enträtseln, dahinter kommen, auflösen, herausfinden, lösen

errechnen: ausrechnen, überschlagen, berechnen

Erregbarkeit: Leidenschaftlichkeit, Ungestüm, Heftigkeit, Reizbarkeit, Heißblütigkeit

erregen: 1. betören, reizen, anziehen, bezirzen, bezaubern, entflammen, berücken, aufreizen, umgarnen, faszinieren 2. aufbringen, beunruhigen, aufregen, empören 3. anwidern, anstoßen **s. erregen:** s. entrüsten, s. aufregen

erregend: nervenzerreißend, aufpeitschend, aufwühlend, aufreizend, aufrührend, spannend, aufregend

erregt: bewegt, hektisch, ruhelos, aufgeregt, unstet, nervenschwach, fiebrig, zappelig, nervös, ungeduldig, unruhig, gereizt, turbulent

Erregung: 1. Entrüstung, Aufregung, Wut, Zorn 2. Aufregung, Hochspannung, Anspannung, Rastlosigkeit, Ruhelosigkeit

erreichbar: 1. zugänglich, nah 2. durchführbar, vorstellbar, denkbar

erreichen: 1. kommen, fangen, ankommen, eintreffen 2. vorfinden, antreffen 3. ausrichten, erringen, erlangen, erarbeiten, durchsetzen, leisten, fertig bekommen, erwirken, schaffen, vollbringen

errichten: aufstellen, bauen, hochmauern, aufrichten, hochziehen, erstellen

erringen: 1. erobern, siegen 2. erarbeiten, erreichen, erwerben

erröten: s. schämen, erglühen, rot werden

Errungenschaft: 1. Anschaffung, Kauf, Erwerb 2. Glück, Durchbruch, Sieg, Erfolg

Ersatz: 1. Ersatzmittel, Behelf 2. Entschädigung, Schadenersatz, Wiedergutmachung, Abgeltung, Abfindung

Ersatzmann: Lückenbüßer, Aushilfe, Vertretung, Stellvertreter

ersatzweise: anstatt, anstelle, im Austausch, stellvertretend, stattdessen

erscheinen: 1. auftreten, s. finden, vorkommen 2. eintreffen, ankommen, s. einfinden, s. einstellen

Erscheinung: 1.Aussehen, Gestalt 2. Vorspiegelung, Sinnestäuschung

erschlaffen: ermüden, schwächen, erlahmen

erschließen: 1. herausfinden, entschlüsseln, herausbekommen, enträtseln, entziffern 2. besiedeln, bevölkern, kultivieren

erschöpfen: 1. erschlaffen, ermüden, ermatten, schwächen 2. s. auseinander setzen, ausschöpfen 3. abnützen, schaden, aufreiben, beeinträchtigen, verschleißen

erschöpft: ermattet, geschafft, abgekämpft, abgehetzt, überfordert, entnervt, fertig, durchgedreht, müde, kaputt, erledigt, abgespannt, matt, zerschlagen, schwach, verbraucht

Erschöpfung: Schlaffheit, Abgespanntheit, Schwäche, Ermattung, Entkräftung, Schwunglosigkeit, Mattheit, Erschöpfungszustand, Schwachheit, Zerschlagenheit

erschrecken: 1. beben, zusammenzucken, schaudern, zusammenfahren, zittern 2. verschüchtern, einschüchtern

Erschütterung: Stoß, Vibration, Gerüttel

erschweren: blockieren, entgegentreten, beengen, behindern, aufhalten, lähmen, stören, hemmen

Erschwernis: Problem, Störung, Hindernis, Behinderung, Blockierung, Schwierigkeit

erschwinglich: preiswert, günstig, billig, herabgesetzt

ersehen: ableiten, erkennen, erschließen, schließen

ersetzen: 1. austauschen, auswechseln 2. begleichen, wiedergutmachen, ausgleichen, entschädigen

erspähen: entdecken, erkennen, wahrnehmen, bemerken, sichten

ersparen: s. einschränken, Maß halten, zurücklegen, sparen, rechnen, weglegen, s. beschränken

Ersparnis: Sparguthaben, Sicherheit, Rücklage, Ersparnisse

erstarken: wachsen, gedeihen

erstarren: 1. erfrieren, gefrieren, zufrieren 2. s. verhärten, s. versteinern

erstarrt: starr, fest, steif, hart

erstatten: 1. berichten, melden 2. begleichen, vergüten, abgelten, entschädigen, zurückzahlen, wiedergutmachen, ersetzen, wettmachen, ausgleichen

erstaunlich: eindrucksvoll, großartig, ausgefallen, außergewöhnlich, enorm, bedeutend, ungeläufig, unvergleichlich, aufsehenerregend, spektakulär, sagenhaft

erstaunt: verblüfft, verwundert, überrascht, verdutzt

erstechen: niederstechen, ermorden, erdolchen, töten

erstehen: kaufen, beziehen, erwerben, anschaffen, ankaufen

ersteigen: bezwingen, erklettern, erklimmen, besteigen

ersteigern: bei einer Versteigerung erwerben, bei einer Auktion kaufen, Höchstgebot abgeben

erstellen: 1. aufrichten, hochziehen, erbauen 2. verfassen, anfertigen, abfassen, niederschreiben

erstens: zuerst, zum Ersten, an erster Stelle, als Erstes

ersticken: 1. auslöschen, abwehren, unterdrücken 2. erwürgen, töten, strangulieren, erdrosseln

erstklassig: auserlesen, ausgesucht, fein, geschmackvoll, kostbar, ausgezeichnet, stilvoll, wertvoll

erstmals: zum ersten Mal, erstmalig, das erste Mal

erstreben: anstreben, vorhaben, beabsichtigen, trachten, zielen

erstrebenswert: begehrenswert, wünschenswert

erstrecken: 1. s. ausdehnen, dauern 2. reichen, s. ausspannen, s. ausdehnen, verlaufen, s. ausbreiten

erstürmen: 1. bezwingen, besteigen, ersteigen 2. angreifen, vorrücken, erobern, bestürmen, bezwingen

ersuchen: anflehen, anrufen

Ersuchen: Bitte, Aufforderung, Wunsch, Anliegen

erteilen: 1. ermächtigen, berechtigen, befugen 2. beauftragen, befehlen, anordnen 3. unterweisen, unterrichten 4. zuraten, raten

ertönen: erklingen, erhallen, klingen, erschallen

Ertrag: Erlös, Gewinn, Zins, Einnahme

ertragen: mitmachen, erdulden, standhalten, bewältigen, überstehen

erträglich: akzeptabel, brauchbar, leidlich, ertragbar

ertragreich: lohnend, gewinnbringend, einträglich, günstig, Profit bringend

ertragsarm: ausgelaugt, karg, unergiebig, unfruchtbar, dürr

erträumen: ersehnen, wünschen, erhoffen, begehren

erübrigen: einsparen, übrig behalten, vom Munde absparen, abknappsen

erwachen: reifen, s. entfalten, aufblühen, s. entwickeln, entstehen

erwachsen: 1. beginnen, entstehen, anfangen, s. entwickeln 2. geschlechtsreif, herangewachsen, volljährig, mündig, ausgewachsen, reif

Erwachsensein: Volljährigkeit, Mündigkeit, Reife

erwägen: überdenken, bedenken, prüfen, einschätzen, ermessen, durchdenken, überlegen, überschlafen, abmessen

erwähnen: streifen, andeuten, vorbringen, nennen, ansprechen

erwärmen: durchwärmen, wärmen

erwarten: 1. entgegenblicken, entgegensehen 2. erträumen, erhoffen, wollen, ersehnen, wünschen

erwartet: herbeigesehnt, erwünscht, erhofft

erwartungsvoll: gespannt, fieberhaft, ungeduldig, interessiert

erwecken: 1. erzeugen, verursachen, hervorrufen 2. aufrütteln, aufwecken, wachrütteln

erweitern: 1. abrunden, vervollkommnen, nachtragen, ergänzen, hinzutun, vollenden 2. ausdehnen, ausbauen, vergrößern, ausweiten **s. erweitern:** s. ausbreiten, s. ausdehnen, s. verbreiten

Erweiterung: 1. Ausbau, Anbau 2. Ausweitung, Vergrößerung, Ausdehnung

Erwerb: 1. Anstellung, Erwerbstätigkeit, Arbeit 2. Kauf, Ankauf, Einkauf

erwerben: 1. erarbeiten, erreichen, erlangen, erzielen 2. kaufen, erstehen, anschaffen 3. gewinnen, s. aneignen, erarbeiten, erlangen

erwerbslos: unbeschäftigt, stellungslos, arbeitslos

erwerbsunfähig: arbeitsunfähig, dienstunfähig, krank, invalid

erwidern: widersprechen, antworten, entgegnen

Erwiderung: Antwort, Beantwortung

erwiesen: bestätigt, beglaubigt, bewiesen,

wahr, unumstritten, sicher, amtlich, besiegelt, beurkundet, dokumentiert, faktisch, unanfechtbar, unleugbar, unzweifelhaft

erwiesenermaßen: bekanntlich, bekanntermaßen

erwünscht: 1. lieb, genehm, recht, richtig, angebracht, willkommen, gern gesehen 2. gefragt, begehrt, beliebt, geschätzt, gewünscht

erwürgen: erdrosseln, strangulieren, die Kehle abdrücken

erzählen: plaudern, vortragen, reden, berichten, ausführen, s. unterhalten, informieren, schildern, wiedergeben

erzeugen: 1. herstellen, anfertigen, formen, erschaffen 2. verursachen, hervorrufen, erregen

Erzeuger: 1. Vater, Zeuger 2. Hersteller, Fabrikant, Produzent

erziehen: ausbilden, schulen, unterstützen

Erzieher: Lehrer, Pädagoge, Lehrkraft

erzieherisch: erziehlich, pädagogisch

Erziehung: Ausbildung, Unterricht, Schulung

Erziehungsberechtigte: Eltern, Vater und Mutter

erzittern: erbeben, erschauern, vibrieren, erschaudern

erzürnen: ärgern, aufregen, verstimmen, erbosen

Eskapade: Abenteuer, Verrücktheit, Seitensprung, Streich, Kapriole

Eskorte: Ehrengeleit, Geleitschutz, Begleitung

esoterisch: rätselhaft, geheimnisvoll, mysteriös

Esprit: Witz, Schlagfertigkeit, Scharfsinn, Unternehmungslust

essbar: bekömmlich, einwandfrei, ungiftig

essen: speisen, schlemmen, s. stärken, genießen

Essen: Festessen, Mahlzeit

Esser: Genießer, Schlemmer, Feinschmecker

Etage: Geschoss, Stockwerk

Etappe: 1. Strecke, Abschnitt, Teilstück 2. Zeitraum, Entwicklungsstufe, Stadium, Stufe, Zeitspanne

ethisch: sittlich, moralisch

Etikette: 1. Verhalten, Benehmen 2. Beschriftung, Schild, Aufkleber

etwa: 1. womöglich, möglicherweise 2. nahezu, fast, beinahe, ungefähr, annähernd, zirka

Europa: 1. Westen, Abendland, Alte Welt 2. Europäische Union, EU, Euroland, europäische Idee

eventuell: vermutlich, vielleicht, möglichenfalls, möglicherweise

ewig: bleibend, endlos, dauernd, immer, unaufhörlich, zeitlos, unsterblich, unendlich, unvergänglich

Ewigkeit: 1. Unendlichkeit, Unveränderlichkeit, Zeitlosigkeit, Unvergänglichkeit 2. Himmel, Jenseits

exakt: scharf, deutlich, genau, treffsicher

Exaktheit: Gründlichkeit, Sorgfalt, Genauigkeit, Schärfe

Examen: Abschlussprüfung, Hochschulabschluss, Abgangsprüfung

Exekutive: vollstreckende Gewalt, ausführende Staatsgewalt, Exekutivgewalt

Exemplar: Musterstück, Individuum, Einzelstück, Ausfertigung, Einzelexemplar, Musterexemplar

Exil: Verbannung, Emigration, Ausland, Zuflucht

existent: bestehend, existierend, verfügbar, vorkommend

existenziell: elementar, grundlegend, lebensnotwendig, von entscheidender Bedeutung, wesentlich

existieren: 1. da sein, atmen, leben 2. s. aufhalten, s. befinden, bestehen exklusiv: anspruchsvoll, hervorragend, mondän, erstklassig, exquisit, aristokratisch, nobel

Exkurs: Ausschweifung, Abstecher

Expedition: 1. Abfertigungsabteilung, Versandabteilung 2. Forschungsreise, Entdeckungsreise

Experiment: Wagnis, Versuch

experimentieren: wagen, probieren, versuchen

Experte: Sachkundiger, Sachkenner, Routinier, Fachkraft, Kapazität, Sachverständiger, Könner, Profi, Fachmann, Fachfrau

explodieren: 1. schäumen, aufbrausen, platzen 2. bersten, hochgehen, springen, platzen, krachen, zerknallen, sprengen, detonieren, splittern

Explosion: 1. Ausbruch, Knall, Schlag, Entladung 2. Zornesausbruch, Wutanfall, Erregung

explosiv: 1. hochexplosiv, feuergefährlich, brisant 2. zornig, unbeherrscht, wütend, aufbrausend 3. gespannt, spannungsgeladen

Exponat: Museumsstück, Ausstellungsstück

exponiert: ungeschützt, herausgehoben

Export: Außenhandel, Ausfuhr

extra: 1. besondere, ausgesucht 2. allein, gesondert, getrennt 3. eigens, ausschließlich, besonders

extrem: 1. rücksichtslos, bedingungslos, unnachgiebig 2. hochgradig, stark, übermäßig, ungeheuer, äußerst, übertrieben, krass 3. ausgefallen, überspannt

exzellent: überragend, unübertrefflich, ausgezeichnet, vortrefflich, vorzüglich

exzessiv: hemmungslos, zügellos, maßlos, übersteigert, ausschweifend

F

fabelhaft: außerordentlich, beachtlich, sagenhaft, einzigartig, verblüffend, ungewöhnlich, hervorragend, wunderbar, überwältigend, eindrucksvoll, überragend

Fabrik: Betrieb, Werk, Firma, Unternehmen, Industriegelände, Fabrikanlage

Fabrikware: Industrieware, Massenprodukt

Fabulant: Erzähler, Lügner

fabulieren: dichten, erzählen

Fach: 1. Wirkungskreis, Gebiet, Branche, Zweig 2. Fachgebiet, Sachgebiet, Wissensgebiet 3. Arbeitsgebiet, Spezialgebiet

Facharbeiter: Experte, Spezialist

Facharzt: Spezialist, Fachmediziner

Fachausdruck: Spezialwort, Fachwort

Fachmann: Spezialist, Experte, Profi, Sachverständiger, Professioneller

fachmännisch: professionell, fachgerecht, meisterhaft, gekonnt, sachgemäß, sachverständig

Fachrichtung: Wissenszweig, Fakultät, Fach, Disziplin, Schulfach

Fachwissen: Detailwissen, Spezialwissen

fade: 1. gleichförmig, langweilig, uninteressant, trocken, eindruckslos, monoton, trostlos 2. nüchtern, nichts sagend 3. abgestanden, salzlos, geschmacklos, schal

fadenscheinig: duchschaubar, schwach, vordergründig, dünn, transparent

fähig: geeignet, begabt, qualifiziert, befähigt, talentiert, tüchtig

Fähigkeit: Befähigung, Auffassungsgabe, Talent, Intelligenz, Voraussetzung, Genie, Klugheit, Begabung, Vermögen, Geschick

fahl: 1. erdfarben, falb 2. bleich, blass, farblos, grau

Fahne: 1. Abzug, Korrekturabzug, Bogen 2. Geruch, Dunstfahne 3. Standarte, Flagge, Banner, Wimpel

Fahnenflucht: Flucht, Desertion

fahnenflüchtig: flüchtig, verschwunden, desertiert

Fahrbahn: Fahrspur, Fahrstreifen, Fahrbahn, Rollbahn

fahrbereit: verkehrstüchtig, fahrtauglich

Fähre: Fährboot, Fährschiff, Trajekt

fahren: 1. führen, lenken, chauffieren, bedienen, steuern 2. rollen, rasen, s. fortbewegen

Fahrer: Autofahrer, Kraftfahrer, Chauffeur

Fahrgestell: Unterbau, Rahmen, Chassis

fahrig: schusselig, unstet, nervös, flatterig, unaufmerksam, unruhig, zerstreut

Fahrkarte: Karte, Fahrausweis, Fahrschein, Ticket

fahrlässig: unachtsam, leichtfertig, unüberlegt, nachlässig, unvorsichtig, gewissenlos

Fahrlässigkeit: Unüberlegtheit, Unachtsamkeit, Leichtsinnigkeit, Verantwortungslosigkeit, Pflichtvergessenheit, Gewissenlosigkeit

Fahrstuhl: Aufzug, Lift, Paternoster

Fahrt: Ausflug, Reise, Tour, Ausfahrt

Fährte: Abdruck, Spur, Tritt

fair: anständig, gerecht, sauber, solidarisch, rechtschaffen, sportlich

Fairness: Anständigkeit, Sportlichkeit

Faktum: Fakt, Tatsache, Wirklichkeit, Tatbestand

Fall: 1. Tau, Seil 2. Fehler, Fehltritt, Sünde, Übertretung, Verstoß 3. Sturz, Absturz, Plumps

Fallbaum: Grenzlinie, Schranke

Falle: Netz, Schlinge, Fallgrube, Fangeisen

fallen lassen: 1. äußern, ansprechen, andeuten, erwähnen 2. s. zurückziehen, s. lösen, s. lossagen **s. fallen lassen:** fahren lassen, aufgeben

fallen: 1. umkippen, herabfallen, umfallen 2. s. senken, abflauen, nachlassen, abebben 3. ausgleiten, niederstürzen, stürzen, stolpern, hinfallen

fällen: 1. schlagen, umhauen, abhauen 2. ausscheiden, abscheiden, absondern

falls: sofern, wenn, für den Fall, unter der Voraussetzung

falsch: 1. unrichtig, fehlerhaft, verkehrt, unkorrekt, unzutreffend, verfehlt 2. gefälscht, nachgemacht, unecht, künstlich 3. unaufrichtig, arglistig, unehrlich, unredlich, unwahr, erfunden, scheinheilig, lügnerisch, verlogen

fälschen: verfälschen, nachmachen

Falschheit: Heuchelei, Unaufrichtigkeit

Falschmeldung: Ente, Irreführung, falsche Darstellung

Fälschung: Nachbildung, Betrug, Nachahmung, Plagiat, Kopie

Falte: 1. Falz, Bruch, Knitter, Knick 2. Furche, Runzel 3. Erdfalte, Erdspalte, Erdriss

falten: umbiegen, knicken, fälteln, brechen, falzen, zusammenlegen, umschlagen

faltenlos: 1. eben, glatt, poliert 2. anliegend, passend

faltig: runzlig, zerfurcht, faltenreich

Falz: Falte, Bruch, Knick

familiär: vertraulich, intim, persönlich, privat, unförmlich

Familie: Verwandtschaft, Familienkreis, Sippe

Familienname: Personenname, Zuname

Fan: Anhänger, Schwärmer, Freund, Hooligan, Verehrer

Fanatiker: Schwärmer, Sektierer, Glaubenseiferer

fanatisch: unbekehrbar, unbelehrbar

Fanatismus: Verbohrtheit, Glaubenseifer

fangen: 1. schnappen, fassen, stellen, abfangen, erwischen 2. einfangen, greifen, haschen, auffangen

Fantasie: 1. Vorstellungsvermögen, Einbildungskraft, Vorstellungskraft 2. Erfindungsgabe, Einfallsreichtum 3. Einbildung, Unwirklichkeit

Fantasiegestalt: Märchengestalt, Fabelwesen, Fabelgestalt, Fabeltier

fantasieren: s. ausmalen, erfinden, träumen, schwärmen, ausdenken

fantastisch: 1. unbeschreiblich, unwahrscheinlich, beispiellos, ungeheuerlich 2. großartig, erstaunlich, hervorragend 3. unheimlich, seltsam, traumhaft, bizarr, märchenhaft, fabelhaft

Farbe: 1. Farbstoff, Färbemittel 2. Anstrich, Tönung, Bemalung, Ton, Schimmer, Färbung

farbecht: , indanthren, kochfest, lichtecht

färben: anstreichen, bemalen, tönen, anmalen

farbig: 1. fesselnd, spannend 2. farbenfroh, farbenprächtig, bunt, vielfarbig, mehrfarbig, poppig

Farbiger: Negroider, Afrikaner

farblos: 1. eindruckslos, reizlos, fade, uninteressant, gleichförmig, wirkungslos 2. naturfarben, ungefärbt, unbemalt

Färbung: Tönung, Farbe, Ton

Fasching: Karneval, Fastnacht

Faser: 1. Faden, Fädchen, Haar, Fiber 2. Einzelfaser, Fibrille

fasern: fusseln, haaren

Fass: Bottich, Holzgefäß, Tonne

fassbar: einfach, einsichtig, greifbar, eingängig, zugänglich, begreiflich, durchsichtig, unkompliziert

fassen: 1. aufnehmen, hineinpassen 2. beschließen, s. vornehmen 3. enthalten, beinhalten 4. aufnehmen, verstehen, begreifen 5. fangen, erwischen, nehmen, ergreifen, stellen **s. fassen:** s. beherrschen, s. fangen, s. zusammennehmen, s. beruhigen

Fasson: 1. Form, Zuschnitt, Machart 2. Temperament, Stil, Wesen

Fassung: 1. Formulierung, Ausführung, Ausgabe 2. Auffassung, Version, Erklärung 3. Ruhe, Bedacht, Selbstbeherrschung, Gleichmut, Gefasstheit, Umsicht 4. Rahmen, Einfassung, Umrahmung

fassungslos: entsetzt, erschrocken, bestürzt, betroffen, verstört, verblüfft, sprachlos, wortlos

Fassungslosigkeit: Sprachlosigkeit, Erschrockenheit, Bestürzung, Entsetzen, Verwunderung, Verblüffung, Betroffenheit

fast: kaum, knapp, beinahe, nahezu

fasten: abmagern, abnehmen, hungern

Fastfood: Schnellimbiss, Junkfood, Schnellgericht

Faszination: Bezauberung, Verzauberung

faszinieren: blenden, verzaubern, bezaubern, einnehmen

fasziniert: bezaubert, verzaubert, eingenommen, geblendet

faul: 1. unsauber, bedenklich, unzuverlässig, ungesetzlich 2. bequem, träge, untätig, arbeitsscheu 3. alt, morsch, verdorben, ungenießbar, schlecht

faulen: verderben, modern, durchfaulen, verwesen, verrotten, schimmeln

faulenzen: bummeln, krankfeiern, nichts tun, arbeitsscheu sein

Faulenzer: Bummelant, Müßiggänger, Faulpelz, Drückeberger, Nichtstuer

Faulheit: Trägheit, Müßiggang, Arbeitsscheu, Untätigkeit, Faulenzerei

Fäulnis: Fäule, Verwesung, Moder

Fax: Telefax, Fernkopie

faxen: als Fax senden, durchfaxen, zufaxen

Feder: 1. Zeichenfeder, Schreibfeder 2. Gänsefeder, Daune, Vogelfeder

Federbett: Bett, Zudecke, Deckbett

Fegefeuer: Vorhölle, Purgatorium

fegen: 1. kehren, säubern 2. rennen, eilen, stürmen, hasten

Fehde: Auseinandersetzung, Zwist, Feindseligkeit, Zank, Streit, Unfriede

fehl: unwillkommen, unpassend, unerwünscht, unangebracht

Fehlbetrag: Differenzbetrag, Verlust, Minus

fehlen: 1. fernbleiben, ausfallen, wegbleiben 2. sündigen, freveln 3. vermissen, mangeln, abgehen

fehlend: fort, weg, abwesend

Fehler: 1. Taktlosigkeit, Ungeschick, Entgleisung 2. Irrtum, Versehen, Unrichtigkeit, Fehlleistung, Verrechnung 3. Fehltritt, Vergehen, Verfehlung, Dummheit, Verstoß 4. Nachteil, Defekt, Mangel, Unzulänglichkeit

fehlerfrei: vollkommen, fehlerlos, mustergültig, korrekt, perfekt, einwandfrei, makellos, tadellos

fehlerhaft: beschädigt, schlecht, mangelhaft, schadhaft, unvollkommen, defekt

fehlgehen: s. verlaufen, s. verirren

fehlplanen: fehldisponieren, s. verrechnen

Fehlschlag: 1. Fehlschuss, Fehlpass 2. Misslingen, Enttäuschung, Zusammenbruch, Misserfolg, Abfuhr, Niederlage, Pech

Fehlurteil: Justizirrtum, Fehlentscheidung

Feier: Festveranstaltung, Festakt, Gedenkfeier, Feierlichkeit

Feierabend: 1. Freizeit, Muße 2. Geschäftsschluss, Dienstschluss, Arbeitsschluss

feierlich: erhaben, weihevoll, würdig, würdevoll, festlich, zeremoniell, getragen

Feierlichkeit: Weihe, Würde

feiern: 1. ehren, verherrlichen, preisen, rühmen, bejubeln, loben 2. s. belustigen, s. amüsieren, s. vergnügen

Feiertag: Festtag, Ruhetag

feige: scheu, besorgt, beklommen, mutlos, ängstlich, schreckhaft, verschreckt, zaghaft, schüchtern, argwöhnisch

Feigheit: Kleinmut, Furchtsamkeit, Ängstlichkeit, Unmännlichkeit, Mutlosigkeit, Zaghaftigkeit

Feigling: Weichling, Memme, Hasenfuß, Angsthase, Schwächling

feilschen: herunterhandeln, den Preis drücken, schachern

fein: 1. vornehm, elegant 2. genau, treffend, scharf 3. engmaschig, dünn 4. appetitlich, aromatisch, köstlich 5. schön, warm, sonnig 6. höflich, rücksichtsvoll, aufmerksam, zuvorkommend, taktvoll 7. genau, empfindlich 8. zierlich, zerbrechlich, duftig, durchsichtig, zart, dünn

Feind: Gegner, Erzfeind, Gegenspieler, Widersacher, Rivale

feindlich: unversöhnlich, zerstritten, böswillig, feindselig, gehässig, verfeindet

Feindschaft: Konflikt, Auseinandersetzung, Kampf, Streit, Zank, Zwist, Feindseligkeit

feindselig: entzweit, verstimmt, gehässig, unversöhnlich, verfeindet, zerstritten, böswillig

feinfühlig: empfindsam, einfühlsam, verletzbar, zartfühlend, feinsinnig, sensibel

Feinfühligkeit: Empfindsamkeit, Einfühlungsvermögen, Zartgefühl

Feinheit: 1. Erhabenheit, Vornehmheit 2. Einzelheit, Unterschied 3. Qualität, Zartheit, Anmut, Kostbarkeit, Erlesenheit

Feinschmecker: Genießer, Leckermaul, Gourmet

feinsinnig: kunstsinnig, fein, ästhetisch

feixen: grinsen, auslachen, hohnlachen, grienen

Feldstecher: Fernglas, Fernstecher, Fernrohr

Fell: Pelz, Balg, Decke, Haarkleid

Fels: Felsenkegel, Felsblock

felsenfest: unerschütterlich, fest, standhaft

Feministin: Frauenrechtlerin, Emanzipierte, Frauenkämpferin, Emanze, Suffragette

Fenster: 1. Fensterluke, Fensteröffnung, Luke 2. Bullauge, Schiffsfenster

Fensterbrett: Fenstersims, Fensterbank

Fensterladen: Laden, Rolladen, Jalousine, Markise

Ferien: Reisezeit, Erholungszeit, Urlaub, Pause, Ferienzeit, freie Tage, schönste Zeit des Jahres

fern halten: abschirmen, abwehren, abhalten, zurückhalten

fern: 1. abgelegen, unzugänglich, abseits, unerreichbar, unbekannt, weit, entlegen, entfernt, abgeschieden 2. gewesen, vorbei, vergangen

Ferne: 1. Distanz, Abstand, Entfernung 2. Übersee, Ausland

ferner: ansonsten, alsdann, außerdem, sonst, weiterhin, zusätzlich, überdies, dazu

Fernglas: Fernrohr, Feldstecher

Fernsehapparat: Fernseher, Fernsehempfänger, Fernsehgerät

Fernsprechamt: Amt, Zentrale, Vermittlung

Fernsprecher: Apparat, Telefon

Fernsprechverzeichnis: Fernsprechbuch, Telefonbuch

Fernstraße: Fernverkehrsstraße, Autobahn, Schnellstraße, Bundesstraße

Fernverkehr: Schienenverkehr, Straßenverkehr

Fernverkehrsstraße: Autobahn, Fernstraße

fertig machen: 1. erschlaffen, schwächen, ermüden, ermatten 2. erledigen, ruinieren 3. ausschimpfen, tadeln, herabsetzen, angreifen, rügen, zurechtweisen

fertig: 1. getan, geschafft 2. gerüstet, bereit, vorbereitet, gerichtet, reisefertig 3. gar, tischfertig, angerichtet 4. beendet, ausgeführt, erledigt, vollendet 5. komplett, beziehbar 6. erschlagen, atemlos, abgespannt, ausgelaugt, verbraucht, abgehetzt, mitgenommen, erholungsbedürftig, abgekämpft, erschöpft, angegriffen, geschafft, überanstrengt, erledigt, schwach, zerschlagen

Fertigkeit: 1. Übung, Technik, Erfahrung 2. Fingerfertigkeit, Gewandtheit, Geschick, Fähigkeit, Wendigkeit

Fessel: 1. Handfessel, Handschelle 2. Eisen, Fußfessel, Bande 3. Zwangsjacke

fesseln: 1. bannen, mitreißen 2. knebeln, anketten, anbinden

fest: 1. hart, steif, starr 2. stabil, bruchfest, widerstandsfähig, haltbar, strapazierfähig, unverwüstlich 3. abgemacht, unterzeichnet, abgeschlossen 4. bindend, dauerhaft, beständig, zuverlässig, langlebig, bleibend, sicher 5. aufrecht, sicher, standhaft, beharrlich, unbeweglich

Fest: Feier, Veranstaltung, Geselligkeit, Festlichkeit, Fete

festbinden: 1. anbinden, zuschnüren, festmachen, befestigen, zusammenbinden 2. anketten, fesseln

festbleiben: aushalten, s. durchsetzen, durchhalten, widerstehen, ausdauern, s. widersetzen, beharren, dabei bleiben, standhalten

festfahren: stecken bleiben, festsitzen, stocken

festgesetzt: vorgesehen, angesetzt, bestimmt, einberufen

festhalten: einfangen, registrieren **s. festhalten:** s. anhängen, s. anklammern, s. anhalten

festigen: ausbauen, erstarken, kräftigen, befestigen, verankern, verdichten, sichern, stützen, stärken

Festigkeit: 1. Entschlossenheit, Zuverlässigkeit, Zielstrebigkeit, Beständigkeit 2. Haltbarkeit, Widerstandsfähigkeit, Zähigkeit, Härte, Dichte

Festigung: Befestigung, Sicherung, Stärkung, Kräftigung, Stützung

Festival: Festveranstaltung, Festspiele, Festwochen

festkleben: 1. anhaften, halten, festsitzen 2. befestigen, anbringen, ankleben, anleimen

festlegen: 1. einberufen, festsetzen, vorsehen, bestimmen 2. abmachen, abstimmen, absprechen, entscheiden, bestimmen **s. festlegen:** s. verpflichten, s. binden

festlich: glanzvoll, feierlich, würdevoll, zeremoniell

festmachen: 1. absprechen, festsetzen, abmachen, versprechen 2. anlegen, ankern 3. anmachen, anbringen, verankern, befestigen, anmontieren

Festnahme: Verhaftung, Ergreifung

festnehmen: festsetzen, einsperren, fassen, verhaften, ergreifen, fangen, abführen, gefangen setzen

festschnallen: festbinden, befestigen, anschnallen, anbinden

festschrauben: anziehen, hineinschrauben

festsetzen: 1. bestimmen, einberufen, vorsehen, anberaumen 2. abführen, ergreifen, einsperren, festnehmen, fangen, abholen, gefangen setzen, verhaften, fassen 3. abstimmen, entscheiden, absprechen, abmachen

feststehend: sicher, gewiss, festgelegt

feststellen: 1. sehen, erkennen 2. herausfinden, ergründen

Feststellung: Registrierung, Erkennung, Erkenntnis

Festtag: Ehrentag, Feiertag

festtreten: stampfen, antreten

Festung: Burg, Befestigung, Festungsbau

festziehen: festschrauben, anziehen, nachziehen

Fete: Party, Fest, Feier, Event, Budenzauber, Einladung

fett: 1. ergiebig, lukrativ, einträglich 2. dick, wohlgenährt 3. ölig, fetthaltig 4. kräftig, üppig, reich, fruchtbar

Fett: 1. Fettpolster, Polster 2. Speck, Schmalz, Schmer

fettarm: 1. gesundheitsbewusst, kalorienarm 2. ohne Fett, mager

fetten: 1. einreiben, salben, eincremen, einfetten 2. einfetten, abschmieren, ölen

fettig: 1. unansehnlich, schmierig 2. ölig, tranig, fetthaltig, fetttriefend

Fettleibigkeit: Beleibtheit, Körperfülle, Korpulent, Dicke, Feistheit, Adipositas

Fetzen: 1. Stück, Schnipsel, Streifen 2. Lumpen, Lappen

feuchten: anfeuchten, durchfeuchten

feuchtfröhlich: angeheitert, beschwipst, beschickert, beschwipst, in Stimmung, lustig

Feuchtigkeit: Nässe, Nass

feudal: 1. vornehm, prachtvoll, nobel, fein 2. überladen, üppig, luxuriös, verschwenderisch 3. höfisch, adelig, ritterlich

Feudalismus: Feudalherrschaft, Adelsherrschaft

Feuer: 1. Begeisterung, Leidenschaft 2. Feuersglut, Flammenmeer, Feuersturm, Brand

feuerfest: nicht brennbar, feuerbeständig, feuersicher

feuergefährlich: brennbar, entflammbar, entzündlich

Feuerprobe: Mutprobe, Bewährungsprobe, Feuertaufe, Elchtest

Feuilleton: 1. Unterhaltungsteil, Kulturbeilage 2. Artikel, Traktat, Essay

fieberhaft: 1. geschäftig, aufgeregt, ungeduldig, angespannt 2. zitternd, gespannt, erwartungsvoll 3. fieberkrank, fiebrig

fiebrig: fieberhaft, erkältet

fiktiv: erfunden, erdichtet, nicht real, ausgedacht, imaginär

Filiale: Außenstelle, Zweigstelle, Nebenstelle, Zweigniederlassung, Zweiggeschäft, Tochterfirma

filmen: aufnehmen, aufzeichnen, drehen

Filou: Schlaumeier, Schlaukopf, Schlauberger

filtern: durchsieben, klären, filtrieren

Finale: Endkampf, Endspiel

finanziell: geldmäßig, wirtschaftlich

finanzieren: bezahlen, bestreiten

finden: 1. meinen, denken 2. auflesen, auffinden, entdecken 3. auffinden, entdecken, erkennen, erblicken, vorfinden, antreffen, ausmachen, feststellen, herausbekommen

s. finden: 1. zusammenkommen, zusammenfinden 2. s. erweisen, s. ergeben 3. auftauchen, s. zeigen 4. auftreten, vorkommen

Finessen: Feinheiten, Besonderheiten

fingerfertig: kunstfertig, geschickt, gelenkig, anstellig, gewandt, praktisch

Fingerspitzengefühl: Einfühlungsvermögen, Feingefühl, Sensibilität, Zartgefühl

Fingerzeig: Hinweis, Tipp, Wink, Anspielung

Finish: Finale, Endausscheidung, Endrunde

finster: 1. unleidlich, mürrisch, verstimmt, verdrießlich, missmutig, übel gelaunt 2. düster, dunkel, schwarz 3. dunkel, lichtlos 4. schlecht, negativ 5. rätselhaft, zweifelhaft, undurchsichtig, unheilvoll, unheimlich, zweideutig

Finsternis: Dunkelheit, Schwärze, Nacht

Firma: Fabrikationsstätte, Fabrik, Geschäft, Werkstätte, Werk, Betrieb

Firmament: Horizont, Himmel, Weltall, Himmelsgewölbe

Firn: Schnee, Gletscher

fit: 1. frisch, gesund, rüstig 2. leistungsfähig, topfit, vorbereitet

Fitnesscenter: Fitnesszentrum, Fitnessstudio, Muckibude

fix: 1. fest, feststehend 2. elastisch, wendig, rasch, gewandt, behände 3. schnell, eilig, zügig, flott

fixieren: 1. anstarren, anstieren 2. festhalten, festlegen 3. festmachen, anbringen

flach: 1. platt, gerade, eben, glatt, waagrecht, ausgedehnt, ausgestreckt 2. inhaltsleer, geistlos, abgeschmackt, oberflächlich, gewöhnlich, vordergründig, fade, nichts sagend, unbedeutend, abgedroschen, schal 3. niedrig, klein, seicht, untief

Fläche: Flachland, Gelände, Plattform, Areal, Bodenfläche

flächenhaft: ausgedehnt, breit, eben

Flachland: Niederung, Ebene, Tiefland, Tiefebene

flackern: brennen, züngeln

flaggen: heißen, hissen

Flair: Ausstrahlung, Atmosphäre, Stimmung, persönliche Note, Aura

Flamme: Feuerzunge, Flammensäule, Lohe, Brand

flammend: lodernd, lichterloh

flanieren: umhergehen, umherstreifen, schlendern, spazieren gehen, wandeln, umherschlendern, bummeln

Flanke: 1. Abgabe, Pass, Zuspiel, Vorlage 2. Flügel, Seitenfläche, Seitenteil

flanken: 1. zuspielen, abspielen, passen, abgeben 2. überqueren, überspringen

Flasche: 1. Flakon, Riechfläschchen 2. Pulle, Behälter, Behältnis 3. Nichtskönner, Versager

flatterhaft: wandelbar, unstet, unberechenbar, launenhaft, leichtfertig, wechselnd, veränderlich, wechselhaft, sprunghaft, unbeständig

flau: 1. langweilig, eindruckslos, einschläfernd, trocken, wirkungslos, fade, ermüdend, stumpfsinnig, uninteressant, monoton 2. schwach, kontrastarm 3. schwächlich, matt, schlaff, schwach, weichlich, schlecht

flauschig: weich, wollig, flaumweich, daunenweich

Flaute: 1. Baisse, Konjunkturrückgang, Rezession, Tiefstand, Depression, Krise 2. Windstille

Fleck: 1. Gegend, Ort 2. Schmutzfleck, Klecks, Flecken 3. Flicken, Stoffstück

fleckenlos: blitzblank, gesäubert, geputzt, rein, sauber, gereinigt

fleckig: schmutzig, beschmutzt, unsauber, befleckt

Flegel: Lümmel, Rüpel, Frechdachs

Flegelei: Flegelhaftigkeit, Ungezogenheit, Unart

flegelhaft: ungehobelt, frech, rüde, unerzogen, derb, unhöflich, lümmelhaft, ungebührlich, ungezogen

Fleischbrühe: klare Brühe, Bouillon, Consommé

Fleiß: 1. Eifer, Betriebsamkeit, Bestreben, Streben, Ehrgeiz, Dienstwilligkeit 2. Arbeitsamkeit, Schaffensfreude, Tätigkeitsdrang

fleißig: tüchtig, geschäftig, betriebsam, unverdrossen, aktiv, rastlos, strebsam, tatkräftig, schaffensfreudig, bemüht, arbeitsfreudig, eifrig

flektiert: konjungiert, dekliniert, gebeugt

flexibel: 1. leichtfüßig, behände 2. wendig, dehnbar, gelenkig, weich, elastisch, beweglich 3. formbar, beeinflussbar, anpassungsfähig

fliegen: 1. flattern, schwingen, schweben, segeln 2. jagen, sausen, hetzen, eilen

fliehen: 1. s. absetzen, flüchten, durchgehen, wegschleichen, verschwinden, davonlaufen, entfliehen, entkommen 2. ausweichen, scheuen, meiden 3. türmen, desertieren

Fliese: Kachel, Platte

fließen: 1. rieseln, spülen, strömen, laufen, wogen, s. ergießen, rinnen 2. auslaufen, ausfließen, heraussprudeln, herausströmen, herausrinnen

fließend: 1. unbestimmt, offen 2. tadellos, flüssig, geläufig, ununterbrochen, perfekt

flink: 1. geschwind, eilig, schnell, fix 2. leichtfüßig, behände, gewandt, rasch, fix, wendig

Flirt: Tändelei, Spiel, Spielerei, Anmache, Getändel

flirten: liebäugeln, tändeln, anbändeln, liebeln

Flitterwochen: Hochzeitsreise, Honigmond, Honeymoon

flitzen: sprinten, rasen, hasten, spurten, eilen, rennen, laufen

Flora: Vegetation, Pflanzenwelt, Pflanzendecke

florieren: s. entwickeln, erstarken, blühen, gedeihen

flott: 1. eilig, schnell, geschwind 2. adrett, hübsch, fesch, kleidsam, schick

Fluch: 1. Verdammnis, Gottesstrafe 2. Gotteslästerung, Schmähung, Drohwort, Verwünschung, Lästerung, Fluchwort, Verdammung 3. Verderben, Verhängnis, Heimsuchung, Unheil

Flucht: 1. Ausbruch, Entkommen 2. Acht, Bann

fluchtartig: blitzartig, geschwind, eilig, überstürzt, eilends, unverzüglich, sofort, Hals über Kopf

flüchten: 1. entfliehen, s. absetzen, entlaufen, davonlaufen, ausbrechen, entkommen, verschwinden, türmen, entwischen, durchgehen 2. ausweichen, meiden, umgehen 3. türmen, desertieren

flüchtig: 1. kurz, oberflächlich 2. entlaufen, ausgebrochen, entflohen, verschwunden 3. zeitweilig, vergänglich, kurzlebig

Flüchtling: Ausbrecher, Deserteur, Ausreißer

Flug: 1. Flugreise, Flugweg 2. Skisprung

Fluggast: Passagier, Flugreisender, Luftreisender, Flugzeugtourist

Flugplatz: Flughafen, Flugfeld

Flugschrift: Handzettel, Flugblatt

Flugzeug: Maschine, Vogel, Flugmaschine, Silbervogel

Flugzeugführer: Flugkapitän, Pilot

Flur: 1. Feldmark, Feld 2. Hausflur, Diele, Gang, Eingang

Fluse: Faser, Wollfluse, Fussel

fluseln: fusseln, haaren

Fluss: Gewässer, Strom, Wasserlauf

flüssig: 1. verflüssigt, aufgetaut, geschmolzen 2. offen, fließend 3. zügig, fehlerlos, sicher, perfekt 4. liquid, fällig, verfügbar

flüstern: murmeln, raunen, wispern

Flut: 1. Unmenge, Vielzahl, Menge 2. Hochwasser, Sturmflut

fluten: 1. eindringen, hereinkommen, einfallen 2. laufen, fließen, rinnen, branden

Flyer: Flugblatt, Handzettel, Prospekt, Reklamezettel

Folge: 1. Ergebnis, Resultat, Wirkung, Nachspiel, Auswirkung, Fazit 2. Fortsetzung, Abfolge, Serie, Reihe

folgen: 1. gehorchen, spuren 2. nachkommen, s. anschließen, hinterhergehen, mitgehen, nachfolgen, hinterherlaufen, nachlaufen 3. verfolgen, zuhören, s. konzentrieren, s. anhören

folgend: zukünftig, kommend, künftig, weiter, später, darauf folgend, nachfolgend

folgerichtig: folgerecht, planmäßig, logisch

folgern: schlussfolgern, ableiten, herleiten, schließen

Folgerung: Herleitung, Schlussfolge, Ableitung, Schlussfolgerung

folgewidrig: unlogisch, inkonsequent, widersinnig

folglich: demnach, also, infolgedessen, danach, sonach, somit

folgsam: lenkbar, gehorsam, artig, wohlerzogen, willig, brav, gefügsam, lieb, zahm

folkloristisch: volkstümlich, populär

Folter: Folterung, Misshandlung, Marter, Qual

foltern: quälen, misshandeln

förderlich: aufbauend, fruchtbar, wirksam, gut, hilfreich, dienlich, gedeihlich

fordern: wollen, verlangen, begehren, s. ausbitten, s. ausbedingen, wünschen **s. fordern:** s. abmühen, s. anstrengen, s. abarbeiten, s. abplagen, s. aufreiben, s. schinden, s. bemühen, s. plagen, s. abquälen

fördern: 1. aufbauen, unterstützen, begünstigen, weiterhelfen, helfen, vorwärts bringen 2. abbauen, gewinnen

Forderung: 1. Bitte, Wunsch, Erhebung, Verlangen, Anspruch 2. Kostenrechnung, Rechnung 3. Anforderung, Anrecht, Mindestforderung

Förderung: 1. Fürsprache, Unterstützung, Hilfe, Beistand 2. Abbau, Gewinnung

Form: 1. Anstandsregeln, Benehmen, Manieren, Etikette, Anstand 2. Machart, Bauweise, Zuschnitt, Gestalt

formal: vorschriftsmäßig, äußerlich, unpersönlich

Formalität: Förmlichkeit, Formsache

formell: unpersönlich, äußerlich, förmlich, steif

formen: 1. durchformen, ausformen, prägen, bilden, gestalten 2. helfen, unterweisen

förmlich: 1. äußerlich, zeremoniell, unpersönlich 2. offiziell, dienstlich, amtlich 3. ausgesprochen, nachgerade, direkt, regelrecht

formlos: 1. unbefangen, zwanglos, offen, ungezwungen 2. ungeformt, gestaltlos, unförmig, strukturlos, ungestaltet

Formsache: Formalie, Äußerlichkeit, formale Angelegenheit

Formular: Vordruck, Fragebogen, Formblatt

formulieren: mitteilen, ausdrücken, verfassen, äußern

formvollendet: 1. meisterhaft, hervorragend, perfekt 2. stilvoll, schön

forsch: 1. furchtlos, mutig 2. beherzt, tatkräftig, selbstbewusst, resolut, schneidig, zielbewusst

forschen: nachspüren, erkennen, auskundschaften, ermitteln, untersuchen, finden, durchleuchten

Forscher: Wissenschaftler, Gelehrter, Erfinder

Forschheit: Frische, Unternehmungsgeist, Tatkraft, Beherztheit, Zackigkeit, Selbstbewusstsein, Wendigkeit

Forst: Wald, Gehölz, Hain

fort: 1. verreist, ausgegangen, abwesend, unterwegs, weg, auswärts, fortgegangen 2. verloren, verschwunden 3. unauffindbar, verschwunden, verschollen

fortbegeben (s.): s. fortmachen, weglaufen, s. entfernen, s. aufmachen

fortbilden: ausbilden, weiterbilden **s. fortbilden:** lernen, s. bilden

Fortbildung: Ausbildung, Kurs, Seminar, Weiterbildung

fortbleiben: s. fern halten, fehlen, ausbleiben, wegbleiben

fortbringen: 1. wegnehmen, wegstellen, abtransportieren, wegräumen, beseitigen 2. verschleppen, entführen

fortdauern: s. hinziehen, weiter bestehen, währen, weitergehen, überleben, s. erstrecken

fortfahren: 1. abreisen, aufbrechen, wegfahren, abfahren 2. fortsetzen, weiterführen, weitermachen, weiterverfolgen, fortführen

fortfliegen: davonfliegen, abheben, auffliegen, wegfliegen

fortführen: weitermachen, weiterverfolgen, weitergehen, fortsetzen

Fortführung: Weiterführung, Fortsetzung

fortgeben: weggeben, übergeben

fortgehen: losgehen, s. abwenden, davongehen, abmarschieren, s. entfernen, aufbrechen, losmarschieren, weggehen, s. aufmachen, wegtreten, s. fortbegeben, weglaufen, s. wegbegeben, umdrehen, s. fortmachen

fortjagen: 1. verstoßen, vertreiben 2. entlassen, hinauswerfen

fortkommen: 1. verloren gehen, wegkommen 2. s. fortbegeben, s. absetzen, s. aufmachen, abrücken, weichen, s. entfernen, losmarschieren, umdrehen, s. fortmachen, s. abkehren, s. wegbegeben, s. abwenden 3. aufsteigen, s. durchsetzen, weiterkommen, s. emporarbeiten, s. hocharbeiten, aufrücken, s. verbessern

fortlassen: aussparen, überschlagen, auslassen, übergehen, ausklammern, übersehen, weglassen

fortlaufen: 1. ausweichen, scheuen, meiden 2. davonhasten, fortrennen, wegrennen, weglaufen, davonrennen 3. entrinnen, ausbrechen, durchgehen, verschwinden, s. absetzen, flüchten, entkommen, fliehen

fortlaufend: 1. fortwährend, fortdauernd, ununterbrochen 2. zusammenhängend

fortleben: dauern, anhalten, s. fortsetzen, s. erhalten, überleben, weiter bestehen

fortlegen: forträumen, wegräumen, aus der Hand legen, beiseitelegen

fortscheuchen: 1. vertreiben, verscheuchen 2. hinauswerfen, fortjagen

fortschicken: wegschicken, hinauswerfen

fortschleichen: fliehen, flüchten, wegschleichen, weggehen, s. entfernen
s. fortschleichen: s. verabschieden, s. wegschleichen

fortschreiten: 1. fortsetzen, weitermachen 2. florieren, vorwärts kommen, gedeihen, s. weiterentwickeln, reifen, weitergehen

Fortschritt: Aufwärtsentwicklung, Aufschwung, Verbesserung, Zunahme, Weiterentwicklung, Fortentwicklung, Erfolg, Steigerung

fortschrittlich: aufsteigend, entwickelt, zukunftsgerichtet, zukunftsweisend, zeitgemäß

fortsetzen: fortführen, weitermachen, weiterverfolgen, weiterführen

Fortsetzung: Fortführung, Fortbestand, Weiterführung

forttragen: wegtragen, abräumen

fortwerfen: aussortieren, ausmustern, ausrangieren, aussondern, wegwerfen, wegschaffen, entfernen

fortziehen: 1. ausziehen, verziehen, umziehen, wegziehen 2. mitnehmen, wegstellen 3. entziehen, verweigern

fossil: aus der Urzeit stammend, urzeitlich, versteinert

Fossil: Versteinerung, Petrefakt

Fotografie: Aufnahme, Foto, Bild

fotografieren: abbilden, aufnehmen, knipsen

Fotokopie: Kopie, Durchschlag, Abschrift, Vervielfältigung, Reproduktion

Fotomodell: Modell, Model, Mannequin, Dressman

foul: unsportlich, regelwidrig

Foul: Unsportlichkeit, Verstoß, Regelwidrigkeit

Foyer: Eingangshalle, Lobby, Empfangshalle, Vorhalle

Fracht: Stückgut, Frachtgut, Transport, Frachtstück, Ladung, Versandgut

Frage: 1. Anfrage, Nachfrage, Ermittlung 2. Fragestellung, Angelegenheit, Fall, Problem

fragen: befragen, konsultieren

fraglich: 1. vorerwähnt, besagt, genannt 2. zweifelhaft, ungewiss

fraglos: unbestritten, sicher, unbezweifelbar, bestimmt, gewiss, zweifellos

Fragment: Bruchstück, Teilstück, Überrest, einzelnes Stück

fragwürdig: 1. verschrien, anrüchig, verrufen 2. zweifelhaft, ungewiss, fraglich, unsicher

frankieren: freimachen, Porto bezahlen, mit einer Briefmarke versehen

Frauenheld: Lebemann, Schürzenjäger, Frauenliebling

Fräulein: 1. Jungfrau, Unverheiratete 2. Kellnerin, Bedienung

fraulich: weiblich, frauenhaft

frech: naseweis, vorwitzig, keck, unverfroren, vorlaut

Frechdachs: Schelm, Flegel, Bengel, Lausejunge, Schlingel

Frechheit: Ungezogenheit, Zumutung, Bodenlosigkeit, Unverschämtheit

frei: 1. unbebaut, ungenutzt 2. ledig, allein 3. unvorbereitet, improvisiert 4. entlassen, befreit 5. ungebunden, selbstständig, unkontrolliert 6. frankiert, freigemacht 7. unbesetzt, offen, leer, verfügbar 8. unentgeltlich, gratis, umsonst, kostenlos 9. unverbaut, durchgängig 10. unbefangen, zwanglos, gelöst, ungeniert, natürlich, lässig, formlos 11. offen, neuartig, modern, fortschrittlich 12. natürlich, unbeschwert

freien: s. erklären, anhalten, umwerben, werben

freigeben: 1. suspendieren, befreien, freistellen 2. entlassen, freilassen

freigebig: gebefreudig, großzügig, schenkfreudig, mildtätig

Freigebigkeit: Gebefreude, Großzügigkeit, Wohltätigkeit

freigeistig: aufgeklärt, freigesinnt, freisinnig, liberal

freigesprochen: unschuldig, schuldlos

freihalten: 1. einladen, spendieren 2. offen halten, belegen, besetzen, vorbestellen

Freiheit: Selbstbestimmung, Ungezwungenheit, Freizügigkeit, Unabhängigkeit, Eigenständigkeit, Selbstständigkeit, Zwanglosigkeit

freiheitlich: demokratisch, liberal, freiheitsliebend

Freiheitskampf: Revolution, Widerstandskampf, Aufstand, Befreiungskampf

Freiheitskämpfer: Guerilla, Partisan, Widerstandskämpfer, Freischärler

Freiheitsstrafe: Freiheitsentzug, Gefangenschaft, Gefängnisstrafe, Arrest, Haft

Freikörperkultur: Nacktkultur, Nudismus, FKK

freilassen: 1. freisetzen, entlassen, freigeben 2. vormerken, reservieren

freilegen: bloßlegen, aufdecken, abdecken, ausheben

Freilegung: Ausgrabung, Aufdeckung, Bloßlegung

freilich: aber, immerhin, zwar, wohl

freimachen: frankieren, Porto bezahlen, mit einer Briefmarke versehen

freischaffend: unabhängig, selbstständig

freisprechen: verzeihen, lossprechen, vergeben

Freispruch: Lossprechung, Vergebung, Absolution

Freitod: Selbstmord, Selbsttötung, Suizid

freiwillig: unaufgefordert, aus freien Stücken, ungefragt

Freizeit: Ferien, Urlaub, Feierabend, Mußezeit

Freizügigkeit: 1. Großzügigkeit, Hochherzigkeit 2. Toleranz, Nachgiebigkeit

fremd: 1. fremdländisch, ausländisch, auswärtig 2. eingewandert, immigriert, zugewandert 3. fremdartig, ungewohnt, fern, verschieden

Fremde: 1. Gäste, Urlauber, Reisende 2. Ausländer 3. Ausland, Übersee

fremdländisch: fremd, ausländisch

frequentieren: häufig besuchen, ein und aus gehen

fressen: 1. zerstören, zersetzen 2. schlucken, verschlingen 3. äsen, weiden

Freude: 1. Lust, Spaß, Genuss 2. Fröhlichkeit, Begeisterung, Frohsinn, Glück, Jubel, Vergnügen, Entzücken

Freudenruf: Juchzer, Jauchzer, Freudenschrei

freudig: 1. wohltuend, erfreulich 2. freudestrahlend, selig, beschwingt, froh, glücklich, fröhlich, vergnügt, erfreut, munter, wohlgemut, sonnig

freudlos: unglücklich, traurig, betrübt, bedrückt, trostlos, trübselig

freuen: belustigen, aufmuntern, aufheitern, anregen, genießen

Freund: Partner, Verbündeter, Bekannter, Schulfreund, Gefährte, Kamerad

Freundeskreis: Freunde, Clique, Anhängerschaft

Freundin: Schulfreundin, Gefährtin, Bekannte, Partnerin, Kameradin, Verbündete

freundlich: 1. verbündet, befreundet 2. heiter, schön, heiß, sonnig, sommerlich, wolkenlos, warm 3. angenehm, bequem, behaglich, wohnlich, gemütlich 4. gut, freundschaftlich, herzlich, entgegenkommend, gut gemeint, sympathisch, zuvorkommend, warm, lieb

Freundlichkeit: Anteilnahme, Liebenswürdigkeit, Sanftmut, Herzlichkeit, Entgegenkommen, Aufmerksamkeit, Wohlwollen, Zuneigung, Güte, Zuwendung

Freundschaft: Verbundenheit, Kameradschaft, Gemeinschaft, Verhältnis, Beziehung, Eintracht, Zusammengehörigkeit

freundschaftlich: einträchtig, gleich gestimmt, kameradschaftlich, befreundet, harmonisch

Frieden: 1. Waffenstillstand, Friedenszustand, Kampfende 2. Einklang, Eintracht, Harmonie 3. Entspannung, Stille, Verständigung

Friedensverhandlung: Friedensvorschlag, Friedensangebot

friedfertig: harmonisch, gütlich, friedvoll, versöhnlich, verträglich, friedlich

Friedhof: Kirchhof, Totenacker, Gottesacker

friedlich: 1. harmonisch, versöhnlich, einträchtig, verträglich, gütlich 2. ruhig, still, beschaulich

frieren: 1. zufrieren, gefrieren, erstarren 2. schlottern, frösteln, zittern

frigide: leidenschaftslos, frigid, kühl, gefühlskalt

frisch: 1. erholt, ausgeruht, gesund, leistungsfähig, unverbraucht 2. glatt, straff, faltenfrei 3. gesund, durchblutet 4. blühend, grün 5. ofenfrisch, warm, frischbacken 6. neu, ungetragen 7. klar, sauber 8. kühl, kalt 9. nass, feucht

Friseur: Haarkünstler, Barbier, Figaro

frisieren: bürsten, kämmen, ondulieren

frisiert: 1. gekämmt, onduliert, gebürstet 2. verändert, verbessert

fristgemäß: fristgerecht, ordnungsgemäß, pünktlich, rechtzeitig, genau

fristlos: unverzüglich, sofort, augenblicklich

Frisur: Haartracht, Haarschnitt

frivol: 1. lose, anstößig, schlüpfrig, gewagt 2. unverfroren, draufgängerisch, forsch, frech

froh: 1. befreit, erlöst, erfreut, dankbar, heilfroh 2. vergnügt, fröhlich, frohgemut, freudig, zufrieden, lustig

fröhlich: freudestrahlend, beschwingt, frohgemut, froh, glücklich, munter, vergnügt, gut gelaunt, heiter, wohlgemut, zufrieden, erfreut

Fröhlichkeit: Glück, Lebenslust, Freude, Vergnügen, Frohsinn, Vergnügtheit, Lustigkeit

fromm: 1. gläubig, gottesfürchtig, glaubensstark, andächtig, religiös 2. tüchtig 3. gehorsam, fügbar

Frömmigkeit: Glauben, Gottesfurcht, Religiosität, Gläubigkeit

Front: 1. Stirnseite, Vorderansicht, Hauptansicht, Fassade, Straßenseite 2. Kriegsschauplatz, Gefechtslinie, Feuerlinie, Feld, Schlachtfeld, Kampflinie

frontal: an der Stirnseite, von vorne, an der Vorderseite

Frost: Winterwetter, Kälte

frostig: 1. abweisend, unfreundlich, distanziert, unzugänglich, herb, unnahbar 2. eisig, winterlich, kalt, frostklirrend

fruchtbar: 1. üppig, ergiebig, ertragreich 2. fortpflanzungsfähig, geschlechtsreif, zeugungsfähig 3. lohnend, gedeihlich, erfolgreich, gut, sinnvoll, hilfreich, nutzbringend, nützlich

Fruchtbarkeit: Ergiebigkeit, Ertragfähigkeit

fruchtbringend: üppig, ergiebig, fruchtbar, ertragreich

Fruchtfolge: Fruchtwechsel, Anbaufolge

fruchtlos: 1. ertragsarm, ausgelaugt, karg, mager 2. nichtssagend, ergebnislos, erfolglos, für Nichts und wieder Nichts

Fruchtpresse: Saftpresse, Entsafter, Obstpresse

Fruchtsaft: Saft, Obstsaft

früh: zeitig, rechtzeitig, frühzeitig, morgens

Frühe: Morgendämmerung, Tagesanbruch, Morgen

früher: 1. damalig, vormals, vorzeiten, damals, einmal, einstens, gewesen 2. davor, sonst, eher 3. ehemalig, einstig

frühestens: nicht vor, nicht früher als

Frühling: Lenz, Frühjahr

frühreif: altklug, vorlaut, vorwitzig, unkindlich

frühzeitig: morgens, früh

Fuchs: 1. Reineke 2. Fuchspelz, Pelz 3. Schlauberger, Schlaukopf

Fuge: Zwischenraum, Spalt

fügen: zusammenfügen, verbinden, anreihen, verknüpfen **s. fügen:** gehorchen, zurückstecken, s. unterordnen, nachgeben, s. abfinden, s. beugen, s. unterwerfen

fügsam: gehorsam, brav, folgsam, gefügig, zahm

fühlen: 1. spüren, ahnen 2. spüren, wahrnehmen, empfinden

Fühlung: Verbindung, Kontaktaufnahme

Führer: 1. Machthaber, Regent, Herrscher 2. Chauffeur, Lenker, Fahrer 3. Reiseführer, Reiseleiter 4. Stammesältester, Stammesoberhaupt 5. Kapitän, Spielführer 6. Befehlshaber, Hauptmann 7. Chef, Direktor, Führungskraft, Boss 8. Kapitän, Steuermann 9. Begleiter, Betreuer, Vorsteher, Lenker, Leiter 10. Plan, Wegweiser, Anleitung, Handbuch

Führung: 1. Leitung, Herrschaft, Führerschaft 2. Spitze, Stab

Fülle: 1. Leibesfülle, Körperfülle 2. Reichtum, Vielfalt, Variationsbreite 3. Ballung, Menge, Anhäufung 4. Füllung, Einlage 5. Üppigkeit, Überfluss, Überangebot

füllen: 1. einschenken, voll gießen, abfüllen, auffüllen 2. brauchen, verbrauchen, ausfüllen

Füller: Füllhalter, Füllfederhalter

füllig: 1. aufgetrieben, aufgebläht, aufgeschwemmt 2. massig, fett, beleibt, breit, dick, korpulent, plump, stämmig, umfangreich, rund, stark, vollschlank, wohlgenährt, üppig, gewaltig

Füllung: 1. Einlage, Füllmasse, Fülle 2. Daunen, Federn

fulminant: mitreißend, grandios, großartig, berauschend, überwältigend, göttlich

Fund: Enthüllung, Fundsache, Entdeckung, Ausbeute

Fundament: 1. Ansatz, Vorbedingung, Grundlage, Voraussetzung 2. Grundstein,

Fuß, Sockel, Grundmauer, Unterteil, Untersatz, Unterbau

fundiert: 1. geschult, bewandert, gelehrt, unterrichtet, sicher, wissend, gebildet 2. gesichert, begründet, unangreifbar, zuverlässig, verbürgt

fündig: ertragreich, ergiebig, lohnend, einträglich

Fundus: Bestand, Vorrat, Inventar, Ressource, Material

funken: 1. laufen, gehen 2. begreifen, auffassen 3. morsen, telegrafieren

funktional: zweckmäßig, schlicht, einfach

für: 1. stellvertretend, ersatzweise, statt 2. zu, auf, um, an, zuliebe

Fürbitte: Fürsprache, Fürspruch

Furcht: Mutlosigkeit, Kleinmut, Feigheit, Zaghaftigkeit, Ängstlichkeit, Furchtsamkeit

furchtbar: schaurig, schauerlich, grauenvoll, entsetzlich, ängstigend, fürchterlich, schauervoll

fürchten: argwöhnen, besorgt sein, ahnen, s. sorgen **s. fürchten:** beben, zittern, s. ängstigen, erschauern

furchtlos: kühn, unverzagt, heldenhaft, unerschrocken, verwegen, heldenmütig, mutig, waghalsig, herzhaft, tapfer, beherzt

furchtsam: gehemmt, argwöhnisch, mutlos, schüchtern, bang, ängstlich, angstvoll, zaghaft, besorgt, scheu, befangen, beklommen, zähneklappernd, kleinmütig, verängstigt, verschüchtert, schreckhaft

Furie: Rachegöttin, Erinnye

Furore: Aufsehen, Wirbel, Sensation, Skandal, Aufhebens, Beachtung

fürsorglich: väterlich, mütterlich, helfend, besorgt, sorgsam, rücksichtsvoll, schonungsvoll

Fürsprache: Unterstützung, Hilfe, Beistand, Förderung, Gönnerschaft

Fürsprecher: Verteidiger, Anwalt, Rechtsbeistand

fürstlich: hervorragend, glänzend, prächtig, aufwendig, stattlich, üppig, prunkvoll, glanzvoll

Fuß: Extremität, Bein

Fußabtreter: Abtreter, Fußmatte, Fußabstreicher

Fußball: Leder, Kugel, Ei

Fussel: Wollfädchen, Fädchen, Faser, Wollfussel

Fußgängerüberweg: Fußgängerübergang, Zebrastreifen, Fußgängerweg

Fußgängerüberweg: Zebrastreifen, Überweg, Fußgängerstreifen

Futter: 1. Gewebe 2. Fraß, Nahrung, Äsung, Fressen

füttern: 1. sättigen, halten, mästen 2. abfüttern, sättigen, ernähren

Fütterung: Atzung, Mast

G

gabeln: s. teilen, s. verzweigen

Gabelung: Weggabelung, Kreuzung, Verzweigung

Gala: Festkleidung, Abendgarderobe, festliches Outfit

galant: rücksichtsvoll, artig, taktvoll, höflich, ritterlich, zuvorkommend, fein

Gallert: Gelatine, Sülze, Aspik, Gelee

gallig: 1. bitterböse, bösartig, boshaft, unausstehlich, garstig 2. bitter, gallenbitter

Gang: 1. Korridor, Diele 2. Ablauf, Fortgang, Lauf, Vorgang, Verlauf 3. Besorgung, Erledigung 4. Menügang, Speisenfolge 5. Bande, Jugendbande 6. Tritt, Schritt, Gangart

gangbar: vorstellbar, möglich, denkbar, womöglich, begehbar, ausführbar, praktikabel, realisierbar

gängig: 1. gefragt, viel verlangt, begehrt, beliebt, gesucht 2. geläufig, gebräuchlich, alltäglich, gewohnt, verbreitet, normal, vertraut

Gangway: Rollsteg, Laufgang, Treppe

Gänsefüßchen: Anführungszeichen, Anführungsstriche

ganz: 1. gesund, wohlbehalten, heil 2. genau, alles, voll, sämtlich, insgesamt, vollständig, überhaupt, vollends, lückenlos, wirklich

Ganzheit: Gesamtheit, Allgemeinheit, Vollständigkeit

gänzlich: schlechthin, schlechtweg, völlig

gar: 1. fertig, durch, gar gekocht 2. womöglich, etwa

Garantie: Gewährleistung, Haftung, Bürgschaft

Garderobe: Kleiderablage, Kleidergarderobe, Kleiderständer, Garderobenständer

Gardine: Scheibengardine, Store, Vorhang

gären: 1. treiben, aufgehen, säuern 2. brodeln, schwelen

Garnelen: Krabben, Schrimps, Krevetten

garstig: 1. schlimm, gemein, boshaft, übel, böse 2. finster, aufmüpfig, unversöhnlich, widerspenstig, ungehorsam, widersetzlich 3. ekelhaft, scheußlich, widerlich, fürchterlich

Garstigkeit: Heimtücke, Abscheulichkeit, Gehässigkeit, Boshaftigkeit, Niedertracht, Schlechtigkeit, Übelwollen, Schadenfreude

Garten: Grünanlage, Park, Grünfläche

Gasse: 1. enge Straße, Sträßchen 2. Spalier, Durchgang

Gassenhauer: Hit, Ohrwurm, Schlager, Evergreen

Gast: 1. Besucher, Stammgast, Besuch 2. Hospitant, Praktikant

Gastarbeiter: Fremdarbeiter, ausländischer Arbeiter

gastfreundlich: offen, großzügig, gastlich

Gastfreundschaft: Gastlichkeit, Gastfreundlichkeit

Gastgeber: Hausherr, Wirt

Gaststätte: Gasthof, Wirtshaus, Gasthaus

Gastwirt: Wirt, Hotelier, Schankwirt

Gatte: Ehepartner, Angetrauter, Ehemann, Gemahl, Mann

Gattin: Angetraute, Ehepartnerin, Gemahlin, Frau

Gaul: schlechtes Pferd, Mähre, Klepper, Zossen

Gauner: Halunke, Betrüger, Schuft

Gazette: Tageszeitung, Käseblatt, Blättchen, Yellow Press

geächtet: gebannt, rechtlos, vogelfrei, verfemt

gealtert: 1. faltenreich, abgehärmt, verbraucht 2. betagt, alt, verbraucht, bejahrt

Gebärde: Miene, Mimik, Ausdrucksbewegung, Zeichen, Pantomime, Bewegung

gebärden (s.): s. benehmen, s. verhalten

gebären: niederkommen, entbinden

Gebäude: 1. Bauwerk, Bau, Haus 2. Gedankenkomplex, Gedankengebilde

gebaut: hochgezogen, errichtet

gebefreudig: großzügig, mildtätig, großherzig, weitherzig, verschwendungssüchtig, freigebig

geben: 1. erscheinen, vorkommen, s. befinden 2. schenken, teilen, mitbringen, spendieren 3. übergeben, übertragen, abtreten, darreichen, überantworten, zureichen, abliefern, darbieten, überreichen, verabreichen 4. s. erbrechen, kübeln, s. übergeben 5. aufführen, veranstalten 6. s. bemühen, s. anstrengen **s. geben:** s. zeigen, s. verhalten

Gebet: Bitte, Anrufung, Fürbitte

gebeten: 1. zitiert, geladen 2. eingeladen, gerufen, geladen, willkommen

gebeugt: 1. niedergeschlagen, niedergedrückt 2. dekliniert, konjugiert

gebieten: 1. verlangen, beanspruchen, bedingen 2. anordnen, anweisen, auferlegen, aufgeben, bestimmen, verfügen, festlegen 3. führen, leiten, befehligen

gebieterisch: gebietend, bestimmt, rechthaberisch, unerbittlich, unnachgiebig, unnachsichtig, herrisch, rücksichtslos

Gebilde: Gestalt, Form, Beschaffenheit

gebildet: belesen, sachverständig, erfahren, klug, studiert, gescheit, gelehrt, sprachgewandt, kenntnisreich, beschlagen

Gebirge: Gebirgszug, Berge, Gebirgskette, Höhenzug

gebirgig: alpin, steil, bergig

geblümt: verziert, blumig, geschmückt

gebogen: gekrümmt, halbrund, geschweift, krumm

geboren: gebürtig, stammend

geborgen: daheim, beschützt, geschützt, sicher

Geborgenheit: Geborgensein, Sicherheit, Schutz, Gesichertheit

Gebot: 1. Verfügung, Aufforderung, Auftrag, Weisung, Verordnung, Diktat, Befehl 2. Höchstgebot, Angebot 3. Forderung, Gesetz

gebrauchen: 1. verwenden, benutzen 2. benötigen, brauchen

gebräuchlich: bekannt, alltäglich, herkömmlich, geläufig, gewohnt, verbreitet, vertraut, üblich, normal

Gebrauchsanweisung: 1. Gebrauchsanleitung, Anleitung, Bedienungsvorschrift 2. Beipackzettel

gebrauchsfertig: einsatzbereit, betriebsbereit, verwendbar, fertig

Gebrauchsgegenstand: Bedarfsgegenstand, Gerät

Gebrauchsgüter: Bedarfsgüter, Konsumgüter

gebraucht: secondhand, alt

gebräunt: braun, sonnenverbrannt, braun gebrannt, bronzen

Gebrechen: 1. Krankheit, Übel, Leiden 2. Defekt, Mangel, Fehler, Unzulänglichkeit

gebrechlich: hinfällig, altersschwach, zittrig, kränklich, wackelig, schwächlich

gebrochen: 1. stockend, stammelnd, abgehackt 2. kleinmütig, niedergeschlagen, lebensmüde, niedergedrückt, entmutigt, verzweifelt, gedrückt, verzagt

Gebrüll: Geheul, Geschrei, Lärm

Gebühr: Abgabe, Taxe, Preis, Tarif, Beitrag

gebührend: 1. richtig, angezeigt, schicklich, passend 2. geeignet, gerecht, zukommend, angebracht, zustehend, ziemlich, angemessen

gebührenfrei: kostenlos, umsonst, gebührenlos, kostenfrei, unentgeltlich

gebührenpflichtig: kostenpflichtig, zahlungspflichtig, nicht umsonst

gebunden: unselbstständig, abhängig, unfrei

Gebundenheit: Unselbstständigkeit, Abhängigkeit

Geburt: 1. Anbruch, Anfang, Beginn 2. Abstammung, Herkunft, Herkommen 3. Entbindung, Niederkunft, Lebensbeginn

Geburtenregelung: Empfängnisverhütung, Familienplanung, Geburtenkontrolle

Geburtstag: 1. Ehrentag, Festtag 2. Geburtsdatum, Tag der Geburt

Gebüsch: Dickicht, Gestrüpp, Busch

gedacht: angenommen, vorgestellt, gedanklich

Gedächtnis: 1. Andenken, Jubiläum, Gedenken 2. Erinnerung, Lernfähigkeit

Gedächtnisschwäche: Vergesslichkeit, Gedächtnisverlust, Erinnerungslücke

Gedächtnisstütze: Merkwort, Merkvers, Anhaltspunkt, Gedächtnishilfe

gedämpft: 1. tonlos, dumpf, halblaut 2. leise, unauffällig 3. halbdunkel, dämmrig

Gedanke: Idee, Vorstellung

gedankenlos: 1. gedankenverloren, unbedacht, unüberlegt, abwesend, zerstreut, geistesabwesend 2. teilnahmslos, automatisch

Gedankenlosigkeit: Zerfahrenheit, Unbesonnenheit, Unbedachtheit, Unvernunft

Gedankenreichtum: 1. Erfindungsgabe, Einfallsreichtum 2. Ideenreichtum, Gedankenfülle

gedankenverloren: geistesabwesend, verträumt, wirr

gedanklich: angenommen, gedacht, theoretisch, vorgestellt

gedeihen: 1. erstarken, wachsen, s. entwickeln 2. anwachsen, geraten, s. entfalten, s. steigern, ansteigen, blühen, s. entwickeln

gedenken: 1. planen, bezwecken, vorhaben, s. vornehmen, beabsichtigen, wollen 2. gemahnen, auffrischen, mahnen, s. erinnern, zurückschauen, wiedererwachen, wiedererkennen, s. merken, zurückblicken

Gedenken: Mahnung, Erinnerung, Andenken

Gedenkmünze: Schaumünze, Medaille

gediegen: 1. zuverlässig, verlässlich, solide, vertrauenswürdig, ordentlich 2. unauffällig, dezent 3. rein, haltbar, echt, unverfälscht, gut

Gedränge: Gemenge, Gewühl, Aufruhr, Zusammenlauf, Enge, Zusammenrottung, Auflauf, Menschenansammlung, Menschenmenge

gedrängt: 1. beengt, zusammengepresst, eingeklemmt 2. klar, bündig, kurz

gedrückt: lebensmüde, niedergeschlagen, verzagt, verzweifelt, mutlos, geknickt, niedergedrückt, gebrochen

gedrungen: stämmig, bullig, untersetzt

Geduld: Nachsicht, Ruhe, Ausdauer, Langmut

gedulden (s.): ausharren, abwarten, zuwarten

geduldig: 1. gottergeben 2. langmütig, gelassen, nachsichtig 3. ausdauernd, unermüdlich, beharrlich

Geduldsspiel: Puzzle, Konzentrationsspiel

geehrt: verehrt, beliebt, geachtet, gefeiert, hoch geschätzt, angesehen, geliebt, vergöttert, renommiert

geeignet: 1. begabt, berufen, befähigt, fähig, tauglich 2. richtig, recht, passend 3. dienlich, nützlich, verwendbar, brauchbar, zweckmäßig

Gefahr: Gefährdung, Bedrohung, Lebensgefahr, Risiko, Todesgefahr, Gefährlichkeit, Krise

gefährdet: bedroht, ungeschützt, bedrängt, schutzlos, unbewacht, unbeschützt

Gefährdung: Todesgefahr, Gefahr

gefährlich: 1. wachsam, bissig 2. bedrohend, zugespitzt, gefahrvoll, beunruhigend, kritisch, Unheil bringend, ernst 3. übertragbar, ansteckend 4. gewagt, abenteuerlich, lebensgefährlich, selbstmörderisch, zweischneidig, verwegen

gefahrlos: sicher, ungefährdet, ungefährlich, harmlos

Gefahrlosigkeit: Sicherheit, Unschädlichkeit, Harmlosigkeit

Gefälle: Steile, Neigung, Gefällstrecke, Schräge, Abschüssigkeit

gefallen: imponieren, anziehen, behagen, zusagen, ansprechen, zufrieden stellen, passen, mögen

Gefallen: 1. Anklang, Zustimmung, Beifall, Echo, Anerkennung 2. Zuneigung, Sympathie, Geschmack 3. Freundlichkeit, Entgegenkommen, Hilfestellung, Liebesdienst

Gefallene: Kriegsopfer, Kriegstote

gefällig: 1. angenehm, hübsch, sympathisch, anziehend, bezaubernd, einnehmend, lieblich 2. freundlich, bereitwillig, entgegenkommend, höflich, zuvorkommend

Gefälligkeit: Entgegenkommen, Höflichkeit, Bereitwilligkeit, Nachsicht, Bereitschaft, Zuvorkommenheit, Freundlichkeit, Wohlwollen, Nachgiebigkeit

gefälscht: falsch, unecht, künstlich, nachgeahmt, nachgemacht

gefangen halten: inhaftieren, internieren, festsetzen

gefangen nehmen: 1. beeindrucken, begeistern, faszinieren, fesseln 2. abführen, einsperren, gefangen setzen, arretieren, festnehmen, verhaften

gefangen: 1. inhaftiert, festgesetzt 2. gefesselt, ergriffen, begeistert, gepackt

Gefangene: Sträfling, Häftling

Gefangenenlager: Konzentrationslager, Deportationslager, Straflager, Arbeitslager

Gefangenschaft: Freiheitsstrafe, Gewahrsam, Haft, Verwahrung, Arrest

Gefängnis: Strafanstalt, Strafvollzugsanstalt

gefasst: abgeklärt, gemächlich, besonnen, geruhsam, beherrscht, gleichmütig, ruhig, bedacht

Gefasstheit: Selbstbeherrschung, Beherrschung, Bedacht, Gelassenheit, Ruhe, Gleichgewicht

Gefecht: Kampf, Schlacht, Schießerei

gefechtsbereit: gerüstet, gefechtsklar, kriegsbereit

gefesselt: 1. gespannt, begeistert, gepackt 2. bewegungsunfähig, zugeschnürt

Gefieder: Federn, Federkleid

Geflecht: Gewebe, Gewinde, Draht

gefleckt: gescheckt, scheckig, fleckig, buntscheckig

Geflügel: Federvieh, Hühner

Geflüster: Gezischel, Flüstern, Geraune

Gefolge: Gefolgschaft, Begleitung, Anhänger

Gefolgschaft: Anhang, Anhängerschaft, Anhänger, Jüngerschaft

gefräßig: unersättlich, fresssüchtig, fressgierig, verfressen

Gefräßigkeit: Fressgier, Verfressenheit, Fresssucht, Unersättlichkeit

gefrieren: 1. einfrieren, tiefgefrieren, tiefkühlen 2. erstarren, zufrieren

Gefrierpunkt: Eispunkt, Nullpunkt, 0 Grad

gefügig: ergeben, brav, gehorsam, willig

Gefühl: 1. Innenleben, Seele, Psyche 2. Vermutung, Vorahnung, Ahnung 3. Gefühlsbewegung, Emotion, Empfindung, Stimmung, Gespür, Witterung, Spürsinn

gefühllos: 1. abgestumpft, unempfindlich 2. taub, blutleer, abgestorben 3. abgebrüht, gleichgültig, herzlos, gefühlsarm, unmenschlich, lieblos, unzugänglich, schonungslos, verroht, abgestumpft, unbarmherzig

Gefühllosigkeit: 1. Empfindungslosigkeit, Taubheit 2. Unempfindlichkeit, Gleichgültigkeit 3. Unmenschlichkeit, Mitleidlosigkeit, Abgebrühtheit, Gefühlskälte, Unbarmherzigkeit

Gefühlsäußerung: Gefühlswallung, Gefühlsausbruch

gefühlskalt: kalt, leidenschaftslos, grausam, frigide

Gefühlsleben: Psyche, Lebensgefühl, Gefühl, Seelenleben, Innenleben

gegen: 1. wider, entgegen 2. beinahe, etwa, fast, zirka, ungefähr

Gegenbeweis: Widerlegung

Gegenleistung: Abstand, Ausgleich, Gegendienst, Entschädigung, Vergeltung, Abfindung, Entgelt, Wiedergutmachung

Gegenliebe: Beifall, Zustimmung, Anerkennung

Gegensatz: 1. Gegenstück, Kehrseite, Gegensätzlichkeit, Gegenteil, Verschiedenheit, Kontrast, Unterschied

gegensätzlich: unverträglich, entgegengesetzt, widersprüchlich, entgegenstellend, gegenteilig, widerspruchsvoll, gekehrt, widersinnig

Gegenspieler: Konkurrent, Gegner, Rivale, Todfeind, Widersacher

Gegenstand: 1. Sache, Ding 2. Objekt, Thema, Themenstellung

gegenständlich: bildhaft, greifbar, anschaulich, wirklichkeitsnah, gestalthaft

gegenstandslos: 1. sinnlos, wertlos, unnötig, nutzlos, zwecklos 2. unbegründet, haltlos, grundlos

Gegenteil: Gegenstück, Gegensatz

gegenüber: 1. gegen, neben 2. jenseits, gegenüberliegend

Gegenwart: 1. Augenblick, Heute 2. Dabeisein, Anwesenheit, Präsenz, Zugegensein

gegenwärtig: 1. zeitgenössisch, heutig 2. laufend, spruchreif, aktuell 3. anwesend, hier, vorhanden, da 4. gerade, heute, momentan, derzeit, jetzt 5. erinnerlich

gegenwartsnah: zeitgemäß, fortschrittlich

Gegenwehr: Widerstand, Notwehr, Selbstschutz, Abwehr

Gegenwort: Antonym, Gegensatzwort

gegliedert: unterteilt, aufgeteilt, geordnet, untergliedert, aufgegliedert

Gegner: Widersacher, Gegenspieler, Rivale, Feind

gegnerisch: unfreundlich, feindselig, überworfen, unversöhnlich, zerstritten, verfeindet

Gegnerschaft: Reiberei, Gefecht, Zank, Kampf, Streit, Auseinandersetzung, Unfriede, Zerwürfnis, Feindschaft

Gehalt: 1. Einnahme, Einkünfte, Einkommen, Verdienst, Bezahlung 2. Inhalt

gehaltlos: 1. nährstoffarm, saftlos 2. leer, einfallslos, geistlos, ideenlos, stumpfsinnig, witzlos

Gehaltserhöhung: Aufbesserung, Gehaltszulage

gehaltvoll: 1. geistreich, aussagekräftig, inhaltsreich 2. nahrhaft, schmackhaft, kräftig

gehässig: böse, boshaft, bissig, schadenfroh, giftig, niederträchtig

Gehege: 1. Auslauf, Zwinger 2. Weide, Pferch

geheilt: wiederhergestellt, gesund

geheim halten: 1. vorenthalten, verbergen, verschweigen, unterschlagen, verheimlichen, totschweigen, verhüllen 2. stillschweigen, schweigen

geheim: 1. verdeckt, heimlich, verborgen, verhüllt 2. illegal, ungesetzlich 3. vertraulich, geheimnisvoll, undurchsichtig 4. diskret, unauffällig, still, verschwiegen, unbemerkt, verstohlen, insgeheim

Geheimdienst: Nachrichtendienst, Spionageabwehr

Geheimhaltung: Geheimnistuerei, Geheimnis, Verheimlichung

Geheimnis: Heimlichkeit, Mysterium, Rätsel, Dunkel

geheimnisvoll: hintergründig, rätselhaft, innerlich, unbegreiflich, unergründlich, abgründig, dunkel, undurchdringlich

Geheimschrift: Code, Geheimzeichen

gehemmt: 1. gebunden, behindert, gefesselt 2. steif, scheu, unsicher, schüchtern, befangen, blockiert, verkrampft, verklemmt

gehen: 1. schreiten, marschieren, s. fortbewegen, trödeln, spazieren, wandern 2. starten, abfahren 3. s. aufmachen, besuchen 4. vorangehen, funken 5. s. erstrecken, s. ausdehnen 6. weggehen, fortgehen, s. entfernen, aufbrechen 7. aufhören, abdanken, kündigen

Gehirnschlag: Hirninfarkt, Schlaganfall, Hirnschlag

gehoben: 1. würdevoll, feierlich, getragen, erhaben 2. obere, bessere

Gehöft: Bauernhof, Anwesen, Gutshof, Hof, Gut

Gehör: Ohr, Hörsinn, Gehörsinn, Hörvermögen

gehorchen: nachgeben, folgen, s. beugen, befolgen, s. unterordnen, spuren, s. fügen, s. unterwerfen, einwilligen

gehören: 1. sein eigen nennen, besitzen 2. zugehören, angehören **s. gehören:** s. gebühren, s. schicken

gehörig: 1. groß, reichlich, viel, anständig 2. gebührend, ordentlich, anständig 3. gebührend, angebracht, angemessen

gehorsam: folgsam, artig, wohlerzogen, gefügig, brav, willig, ergeben, willfährig

Gehorsam: Fügsamkeit, Wohlerzogenheit, Gehorsamkeit, Folgsamkeit, Unterordnung

Gehweg: Fußweg, Bürgersteig, Gehsteig, Fußgängerweg

geil: 1. toll, gut, super 2. liebestoll, triebhaft, begehrlich, hungrig

Geisel: Entführungsopfer, Entführter, Gekidnappter

Geist: 1. Auffassungsgabe, Bewusstsein, Verstand, Klugheit, Denkvermögen 2. Gespenst, Spukgestalt 3. Grundhaltung, Denkweise, Denkart

Geisterwelt: Unterwelt, Hölle, Totenreich, Schattenreich

geistesabwesend: versunken, verträumt, gedankenverloren, nachdenklich, unansprechbar, selbstvergessen, im Tran, nicht bei der Sache

Geistesblitz: Idee, Erleuchtung, Einfall, Gedankenblitz

Geistesgegenwart: Entschlusskraft, Reaktionsvermögen, Kaltblütigkeit, Entschlossenheit

geistesgegenwärtig: kaltblütig, entschlossen, gefasst

geistesgestört: geisteskrank, schwachsinnig, gemütskrank

Geistesgestörter: Geisteskranker, Schwachsinniger

Geistesgestörtheit: Geistesstörung, Bewusstseinsspaltung, Geisteskrankheit

geistig: 1. unkörperlich, unsinnlich 2. begrifflich, unwirklich, abstrakt 3. alkoholisch, flüchtig

geistlich: kirchlich, klerikal, sakral

Geistliche: Priester, Pastor, Theologe, Pfarrer, Seelsorger

geistlos: leer, unbedeutend, abgegriffen, gewöhnlich, nichtssagend, einfallslos, witzlos

Geistlosigkeit: Geistesarmut, Stumpfsinn, Gedankenarmut, Leere, Gedankenleere, Einfallslosigkeit

geistreich: 1. intelligent, gescheit, begabt 2. sprühend, geistvoll, ideenreich, witzig, einfallsreich, spritzig, unterhaltsam

Geiz: Knauserei, Habgier, Sparsamkeit, Geldgier

geizen: knausern, sparen, kargen

Geizhals: Geizkragen, Knauser, Pfennigfuchser

geizig: gewinnsüchtig, raffgierig, geldgierig, habsüchtig, knauserig

geklärt: bewiesen, entschieden, geregelt, klar, erledigt

gekonnt: meisterhaft, fachgerecht, fachmännisch, sachgemäß, professionell, sachverständig

gekränkt: verschnupft, beleidigt, verletzt, verstimmt, eingeschnappt

gekühlt: 1. gefroren, tiefgekühlt, eingefroren 2. abgekühlt, kalt

gekünstelt: gemacht, unecht, unnatürlich, geschraubt, geziert, geschwollen, gezwungen

Gelächter: Lachen, Heiterkeit, Gekicher

geladen: 1. zitiert, beordert, vorgeladen 2. schussbereit, entsichert 3. willkommen, eingeladen

Geländer: Reling, Brüstung

gelangweilt: interesselos, gleichgültig, unbeteiligt, ungerührt, teilnahmslos

gelassen: ausgeglichen, bedacht, geruhsam, besonnen, gemessen, abgeklärt, gesetzt, gleichmütig, ruhig, beherrscht, sicher, würdevoll, bedächtig, überlegen, ruhevoll, langsam

Gelassenheit: Ruhe, Abgeklärtheit, Beschaulichkeit, Geduld, Überlegenheit, Umsicht, Muße, Bedacht, Gleichmut

geläufig: 1. flüssig, mühelos, zügig 2. gewohnt, bekannt, alltäglich, vertraut

Geld: Finanzen, Papiergeld, Geldmittel, Münzen, Mittel, Bargeld

Geldbörse: Geldtasche, Geldbeutel, Portmonee

Geldentwertung: Preisanstieg, Abwertung, Inflation, Währungsverfall

Geldinstitut: Bank, Kasse, Sparkasse, Kreditinstitut

Geldnot: Geldverlegenheit, Geldmangel, Geldsorgen

Geldschein: Banknote, Papiergeld

Geldschrank: Panzerschrank, Safe, Tresor

Geldschwierigkeiten: Ruin, Geldverlegenheit, Zahlungsunfähigkeit, Geldnot, Geldknappheit, schwach bei Kasse

Geldstrafe: Geldbuße, Strafe

gelegentlich: 1. vereinzelt, bisweilen, zeitweise 2. anlässlich, wegen, zu, weil

gelehrig: 1. verständig, lernfähig, gelehrsam 2. gescheit, talentiert, begabt

gelehrt: studiert, gescheit, klug, bewandert, versiert, belesen, sachverständig

Gelehrte: Wissenschaftler, Geisteswissenschaftler, Akademiker

Geleit: Eskorte, Schutz, Ehrengeleit, Begleitung, Gefolge

gelenkig: federnd, elastisch, biegsam, wendig, geschmeidig, graziös

gelernt: sachverständig, geschult, erfahren, versiert

geliebt: 1. geschätzt, gefeiert, bewundert 2. lieb, teuer, kostbar

Geliebte: Freundin, Einzige, Schatz, Liebste

Geliebter: Liebhaber, Einziger, Schatz, Freund

geliehen: ausgeborgt, geborgt

gelinde: sanft, sachte, sorgsam, behutsam, leicht

gelingen: 1. geraten, fertig bringen, gehen 2. s. durchsetzen, weiterkommen

Gelingen: Erfolg, Zustandekommen, Durchbruch

gellen: schallen, schrillen, tönen

gellend: grell, ohrenbetäubend, markerschütternd, durchdringend, schrill, lärmend, ohrenzerreißend

geloben: schwören, s. verpflichten, garantieren, beeiden, s. verbürgen

gelockert: unverkrampft, entspannt

gelockt: lockig, gekraust, wellig, gewellt

gelogen: falsch, unwahr, unehrlich, erdacht

gelöst: 1. ungehemmt, gelockert, zwanglos 2. entkrampft, ruhig, entspannt 3.herausgedreht 4. enträtselt, aufgelöst, offen 5. locker, schlaff 6. geschieden, getrennt

gelten: 1. betreffen, anbelangen 2. walten, herrschen 3. zählen, bedeuten

Geltungsbedürfnis: Geltungssucht, Geltungsdrang, Ehrgeiz

gemächlich: gemach, bedächtig, schleppend, zögernd

gemacht: 1. durchgeführt, erledigt, getan 2. angesehen, reich 3. durchgenommen, gelehrt

Gemahl: Angetrauter, Ehemann, Mann

Gemahlin: Angetraute, Ehefrau, Frau

Gemälde: Bild, Bildnis, Darstellung, Kunstwerk

gemäß: nach, zufolge, laut

gemäßigt: 1. durchschnittlich, mittelmäßig, schwach 2. ausgeglichen, bescheiden, zurückhaltend, enthaltsam

gemein: 1. schäbig, niederträchtig, schmutzig, abscheulich, schuftig 2. unsolid, falsch, lügnerisch, verstellt, unehrlich, hinterhältig 3. böse, garstig, schlimm, bösartig, unausstehlich

Gemeinheit: 1. Heuchelei, Scheinheiligkeit 2. Niedertracht, Bosheit, Unverschämtheit, Abscheulichkeit, Schlechtigkeit, Gehässigkeit

gemeinnützig: ehrenamtlich, uneigennützig, dem Allgemeinwohl dienend, sozial, karitativ

gemeinsam: vereint, alle, geschlossen, zusammen, miteinander

Gemeinsamkeit: 1. Solidarität, Gemeinschaft 2. Verbindung, Bindeglied, Verwandtschaft, Ähnlichkeit

Gemeinschaft: Einheit, Gruppe, Gesamtheit

Gemenge: 1. Gemisch 2. Gedränge, Gewirr, Gewühl, Getümmel

gemessen: gleichmütig, ausgeglichen, ruhevoll, bedacht, abgeklärt, überlegen

Gemetzel: Blutbad, Massaker, Abschlachtung, Metzelei

gemischt: 1. verschwommen, unklar, undeutlich 2. abwechslungsreich, bunt, verschieden, zusammengesetzt

gemustert: geblümt, gestreift, kariert

gemütlich: 1. ruhig, behaglich, häuslich, wohlig, wohltuend, wohnlich 2. angenehm, umgänglich, ruhig, freundlich

Gemütlichkeit: Behaglichkeit, Wohnlichkeit

gemütlos: empfindungslos, kalt

gemütskrank: neurotisch, nervenkrank, schwermütig

gemütvoll: gefühlvoll, verstehend, einfühlsam, innerlich, verständnisvoll

genau: 1. rechtzeitig, pünktlich 2. fein, zuverlässig, sorgfältig, ordentlich, fehlerlos, richtig 3. gerade, unbedingt, eben 4. reinlich, tadellos, sauber 5. fein, bestimmt, gerade, eindeutig, klar, scharf

6. buchstabengetreu, wörtlich 7. gründlich, vollständig, erschöpfend, umfassend, ausführlich

Genauigkeit: 1. Exaktheit, Pünktlichkeit 2. Bestimmtheit, Gewissenhaftigkeit, Pflichtgefühl, Schärfe, Ausführlichkeit, Treue, Zuverlässigkeit, Sorgfältigkeit

genauso: geradeso, auch, gleicherweise

Genealogie: Ahnenforschung, Familienforschung, Sippenforschung

genehm: gefällig, erwünscht, passend, willkommen

genehmigen: 1. erlauben, gewähren, zugestehen, zulassen, billigen 2. bevollmächtigen, berechtigen, ermächtigen, befugen

Genehmigung: 1. Erlaubnis, Bevollmächtigung, Vollmacht, Recht 2. Zulassung, Einvernehmen, Einverständnis, Zustimmung

geneigt: 1. gefügig, zuvorkommend 2. schräg, aufsteigend, abfallend 3. gewogen, wohlmeinend

Generation: Altersklasse, Jahrgang, Menschenalter

genesen: 1. ausheilen, wiederherstellen 2. wiederhergestellt, gesund

Genesung: Besserung, Stärkung, Heilung, Wiederherstellung, Gesundungsprozess

Genetik: Vererbungslehre, Erbforschung

Genie: Begabung, Talent, Geist, Universalgenie

genießbar: 1. ungiftig 2. einwandfrei, trinkbar, essbar 3. angenehm, freundlich, reizend, nett 4. annehmbar, erträglich, vertretbar

genießen: 1. bekommen, erhalten 2. schwelgen, auskosten

Genießer: Feinschmecker, Gourmet

genießerisch: genussfreudig, sinnenfreudig, schlemmerhaft, kulinarisch, lustvoll

Genitalien: Geschlechtsorgane, Sexualorgane, Weichteile, Fortpflanzungsorgane

Genozid: Massenmord, Holocaust

Genre: Art, Klasse, Spezies, Sorte, Gattung

genug: gut, sattsam, genügend, zureichend, ausreichend

genügen: auskommen, hinreichen, zufrieden stellen

genügend: ausreichend, genug, zureichend

genügsam: 1. wirtschaftlich, sparsam, sorgsam, bescheiden 2. zurückhaltend, anspruchslos, einfach, schlicht

Genügsamkeit: Zurückhaltung, Einfachheit, Anspruchslosigkeit

Genugtuung: Zufriedenstellung, Befriedigung, Wiedergutmachung

genuin: rein, klar, unverschmutzt, unverfälscht, ursprünglich

Genuss: 1. Völlerei, Schlemmerei, Genussfreude 2. Freude, Lust, Hochgenuss, Wohlbehagen, Entzücken, Vergnügen, Wonne 3. Annehmlichkeit, Labsal, Augenfreude, Ohrenschmaus

geöffnet: aufgeschlossen, offen, aufgesperrt, zugänglich

Geografie: Erdkunde, Länderkunde

geordnet: ordentlich, genau, untadelig, aufgeräumt

gepflegt: 1. schick, kleidsam 2. geschmackvoll, vornehm 3. ausgewogen, sauber

geplagt: gequält, gezüchtigt, unglücklich, gestraft, gepeinigt

gepresst: 1. gedrückt, gequetscht 2. entsaftet, ausgepresst 3. zusammengedrückt, eingeklemmt

geprüft: 1. angemessen, geeicht 2. nachgeprüft, überprüft, kontrolliert

gepunktet: getüpfelt, gesprenkelt, getupft

geputzt: glänzend, rein, sauber

gerade biegen: gerade machen

gerade: 1. genau, ausgerechnet 2. redlich, vertrauenswürdig, aufrecht, zuverlässig 3. aufrecht, lotrecht 4. eben, momentan, kürzlich, jetzt 5. geradeheraus, aufrichtig, deutlich, geradewegs 6. geradlinig, schnurgerade 7. sowieso, überhaupt

geradebiegen: begleichen, versöhnen, einrenken, zurechtbiegen

gerädert: abgehetzt, angeschlagen, erledigt, durchgedreht, aufgerieben, zerschlagen, schwach, verbraucht, überanstrengt

geradeso: ebenso, genauso, in demselben Maße, gleichermaßen

geradewegs: direkt, gradlinig, zielgerichtet

geraten: 1. gedeihen, gut gehen, ansteigen 2. funktionieren, gelingen, glücken

geräumig: weit, breit, großräumig, ausgedehnt, ausladend, weitläufig

Geräumigkeit: Größe, Weiträumigkeit, Breite, Platz, Weite

Geräusch: 1. Ton, Laut 2. Gesumm, Brummen, Summen 3. Tumult, Lärm, Dröhnen

geräuschlos: still, lautlos, leise, friedlich

Geräuschlosigkeit: Lautlosigkeit, Stille, Ruhe

geräuschvoll: laut, lärmend, grell, schrill, dröhnend, unüberhörbar, schallend, ohrenbetäubend

gerecht: 1. vorurteilslos, redlich, unparteiisch, unbestechlich, fair, vorurteilsfrei 2. richtig, verdient, gebührend, billig

Gerechtigkeit: Unvoreingenommenheit, Redlichkeit, Vorurteilslosigkeit, Unbestechlichkeit

Gerechtigkeitssinn: Rechtsempfinden, Rechtsgefühl

Gerede: Rederei, Klatsch, Geschwätz, Getuschel, Tratsch, Getratsche

geregelt: ordentlich, geordnet

gereift: 1. mündig, erwachsen, herangewachsen 2. reif, saftig, ausgereift

gereizt: misslaunig, erzürnt, böse, erbittert, verärgert, ärgerlich, verstimmt, unleidlich, knurrig, unangenehm

Gereiztheit: Übellaunigkeit, Zorn, Verdruss, Unzufriedenheit, Misslaunigkeit, Wut, Verstimmung

Gericht: 1. Gerichtsbehörde, Gerichtshof 2. Speise, Mahlzeit, Essen

gering: 1. mindere, schlechtere 2. zierlich, klein, zwergenhaft 3. seicht, flach, niedrig, nicht tief 4. preiswert, billig 5. langsam, schleichend 6. niedrig, limitiert 7. ertragbar, leicht 8. einfach, wenig 9. gewöhnlich, einfach 10. abgeschwächt, abgemildert 11. mittlere, klein, ausreichend, ungenügend 12. mäßig, unterentwickelt 13. schleppend, langsam, bedächtig 14. winzig, dürftig, mager, wenig, karg

geringschätzig: abwertend, missbilligend, abfällig, unfreundlich, schlecht

Gerippe: Skelett, Knochen, Gebeine

gerne: bereitwillig, anstandslos, willig

Geröll: Schotter, Felsgeröll

Geruch: 1. Wohlgeruch, Duft, Aroma 2. Schweißgeruch, Körpergeruch 3. Duft, Gestank 4. Nase, Geruchsempfindung 5. Blume, Bukett

gerührt: überwältigt, ergriffen, erschüttert, aufgewühlt

geruhsam: 1. friedlich, ruhig, behaglich, gemächlich, ruhevoll 2. gemessen, bedacht, überlegen, gelassen, sicher

Gerüst: 1. Skelett, Grundidee 2. Baugerüst, Leitergerüst

gerüstet: bereit, verfügbar, in Bereitschaft

gesalzen: 1. kostspielig, teuer 2. bitterböse, garstig 3. versalzen, salzig

gesammelt: 1. abgeheftet, gebunden 2. aufmerksam, angestrengt, andächtig

gesamt: total, genau, insgesamt, alles, sämtlich, wirklich, vollständig

Gesamtheit: Allgemeinheit, Ganzheit, Vollständigkeit

Gesang: Lied, Singerei

Gesangbuch: Liederbuch, Gebetbuch

Gesäß: Hinterteil, Steiß, Po

Geschäft: 1. Kaufhaus, Supermarkt, Warenhaus, Laden 2. Geschäftsabschluss, Handel 3. Unternehmen, Firma

Geschäftemacher: 1. Dealer 2. Schieber, Spekulant 3. Wucherer, Betrüger

geschäftlich: 1. finanziell, wirtschaftlich 2. dienstlich, behördlich

Geschäftsmann: Unternehmer, Kaufmann, Händler

geschäftstüchtig: clever, taktisch, diplomatisch, schlau, geschickt

geschehen: s. abspielen, s. einstellen, s. ereignen, s. vollziehen, eintreten, ablaufen, erfolgen, vorgehen, stattfinden, s. zutragen

gescheit: 1. gut, positiv, hervorragend 2. intelligent, aufgeweckt, klug, wach

Geschenk: 1. Gabe, Präsent, Widmung, Aufmerksamkeit 2. Spende, Schenkung

Geschichte: 1. Bericht, Erzählung 2. Vergangenheit, Historie

geschichtlich: 1. zukunftsweisend, bedeutungsvoll, bedeutsam 2. bezeugt, überliefert, historisch

Geschicklichkeit: Gewandtheit, Geschick, Fertigkeit, Gelenkigkeit, Behendigkeit, Leichtigkeit

geschickt: 1. anstellig, praktisch, geschicklich, kundig, routiniert 2. begabt, fähig, talentiert 3. gewandt, aufgeweckt

Geschirr: 1. Porzellan, Tafelgeschirr 2. Zuggeschirr, Joch

geschlagen: bezwungen, besiegt, unterlegen

Geschlechstorgan: Sexualorgan, Weichteile, Fortpflanzungsorgan

Geschlecht: 1. Genitale, Geschlechtsteil 2. Stamm, Familie

geschlechtlich: sexuell, erotisch

geschlechtsreif: reif, zeugungsfähig

Geschlechtsteil: 1. Glied, Penis 2. Geschlechtsorgan, Genitale 3. Vulva, Scham, Scheide

Geschlechtsverkehr: Koitus, Beischlaf

geschliffen: 1. ausgefeilt, gewandt 2. spitz, schneidend, scharf, geschärft 3. routiniert, taktisch, diplomatisch, gewandt

geschlossen: 1. zugesperrt, unbetretbar, abgeriegelt, verschlossen 2. gemeinsam, zusammen, alle 3. einheitlich, zusammenhängend, organisch

Geschlossenheit: 1. Ganzheit, Vollständigkeit 2. Einheit, Zusammenhalt

Geschmack: 1. Wohlwollen, Anklang, Zuneigung, Gefallen 2. Stilgefühl, Kultur, Formgefühl 3. Aroma, Würze

geschmacklos: 1. abgeschmackt, ungewürzt, würzlos 2. überladen, formlos, unschön, stillos 3. unverschämt, taktlos

Geschmacklosigkeit: 1. Verrohung, Abgeschmacktheit, Gemeinheit 2. Geschmacksleere, Schalheit, Diät 3. Stilwidrigkeit, Formlosigkeit 4. Unverschämtheit, Taktlosigkeit, Stillosigkeit

geschmackvoll: 1. schmackhaft, kulinarisch 2. passend, auserlesen, gewählt, künstlerisch, stilvoll, fein, elegant, vornehm

geschmeidig: weich, elastisch, beweglich

Geschmeidigkeit: Weichheit, Beweglichkeit, Biegsamkeit

geschminkt: schöngemacht, zurechtgemacht, verziert

Geschöpf: 1. Kreatur, Wesen 2. Person, Mensch

Geschoss: 1. Etage, Stockwerk 2. Projektil, Kugel, Patrone

geschraubt: künstlich, gespreizt, affektiert, gestellt, gezwungen, geziert, unecht, unnatürlich, gekünstelt

Geschrei: 1. Wehgeschrei, Gejammer, Geheul 2. Gebrüll, Brüllen, Krach, Schreierei

Geschütz: Kanone, Böller, Flak, Haubitze

geschützt: 1. behütet, geborgen, abgeschirmt, ungefährlich, sicher, unbedroht 2. stark, immun, sicher, gesichert 3. windgeschützt, windstill

Geschwätz: 1. Schwätzerei, Gefasel, Banalität, Quatscherei, Unsinn, Rederei, Phrase 2. Plauderei, Gerede

geschwätzig: plauderhaft, gesprächig, redselig, aufdringlich, schwatzhaft, weitschweifig, wortreich, schwätzerisch

geschwind: blitzartig, hurtig, schnell

Geschwindigkeit: Schnelle, Behendigkeit, Eile, Tempo

geschwollen: 1. eingebildet, überheblich 2. künstlich, gekünstelt, gezwungen, geziert, unecht, gestellt 3. aufgetrieben, dick, aufgebläht

Geschworener: Schöffe, Laienrichter

Geschwulst: Tumor, Wucherung, Schwellung, Geschwür, Gewächs

Geschwür: Abszess, Eitergeschwür, Furunkel

gesellig: 1. spendabel, gastlich 2. unterhaltsam, vergnügt, lustig 3. aufgeschlossen, weltoffen, umgänglich, kontaktfreudig

Geselligkeit: 1. Gesellschaft, Zusammenkunft 2. Aufgeschlossenheit, Umgänglichkeit

Gesellschaft: 1. Allgemeinheit, Öffentlichkeit 2. Begleitung, Verkehr 3. Unternehmen, Betrieb, Firma 4. Runde, Geselligkeit, Zusammensein

gesellschaftlich: 1. öffentlich, allgemein, politisch, sozial 2. bedeutend, wichtig, bedeutungsvoll

Gesellschaftsschicht: Gesellschaftsklasse, Stand, Schicht, Kaste, Bevölkerungsgruppe

Gesetz: 1. Verordnung, Erlass, Maßnahme, Gebot, Bestimmung, Weisung 2. Recht,

Verfassung 3. Naturgesetz, Gesetzmäßigkeit 4. Regel, Gesetzmäßigkeit, Grundsatz

Gesetzgebung: gesetzgebende Gewalt, Legislative

gesetzlich: 1. genehmigt, abgesichert 2. zwangsweise, vorgeschrieben 3. rechtlich, vorschriftsmäßig, legal, rechtmäßig, gesetzmäßig

gesetzlos: wirr, durcheinander, chaotisch, ungeordnet

Gesetzlosigkeit: Chaos, Durcheinander, Unordnung

gesetzmäßig: 1. regelmäßig, naturgemäß 2. vorgeschrieben, angeordnet

gesetzt: gleichmütig, bedacht, besonnen, abgeklärt, still, ruhevoll, geruhsam, sicher, ruhig

gesetzwidrig: kriminell, verboten, strafbar, illegal, unerlaubt, unbefugt, unrechtmäßig, untersagt, ordnungswidrig, widerrechtlich, unrecht, ungesetzlich

Gesetzwidrigkeit: Rechtswidrigkeit, Ungesetzlichkeit, Strafbarkeit, Verbot, Ordnungswidrigkeit

gesichert: 1. geborgen, gefahrlos, sicher, unbedroht, ungefährlich, behütet 2. fundiert, begründet, bewiesen

Gesichtsfarbe: Hautfarbe, Teint

Gesichtspunkt: Blickwinkel, Auffassung, Gesichtswinkel, Zusammenhang, Perspektive, Aspekt

Gesinnung: Denkweise, Grundhaltung, Gesamthaltung, Ansicht, Sinnesart, Anschauung, Auffassung

gesittet: gehorsam, brav, korrekt, gefügsam, wohlerzogen, anständig, sittsam

gesondert: separat, einzeln, getrennt

gesonnen: 1. geneigt, bereit, gewillt 2. eingestellt, aufgelegt, gestimmt

gespannt: 1. stramm, straff 2. erwartungsvoll, atemlos, neugierig, gefesselt, aufmerksam, ungeduldig 3. dramatisch, gereizt, verhärtet

Gespenst: Alp, Geist, Spukgestalt, Dämon

gespenstisch: 1. Grauen erregend, grauenvoll, entsetzlich, schauerlich, fürchterlich, unheimlich, schaurig, schrecklich, düster 2. unheimlich, dunkel

Gespött: Hohn, Spott, Ironie, Sarkasmus

Gespräch: Rücksprache, Unterhaltung, Plauderei, Dialog, Zwiegespräch, Unterredung, Besprechung, Diskussion

gesprächig: redelustig, geschwätzig, redefreudig, redselig

gesprenkelt: gefleckt, getüpfelt, gepunktet

Gestalt: Erscheinung, Figur, Statur, Wuchs, Körper

gestalten: 1. einrichten, ausgestalten, aufziehen 2. bilden, gliedern, ordnen, unterteilen, formen

gestaltet: 1. geschliffen, einwandfrei 2. gebildet, geformt, unterteilt, gegliedert, aufgeteilt

gestaltlos: ungegliedert, ungestaltet, formlos, ungeformt

Gestaltung: Darstellung, Ausformung, Formgebung, Prägung

Geständnis: Schuldbekenntnis, Sündenbekenntnis, Eingeständnis, Beichte

Gestank: übler Geruch, schlechte Luft, Mief, Stank

gestatten: 1. zustimmen, beipflichten 2. genehmigen, ermöglichen, stattgeben, einräumen, bewilligen, erlauben

gestehen: bekennen, offenbaren, beichten, zugeben, eingestehen, aussagen

Gestein: Geröll, Felsblock, Stein, Fels, Felsbrocken

Gestein: Felsen, Felsbrocken, Stein, Geröll

Gestell: Ablage, Bord, Regal

gestern: vergangen, vorbei

gestikulieren: fuhrwerken, herumfuchteln

gestorben: 1. geliefert, erledigt 2. heimgegangen, verschieden, abgelebt, abgeschieden, leblos, tot, verstorben

gestört: 1. angespannt, spannungsgeladen, gespannt 2. aufgelöst, unterbrochen

gestresst: abgespannt, aufgerieben, entnervt, abgehetzt, angegriffen, geschafft, überfordert, abgeschlafft, matt, kaputt, verbraucht, schwach, überanstrengt

Gesuch: Antrag, Bitte, Fürbitte, Bewerbung, Bittschreiben, Anfrage, Eingabe

gesund: 1. unversehrt, unverletzt, heil 2. normal, verständig, einsichtig 3. durchblutet, glatt, rosig 4. aufbauend, zuträglich, bekömmlich 5. arbeitsfähig, wohlauf, kerngesund 6. erholt, frisch 7. gemessen, ruhig 8. gesundheitsbewusst, ernährungsbewusst 9. partnerschaftlich, stabil, intakt 10. vitaminreich, rückstandsfrei 11. frisch, sauber

gesunden: s. bessern, s. erholen, genesen

Gesundheit: Wohlsein, Kraft, Wohl, Wohlergehen

Gesundheitszustand: Verfassung, Befinden, Konstitution, Kondition, Allgemeinbefinden, Ergehen

geteilt: eingeteilt, aufgeteilt, getrennt

Getöse: Krach, Spektakel, Radau, Geräusche

getragen: 1. mäßig, langsam, gemächlich, gemäßigt 2. alt, secondhand, gebraucht

Getränk: Trunk, Trinkbares, Flüssigkeit

getrauen (s.): s. erkühnen, s. unterfangen, s. unterstehen, wagen, s. erdreisten

geträumt: 1. erträumt, unwirklich 2. erhofft, gewünscht

getrennt: 1. auseinander, unverbunden 2. vereinzelt, gesondert, einzeln

getreu: 1. klar, genau, treffend, scharf, haargenau, deutlich, gemäß 2. treu, getreulich, ergeben, anhänglich, zuverlässig

Getriebe: 1. Chaos, Gewühl, Gewoge, Menschenansammlung, Durcheinander 2. Räderwerk, Maschinerie

getrocknet: gedorrt, trocken, ausgetrocknet

getrost: zuversichtlich, ruhig, vertrauensvoll, unverzagt

getrübt: 1. unklar, unsauber 2. gedrückt, niedergeschlagen

Getue: Theater, Zirkus, Wirbel

Getümmel: Betrieb, Menge, Menschenansammlung, Tumult, Auflauf, Gewühl

geübt: geprobt, einstudiert

gewachsen: 1. natürlich, normal 2. entwickelt, groß

Gewächshaus: Treibhaus, Kalthaus

gewagt: 1. verwegen, lebensgefährlich, gefährlich, abenteuerlich, riskant, zweischneidig 2. etwas Besonderes, ausgefallen

gewählt: 1. gepflegt, distinguiert, vornehm 2. ausgewählt, bestimmt 3. auserlesen, elegant, kultiviert

Gewähltheit: Gepflegtheit, Ausgewogenheit, Ausgesuchtheit

Gewähr: Unterpfand, Garantie, Bürgschaft
gewähren: billigen, zustimmen, entsprechen, zulassen, gestatten, zugestehen, stattgeben
gewährleisten: bürgen, s. verbürgen, s. verbriefen, versichern
Gewalt: 1. Stärke, Wucht, Heftigkeit, Kraft 2. Regiment, Herrschaft, Macht 3. Willkür, Gewaltsamkeit, Druck, Zwang
Gewaltenteilung: Gewaltentrennung
Gewaltherrschaft: Schreckensherrschaft, Diktatur, Tyrannei
Gewaltherrscher: Alleinherrscher, Tyrann, Unterdrücker, Diktator
gewaltig: übermächtig, kolossal, gigantisch, mächtig, enorm, riesenhaft, unermesslich, ungeheuer, riesig, unheimlich, wuchtig, massig
gewaltlos: friedliebend, verträglich, friedfertig
Gewaltmensch: Wüterich, Unmensch, Wüstling, Rohling
gewaltsam: mitleidlos, unmenschlich, unbarmherzig, schonungslos, brutal, gewalttätig
Gewalttat: Verbrechen, Gewaltakt
gewalttätig: 1. brutal, grob, roh 2. tätlich, handgreiflich 3. zerstörerisch, gesetzlos
Gewalttätigkeit: Handgreiflichkeit, Tätlichkeit, Terror, Ausschreitung, Gewaltsamkeit
gewandt: 1. behände, elastisch, beweglich, wendig, geschmeidig, flexibel, leichtfüßig, rasch, flink 2. sicher, aufgeweckt, elegant, wendig, geschliffen, geschickt, taktisch, geübt, erfahren, weltgewandt, weltmännisch
Gewandtheit: 1. Flinkheit, Wendigkeit 2. Wendigkeit, Eleganz, Diplomatie, Geschicklichkeit, Geschicktheit, Schick 3. Schnellfüßigkeit, Beweglichkeit, Wendigkeit, Fertigkeit, Gelenkigkeit
Gewebe: Gewirke, Gespinst, Netz, Flor, Tuch, Stoff
geweckt: klug, intelligent, aufgeweckt
Gewehr: Flinte, Schusswaffe, Büchse, Schießgewehr
Geweih: Gehörn, Krone
gewellt: 1. gelockt, gekräuselt, lockig, wellig, kraus 2. hügelig, wellig
Gewerkschaft: Arbeitnehmervertretung, Arbeitnehmerorganisation
gewesen: verflossen, vormalig, ehemalig, vergangen
Gewicht: 1. Unterstreichung, Hervorhebung, Betonung 2. Schwere, Gewichtigkeit 3. Schwere, Last 4. Heftigkeit, Stärke, Härte, Vehemenz, Druck 5. Bedeutung, Wichtigkeit, Rang, Ernst, Tiefe, Bedeutsamkeit, Tragweite, Größe
gewichtig: unumgänglich, erforderlich, lebenswichtig, zwingend, notwendig, unausweichlich, unentbehrlich, wesentlich
gewillt: gutwillig, gefügig, bereit, willig, willfährig
Gewinn: Verdienst, Überschuss, Einkommen, Geschäft, Vorteil, Nutzen, Plus, Ertrag
gewinnen: 1. triumphieren, siegen 2. erreichen, bekommen, erwerben 3. ernten, profitieren 4. herstellen, destillieren 5. erobern, heiraten 6. fördern, abbauen
Gewinner: Sieger, Preisträger, Bezwinger, Überwinder

Gewinnspanne: Handelsspanne, Ertrag, Reinertrag, Reinverdienst

Gewinnsucht: Geldgier, Habgier

gewinnsüchtig: geldgierig, raffgierig

gewiss: 1. fraglos, bestimmt, sicher, selbstverständlich, unstreitig, zweifelsohne 2. natürlich, freilich, sicherlich 3. wirklich, unbestritten, unwiderlegbar, gesichert

Gewissen: sittliches Bewusstsein, Ethos, innere Spinne, Verantwortungsbewusstsein

gewissenhaft: fehlerlos, ausdauernd, beharrlich, gründlich, sorgsam, genau, fein, peinlich, pflichtbewusst, pünktlich, richtig, Vertrauen erweckend, ordentlich, verlässlich, stetig, zuverlässig

Gewissenhaftigkeit: Ordentlichkeit, Beständigkeit, Genauigkeit, Gründlichkeit, Peinlichkeit, Verantwortungsbewusstsein, Beharrlichkeit, Zuverlässigkeit, Sorgfalt, Stetigkeit, Pflichtbewusstsein, Ausdauer

gewissenlos: lieblos, bedenkenlos, rücksichtslos, mitleidlos, unbarmherzig, verantwortungslos

Gewissenlosigkeit: Lieblosigkeit, Verantwortungslosigkeit, Unbarmherzigkeit, Rücksichtslosigkeit

Gewissensbisse: Reue, Schuldgefühl, Gewissenslast, Gewissenswurm, Gewissensskrupel, Gewissensnot, Gewissensqual

Gewissheit: Klarheit, Sicherheit

Gewitter: 1. Belehrung, Lektion, Denkzettel, Zurechtweisung, Lehre, Standpauke, Tadel 2. Donnerwetter, Wetter, Wetterleuchten

gewogen: wohlwollend, hold, geneigt, wohlgesinnt, zugetan

gewöhnen (s.): 1. s. anpassen, s. zusammenraufen 2. s. aneignen, s. angewöhnen

Gewohnheit: 1. Gepflogenheit, Angewohnheit 2. Sitte, Brauch, Herkommen, Tradition

Gewohnheitstrieb: Trägheit, Willenlosigkeit, Alltagstrott

gewöhnlich: 1. meistens, meist 2. nichtssagend, unfein, nieder, vulgär, gemein, unbedeutend 3. gängig, herkömmlich, eingefahren, üblich, gebräuchlich, allgemein, gewohnt, normal, eingespielt, regelmäßig

gewohnt: üblich, bekannt, vertraut, gängig

Gewölbe: 1. Kuppel 2. Gruft, Krypta

gewölbt: geschwungen, gebogen, bauchig

gewollt: ausdrücklich, absichtlich, beabsichtigt, wissentlich, bewusst, geplant

gewunden: schraubenförmig, spiralig

Gewürz: Aroma, Würze, Speisenwürze

gewürzlos: schal, fade, geschmacklos

gewürzt: schmackhaft, würzig, kräftig, geschmackvoll, aromatisch

gezähmt: 1. behutsam, schonungsvoll, mild, gemäßigt, sanft 2. brav, gehorsam, folgsam, willig, artig 3. zahm, abgerichtet, domestiziert, zutraulich

Gezeiten: Ebbe und Flut, Gezeitenwechsel, Tide

gezielt: planvoll, durchdacht, geplant, zielbewusst, überlegt

geziert: gekünstelt, geschraubt, gemacht, gezwungen, gespreizt, unecht

Geziertheit: Schauspielerei, Gekünsteltheit, Geschwollenheit, Steifheit, Unnatürlichkeit

gezügelt: gemächlich, besonnen, geruhsam, ruhevoll, still, beherrscht, ausgeglichen, ruhig

gezwungen: 1. ungern, zwangsweise, notgedrungen 2. gespreizt, gekünstelt, unnatürlich, unecht, geziert

Gier: 1. Erotik, Triebhaftigkeit 2. Hast, Eile 3. Habgier, Unersättlichkeit, Begehren, Begierde

gierig: 1. eilig, überstürzt 2. begierig, wild, süchtig, unersättlich

gießen: 1. einfüllen, schütten 2. schütten, regnen

giftfrei: einwandfrei, ohne Gift, genießbar, ungiftig

giftig: 1. böse, gehässig, garstig, bissig 2. gefährlich, ungenießbar, tödlich, schädlich

Gigant: Goliath, Hüne, Riese, Koloss

gigantisch: gewaltig, riesig, außerordentlich, massig, riesenhaft, wuchtig, unermesslich, übermächtig, enorm

Gipfel: 1. Baumkrone, Wipfel 2. Gipfelkonferenz, Gipfeltreffen, Zusammenkunft 3. Höhepunkt, Unübertreffbares, Unvergleichliches, Glanzpunkt 4. Bergspitze, Bergkuppe, Scheitel

gipfeln: seinen Höhepunkt erreichen, die Krönung finden

Gischt: Schaum

Gitter: Umzäunung, Vergitterung, Gatter

Glanz: 1. Schimmer, Feuer 2. Glätte, Politur 3. Prunk, Glorie, Herrlichkeit

glänzen: strahlen, funkeln, blitzen, leuchten, gleißen, glitzern, blinken, spiegeln

glänzend: 1. schimmernd, blinkend, gleißend, funkelnd, leuchtend, strahlend 2. poliert, spiegelnd, blank 3. großartig, famos, einzigartig, glanzvoll, prächtig, außerordentlich, wundervoll, überwältigend, hinreißend, ruhmreich, herrlich

Glanzleistung: Meisterleistung, Höhepunkt, Spitzenleistung, Vollendung, Glanzpunkt

glanzlos: trübe, verschmutzt, stumpf, matt, blind, unrein

Glanzpunkt: Zugnummer, Glanznummer, Hauptattraktion, Höhepunkt

glanzvoll: 1. funkelnd, leuchtend, schimmernd, blinkend, strahlend 2. einzigartig, bestechend, einmalig, ruhmvoll, außerordentlich, glänzend, wundervoll, trefflich, ruhmreich, vorbildlich, meisterhaft, erstklassig, hervorragend, herrlich, großartig, überwältigend, hinreißend 3. spiegelnd, poliert, blank, glänzend

Glas: Römer, Pokal, Trinkgefäß, Kelch

gläsern: 1. durchsichtig, transparent 2. aus Glas, glasig

Glasur: Beschichtung, Überzug, Lasur

glatt: 1. zügig, mühelos, reibungslos, ruhig, einfach 2. plan, ebenmäßig, poliert 3. unverziert, einfach, schmucklos, bescheiden 4. spiegelglatt, eisglatt, rutschig, schlüpfrig 5. blank, spiegelnd 6. bewegungslos, still 7. frisiert, gekämmt

Glätte: Schneeglätte, Straßenglätte, Vereisung, Glatteis, Reifglätte, Eisglätte, Raureif

glätten: 1. ausgleichen, schlichten, bereinigen, einrenken 2. glatt ziehen, glatt streichen, glatt machen 3. schmirgeln, schleifen, abfeilen, abschleifen, planieren, hobeln, walzen, begradigen, ebnen

Glaube: 1. Frömmigkeit, Religiosität, Gottvertrauen 2. Konfession, Religion, Bekenntnis, Glaubensrichtung 3. Zuversicht, Vertrauen, Hoffnung 4. Gewissheit, Überzeugung

glauben: 1. abnehmen, abkaufen 2. wähnen, erachten, annehmen, schätzen

Glaubensbekenntnis: Glaube, Glaubenssatz, Glaubensartikel, Katechismus

Glaubensgenosse: Gemeindemitglied, Kirchenangehöriger

glaubenslos: konfessionslos, religionslos, ungläubig, freidenkerisch

glaubhaft: zuverlässig, deutlich, vertrauenswürdig, unzweideutig, überzeugend, glaubwürdig

gläubig: 1. arglos, ergeben, vertrauensselig 2. gottgefällig, fromm, kirchlich, andächtig, religiös, gottesfürchtig

Gläubige: Kirchengemeinde, Gemeindemitglieder

Gläubiger: 1. Kreditgeber, Geldgeber 2. Kirchgänger, Gemeindemitglied

glaubwürdig: 1. glaublich, bewiesen, glaubenswert 2. aufrichtig, wahrhaftig, Vertrauen erweckend, verlässlich, wahr

Glaubwürdigkeit: 1. Beweis, Glaubhaftigkeit, Überzeugung 2. Zuverlässigkeit, Verlässlichkeit, Wahrheit, Ehrlichkeit

gleich gesinnt: gleich gerichtet, wesensgleich, ähnlich

gleich: 1. ähnlich, übereinstimmend, genauso, unterschiedslos, dasselbe, einheitlich 2. vergleichbar, entsprechend 3. schnellstens, sofort, unverzüglich, flink, augenblicklich 4. leidenschaftslos, wurstig, achtlos, teilnahmslos, unbeteiligt, gleichgültig 5. ebenbürtig, vollwertig, gleichwertig, gleichgestellt, gleichrangig 6. einerlei, gleichbedeutend

gleichartig: gleich, ähnlich, verwandt, vergleichsweise, vergleichbar, entsprechend

Gleichartigkeit: Verwandtschaft, Verwandtsein, Ähnlichkeit, Gleichheit, Übereinstimmung, Entsprechung

gleichbedeutend: gleich, einerlei

gleichberechtigt: gleich, gleichwertig, gleichrangig

Gleichberechtigung: Gleichheit, Gleichrangigkeit, Emanzipation

gleichbleibend: fest, bleibend, gleichmäßig, unveränderlich, beständig

gleichen (s.): 1. s. entsprechen, s. decken, übereinstimmen 2. gleichsehen, s. ähneln

gleichförmig: 1. einförmig, ermüdend, reizlos, grau, eintönig, uninteressant, fade 2. verwandt, gleichartig

Gleichförmigkeit: Öde, Fadheit, Einförmigkeit, Alltäglichkeit, Langeweile

gleichgeordnet: gleichwertig, gleichgestellt, gleichberechtigt, gleich

gleichgestellt: gleichwertig, gleichberechtigt, gleichgeordnet, gleich

Gleichgewicht: Waage, Balance

gleichgültig: 1. unbedacht, sorglos, achtlos 2. gleichwie, egal 3. unbedeutend, unmaßgeblich, bedeutungslos, unwichtig, zufällig, nichtig 4. träge, inaktiv, stumpfsinnig, ungerührt, kühl, denkfaul, unaufgeschlossen, unbewegt

Gleichgültigkeit: 1. Achtlosigkeit, Gedankenlosigkeit, Unachtsamkeit, Unbedachtsamkeit 2. Unerheblichkeit, Zufälligkeit, Bedeutungslosigkeit 3. Abstumpfung, Abgestumpftheit, Sturheit, Stumpfsinnigkeit, Kühle, Leidenschaftslosigkeit, Teilnahmslosigkeit, Wurstigkeit, Gefühllosigkeit, Trägheit, Unempfindlichkeit

Gleichheit: 1. Gleichberechtigung, Ebenbürtigkeit, Gleichstellung, Gleichwertigkeit 2. Einklang, Entsprechung, Übereinstimmung

Gleichklang: Überreinstimmung, Harmonie

gleichkommen: 1. s. entsprechen, übereinstimmen, s. gleichen, s. decken 2. s. gleichsehen, s. ähneln

Gleichmaß: Gleichlaut, Ebenmäßigkeit, Ebenmaß, Symmetrie

gleichmäßig: 1. harmonisch, ausgewogen, regelmäßig 2. gleichartig, einförmig, uniform

Gleichmut: Abgeklärtheit, Gleichgewicht, Ruhe, Bedacht, Besonnenheit, Umsicht, Gelassenheit

gleichmütig: gemessen, bedacht, gelassen, abgeklärt, gezügelt, ruhig, beherrscht, überlegen, gefasst, ruhevoll, still

Gleichnis: Vergleich, Analogie, Allegorie, Parabel

gleichrangig: gleichberechtigt, emanzipiert, gleichgestellt

gleichsam: quasi, gewissermaßen, wie

gleichsetzen: zusammenwerfen, gleichstellen

gleichviel: gleichwie, egal, unwichtig

gleichwertig: entsprechend, angemessen

gleichzeitig: zeitgleich, gleichlaufend, gemeinsam, zusammen, zusammentreffend

Gleichzeitigkeit: Gemeinsamkeit, Zeitgleichheit, Zusammentreffen

Gleis: Geleise, Schienen, Eisenbahngleis

gleiten: rutschen, schlittern, hinfallen

Gletscher: Firn, Ferner, Firner

Glied: 1. Element, Teil, Einzelheit, Bestandteil 2. Beteiligter, Mitglied, Angehöriger, Teilnehmer, Mitarbeiter 3. Geschlechtsteil, Penis

gliedern: aufgliedern, einordnen, einteilen, ordnen, unterteilen, aufteilen **s. gliedern:** s. verästeln, s. unterteilen

Gliederung: Aufteilung, Einteilung, Gruppierung, Aufgliederung, Unterteilung, Einstufung, Durchorganisation, Auffächerung, Anordnung, Stufung, Ordnungsgefüge, Staffelung

glimpflich: 1. nachsichtig, rücksichtsvoll, sanft, sorgfältig, behutsam, vorsichtig 2. einigermaßen, erträglich, leidlich

glitzern: blitzen, aufblitzen, glimmern, funkeln

globalisieren: ausdehnen, internationalisieren

Globetrotter: Weltenbummler, Weltreisender

Globus: 1. Erdglobus, Weltkugel 2. Blauer Planet, Erdball

Glocke: Klingel, Schelle, Gong

Glorie: 1. Glorienschein, Heiligenschein 2. Prunk, Glanz 3. Weltruf, Ansehen, Ruhm

glorifizieren: lobpreisen, ehren, verklären, besingen, rühmen, feiern

glorreich: rühmlich, herrlich, ruhmvoll, ehrenvoll, ruhmreich

Glück: 1. Glückssache, Wohl, Glücksfall, Gelingen, Erfolg, Sieg, Segen, Heil 2. Sonnenschein, Freude, Wonne, Entzücken, Begeisterung 3. Wohlbehagen, Wohlgefühl

glücken: 1. weiterkommen, gelingen, s. durchsetzen 2. fertig bringen, gehen, geraten, werden

glücklich: 1. erfreulich, erfolgreich, vorteilhaft, günstig, sorgenlos 2. beglückt, froh, glückselig, freudestrahlend, selig, überglücklich, beschwingt, erfüllt

Glücksbringer: Amulett, Talisman, Maskottchen

Glückskind: Glückspilz, Sonntagskind

Glücksspiel: Lotto, Toto, Lotterie

glückstrahlend: erfüllt, fröhlich, beschwingt, glückselig, freudig, froh, beglückt, begeistert, überglücklich

glühen: 1. scheinen, sengen 2. brennen, glimmen

glühend: 1. strahlend, feurig 2. entflammt, entzückt, hingerissen, begeistert 3. siedend, heiß, brennend

Glut: 1. Schwüle, Hitze, Gluthitze 2. Begeisterung, Sturm, Feuer, Elan, Temperament, Leidenschaft

Gnade: 1. Nachsicht, Barmherzigkeit, Begnadigung, Verzeihung, Schonung, Milde 2. Begnadigung, Straferlass, Absolution 3. Entgegenkommen, Huld, Gunst, Güte, Liebenswürdigkeit, Wohlwollen

gnädig: 1. wohlwollend, entgegenkommend, gütig, gutgesinnt, liebenswürdig 2. mild, behutsam, nachsichtig, vorsichtig, sanft 3. gönnerhaft, herablassend

Gnom: Wicht, Zwerg, Kobold

gönnen: bewilligen, einräumen, gewähren, zubilligen

Gönner: Helfer, Mäzen, Schützer, Sponsor, Förderer

gönnerhaft: gnädig, wohlwollend, herablassend

Gosse: Abwasserkanal, Kloake, Rinnstein, Rinne

Gott: Richter, Schöpfer, Gottheit, Herrgott, Herr, Weltenlenker

Gottesdienst: Mette, Kirche, Abendmahlsfeier, Messe, Amt, Messfeier

Gottesfurcht: Frömmigkeit, Gottgefälligkeit, Religiosität

gottesfürchtig: andächtig, kirchlich, fromm, gläubig, religiös

Gottesverehrung: Anbetung, Lobpreis, Verherrlichung, Huldigung

göttlich: 1. gottähnlich, gottgleich 2. einzigartig, vortrefflich, vollkommen, unerreicht, super, unübertroffen 3. himmlisch, heilig 4. allmächtig, gnädig, allwissend

gottlos: religionslos, ungläubig, freigeistig, glaubenslos

Götzenbild: Abgott, Götze, Götterbild

Götzendienst: Götzendienerei, Abgötterei

Gourmet: Feinschmecker, Schlemmer, Genussmensch, Lukullus

Grab: Grabstätte, Grabstelle, Grabhügel, Gruft, letzte Ruhestätte

graben: schürfen, wühlen, schaufeln, ausheben

Graben: 1. Grube, Furche, Stollen, Vertiefung 2. Grabensenke, Grabenbruch

Grabesstille: Lautlosigkeit, Ruhe, Totenstille, Schweigen

Grabstein: Denkstein, Gedenkstein

gram: abgeneigt, zuwider, böse

Gram: Bürde, Not, Leid, Sorge

grämen (s.): s. härmen, s. sorgen, s. bekümmern, bangen

Granate: Projektil, Sprengkörper, Geschoss

grässlich: 1. entsetzlich, schauderhaft, abscheulich, grauenhaft, gespenstig, greulich, unschön, verwerflich, widerlich, furchtbar, verabscheuungswürdig, Entsetzen erregend, unheimlich 2. stürmisch, ekelhaft, abscheulich, regnerisch 3. abstoßend, Furcht erregend 4. unbehaglich, unbequem, unwohnlich

Gratifikation: Prämie, Sonderzulage, Sonderzuwendung

gratis: frei, geschenkt, kostenlos, umsonst, unentgeltlich

gratulieren: beglückwünschen, Glückwünsche überbringen, Glück wünschen

Gräuel: Grausamkeit, Verbrechen, Scheußlichkeit

grauen: tagen, dämmern **s. grauen:** schaudern, s. gruseln, s. grausen, s. ängstigen

grauhaarig: alt, grau, ergraut

grausam: 1. erbarmungslos, herzlos, ungerührt, kaltblütig, roh, entmenscht, gewalttätig, unmenschlich, bestialisch, unerbittlich, verroht, rücksichtslos 2. grimmig, bitterkalt

Grausamkeit: Bestialität, Rohheit, Mordlust, Gräuel, Mordgier, Gewalttätigkeit

grausig: fürchterlich, grauenvoll, scheußlich, schaurig, erschreckend, entsetzlich, düster, schauervoll, Grauen erregend

Grauzone: Grenzbereich, Übergang

gravierend: einschneidend, belastend, streng, schwer

Grazie: Anmut, Lieblichkeit, Charme

grazil: gertenschlank, durchsichtig, zart, zierlich, schlank, rank, schmächtig, gazellenhaft

greifbar: 1. verfügbar 2. wirklich, deutlich 3. nahebei, naheherbei 4. körperlich, fassbar 5. wahrnehmbar, erkennbar

greifen: 1. hinlangen 2. zufassen, ergreifen, erfassen 3. verhaften, fangen

greisenhaft: ergraut, bejahrt, betagt, uralt, alt, senil, grau

grell: 1. unüberhörbar, gellend, laut 2. knallig, schreiend, leuchtend, grellfarben 3. schrill, laut 4. blendend, hell

Grenze: 1. Umgrenzung, Gemarkung 2. Begrenzung, Abgrenzung, Schranke 3. Staatsgrenze, Landesgrenze, Grenzlinie 4. Grundstücksgrenze, Flurgrenze

grenzenlos: endlos, schrankenlos, gewaltig, unübersehbar, unbegrenzt, unendlich, sehr, unbeschränkt

Grenzstation: Zollkontrolle, Grenzübergang, Kontrolle, Kontrollpunkt

Griff: Bügel, Handgriff, Schaft, Knauf, Stiel, Henkel

griffig: zweckmäßig, handgerecht, handlich

Grill : Barbecue, Rost, Bratrost

Grimasse: Fratze, Faxen

grimmig: 1. unwirsch, böse, verärgert, empört, zornig, ärgerlich, wild, aufgebracht, wütend 2. heftig, schneidend, schlimm, unerträglich

Grippe: grippaler Infekt, Erkältung, Influenza

grob: 1. dunkel, verschwommen, schemenhaft, unscharf, ungenau 2. unangenehm, schlimm, schrecklich 3. schlimm, vorsätzlich, leichtsinnig, ernst 4. grob gemahlen, großkörnig 5. barsch, schroff, brüsk, unwirsch, abweisend 6. grobschlächtig, ungeschliffen, unzivilisiert, roh, unfein 7. weit, grobmaschig

Grobheit: 1. Barschheit, Unaufmerksamkeit, Schroffheit, Unliebenswürdigkeit, Ungefälligkeit 2. Fahrlässigkeit, Leichtsinn 3. Rohheit, Ungeschliffenheit, Derbheit, Unkultiviertheit

Grobian: Flegel, Schlägertyp, Rohling, Rabauke, Rüpel

Groll: Missmut, Bitternis, Unzufriedenheit, Erbitterung, Verbitterung

grollen: zürnen, ärgern, schmollen

Gros: Großteil, Masse, Überzahl, Mehrzahl

groß: 1. kräftig, stramm, stark 2. reif, erwachsen, mündig 3. hoch aufgeschossen, lang 4. riesengroß, mächtig, lang, riesig, baumlang 5. abenteuerlich, bewunderungswürdig, auffallend, bedeutend, sensationell, überraschend, Aufsehen erregend, erheblich, eindrucksvoll, umwerfend, unvergleichlich, großartig, bedeutungsvoll, nennenswert, beträchtlich, stattlich 6. außergewöhnlich, ausgefallen, überraschend, ungewöhnlich 7. anerkannt, bekannt, namhaft, berühmt

großartig: 1. fantastisch, berückend, erstklassig, einmalig, hinreißend, wundervoll, grandios, herrlich, überwältigend, vorzüglich, ruhmreich 2. mitreißend, fesselnd, spannend 3. toll, fabelhaft, prima

Größe: 1. Ausmaß, Mächtigkeit, Umfang, Tiefe, Großflächigkeit, Weite, Ausdehnung, Reichweite 2. Berühmtheit, Meister, Könner, Ass, Star 3. Bedeutung, Belang, Gewicht, Wert 4. Höhe, Länge, Statur

Großhändler: Großkaufmann, Grossist, Großhandelsunternehmer

großherzig: 1. freizügig, tolerant, duldsam, verständnisvoll 2. nobel, verschwenderisch, freigebig, weitherzig, großzügig, spendabel

Großmacht: Großreich, Weltmacht

großspurig: angeberisch, großtuerisch, großsprecherisch, übertrieben

Großspurigkeit: Übertreibung, Großsprecherei, Großtuerei, Angeberei

Großstadt: Weltstadt, Hauptstadt, Millionenstadt

Großteil: Überzahl, Mehrzahl, Mehrheit, Vielzahl

großtuerisch: überheblich, angeberisch, hochmütig, großspurig, unbescheiden

Grube: Loch, Mulde, Vertiefung, Graben

grübeln: nachdenken, brüten, überlegen, herumrätseln, nachforschen, tüfteln

grün: 1. grünlich, grünfarben 2. naturbewusst, umweltbewusst, ökologisch 3. sauer, unreif 4. unerfahren, naiv, unreif, ahnungslos, kindlich, unfertig, jung

Grünanlage: Grünfläche, Park, Garten, grüne Lunge

Grund: 1. Grundlage, Unterlage, Unterbau 2. Erdboden, Meeresboden 3. Motiv, Antrieb, Grundlage, Anstoß, Triebfeder, Veranlassung, Bedingung 4. Anwesen, Erde, Gelände, Land 5. Begründung, Erklärung, Argument

Grundbesitz: Grundeigentum, Eigenbesitz, Grundstücke, Immobilien, Liegenschaft

Grundbuch: Kataster, Grundstücksverzeichnis, Flurbuch

gründen: schaffen, eröffnen, begründen, beginnen, stiften, errichten

Gründer: Begründer, Anreger, Urheber, Erbauer

Grundlage: Bedingung, Unterlage, Plattform, Vorlage, Ausgangspunkt, Unterbau, Ursprung, Bestand, Fundgrube, Mittel, Grundstock

grundlegend: maßgebend, entscheidend, durchgreifend, wesentlich, ausschlaggebend, gründlich, maßgeblich, wichtig, grundsätzlich, einschneidend, bestimmend

gründlich: 1. fehlerlos, sorgfältig, richtig, fein, sorgsam, ordentlich, zuverlässig 2. gehörig, überaus, sehr 3. scharf, genau, deutlich, klar, bestimmt, haarscharf, wohlgezielt 4. radikal, völlig 5. ausführlich, umfassend, eingehend, eindringlich, vollständig

grundlos: 1. unwichtig, unwirklich, haltlos, wesenlos, nutzlos, gegenstandslos, ungerechtfertigt 2. bodenlos, abgrundtief

Grundmauer: Fundament, Grundstein, Grundfeste, Sockel

Grundriss: 1. Entwurf, Plan, Aufriss 2. Abriss, Auszug, Einführung, Zusammenfassung, Leitfaden

Grundsatz: Regel, Gesichtspunkt, Prinzip

grundsätzlich: prinzipiell, grundlegend

Grundstoff: Rohstoff, Ausgangsstoff, Ausgangsmaterial, Rohmaterial

Grundstück: Anwesen, Terrain, Grundbesitz, Land, Gelände

Gründung: Grundlegung, Stiftung

grundverkehrt: grundfalsch, absolut verkehrt, genau verkehrt herum

grünen: keimen, wachsen, sprießen, treiben

Grünkohl: Blattkohl, Winterkohl, Braunkohl

Grünschnabel: Grünhorn, Anfänger

Gruppe: 1. Haufen, Gemeinschaft, Gesellschaft, Kreis, Runde, Team, Ring, Gang 2. Kaste, Stand, Schicht 3. Zug, Kolonne, Reihe 4. Lager, Block, Fraktion 5. Belegschaft, Verband, Abteilung, Mannschaft

gruselig: schauervoll, unheimlich, schauerlich

Gruß: Verbeugung, Ehrenbezeigung

grüßen: s. verneigen, zunicken, salutieren, s. verbeugen

gültig: beglaubigt, unbestreitbar, gesetzmäßig, geltend, verbindlich, unbezweifelbar

Gültigkeit: 1. Laufzeit, Geltung, Geltungsdauer 2. Verbindlichkeit

Gunst: 1. Herzlichkeit, Anteilnahme, Freundlichkeit, Gewogenheit, Liebenswürdigkeit, Wohlwollen 2. Ehre, Auszeichnung, Huld

günstig: 1. angenehm, erfreulich, gut 2. billig, herabgesetzt 3. hoffnungsvoll, aussichtsreich, vorteilhaft, verheißungsvoll 4. positiv, freundlich, wohlgesinnt, wohlwollend

Günstling: Schützling, Favorit, Liebling, begünstigte Person

Gürtel: Gurt, Riemen, Gürtelriemen, Koppel

gut gelaunt: lustig, fröhlich, wohlgemut, ausgelassen, vergnügt, froh, munter, aufgeräumt

Gut: 1. Bauernhof 2. Besitz, Vermögen

Gutachten: Beurteilung, Zeugnis, Stellungnahme, Begutachtung

gutartig: 1. gnädig, barmherzig, gütig, warmherzig, weichherzig, herzensgut 2. heilbar, unverfänglich, harmlos, ungefährlich

Güte: 1. Qualität, Wert 2. Aufmerksamkeit, Hilfsbereitschaft, Nächstenliebe, Entgegenkommen, Herzlichkeit, Wohlwollen, Gutmütigkeit, Zuwendung, Zuneigung, Wärme, Liebenswürdigkeit

gutgesinnt: wohlgesinnt, entgegenkommend, wohlwollend, nett

gutgläubig: arglos, dumm, naiv, treuherzig, leichtgläubig

gutheißen: annehmen, befürworten, billigen

gütig: 1. gut gemeint, entgegenkommend, gefällig, einnehmend, herzlich, zugetan, liebenswürdig, warm, wohlgesinnt, wohlmeinend, zuvorkommend, freundschaftlich 2. gutartig, gut, weichherzig, barmherzig, warm, sanftmütig, gutherzig

gutmachen: 1. entschädigen, wettmachen, entgelten 2. richtig stellen, wiedergutmachen, bereinigen, klären

gutwillig: willig, geneigt, bereit, gewillt, willens

Gymnasium: Oberschule, höhere Schule

Gynäkologie: Frauenheilkunde, Geburtshilfe

H

Haar: 1. Mähne, Strähnen, Haare, Locken, Wolle 2. Toupet, Perücke

Haarausfall: Glatzenbildung, Haarschwund

Haarlosigkeit: Kahlköpfigkeit, Glatze

Haarspalterei: Kleinlichkeit, Spitzfindigkeit

haarsträubend: empörend, allerhand, schlimm, skandalös, unbeschreiblich, beispiellos, unfassbar, unglaublich

Habgier: Besitzgier, Geldgier, Gewinnsucht, Raffsucht, Habsucht

habgierig: habsüchtig, geldgierig, geizig, raffig

Hafen: Port, Anlegestelle

Hafenarbeiter: Dockarbeiter, Schauermann, Schiffsarbeiter

Hafendamm: Hafenmauer, Mole, Damm, Pier, Kaimauer

Haft: 1. Gefangenschaft, Freiheitsstrafe, Arrest, Sicherungsverwahrung, Freiheitsentzug 2. Hausarrest, Isolierung

Haftanstalt: Strafvollzugsanstalt, Gefängnis

haftbar: ersatzpflichtig, haftpflichtig, verantwortlich

Haftbarkeit: Verantwortung, Haftung

haften bleiben: festsitzen, stecken bleiben

haften: 1. einstehen, geradestehen 2. s. verpflichten, bürgen, garantieren 3. festhängen, halten, kleben

Haftung: Ersatzpflicht, Garantie

hageln: 1. einwirken, niederprasseln, niedergehen 2. kieseln, graupeln

hager: eingefallen, ausgemagert, abgemagert, mager, dürr, abgezehrt, geschwächt, knochig, krank

Haken: 1. Krampe 2. Bügel, Kleiderhaken 3. Türhaken, Fensterhaken

halb fertig: unfertig, unbeendet, unabgeschlossen, lückenhaft, unvollendet, unvollständig, abgebrochen

halbamtlich: inoffiziell, halboffiziell

Halbdunkel: Abenddämmerung, Morgendämmerung, Zwielicht, Schatten

halbieren: zweiteilen, teilen, durchschneiden

halblaut: leise, gedämpft

Halbschlaf: Dämmerschlaf, Schlummer

Halbstarker: Halbwüchsiger, Jugendlicher, Rowdy, Rocker, Kerl

halbwegs: leidlich, annähernd, ziemlich, einigermaßen

Halbzeit: Spielunterbrechung, Pause

Hälfte: halber Teil, Halbteil

Halluzination: Täuschung, Sinnestäuschung, Einbildung, Vorstellungskraft, Luftschloss, Vorstellung

Halm: Rohr, Schaft, Stängel

Hals: Nacken, Kehle, Kragen

halsstarrig: stur, störrisch, bockig, aufsässig, verstockt, widersetzlich, eigensinnig, ungehorsam, unbelehrbar, rechthaberisch

Halsstarrigkeit: Starrsinn, Bockigkeit, Eigensinn, Rechthaberei, Eigensinnigkeit

Halt machen: abstellen, aussetzen, bleiben, anhalten, s. niederlassen, stehen bleiben, einhalten

Halt: 1. Aufenthalt, Pause, Unterbrechung 2. Beistand, Hilfe, Stütze

haltbar: unverweslich, unverderblich, dauerhaft, fest, beständig, widerstandsfähig, unverwüstlich

Haltbarkeit: Unverwüstlichkeit, Beständigkeit, Dauerhaftigkeit, Strapazierfähigkeit, Lebensdauer

halten: 1. unterhalten, beziehen 2. beibehalten, bewahren 3. dabehalten, zurückhalten 4. einbehalten, einhalten 5. geben, veranstalten, abhalten 6. anhalten, s. niederlassen, abstellen, stocken 7. weiterexistieren, s. halten 8. s. bestätigen, s. bewahrheiten

Haltesignal: Stoppzeichen, Haltezeichen, Verkehrsschild

Haltestelle: Station, Terminal, Haltepunkt

haltlos: 1. unmotiviert, grundlos, hinfällig, erfunden 2. verächtlich, würdelos, charakterlos 3. labil, willenlos, willensschwach, haltungslos

Haltung: 1. Stellung, Positur, Pose, Körperhaltung 2. Auffassung, Ansicht, Gesichtspunkt, Überzeugung

Haltungsfehler: Fehlhaltung, Haltungsschaden

Hand: Gliedmaße, Pratze, Pranke

Handbewegung: Bewegung, Handgriff

Handbuch: Leitfaden, Gebrauchsanweisung, Manual

Handel: Wirtschaftsbeziehungen, Warenaustausch, Güterverkehr, Güteraustausch, Warenverkehr

handeln: 1. vorgehen, verfahren, tun, wirken 2. herunterhandeln, schieben 3. verkaufen, verhökern 4. anbieten, hausieren 5. spekulieren

handelseinig: einig, einverstanden

Handelsvertreter: Reisender, Agent, Vertreter, Reisevertreter, Handlungsreisender

Handfeger: Kehrbesen, Mop, Handbesen

handfest: 1. deutlich, überzeugend, eindeutig, anschaulich, unwiderlegbar, unzweifelhaft, genau 2. widerstandsfähig, derb, unempfindlich, rüstig, hart

Handicap: Beeinträchtigung, Behinderung, Hemmnis, Schwierigkeit

Händler: 1. Ankäufer, Aufkäufer 2. Einzelhändler, Geschäftsmann

handlich: 1. brauchbar, griffig, zweckmäßig, tauglich, nützlich 2. transportabel, klein

Handlung: 1. Ablauf, Geschehen 2. Tun, Verhalten, Vorgang, Tat

Handschlag: Händeschütteln, Händedruck

Handy: Mobiltelefon

Hang: 1. Steile, Böschung, Schräge, Abfall, Gefälle, Abhang 2. Neigung, Vorliebe, Disposition, Schwäche

hängen bleiben: festsitzen, haften bleiben, feststecken, stecken bleiben

hängen: 1. baumeln, pendeln 2. aufstecken, hinhängen, befestigen, aufhängen

Hänger: Anhänger, Wohnanhänger

hantieren: herumhantieren, arbeiten, wirtschaften

Häppchen: Appetithäppchen, Fingerfood

Happy End: guter Ausgang, glückliches Ende

harmlos: 1. fügsam, folgsam, brav 2. sauber, anständig 3. unverfänglich, gutartig, heilbar 4. friedlich, offenherzig, zutraulich, einfach, unkritisch, ahnungslos 5. ungefährlich, gefahrlos, leicht 6. einfach, anspruchsvoll, gelassen, zurückhaltend

Harmlosigkeit: 1. Verträglichkeit, Unschädlichkeit 2. Leichtgläubigkeit, Einfalt, Vertrauensseligkeit, Arglosigkeit, Unverfänglichkeit

Harmonie: 1. Wohlklang, Ausgeglichenheit 2. Einvernehmen, Einheit, Brüderlichkeit, Einklang, Gleichheit, Zufriedenheit

harmonieren: 1. zusammenstimmen, wohltönen 2. s. schätzen, s. verstehen, passen, s. vertragen, zusammenstimmen, ein Ganzes bilden

harmonisch: 1. abgewogen, stimmig, zusammenstimmend, wohlklingend 2. ausgewogen, ebenmäßig, zusammenpassend 3. abgeklärt, friedlich, abgestimmt

harren: warten, hoffen, lauern

hart: 1. kräftig, heftig, stark 2. steinern, stählern, steif 3. grausam, herzlos, eisig, gefühllos, lieblos, rücksichtslos, unerbittlich, unzugänglich, ungerührt 4. bitter, betrüblich, traurig 5. schwierig, unlösbar 6. trocken, ausgetrocknet

Härte: 1. Brutalität, Mitleidlosigkeit, Unbarmherzigkeit, Verhärtung, Hartherzigkeit, Gefühlskälte, Unnachgiebigkeit, Unzugänglichkeit 2. Widerstandsfähigkeit, Zähigkeit, Robustheit 3. Benachteiligung, Zurücksetzung, Vernachlässigung 4. Gewalt, Anstrengung

härten: stählen, erhärten

Hartgeld: Münzen, Geldstück, Kleingeld

hartherzig: brutal, fest, abgestumpft, gnadenlos, erbarmungslos, schonungslos, unnachgiebig, gefühlskalt, unzugänglich, unmenschlich

Hartherzigkeit: Strenge, Härte

hartnäckig: 1. starr, unnachgiebig, stur, verstockt, dickköpfig, eigensinnig 2. unerschütterlich, beharrlich, unbeirrt

Hartnäckigkeit: 1. Starrheit, Dickköpfigkeit, Sturheit, Unnachgiebigkeit 2. Beharrlichkeit, Unerschütterlichkeit

Hass: Feindschaft, Gehässigkeit, Unmut, Feindseligkeit, Rachgier, Verbitterung, Hassgefühl, Rachsucht

hassen (s.): s. anfeinden, verabscheuen, zürnen, s. zanken

hässlich: 1. nasskalt, regnerisch 2. grauenhaft, schauerlich, abstoßend, scheußlich, widerwärtig 3. gemein, abscheulich, verwerflich, schändlich 4. schlecht, geschmacklos

Hast: Rastlosigkeit, Hektik, Unruhe, Eile, Zeitmangel, Geschäftigkeit, Unrast

hasten: rennen, stürzen, rasen, hetzen, stürmen, sausen, jagen, eilen

hastig: 1. übereilt, unüberlegt 2. sofort, rasch, geschwind, rasant, eilig, schnell

Hastigkeit: Überhastung, Übereilung, Hetze, Hast, Überstürzung

hauchdünn: zart, zierlich, zerbrechlich

Haufen: 1. Abteilung, Schar 2. Berg, Anhäufung, Stapel

häufig: mehrfach, oft, oftmalig, mehrmalig, öfter, ungezählt, vielmals, wiederholt

Häufigkeit: Vielzahl, Menge

Hauptgewinn: Haupttreffer, Hauptpreis, das große Los, Gewinn

Häuptling: Stammesoberhaupt, Anführer, Stammeshäuptling

Hauptsache: 1. Schwerpunkt, Hauptattraktion 2. Kern, Hauptstück, Grundgedanke, Kernpunkt, Kernstück, Hauptteil, Schwergewicht, Wesen

hauptsächlich: 1. ausschlaggebend, wichtig, vorherrschend, wesentlich, zentral, maßgeblich 2. ausdrücklich, insbesondere, vorwiegend

Hauptstadt: Metropole, Großstadt

Hauptverkehrszeit: Berufsverkehr, Stoßzeit, Rushhour

Haus: 1. Besitz, Objekt, Anwesen, Wohnhaus, Immobilie, Eigenheim, Gebäude 2. Hochhaus, Wolkenkratzer 3. Herrscherhaus, Geschlecht, Familie

Hausangestellte: 1. Hausgehilfin, Hausmädchen, Haustochter, Dienstmädchen 2. Butler, Diener, Hausgehilfe

Hausbesitzer: Hausherr, Eigentümer, Besitzer

Hausbewohner: Mieter, Bewohner

Hausfrau: Hausherrin, Hausbesitzerin, Vermieterin

Haushalt: Hauswesen, Hauswirtschaft, Hausstand

haushalten: sparen, s. einschränken, wirtschaften, einsparen

Haushälterin: Hausdame, Wirtschafterin

Haushaltsplan: Haushalt, Budget, Finanzplan, Staatshaushalt

Hausherr: 1. Familienoberhaupt, Familienvater, Haushaltsvorstand 2. Hauseigentümer, Hausbesitzer, Vermieter

hausieren: anbieten, verkaufen

Hausmeister: Hausverwalter, Hauswart

häuten: abgehen, s. schuppen, s. schälen

hauteng: knapp sitzend, knapp, eng, stramm

Hebamme: Geburtshelferin, Wehfrau

heben: 1. aufheben, hochziehen, anheben, erheben 2. hochstemmen, stemmen 3. stärken, vergrößern, aufwerten

s. heben: hochgehen, aufplatzen

Hebung: 1. Preisanstieg, Preissteigerung, Anpassung 2. Vermehrung, Zunahme, Zuwachs, Anstieg, Zustrom 3. Bergung

hechten: springen, sich werfen, einen Satz machen

Hecke: Buschwerk, Sichtschutz

Heeresverband: Einheit, Verband, Truppe

Heft: Kladde, Broschüre

heften: zusammenheften, broschieren

Hefter: Ordner, Schnellhefter, Aktenordner

heftig: 1. leidenschaftlich, passioniert 2. aufbrausend, wütend, jäh, rasend, ungeduldig 3. scharf, schneidend 4. gewaltig, kräftig, wuchtig 5. schroff, grob, barsch 6. gewaltig, wild, stark, toll

Heftigkeit: 1. Wucht, Kraft, Gewalt 2. Leidenschaft, Passion

hegen: hüten, warten, behandeln, pflegen

Heidelbeere: Blaubeere, Waldbeere, Schwarzbeere

heil: 1. ganz, unbeschädigt 2. wohlbehalten, unversehrt, gesund

Heil: 1. Segen, Wohl, Glück, Wohlergehen 2. Seelenheil, Seligkeit

Heiland: 1. Jesus, Erlöser, Christus 2. Christkind, Jesuskind, Christuskind

Heilanstalt: Heilstätte, Pflegeanstalt, Heim, Sanatorium

heilen: 1. kurieren, retten, abheilen, stärken, wiederherstellen 2. genesen, gesunden, abklingen, s. bessern, zurückgehen

heilig: 1. rein, geweiht, geheiligt 2. unantastbar, tabu

Heiligenschein: Glorienschein, Aureole, Nimbus

Heilmittel: 1. Medikament, Arzneimittel, Naturheilmittel

heilsam: heilend, lindernd, unterstützend

Heilung: Heilungsprozess, Gesundung, Wiederherstellung, Erholung, Rekonvaleszenz

Heim: 1. Haus, Zuhause 2. Heilstätte, Pflegeanstalt, Sanatorium, Heilanstalt 3. Internat, Pensionat, Heimschule

Heimat: Vaterland, Geburtsland, Heimatland, Heimatort, Geburtsort

Heimatliebe: Nationalgefühl, Vaterlandsliebe, Patriotismus

heimatlos: wurzellos, entwurzelt, staatenlos

Heimatlosigkeit: Staatenlosigkeit, Entwurzelung, Wurzellosigkeit

Heimatort: Geburtsort, Heimatstadt, Wohnort, Geburtsstadt

Heimfahrt: Nachhauseweg, Rückweg, Rückfahrt, Heimkehr

heimfinden: zurückkehren, zurückkommen

heimgehen: 1. heimkehren, s. zurückbegeben, s. heimbegeben 2. sterben, versterben

heimisch: 1. beheimatet, niedergelassen, einheimisch, wohnhaft, sesshaft 2. angepasst, wohl bekannt, vertraut

heimkehren: zurückkommen, heimfinden, heimgehen, heimkommen, wiederkehren, wiederkommen

Heimkehrer: Umsiedler, Übersiedler

Heimleiter: Hausmutter, Hausvater, Herbergsvater

heimlich: 1. unbeobachtet, diskret, unauffällig, unerkannt, unbemerkt, geheim, verstohlen, verborgen 2. unstatthaft, verboten, hintenherum, unerlaubt, insgeheim

Heimlichkeit: Geheimniskrämerei, Heimlichtuerei, Geheimnistuerei, Gerede, Versteckspiel, Hinterlist

heimsuchen: erfassen, ergreifen, überkommen, übermannen, befallen, treffen

Heimtücke: Hinterhältigkeit, Hinterlist, Unaufrichtigkeit, Bosheit, Versteckspiel, Unehrlichkeit, Niedertracht, Arglist

heimtückisch: hinterlistig, hinterhältig, tückisch, arglistig, verschlagen, unehrlich, falsch

Heirat: Ehe, Verheiratung, Vermählung, Verehelichung, Trauung, Hochzeit, Eheschließung

heiraten: s. verehelichen, s. vermählen, s. verheiraten

Heiratsvermittlung: Ehevermittlung, Partnervermittlung

heiser: rauchig, kratzig, tonlos, stimmlos, rau, belegt

heiß: 1. sonnig, sommerlich 2. kochend heiß, glühend 3. schwül, tropisch 4. brennend, hochaktuell, spannend, brisant 5. leidenschaftlich, wild, passioniert

heißen: sein, meinen, bedeuten

heiter: 1. froh gestimmt, gut gelaunt, froh, vergnügt, lebenslustig, sorgenfrei, beschwingt, vergnüglich 2. hell, freundlich, sommerlich, sonnig 3. vergnügt, lustig

Heiterkeit: Vergnügtheit, Behagen, Optimismus, Humor, Fröhlichkeit

heizen: einfeuern, beheizen, anfeuern, feuern

Heizmaterial: Brennmaterial, Hausbrand, Brennstoff

Hektik: Aufregung, Rastlosigkeit, Hast, Ruhelosigkeit, Eile, Hochspannung, Zeitmangel, Betriebsamkeit, Unruhe, Erregung, Geschäftigkeit, Erregtheit, Unrast

hektisch: 1. gedankenlos, kopflos 2. erregt, hastig, gehetzt, eilig, ruhelos, unstet, geschäftig, nervös, übereilt, fieberhaft

Held: 1. Stern, Mittelpunkt, Star, Berühmtheit 2. Titelrolle, Hauptperson, Hauptdarsteller 3. Sieger, Gewinner

heldenhaft: furchtlos, unverzagt, tapfer, mutig, kämpferisch, beherzt

Heldenhaftigkeit: Beherztheit, Mut, Unverzagtheit, Tapferkeit, Furchtlosigkeit

Heldenstück: Großtat, Heldentat

Heldentum: Tapferkeit, Heldenmut, Heroentum, Kühnheit, Mannhaftigkeit

helfen: 1. gut tun, nützen 2. ermutigen, fördern 3. aushelfen, entlasten, durchhelfen, unterstützen, zugreifen, anpacken 4. heraushelfen

Helfer: 1. Gehilfe, Stütze, Hilfe 2. Retter, Gönner

Helikopter: Hubschrauber, Rotorflugzeug, Heli

hell: 1. hoch, rein, klar 2. sonnig, lichterfüllt, strahlend, beleuchtet 3. völlig, sehr, hellauf

hellhörig: 1. wachsam, achtsam, aufmerksam 2. schalldurchlässig, laut

Helligkeit: Klarheit, Lichtflut, Glanz, Schimmer, Schein, Licht, Lichtstrahl

hellsehen: voraussagen, absehen, vorausblicken, vorhersagen, vorausahnen, wahrsagen

Hellsehen: Vorausblick, Wahrsagekunst, Vorausschau, Vorahnung

Hellseher: Wahrsager, Astrologe

hellseherisch: vorausblickend, weitsichtig, vorausschauend

hemmen: beeinträchtigen, drosseln, abbremsen, zügeln, einschränken, bremsen, hindern

hemmend: ungünstig, hindernd, störend, nachteilig, lästig, zeitraubend, erschwerend, unbequem

Hemmnis: Radsperre, Hemmklotz, Bremsklotz

Hemmschuh: 1. Bremsklotz, Bremsschuh 2. Hemmnis, Hindernis

Hemmung: 1. Bedenken, Skrupel 2. Erschwernis, Behinderung, Hindernis 3. Schüchternheit, Gehemmtheit, Scheu, Verlegenheit

hemmungslos: 1. frei, zügellos, enthemmt, zwanglos, wild 2. skrupellos, verantwortungslos, bedenkenlos, gewissenlos 3. ausschweifend, leidenschaftlich, unbeherrscht, unstillbar, maßlos, zügellos, triebhaft, unersättlich, ungezügelt

Hemmungslosigkeit: 1. Unbeherrschtheit, Unkontrolliertheit, Zügellosigkeit 2. Rücksichtslosigkeit, Gewissenlosigkeit, Skrupellosigkeit

Henker: Scharfrichter, Hinrichter

Henne: Huhn, Glucke

her: 1. aus, stammend 2. hierhin, heran, herzu

herab: nieder, hinab, hinunter, abwärts

herablassend: 1. überheblich, abfällig, gönnerhaft 2. hochmütig, selbstgefällig, anmaßend

herabsetzen: 1. demütigen, erniedrigen, beschämen 2. drosseln, verlangsamen 3. senken, einschränken, ermäßigen, beschränken, drücken, vermindern, nachlassen

Herabsetzung: 1. Erniedrigung, Herabwürdigung, Demütigung 2. Nachlass, Reduzierung, Preissenkung

herabwürdigen: 1. herabsetzen, erniedrigen, beschämen 2. verunglimpfen, beleidigen, herabsetzen, verleumden, schmähen, entwerten, abqualifizieren, runtermachen, niedermachen

Herabwürdigung: Demütigung, Schmähung, Herabsetzung, Erniedrigung, Verächtlichmachung

heran: her, hierhin, hierher, herzu

herankommen: 1. s. nähern, aufziehen 2. heranreichen, erreichen 3. herkommen, nahe kommen, s. annähern, s. nähern

heranmachen: s. anbiedern, s. einschmeicheln, s. nahen, umwerben, s. nähern

heranreifen: gedeihen, heranwachsen, s. entwickeln, aufwachsen

heranrücken: 1. näher rücken, anrücken 2. heranschieben, herschieben

herantragen: 1. verständigen, kundtun, verraten 2. heranholen, bringen, herbeischaffen, hinbringen, transportieren

heranwachsen: s. entwickeln, schießen, wachsen, aufschießen, gedeihen, heranreifen, aufwachsen, reifen

heranziehen: 1. auswerten, verwerten, nutzen 2. entwickeln, hochbringen, aufziehen 3. heranholen, hinzuholen, herbeiziehen, herzuholen, bemühen 4. aufziehen, kommen, drohen, s. nähern, s. zusammenbrauen

herauf: hoch, aufwärts, empor, auf

heraufbeschwören: veranlassen, verursachen, herbeiführen

heraufsetzen: anheben, steigern

Heraufsetzung: 1. Erhöhung, Anhebung 2. Lohnerhöhung, Gehaltserhöhung

heraufziehen: s. zusammenbrauen, kommen, herannahen, aufziehen, s. nähern

heraus: aus, hinaus

herausbekommen: 1. enträtseln, ergründen 2. zurückerhalten, wiederbekommen

herausfinden: ausmachen, aufspüren, finden, vorfinden

herausfordern: reizen, fordern, behelligen

Herausforderung: Forderung, Behelligung, Kränkung, Anmaßung, Reizung

Herausgabe: 1. Übergabe, Überreichung, Rückgabe 2. Publizierung, Verlegung, Edition

herausgeben: 1. wiedergeben, preisgeben, zurückgeben, übergeben, ausliefern 2. drucken, verlegen, veröffentlichen

Herausgeber: Editor, Verleger

heraushelfen: entlasten, retten, verteidigen

herausholen: 1. herauslocken, ausfragen 2. herausarbeiten, entschlüsseln, klarlegen 3. retten, befreien, bergen 4. erwirken, gewinnen 5. s. fordern, s. anstrengen

herauskommen: 1. durchsickern, s. herumsprechen 2. s. entfalten, s. zeigen 3. s. rentieren, s. lohnen 4. heraustreten, verlassen

herauslassen: freilassen, entlassen, laufen lassen, hinauslassen

herausnehmen: entnehmen, wegnehmen

s. herausnehmen: s. erfrechen, s. erkühnen, s. vermessen, s. anmaßen

herausreden (s.): s. herauslügen, s. herauswinden

herausreißen: ausrupfen, jäten, ausreißen

herausstellen: hervorheben, betonen

s. herausstellen: s. zeigen, s. ausweisen, s. erweisen, s. ergeben

herausziehen: 1. ausreißen, ausziehen, herausrupfen, herauszupfen, jäten, ausrupfen 2. zücken, ziehen

herb: 1. unfreundlich, unaufgeschlossen, zurückgezogen, verbittert, hart, kühl 2. trocken, zusammenziehend 3. unangenehm, schlecht 4. schmerzlich, schwer, unfassbar

herbei: hierhin, hierher, her, heran

herbeieilen: herbeijagen, hereilen, herkommen, anrücken, herbeilaufen, anlaufen, s. nähern, herzulaufen, herzustürzen, herbeistürmen

herbeirufen: 1. herbestellen, herrufen 2. zusammenrufen, versammeln

herbeischaffen: heranschaffen, besorgen, bringen, beschaffen, vermitteln

Herberge: 1. Berghütte, Hütte 2. Jugendherberge, Jugendhaus

herbringen: vermitteln, bekommen, beschaffen, heranschaffen, bringen

Herbst: Altweibersommer, Spätsommer, Nachsommer, Ernte, Lese

Herd: 1. Backofen, Kochgelegenheit, Kochplatte, Ofen 2. Quelle, Ausgangspunkt, Zentrum, Fokus

hereinkommen: betreten, hineingelangen, hineinkommen, eintreten, hineingehen

herfahren: s. nähern, herkommen, kommen

herführen: herbeiführen, leiten

Hergang: Chronologie, Ablauf, Entwicklung, Reihenfolge

hergeben: 1. zuschieben, aushändigen, reichen 2. übergeben, überreichen, verschenken, schenken

hergebracht: eingespielt, alltäglich, althergebracht, normal, bewährt, gewohnt, überkommen

herholen: herbringen, beischaffen, bringen

herkommen: erreichen, s. nahen, s. einfinden, herankommen, s. nähern

Herkommen: 1. Überlieferung, Brauch 2. Herkunft, Abstammung

herkömmlich: üblich, überkommen, überliefert, hergebracht, ererbt, traditionell, konventionell

Herkunft: 1. Ursprung, Wurzel, Quelle 2. Abstammung, Abkunft

herleiten: abstammen, herrühren

Herleitung: Ableitung, Beweisführung, Zurückführung, Folgerung

hermetisch: luftdicht, undurchlässig, wasserdicht

hernieder: herab, nieder, abwärts, ab, hinunter

heroisch: heldenhaft, unerschrocken, tapfer, mutig

Herr: 1. Mann, Ehrenmann, Weltmann 2. Herrscher, Regent

herrichten: 1. vorbereiten, zurechtmachen 2. richten, ausbessern 3. zurechtstellen, anordnen

Herrin: Vermieterin, Besitzerin, Gebieterin

herrisch: erbarmungslos, streng, machthaberisch, gnadenlos, barsch, entschieden, rücksichtslos, herrschsüchtig, unnachgiebig, unnachsichtig, selbstherrlich, gebietend, bestimmt

herrlich: himmlisch, großartig, unvergleichlich, wonnig, unübertrefflich, glanzvoll, super, wunderschön, fantastisch, zauberhaft

Herrlichkeit: Erhabenheit, Schönheit, Wonne, Pracht

Herrschaft: Macht, Führung, Leitung, Gewalt, Befehlsgewalt, Regentschaft, Staatsmacht

herrschen: 1. verwalten, befehligen, lenken, gebieten, beherrschen, vorstehen 2. vorherrschen, walten 3. sein, existieren

Herrscher: 1. Landesvater, Oberhaupt, Gebieter, Herr, Staatsoberhaupt 2. Kaiser, Fürst, König

herschaffen: bekommen, beschaffen, bringen, vermitteln, heranschaffen

herstellen: anfertigen, ausarbeiten, bilden, bauen, fertigen, machen, auswerfen, erzeugen, erschaffen

Hersteller: Erzeuger, Produzent, Unternehmer

Herstellung: Schaffung, Bildung, Bau, Arbeit, Anfertigung, Erzeugung, Fabrikation

herumdrehen: umdrehen, auf die andere Seite drehen

herumsprechen (s.): durchdringen, s. verbreiten, kursieren, herauskommen

herumtreiben (s.): s. herumdrücken, herumstrolchen, s. drücken, herumstreichen,

herumlungern, s. herumtreiben, herumstreunen, herumschwirren, umherstreichen
Herumtreiberei: Landstreicherei
herunter: hinab, herab, nieder, hinunter, abwärts
herunterfallen: abstürzen, abgleiten, fallen
herunterfliegen: abfallen, hinuntersausen, herabsausen, niedergehen, herabstürzen
heruntergekommen: verwahrlost, abgewirtschaftet, verwildert, verkommen, verlebt
herunterladen: übertragen, downloaden
herunterlassen: herablassen, hinunterlassen, senken
heruntermachen: tadeln, schimpfen, auszanken, anbrüllen, zurechtweisen, schelten
herunterwirtschaften: herunterbringen, zerstören, vernichten, verderben
hervor: heraus, aus
hervorbrechen: ausbrechen, s. zeigen
hervorbringen: anfertigen, machen, schaffen, entwickeln, zeitigen, schöpfen
hervorheben: verstärken, unterstreichen, herausstellen, betonen, akzentuieren, Nachdruck legen auf
Hervorhebung: Betonung, Akzentuierung, Unterstreichung
hervorkommen: 1. werden, aufgehen 2. s. enthüllen, durchbrechen, s. entpuppen, s. zeigen, s. herausstellen
hervorragen: auffallen, herausragen
hervorragend: beachtlich, außergewöhnlich, super, sondergleichen, bedeutsam, beeindruckend, stattlich, verblüffend, überwältigend, entwaffnend, überragend, bewundernswert, sagenhaft, nennenswert, einzigartig, ausgefallen, ungewöhnlich, vollkommen
hervorrufen: bedingen, wecken, erregen, heraufbeschwören, auslösen, hervorbringen, herbeiführen, zeitigen, verschulden
hervorsprießen: entkeimen, entwachsen
herzensgut: gutmütig, gutherzig
herzhaft: 1. ordentlich, tüchtig, fest, gehörig 2. mutig, tollkühn, mannhaft, furchtlos, kämpferisch, tapfer, heldenhaft, verwegen, waghalsig, kühn, unverzagt 3. pikant, würzig 4. lustig, vergnügt, heiter
Herzklopfen: Aufregung, Nervosität, Unruhe, Lampenfieber
herzlich: freundlich, nett, entgegenkommend, zuvorkommend, liebenswürdig, wohlgesinnt, aufmerksam
Herzlichkeit: Freundlichkeit, Entgegenkommen, Nettigkeit, Gefallen, Zuvorkommenheit, Dienstwilligkeit, Verbindlichkeit, Höflichkeit
herzlos: grausam, erbarmungslos, gefühlsarm, verroht, mitleidlos, gefühlskalt, unbarmherzig, brutal, gleichgültig, lieblos
Herzlosigkeit: Grausamkeit, Erbarmungslosigkeit, Kaltherzigkeit, Kaltblütigkeit, Gefühlskälte, Hartherzigkeit, Mitleidlosigkeit, Gefühllosigkeit, Unmenschlichkeit, Schonungslosigkeit, Härte
Hetze: 1. Endspurt, Spurt 2. Verleumdung, Aufhetzung 3. Notwendigkeit, Wichtigkeit, Dringlichkeit 4. Umtrieb, Ruhelosigkeit, Hetzerei, Eile, Unruhe, Hetzjagd, Zeitmangel 5. Schnelligkeit, Flinkheit, Fahrt
hetzen: 1. bedrängen, verfolgen, nachstellen 2. angreifen, aufhetzen, aufreizen, lästern,

aufstacheln, empören, spalten, aufwiegeln, verfeinden, wühlen 3. eilen, fliegen, jagen, springen, laufen, sprinten, rennen, stürmen

Hetzer: Aufwiegler, Aufhetzer, Unruhestifter

hetzerisch: verleumderisch, aufrührerisch

Hetzjagd: Treibjagd, Hetze

Heuchelei: Doppelzüngigkeit, Scheinheiligkeit, Verlogenheit, Falschheit, Unaufrichtigkeit, Vortäuschung

heucheln: lügen, schmeicheln, s. verstellen

Heuchler: Pharisäer, Lügner, Schmeichler

heuchlerisch: hinterhältig, unaufrichtig, lügnerisch, scheinheilig, verstellt, schmeichlerisch, pharisäisch, falsch

Heuschrecke: Grille, Zikade, Grashüpfer, Gottesanbeterin

heute: 1. heutig, momentan, heutzutage, jetzt, gegenwärtig, neuerdings 2. jetzt, sofort, gleich 3. modern, aktuell

Hexe: Weissagerin, Drude, Fee, Zauberin

Hexerei: Wunder, Zauberei, Magie

Hiebe: Prügel, Schläge

hier: 1. anwesend, da 2. hiesig, einheimisch 3. hierzulande, da

hierher: herbei, heran, daher, hinzu, herzu

hiesig: ansässig, niedergelassen, einheimisch, beheimatet

Hightech: Spitzentechnologie, modernste Ausstattung

Hilfe: 1. Samariterdienst, Nothilfe 2. Mitarbeit, Dienst, Unterstützung, Beistand 3. Förderung, Zuschuss 4. Mitarbeiter, Hilfskraft, Gehilfe, Helfer, Stütze

Hilfeleistung: Beihilfe, Hilfe, Unterstützung

Hilferuf: Notruf, Notsignal

hilflos: 1. unbeholfen, verwirrt, ratlos 2. schwach, machtlos, unselbstständig, hilfsbedürftig

hilfreich: 1. fürsorglich, aufopfernd, brüderlich 2. nützlich, dienlich 3. hilfsbereit, zuvorkommend, gefällig

hilfsbedürftig: herabgekommen, arm, hilfebedürftig

hilfsbereit: fürsorglich, brüderlich, opferbereit, aufopfernd

Hilfsbereitschaft: Fürsorge, Einsatzbereitschaft, Gefälligkeit, Samariterdienst, Aufopferung

Hilfskraft: Handlanger, Taglöhner, Aushilfskraft, Aushilfe, Tagelöhner

Hilfsmittel: Ersatz, Prothese, Hilfe

Hilfsverb: Hilfszeitwort, Auxiliarverb

Himmel: 1. Ewigkeit, Paradies, Jenseits 2. Firmament, Sternenzelt, Himmelsgewölbe

Himmelskörper: Stern, Planet, Gestirn

himmlisch: überirdisch, übernatürlich, jenseitig, übersinnlich

hin: entzwei, auseinander, zerbrochen

hinab: abwärts, hinunter, in die Tiefe, runter

hinauf: hinan, bergauf, himmelwärts, empor, herauf, aufwärts, hoch

hinaufgehen: ansteigen, hochsteigen, emporsteigen, aufsteigen

hinaufklettern: klettern, aufsteigen, emporklettern, hochsteigen

hinaufsetzen: heraufsetzen, anheben, heben

hinausfahren: davonziehen, abfahren, wegfahren, ablegen

hinausgehen: hinaustreten, verlassen

hinauswerfen: vertreiben, hinausjagen, hinausweisen, abschieben, fortjagen

hinausziehen: 1. ziehen, verlassen, scheiden, gehen 2. verschieben, aufschieben, säumen, verlangsamen, verschleppen, aussetzen, verzögern, verziehen, hängen lassen **s. hinausziehen:** s. verlängern, s. hinschleppen

hinbringen: 1. hinbegleiten, hinlenken 2. zusenden, herbeibringen, zuleiten, zustellen, hinschaffen, bringen, liefern, hintragen

hinderlich: beschwerlich, unvorteilhaft, hindernd, störend, ungelegen, zeitraubend, nachteilig, erschwerend, beeinträchtigend, belastend

hindern: 1. durchkreuzen, vereiteln 2. entgegenarbeiten, s. entgegenstellen, behindern, erschweren, wehren, beengen, entgegensetzen, abhalten, zurückhalten

hindernd: zeitraubend, ungelegen, hinderlich, ungünstig, erschwerend, störend, lästig, belastend

Hindernis: 1. Erschwerung, Widerstand, Erschwernis, Schwierigkeit, Hemmung, Behinderung 2. Absperrung, Hürde, Schranke, Sperre

Hinderungsgrund: Einwand, Einspruch, Gegengrund

hinein: in, einwärts

hineindenken (s.): s. einleben, s. hineinversetzen, s. einfühlen

hineinfliegen: hintransportieren, einfliegen

hineingehen: 1. betreten, eintreten, hineinlaufen 2. hineinpassen, aufnehmen

hineingeraten: dazukommen, hineinkommen, hinzutreten

hineinlegen: 1. betrügen, täuschen 2. hineinstellen, einfügen, einordnen

hineinreden: 1. eingreifen, einschreiten, s. einmischen, s. einmengen 2. unterbrechen, dazwischenreden

hineinschlüpfen: s. einmuscheln, hineinkriechen

hineinstecken: 1. s. einmischen, eingreifen, einschreiten 2. einführen, hineintun 3. aufwenden, anlegen, aufbieten, unterbringen, wagen, einsetzen 4. hineinstopfen, pressen

hineinsteigern (s.): entbrennen, übertreiben, s. erhitzen, s. aufregen, entflammen

hineinstopfen: hineinzwängen, pressen, hineinstecken

hineintun: einsortieren, einordnen, einfügen, hineinstellen

hineinversetzen (s.): s. hineindenken, s. einleben, s. einfühlen

hineinziehen: gefährden, hineingeraten, verwickeln, hineinreiten

hinfahren: 1. überbringen, bringen 2. besuchen, fahren 3. kontrollieren, nachschauen

Hinfahrt: Ausfahrt, Weiterfahrt

hinfallen: fallen, hinsausen, hinfliegen, hinsinken, stürzen

hinfällig: 1. überflüssig, bedeutungslos, wertlos, zwecklos, unwichtig, unnötig 2. abgelebt, abgezehrt, verfallen, krank, kränklich 3. wesenlos, unbegründet, gegenstandslos, ungerechtfertigt, grundlos

hinführen: hinbegleiten, hinlenken, hinschleifen, hinschaffen

Hingabe: Hingebung, Entsagung, Einsatz, Aufopferung, Nächstenliebe

hingeben: hergeben, abtreten, wegschenken, verschenken **s. hingeben:** 1. s. verlieben, s. verknallen 2. s. überlassen, huldigen 3. s. darbringen, s. opfern, s. widmen, s. ergeben

hingegen: dagegen, im Gegensatz, doch, aber, während, jedoch

hingehen: 1. verstreichen, vorübergehen, davoneilen 2. gehen, besuchen

hingehören: angebracht sein, passen, s. wie zu Hause fühlen

hinhalten: 1. hinziehen, verzögern, aufhalten 2. reichen, entgegenstrecken, bieten

hinhaltend: schleppend, abwartend, langsam, ausweichend, berechnend

hinhauen: 1. kündigen, aufgeben 2. gedeihen, werden, gelingen

hinken: humpeln, lahmen

hinkommen: 1. reichen, ausreichen 2. s. einfinden, eintreffen, s. nähern, erscheinen, kommen, gelangen, nahen, s. einstellen

hinlaufen: hinrennen, hinstürzen, hinstürmen, hineilen

hinlegen: deponieren, niederlegen, absetzen, ablegen, abstellen, platzieren **s. hinlegen:** s. legen, s. hinstrecken, s. niederlegen

hinlenken: hinbegleiten, hinführen

hinnehmen: s. ergeben, ertragen, leiden, hinunterschlucken, s. schicken, erleiden, dulden

hinreichen: 1. anbieten, geben 2. langen, ausreichen

hinreichend: viel, genug, ausreichend, zureichend

hinreißen: begeistern, bezaubern

hinreißend: angenehm, einnehmend, anziehend, betörend, aufreizend, reizend, hübsch, bezaubernd, schön, lieblich, toll, entzückend

hinrichten: töten, exekutieren

Hinrichtung: Exekution, Vollstreckung, Urteilsvollstreckung

hinschicken: zusenden, liefern, ausliefern, beliefern, zustellen

hinschmeißen: aufgeben, kündigen, hinwerfen

hinsehen: hingucken, anstarren, schauen

hinsetzen: ausruhen, s. setzen, entspannen

Hinsicht: Gesichtspunkt, Beziehung, Hinblick

hinstellen: 1. absetzen, niederlegen, abstellen, niederstellen, ablegen 2. platzieren, aufstellen

hinstrecken: ausstrecken, geben, hinhalten, darbieten

hinten: 1. hintenan, dahinten 2. achtern, dahinter, rückseitig

hinter: hinten, dahinter

Hinterbliebene: Erben, Angehörige

hinterbringen: verraten, zuflüstern, zubringen, zutragen, mitteilen, hintertragen

hintereinander: aufeinander folgend, nacheinander, zusammenhängend

hinterfragen: untersuchen, nachfragen, aufarbeiten, ergründen, prüfen

hintergehen: betrügen, überfahren

Hintergrund: 1. Rückseite, Rückwand, Tiefe 2. Zusammenhang, Bezug, Ursache

hintergründig: abgründig, tiefsinnig, geheimnisvoll

Hintergründigkeit: Tiefsinn, Abgründigkeit

Hinterhalt: Lauer, Falle

hinterhältig: 1. arglistig, schmachvoll, hinterlistig, schmutzig, niederträchtig, schändlich, unaufrichtig, verschlagen, unehrlich 2. böse, boshaft, schlimm, gemeingefährlich, unausstehlich

hinterher: 1. somit, also, sonach, entsprechend 2. folgend, nach, hintendrein 3. nachstehend, hinten, nach 4. dann, hernach, hiernach, danach, nachher, später

hinterherlaufen: 1. nachlaufen, hinterherjagen, nachsetzen, hinterherrennen, nachfolgen, nacheilen 2. nachstellen, nachgehen

hinterlassen: überlassen, schenken, vererben, vermachen

Hinterlassenschaft: Erbschaft, Nachlass, Erbe, Nachlassenschaft

hinterlegen: deponieren, zurücklegen, niederlegen, aufbewahren lassen

Hinterlist: Hinterhältigkeit, Verstecktheit, Arglist, Verschlagenheit, Heimtücke

hinterlistig: arglistig, falsch, unwahrhaftig, hinterhältig, verstellt, lügnerisch, unehrlich, versteckt, unaufrichtig, unredlich

Hintermann: Anstifter, Drahtzieher, Auftraggeber, Macher, Schlüsselfigur

hinterrücks: unversehens, meuchlings

Hinterseite: Kehrseite, Rückfront, Hinterfront, Schattenseite, Rückseite

Hinterteil: 1. Hintersteven, Heck 2. Gesäß, Hintern 3. Ende, Rückteil, Schluss

hintertreiben: abstellen, abwenden, abwehren, vereiteln, unterbinden, lahm legen, verwehren, verhüten

Hintertür: 1. Hoftür, Gartentür 2. Mittel, Hoffnung, Ausweg, Hilfe

hinterziehen: unterschlagen, veruntreuen

Hinterziehung: Unterschlagung, Veruntreuung

hinüber: 1. heimgegangen, gestorben, verschieden 2. gewesen, vorbei 3. dahin, dorthin

hinunter: hernieder, herab, talwärts, bergab, abwärts, nieder, herunter, hinab

hinunterblicken: herabblicken, hinabschauen, hinabsehen, hinuntersehen, herabsehen

hinunterfallen: niederstürzen, hinunterstürzen, hinabstürzen, herunterfallen, herabsausen, niederfallen, heruntersausen, hinunterpurzeln, heruntersegeln, abstürzen, hinunterfliegen

hinuntergehen: 1. runtergehen, absteigen 2. herunterklettern, herabklettern 3. hinunterklettern, hinabklettern

hinunterschlucken: 1. schlucken, verschlingen, verschlucken 2. unterdrücken, ersticken

hinunterspringen: s. hinunterstürzen, hinabspringen, s. hinabstürzen, s. herabstürzen, s. herunterstürzen

hinuntersteigen: 1. herunterklettern, herabklettern 2. hinabsteigen, absteigen

hinwegsetzen (s.): missachten, übertreten, abweichen, überschreiten, entgegenhandeln

Hinweis: Fingerzeig, Andeutung, Tip, Anspielung, Rat, Wink

hinwerfen: 1. zuwerfen, hinschleudern 2. gehen, hinschmeißen, kündigen 3. aufgeben, abbrechen, aufstecken, schließen, beenden

hinziehen: hinauszögern, hinausschieben, verlangsamen **s. hinziehen:** anhalten, dauern, s. verzögern

hinzufügen: anschließen, anreihen, zusetzen, zugeben, erweitern, dazulegen, beigeben, anfügen, nachtragen, dazutun, vervollständigen, ergänzen, komplettieren, hinzusetzen, supplieren

Hinzufügung: Anfügung, Beifügung, Anschluss, Ergänzung

hinzukommen: s. hinzugesellen, s. beigesellen, s. anschließen, hineingeraten, hinzutreten

hinzuziehen: zuziehen, bemühen, herbeiholen, heranholen

Hippie: Blumenkind

Hirt: Hüter, Halter, Cowboy

hissen: heißen, flaggen, aufhissen, hochwinden, hochziehen

Hitze: 1. Glut, Bruthitze, Wärme, Sommerhitze 2. Feuer, Schwung, Anstrengung, Leidenschaft

hitzig: 1. heiß, sommerlich, kochend 2. rasend, aufbrausend 3. aufgeregt, nervös, ruhelos, bewegt, unruhig, ungeduldig, erregt

Hitzkopf: Heißsporn, Temperamentsbündel, Choleriker, Heißsporn

hitzköpfig: heftig, auffahrend, zornig, hitzig, jähzornig, unwillig, ungehalten, empört, aufbrausend

HIV-positiv: HIV-infiziert

Hobby: Freizeitbeschäftigung, Liebhaberei, Steckenpferd

hoch stehend: führend, gehoben, vorgesetzt

hoch: 1. übertrieben, sehr, maßlos 2. bedeutend, vorgesetzt, gehoben, angesehen 3. außergewöhnlich, erstaunlich, ungewöhnlich, außerordentlich, überraschend 4. lang, stattlich, emporragend 5. angestiegen, angeschwollen 6. überteuert, teuer 7. hell, rein 8. stolz, überheblich 9. hinauf, aufwärts

Hoch: 1. Hochruf, Toast 2. Hochdruckgebiet, Sommerwetter, Hochdruckzone

Hochachtung: Achtung, Verehrung, Bewunderung, Ehrfurcht, Anerkennung, Rücksicht, Hochschätzung

hochbegabt: genial, hoch talentiert, sehr intelligent

Hochbetrieb: Aufregung, Treiben, Trubel

Hochdeutsch: Schriftsprache, Schriftdeutsch, Hochsprache

Hochdruck: 1. Bluthochdruck, Überdruck 2. Leidenschaft, Angespanntheit, Anstrengung 3. Treiben, Aufregung, Wirbel, Betrieb

Hochebene: Bergland, Hochfläche, Platte

hochfahrend: herablassend, selbstbewusst, aufgeblasen, überheblich, anmaßend, selbstsicher, eingebildet

hochgehen: platzen, toben, aufbrausen

Hochhaus: Wohnturm, Turmhaus, Wolkenkratzer

hochheben: 1. heben, anheben 2. schürzen, heben, aufnehmen

hochherzig: 1. selbstlos, großherzig, edelsinnig, großmütig, vornehm, edel 2. adelig, aristokratisch

Hochherzigkeit: Großmut, Selbstlosigkeit, Edelmut

Hochland: Hochfläche, Hochplateau, Plateau, Bergland, Hochebene, Platte

Hochmut: Einbildung, Vermessenheit, Dünkel, Überheblichkeit, Stolz, Eitelkeit, Hochmütigkeit

hochmütig: aufgeblasen, anmaßend, hochfahrend, selbstüberzeugt, herablassend, wichtigtuerisch, überheblich, eingebildet, selbstbewusst

hochprozentig: stark, konzentriert, hart, alkoholhaltig

Hochruf: Hurra, Jubel, Hoch

Hochschule: Universität, Akademie

Hochsitz: Hochstand, Anstand

Hochspannung: Spannung, Gespanntheit, Neugier, Unruhe, Vorfreude

hochspielen: aufblasen, übersteigern, überziehen, ausweiten, übertreiben

Hochsprache: Schriftsprache, Literatursprache

hochsprachlich: schriftsprachlich, dialektfrei

Hochstand: Anstand, Ansitz, Hochsitz

höchstens: 1. maximal, allenfalls, bestenfalls 2. außer, ausgenommen

Höchstmaß: Gipfel, Höhepunkt, Rekord, Maximum

Höchstwert: Höchstmaß, Optimum, Höchststand

hochtrabend: gewichtig, anspruchsvoll, hochgestochen

Hochverrat: Vaterlandsverrat, Landesverrat

Hochverräter: Landesverräter, Vaterlandsverräter

hochwertig: edel, ausgesucht, erstklassig, auserlesen, fein, hervorragend, wertvoll, prächtig, vortrefflich

Hochzeit: Heirat, Eheschließung, Trauung, Vermählung

hochzerren: 1. aufrichten, hochreißen 2. aufreißen, hochziehen

hochziehen: 1. errichten, bauen 2. heben, aufziehen 3. hochwinden, flaggen 4. hochzerren, aufrichten

Hocker: Schemel, Drehbein

Höcker: 1. Anhöhe, Hügel, Erhebung, Haufen 2. Wucherung, Wulst, Auswuchs

hoffen: wünschen, s. ausmalen, erwarten

Hoffnung: Hoffnungsschimmer, Vertrauen, Hoffnungsfunke, Erwartung, Ausweg, Lichtblick, Zukunftsglaube, Möglichkeit, Zuversicht, Aussicht

hoffnungslos: 1. verbaut, aussichtslos, verschlossen, sinnlos, verfahren 2. skeptisch, schwarzseherisch 3. geknickt, lebensmüde, niedergedrückt, mutlos, gedrückt, depressiv, verzagt, verzweifelt

Hoffnungslosigkeit: 1. Verzweiflung, Entmutigung, Sinnlosigkeit, Aussichtslosigkeit, Depression 2. Skepsis, Schwarzseherei

hoffnungsvoll: 1. zukunftsgläubig, fortschrittsgläubig 2. hilfreich, zuversichtlich, optimistisch, getrost 3. wohlgemut, heiter, froh, freudig

höflich: rücksichtsvoll, aufmerksam, gefällig, umgänglich, anständig, fein, pflichtschuldigst, verbindlich, wohlerzogen, zuvorkommend

Höflichkeit: Anstand, Gewandtheit, Aufmerksamkeit, Freundlichkeit, Zuvorkommenheit, Liebenswürdigkeit, Verbindlichkeit, Takt, Rücksichtnahme, gute Umgangsformen

Höflichkeitsbesuch: Besuch, Anstandsbesuch, Aufwartung

Höhe: 1. Anhöhe, Hügel, Höhenzug 2. Größe, Abmessung, Reichweite, Ausmaß

Höhepunkt: 1. Orgasmus 2. Krönung, Wendepunkt, Gipfel, Höchstmaß

hohl: 1. alltäglich, banal, witzlos, nichtssagend, dumpf, gehaltlos, leer, gewöhnlich, verbraucht, flach, unbedeutend 2. konkav, ausgehöhlt

Höhle: 1. Grotte, Felsenhöhle 2. Bau, Wohnung

Hohlweg: Enge, Engpass

hold: einnehmend, hübsch, entzückend, aufreizend, anziehend, angenehm, bezaubernd, liebenswert, reizvoll

holen: abholen, wegholen, besorgen, heranschaffen, herholen, herbeischaffen, herschaffen

Hölle: Schattenreich, Hades, Unterwelt

Holocaust: 1. Judenverfolgung, Endlösung 2. Ausrottung, Massenmord

holprig: 1. steinig, ungleichmäßig, uneben 2. stottrig, stammelnd, stockend

hölzern: eckig, linkisch, unbeweglich, ungelenk, unbeholfen, steif, plump, ungewandt

Homepage: Startseite, Leitseite, Internetseite

Homo-Ehe: gleichgeschlechtliche Partnerschaft, Lebenspartnerschaft

homogen: einheitlich, übereinstimmend, gleich

homosexuell: schwul, lesbisch, gleichgeschlechtlich

Hooligan: Rabauke, Rowdy, aggressiver Fan

hörbar: lauthals, deutlich, laut, vernehmlich, unüberhörbar

Hörbuch: Audiobuch

horchen: aufhorchen, anhören, hinhören, lauschen, zuhören, abhorchen, hören

hören: s. anhören, aufhorchen, abhorchen, lauschen, wahrnehmen, hinhören, mithören

hörig: 1. verfallen, abhängig, untertan 2. sklavisch, geknechtet, leibeigen, unfrei, versklavt

Hörigkeit: Knechtschaft, Leibeigenschaft, Abhängigkeit

Horizont: Aussicht, Sichtgrenze

Horoskop: Orakel, Weissagung, Voraussage, Sternendeutung

horrend: 1. schaurig, entsetzlich, beängstigend, grauenvoll, verheerend, grässlich, schauervoll, fürchterlich 2. maßlos, übertrieben, unverhältnismäßig, übermäßig, sehr hoch

Hort: Kindertagesstätte, Kinderhort, Kindergarten

horten: ansammeln, speichern, zusammentragen, zusammenraffen, anhäufen, aufhäufen

hübsch: 1. hoch, ansehnlich, groß, staatlich 2. anmutig, einnehmend, anziehend, entzückend, reizend, reizvoll, betörend, gefällig, attraktiv, liebenswert, lieb

Hubschrauber: Helikopter, Heli, Rotorflugzeug

Hügel: Höhe, Steigung, Anhöhe, Höhenzug, Berg, Erhebung

hügelig: bergig, gebirgig, abfallend, wellig, uneben

huldigen: 1. ehren, achten, hoch achten, preisen, würdigen, rühmen 2. s. ergeben, s. widmen, s. hingeben, genießen, frönen

Hülle: 1. Einband, Verpakkung, Umschlag 2. Futteral, Etui 3. Überzug, Schutzhülle

human: hilfreich, aufopfernd, barmherzig, fürsorglich, menschlich, wohltätig, sozial, zuvorkommend, gutherzig, wohlwollend

humanitär: karitativ, sozial, wohltätig

Humanität: Menschlichkeit, Menschenliebe

Humor: Freude, Lustigkeit, Frohmut, Heiterkeit, Vergnügen

humorlos: trocken, langweilig, ernsthaft, todernst, lebensfremd

humorvoll: 1. fröhlich, freudig, übermütig, vergnügt, lustig 2. witzig, launig

Hüne: Riese, Goliath, Koloss, Bulle

Hunger: 1. Not, Hungersnot, Mangel 2. Gier, Unersättlichkeit, Bedürfnis, Lust, Begehren, Verlangen 3. Esslust, Appetit

Hungersnot: Nahrungsmangel, Hunger

hungrig: ausgehungert, unterernährt, nüchtern, ungesättigt

hupen: tuten, ein Signal geben

hurtig: eilig, zügig, flott, behend, flink, schnell

hüten: 1. schonen, warten 2. beschirmen, s. annehmen, bewachen, umsorgen, beschützen **s. hüten:** aufpassen, s. vorsehen, Acht geben

Hütte: Baracke, Schuppen

hygienisch: 1. rein, sauber 2. steril, keimfrei

Hymne: Lobgesang, Preislied

Hypothek: Pfandrecht, Grundstücksbelastung, Grundschuld

Hysterie: Hektik, Überreiztheit, Überspanntheit

I

ideal: 1. richtig, gegeben, berufen 2. vollkommen, hervorragend, einwandfrei, vorzüglich, herrlich, erstklassig, untadelig, makellos, wundervoll

Ideal: 1. Vollendung, Vollkommenheit 2. Wunschbild, Traumbild, Abgott, Vorbild

Idealist: Vorkämpfer, Schwärmer, Eiferer

Idee: 1. Vorstellung, Einfall, Geistesblitz, Gedanke 2. Grundvorstellung, Bedeutung, Leitgedanke, Grundgedanke, Leitmotiv, Gehalt 3. Gag, Attraktion

ideell: vorgestellt, abstrakt, unkörperlich, geistig, begrifflich, ungegenständlich, gedacht

ideenarm: einfallslos, ideenlos, fantasielos, nüchtern, unoriginell, trocken

ideenreich: gestalterisch, schöpferisch, erfinderisch, künstlerisch, fantasievoll, einfallsreich

identifizieren: feststellen, erkennen, wiedererkennen

identisch: unterschiedslos, eins, zusammenfallend, s. deckend, gleichartig, übereinstimmend

idiotisch: geisteskrank, geistesgestört, schwachsinnig

Igel: Mecki, Stacheltier

ignorieren: übersehen, missachten, vernachlässigen, überhören

illegal: ungesetzlich, untersagt, widerrechtlich, unerlaubt, unrechtmäßig, verboten, gesetzwidrig

Illegalität: Ungesetzlichkeit, Unrechtmäßigkeit, Verfassungswidrigkeit, Widerrechtlichkeit, Gesetzwidrigkeit, Unrecht

Illusion: Einbildung, Wunschvorstellung, Selbsttäuschung

Image: Ansehen, Ruf, Reputation, Corporate Identity

Imbiss: Happen, Essen, Stärkung, Bissen

Imitation: Nachbildung, Verdoppelung, Abguss, Kopie, Nachahmung, Wiedergabe, Fälschung

imitieren: abschauen, wiedergeben, nachahmen, nachbilden, nachformen, entlehnen, nachstreben, nachfolgen, gleichtun

imitiert: falsch, unecht, nachgeahmt, nachgemacht, gefälscht, nachgebildet

immateriell: abstrakt, unkörperlich, geistig

immer: anhaltend, allemal, endlos, pausenlos, unaufhaltsam, fortgesetzt, fortdauernd, ständig, fortwährend, andauernd, ununterbrochen

immerwährend: allezeit, anhaltend, ewig, endlos, gleichbleibend, stetig, andauernd, pausenlos, fortgesetzt, stets, laufend, beharrlich, ständig, unaufhaltsam

Immigrant: Übersiedler, Einwanderer, Asylant

immigrieren: zuwandern, zuziehen, einwandern, s. ansiedeln, einreisen

Immobilien: Häuser, Grundstücke, Grundbesitz

immun: geimpft, abwehrfähig, geschützt, unempfindlich, widerstandsfähig

Immunisierung: Schutzimpfung, Impfung

imperativ: zwingend, gebietend, herrisch, befehlend

Imperialismus: Großmachtstreben, Weltmachtstreben

impfen: vorbeugen, immunisieren

Implantation: Einpflanzung, Organeinpflanzung, Transplantation

implantieren: einpflanzen, transplantieren

Import: Wareneinfuhr, Importware

importiert: fremdländisch, ausländisch, eingeführt

imposant: bedeutsam, ansehnlich, auffallend, Aufsehen erregend, ausgefallen, bewundernswürdig, überraschend, eindrucksvoll, ungewöhnlich, beträchtlich, ohnegleichen, sensationell, erstaunlich, sondergleichen, beachtlich, verblüffend

impotent: zeugungsunfähig, unfruchtbar

Impotenz: Unfruchtbarkeit, Unvermögen, Zeugungsunfähigkeit

impulsiv: 1. ziellos, gedankenlos, unüberlegt, wahllos, unbedacht, fahrlässig 2. wild, heftig, lebhaft, jäh, leidenschaftlich

imstande: 1. können, vermögen 2. kräftig, fähig

in: 1. zwischen, innerhalb, inmitten, unter 2. während, binnen

inadäquat: ungebührlich, unwillkommen, ungehörig, unangebracht, störend, ungeziemend, ungeeignet

inaktiv: passiv, müßig, faul, bequem, untätig

Inbegriff: Bild, Ausbund, Urbegriff, Musterfall

inbegriffen: einbegriffen, plus, zuzüglich, eingerechnet, einschließlich, mit eingerechnet

indessen: dazwischen, indem, einstweilen, unterdes, inzwischen, währenddessen, unterdessen, solange

Indikator: Anzeichen, Symptom, Indiz, Hinweis

indirekt: mittelbar, ungesagt, unausgesprochen, verhüllt

indiskret: taktlos, neugierig

Indiskretion: Taktlosigkeit, Neugierde

Individualist: Einzelgänger, Original, Sonderling

individuell: 1. spezifisch, verschieden 2. einzigartig, besonders, speziell 3. persönlich, subjektiv

Individuum: Einzelperson, Einzelmensch, Subjekt

Indossament: Wechselübertragungsvermerk, Giro

ineffizient: unproduktiv, langwierig, unnütz

Infektion: Ansteckung, Übertragung, Entzündung

infiziert: verseucht, angesteckt

infolgedessen: folglich, deshalb

informativ: interessant, wissenswert, aufschlussreich

informieren: 1. unterrichten, aufklären, einweihen 2. kundmachen, erzählen, vermitteln, berichten, bekannt machen, mitteilen, bekannt geben, melden, unterbreiten, verständigen **s. informieren:** s. umhören, s. unterrichten

Inhaber: 1. Industrieller, Gesellschafter, Fabrikbesitzer 2. Ladenbesitzer, Eigentümer, Ladeninhaber, Eigner, Besitzer, Patron, Chef

inhaftieren: festsetzen, fassen, fangen, einsperren, verhaften, festnehmen, abführen, ergreifen, gefangen setzen, festhalten

inhalieren: 1. einatmen, einziehen 2. einen Lungenzug machen, auf Lunge rauchen

Inhalt: 1. Füllung 2. Gehalt, Wesen, Gedankengut, Sinn, Ideengehalt, Bedeutung

Inhaltsangabe: Zusammenfassung, Übersicht

inhaltslos: geistlos, gehaltlos, inhaltsleer, nichts sagend, stumpfsinnig, dürftig, unbedeutend

inhaltsreich: geistreich, inhaltsvoll, bedeutungsvoll, viel sagend, ausdrucksvoll

inklusive: mit, einbegriffen, eingeschlossen, zuzüglich, einschließlich, plus

inkompatibel: nicht zueinander passend, nicht miteinander vereinbar, nicht kompatibel

inkonsequent: 1. folgewidrig, widersprüchlich, widerspruchsvoll 2. unbeständig, schwankend, sprunghaft, wankelmütig, wetterwendisch

Inkonsequenz: 1. Flatterhaftigkeit, Wechselhaftigkeit, Unstetigkeit, Sprunghaftigkeit 2. Widersprüchlichkeit

inkonstant: 1. variabel, wandelbar, schwankend, veränderlich 2. wechselnd, unstetig

Inland: Heimat, Vaterland

inländisch: national, einheimisch, regional

inliegend: anliegend, anbei, beiliegend, innen, eingeschlossen, beigelegt, inklusiv

inmitten: 1. anwesend, zugegen 2. bei, während

innehaben: 1. herrschen, führen 2. einnehmen, ausüben, bekleiden, verwalten

innehalten: einstellen, aufhören, aussetzen, unterbrechen, stehen bleiben

innen: 1. inwendig, innerhalb, drinnen 2. beiliegend, beigefügt, inliegend, anbei

Innenstadt: Stadtzentrum, City, Zentrum, Stadtmitte

Innere: 1. Innenleben, Seele, Zentrum, Gefühlsleben, Mitte, Wesen 2. Zubehör, Innenraum, Innenausstattung

innerhalb: 1. drinnen, inmitten 2. binnen, während

innerlich: 1. inwendig, drinnen 2. zartbesaitet, feinfühlig, gefühlvoll, empfindlich

innig: 1. stürmisch, flehentlich, sehnlich, leidenschaftlich, inständig, inbrünstig 2. eng, warmherzig

Innovation: Erneuerung, Reform, Umgestaltung, Veränderung

Innung: Zunft, Gilde

inoffiziell: vertraulich, außerdienstlich

Input: Eingabe

Insasse: 1. Beifahrer, Sozius 2. Fahrgast, Gast

Inserat: Verkaufsangebot, Anzeige

inserieren: werben, anzeigen

insgesamt: ganz, zusammen, pauschal, vollends

Insider: Kenner, Eingeweihter

Inspektion: Besichtigung, Kontrolle, Prüfung

inspizieren: besichtigen, prüfen, kontrollieren

instabil: schwankend, wechselnd, unfest, veränderlich, brüchig

Installateur: Spengler, Klempner

installieren: befestigen, einbauen, anmachen, festmachen, montieren

instand: laufend, funktionierend

Instandhaltung: Unterhalt, Erhaltung, Pflege, Wartung

inständig: flehentlich, innig, nachdrücklich

Instanz: Behörde, Dienststelle, Institution

Instinkt: 1. Gefühl, Spürsinn, Gespür, Spürnase, Empfindung, Scharfsinn 2. Trieb, Impuls

instinktiv: 1. unbewusst, gefühlsmäßig, sicher 2. instinktsicher, triebmäßig

Institut: 1. Forschungsanstalt, Labor 2. Einrichtung, Bildungsanstalt

intakt: wohlbehalten, ganz, unbeschädigt, heil, unversehrt, einwandfrei

Integration: 1. Zusammenschluss, Vereinigung 2. Rückführung, Rückgliederung, Eingemeindung, Eingliederung

integrieren: 1. einschließen, beteiligen 2. zusammenschließen, vereinen, einpassen, einfügen, verbinden, einbetten

intelligent: gescheit, begabt, scharfsinnig, gelehrig, klug, lernfähig

Intelligenz: Schlauheit, Weisheit, Scharfsinn, Gelehrtheit

Intensität: Grad, Stärke, Heftigkeit, Maß

intensiv: 1. nachhaltig, eindringlich, erschöpfend, gründlich, tief, umfassend 2. heftig, ernst, stürmisch, leidenschaftlich 3. konzentriert, gründlich, aufmerksam, eindringlich, angestrengt

intensivieren: ausbauen, ankurbeln, erweitern, steigern, vorantreiben, vertiefen

Intensivierung: Verstärkung, Ausbau, Steigerung, Vervielfachung, Erhöhung, Vertiefung

Intention: Absicht, Vorhaben, Zielvorstellung, Plan, Idee

Interaktion: Wechselbeziehung, Zusammenspiel, Beziehung

interessant: 1. überraschend, ungeläufig, groß, außergewöhnlich, ausgefallen, erstaunlich, ungewöhnlich 2. Gewinn bringend, rentabel, lohnend, einträglich 3. unterhaltsam, anregend, ansprechend, einnehmend 4. aufschlussreich, informativ, viel sagend, wissenswert

Interesse: 1. Sympathie, Zug, Neigung, Hang, Zuneigung 2. Anteil, Anteilnahme, Gespanntheit, Neugier, Beachtung 3. Rang, Wichtigkeit, Bedeutung, Belang 4. Vorteil, Nutzen, Angelegenheiten

interesselos: gleichgültig, kühl, uninteressiert, teilnahmslos, unbeteiligt

Interesselosigkeit: Passivität, Gleichgültigkeit, Apathie, Tatenlosigkeit, Teilnahmslosigkeit

interessieren: anregen, fesseln

interessiert: 1. gespannt, ungeduldig, begierig 2. geflissentlich, angelegentlich

intern: 1. drinnen, inmitten 2. inoffiziell, vertraulich

international: zwischenstaatlich, weltumfassend, Staaten verbindend, überstaatlich, global, weltweit

internieren: festnehmen, festsetzen, einsperren, verhaften, gefangen setzen, ergreifen, gefangen nehmen

Interpret: Erklärer, Deuter

Interpretation: Deutung, Erklärung

interpretieren: erklären, deuten

Interview: Gespräch, Befragung

intim: 1. persönlich, geheim, vertraulich 2. gemütlich, behaglich 3. vertraut, innig, familiär, wohl bekannt, tief, eng 4. gesichert, zuverlässig, sicher

Intimitäten: Geschlechtsverkehr, Sex, Petting, Fummeln

intolerant: engstirnig, einseitig, starr, unduldsam, befangen, voreingenommen, eng

Intoleranz: Befangenheit, Einseitigkeit, Unduldsamkeit, Unversöhnlichkeit, Vorurteil

Intrigant: Giftspritze, Ränkeschmied

Intrige: Arglistigkeit, Tücke, Hinterhältigkeit, Verschlagenheit, Hinterlist

introvertiert: verschwiegen, verschlossen, schweigsam, zurückhaltend, unzugänglich, in sich gekehrt

intuitiv: spontan, instinktiv, gefühlsmäßig, unbewusst

invalide: arbeitsunfähig, versehrt, schwer beschädigt

Invalide: Versehrter, Schwerbeschädigter, Beschädigter, Körperbehinderter

Invalidität: Berufsunfähigkeit, Arbeitsunfähigkeit, Körperbehinderung

Inventur: Bestandsaufnahme, Bilanzierung, Jahresabschluss

investieren: 1. anwenden, einsetzen, aufbieten 2. verausgaben, anlegen, aufwenden

Investition: Geldanlage, Kapitalanlage

inwendig: innerhalb, innerlich, innen

inzwischen: dazwischen, solange, einstweilen, zwischenher, indessen, währenddem, unterdessen

irdisch: begrenzt, zeitgebunden, vergänglich, weltlich, leiblich

Irland: die Grüne Insel

irr: 1. geisteskrank, schwachsinnig, geistesgestört, irrsinnig 2. unwahrscheinlich, hoch, sehr 3. enorm, großartig 4. überhöht, wahnsinnig

irrational: emotionell, gefühlsbetont

irreal: traumhaft, hoffnungslos, fantastisch, vergeblich, aussichtslos, wirklichkeitsfremd, unwirklich

Irrealität: Hoffnungslosigkeit, Trugbild, Wunschtraum, Unwirklichkeit, Fantasie, Einbildung

irreführen: täuschen, belügen, hereinlegen, trügen

Irreführung: Täuschung, Schwindel, Betrug, Falschmeldung

irrelevant: unwichtig, unwesentlich, unbedeutend

irren (s.): danebenschießen, fehlplanen, hereinfallen, s. versehen, danebengreifen, s. täuschen, s. verrechnen, missverstehen, s. verkalkulieren

irreparabel: nicht wiederherstellbar, nicht wieder gut zu machen

irreversibel: nicht wiederherstellbar, nicht umkehrbar, nicht mehr zu ändern

Irrglaube: Irrlehre, Aberglaube

irrig: 1. abartig, abwegig 2. verkehrt, unzutreffend, irrtümlich, unrecht, widersinnig

irritieren: 1. beeinträchtigen, stören 2. verärgern, verstimmen

Irrlehre: Sektenbildung, Irrglaube, Abweichung, Abspaltung

Irrtum: Täuschung, Missgriff, Missverständnis, Denkfehler, Fehlgriff, Trugschluss, Fehler, Versehen, Fehleinschätzung, Fehlurteil, Verkennung, Schnitzer

Irrweg: Abweg, Holzweg, falsches Vorgehen

Isolation: Absonderung, Abkapselung, Menschenscheu, Einsamkeit, Vereinsamung, Zurückgezogenheit

isolieren: 1. ausschließen, verbannen, entfernen, absondern, sondern, ausstoßen 2. abdämmen, dämmen, abdichten

s. isolieren: s. absondern, s. abkapseln, s. abschließen

Israel: Gelobtes Land, Heiliges Land

J

ja: 1. jawohl, gewiss, selbstverständlich, gut, einverstanden 2. einfach, doch 3. selbst, auch, dazu, sogar, zugleich

Jagdmesser: Weidmesser, Hirschfänger

jagen: pirschen, nachstellen, hetzen

Jäger: 1. Wildhüter, Weidmann, Jägersmann 2. Jagdflieger, Jagdflugzeug

jäh: 1. stürmisch, unerwartet, schnell, überraschend, zufällig, unvermutet, abrupt, ruckartig, jählings, unverhofft 2. steil, absteigend, schroff, abfallend

Jahresbeginn: Neujahr, Jahresanfang, 1. Januar

Jahresbericht: Abschlussbericht, Bilanz, Rechenschaftsbericht

Jahrestag: Jahresgedächtnis, Gedenktag, Jubiläum, Jubeltag

Jahrgang: Altersklasse, Altersgruppe, Geburtsjahr

jährlich: alljährlich, regelmäßig

Jahrmarkt: Kirchweih, Markt, Rummel, Volksfest, Messe

Jahrmarktplatz: Festplatz, Festwiese, Rummelplatz

Jahrmarktsbude: Schaustellerbude, Losbude, Schießbude, Glücksbude, Schaubude, Marktbude

Jahrtausend: Millennium, tausend Jahre

jähzornig: erregbar, unbeherrscht, rasend, hitzig, ungezügelt, reizbar, aufbrausend, wütend

Jammer: 1. Jammergeschrei, Wehklagen, Geklage, Klagen, Gejammer, Wehgeschrei 2. Armut, Not, Elend, Leid

jämmerlich: 1. ärmlich, elend 2. bedauernswert, zerreißend, herzergreifend, Mitleid erregend, jammervoll, kläglich, beklagenswert, bedauerlich

jammern: 1. beklagen, betrauern, beweinen 2. weinen, stöhnen, schluchzen, klagen

Japan: Nippon

japsen: hecheln, keuchen, nach Luft schnappen

jauchzen: jubeln, strahlen, triumphieren, frohlocken

jaulen: heulen, janken, winseln

Jause: Snack, Brotzeit, Vesper, Zwischenmahlzeit

Jawort: Zusage, Billigung, Einwilligung, Zustimmung

je: 1. jemals, irgendwann 2. jedesmal, pro

jedenfalls: jedoch, immerhin, wenigstens, allerdings

jeder: allesamt, gesamt, ausnahmslos, vollzählig, jeglicher, jedweder, alle, jedermann

jederzeit: anhaltend, immer, jedes Mal, fortdauernd, ununterbrochen, allemal, unaufhaltsam, fortwährend, unentwegt, stets, dauernd

jedes Mal: stets, fortwährend, allzeit, unentwegt, dauernd, ewig, pausenlos, fortgesetzt, unaufhaltsam, immerzu, ununterbrochen

jemand: 1. irgendwer, irgendeiner, sonsteiner 2. irgendeine, irgendeiner

jener: dieser, der, ebenjener

Jenseits: Himmel, Himmelreich, Ewigkeit

Jet: Düsenflugzeug, Düsenjäger, Düsenjet

Jetset: High Society, Rang und Namen, die oberen Zehntausend, Schickeria

jetzig: heutig, derzeitig, augenblicklich, gegeben, momentan

jetzt: soeben, derzeit, nunmehr, eben, heute, diesmal, momentan, gegenwärtig

Jobber: 1. Aushilfsarbeiter, Ein-Euro-Jobber 2. Börsenspekulant

joggen: laufen, rennen

Joghurt: Sauermilch

Journalist: Zeitungsschreiber, Pressevertreter, Berichterstatter, Kolumnist, Publizist

Jubel: Jubelruf, Freudenbezeigung, Hochruf, Frohlockung, Begeisterung, Freude, Beifall

jubeln: s. freuen, juchzen, lachen, triumphieren, strahlen

jucken: prickeln, kitzeln

Judenverfolgung: Antisemitismus, Judenpogrom, Judenfeindlichkeit

Jugend: Entwicklungsjahre, Reifejahre, Blütezeit, Jugendalter

jugendlich: 1. blühend, jung 2. unmündig, unreif

Jugendlicher: Halbwüchsiger, Teenager

Jugendstil: Sezession, Art Nouveau

jung: 1. klein, kindlich, heranwachsend, unfertig, zart, unerfahren, blühend, zierlich 2. knabenhaft, jungenhaft

Junge: Kind, Kerl, Knabe, Sohn, Bub

Jungfrau: Fräulein, Jungfer

jungfräulich: 1. unbefleckt, rein, keusch, unberührt, unverdorben 2. unerforscht, unerschlossen, unbetreten

Jungfräulichkeit: Unberührtheit, Unschuld

Junggeselle: Unverheirateter, Single, Alleinstehender

jüngst: vorhin, kürzlich, unlängst, neulich

Jüngster: Küken, Nesthäkchen, Benjamin, Kleinster

Junkie: Drogensüchtiger, Fixer, Drogenabhängiger, Rauschgiftsüchtiger, Rauschgiftabhängiger

Justiz: Gerichtsbarkeit, Gerichtswesen, Rechtspflege

Juwel: Schmuck, Wertstück, Edelstein, Schmuckstein

K

Käfig: 1. Vogelbauer, Voliere, Vogelkäfig 2. Zwinger, Gatter

kahl: 1. leer, entblößt 2. kahlköpfig, glatzköpfig 3. entlaubt, entblättert 4. baumlos, versteppt, abgeholzt 5. kalt, unwohnlich, ungemütlich

Kahlschlag: Abholzung, Rodung

Kakao: Trinkschokolade, Schokolade

Kalkül: Überlegung, Planung, Berechnung, Kalkulation

kalt: 1. durchkältet, durchfroren 2. abgekühlt, ausgekühlt, winterlich, kühl, frisch 3. unzugänglich, unfreundlich, leidenschaftslos 4. abgestumpft, gleichgültig, gefühlskalt, unbarmherzig, hart, verroht, gefühllos, erbarmungslos, unnachsichtig, seelenlos, kompromisslos, unmenschlich

Kälte: 1. Lieblosigkeit, Härte, Rohheit, Gnadenlosigkeit, Brutalität, Unmenschlichkeit, Gefühlskälte 2. Frost, Eiskälte, Nachtfrost

kaltschnäuzig: frech, mitleidlos, schonungslos, ungerührt, unbeeindruckt, rücksichtslos

kaltstellen: hinauskomplimentieren, entlassen, abschieben, verdrängen

Kamerad: Freund, Genosse, Gefährte, Schicksalsgefährte

kameradschaftlich: 1. freundschaftlich, partnerschaftlich 2. anständig, entgegenkommend, bereitwillig, nett, leutselig, wohlwollend, gutgesinnt, verbindlich, zuvorkommend

Kamin: 1. offene Feuerstelle, Ofen 2. Schornstein, Esse, Rauchfang

kämmen: durchkämmen, glätten, bürsten, frisieren

Kammerzofe: Kammermädchen, Zofe, Kammerjungfer

Kampagne: Aktion, Maßnahmen

Kampf: 1. Fehde, Krieg, Gefecht, Kampfhandlung, Schlacht, Streit 2. Widerstand, Abwehr, Behauptung 3. Streben, Bemühen, Mühe, Tauziehen, Einsatz 4. Gegnerschaft, Wettstreit, Wetteifer

kampfbereit: verteidigungsbereit, gerüstet, einsatzbereit, gefechtsbereit, aufgerüstet

Kampfbereitschaft: Streitsucht, Gefechtsbereitschaft, Wehrhaftigkeit, Streitbarkeit, Abwehrbereitschaft, Angriffsbereitschaft

kämpfen: schießen, s. schlagen, streiten, aneinander geraten

Kämpfer: 1. Sportsmann, Sportler, Sportsfrau 2. Draufgänger, Vorkämpfer, Schrittmacher, Streiter, Pionier 3. Soldat, Krieger, Waffenträger

kämpferisch: 1. mutig, tapfer, unverzagt, eifernd, draufgängerisch, beherzt 2. angriffslustig, kampfbereit, kampflustig, streitbar, streitsüchtig, herausfordernd

kampffähig: abwehrbereit, aufgerüstet, bewaffnet, bereit, kriegslüstern, gerüstet, kampfbereit

Kampfplatz: 1. Front, Schlachtfeld 2. Sportplatz, Arena

kampfunfähig: bezwungen, vernichtet, überwältigt, verletzt, unterworfen, fertig gemacht, überwunden, tot, aufgerieben

Kanal: 1. Wasserweg, Wasserstraße 2. Abwasserkanal

Kandelaber: Kerzenständer, Leuchter

Kandidat: 1. Antragsteller, Bittsteller, Anwärter, Bewerber 2. Prüfling, Examenskandidat

kandidieren: s. zur Wahl stellen, s. aufstellen lassen, s. bewerben

Kanone: 1. Geschütz, Flak, Haubitze 2. Leistungssportler, Professioneller, Spitzensportler

Kanzlei: Anwaltsbüro, Dienststelle, Notariat

Kapital: Guthaben, Vermögen, Rücklage, Geldbestand

Kapitel: Abschnitt, Teil, Artikel

kapitulieren: s. ergeben, s. beugen, zurückstecken, aufgeben

Kapsel: 1. Tablette, Pille, Dragee 2. Hülse, Patrone, Gehäuse

kaputt: angehauen, schadhaft, defekt, angestoßen, fehlerhaft, beschädigt, lückenhaft, baufällig, angeschlagen

kaputtgehen: einreißen, einstürzen, zerbrechen, abreißen, zerplatzen, zersplittern, zusammenfallen

kaputtmachen: einschlagen, verwüsten, zerschlagen, zertrümmern, zertreten, zerdrücken, zerstören

Karambolage: Unfall, Zusammenstoß

Karambolage: Auffahrunfall, Zusammenstoß, Kollision

Karenzzeit: Verzicht, Wartezeit, Enthaltsamkeit, Sperrfrist

karg: 1. dünn, schmächtig 2. dürftig, knapp, gering, mager, schmal, einfach, sparsam, ärmlich 3. unfruchtbar, trocken, ertragsarm

kariert: gekästelt, schachbrettartig

Karies: Zahnfäule

Karikatur: Spottbild, Zerrbild

Karosserie: Wagenoberbau, Wagenaufbau

Karre: 1. Auto, Fahrzeug 2. Schubkarre

Karte: 1. Spielkarte, Blatt 2. Eintrittskarte, Einlasskarte

Kartenzeichen: Gradnetz, Landkartenzeichnung

Karzinom: bösartiger Tumor, bösartiger Knoten, Krebs

Kasse: 1. Schalter, Zahlschalter, Auszahlungsstelle 2. Geldkassette, Kassette

kassieren: 1. aufheben, zurückziehen, abschaffen, streichen, auflösen 2. einnehmen, vereinnahmen, einstreichen, eintreiben, einkassieren

Kassierer: Kassenverwalter, Kassier, Kassenwart

Kastanie: Marone, Esskastanie, Edelkastanie

katastrophal: 1. furchtbar, schaudervoll, grauenhaft, grauenvoll, verheerend, entsetzlich, schrecklich 2. miserabel, verhängnisvoll

Katastrophe: Schreckensnachricht, Last, Plage, Missgeschick, Unglücksfall, Verhängnis, Unheil, Schicksalsschlag, Drama, Trauerspiel

Kategorie: Art, Sorte, Klasse, Gruppe, Typ, Spezies

kauen: mampfen, mahlen, mümmeln

kauern: s. ducken, s. bücken, s. hinkauern

Kauf: Besorgung, Abnahme, Erwerb, Einkauf, Erledigung

kaufen: nehmen, abhandeln, s. beschaffen, ersteigern, erstehen, erwerben, anschaffen

Käufer: Abnehmer, Verbraucher, Kunde, Kundschaft

Kaufhaus: Supermarkt, Warenhaus, Kaufhalle

Kaufinteresse: Interesse, Kauffreude, Nachfrage

käuflich: 1. erhältlich, vorrätig, lieferbar, erwerbbar 2. bestechlich, bestechbar

Kaufmann: Ladeninhaber, Geschäftsinhaber, Geschäftsmann, Ladenbesitzer, Händler

Kaufpreis: Preis, Wert, Geldwert

kaum: 1. eben, gerade 2. vereinzelt, knapp, wenig 3. beinahe, knapp

Kaution: Garantie, Pfand, Sicherheitsleistung, Bürgschaft

keck: munter, beherzt, forsch, dreist, vorlaut, unverfroren, frech, unbefangen, scheulos

Kehle: Gurgel, Rachen, Hals

keifen: zetern, schimpfen, motzen, schreien, nörgeln

keimen: s. entwickeln, s. auftun, wachsen, hervorbrechen, treiben, knospen, sprießen, s. entfalten, aufkeimen

keimfrei: steril, antiseptisch

Keimzelle: Eizelle, Samen, Ei, Samenzelle

keinesfalls: niemals, keineswegs, mitnichten

Keller: Kellergewölbe, Kellerraum

Keramik: Töpferware, Ton, Steingut

Kerker: Gefängnis, Verlies, Knast, Loch

Kerze: Talglicht, Licht

kerzengerade: aufrecht, gerade

Kerzenleuchter: Kerzenständer, Leuchter, Armleuchter, Kerzenhalter

kess: keck, forsch, draufgängerisch, frech, mutig, unverfroren

Ketzer: Abweichler, Abtrünniger, Irrgläubiger

Ketzerei: Abweichung, Abspaltung, Irrglaube

keuchen: röcheln, schnaufen, japsen

keusch: 1. jungfräulich, rein, unberührt, unverdorben, züchtig, enthaltsam 2. anständig, gesittet 3. zölibatär, enthaltsam

kicken: 1. schießen, schmettern 2. Fußball spielen, bolzen

kidnappen: 1. entern, beschlagnahmen 2. rauben, entführen

Kidnapping: Flugzeugentführung, Luftpiraterie, Kindesentführung, Entführung

Kids: Kinder, Jugendliche, Teenager, Kiddies, Teenies

Killer: Mörder, Auftragsmörder, Meuchelmörder

Kind: Nachkomme, Spross, Kleinkind, Sprössling, Abkömmling

Kinderei: Dummheit, Unsinn

Kinderfrau: Erzieherin, Kinderfräulein

Kindergarten: Kinderkrippe, Kindertagesstätte, Krippe, Krabbelstube, Tagesheim, Hort

kinderleicht: leicht, unschwer, problemlos, unkompliziert, bequem

Kindermädchen: Erzieherin, Amme, Kinderfräulein, Kinderfrau

Kinderspiel: Kleinigkeit, Leichtigkeit

Kindheit: Jugend, Kinderzeit

kindisch: lächerlich, töricht, albern, lachhaft, unreif

kindlich: naiv, unmündig, ahnungslos, jung, unentwickelt, kindhaft, unreif

Kino: 1. Lichtspiele, Lichtspieltheater, Filmtheater 2. Filmveranstaltung, Filmvorführung

Kiosk: Trinkhalle, Bude, Büdchen, Stand

Kippe: 1. Zigarettenstummel, Stummel 2. Zigarette, Fluppe 3. Müllhalde, Müllkippe

kippen: 1. umsinken, umkippen, umfallen 2. schütten, ausschütten, entleeren, ausgießen

Kirche: Bethaus, Gotteshaus

Kirchendiener: Küster, Mesner

Kirchengemeinde: Gemeinde, Pfarrei

Kirchenlehrer: Theologe, Geistlicher, Schriftgelehrter

Kirchenlied: Kantate, Choral, Hymne, Psalm

kirchlich: klerikal, geistlich

Kissen: Sofakissen, Kopfkissen, Sitzkissen, Federkissen

kitschig: geschmacklos, abgeschmackt, überladen

kitten: 1. festmachen, erneuern 2. kleben, dichten

kitzeln: 1. reizen, verlocken 2. krabbeln, kraulen

kitzlig: 1. krabbelig, empfindlich 2. schwierig, peinlich

Klage: 1. Totenklage, Jammerrede, Gejammer, Grabgesang, Klagegesang, Wehklagen, Jammer, Klagelied 2. Anschuldigung, Anzeige, Beschuldigung, Beschwerde, Anklage, Bezichtigung

Klagelaut: Jammerlaut, Schluchzer, Seufzer, Wehlaut

klagen: 1. anschuldigen, verdächtigen, anklagen, beklagen 2. schluchzen, jammern, wehklagen, s. beschweren, ächzen 3. verklagen, prozessieren

Kläger: Ankläger, Staatsanwalt, Anklagevertreter

kläglich: 1. beschämend, erbärmlich 2. bedauernswert, bedauerlich, zerreißend, jammervoll, ergreifend 3. unbefriedigend, unzureichend, mager, kärglich, schmählich, bescheiden

Klang: Klangfarbe, Tonfarbe, Ton, Kolorit, Klangart

Klänge: Tonfolge, Melodie, Musik

Klangfarbe: Betonung, Sprachmelodie, Kolorit, Timbre, Tonfall

klanglos: 1. unmerklich, unauffällig, unhörbar, verstohlen, heimlich 2. heiser, stumpf, belegt

klangvoll: tönend, melodisch, klingend, weich, wohllautend

klapperig: 1. schwach, dünn, schwächlich 2. gebrechlich, alt, abgenutzt

klappern: 1. scheppern, lärmen, rappeln, rasseln 2. frieren, zittern

klar sehen: überblicken, übersehen, überschauen

klar: 1. verstehbar, deutlich 2. unmissverständlich, eindeutig, deutlich, bestimmt, genau, exakt, unzweideutig 3. gewiss, selbstverständlich 4. hell, gläsern, ungetrübt, durchscheinend, durchsichtig, rein, lauter 5. aufgeklärt, sonnig, strahlend, wolkenlos, schön 6. gewiss, offensichtlich, unleugbar, erwiesen, zweifellos, sicher 7. ordentlich, einfach 8. gelöst, enträtselt

klären: 1. bereinigen, aufklären, richtig stellen, aufhellen, klarlegen, abklären, offen legen 2. sieben, filtern, reinigen

Klarheit: 1. Eindeutigkeit, Genauigkeit, Bestimmtheit, Unverblümtheit 2. Anschaulichkeit, Unzweideutigkeit 3. Deutlichkeit, Verständlichkeit

klarlegen: erklären, auseinandersetzen, zeigen, umreißen, darlegen, klarmachen, darstellen, verdeutlichen, ausdeuten

klarstellen: lösen, berichtigen, aufdecken, richtig stellen, erhellen, klären, entwirren, klarlegen, verdeutlichen

Klärung: Aufklärung, Auflösung, Antwort, Lösung, Enthüllung

Klasse: 1. Gruppe, Abteilung, Ordnung 2. Schulstube, Klassenzimmer

Klassenarbeit: Probe, Schularbeit, Schulaufgabe, Abfrage, Test

klassisch: 1. üblich, hergebracht, herkömmlich, gewohnt, traditionell 2. kennzeichnend, unverkennbar, bezeichnend, typisch 3. nachahmenswert, vollendet, mustergültig, ideal, unübertroffen, vorbildlich, beispielhaft 4. zeitlos, allgemein gültig 5. antik, alt

Klatsch: Stadtgespräch, Gerede, Geschwätz, Tratsch, Dorfgespräch

klatschen: 1. die Hände zusammenschlagen, applaudieren 2. breittreten, schwatzen

Klatscherei: Gerede, Klatschgeschichten, Klatsch

klatschsüchtig: geschwätzig, schwatzhaft, tratschsüchtig

Klausel: Bedingung, Bestimmung, Vorbehalt, Einschränkung

Klavier: Piano, Flügel

kleben: 1. halten, haften, festkleben 2. kleistern, leimen, zusammenkleben, zusammenfügen, befestigen 3. schlagen, ohrfeigen, züchtigen

Klebestoff: Klebemittel, Leim, Klebstoff

klebrig: leimig, harzig, kleistrig, verklebt, fest

Klebrigkeit: Verklebung, Pappigkeit

kleiden: stehen, passen, schmeicheln

Kleidung: Anzug, Sachen, Bekleidung, Klamotten, Zeug

klein machen: verwüsten, zerkleinern

klein: 1. bedeutungslos, unerheblich, nebensächlich, nichtssagend, egal, unmaßgeblich, unwichtig 2. fein, klitzeklein, dünn 3. wenig, winzig, zierlich, kurz 4. jung, verschwindend, geringfügig, gering, kindlich, heranwachsend, minimal, unfertig 5. gering, übersehbar, kurz

kleinbürgerlich: kleinstädtisch, übergenau, spießbürgerlich, kleinlich

Kleingeld: Wechselgeld, Geldstücke, Münzen

kleingläubig: argwöhnisch, zweifelnd, misstrauisch

Kleinigkeit: 1. Nichts, Bagatelle, Bedeutungslosigkeit, Geringfügigkeit, Nebensächlichkeit, Spaß, Spiel, Spielerei, Nebensache, Kinderspiel 2. Happen, Kostprobe, Stückchen, Imbiss

kleinkariert: beschränkt, intolerant, kleinlich, engstirnig, spießig

kleinlaut: still, beschämt, verlegen, befangen, niedergedrückt, eingeschüchtert, verstummt, betreten

kleinlich: bürokratisch, kleinkariert, engherzig, kleinstädtisch, spießig, kleinbürgerlich

kleinmachen: demütigen, erniedrigen

kleinmütig: ängstlich, gehemmt, beklommen, scheu, mutlos, bang, angstvoll, zaghaft, verschüchtert, befangen, schüchtern

Kleinstadt: Nest, Ortschaft, Provinzstadt

kleinstädtisch: kleinbürgerlich, spießig, spießbürgerlich, bieder

Kleinwuchs: Zwergenwuchs, Minderwuchs

klemmen: 1. eindrücken, einschnüren, einzwängen, verbinden 2. sperren, blockieren

klerikal: kirchlich, geistlich

klettern: 1. aufsteigen, krabbeln, steigen, erklimmen, bergsteigen, emporklettern 2. ranken, emporklettern

klicken: anklicken, über Mausklick anwählen

Klient: Mandant, Kunde

Kliff: Steilwand, Felswand

Klingel: Glocke, Schelle

klingeln: läuten, schellen

klingen: 1. tönen, hallen, schwingen, dröhnen, erklingen, schallen 2. s. anhören, s. ausnehmen

Klinke: Türgriff, Türklinke, Griff

Kloake: Abwasserkanal, Ablaufrohr

klobig: plump, ungelenk, derb, klotzig, ungefüge, unförmig, massig, breit, vierschrötig

klopfen: trommeln, hämmern, schlagen, pochen

Kloster: Stift, Abtei

Klotz: 1. Block, Holzklotz 2. Bauklötzchen 3. Grobian, Rüpel, Raubein, Stänkerer, rücksichtsloser Mensch

klotzig: 1. kolossal, mächtig 2. massig, schwerfällig, derb, breit, grobschlächtig, unförmig, ungraziös, plump

klug: gelehrig, befähigt, geschickt, geeignet, weit blickend, tüchtig, aufgeweckt, gescheit, spitzfindig, intelligent, begabt, vernünftig, schlau, scharfsinnig, verständig

Klugheit: Scharfsinn, Intelligenz, Fähigkeit, Weisheit, Befähigung, Gescheitheit, Schlauheit

Klumpen: Brocken, Haufen, Stück, Batzen

Klüngel: 1. Clique, Seilschaft, Genossenschaft 2. Beziehungen, Vitamin B

Knabe: Junge, Kind, Bube

knacken: 1. öffnen, aufbeißen 2. lösen, enträtseln

Knall: Krach, Schlag, Bums, Donnerschlag

knallen: puffen, bumsen, krachen

knapp halten: mäßigen, kurz halten, bremsen

knapp: 1. kurz, klein 2. selten, kaum, wenig 3. körpernah, stramm, eng anliegend, eng 4. spärlich, unzureichend, bescheiden, mager, schäbig, ungenügend 5. rar, selten 6. spärlich, gedrängt, kurz

Knappheit: Mangel, Verknappung, Entbehrung, Bedrängnis, Beschränktheit

Knatsch: Ärger, Streit, Querelen, Gezänk, Zwist

Knauf: Knopf, Griff

knauserig: kleinlich, geldgierig, sparsam, raffgierig, geizig, habsüchtig

knautschen: knittern, s. zusammendrücken, knüllen

knebeln: bedrücken, versklaven, knechten, bedrängen, unterjochen, ducken

Knecht: 1. Sklave, Abhängiger, Diener, Untergebener 2. Feldarbeiter, Landarbeiter

knechten: versklaven, knebeln, niederhalten, unterjochen, bedrängen, unterdrücken

Knechtschaft: Unfreiheit, Sklaverei, Abhängigkeit, Gebundenheit, Joch, Unterjochung, Zwang

kneten: 1. massieren, bearbeiten 2. durchkneten, durchwalken, vermengen, drücken, wirken, durcharbeiten

knicken: 1. einknicken, umknicken 2. anbrechen, brechen

Kniefall: Fußfall, Unterwürfigkeit

kniefällig: unterwürfig, inbrünstig, demütig, fußfällig, innig

knien: auf den Knien liegen, hinknien, niederknien

knistern: rascheln, prasseln, zischen

knittern: zerknittern, knautschen, zerknüllen, s. zusammendrücken

knock-out: k. o., kampfunfähig

Knoten: Komplikation, Kompliziertheit, Verwicklung

Know-how: Wissen, Erfahrung, Fachwissen, Fachkenntnis, Kenntnis

Knüller: Werbegag, Schlager, Glanzstück, Anreiz

knüpfen: zusammenschnüren, knoten, binden

knusprig: 1. anziehend, frisch, jung 2. rösch, appetitlich, kross

Koalition: Pakt, Bündnis, Verbindung, Zusammenschluss, Bund

Kobold: Hausgeist, Wichtel, Gnom, Zwerg, Wichtelmännchen

Koch: Chefkoch, Küchenchef

kochen: 1. zusammenbrauen, zubereiten 2. garen, köcheln 3. schimpfen, wüten 4. aufwallen, erhitzen, aufbrühen

Köchin: Küchenhilfe, Küchenfrau, Küchenfee

Kochkunst: Gastronomie, Feinschmeckerei

Kochrezept: Kochanweisung, Rezept

Kohle: 1. Heizmittel, Brennstoff 2. Geld, Koks

Kohlepapier: Blaupapier, Durchschlagpapier

koitieren: kopulieren, s. vereinigen, zusammenliegen, s. lieben

Koitus: Liebesvereinigung, Beischlaf, Geschlechtsakt, Geschlechtsverkehr, Akt

kokett: eitel, gefallsüchtig, geziert, selbstgefällig

Koks: 1. Kohle 2. Kokain, Schnee, White Powder

Kolik: Bauchschmerzen, Krampf, Leibschmerzen

Kollege: Mitarbeiter, Arbeitskollege, Berufskollege

kollegial: 1. einordnungswillig, anpassungsfähig 2. hilfsbereit, anständig, liebenswürdig, nett, wohlwollend, entgegenkommend, verbindlich, zuvorkommend, kameradschaftlich, wohlgesinnt, dienstwillig, freundschaftlich 3. angenehm, gewinnend, sympathisch

Kollegium: Kollegschaft, Kollegenkreis

Koller: Wutausbruch, Anfall, Gefühlsausbruch, Rappel

kollidieren: 1. zusammenfallen, zusammentreffen, zusammenlaufen, s. überlappen, s. überkreuzen 2. aufeinander prallen, zusammenstoßen, zusammenprallen, zusammenfahren, rammen

Kolloquium: Aussprache, Beratung, Fachgespräch

Koloss: 1. Hüne, Riese, Gigant, Monster 2. Kugel, Brocken, Tonne, Dicker, Fass

kolossal: 1. hochgradig, enorm 2. erstaunlich, überraschend, außergewöhnlich, ungewöhnlich, ausgefallen

Koma: Bewusstlosigkeit, Besinnungslosigkeit, tiefe Ohnmacht

Kombination: 1. Verbindung, Verknüpfung, Zusammenfügung 2. Schutzanzug, Arbeitsanzug

kombinieren: 1. schlussfolgern, schließen 2. Aneinander fügen, verbinden, verschmelzen, zusammenschmieden, zusammenfügen

Komet: Schweifstern

Komfort: Luxus, Behaglichkeit, Bequemlichkeit

komfortabel: luxuriös, wohnlich, gemütlich, behaglich

Komik: Lächerlichkeit, Lachhaftigkeit

komisch: 1. spaßig, trocken, witzig, belustigend, erheiternd, amüsant, ulkig 2. eigen, sonderbar, merkwürdig

kommandieren: befehligen, befehlen

Kommando: 1. Gruppe, Abteilung 2. Befehlsgewalt, Befehl

kommen: 1. s. ankündigen, s. andeuten, s. abzeichnen 2. s. erfüllen, auftauchen, s. zeigen, s. bestätigen, auftreten 3. s. einstellen, hinkommen, daherkommen, ankommen, gelangen, s. einfinden, s. nähern, s. nahen, landen, anrücken, herankommen, entgegenkommen, s. herbeibemühen, s. herbemühen

Kommentar: Randnote, Fußnote, Randbemerkung, Anmerkung, Bemerkung

kommerziell: ökonomisch, materiell, geschäftlich, kaufmännisch

Kommission: Beirat, Ausschuss, Jury, Gremium, Prüfer, Kreis, Kollegium

kommunal: öffentlich, regional, städtisch, gemeindlich

Kommune: 1. Gemeinde, Ortschaft 2. Wohngemeinschaft, WG

Kommunikation: 1. Verbindung, Zusammenhang 2. Brückenschlag, Kontakt, Berührung, Fühlungnahme, Verständigung

Komödie: Lustspiel, Possenspiel, Schwank

kompakt: 1. stämmig, gedrungen, untersetzt 2. eng, gepresst, gedrängt, dicht, fest, massiv

kompetent: 1. zuständig, maßgeblich 2. berechtigt, verantwortlich, autorisiert

Kompetenz: Berechtigung, Verantwortung, Befugnis, Zuständigkeit

komplett: ausgereift, ausgeführt, total, fertig, perfekt, geschlossen, ganz, vollkommen, vervollständigt, vollzählig, lückenlos

komplex: verflochten, vielschichtig, mehrteilig, verworren, zusammenhängend, unübersichtlich, verwickelt

Komplikation: Erschwernis, Verschlimmerung, Schwere

Kompliment: Aufmerksamkeit, Schmeichelei, Bewunderung

kompliziert: mühsam, schwierig, unübersichtlich, schwer, verwickelt, problematisch, verschlungen

Kompliziertheit: Verwicklung, Unübersichtlichkeit, Problematik, Schwierigkeit

Komponist: Tonsetzer, Tondichter

Komposition: Musikwerk, Tondichtung, Tonstück

komprimiert: zusammengefasst, verdichtet, auf das Wichtige beschränkt, summarisch

Kompromiss: Einigung, Zugeständnis, Mittelweg, Vergleich

kondensieren: 1. verflüssigen, verdichten 2. verkochen, eindampfen

Konditor: Zuckerbäcker, Feinbäcker

Kondom: Pariser, Präservativ, Gummi

Konfekt: Süßigkeiten, Praline, Naschwerk

Konferenz: Tagung, Sitzung

konferieren: tagen, s. treffen, diskutieren, s. beraten

Konflikt: 1. Auseinandersetzung, Krieg 2. Auftritt, Zerwürfnis, Streit, Spannung, Auseinandersetzung 3. Notlage, Bedrängnis, Widerstreit, Engpass, Zwiespalt, Unentschiedenheit, Schwierigkeit, Ratlosigkeit

konform: einheitlich, gleich gerichtet, entsprechend, einig, übereinstimmend, gleich gesinnt, unterschiedslos

Konformität: Übereinstimmung, Einheitlichkeit, Einigkeit

Konfrontation: 1. Streit, Konflikt, Auseinandersetzung 2. Gegenüberstellung, Vergleich

konfus: 1. chaotisch, planlos, zusammenhanglos, ungeordnet 2. durcheinander, verworren, wirr

Kongress: Tagung, Meeting, Versammlung, Symposium, Konferenz

kongruent: übereinstimmend, gleich, deckungsgleich, s. deckend, unterschiedslos

königstreu: royal, royalistisch

Konjunktur: 1. Marktlage, Wirtschaftslage 2. Blüte, Boom, Hochkonjunktur

konkret: gegenständlich, stofflich, körperlich, anschaulich, tatsächlich, greifbar, deutlich, wirklich

Konkurrent: Gegenspieler, Gegenpart, Widersacher, Gegner, Rivale, Nebenbuhler

Konkurrenz: 1. Existenzkampf, Rivalität, Wettbewerb, Wetteifer, Wettkampf, Gegnerschaft 2. Konkurrent

konkurrenzfähig: wettbewerbsfähig

Konkurs: Bankrott, Pleite

können: vermögen, meistern, beherrschen

Können: Anlage, Gabe, Macht, Talent, Kraft, Eignung, Fähigkeit, Veranlagung

Könner: Autorität, Sachkundiger, Fachkraft, Sachkenner, Spezialist, Professioneller, Meister

konsequent: 1. energisch, charakterfest, beharrlich, entschlossen, willensstark, zielstrebig, unbeirrt, geradlinig, stetig 2. schlüssig, folgerecht, logisch

Konsequenz: 1. Folge, Resultat, Ergebnis 2. Strenge, Logik 3. Hartnäckigkeit, Entschlossenheit, Beharrlichkeit, Willensstärke, Zielbewusstsein, Sturheit

konservativ: rückständig, fortschrittsfeindlich, rückschrittlich, unzeitgemäß

Konserve: Blechbüchse, Dauerware, Konservendose

konsolidieren: untermauern, unterstützen, vertiefen, kräftigen

konspirativ: geheim, verdächtig, verschwörerisch, illegal

konstant: ewig, regelmäßig, unveränderlich, stetig, unzerstörbar, immerzu

Konstanz: Unerschütterlichkeit, Beharrlichkeit, Unbeugsamkeit, Zielbewusstsein

konstruktiv: 1. wegweisend, aufbauend, förderlich, nutzbringend, wirksam, fruchtbar 2. einfallsreich, künstlerisch, schöpferisch

Konsum: Verzehr, Verbrauch

Konsument: Kunde, Käufer, Abnehmer, Verbraucher

Konsumgüter: Gebrauchswaren, Bedarfsgüter, Bedarfsgegenstände, Verbrauchsgüter

konsumieren: aufbrauchen, verzehren, essen

Kontakt: Umgang, Verbindung, Verkehr, Tuchfühlung, Beziehung, Verhältnis

Kontaktlinse: Kontaktschale, Haftschale

kontaktlos: isoliert, zugeknöpft, kontaktarm, ungesellig, verschlossen, zurückhaltend, unzugänglich

Kontaktlosigkeit: Isolation, Kontaktarmut, Ungeselligkeit, Zurückhaltung, Unzugänglichkeit, Verschlossenheit

Kontinent: Erdteil, Festland

Kontingent: 1. Truppenstärke, Truppenkontingent 2. Beitrag, Dosis, Portion

kontinuierlich: 1. schleppend, schleichend, unheilbar 2. bleibend, gewohnheitsmäßig, beständig, traditionell 3. gleichbleibend, anhaltend, dauernd, beharrlich, immerzu, fortdauernd, stets, unaufhörlich, unaufhaltsam, pausenlos, ständig

Kontrahent: Gegenspieler, Widersacher, Gegner, Gegenpart, Feind

konträr: sinnwidrig, widersinnig, gegensätzlich, widerspruchsvoll

Kontrast: Gegensätzlichkeit, Gegenpol, Gegenstück, Trennung, Kehrseite, Abweichung, Widerspruch, Gegensatz

Kontrolle: 1. Nachprüfung, Musterung, Überprüfung, Durchsicht, Untersuchung, Besichtigung, Probe, Stichprobe 2. Beherrschung, Gewalt, Übersicht, Macht 3. Überwachung, Zensur, Beobachtung, Aufsicht

Kontrolleur: Inspekteur, Prüfer

kontrollierbar: überprüfbar, einsehbar, offen

kontrollieren: überprüfen, nachsehen, durchsehen, mustern, nachschauen, s. vergewissern, prüfen, untersuchen, einsehen, nachprüfen **s. kontrollieren:** s. zurückhalten, s. beherrschen

kontrolliert: 1. ruhig, beherrscht, sicher, harmonisch, bedacht, ruhevoll, gefasst, überlegen 2. nachgesehen, überprüft, nachgeprüft, geprüft

Kontroverse: Gefecht, Meinungsverschiedenheit, Spannung, Kampf, Streit, Reibung, Auseinandersetzung, Uneinigkeit, Streitgespräch, Krieg, Verstimmung, Konflikt, Unstimmigkeit, Wortwechsel, Unzuträglichkeit, Zusammenstoß

Kontur: Silhouette, Schattenriss, Linie, Umriss

konventionell: 1. hergebracht, gebräuchlich, alt, üblich, traditionell, überkommen 2. steif, zeremoniell, formell

konvertieren: einen anderen Glauben annehmen, die Konfession wechseln, übertreten, wechseln

Konzentration: 1. Interesse, Anspannung, Aufmerksamkeit, Beteiligung, Sammlung, Anteilnahme 2. Zusammendrängung, Zusammenlegung, Zusammenziehung, Zusammenballung, Konzentrierung

Konzentrationslager: Vernichtungslager, KZ

konzentrieren: 1. verdichten, sättigen 2. zusammenziehen, sammeln, zusammenballen, zusammenfassen, zusammenschließen, zusammennehmen, vereinigen

s. konzentrieren: s. sammeln, s. versenken, s. vertiefen, s. hineinversenken, Acht geben, s. hineindenken

konzentriert: 1. gestrafft, verdichtet, abgekürzt, verkürzt, kurz 2. gesättigt, gehäuft, stark

Konzept: Entwurf, Plan, Skizze, Vorstellung, Denkmodell, Niederschrift

Konzeption: Grundgedanke, Grundidee, Leitgedanke

Konzern: Unternehmen, Firmenzusammenschluss

konziliant: großzügig, entgegenkommend, hilfsbereit, zuvorkommend

kopflos: 1. flüchtig, unüberlegt, blind, überstürzt, vorschnell 2. durcheinander, verwirrt, aufgelöst, verstört

Kopie: 1. Lichtpause 2. Abguss, Plagiat, Nachbildung, Nachahmung, Fälschung 3. Duplikat, Wiedergabe, Durchschlag, Zweitschrift

kopieren: 1. abziehen, vervielfältigen, ablichten 2. abschreiben, abzeichnen, abmalen 3. nachformen, fälschen, nachahmen, nachbilden

Korken: Flaschenverschluss, Kronkorken, Stöpsel, Zapfen, Pfropfen

Korn: 1. Saatkorn 2. Getreide, Frucht 3. Schnaps

körnig: gekörnt, granulös

Körper: 1. Organismus, Gestalt, Rumpf, Leib 2. Ding, Objekt, Gegenstand

körperbehindert: versehrt, arbeitsunfähig, dienstunfähig, erwerbsunfähig, schwer beschädigt

Körperbehinderter: 1. Invalide, Behinderter 2. Kriegsinvalide, Kriegsversehrter

korpulent: plump, beleibt, massig, gewaltig, üppig, dick, stark, fettleibig, wohlgenährt, füllig, stämmig

korrekt: 1. fein, gewissenhaft, richtig, ordentlich, sorgfältig, zuverlässig 2. umfassend, ausführlich, vollständig, eingehend 3. anständig, sittsam, höflich 4. bestimmt, treffend, wohlgezielt, genau, speziell, scharf 5. zutreffend, einwandfrei, untadelig, mustergültig

Korrespondent: Berichterstatter, Journalist

korrigieren: 1. klären, richtig stellen, berichtigen 2. berichtigen, verbessern, anstreichen

korrupt: käuflich, bestechbar, verführbar

Kosmetik: Hautpflege, Schönheitspflege, Make-up

kostbar: kostspielig, edel, hochwertig, unschätzbar, erlesen, qualitätsvoll, wertvoll, exquisit, teuer

kosten: 1. schmecken, probieren, versuchen, begutachten, vorkosten 2. ausmachen, betragen

Kosten: Ausgaben, Aufwand, Zahlungen, Spesen, Auslagen, Unkosten

Kostenerstattung: Aufwandsentschädigung, Tagegeld, Kostenpauschale

kostenlos: 1. freigemacht, portofrei, franko 2. umsonst, gratis, unentgeltlich

Kostenvoranschlag: Kostenplan, Vorausberechnung, Überschlag, Schätzung, Kalkulation

köstlich: 1. unterhaltsam, amüsant 2. appetitlich, delikat, schmackhaft, angenehm, wohlschmeckend, lecker, gut

Kostprobe: Muster, Nachweis, Beispiel

kostspielig: teuer, unbezahlbar, überteuert, unerschwinglich

Kostümierung: Maskerade, Kostüm, Verkleidung, Maske

krabbeln: 1. kriechen, robben 2. jucken, kratzen, kitzeln

Krach: 1. Radau, Geschrei, Knall, Aufruhr, Ruhestörung, Lärm, Spektakel 2. Zank, Streit

Kraft: 1. Stärke, Körperkräfte 2. Energie, Tatkraft, Arbeitsvermögen, Vitalität, Leistungsfähigkeit

Kraftaufwand: Anstrengung, Einsatz, Kraftakt, Energie

Kräfteverschleiß: Abnutzungserscheinung, Verfall, Abnützung

kräftig: 1. dick, fettleibig, stämmig, gewaltig, stark, massig, beleibt, rundlich, vollschlank, wohlgenährt 2. wuchtig, heftig, gehörig 3. grob, ungeschliffen, derb, vulgär 4. bunt, intensiv, farbig 5. robust, zäh, stramm, kernig, stabil, kraftvoll 6. würzig, gehaltvoll 7. frisch, heftig, stürmisch, böig

kräftigen: stärken, aufrichten, ermuntern

s. kräftigen: erstarken, s. stärken

kraftlos: 1. widerstandslos, abgespannt, erschöpft, müde, übermüdet, zerschlagen, matt, geschwächt 2. gebrechlich, zart, schwach, kränklich, entkräftet

Kraftlosigkeit: 1. Weichheit, Unentschlossenheit, Willensschwäche, Haltlosigkeit 2. Ermüdung, Entkräftung, Mattheit, Ohnmacht, Schwäche, Einflusslosigkeit, Hilflosigkeit, Erschöpfung, Schwunglosigkeit, Schwächezustand, Abgespanntheit

Kraftmensch: Kraftprotz, Herkules, Athlet, Muskelprotz, Muskelmann

Kraftprobe: Machtprobe, Kräftemessen, Streit

Kraftstoff: Benzin, Treibstoff, Diesel

Kraftwerk: E-Werk, Elektrizitätswerk

Krampf: Verkrampfung, Kolik, Spasmus

krampfhaft: 1. zäh, verzweifelt, gewaltsam, beharrlich 2. wie ein Krampf, krampfartig

krank: fiebrig, angegriffen, unpässlich, leidend, unwohl, bettlägerig

kränken: verbittern, betrüben, anstoßen, verwunden, beleidigen, verletzen

Krankenhaus: Hospital, Klinik, Spital, Lazarett, Krankenanstalt

Krankenwagen: Rettungswagen, Ambulanz, Sanitätswagen, Sanka

krankhaft: unnatürlich, übermäßig, maßlos, übertrieben, zwanghaft, anormal

Krankheit: Gebrechen, Unpässlichkeit, Erkrankung, Leiden, Unwohlsein

Krankheitserreger: Krankheitskeim, Virus, Bazillus, Erreger

kränklich: anfällig, schwächlich, labil, zart

krankmachen: krankfeiern, fehlen, faulenzen

kratzbürstig: widerspenstig, aufsässig, trotzig, ungehorsam, rechthaberisch, verschlossen, störrisch, unversöhnlich

kraulen: streicheln, tätscheln, liebkosen

kraus: 1. durcheinander, verwirrt, zerfahren 2. wuschelig, gewellt, gekräuselt

Kraut: Gewürz, Heilpflanze

Krawatte: Schlips, Binder

Kredit: 1. Schulden, Soll 2. Darlehen

Kreislauf: 1. Bewegung, Zirkulation 2. Blutzirkulation, Blutkreislauf

kriechen: 1. rutschen, krabbeln 2. s. demütigen, s. einschmeicheln, muckern, dienern, s. schmeicheln, Rad fahren, s. bücken 3. hineinschlüpfen, s. hinlegen

Kriecher: Radfahrer, Heuchler, Speichellecker, Schmeichler, Lakai, Duckmäuser

Kriecherei: Schmeichelei, Unterwürfigkeit, Speichelleckerei, Ergebenheit, Liebedienerei, Dienerei

kriecherisch: untertänig, ergeben, unterwürfig, demütig, schmeichlerisch

kriegerisch: angriffslustig, militant, herausfordernd, kampfbereit, kampflustig, streitsüchtig, kämpferisch, streitbar, zanksüchtig

Kriegsschauplatz: Kampfplatz, Kampfgebiet, Schlachtfeld, Front

Kriegstreiber: Friedensstörer, Aggressor

Kriegsvorbereitung: Rüstung, Mobilmachung, Aufrüstung, Gestellungsbefehl

Kriminalbeamter: Kriminalpolizist, Kriminalist

kriminell: 1. unverschämt, hoch, unangenehm 2. verbrecherisch, straffällig 3. strafbar, gesetzwidrig 4. asozial, böse, schändlich

Krippe: 1. Raufe, Futterkrippe 2. Hort, Kindertagesstätte, Kita, Krabbelgruppe

Kriterium: Eigenschaft, Kennzeichen, Charakteristikum, Zeichen

Kritik: 1. Wertung, Stellungnahme 2. Nörgelei, Tadel

Kritiker: Beurteiler, Rezensent

kritiklos: gutgläubig, naiv, blind

kritisch: 1. beurteilend, prüfend, urteilssicher, unterscheidend 2. gefahrvoll, bedenklich, ernst, gefährlich, bedrohlich, schwierig, angespannt, folgenschwer, heikel

kritisieren: 1. nörgeln, tadeln 2. werten, beanstanden, zerpflücken, abhandeln

kross: knusprig, braungebraten, knackig

Krümel: Brösel, Krumen

krumm: 1. gewölbt, verkrümmt, gebogen, verbogen 2. schief, bucklig, missgestaltet, verwachsen 3. undurchsichtig, ungesetzlich,
illegal

krümmen: beugen, anwinkeln, biegen, winden

Krümmung: Abknickung, Biegung, Knie, Drehung, Kehre

Kugel: 1. Gewehrkugel, Revolverkugel 2. Projektil, Geschoss

kühl: 1. ausgekühlt, winterlich, abgekühlt, unterkühlt, kalt 2. unzugänglich, lieblos, leidenschaftslos, mitleidlos 3. gelassen, besonnen 4. frisch, gekühlt 5. gleichgültig, schonungslos, gefühllos, streng, abgestumpft, lieblos, herzlos

Kühle: 1. Bodenfrost, Kälte, Frost 2. Steifheit, Ungerührtheit 3. Besonnenheit, Abgeklärtheit 4. Gefühlskälte, Kälte, Verschlossenheit

kühlen: 1. wedeln, erfrischen 2. abkühlen, auskühlen

Kühlschrank: Kühltruhe, Eisschrank, Tiefkühltruhe

kühn: heldenhaft, beherzt, mannhaft, vermessen, verwegen, mutig, unverzagt, wagemutig, kämpferisch, waghalsig, tollkühn

Kühnheit: Vermessenheit, Beherztheit, Tapferkeit, Furchtlosigkeit, Verwegenheit, Waghalsigkeit, Mut, Unerschrockenheit, Tollkühnheit

Kulanz: Gefälligkeit, Entgegenkommen, Kompromissbereitschaft

kulinarisch: genussfreudig, lukullisch, sinnlich, schlemmerhaft

kultivieren: 1. bearbeiten, erschließen, roden, bestellen 2. veredeln, zivilisieren, verbessern, erhöhen, verschönern 3. bebauen, besiedeln

kultiviert: 1. beschlagen, gescheit, bewandert, gebildet, wissend, klug, kundig, belesen, studiert 2. überlegt, ausgewogen, sauber 3. adrett, gefällig, gepflegt, schmuck, schick

Kultur: 1. Bestellung, Aufzucht, Anbau 2. Lebensweise, Lebensart 3. Züchtung, Zucht 4. Zivilisation, Bildung

Kummer: Gram, Kümmernis, Unglück, Not, Sorge, Leid, Trostlosigkeit, Sorgenlast, Jammer, Last, Trauer, Schmerz, Verzweiflung

kümmerlich: 1. mager, bescheiden, mangelhaft, ärmlich, spärlich, unzureichend, karg, knapp, sparsam, unbefriedigend 2. bedauerlich, zerreißend, jämmerlich, kläglich, ergreifend, bedauernswert

kümmern (s.): s. sorgen, s. annehmen, pflegen, umsorgen

Kümmernis: Last, Jammer, Sorgenlast, Gram, Unglück, Trübsal, Schmerz, Trauer, Sorge, Leid, Not, Kummer

kummervoll: 1. betrübt, bekümmert, unglücklich, elend, bedrückt, wehmütig, freudlos, traurig, trübsinnig, trübe 2. sorgenvoll, sorgenschwer, gramvoll

kumpelhaft: freundschaftlich, brüderlich

kumulativ: s. summierend, anwachsend, s. steigernd

Kunde: Abnehmer, Interessent, Käufer, Kundschaft

kundgeben: 1. informieren, benachrichtigen, kundmachen, melden, mitteilen, kundtun 2. bekannt geben, publizieren, bekannt machen, veröffentlichen, verlautbaren

Kundgebung: Massenversammlung

kundig: informiert, bewandert, erfahren, unterrichtet, orientiert, belesen, qualifiziert, wissend

kündigen: 1. aufkündigen, gehen, s. verändern, zurücktreten, abdanken 2. abmustern, abheuern 3. fortschicken, suspendieren, entlassen

Kündigung: 1. Abschied, Rücktritt, Abdankung 2. Ablösung, Pensionierung, Entlassung 3. Abbau, Reduzierung

künftig: 1. nachfolgend, nächst, darauf folgend, folgend, zukünftig 2. fernerhin, demnächst, einst, weiterhin

Kunst: 1. Schaffen, Gesamtwerk, Schöpfung 2. Fertigkeit, Fähigkeit

Kunstausstellung: Gemäldeausstellung, Galerie, Ausstellung, Vernissage

Kunstfertigkeit: Geschicklichkeit, Wendigkeit, Geschick, Gewandtheit, Erfahrung, Fertigkeit

künstlerisch: 1. originell, schöpferisch, einfallsreich, ideenreich 2. schön, ästhetisch, kunstvoll, stilvoll, formvollendet

künstlich: 1. gezwungen, unecht, gekünstelt, geziert, geschraubt 2. unnatürlich, chemisch, falsch, unecht

kunstlos: natürlich, einfach, unkompliziert, schlicht, ungekünstelt

kunstvoll: schön, stilvoll, künstlerisch, formvollendet

Kunstwerk: Meisterstück, Werk, Arbeit, Meisterleistung

kunterbunt: vermengt, unordentlich, durcheinander, zusammengewürfelt, gemischt

Kuppel: Gewölbe, Wölbung

Kur: Heilverfahren, Kuraufenthalt

Kuratorium: Kommission, Ausschuss, Komitee, Rat

kurios: sonderlich, bizarr, eigentümlich, unüblich, merkwürdig, ausgefallen, skurril, ungewöhnlich, wunderlich

Kurpark: Kurpromenade, Kurgarten

Kurs: Lehrgang, Fortbildungsveranstaltung

kursiv: schräg gedruckt, nach rechts geneigt

Kurssturz: Baisse, Börsenkrach

Kurve: Abbiegung, Bogen, Serpentine, Kehre, Biegung, Krümmung, Knick, Wende

kurvenlos: gerade, kurvenfrei

kurz: 1. abgekürzt, bestimmt, straff, verkürzt 2. vorübergehend, flüchtig, zeitweise, kurzlebig, kurzzeitig 3. klein, knapp

Kürze: 1. Kleinheit, Knappheit, Begrenztheit 2. Eile, Hetze

kürzen: 1. einschränken, beschränken, heruntergehen, herabsetzen, senken, abstreichen, schmälern, verringern 2. verkleinern, abschneiden, wegschneiden, abhacken, beschneiden, abschlagen

Kurzfassung: Inhaltsangabe, Zusammenfassung, Abriss

kurzfristig: zeitweilig, kurzlebig, zeitweise, flüchtig

kürzlich: gerade, neulich, vorhin, jüngst

kurzsichtig: 1. engstirnig, beschränkt 2. sehbehindert, schwachsichtig

Kurzsichtigkeit: 1. Fehlsichtigkeit, Sehbehinderung 2. Engstirnigkeit, Beschränktheit

Kürzung: Beschneidung, Begrenzung, Beschränkung, Abbau, Schmälerung, Minderung, Herabsetzung, Einschränkung, Streichung, Verminderung, Verringerung

Kurzweil: Geselligkeit, Belustigung, Vergnügen, Amüsement, Unterhaltung, Abwechslung, Lustbarkeit, Zerstreuung

kurzweilig: ergötzend, erheiternd, unterhaltend, abwechslungsreich, belebend, zerstreuend, anregend, spaßig, unterhaltsam

Kuss: Busserl, Schmätzchen, Schmatz

küssen: knutschen, schmatzen, s. abküssen, schnäbeln

Küssen: Knutscherei, Schnäbelei, Geküsse, Küsserei, Liebkosung

Kutsche: Karosse, Kutschwagen

Kutscher: Pferdekutscher, Wagenlenker, Fuhrknecht, Fuhrmann

Kuvert: Briefumschlag, Hülle, Umschlag

L

laben: munter machen, stärken, wohl tun, erfrischen

labil: 1. beeinflussbar, unentschieden, unzuverlässig, unsicher, zerrissen 2. anfällig, schwächlich

lachen: s. totlachen, herausplatzen, s. schieflachen, kichern

Lachen: Freude, Frohsinn, Vergnügen, Lebenslust

lächerlich: 1. gering, wenig, winzig 2. kindisch, komisch, albern, verrückt, spaßig

Lächerlichkeit: Kleinigkeit, Geringfügigkeit, Winzigkeit, Spaßigkeit

lackieren: malen, streichen, lacken

Lade: Schublade, Schubkasten

laden: 1. aufladen, speichern 2. auflasten, aufladen, verladen, beladen, bepacken 3. vorladen, beordern

Laden: Geschäft, Kaufhaus, Warenhaus

lädiert: defekt, angeschlagen, beschädigt

Lage: 1. Stimmungslage, Stimmung 2. Situation, Zustand, Sachlage, Sachverhalt

Lager: 1. Bettlager, Schlafgelegenheit, Lagerstatt 2. Vorratshaus, Lagerhaus, Speicher, Warenlager, Depot, Magazin, Abstellraum

lagern: 1. s. ausruhen, ruhen, rasten, s. niedersetzen 2. aufstapeln, stauen, speichern, türmen, ablegen, einlagern

lahm legen: 1. beeinträchtigen, hemmen, einschränken 2. sabotieren, blockieren 3. stilllegen, stoppen

lahm: 1. gehbehindert, gelähmt 2. unentschlossen, erschöpft, müde 3. uninteressant, stumpfsinnig, ermüdend, einförmig, wirkungslos, langweilig

lähmen: 1. schwächen, paralysieren 2. hemmen, beeinträchtigen, einschränken

Laie: Dilettant, Amateur, Unkundiger, Nichtfachmann

laienhaft: ungenügend, lückenhaft, dilettantisch, mangelhaft, unvollständig, unzureichend

lakonisch: wortkarg, einsilbig, kurz und knapp, mit wenigen Worten

lallen: brabbeln, stammeln, nuscheln

lammfromm: zahm, gebändigt, fromm

Lampe: Beleuchtungskörper, Leuchte

Land: 1. Boden, Gelände, Acker, Erde, Feld 2. Geburtsland, Vaterland 3. Staat, Nation 4. Bezirk, Gebiet, Region 5. Landbesitz, Bodenbesitz, Grundstück

landen: wassern, aufsetzen

ländlich: bäuerlich, dörflich, provinziell, rustikal

Landschaft: Gegend, Landstrich, Gebiet

Landstreicher: Penner, Tippelbruder, Tramp, Vagabund

Landwirt: Bauer, Farmer, Agronom, Landwirt

lang: 1. groß, hoch aufgeschossen 2. eingehend, ausführlich, umfassend 3. länglich, lang gezogen, gedehnt 4. lange, unabsehbar, unendlich, endlos

langatmig: weitläufig, zeitraubend, umständlich, eingehend, weitschweifig, ausführlich

lange: ewig, langwierig, längst, unendlich, unabsehbar, langfristig, ausführlich

Länge: 1. Zeitdauer, Dauer 2. Abmessung, Reichweite, Erstreckung 3. Körpergröße, Größe

langen: 1. geben, aushändigen 2. reichen, hinkommen, genügen, ausreichen 3. strafen, ohrfeigen

Langeweile: Einförmigkeit, Gleichförmigkeit, Einerlei, Öde

langfristig: 1. dauerhaft, bleibend 2. langwierig, unabsehbar

langjährig: fortgesetzt, lang, ununterbrochen, beständig, andauernd

langlebig: ewig, stets, andauernd

Langmut: Geduld, Gelassenheit, Toleranz, Nachsicht, Ausdauer

langsam: 1. begriffsstutzig, schwerfällig 2. schleppend, geruhsam, ruhig, stockend, bedächtig, gemächlich, gemütlich, zögernd 3. stufenweise, unmerklich, allmählich, schrittweise

Langsamkeit: Schritttempo, Trödelei, Ruhe, Behäbigkeit, Gemessenheit, Gemächlichkeit

langweilen: ermüden, einschläfern, abstumpfen

langweilig: 1. einfallslos, monoton, ermüdend, wirkungslos, gleichförmig, alltäglich, trostlos, fade 2. träge, interesselos, stumpfsinnig, schwerfällig, unbewegt

langwierig: andauernd, anhaltend, zeitraubend, schleichend

lapidar: kurz, mit wenigen Worten, beiläufig

Lappalie: Bagatelle, Kleinigkeit, Belanglosigkeit, Lächerlichkeit, Nebensächlichkeit

Lapsus: Missgriff, Versehen, Ungeschicklichkeit, Fauxpas

Laptop: tragbarer Computer, Notebook, Rechner, PC

Lärm: Ruhestörung, Krach, Radau, Aufruhr, Geräusch, Tumult, Krawall

lärmen: dröhnen, rumoren, krachen, poltern

lasch: 1. würzlos, fade, schal, dünn 2. lässig, nachlässig 3. entkräftet, geschwächt, schwach, kraftlos 4. leichtfertig, unordentlich, lässig

lässig: 1. offen, ungezwungen, aufgelockert, zwanglos, frei, natürlich, unbefangen, locker 2. nachlässig, schlampig, unsorgfältig 3. großartig, toll

Last: Sorge, Schwere, Joch, Schmerz, Belastung, Leid, Elend, Kummer

Laster: 1. Übel, Ausschweifung, Verirrung, Sünde, Untugend 2. Lastkraftwagen, LKW

lasterhaft: liederlich, heruntergekommen, verworfen, unsittlich, unzüchtig, verkommen, ruchlos, ungehörig, zweifelhaft

lästerlich: 1. unangenehm, aufdringlich 2. gemein, abscheulich, verbrecherisch, gotteslästerlich, widerwärtig, sündhaft

lästig: 1. zudringlich, taktlos, unverschämt, aufdringlich 2. hinderlich, störend, unliebsam, unangebracht, belastend, ungelegen, unwillkommen

Lastkraftwagen: Transporter, Fernlaster, Lastwagen, Laster, Lastauto

latent: unterschwellig, verborgen, unter der Oberfläche, versteckt, unbemerkt

lau: 1. passiv, uninteressiert 2. überschlagen, mild, handwarm 3. unentschlossen, halbherzig, widerstrebend 4. desinteressiert, kühl, ungerührt

Laub: Laubwerk, Blätter, Belaubung

Lauf: 1. Gang, Tritt 2. Verlauf, Ablauf, Fluss, Aufeinanderfolge, Weg, Hergang 3. Wettrennen, Rennen

Laufbahn: Berufsweg, Karriere, Vita, Werdegang

laufen: 1. tröpfeln, tropfen, auslaufen 2. rennen, hasten, eilen, s. beeilen, stürzen, rasen 3. s. fortbewegen, wandern, spazieren 4. arbeiten, gehen 5. fließen, strömen, wogen

läufig: heiß, rollig, rossig, paarungsbereit, brunftig

Laufsteg: 1. Gangway, Steg 2. Steg

Laune: Allüren, Anwandlung, Einfall, Stimmung, Grille, Flausen

Launenhaftigkeit: Übellaunigkeit, Reizbarkeit

launig: übelnehmerisch, gekränkt, missgelaunt, verletzt, misslaunisch

launisch: launenhaft, missgelaunt, unberechenbar, unausgeglichen, wechselnd, gekränkt, unbeständig, empfindlich

lauschen: aufhorchen, zuhören

Lauscher: Horcher, Kundschafter, Spion

lauschig: behaglich, angenehm, bequem, gemütlich, wohnlich, wohlig

Lausebengel: Flegel, Lausejunge, Strolch, Spitzbube, Schlingel

laut: 1. entsprechend, zufolge, gemäß 2. dröhnend, vernehmbar, geräuschvoll, lärmend, durchdringend, vernehmlich, schrill

Laut: Ton, Geräusch

lauter: 1. nur, lediglich, allein 2. anständig, geradlinig, redlich, offen 3. rein, unverfälscht, makellos, pur, unverdorben 4. anständig, unschuldig

Läuterung: Besserung, Umkehr, Reinigung, Waschung

lautlos: leise, geräuschlos, still

lauwarm: mild, handwarm, überschlagen

Lazarett: Militärkrankenhaus, Militärhospital

Lebemann: Playboy, Lebenskünstler

leben: 1. existieren, atmen 2. s. befinden, weilen, s. aufhalten, wohnen

Leben: 1. Lebensweise, Lebensgestaltung, Lebenswandel 2. Erdenleben, Lebenszeit, Werdegang 3. Trubel, Aktivität, Regsamkeit 4. Sein, Existenz, Dasein

lebendig: 1. reich, farbig 2. lebend 3. klar, lebensnah, bildlich, sprechend, veranschaulichend, lebhaft, anschaulich 4. dynamisch, beweglich, unruhig, lebhaft

Lebendigkeit: Unruhe, Vitalität, Temperament

Lebensabend: Alter, Ruhestand, Lebensherbst

Lebensanschauung: Gesinnung, Sinnesart, Denkweise, Weltanschauung, Denkart

Lebensbeschreibung: Lebenserinnerungen, Lebensgeschichte, Biografie

Lebenserinnerungen: Erinnerungen, Memoiren, Autobiografie

lebensfremd: lebensfern, idealistisch, weltfremd, versponnen, verträumt, wirklichkeitsfern, weltentrückt

Lebensfreude: 1. Frohsinn, Vergnügen, Freude, Lebenslust, Heiterkeit 2. Scherz, Ausgelassenheit

lebensfroh: heiter, aufgelegt, lustig, vergnügt, freudig, munter, unbesorgt, fröhlich, froh

Lebenskraft: 1. Arterhaltungstrieb, Lebenstrieb, Kraft, Energie, Lebensfunke 2. Fortpflanzungstrieb, Geschlechtstrieb

Lebenslauf: Vita, Biografie, Lebensgeschichte, Curriculum Vitae

lebenslustig: aufgeschlossen, lustig, froh gestimmt, ausgelassen, aufgelegt, freudestrahlend, heiter, wohlgemut, frohsinnig, gut gelaunt, munter, frisch, vergnüglich

Lebensmittel: Esswaren, Nahrung, Nahrungsmittel, Nahrungsgüter

lebensmüde: gebrochen, verzagt, niedergeschlagen, niedergedrückt, gedrückt, verzweifelt

lebenstüchtig: 1. gewandt, anstellig 2. clever, tüchtig 3. diplomatisch, wendig

Lebensunterhalt: Unterhaltskosten, Auskommen, Lebenshaltungskosten, das tägliche Brot, Haushaltungskosten, Existenz

Lebensweise: Lebensgewohnheit, Lebensart, Lebensform

Lebewesen: 1. Pflanze, Tier 2. Wesen, Geschöpf, Kreatur

lebhaft: 1. schnell, allegro, vivace 2. schwungvoll, blühend 3. stark, groß 4. farbig, satt, bunt, leuchtend, farbenprächtig 5. belebt, bevölkert 6. beweglich, geschäftig, unruhig, bewegt, temperamentvoll, munter, lebendig

leblos: erstarrt, bewegungslos, unbelebt, unbewegt, starr, abgestorben

leck: 1. schadhaft, angeschlagen, defekt 2. durchlässig, löcherig, undicht

lecker: appetitlich, wohlschmeckend, würzig, schmackhaft, fein, delikat

Leckerbissen: Delikatesse, Schleckerei, Gaumenfreude

ledig: frei, unverheiratet, unabhängig, allein

lediglich: nur, ausschließlich, bloß, alleinig, weiter nichts als

leer stehend: unbewohnt, leer

leer: 1. gewöhnlich, abgegriffen, gehaltlos, ideenlos, unbedeutend, witzlos 2. unbewohnt, brach, unbesetzt 3. ausgetrunken, ausgegossen 4. entleert, kahl 5. frei, unbeschrieben

Leere: 1. Gedankenarmut, Beschränktheit, Gehaltlosigkeit 2. Ausgestorbenheit, Verlassenheit, Einsamkeit 3. Nichts, Vakuum

leeren: 1. trinken, austrinken 2. herausnehmen, auspacken, ausleeren, entladen, entleeren, räumen

Leerlauf: Nutzlosigkeit, Stillstand, Verlustgeschäft

legal: gesetzlich, begründet, ordnungsgemäß, rechtlich, rechtmäßig, vorschriftsmäßig

Legalität: Berechtigung, Rechtmäßigkeit, Gesetzlichkeit

legen: ablegen, hinstellen, unterbringen, betten **s. legen:** 1. ruhen, s. niederlegen, s. hinlegen 2. nachlassen, schwinden, verstummen, abflauen, verebben

Legende: 1. Erläuterung, Beschreibung 2. Heiligenleben, Heiligenerzählung 3. Vergangenes, Gewesenes

leger: 1. frei, offen, natürlich, ungeniert, familiär, zwanglos, ungezwungen, lässig 2. entkrampft, ruhig

legiert: 1. verschmolzen, zusammengeschmolzen 2. abgebunden, sämig, gebunden, eingedickt

legitim: rechtmäßig, ordnungsgemäß, rechtlich, gesetzmäßig, gesetzlich

legitimieren (s.): s. ausweisen, seinen Ausweis vorlegen

lehmig: schlammig, matschig, morastig

Lehne: 1. Stütze, Rücken 2. Hang, Abhang

Lehranstalt: Pensionat, Schule, Internat

Lehrbuch: Schulbuch, Handbuch

Lehre: 1. Werdegang, Lehrzeit, Ausbildung 2. Lehrsatz, These, Lehrmeinung, Behauptung, Theorie, Satz, Erkenntnis

lehren: zeigen, unterrichten, anleiten, unterweisen, beibringen

Lehrer: Lehrkraft, Ausbilder, Kursleiter, Erzieher, Pädagoge

Lehrgang: Ausbildung, Unterricht, Kurs, Vortragsfolge

lehrhaft: belehrend, schulmäßig, lehrreich, schulmeisterlich

Lehrling: Volontär, Auszubildender, Praktikant

Lehrmeister: 1. Lehrherr, Meister, Ausbilder 2. Leitfigur, Ideal, Vorbild

Lehrplan: Curriculum, Bildungsprogramm, Lehrprogramm

lehrreich: 1. pädagogisch, erzieherisch 2. lehrhaft, aufschlussreich, wissenswert, anschaulich

Lehrstuhl: Professorenstelle, Professur

leichenblass: fahl, kreidebleich, kreideweiß, totenblass, bleichgesichtig

Leichenhaus: Totenhaus, Leichenkapelle, Leichenhalle, Totenhalle

leicht nehmen: nicht für voll nehmen, auf die leichte Schulter nehmen, s. keine Sorgen machen

leicht: 1. bekömmlich, gesund, zuträglich 2. durchaus, unbedingt, gut 3. unversehens, schlagartig, schnell 4. entspannend, angenehm, unterhaltsam, unterhaltend 5. belanglos, nebensächlich, unmaßgeblich, unwesentlich, zweitrangig 6. zart, gewichtslos 7. sandig, wasserdurchlässig 8. lächerlich, gering, verschwindend 9. mühelos, spielend, bequem, einfach 10. schwachwindig, luftig

leichtfertig: unbedacht, oberflächlich, fahrlässig, bedenkenlos, sorglos, unvorsichtig, gedankenlos, unbekümmert, leichtsinnig, unüberlegt, unverantwortlich

leichtfüßig: gelenkig, flink, beweglich, behände, gewandt, wendig

leichtgläubig: treuherzig, arglos, vertrauend, naiv, vertrauensselig, gutgläubig

leichtherzig: sorglos, unbekümmert, unbesorgt

Leichtigkeit: Nebensache, Nichtigkeit, Unwichtigkeit, Belanglosigkeit, Kleinigkeit, Bedeutungslosigkeit, Geringfügigkeit

leichtlebig: lebenslustig, leichtsinnig, flatterhaft, sorglos, flott

Leichtsinn: Ausgelassenheit, Gedankenlosigkeit, Unbekümmertheit, Verantwortungslosigkeit, Übermut, Unbesonnenheit

leichtsinnig: leichtfertig, fahrlässig, unüberlegt, ziellos, verantwortungslos, sorglos, gedankenlos

leichtverständlich: anschaulich, verständlich, geordnet, gegliedert, einfach, übersichtlich

Leid: 1. Verelendung, Unglück, Elend, Not 2. Kummer, Jammer, Sorge, Trübsal, Not, Schmerz, Last, Trauer, Verzweiflung, Weh

leiden: tragen, überstehen, hinnehmen, durchstehen, schmachten, aushalten

Leiden: Beschwerden, Qual, Krankheit

leidend: elend, pflegebedürftig, angegriffen, kränkelnd, unwohl, dienstunfähig, krank, unpässlich, sterbenskrank

Leidenschaft: 1. Begierde, Verlangen 2. Begeisterung, Hochstimmung, Rausch, Taumel, Ekstase, Passion, Schwung

leidenschaftlich: getrieben, heißblütig, stürmisch, dynamisch, schwungvoll, temperamentvoll, impulsiv

Leidensweg: 1. Durststrecke, Not 2. Passion, Dornenweg

leider: schade, unglücklicherweise, bedauerlicherweise

leidig: schrecklich, lästig, unerwünscht, schlecht, unangenehm, unerfreulich

leidvoll: 1. sorgenschwer, bejammernswert, gramgebeugt 2. betrübt, elend, traurig, unglücklich, kummervoll, bedrückt, bekümmert, wehmütig, freudlos, trübsinnig, schwarzseherisch, trübe, schwermütig

Leihbücherei: Bücherei, Leihbibliothek

leihen: auslegen, ausleihen, verleihen, borgen, vorstrecken, überlassen

s. leihen: s. pumpen, versetzen, s. borgen

Leihhaus: Pfandleihe, Pfandhaus

leihweise: geliehen, geborgt, auf Pump, als Leihgabe

Leim: Klebstoff, Kleister, Kleber, Klebemittel

leise: geräuschlos, flüsternd, still, verhalten, ruhig, gedämpft

leisten: erledigen, ausführen, tun, vollführen, verrichten, arbeiten, durchführen

Leistung: 1. Funktionieren, Kraft, Leistungsvermögen 2. Aufwendung, Zahlung 3. Schöpfung, Kunststück, Arbeit, Werk

leistungsfähig: tüchtig, gesund, fähig, s tark

Leistungsfähigkeit: Arbeitskraft, Leistungsvermögen, Kraft, Spannkraft

Leitbild: Idol, Idealbild, Leitfigur, Vorbild, Wunschbild, Richtschnur

leiten: 1. lotsen, einweisen 2. vorstehen, lenken 3. weiterführen, fortführen, weiterleiten 4. gebieten, anleiten, verwalten, führen, vorstehen, lenken, anführen

Leiter: 1. Abt, Prinzipal 2. Anstellleiter, Trittleiter 3. Führungskraft, Anführer, Direktor, Geschäftsführer, Lenker, Oberhaupt, Vorsteher 4. Dirigent, Orchesterchef

Leitfaden: 1. Lehrbuch, Nachschlagewerk 2. Abriss, Grundlegung

Leitgedanke: Grundmotiv, Hauptgedanke, Gerüst, Zeichen, Grundgedanke, Idee

Leitsatz: Richtschnur, Überzeugung, Maxime, Grundsatz

Leitung: 1. Zuleitung, Kabel, Draht 2. Führung, Lenkung, Direktion, Regie, Vorsitz 3. Direktorium, Spitze, Vorstand

Lektüre: Literatur, Lesestoff, Bücher

lenken: dirigieren, steuern, lotsen, leiten, fahren

Lerneifer: Interesse, Wissensdurst, Lernbegierde, Wissbegier

lerneifrig: unersättlich, lernbegierig, wissbegierig, wissensdurstig, gelehrig

lernen: s. einprägen, erlernen, s. anlesen, einüben, studieren

Lernen: Übung, Erwerb, Wissenserwerb, Einübung, Erlernung

Lernender: Anhänger, Hörer, Lehrling, Schüler, Zögling, Studiosus, Student

Lernfähigkeit: Auffassung, Klugheit, Verstand, Talent, Geist, Begabung

lesbar: leserlich, verständlich, deutlich, klar, übersichtlich

Lesbierin: Homosexuelle, Lesbe, Schwule

lesen: 1. ablesen, wiedergeben, vortragen, vorlesen 2. studieren, auslesen, durchlesen 3. lehren, unterrichten 4. aufsammeln, pflücken, einbringen

Leser: 1. Bezieher, Abonnent 2. Bücherfreund, Leseratte

letzte: 1. letztmögliche, allerletzte 2. restliche, übrige, übrig gelassene 3. vergangene, verflossene, vorige

leuchten: 1. blenden, erhellen 2. glänzen, blinken, funkeln, glitzern, scheinen, strahlen

leuchtend: 1. glänzend, strahlend, blinkend 2. grell, unangenehm

Leuchter: Kronleuchter, Leuchte, Kerzenständer, Armleuchter

leugnen: abstreiten, verneinen, bestreiten

Lexikon: Nachschlagewerk, Enzyklopädie

licht: 1. spärlich, gelichtet 2. hell, freundlich 3. lichterfüllt, lichtdurchflutet, strahlend, glänzend, sonnig

Licht: 1. Leuchte, Beleuchtung, Lichtquelle 2. Schein, Lichtschein, Helle, Lichtfülle, Schimmer, Lichtkegel, Glanz

Lichtbild: 1. Passfoto 2. Porträt, Fotografie, Bildnis

lichten: abholzen, zurückschneiden, roden

s. lichten: 1. s. entwölken, s. aufklären 2. abnehmen, s. verringern

lichtscheu: verrufen, dunkel, undurchsichtig, verschrien, finster, zwielichtig, gemein

Lichtstrahl: Lichtkegel, Scheinwerferkegel

Lichtung: Rodung, Schlag, Schneise, Waldlichtung

lieb: 1. nett, reizend, sympathisch, angenehm 2. teuer, geliebt, verehrt, geschätzt, vergöttert 3. liebevoll, liebenswert, gütig, hilfsbereit, zärtlich, gut 4. gehorsam, brav, anständig, wohlerzogen 5. angenehm, willkommen, recht, gern gesehen

Liebe: Hingezogenheit, Zärtlichkeit, Freundschaft, Zuneigung, Anhänglichkeit, Hingabe, Leidenschaft

liebebedürftig: anhänglich, verschmust, anschmiegsam

Liebelei: Romanze, Flirt, Liebschaft, Liebesabenteuer, Verhältnis, Abenteuer

lieben: lieb haben, vergöttern, begehren

liebenswürdig: gütig, zuvorkommend, lieb, entgegenkommend, aufmerksam, gefällig, wohlgesinnt, nett

lieber: 1. gefälligst, möglicherweise, gegebenenfalls, denkbar, allenfalls, möglichst 2. vielmehr, eher, mehr

Liebesbezeichnung: Liebesgabe, Liebespfand, Liebesbeweis

Liebeserklärung: Liebeswerben, Erklärung, Werbung

Liebeskummer: Liebesnöte, Liebespein, Liebesqual

Liebespaar: Liebesleute, Brautpaar, Paar

liebevoll: gefühlvoll, hingebend, lieb, innig, aufopfernd, liebend, zärtlich, weich, sanft

Liebhaber: Freund, Verehrer

Liebhaberei: Hobby, Lieblingsbeschäftigung, Steckenpferd

liebkosen: lieb haben, herzen, drücken, streicheln, zärteln

Liebkosung: Zärtlichkeit, Streicheln, Küssen

lieblich: 1. anmutig, anziehend, bezaubernd, hübsch, entzückend, sympathisch, liebenswert 2. süffig, süß 3. schön, anmutig, gefällig 4. wohlriechend, angenehm

Liebling: Schwarm, Goldkind, Schatz, Schätzchen, Herzblatt

lieblos: grob, gefühllos, verletzend, kühl, unfreundlich, eisig, hartherzig

Lied: Chanson, Gesang, Gesangsstück, Vokalmusik, Vokalstück, Schlager, Song

liederlich: 1. lässig, leichthin, unsorgfältig, unordentlich, nachlässig 2. anstößig, unsittlich, verdorben 3. frivol, anrüchig, unseriös, lose, vergnügungssüchtig

lieferbar: erhältlich, vorrätig, verfügbar, parat

liefern: bringen, hergeben, zuschicken, schicken, bieten, zustellen, übermitteln, ausfahren, austragen, zuleiten, übergeben

Lieferung: Auslieferung, Zustellung, Versand, Übergabe, Weiterleitung, Überstellung, Zuführung, Anlieferung

Liegecouch: Couch, Schlafcouch, Sofa, Liege, Ruhebett

liegen lassen: zurücklassen, vergessen

liegen: 1. s. verhalten, stehen 2. s. erheben, s. hinziehen 3. ausruhen, ruhen, lagern, schlummern, daliegen 4. behagen, entsprechen 5. s. befinden, s. aufhalten

Lift: Fahrstuhl, Aufzug

liften: straffen, s. Anitaging unterziehen

lindern: dämpfen, mildern, schwächen, bessern, trösten, erleichtern

Linienrichter: Schiedsrichterassistent

linientreu: zuverlässig, überzeugt, übereifrig, übereinstimmend, einig, geradlinig

Linientreuer: Anhänger, Übereifriger, Überzeugter

Linierung: Lineatur, Linienführung

Link: Internetadresse, Hyperlink

linkisch: unbeholfen, ungeschickt

links: 1. links orientiert 2. backbord, linke Seite

List: Schlauheit, Kunstgriff, Verschlagenheit, Durchtriebenheit, Gewitztheit, Täuschung

Liste: Aufstellung, Verzeichnis, Kartei, Register, Aufzählung, Katalog, Zusammenstellung, Übersicht

listig: clever, durchtrieben, schlau, gewitzt, verschmitzt, geschickt, gerissen, geschäftstüchtig, verschlagen

Literatur: Dichtung, Schrifttum

Livesendung: Direktübertragung, Originalübertragung

Lizenz: Erlaubnis, Zulassung, Genehmigung, Befähigung

Lob: Belobigung, Würdigung, Wertschätzung, Lobrede, Ehrung, Anerkennung, Auszeichnung, Lobpreisung

loben: huldigen, feiern, würdigen, anerkennen, auszeichnen, rühmen, verherrlichen, ehren, preisen

lobenswert: dankenswert, achtbar, musterhaft, rühmenswert, gut, löblich, anerkennenswert, verdienstvoll, rühmlich

lobpreisen: preisen, verherrlichen, besingen

Lobrede: Lobspruch, Laudatio, Lobpreis, Hymne

löcherig: undicht, leck, porös, durchlässig

locken: 1. rufen, ködern, anziehen, heranrufen 2. verlocken, anziehen, interessieren

locker: 1. unbefestigt, wackelig, gelockert, lose 2. zerfallend, bröckelig 3. gelockert, entkrampft, ruhig 4. unbefangen, familiär, leger, natürlich, ungezwungen, zwanglos, frei, offen, formlos

lockern: 1. s. öffnen, entkrampfen, s. entspannen 2. losgehen, s. ablösen, s. lösen, abgehen, aufmachen

Lockerung: Erleichterung, Öffnung, Entkrampfung

lockig: gewellt, wellig, gekräuselt, wuschelig, gelockt, kraus

Lockmittel: 1. Reizmittel, Geschenk 2. Köder, Lockspeise

Lockvogel: 1. Lockmittel, Köder 2. Anziehungspunkt, Magnet

lodern: leuchten, flammen, lohen, brennen

lodernd: 1. lohend, lichterloh, flackernd 2. begeistert, leidenschaftlich

Logik: Folgerichtigkeit, Konsequenz, Lehre vom Denken

logisch: vernünftig, folgegemäß, überlegt, schlüssig, stichhaltig, einleuchtend, durchdacht

Lohn: Einkünfte, Gehalt, Verdienst, Gage, Honorar, Bezahlung

lohnen (s.): s. auszahlen, s. rentieren

lohnend: 1. ergiebig, dankbar 2. Gewinn bringend, günstig, einträglich

Lohnerhöhung: Gehaltserhöhung, Lohnanpassung

Lohnerwerb: Broterwerb, Lebensunterhalt

Lohnkampf: Arbeitskampf, Tarifverhandlung

lokal: begrenzt, örtlich, regional

Lokomotive: Lok, Maschine, Zugmaschine, Triebwagen

los: gelöst, abgerissen, locker, unbefestigt, abgetrennt

lösbar: 1. möglich, aussichtsreich, offen 2. entwirrbar, auflösbar

losbinden: entfesseln, abmachen, lösen, losmachen, abbinden

losbrechen: 1. fortgehen, abbrechen 2. auflodern, aufkeimen, entstehen, ausbrechen

löschen: 1. ersticken, ausblasen, abschalten, austreten, auslöschen 2. leeren, ausladen, entladen 3. tilgen, beseitigen, aufheben

Löschfahrzeug: Feuerwehrauto, Feuerwehrwagen, Spritze

Löschpapier: Saugpapier, Fließblatt, Löschblatt

lose: 1. leichtlebig, lebenslustig, ungezügelt, flott, zügellos, vergnügungssüchtig, ausgelassen 2. abgerissen, abgetrennt, gelöst, unbefestigt 3. mutwillig, frech

lösen: 1. auseinandergehen, s. trennen, weggehen, s. lossagen 2. auseinander bekommen, lostrennen, entwirren, abtrennen, lockern, auflösen 3. raten, ausrechnen, auflösen, meistern, herausbringen, enträtseln, entschlüsseln

losfahren: fortfahren, abfahren, starten, wegfahren

losgehen: 1. beginnen, starten, anfangen 2. s. lösen, s. lockern, losbrechen, s. ablösen 3. s. fortmachen, s. aufmachen, weggehen, s. entfernen

loskommen: abkommen, freikommen, entkommen, entsagen

loslassen: freisetzen, freigeben

löslich: auflösbar, zerlegbar

loslösen: 1. weggehen, s. verabschieden, s. freimachen, s. trennen 2. entfernen, ablösen **s. loslösen:** s. abspalten, s. trennen, s. lossagen, s. lösen

Loslösung: 1. Trennung, Ablösung 2. Scheidung, Trennung

losmachen: losbinden, lockern, lösen, aufbinden

losreißen: wegreißen, herausreißen, abbrechen **s. losreißen:** davoneilen, davonrennen, wegrennen

lossagen: 1. ausstoßen, verstoßen 2. entsagen, abspringen, absagen

Lösung: 1. Tinktur, Lauge 2. Ausweg, Ergebnis, Resultat, Schlüssel, Dreh 3. Scheidung, Trennung, Bruch, Auseinandergehen, Auflösung

loswerden: 1. s. befreien, abschütteln 2. verkaufen, abstoßen, losbringen 3. draufzahlen, verlieren

losziehen: aufbrechen, weggehen

Lot: Senklot, Senkblei, Grundlot

löten: anlöten, verbinden, verlöten

Lotion: Creme, Emulsion, Fluid, Balsam

Lotterie: Glücksspiel, Auslosung, Tombola, Verlosung

Löwe: Leu, König der Tiere, Wüstenkönig, Raubkatze

Lücke: Bresche, Fuge, Spalt, Zwischenraum

Lückenbüßer: Ersatzmann, Reservemann, Notnagel

lückenhaft: unbeendet, halb fertig, unvollständig, unvollkommen, unfertig

lückenlos: vollständig, vollkommen, ganz, restlos, total

Luft: 1. Wind, Windchen 2. Lufthülle, Luftmeer, Atmosphäre

luftdicht: undurchlässig, zu, geschlossen, dicht, verschlossen

luftdurchlässig: porös, leicht

lüften: 1. auslüften, belüften, ventilieren, entlüften 2. hochheben, heben, hochnehmen, aufnehmen, anheben 3. herausfinden, aufdecken

luftig: 1. luftdurchlässig, leicht 2. windig, frisch, auffrischend, zugig

Luftschiff: Zeppelin, Flugschiff

Luftschloss: Fantasievorstellung, Wunschtraum, Kartenhaus, Vision

Luftveränderung: Urlaub, Luftwechsel, Tapetenwechsel

Luftzug: Lufthauch, Zug, Durchzug, Luftstrom

Lüge: Ausflucht, Lügerei, Erfindung, Schwindel, Falschmeldung, Vorwand, Täuschung, Unwahrheit, Schwindelei, Ausrede

lügen: täuschen, beschwindeln, belügen, schwindeln, erfinden, vorschwindeln, anlügen, verdrehen, verzerren, erlügen

Lügengeschichte: Lüge, Seemansgarn, Jägerlatein, Erfindung

Lügner: Schwindler, Schaumschläger, Lügenbeutel, Aufschneider, Heuchler, Lügenpeter

lügnerisch: unehrlich, unaufrichtig, betrügerisch, unwahrhaftig, unwahr, unredlich, lügenhaft, verlogen

lukrativ: günstig, ertragreich, Gewinn bringend, lohnend

Lust: 1. Laune, Bereitwilligkeit, Stimmung, Neigung 2. Freude, Begeisterung, Vergnügen, Wonne, Lebenslust 3. Begehren, Verlangen, Leidenschaft, Sehnsucht

Lüster: Kronleuchter, Luster

lüstern: wollüstig, leidenschaftlich, sehnsüchtig, liebestoll, verlangend, begehrlich, sinnlich, gierig

Lüsternheit: Gier, Liebessehnsucht, Sinnlichkeit, Leidenschaft, Triebhaftigkeit, Begier

Lustgefühl: Glücksgefühl, Orgasmus, Hochstimmung

lustig: aufgelegt, aufgeräumt, frohgemut, leichtlebig, freudig, glücklich, vergnüglich, fröhlich, übermütig, frohsinnig, munter, heiter, sonnig, scherzhaft, lose, locker

Lustlosigkeit: Verstimmung, Unlust, Unmut

Lustspiel: Komödie, Posse, Schwank

luxuriös: kostbar, komfortabel, edel, pompös, prächtig, prunkvoll

Luxus: Prunk, Reichtum

lynchen: ohne Urteil töten, Lynchjustiz betreiben, Lynchmord begehen

Lyrik: Poesie, Dichtung, Dichtkunst

M

machbar: durchführbar, ausführbar, möglich

machen: 1. schaffen, handeln, durchführen, erledigen, vollenden 2. zubereiten, herstellen, anfertigen, fertigen, bereiten 3. niederschreiben, schreiben 4. anordnen, auftragen, verfügen 5. zubereiten, anfertigen, anrichten **s. machen:** 1. s. entwickeln, vorankommen 2. vorangehen, s. bessern 3. passen, aussehen 4. s. beeilen, s. schicken

Macht: 1. Staatsmacht, Staatsgewalt 2. Regierung, Regiment, Gewalt, Obrigkeit, Befehlsgewalt 3. Einwirkung, Können, Geltung, Achtung, Stärke, Vermögen, Ansehen, Autorität

mächtig: 1. stark, allmächtig, einflussreich, wichtig, tonangebend, wirkungsvoll 2. außerordentlich, ungeheuer, gewaltig, riesig, übermächtig, unermesslich, wuchtig 3. stark, dick, gewaltig

machtlos: wehrlos, ohnmächtig, schwach, entmachtet, ausgeliefert

Machtlosigkeit: Autoritätslosigkeit, Kraftlosigkeit, Schwäche, Ohnmacht

Machtwort: Verbot, Eingriff, Machtspruch, Werk, Gebilde

Machwerk: Produkt, Erzeugnis, Fabrikat

Mädchen: 1. Geliebte, Freundin, Fräulein 2. Hausangestellte, Dienstmädchen, Hausmädchen

Mädchenname: Geburtsname, Familienname

mager: 1. gertenschlank, schlank, hager, schmal, dürr 2. dünn, knochig, schmächtig, karg, abgemagert

Magnet: Lockmittel, Anziehungspunkt, Lockvogel, Köder

mähen: 1. sensen, schneiden, sicheln, hauen 2. schreien, blöken

Mahl: Gericht, Mahlzeit, Essen

Mahnbrief: Mahnbescheid, Mahnung, Verwarnungsschreiben

mahnen: 1. beschwören, rügen, tadeln 2. ersuchen, zurückfordern, nachsuchen, erbitten 3. erinnern

Mahnung: 1. Anmahnung, Mahnruf 2. Ermahnung, Mahnbrief

Mail: E-Mail, E-Post, elektronischer Brief

Makel: Verunstaltung, Verunzierung

makellos: einwandfrei, vollkommen, korrekt, vollendet, tadellos

Make-up: Kosmetik, Schönheitspflege, Schminke

Makler: Mittelsperson, Mittelsmann, Vermittler, Mittler

malen: 1. pinseln, klecksen 2. darstellen, zeichnen

Maler: 1. Anstreicher, Tüncher 2. Kunstmaler, Künstler

Malerei: Bemalung, Gemälde

malerisch: wunderschön, schön, farbig

manche: wenige, etliche, verschiedene, einige, ein paar, Einzelne

manchmal: selten, zuzeiten, stellenweise, bisweilen, zeitweise, mitunter, vereinzelt, streckenweise

Mandant: Klient, Auftraggeber, Klient

Mangel: 1. Beschränkung, Beschränktheit, Armut 2. Schwäche, Gebrechen, Nachteil, Fehler, Makel, Defekt, Lücke, Schaden, Unzulänglichkeit

mangelhaft: ungenügend, unzulänglich, schlecht, unzureichend

mangeln: 1. vermissen, brauchen, benötigen 2. bügeln, rollen

manierlich: lieb, gefügig, anständig, lenkbar, zahm, willig, brav, gehorsam, wohlerzogen, ergeben

Maniküre: Nagelpflege, Handpflege

Mann: 1. Mannsperson, Er, Herr 2. Ehemann, Lebensgefährte 3. Kerl, Bursche

Mannequin: Fotomodell, Model, Modell, Dressman

mannhaft: furchtlos, mutig, kämpferisch, beherzt, kühn, verwegen, herzhaft, waghalsig, tapfer, tollkühn, unverzagt

mannigfach: mancherlei, allerlei, mehrere, mannigfaltig, vielfältig, reichhaltig, vielstimmig, abwechslungsreich, wechselvoll

männlich: stark, maskulin, kräftig

Mannschaft: Equipe, Team, Auswahl

Mansarde: Dachwohnung, Dachgeschosswohnung, Dachzimmer

manuell: mit der Hand, von Hand, in Handarbeit

Manuskript: Skriptum, Fassung, Niederschrift

märchenhaft: einzigartig, prächtig, großartig, ausgefallen, zauberhaft, unglaublich, formidabel, traumhaft, schön, unwirklich

markant: 1. ausgeprägt, einprägsam, scharfgeschnitten, charakteristisch, klar 2. auffallend, krass, augenfällig

Marke: 1. Schutzmarke, Warenzeichen, Fabrikat, Handelszeichen 2. Spaßmacher, Spaßvogel

Markforschung: Marktanalyse, Marktuntersuchung, Käuferbefragung, Bedarfsermittlung

markieren: 1. täuschen, vorgeben, simulieren 2. hervorheben, unterstreichen, ankreuzen 3. demarkieren, bezeichnen, abstecken

markiert: 1. vorgetäuscht, geheuchelt, simuliert, vorgemacht 2. angekreuzt, gekennzeichnet

markig: sehnig, kernig, robust, widerstandsfähig

Markt: Absatzmarkt, Absatzgebiet

Marmelade: Konfitüre, Jam, Gelee

Marsch: 1. Wanderung, Fußmarsch 2. Marschland, Schwemmland

maschinell: 1. automatisch, mechanisch 2. seriell, serienmäßig

maskieren: 1. s. verhüllen, s. tarnen 2. s. kostümieren, s. verkleiden

Maskierung: Maske, Verkleidung, Maskerade

masochistisch: selbstzerstörerisch, selbstquälerisch

Maß: 1. Abmessung, Quantum 2. Bierseidel, Maßkrug

Massage: Abreibung, Knetkur

Masse: Menge, Unmenge, Fülle, Vielzahl, Anzahl, Unzahl

massenhaft: reichlich, unzählig, übergenug, massenweise, zahllos

Massenmedien: Informationsvermittler, Kommunikationsmittel

maßgebend: entscheidend, richtunggebend, maßgeblich, richtungweisend, wegweisend

maßgeblich: ausschlaggebend, entscheidend, wegweisend, gewichtig, bestimmend, tonangebend

massieren: 1. durchkneten, kneten, reiben 2. zusammenziehen, konzentrieren

massig: 1. breit, fett, füllig, dick, plump, dickwanstig, gewaltig, umfangreich, üppig, stämmig, wohlgenährt, wohlbeleibt, fleischig, rund, vierschrötig 2. massenhaft, viel

mäßig: 1. beherrscht, zurückhaltend, gemäßigt 2. schwach, durchschnittlich, dürftig 3. gering, winzig

mäßigen: dämpfen, schwächen, abschwächen, mildern, entschärfen, herabmindern, abmildern

Mäßigkeit: Abstinenz, Enthaltsamkeit

Mäßigung: 1. Beherrschung, Selbstbeherrschung, Gelassenheit, Fassung, Ruhe 2. Abmilderung, Dämpfung, Schwächung

massiv: 1. außerordentlich, schwer, entschieden, heftig, scharf 2. wohlbeleibt, vierschrötig, unförmig, wohlgenährt 3. solide, widerstandsfähig, fest, kräftig, unzerstörbar, stark

Massiv: Bergmassiv, Gebirgszug, Gebirgskette, Felsmassiv

maßlos: 1. rücksichtslos, extremistisch, scharf 2. ausschweifend, übersteigert, ungezügelt, unmäßig

Maßnahme: Unternehmung, Ausführung, Durchführung, Aktion, Schritt, Vorgehen, Vorgehensweise, Unternehmen

maßregeln: 1. schimpfen, heruntermachen, zurechtweisen, ausschimpfen, tadeln, schelten, ausschelten 2. bestrafen, ahnden

maßvoll: gemäßigt, enthaltsam

Mast: 1. Mastbaum, Stamm 2. Mastkur, Mästung

mästen: ausfüttern, stopfen

Materie: 1. Substanz, Masse, Stoff 2. Wirklichkeit, Realität 3. Leben, Praxis 4. Thema, Gegenstand

Matinee: Vormittagsvorstellung, Vormittagsveranstaltung

matt: 1. blind, stumpf, beschlagen 2. überwunden, besiegt, geschlagen 3. gedämpft, belegt, klanglos 4. angegriffen, erledigt, mitgenommen, geschafft, erschöpft, zerschlagen, kaputt

Mattigkeit: Erschlaffung, Erschöpfung, Abgeschlagenheit, Ermüdung, Zerschlagenheit, Ermattung, Schwäche

Mauer: Einfriedung, Umzäunung, Eingrenzung, Wall, Stützmauer

Mauerblümchen: graue Maus, Heimchen, Stiefkind

Mausoleum: Grabstätte, Grabmonument

mechanisch: 1. serienmäßig, fabrikmäßig, maschinell 2. unwillkürlich, selbsttätig, automatisch, zwangsläufig, unbewusst 3. stupid, gewohnheitsmäßig, geisttötend

Medaille: Auszeichnung, Ehrenzeichen, Ehrung, Belohnung

Medikament: Medizin, Arznei, Heilmittel, Präparat

Medizin: 1. Arznei, Heilmittel, Präparat 2. Heilkunde, Heilkunst

Mediziner: Doktor, Arzt

Medley: Melodienfolge, Potpourri

Meerbusen: Bucht, Golf, Bai, Bodden

Meeresbucht: Meerbusen, Bai, Golf, Fjord

Meeting: Besprechung, Versammlung, Konferenz, Sitzung

mehr: 1. gewissermaßen, sozusagen, gleichsam 2. auch, sogar 3. weiter, außerdem 4. häufig, wiederholt, mehrfach

mehrdeutig: 1. doppeldeutig, zweideutig, unklar, undurchsichtig, doppelsinnig 2. rätselhaft, geheimnisvoll

mehren: 1. ansteigen, vervielfachen, häufen, steigern 2. ansteigen, ausweiten, ausdehnen, s. vergrößern, zunehmen, s. verdichten

mehrere: einige, manche, verschiedene

mehrfarbig: farbenfroh, bunt, vielfarbig

Mehrheit: Mehrzahl, Überzahl, Vielzahl, Hauptmasse, Gros

Mehrzahl: Vielzahl, Mehrheit, Überzahl, Grioßteil

meiden: s. herumdrücken, ausweichen, fliehen, vermeiden, umgehen

Meilenstein: Einschnitt, wichtiges Ereignis, Wendepunkt, einschneidender Schritt

meinen: finden, glauben, vermuten, dafürhalten, denken

Meinung: Weltanschauung, Denkweise, Auffassung, Überzeugung, Annahme, Urteil, Ansicht

Meinungsforschung: Meinungsumfrage, Rundfrage, Feldforschung, Demoskopie

Meinungsverschiedenheit: Differenz, Meinungsunterschied, Unstimmigkeit, Nichtübereinstimmung, Dissenz, Auseinandersetzung

meistens: durchweg, gemeinhin, weitgehend, gewöhnlich, normalerweise, überwiegend, meist

Meister: 1. Sieger, Champion, Spitzensportler 2. Fachmann, Größe, Könner, Ass, Experte 3. Lehrmeister, Lehrherr

meisterhaft: bedeutend, beträchtlich, ansehnlich, hervorragend, ausgefallen, verblüffend, sensationell, überragend, erstaunlich

meistern: bewältigen, erledigen, verwirklichen, bewerkstelligen, zurechtkommen, ausführen, vollenden, zwingen

Melancholie: Kummer, Wehmut, Jammer, Sorge, Trostlosigkeit, Trübsinn, Schwermut

melancholisch: 1. sorgenvoll, gramvoll, zentnerschwer, gramerfüllt 2. bedrückt, trübselig, unglücklich, schwermütig, freudlos, wehmütig, traurig

Meldung: 1. Nachricht, Mitteilung 2. Teilnahmeerklärung, Verpflichtung, Anmeldung

Melodie: Tonweise, Tonfolge

melodisch: wohltönend, wohlklingend, klangvoll

Memoiren: Lebenserinnerungen, Autobiografie

Memorandum: Aktennotiz, Denkschrift, Note, Petition

Menge: 1. Vielzahl, Vielheit, Übermaß, Haufen, Schar, Unmaß, Anhäufung 2. Volk, Allgemeinheit

mengen: verrühren, mischen, vermischen, zusammenschütten, mixen

Mensch: Person, Individuum, Erdenbürger

menschenleer: 1. unbewohnt, vereinsamt, entvölkert, ausgestorben, verlassen, unbevölkert, verödet, unbelebt 2. leer, geräumt

Menschenmenge: Haufen, Volksmenge, Schar, Ansammlung, Menge

Menschenraub: Entführung, Kidnapping, Piraterie

menschenscheu: zurückhaltend, kontaktscheu, ungesellig

Menschheit: Völkerfamilie, Erdbevölkerung

menschlich: 1. gutmütig, annehmlich, herzlich, weichherzig, entgegenkommend, lieb, tolerant, warmherzig 2. mitmenschlich, humanitär, sozial, human

mental: geistig, psychisch, intellektuell

Mentor: Berater, Förderer, Tutor, Fürsprecher, Betreuer

merken: 1. s. einprägen, aufnehmen, lernen 2. registrieren, dahinterblicken, durchblicken 3. spüren, spitzbekommen **s. merken:** s. einprägen, bewahren, speichern

merklich: 1. empfindlich, hoch 2. deutlich, bemerkbar, spürbar, zusehends, sichtlich, erkennbar

Merkmal: Charakterzug, Mal, Zeichen, Merkzeichen, Zug, Kennzeichen, Moment

merkwürdig: befremdend, kurios, eigentümlich, seltsam, sonderbar, verwunderlich, eigenartig

merkwürdigerweise: eigentümlicherweise, komischerweise, sonderbarerweise

Merkwürdigkeit: Seltsamkeit, Eigentümlichkeit

Messe: 1. Gottesdienst 2. Musterschau, Ausstellung 3. Aufenthaltsraum, Speiseraum

messen: ausmessen, abmessen, berechnen, vermessen, ermitteln **s. messen:** s. vergleichen, wettstreiten

methodisch: planvoll, bedacht, wissenschaftlich, zielbewusst, planmäßig

Metropole: Hauptstadt, Weltstadt, Millionenstadt

Miene: Ausdruck, Zug, Gesichtsausdruck, Mimik

Miete: 1. Mieteinnahme, Hauszins, Entgeld 2. Stapel, Schober

mieten: 1. s. einmieten, s. einlogieren, pachten 2. leihen, heuern

Migräne: Kopfschmerzen, Kopfweh

mild: 1. lieblich, süffig 2. lind, lau, warm 3. gering, klein 4. lieb, gut, gnädig, gütig, nett, zugetan, barmherzig, weichherzig, warm

Milde: 1. Güte, Anteilnahme, Herzlichkeit, Hilfsbereitschaft, Herzensgüte, Freundlichkeit, Zuneigung, Zuwendung, Nächstenliebe, Humanität 2. Wärme, Schönwetter 3. Nachsicht, Langmut, Hinnahme, Duldung

mildern: ausgleichen, abschirmen, schwächen, verringern, herunterspielen, dämpfen, erleichtern, entschärfen

Milderungsgrund: Entschuldigungsgrund, Entlastungsmoment

mildtätig: uneigennützig, großherzig, edelmütig, selbstlos, wohltätig

Mildtätigkeit: Edelmut, Wohltätigkeit

Militär: 1. Luftwaffe 2. Wehrmacht, Armee, Streitkräfte, Heer 3. Marine

militärisch: militaristisch, soldatisch

Mimik: Mienensprache, Gebärdenspiel, Miene

Minderheit: Minderzahl, Randgruppe, der geringere Teil, Minorität

mindern: verringern, heruntersetzen, drücken, vermindern, beeinträchtigen, beschränken, schmälern

Minderung: Beschränkung, Verringerung, Beeinträchtigung, Verminderung

minderwertig: 1. zweitklassig, ungenügend, billig 2. charakterlos, verworfen 3. dünn, zweifelhaft, elend

Minderwertigkeitsgefühl: mangelndes Selbstvertrauen, Minderwertigkeitskomplex, Hemmungen, Unsicherheit, mangelndes Selbstwertgefühl

mindestens: zuwenigst, zumindest, mindest, wenigstens

minimal: 1. dürftig, schmal, gering, kümmerlich, winzig 2. geringfügig, belanglos, unwesentlich, unerheblich

minus: abgezogen, abgerechnet, ohne, abzüglich, weniger

Mirakel: Wunder, Mysterium, Wundererscheinung

Misanthrop: Menschenfeind, Menschenverachter, Menschenhasser

mischen: 1. durcheinanderwürfeln, zusammenstellen, durcheinanderbringen 2. verrühren, durchmischen, durchmengen, mengen, zusammenschütten, mixen, vermischen

Mischung: 1. Mittelding, Zwischending 2. Durcheinander, Gemisch, Mixtur, Gemenge

miserabel: 1. bedauerlich, kläglich, beklagenswert 2. unbefriedigend, schmählich, kärglich, bescheiden, unzureichend 3. defekt, ungenügend 4. mangelhaft, ungenügend, schlecht

Misere: Armut, Armseligkeit, Kargheit, Knappheit, Besitzlosigkeit, Elend, Krise, Verelendung, Notstand

missachten: verschmähen, ausschlagen, ablehnen, verachten, zurückweisen, gering schätzen

Missachtung: Nichtbeachtung, Herabwürdigung, Herabsetzung, Geringschätzung, Verächtlichmachung, Verachtung

Missbehagen: Missfallen, Unbehagen, Beklommenheit, Widerwillen

Missbildung: Auswuchs, Missform, Missgebilde

missbilligen: 1. beanstanden, tadeln 2. ausschlagen, versagen, verweigern, ablehnen, verneinen

Missbilligung: 1. Absage, Abfuhr, Zurückweisung 2. Beanstandung, Tadel

missbräuchlich: unerlaubt, zweckentfremdet, absichtlich falsch

Misserfolg: Katastrophe, Pech, Durchfall, Enttäuschung, Versagen, Bankrott, Misslingen, Reinfall, Rückschlag, Zusammenbruch

missfallen: abstoßen, stören, widerstreben

Missfallen: Beklemmung, Widerwillen, Unbehagen, Lustlosigkeit

missgebildet: verkrüppelt, ungestalt, missgestaltet, bucklig

missgelaunt: verdrießlich, ärgerlich, erzürnt, gereizt, böse, misslaunig, verdrossen, muffig, grimmig, grantig, unwillig

Missgeschick: Elend, Not, Krise, Entbehrung, Unglück, Geldnot

Missgeschick: Pech, Unglück, Ungeschicklichkeit, Panne

missglücken: zusammenbrechen, s. zerschlagen, fehlschlagen, straucheln, scheitern

Missgunst: Eifersucht, Neid

misshandeln: schinden, quälen, schikanieren, tyrannisieren

Misshandlung: Drangsalierung, Quälerei, Folter, Tyrannei

Missklang: Disharmonie, Misston, Dissonanz

misslingen: danebengelingen, missglücken, quergehen, scheitern, danebengehen, verunglücken

Missmut: Übellaunigkeit, Unzufriedenheit, Missstimmung, Verstimmung, Verdrossenheit, Unlust, Ärger

missmutig: unbefriedigt, ärgerlich, missgelaunt, unleidlich, gereizt, verdrießlich, unwillig

missraten: frech, unartig, schamlos, ungezogen, unmanierlich, dreist, unverschämt, ungesittet

Missstand: Mängel, Auswüchse, Ungerechtigkeit, Unordnung, Übelstand

Missstimmung: Lustlosigkeit, Unmut, Spannung, Verstimmtheit, Missmut, Unbehagen, Verdrossenheit, Überdruss, Verbitterung

misstrauen: bezweifeln, argwöhnen, verdächtigen

Misstrauen: Skepsis, Zweifel, Verdacht, Argwohn

misstrauisch: ängstlich, kleingläubig, ungläubig, kritisch, vorsichtig, zweiflerisch

Missverhältnis: Kontrast, Gegensatz, Diskrepanz, Widerspruch

missverständlich: 1. doppeldeutig, zweideutig, unklar, undurchsichtig, strittig, mehrdeutig, verschwommen 2. rätselhaft, geheimnisvoll

Missverständnis: Fehldeutung, Verwechslung, Fehlschluss

missverstehen: s. irren, verhören, verkennen, s. täuschen

mit: samt, einbegriffen, eingeschlossen, und, einschließlich

Mitarbeit: Zusammenarbeit, Arbeitsteilung, Zusammenwirkung, Teamarbeit

Mitbestimmung: Mitbestimmungsrecht, Mitspracherecht

Mitbringsel: Geschenk, Präsent, Aufmerksamkeit, Souvenir

Mitbürger: Bürger, Staatsangehöriger, Einwohner

miteinander: geschlossen, gemeinsam, mitsammen, gemeinschaftlich, zusammen

mitfahren: trampen, begleiten

mitfühlen: teilnehmen, mitleiden

mitfühlend: einfühlend, teilnehmend, empfindend, herzlich, gefühlvoll, mitleidig, warm, zartfühlend, teilnahmsvoll, einfühlsam

Mitgefühl: Entgegenkommen, Einfühlungsgabe, Anteil, Mitleid, Wärme, Teilnahme, Innigkeit, Rücksicht, Verstehen, Verständnis, Takt

mitgehen: s. anschließen, geleiten, s. beigesellen, mitkommen

Mitgift: Ausstattung, Heiratsgut

Mitglied: Teilnehmer, Mitwirkender, Beteiligter, Angehöriger, Mitarbeiter

mithilfe: anhand, durch, mittels, unter Zuhilfenahme von

mitkommen: 1. begleiten, geleiten, mitgehen 2. begreifen, nachempfinden, verstehen

Mitläufer: Erfüllungsgehilfe, Jasager, Opportunist

Mitleiderregend: jämmerlich, herzzerreißend, herzergreifend

Mitleid: Mitgefühl, Anteilnahme, Takt, Entgegenkommen, Einfühlungsvermögen, Innigkeit, Barmherzigkeit, Nächstenliebe, Verständnis, Wärme, Teilnahme

mitleidig: teilnehmend, entgegenkommend, rücksichtsvoll, zartfühlend, gefühlvoll, einfühlsam, innig, warm, einfühlend

mitleidlos: 1. roh, unbarmherzig 2. gleichgültig, unberührt, stumpf, wurstig 3. rachsüchtig, gehässig, rachedurstig, schadenfroh

mitmachen: mitarbeiten, teilnehmen, s. beteiligen, mitwirken

Mitmensch: anderer, Nächster, Zeitgenosse

mitnehmen: stehlen, bestehlen, s. bemächtigen, s. aneignen, ausräumen, erbeuten, unterschlagen, veruntreuen

mitreißend: packend, ergreifend, interessant, fesselnd, dramatisch, spannend, bewegend

mitschuldig: schuldig, schuldbeladen

Mitschuldiger: Mitwisser, Mittäter, Handlanger, Komplize

Mittag: 1. Mittagsstunde, Mittagszeit 2. Siesta, Mittagspause

Mittagessen: Mittagstisch, Mittagsmahlzeit, Mittagsmahl

mittags: über Mittag, jeden Mittag, zur Mittagszeit

mitteilen: melden, beibringen, eröffnen, übermitteln, sagen

Mitteilung: Nachricht, Bescheid, Meldung, Eröffnung, Unterrichtung, Ankündigung, Benachrichtigung, Anzeige, Bekanntgabe, Botschaft

mittelbar: unausgesprochen, verblümt, verschleiert, indirekt

mittellos: Not leidend, arm, unvermögend, bedürftig

mittelmäßig: erträglich, einigermaßen, genügend, mäßig, bescheiden, hinlänglich, durchschnittlich

Mittelpunkt: Zentrum, Seele, Sammelpunkt, Kerngebiet

Mittelweg: Ausgleich, Kompromiss, Zugeständnis, Vergleich

mitwirken: mitlaufen, mitspielen, mitmachen, mittun, mithelfen, s. beteiligen, mitarbeiten

Mitwisser: Mitschuldiger

Mixgetränk: Drink, Cocktail, Longdrink, Mischgetränk

mobil: 1. tragbar, beweglich, versetzbar, zerlegbar 2. anpassungsfähig, wandlungsfähig, rege, betriebsam

mobilisieren: anstacheln, hineinstecken, anspornen, einsetzen

Moderator: Redner, Anchorman, Ansager

modern: 1. aktuell, super, modisch, fortschrittlich, zeitgemäß 2. verwesen, s. zersetzen, verrotten, faulen, verfaulen, verkommen

mögen: wohl wollen, abgewinnen, bevorzugen

möglich: vorstellbar, ausführbar, gangbar, erdenklich, erzwingbar, wahrscheinlich, erschwinglich, erzielbar

möglicherweise: vielleicht, womöglich, eventuell, möglichenfalls, wahrscheinlich

Möglichkeit: 1. Glücksfall, Chance 2. Weg, Mittel 3. Fall, Weg

möglichst: gefälligst, tunlichst

Mohammedaner: Muslim, Moslem

mollig: 1. angenehm, wohlig, warm, gemütlich 2. kräftig, rundlich, beleibt, füllig, vollschlank, umfangreich, wohlgenährt, pummelig

momentan: augenblicklich, heute, nun, gegenwärtig, derzeitig, jetzt

Monarch: Herrscher, Fürst, König, Kaiser, Regent, Landesherr

Mönch: 1. Einsiedler, Eremit 2. Klosterbruder, Pater, Frater, Bruder, Novize

Mond: Erdbegleiter, Trabant, Himmelskörper

mondän: weltmännisch, modisch, elegant, extravagant

Monolog: Selbstgespräch

Monopol: Alleinrecht, alleiniger Anspruch

monoton: ermüdend, einfach, langweilig, einfallslos, wirkungslos, fade, trocken, reizlos, üblich

Monster: Gespenst, Ungeheuer, Monstergestalt, Monstrum

Montage: Zusammenbau, Aufbau

montieren: 1. zusammensetzen, zusammenbauen 2. befestigen, festmachen, anbringen

Monument: Denkmal, Gedenkstein, Ehrenmal, Memorial

moralisch: sittenstreng, sittlich, sittenreich, züchtig

Moralpredigt: Zurechtweisung, Standpauke, Gardinenpredigt, Ermahnung

Mord: Bluttat, Blutbad, Tötung, Ermordung, Mordtat

morden: töten, ermorden

mörderisch: 1. blutig, grausam 2. schlimm, furchtbar 3. rasend, schnell

Morgen: Frühe, Morgenstunde, Tagesanbruch

morsch: zerfallen, verfallen, brüchig, verkommen, mürbe, baufällig

motiviert: unanfechtbar, begründet, geformt

moussieren: prickeln, schäumen, perlen

müde: ermüdet, matt, übernächtigt, verschlafen, schlafbedürftig, schlaftrunken

Müdigkeit: Erschöpfung, Schläfrigkeit, Ermüdung

Mühe: 1. Arbeit, Bemühung, Anstrengung 2. Beschwernis, Anspannung, Beschwerde, Plage, Mühsal, Stress

mühelos: leicht, einfach, unproblematisch, bequem, spielend

mühen (s.): s. abschleppen, s. abarbeiten, s. abmühen, anspannen, s. bemühen, s. plagen, s. quälen, s. anstrengen, s. aufreiben, s. befleißigen

mühevoll: aufreibend, mühselig, beschwerlich, ermüdend, anstrengend, strapaziös

Mühsal: Plage, Anstrengung, Mühe, Schinderei, Sklavenarbeit, Plackerei

mühsam: mühselig, schwierig, mühevoll, anstrengend

Mulde: Talsenke, Graben, Bodenvertiefung, Bodenmulde, Grube, Vertiefung

Müll: Abfall, Kehricht

Müllabladeplatz: 1. Abfallgrube, Mülldeponie, Müllkippe, Schuttplatz, Müllhalde, Schutthalde 2. Schrottplatz, Autofriedhof 3. Endlagerstelle, Endlager

Mülltonne: Mülleimer, Müllcontainer

Müllverwertung: Wiederverwertung, Wiederaufbereitung, Recycling

multilateral: mehrseitig, auf mehreren Seiten, zwischen mehreren Staaten

multiplizieren: vervielfachen, malnehmen

mumifizieren: präparieren, balsamieren, einbalsamieren

münden: einmünden, zusammenströmen, hineinfließen, zusammenlaufen

mundfaul: wortkarg, wortlos, schweigsam, einsilbig, verschwiegen

mündig: volljährig, erwachsen

mündlich: verbal, gesprochen

Mündung: 1. Delta, Einmündung, Flussmündung 2. Auslauf, Zusammenfluss

Münster: Dom, Kathedrale, Stiftskirche

munter: 1. obenauf, regsam, rege 2. lebendig, impulsiv, temperamentvoll

Münze: Silbergeld, Kleingeld, Geldstück

münzen: prägen, schlagen, drücken

mürbe: 1. schwach, entnervt, widerstandslos 2. zerfallend, weich, locker 3. rissig, brüchig, wackelig, bröckelig, krümelig

mürrisch: grantig, griesgrämig, verdrossen, misslaunig, grimmig, bärbeißig, unwirsch, knurrig, übellaunig, brummig

Museum: Galerie, Kunsthalle, Kunstsammlung

Musik: 1. Tonkunst, Klänge 2. Tanzkapelle, Musikkapelle

Musiker: Tonkünstler, Musikant

musisch: kunstverständig, künstlerisch, feinsinnig, kunstsinnig

Muslim: Moslem, Mohammedaner

Muße: 1. Atempause, Urlaub, Ferien, Feiertag 2. Nichtstun, Beschaulichkeit, Stille

müßig: träge, untätig, bequem, passiv

Müßiggang: Untätigkeit, Arbeitsscheu, Müßigkeit, Faulenzerei, Trägheit

Müßiggänger: Nichtsnutz, Nichtstuer, Drückeberger, Tagedieb, Faulenzer

Muster: 1. Modell, Vorbild, Schablone, Zeichnung, Musterstück, Schema 2. Warenprobe, Auswahl, Ausstellungsstück, Musterstück

Musterfall: Schulbeispiel, Präzedenzfall

mustergültig: beispielgebend, fehlerlos, exemplarisch, vollkommen, vorbildlich, musterhaft, ideal

mustern: ansehen, kontrollieren, betrachten

Musterung: 1. Sichtung, Überprüfung, Durchsicht 2. Kontrolle, Tauglichkeitsprüfung

Mut: Herzhaftigkeit, Forschheit, Kühnheit, Unverzagtheit, Tapferkeit, Unerschrockenheit, Zivilcourage

Mutation: 1. Wandlung, Wechsel, Änderung 2. Stimmbruch

mutig: 1. couragiert, unverzagt, waghalsig, unerschrocken, furchtlos, kühn, forsch, verwegen, tapfer 2. siegessicher, sicher, zuversichtlich, hoffnungsvoll, siegesbewusst

mutlos: 1. gedrückt, niedergeschlagen 2. beklommen, ängstlich, scheu, kleinmütig, schreckhaft, verschüchtert, bang, zaghaft

Mutlosigkeit: 1. Depression, Niedergeschlagenheit 2. Furchtsamkeit, Zaghaftigkeit, Kleinmut, Bangigkeit

mutmaßen: erwarten, riechen, annehmen, s. einbilden, schätzen, vermuten, s. zusammenreimen

mutmaßlich: vermutlich, wahrscheinlich, voraussichtlich, wohl, möglicherweise

Mutmaßung: Befürchtung, Vermutung, Argwohn, Zweifel, Unterstellung

Mutter: Mutti, Mama

mütterlich: besorgt, hingebungsvoll, aufopfernd, uneigennützig, zärtlich

mutwillig: bewusst, wissentlich, vorsätzlich, wohlweislich, absichtsvoll

Mutwilligkeit: Vorsätzlichkeit, Bewusstheit, Absicht

Mütze: Kappe, Kopfbedeckung, Haube

Mysterium: Geheimnis, Rätsel, Dunkel

N

nach: später, danach, nachfolgend, hinterher, dann

nachahmen: 1. wiederholen, wiedergeben 2. abschauen, gleichtun, nachbilden, nachmachen, nacheifern

Nachahmer: Abschreiber, Imitator

Nachahmung: Wiedergabe, Fälschung, Anleihe, Nachbildung

nacharbeiten: aufarbeiten, nachlernen, nachholen, aufholen, gutmachen

nachbeten: wiedergeben, nachplappern

nachbilden: nacharbeiten, nachformen, wiedergeben, abdrücken, abformen, nachahmen, nachschaffen

Nachbildung: Nachguss, Wiedergabe

nachdem: 1. darauf, später, dann, nach 2. zumal, da

nachdenken: denken, grübeln, sinnen, rätseln

nachdenklich: tiefsinnig, grübelnd, gedankenvoll, versonnen, abwägend, abwesend

Nachdruck: Dringlichkeit, Bestimmtheit, Entschiedenheit, Inständigkeit

nachdrücklich: unmissverständlich, energisch, entschieden, ernsthaft, bestimmt, fest, ernstlich, eindeutig, betont, dringend, ernst

nacheifern: nachfolgen, nachstreben

nacheilen: verfolgen, nachrennen, hinterherrennen, hinterherjagen, nachhetzen, nachfolgen

nacheinander: folgend, hintereinander, abwechselnd

nachempfinden: nacherleben, s. hineindenken, mitleiden, s. hineinversetzen, s. einfühlen, nachfühlen, nachvollziehen

nacherzählen: wiederholen, wiedererzählen, wiedergeben

Nachfolge: Machtübernahme, Amtsübernahme

nachfolgen: nachkommen, nachgehen, s. anschließen

Nachfolger: 1. Verwandter, Angehöriger, Abkommen, Nachwuchs, Nachkomme 2. Thronfolger, Juniorchef

nachforschen: nachsuchen, forschen, ermitteln, anstellen

Nachforschung: Untersuchung, Nachprüfung, Voruntersuchung, Prüfung, Suche, Ermittlung, Erhebung, Fahndung

Nachfrage: Kauflust, Wunsch, Bedarf, Verlangen

nachfragen: nachforschen, ausfragen, auskundschaften

nachgeahmt: nachgemacht, nachgeformt, nachgebildet

nachgeben: 1. s. biegen, s. dehnen 2. s. zurückziehen, s. beugen, s. ergeben, s. erweichen, s. fügen, s. unterordnen 3. zulassen, erhören, gewähren

nachgehen: 1. verfolgen, nachfolgen, nachstellen 2. s. auseinandersetzen 3. ermitteln, nachforschen

Nachgeschmack: Beigeschmack, Nachhall, Erinnerung

nachgiebig: 1. einsichtig, einordnungsbereit 2. elastisch, schmiegsam, formbar 3. zart, willig, willenlos, weichlich, schwach, gutmütig, sanft, sanftmütig

Nachgiebigkeit: 1. Versöhnlichkeit, Willensschwäche, Weichheit 2. Einordnungsbereitschaft, Kollegialität, Teamgeist

Nachhall: Echo, Hall, Schall

nachhaltig: 1. durchgreifend, tief greifend, entscheidend 2. anhaltend, dauernd

nachher: später, seitdem, nachfolgend, danach, darauf, anschließend, hinterher

Nachhut: Nachkömmling, Nachzügler, Schlusslicht

Nachkomme: Enkel, Kind

nachkommen: 1. entsprechen, zufrieden stellen, befriedigen, erfüllen 2. folgen, hinterherkommen, nachfolgen

Nachkommen: Angehöriger, Abkömmling, Verwandter

Nachkommenschaft: Nachwuchs, Kindersegen

Nachkömmling: Spätling, Nachzügler

Nachlass: 1. Skonto, Preisnachlass 2. Vermögen, Erbe, Hinterlassenschaft, Vermächtnis, Erbgut, Erbteil

nachlassen: 1. weitergeben, vererben, überlassen, weiterreichen 2. ermatten, s. beruhigen, zurückgehen, abflachen, s. legen, s. abschwächen, abschwellen, abflauen, absinken, abbauen 3. abbauen, zurückfallen, absteigen 4. verbilligen, ablassen, heruntersetzen

nachlässig: 1. unsorgfältig, oberflächlich, unaufmerksam, beiläufig, lässig, leichtfertig, sorglos 2. unachtsam, gleichgültig, achtlos

Nachlässigkeit: 1. Gleichgültigkeit, Achtlosigkeit 2. Unsorgfältigkeit, Sorglosigkeit, Pflichtvergessenheit, Flüchtigkeit, Ungenauigkeit, Oberflächlichkeit, Laxheit

nachlaufen: 1. hinterherlaufen, verfolgen, nachstürzen, folgen 2. umwerben, werben

nachmachen: nachstreben, gleichtun, nachahmen, nacheifern

Nachname: Familienname, zweiter Name, Zuname

Nachricht: Mitteilung, Meldung, Neuigkeit, Botschaft, Bestellung

Nachrichten: Nachrichtensendung, Wochenbericht, Journal

nachrücken: nachfolgen, aufrücken, aufschließen

Nachruf: Denkschrift, Gedenkrede, Nachruhm, Würdigung

nachschlagen: suchen, nachlesen, nachschauen, durchsehen

Nachschlagewerk: Wörterbuch, Lexikon, Enzyklopädie

nachsehen: nachspähen, hinterherschauen, nachgucken, hinterhersehen

Nachsicht: 1. Entschuldigung, Verzeihung, Vergebung 2. Geduld, Behutsamkeit, Rücksicht, Verständnis

nachsichtig: mild, weitherzig, duldsam, verständnisvoll, geduldig, großzügig

Nachspeise: Nachtisch, Dessert, Süßspeise

Nachspiel: 1. Nachtrag, Epilog, Schlusswort 2. Auswirkungen, Folgen, Nachwirkungen

Nächstenliebe: Menschlichkeit, Mitleid, Menschenliebe

Nacht: Schwärze, Finsternis, Dunkel

Nachteil: Kehrseite, Schattenseite, Verlust

nachteilig: widrig, nachträglich, unratsam, schädlich, schlecht, verderblich, abträglich, hinderlich

Nachtlokal: Bar, Nachtclub, Nightclub, Club

nachtragen: 1. hinzufügen, vervollständigen, dazutun, ausbauen, ergänzen 2. zürnen, anlasten, verargen

nachtragend: zürnend, verbittert, grollend, unversöhnlich

nachträglich: 1. anschließend, verspätet, hinterher, nachher, dann 2. nachteilig, abträglich, schlecht

nachtrauern: nachweinen, s. sehnen nach, vermissen

Nachwehen: Auswirkungen, Folgen, Nachspiel, Konsequenzen

Nachweis: 1. Zeugnis, Attest, Beglaubigung 2. Rechtfertigung, Argument

nachweislich: wirklich, beweisbar, geschehen

nackt: 1. unverhüllt, unbekleidet, unbedeckt, ausgezogen, hüllenlos, entkleidet 2. tatsächlich, pur, wirklich

Nagel: Stift, Drahtstift

Nagelpflege: Handpflege, Maniküre, Fußpflege, Pediküre

nahe liegend: offenbar, offensichtlich, begreiflich, einleuchtend

nahe stehend: zusammengehörend, verwandt

nahe: 1. daneben, unweit 2. vertraut, nah, eng, nahe stehend

Nähe: 1. Sichtweite, Umkreis, Reichweite, Rufweite, Hörweite 2. Anwesenheit, Umgebung, Berührung

nahen (s.): 1. aufziehen, anrücken, herankommen 2. s. zubewegen, s. annähern, s. nähern

nähen: schneidern, anfertigen

näher: umfassend, tiefer, eingehend, genauer, ausführlich

nähern (s.): 1. aufkommen, herankommen, s. heranschleichen, s. heranmachen, s. heranstehlen, s. annähern 2. aufziehen, kommen

nahezu: beinahe, fast, so gut wie, bald

nähren: 1. säugen, stillen 2. vorantreiben, schüren, vermehren, anheizen, fördern

nahrhaft: nährstoffreich, kräftig, kräftigend, kalorienreich, bekömmlich, gehaltvoll, substanziell, gesund

Nahrung: Mundvorrat, Ernährung, Proviant, Speise, Essen

nahtlos: 1. ohne Naht, aus einem Stück 2. übergangslos, ohne Bruch, problemlos

naiv: vertrauensselig, unerfahren, leichtgläubig, unschuldig, einfältig, gutgläubig, unbedarft, arglos

namentlich: 1. ausdrücklich 2. vorwiegend, besonders

Narkose: Betäubung, Anästhesie

narren: verkohlen, foppen, täuschen, necken, anführen

närrisch: 1. lächerlich, albern, lachhaft 2. überspannt, verstiegen, ausgefallen, toll

Naschkatze: Nascher, Leckermaul, Süßmaul

nass: 1. überzogen, angelaufen 2. bewässert, begossen 3. regnerisch, feucht, klamm 4. feucht, durchnässt, klatschnass, regennass, triefend

Nässe: Wasser, Feuchtigkeit, Nass

nässen: netzen, befeuchten, anfeuchten

national: volksbewusst, einheimisch, vaterländisch

Nationalität: Staatsangehörigkeit

Natur: Naturreich, Umwelt

naturbelassen: unbehandelt, vollwertig, biologisch, ohne Zusätze

naturhaft: urwüchsig, erdhaft, naturverbunden, erdgebunden

natürlich: 1. schmucklos, ungeniert, bodenständig 2. ungeschminkt, ungekünstelt, klar 3. gelöst, entkrampft, ruhig 4. echt, ungezwungen, offen, familiär, lässig, unverbildet, frei 5. zweifelsohne, bestimmt 6. urtümlich, unverdorben, naturgemäß, urwüchsig, echt, rein

Natürlichkeit: 1. Zwanglosigkeit, Lässigkeit, Unbefangenheit, Ungeniertheit 2. Schlichtheit, Einfachheit

naturrein: unvermischt, echt, unverfälscht, biologisch, natürlich

Naturschutzgebiet: Naturpark, Landschaftsschutzgebiet, Nationalpark

nebelhaft: verschwommen, unsicher, undeutlich, unübersichtlich, ungenau, unklar

neben: 1. nahe, bei, nächst 2. ohne, ausgenommen

nebenbei: 1. beiläufig, leichthin, übrigens 2. unregelmäßig, bisweilen

nebeneinander: 1. alleine, verbindungslos, unverbunden, isoliert, kontaktlos 2. beisammen, beieinander, zusammen

Nebeneinander: Isolation, Unverbundenheit, Gesondertheit, Absonderung, Selbstständigkeit

Nebensache: 1. Beiwerk, Zutat 2. Nichtigkeit, Kleinigkeit, Belanglosigkeit, Bagatelle, Lächerlichkeit

nebensächlich: zweitrangig, wertlos, farblos, unmaßgeblich, unscheinbar, unwesentlich, folgenlos, bedeutungslos, unerheblich, egal, nachgeordnet

Nebenstelle: Außenstelle, Filiale, Zweigbetrieb, Vertretung

Nebenumstände: Begleitumstände, Zusammenhang, Kontext

neblig: nebelig, verhangen, diesig, dunstig, grau

necken: verulken, narren, foppen, verspotten

Neckerei: Spott, Scherz, Fopperei

negativ: 1. bitter, schlecht 2. zwecklos, erfolglos, unnütz, unwirksam, nutzlos 3. verneinend, abschlägig 4. verderblich, schädlich, abträglich

nehmen: 1. kaufen, erwerben 2. einnehmen, erobern 3. einkassieren, wegnehmen 4. einnehmen, s. einverleiben, essen 5. herauslesen, verstehen, auffassen 6. ergreifen, erfassen 7. entgegennehmen, annehmen 8. gebrauchen, benutzen 9. abnehmen, fortnehmen, s. aneignen, wegnehmen

Neid: Eifersucht, Missgunst

neiden: missgönnen, beneiden

Neider: Neidhammel

neidisch: scheelsüchtig, missgünstig

neidlos: wohlgesinnt, lobend, anerkennend

Neigung: 1. Schräge, Steile, Gefälle, Abschüssigkeit 2. Zuneigung, Vorliebe, Bedürfnis, Interesse, Veranlagung, Sehnsucht

nennen: 1. bezeichnen, taufen, rufen, benennen 2. anführen, erwähnen

nennenswert: bemerkenswert, beachtlich, bewundernswert, beachtenswert, erwähnenswert

Nepp: Ausbeutung, Betrug, Bauernfängerei

nervös: zerfahren, unruhig, fahrig, hektisch, reizbar

Nervosität: 1. Managerkrankheit, Stress 2. Überreiztheit, Spannung, Nervenschwäche 3. Lampenfieber, Erregung, Herzklopfen 4. Unruhe, Unrast, Ruhelosigkeit

Nest: Horst, Nistplatz

Nesthäkchen: jüngstes Kind, Kleinstes, Benjamin, Küken

Nestwärme: Liebe, Geborgenheit, Zuwendung

nett: 1. aufgeräumt, heimelig, wohnlich 2. gepflegt, ordentlich 3. stattlich, ansehnlich 4. reizvoll, liebenswert, toll, gewinnend, bezaubernd, aufreizend, anmutig, einnehmend, angenehm, anziehend 5. wohlig, angenehm, behaglich, gemütlich 6. interessant, anregend 7. reizend, freundlich, lieb, einnehmend, herzlich

netto: nach Abzug der Steuern, nach Abzug der Kosten

neu gestalten: umschaffen, verändern, ändern, umändern

neu: 1. blank, glänzend 2. frisch, jung 3. aktuell, brandneu 4. unwissend, unkundig, jung, unerfahren 5. ungewohnt, originell, fremd, anders 6. modisch, modern 7. ungebraucht, ungenutzt, unberührt, neuwertig 8. wieder, wiederum, erneut 9. wiederhergestellt, erneuert, neu gemacht

Neugestaltung: Neuerung, Veränderung, Änderung, Neuregelung, Umformung

neugierig machen: Interesse wecken, auf die Folter spannen

neugierig: sensationslüstern, wissensdurstig, wissbegierig

Neuheit: Neuerscheinung, Neuerung

Neujahr: Jahresbeginn, Neujahrstag, 1. Januar

neulich: unlängst, jüngst, kürzlich, letzthin

neumodisch: zeitgemäß, modern

neutral: vorurteilsfrei, wertfrei, unabhängig, fair, unvoreingenommen, parteilos, objektiv

nicht: unmöglich, keinesfalls, nein

nichtehelich: unehelich, außerehelich

Nichtfachmann: Anfänger, Unkundiger, Laie, Amateur

nichts sagend: 1. unbedeutend, wesenlos, leer, ausdruckslos, fade, bedeutungslos 2. banal, leer

Nichtstun: Untätigkeit, Faulheit, Lethargie, Müßiggang, Dolcefarniente

nicken: 1. begrüßen, zustimmen 2. zunicken, grüßen

nie: nein, undenkbar, ausgeschlossen, niemals

nieder: 1. klein, flach, bodennah, niedrig 2. abwärts, hinunter, hinab

niederbrennen: abbrennen, einäschern

Niedergang: Zusammenbruch, Vernichtung, Zerfall, Fall, Untergang, Verfall, Abstieg

niedergehen: 1. versinken, untergehen 2. s. senken, fallen 3. ankommen, landen 4. auftreffen, abstürzen

niedergeschlagen: verzweifelt, gedrückt, geknickt, entmutigt, resigniert, verzagt, deprimiert

Niedergeschlagenheit: Trauer, Verzweiflung, Bedrückung, Trübsinn, Schwermut, Melancholie, Depression

Niederlage: Zusammenbruch, Pech, Misslingen, Abfuhr, Versagen, Misserfolg, Fehlschlag, Desaster

niederlassen: senken, hinablassen, herablassen, hinunterlassen **s. niederlassen:** siedeln, s. ansiedeln, s. festsetzen

niederlegen: 1. hineinlegen, betten 2. ablegen, hinlegen, hinstellen 3. aufschreiben, niederschreiben **s. niederlegen:** s. hinstrecken, s. hinlegen

niederreißen: entfernen, zerstören, abtragen, abbrechen, einebnen, einreißen

Niederschlag: 1. Gewitterregen, Gewitter, Gewitterschauer 2. Hagel 3. Regenwetter, Regen, Schauer, Guss 4. Schnee, Schneefall, Schneegestöber, Schneesturm 5. Wolkenbruch, Unwetter

niederschlagen: 1. vereiteln, beenden, unterdrücken 2. verprügeln, zusammenschlagen, niederstoßen **s. niederschlagen:** s. abschlagen, s. ansammeln, s. ablagern, s. absetzen

niederschmettern: niederstrecken, schlagen, niederschlagen

niederschreiben: notieren, aufschreiben, aufzeichnen

Niederschrift: Protokoll, Aufzeichnung

niedersetzen: platzieren, niederlegen, hinstellen, herabstellen, absetzen **s. niedersetzen:** s. hinsetzen, s. niederlassen

niederstoßen: verprügeln, schlagen, niederschlagen, niederschmettern

niederstrecken: 1. töten, ermorden 2. umstoßen, niederschlagen, zusammenschlagen, verprügeln

Niedertracht: Gemeinheit, Gehässigkeit, Bosheit, Niederträchtigkeit

niederträchtig: schnöde, schmählich, schimpflich, boshaft, gemein, schändlich

Niederung: Tafel, Fläche, Platte, Ebene

niederwerfen: 1. niederschlagen, vereiteln, beenden 2. überwältigen, besiegen, schlagen

niedlich: reizend, anmutig, bezaubernd, entzückend, hübsch

niedrig: 1. kläglich, minimal, wenig 2. unfein, gemein, ordinär, niveaulos 3. gemein, böswillig, niederträchtig 4. niedrig stehend, gering, einfach

nieseln: tropfen, tröpfeln, sprühen

Niete: 1. Niet, Metallbolzen 2. Blindgänger, Versager, Taugenichts 3. Fehlschlag, Niederlage

Nilpferd: Flusspferd, Hippopotamus

nirgends: nirgendwo, an keiner Stelle, an keinem Ort

nobel: 1. schick, elegant 2. elegant, vornehm, exklusiv, kultiviert 3. freigebig, großzügig, splendid

nochmals: erneut, vielfach, wiederholt, mehrmals, wiederkehrend, abermals

Nomadenhäuptling: Scheich, Häuptling

nonchalant: entspannt, leger, lässig

Nonne: Ordensschwester, Klosterschwester, Klosterfrau, Ordensfrau

Nonplusultra: Höchstmaß, Optimum, Highlight, Krönung, Höhepunkt

Nörgelei: Tadelsucht, Meckerei, Gemecker, Kritik, Genörgel, Quengelei

nörgeln: herumnörgeln, kritisieren, beanstanden, quengeln, meckern, herummeckern

Nörgler: Meckerer, Kritiker

Norm: 1. Mittelmäßigkeit, Durchschnitt 2. Regel, Richtschnur, Direktive 3. Pflicht, Planaufgabe, Arbeitsnorm

normal: 1. zurechnungsfähig, rüstig 2. regelrecht, vorschriftsmäßig, gewohnt, üblich, gebräuchlich, alltäglich

Normalität: Normalzustand, Alltag

Not: 1. Sackgasse, Ausweglosigkeit, Hoffnungslosigkeit 2. Zwangslage, Notlage, Notstand, Bedrängnis 3. Misere, Elend, Armseligkeit, Armut

notdürftig: behelfsmäßig, provisorisch, unzureichend

Note: 1. Beurteilung, Bewertung 2. Beurteilung, Zensur 3. Eigenheit, Besonderheit, Prägung 4. Dokument, Denkschrift, Mitteilung 5. Banknote, Geldschein

Notebook: tragbarer Computer, Laptop

notfalls: gegebenenfalls, nötigenfalls, gezwungenermaßen, schlimmstenfalls

nötig: unerlässlich, zwingend, unentbehrlich, geboten, wesentlich, unausweichlich

Notiz: 1. Mitteilung, Anmerkung, Vermerk 2. Auffassung, Kenntnis, Beachtung

Notizbuch: Terminkalender, Vormerkbuch

Notlage: Zwangslage, Schwierigkeit, Notstand, Bedrängnis

Notlüge: Vorwand, Ausrede, Ausflüchte

notwendig: nötig, unentbehrlich, wichtig, unvermeidlich, zwangsläufig, geboten, empfehlenswert, unerlässlich

nüchtern: 1. sachlich, trocken, rational, einförmig, verstandesmäßig, fantasielos 2. spannungslos, öde, reizlos, schmucklos, leer

Nudismus: Naturalismus, Freikörperkultur, FKK

nummerieren: durchnummerieren, beziffern, benummern

nun: momentan, just, gerade, derzeit, eben

nur: lediglich, allein, ausschließlich

nuscheln: undeutlich sprechen, Buchstaben verschlucken

nutzen: 1. wahrnehmen, verwenden, nützen, anwenden, einsetzen 2. helfen, dienen

Nutzen: 1. Wert, Vorteil, Frucht, Erlös, Ausbeute 2. Zweckmäßigkeit, Brauchbarkeit, Hilfe, Verwendbarkeit

nützlich: 1. zweckvoll, wirksam, hilfreich, förderlich, fruchtbar 2. vorteilhaft, sachdienlich, nutzbar, einträglich, ertragreich, lohnend

nutzlos: zwecklos, unbrauchbar, wertlos, erfolglos, unnötig, überflüssig, aussichtslos, ergebnislos, unwirksam, umsonst

Nutzung: Verwertung, Auswertung

nymphoman: mannstoll, verrückt nach Männern

O

oben: hoch, auf, droben

Oberfläche: Schale, Überzug, Fassade, Oberseite, Hülle

oberflächlich: 1. flatterhaft, zerfahren, sorglos, unbekümmert 2. unordentlich, nachlässig, flüchtig 3. vordergründig, nichtssagend, seicht, platt, geistlos 4. äußerlich, peripher

Oberflächlichkeit: 1. Geistlosigkeit, Seichtheit, Gehaltlosigkeit 2. Wechselhaftigkeit, Flatterhaftigkeit

Obergeschoss: Etage, oberes Stockwerk

Oberhaupt: Staatsoberhaupt, Präsident, Chef, Herrscher, Führer, Machthaber, Gebieter

obgleich: wiewohl, obwohl, wenngleich, trotzdem, obschon

objektiv: vorurteilsfrei, vorurteilslos, unbefangen, unparteiisch, gerecht, sachlich, nüchtern

Objektivität: Vorurteilslosigkeit, Unparteilichkeit, Neutralität, Unvoreingenommenheit

obligatorisch: verbindlich, vorgeschrieben, unabänderlich, pflichtgemäß, bestimmt, endgültig, fest

Obolus: Beitrag, Spende, Almosen, Unterstützung

obstruktiv: beeinträchtigend, behindernd, verschleppend, hemmend

obszön: gemein, anstößig, schlüpfrig, schmutzig, schamlos, ordinär

Obszönität: Anzüglichkeit, Schlüpfrigkeit, Unanständigkeit, Schamlosigkeit

öde: 1. wirkungslos, üblich, trocken, alltäglich, langweilig, einfach, fade, einförmig 2. kahl, brach, unfruchtbar, unbebaut, wild 3. unbelebt, wild, abgelegen, verlassen, entlegen

oder: anderenfalls, sonst, beziehungsweise

Odeur: Aroma, Geruch, Blume, Bukett, Wohlgeruch

offen lassen: zögern, schwanken, s. vorbehalten

offen legen: entschleiern, veröffentlichen, bloßlegen, enthüllen, aufdecken

offen: 1. unbefestigt, lose 2. unverhüllt, unverhohlen, rückhaltlos, freiweg, ehrlich, unumwunden, aufrichtig, direkt 3. gelöst, frei, aufgelockert 4. lose, einzeln 5. unerledigt, unvollendet, ungewiss, ausstehend, unbewältigt 6. weit, licht, ausgedehnt, geräumig 7. aufgeschlossen, unverschlossen, geöffnet 8. unmissverständlich, offenherzig, aufrichtig 9. unverschlüsselt 10. freigegeben, erschlossen, befahrbar 11. interessiert, aufgeschlossen, empfänglich

offenbar: sichtbar, bestechend, klar

offenbaren: ausdrücken, enthüllen, gestehen **s. offenbaren:** 1. s. auftun, s. zeigen 2. gestehen, s. aussprechen, s. öffnen, s. anvertrauen

Offenheit: Offenherzigkeit, Geradheit, Freimut

offenherzig: 1. unverblümt, offen, gerade, aufrichtig 2. frei, freizügig

offenkundig: sichtlich, ersichtlich, offensichtlich, offenbar, deutlich

offensichtlich: sichtlich, offenbar, ersichtlich, offenkundig, ausgemacht, aufgelegt, deutlich

offensiv: angreiferisch, kämpferisch, kampfesfreudig, aktiv

Offensive: Übergriff, Einfall, Vorstoß, Angriff, Überfall, Attacke, Gewaltstreich

offenstehen: 1. offen, ungedeckt 2. offen, geöffnet

öffentlich: offiziell, allgemein, amtlich

Öffentlichkeitsarbeit: Public Relations

offiziell: förmlich, formell, steif

öffnen: 1. aufschließen, aufsperren 2. auswickeln, auspacken **s. öffnen:** 1. s. anvertrauen, s. offenbaren 2. s. erschließen, aufgehen, s. entfalten 3. s. auftun, aufspringen, aufschnappen, auffliegen

oft: wiederholt, ungezählt, öfter, häufig, vielmals, mehrfach, mehrmals

ohne: außer, ausgenommen, abgerechnet

Ohnmacht: 1. Handlungsunfähigkeit, Machtlosigkeit, Unvermögen, Schwäche 2. Bewusstlosigkeit

ohnmächtig: 1. bewusstlos, besinnungslos 2. machtlos, handlungsunfähig, ausgeliefert, schutzlos, wehrlos, machtlos, unvermögend, schwach

ohrenbetäubend: dröhnend, sehr laut, lautstark, schallend, schrill

ökologisch: umweltbewusst, umweltfreundlich, grün, alternativ, umweltbewusst, umweltschonend

ökonomisch: wirtschaftlich, sparsam, rationell

ölen: eincremen, einfetten, schmieren, fetten

Omen: Vorbote, Vorzeichen, Hinweis

Operation: 1. Einmarsch, Überfall, Einfall 2. Rechenoperation, Rechenvorgang 3. Arbeitsweise, Handlung, Verfahren

Opfer: 1. Opferung, Opferhandlung 2. Entsagung, Verzicht, Aufopferung 3. Sammlung, Spende, Beitrag 4. Betroffener, Leidtragender, Verunglückter

opfern: 1. spendieren, geben 2. aufopfern, hinopfern 3. dahingeben, weihen

Opfertisch: Opferstein, Opferaltar, Altar

opponieren: s. erheben, s. wehren, s. auflehnen, s. aufbäumen, s. widersetzen

opportun: zweckmäßig, sinnvoll, gelegen, vernünftig, angebracht, ratsam, gegeben, passend, angezeigt

Opposition: 1. Gegner, Gegenpartei, Widerpart, Widersacher 2. Widerstand, Aufstand, Weigerung, Protest, Gegensatz, Auflehnung

optimieren: vollkommen machen, vervollkommnen, perfektionieren

Optimismus: Heiterkeit, Hoffnungsfreude, Zuversichtlichkeit, Zukunftsglaube, Fortschrittsgläubigkeit, Lebensbejahung

Optimist: Zukunftsgläubiger, Frohnatur

optimistisch: zuversichtlich, zukunftsgläubig, siegessicher, lebensbejahend, getrost, sicher, unverzagt, hoffnungsfroh

opulent: reichhaltig, üppig, schwelgerisch, feudal, ausgedehnt

orangefarben: orangegelb, orangerot, orange

ordentlich: 1. kräftig, richtig, weidlich, ausreichend 2. schicklich, fein, anständig, höflich, zuverlässig 3. planmäßig, regelrecht, vorschriftsmäßig 4. wohl geordnet, sorgsam, untadelig, korrekt, genau, adrett, ordnungsliebend, geordnet, aufgeräumt

Ordentlichkeit: Klarheit, Ordnungsliebe, Sauberkeit

ordinär: 1. alltäglich, fade, gewöhnlich 2. zotig, unanständig, lose, anstößig, gewagt

ordnen: 1. zurechtrücken, säubern, aufräumen 2. unterteilen, anordnen, reihen, einreihen, zusammenstellen, gliedern, aufteilen

Ordner: 1. Schnellheftmappe, Sammelmappe, Ablegemappe, Aktenordner, Aktendeckel 2. Aufseher, Wärter, Saalordner

Ordnung: 1. Abteilung, Rubrik 2. Zusammenstellung, Folge, Abstufung, Schema, Reihe, Zuordnung, Reihenfolge 3. Richtigkeit, Genauigkeit, Korrektheit, Planmäßigkeit 4. Regelung, Disziplin, Zucht

ordnungsgemäß: vorschriftsmäßig, richtig, geordnet, ordentlich

ordungswidrig: unrechtmäßig, gesetzwidrig, widerrechtlich, rechtswidrig, strafbar

Organisation: 1. Veranstaltung, Planung, Abwicklung 2. Zusammensetzung, Gliederung, Anlage, Einteilung, Struktur 3. Zusammenschluss, Verein, Körperschaft, Gesellschaft, Bund, Partei

organisch: 1. anatomisch, körperlich 2. naturgemäß, einheitlich, zusammenhängend 3. lebend, belebt

organisiert: 1. veranstaltet, inszeniert 2. vereinigt, zusammengeschlossen 3. beschafft, besorgt, gestohlen, beigeschafft

Organismus: Mensch, Lebewesen, Geschöpf

Orgasmus: Höhepunkt, Klimax

Orgie: Gelage, Ausschweifung, Zügellosigkeit

orientieren: aufklären, unterrichten **s. orientieren:** auskundschaften, s. umschauen

original: 1. originell, geistreich, gestalterisch 2. urschriftlich, ursprünglich

Original: 1. Urschrift, Quelle, Urfassung, Erstschrift, Handschrift, Grundtext, Vorlage 2. Wunderling, Sonderling, Eigenbrötler

Originalausgabe: Urschrift, Erstausgabe

originär: 1. grundlegend neu, eigenständig, autonom 2. kreativ, innovativ

originell: 1. schöpferisch, findig, fantasievoll, erfinderisch, gestalterisch 2. neuartig, attraktiv 3. eigenartig, ungewöhnlich, besonders

Ort: 1. Stadt, Ortschaft, Flecken 2. Fleck, Stelle, Platz, Standort, Winkel

orthodox: 1. verbohrt, stur, unbelehrbar, halsstarrig 2. strenggläubig, fromm, kirchlich

Orthodoxie: Rechtgläubigkeit, Strenggläubigkeit, Frömmigkeit

ortsfest: bleibend, stationär, ansässig, stillstehend

ortsfremd: wildfremd, fremd, ausländisch

ortskundig: einheimisch, vertraut

Ortssinn: Orientierungssinn, Ortsgedächtnis

ortsüblich: bekannt, gewohnt

Outfit: Aufmachung, Garderobe, Kleidung, Auftreten, Aufzug

oval: eiförmig, ellipsenfömig, länglich rund

oxidieren: rosten, Patina ansetzen, Grünspan ansetzen, s. mit Sauerstoff verbinden

P

paar: verschiedene, etliche, mehrere, einige

Paar: Ehepaar, Eheleute

paaren: zusammenstellen, verbinden, verketten, vereinigen **s. paaren:** koitieren, s. schenken, s. lieben, s. begatten

Paarung: Balz, Liebesspiel

paarweise: zusammen, gepaart

Pacht: Mietzins, Miete, Pachtzins, Pachtgeld, Pachtpreis,

packen: 1. einwickeln, zusammenstellen, einpacken 2. fangen, erfassen, ergreifen **s. packen:** davonlaufen, weggehen, weglaufen

packend: spannend, interessant, fesselnd, ergreifend, aufregend, dramatisch, bewegend, atemberaubend

Packesel: Lasttier, Muli, Tragtier

Pädagoge: Erzieher, Lehrer

Page: 1. Hotelboy, Hoteldiener, Liftboy 2. Knappe, Edelknabe

Palast: Herrschaftshaus, Prachtbau, Schloss

Palatschinken: Pfannkuchen, Crèpe

Panik: Unruhe, Schreck, Kopflosigkeit, Sorge, Schock, Angst, Bestürzung, Erschrecken, Horror, Besorgnis, Entsetzen

panisch: massiv, leidenschaftlich, stürmisch, lebhaft, wild, stark, heftig

Panne: Platten, Reifenpanne

Pantoffeln: Pantoletten, Hausschuhe, Latschen

Panzer: 1. Rüstung, Eisenpanzer, Harnisch 2. Panzerwagen, Kettenfahrzeug, Tank 3. Schutzhülle

Papiergeld: Schein, Geldschein, Banknote

Pappe: 1. Karton, Pappdeckel 2. Kleber, Klebstoff

Papst: Heiliger Vater, Seine Heiligkeit, Pontifex maximus, Oberhaupt

Parade: 1. Aufmarsch, Wachparade 2. Vorbeimarsch, Aufmarsch, Heeresschau

Paradies: 1. Zauberwelt, Traumland 2. Jenseits

paradiesisch: 1. malerisch, verträumt, schön, harmonisch, idyllisch, friedlich 2. ungetrübt, beglückend, sorgenlos, himmlisch

paradox: widersprechend, unsinnig, widersinnig, unvereinbar, unlogisch, folgewidrig

parallel: vergleichbar, gleich gerichtet, zusammenfallend, gleichzeitig, gleichlaufend, zeitgleich

Parasit: Schmarotzer, Pflanzenschädling, Schädling

Parfüm: Duftwasser, Riechwasser

Park: Vergnügungspark, Grünanlage, Parkanlage

parken: unterstellen, abstellen

Parkplatz: Parkstelle, Autohof, Abstellplatz

Parodie: Nachbildung, Nachahmung

Parole: Losung, Losungswort, Kennwort

parteiisch: vorurteilsvoll, befangen, voreingenommen, unsachlich, parteilich, parteigebunden

Parterre: Erdgeschoss, ebenerdiges Stockwerk

Partisan: Untergrundkämpfer, Guerilla, Freischärler, Widerstandskämpfer

passabel: mittelmäßig, annehmbar, vertretbar, tauglich, erträglich, brauchbar

Passagier: Fahrgast, Fluggast, Mitreisender

Passant: Fußgänger, Durchreisender

passen: 1. kleiden, stehen 2. zuspielen, abspielen 3. zurücktreten, aufgeben, aufhören 4. behagen, zusagen 5. zusammenpassen, stimmen, entsprechen, s. eignen

passend: 1. zweckmäßig, annehmbar 2. tauglich, richtig, angebracht, annehmbar, gegeben, recht, angemessen, sinnvoll, entsprechend 3. tragbar, bequem, sitzend, angenehm 4. zusammenstimmend, stimmig, harmonisch 5. bequem, fußgerecht

passiv: uninteressiert, wurstig, schwerfällig, unaufgeschlossen, unempfindlich, träge, interesselos, gefühllos, gleichgültig, apathisch, leidenschaftslos, stumpfsinnig, kühl

Passivität: Trägheit, Ungerührtheit, Interesselosigkeit, Unempfindlichkeit, Leidenschaftslosigkeit, Stumpfsinnigkeit, Abstumpfung, Stumpfheit, Gleichgültigkeit, Gefühllosigkeit, Schwerfälligkeit

Pate: 1. Patenkind 2. Taufzeuge, Patenonkel

Patent: Erfindungsschutz, Patentschutz, Patenturkunde, Schutzurkunde

Patient: Leidender, Kranker

Patin: Patentante, Taufzeugin

Patina: Grünspan, Überzug, Belag

patriotisch: vaterlandsliebend, vaterländisch

patzig: unverschämt, ungesittet, unverfroren, unartig, vorlaut, ungezogen, frech

pauschal: insgesamt, zusammen, total

Pauschale: Pauschalsumme, Spesen

Pause: 1. Einkehr, Mußestunde 2. Unterbrechung, Verschnaufpause, Atempause, Rast 3. Abzug, Durchschlag, Kopie 4. Ferien, Urlaub

pausenlos: ständig, unaufhörlich, unausgesetzt, stets, andauernd, gleichbleibend, beständig, konstant, fortdauernd, anhaltend, immerfort

Pausenzeichen: Sendezeichen, Erkennungszeichen

pausieren: unterbrechen, rasten, Halt machen, verweilen, lagern, halten, ruhen, s. ausruhen

Pay-TV: Bezahlfernsehen

Pazifismus: Kriegsgegnerschaft, Gewaltlosigkeit, Friedensliebe

PC: Computer, Rechner, Laptop, Notebook, Heimcomputer

Pech: Verhängnis, Missgeschick, Verderben, Tragödie, Schicksalsschlag, Unglück, Unheil

Pedal: Fußhebel, Tretpedal, Fußkurbel

Pedant: Wortklauber, Schulmeister, Bürokrat, Prinzipienreiter

Pedanterie: Übergenauigkeit, Kleinlichkeit, Bürokratie, Spitzfindigkeit

pedantisch: spießig, spießbürgerlich, kleinlich, pingelig, engherzig

Pein: Qual, Sorge, Kummer, Misere, Leid, Schmerz

peinigen: quälen, misshandeln, foltern, drangsalieren

peinlich: 1. zuverlässig, gewissenhaft, exakt 2. ungut, unerquicklich, beschämend, unerfreulich, misslich, heikel

Peinlichkeit: Gewissenhaftigkeit, Sorgfalt

Peitsche: Geißel, Knute, Rute

Pelzware: Rauchware, Pelzwerk

penetrant: 1. zudringlich, lästig, aufdringlich, taktlos 2. streng, durchdringend, beißend

Pep: Schwung, Elan, Temperament, Schwung

perfekt: 1. vorbildlich, vollkommen, unübertroffen, meisterhaft, unangreifbar, korrekt, makellos, unfehlbar, fehlerlos, erstklassig, ausgereift 2. mühelos, zügig, fließend 3. vollzogen, gemacht, abgeschlossen

Perfektionierung: Verbesserung, Vervollkommnung

perfide: 1. schnöde, schimpflich, niederträchtig, gemein, schändlich 2. untreu, niederträchtig, hinterhältig, arglistig, intrigant

Peripherie: Außenbezirk, Stadtrand, Randbezirk

permanent: unausgesetzt, fortwährend, anhaltend, ewig, unentwegt, beharrlich

perplex: verwirrt, verdutzt, verblüfft, überrascht, reglos, sprachlos, erstaunt, konsterniert

Person: Wesen, Persönlichkeit, Individuum, Geschöpf, Gestalt, Lebewesen, Figur, Mensch

Personenzug: Nahverkehrszug, Vorortzug

Personifikation: Verkörperung, Inbegriff, Personifizierung

persönlich: 1. kränkend, beleidigend, anzüglich 2. direkt, unmittelbar, selber, höchstpersönlich, selbst 3. privat, eigen, außerdienstlich

Persönlichkeit: Respektsperson, Person, Charaktergestalt, Charakter

Perücke: Haarersatz, Toupet, Kunsthaar

pervers: abartig, widernatürlich, anormal, anomal

Perversion: Abartigkeit, Widernatürlichkeit, Anomalie

Pessimismus: Schwarzseherei, Schwarzmalerei, Skepsis, Lebensverneinung

Pessimist: Skeptiker, Schwarzmaler, Unheilsprophet, Schwarzseher

pessimistisch: schwarzseherisch, trübsinnig, schwermütig, bedrückt, melancholisch, lebensverneinend

Pfad: Weg, Steg, Pass

Pfahl: Poller, Pfosten, Pfeiler

Pfand: Versatz, Einlage

Pfandhaus: Leihhaus, Pfandleihanstalt

Pfanne: Bräter, Bratpfanne

Pfannkuchen: Crèpe, Kartoffelpfannkuchen, Eierkuchen

Pfarrer: Priester, Geistlicher

Pfeiler: Stütze, Tragstütze, Eckpfeiler, Grundpfeiler, Pfahl, Säule

Pferd: Mähre, Ross, Gaul

pfiffig: verschmitzt, taktisch, verschlagen, gerissen, ausgekocht, geschickt, clever, durchtrieben, ausgefuchst, schlau, listig

pflanzen: säen, einsetzen, bestellen, stecken, anpflanzen, legen, kultivieren, setzen, bauen

Pflanzenkunde: Botanik, Pflanzenlehre, Phytologie

Pflanzenschutzmittel: Schädlingsbekämpfungsmittel, Pestizid

Pflanzung: Plantage, Anpflanzung, Baumschule

Pflaster: 1. Kopfsteinpflaster, Straßenpflaster 2. Wundpflaster, Heftpflaster

Pflege: Wartung, Versorgung, Schutz, Sorgfalt, Behandlung, Unterhaltung, Fürsorge, Betreuung, Schonung, Hege, Hilfe, Instandhaltung, Kultivierung

pflegen: 1. umsorgen, hüten, warten, beistehen, helfen 2. hüten, warten, betreuen, unterhalten 3. fördern, kultivieren, konservieren **s. pflegen:** s. verschönern, s. schön machen, s. fein machen

Pflicht: 1. Mission, Verpflichtung, Obliegenheit, Plan, Soll 2. Muss, Erfordernis, Unerlässlichkeit, Zwang

pflichtbewusst: zuverlässig, verantwortlich, verlässlich, pflichterfüllt, verantwortungsvoll, pflichtschuldig, rechtschaffen, gewissenhaft, pünktlich, pflichtgetreu

Pflichtbewusstsein: Verantwortungsgefühl, Rechtschaffenheit, Zuverlässigkeit, Diensteifer, Gewissenhaftigkeit, Pflichterfüllung, Verantwortung, Verantwortlichkeit

pflichtvergessen: nachlässig, sorglos, säumig, verantwortungslos, unzuverlässig

Pflichtvergessenheit: Nachlässigkeit, Unzuverlässigkeit, Verantwortungslosigkeit

pflücken: brechen, lesen, abklauben, ernten, abzupfen, abpflücken, abreißen

pflügen: umpflügen, furchen, ackern, bearbeiten, umbrechen

Pförtner: Türhüter, Portier, Türwächter

Pfote: Tatze, Pranke

Pfusch: Pfuscherei, Ausschuss

pfuschen: schlampen, schludern, stümpern

Pfuscher: 1. Quacksalber, Kurpfuscher 2. Nichtswisser, Nichtskönner, Dilettant, Stümper

Pfuscherei: Schluderei, Stümperei, Schluderarbeit, Pfuscharbeit, Ausschuss

Phallus: Erektion, Penis, männliches Geschlechtsorgan, Männlichkeit

phänomenal: ungewöhnlich, verblüffend, sondergleichen, fabelhaft, überwältigend, erstaunlich, auffällig, super, beträchtlich, stattlich, ansehnlich, bedeutungsvoll, Aufsehen erregend, bedeutend, eindrucksvoll

Phase: 1. Entwicklungsepoche, Entwicklungsstand, Entwicklungsstufe 2. Zeitraum, Zeitabschnitt

Philosophie: Denkweise, Weltanschauung

philosophisch: tiefsinnig, besinnlich, nachdenklich, grüblerisch

Phlegma: Gefühllosigkeit, Teilnahmslosigkeit, Unempfindlichkeit, Abstumpfung, Trägheit, Gleichgültigkeit, Stumpfsinn

phlegmatisch: ungerührt, desinteressiert, unbeteiligt, unbewegt, träge, stumpf, leidenschaftslos, gleichgültig

Phobie: Angst, Angstneurose, Situationsangst

Phrase: Redensart, Schlagwort

physisch: körperlich, leiblich

Piano: Klavier, Flügel, Pianoforte

Pickel: Eiterbläschen, Pustel

pietätlos: gottlos, verwerflich, schändlich

pietätvoll: respektvoll, achtungsvoll, ehrerbietig, ehrfurchtsvoll

pikant: 1. zweideutig, unschicklich, unmoralisch, schlüpfrig, anstößig 2. herzhaft, würzig, aromatisch, schmackhaft

Pilger: 1. Pilgersmann, Wallfahrer 2. Wanderer, Wandersmann

pilgern: wallfahren, wallen

Pirat: Seeräuber, Freibeuter, Korsar

Pirsch: Jagd, Hatz

Piste: 1. Rennstrecke, Rundkurs 2. Startbahn, Landebahn

Pistole: Revolver, Colt, Schusswaffe

plagen: bedrücken, peinigen **s. plagen:** s. bemühen, s. aufreiben, s. fordern, anspannen, s. befleißen, s. anstrengen, s. quälen, s. abquälen, s. mühen, s. abarbeiten

Plagiat: Wiedergabe, Diebstahl, Nachahmung

plagiieren: entlehnen, übernehmen, nachmachen, nachahmen

Plakette: Abzeichen, Aufkleber, Button, Label, Sticker

Plan: 1. Soll, Arbeitssoll 2. Projekt, Programm, Planung, Vorsatz, Zielsetzung, Absicht 3. Urlaubsplan, Ferienplanung 4. Übersicht, Überblick 5. Bauplan, Grundriss, Aufriss

Plane: 1. Wagenplane, Schutzdecke 2. Verdeck, Schutzdach

planen: vorbereiten, entwerfen

Planet: Gestirn, Himmelskörper

planieren: walzen, ebnen, gleichmachen, glatt machen, einebnen, abtragen

planlos: unsystematisch, ziellos, unbesonnen, unmethodisch, unbedacht, chaotisch

planmäßig: zielbewusst, geplant, überlegt, planvoll, geregelt, plangemäß, durchdacht

planschen: spritzen, pantschen, plätschern

Plastik: Statue, Figur, Bildwerk, Denkmal

plastisch: 1. modellierbar, formbar 2. räumlich 3. einprägsam, fassbar, klar, anschaulich, bildhaft, lebendig

Plateau: Hochebene, Hochland

plätschern: 1. spritzen, plantschen, planschen, baden 2. rinnen, rauschen, fließen, rieseln

platt: 1. trivial, billig, geistlos 2. durcheinander, verdattert, überrascht 3. eben, plan

Platz: 1. Stellung, Rang, Position 2. Fleck, Stelle, Örtlichkeit 3. Weite, Auslauf, Spielraum 4. Spielfeld, Feld, Sportfeld, Rasen 5. Stuhl, Sitzgelegenheit 6. Marktplatz, Forum

platzen: zerplatzen, explodieren, splittern, bersten, zerspringen, aufspringen, s. entladen, entzweigehen, aufbrechen

Platzmangel: Enge, Raumnot, Raummangel

Plauderei: Unterhaltung, Plausch, Plauderstündchen, Gespräch, Geschwätz, Geplauder

plausibel: überzeugend, offensichtlich, begreiflich, verständlich

Playboy: Genussmensch, Lebemann, Beau, Dandy

Play-off: Ausscheidungsrunde, K.o.-System, Ausscheidungswettkampf

plötzlich: zufällig, unversehens, unerwartet, schnell, ruckartig, schlagartig, unvermittelt, urplötzlich, überraschend, unverhofft, jäh

plump: 1. massig, vierschrötig, klotzig, grobschlächtig, grob, unförmig, derb 2. linkisch, unpraktisch, ungelenk, ungeschickt, steif 3. unhöflich, unverschämt, grob, taktlos 4. durchsichtig, transparent

plündern: stehlen, ausrauben, räubern, rauben

plus: 1. zugleich, sowie, auch, und 2. eingerechnet, inbegriffen, mitgerechnet

Poesie: Dichtkunst, Lyrik, Dichtung

poetisch: 1. ausdrucksstark, ausdrucksvoll, stimmungsvoll 2. literarisch, schöpferisch, dichterisch

Pogrom: Hetzjagd, Ausschreitung, Judenverfolgung, Unruhen

Pointe: Hauptsache, Schlusseffekt, Witz, Schluss

pökeln: einpökeln, konservieren, einsalzen

poliert: spiegelnd, glänzend, blank, geputzt, sauber

Polizeirevier: Polizeiwache, Wache, Polizeibüro, Polizeistation, Revier

Polizeistreife: Streifendienst, Streife

Polizeistunde: Sperrstunde, Ausgangssperre

Polizist: Ordnungshüter, Polizei, Gendarm, Polizeibeamter, Wachtmeister

Polster: Federung, Unterlage

polstern: wattieren, auspolstern

poltern: lärmen, rumpeln, rasseln

polyfon: mehrstimmig, vielstimmig

polyglott: mehrsprachig, vielsprachig, multitalentiert

Pomp: Luxus, Prunk, Pracht, Glanz

pompös: pomphaft, prächtig, prunkvoll, luxuriös, prachtvoll, glanzvoll, glänzend

populär: 1. volkstümlich, bekannt, berühmt 2. allgemein verständlich 3. willkommen, beliebt

porös: undicht, löchrig, durchlässig, leck

porös: durchlässig, löchrig

Portier: Türhüter, Pförtner

Porto: Briefporto, Postgebühr

positiv: 1. vorteilhaft, viel versprechend, gut, erfolgreich, verheißungsvoll 2. zustimmend, bejahend, beifällig

Post: 1. Paketsendung, Briefsendung, Postsendung 2. Poststelle, Postamt

Postbote: Postbeamter, Briefzusteller

posten: chatten

Postsendung: Postgut, Post

Postwertzeichen: Briefmarke, Wertzeichen

potent: 1. wichtig, einflussreich, maßgeblich, angesehen 2. fortpflanzungsfähig, zeugungsfähig, 3. vermögend, finanzkräftig

Potenz: 1. Fruchtbarkeit, Zeugungsfähigkeit, Geschlechtsreife, Fortpflanzungsfähigkeit 2. Kraftreserve, Leistungsvermögen, Arbeitskraft

Potenzial: Fähigkeit, Talent, Stärke, Arbeitskraft, Leistungsvermögen

potenziell: vorstellbar, denkbar

Pracht: Prunk, Prachtentfaltung, Schönheit, Herrlichkeit, Glanz

Prachtexemplar: Prachtstück, Pfundskerl

prächtig: 1. sonnig, herrlich, schön 2. wirkungsvoll, prunkvoll, unübertrefflich, sondergleichen, strahlend, prangend, pompös, prachtvoll, herrschaftlich, imponierend, eindrucksvoll, glänzend, gewaltig, erhaben, grandios, königlich, glanzvoll

prädestiniert: talentiert, tauglich, begabt, geeignet, fähig, ideal

Prädikat: 1. Titel, Rang 2. Bewertung, Zensur

prägen: 1. formen, gestalten, erziehen 2. eindrücken, einschlagen

prägnant: treffend, schlagend, unmissverständlich, genau, deutlich, eindeutig

Prägnanz: Sorgfalt, Sorgsamkeit, Genauigkeit, Gewissenhaftigkeit

Prägnanz: Genauigkeit, Präzision

Prägung: Eigenart, Aussehen, Gestaltung

prahlen: s. brüsten, s. aufspielen, s. rühmen, auftrumpfen, angeben, aufspielen

prahlerisch: hochtönend, angeberisch, großsprecherisch

praktisch: 1. regelrecht, beinahe, nahezu 2. wirklich, tatsächlich 3. tauglich, verwendbar, zweckmäßig, anwendbar, brauchbar, griffig 4. geschickt, fingerfertig

Praline: Konfekt, Trüffel, Praliné

prall: 1. stramm, eng 2. randvoll, voll

Prämie: 1. Geldprämie, Leistungsprämie, Sachprämie, Treueprämie, Zuwendung, 2. Versicherungsbeitrag, Beitrag, Versicherungsprämie

prämieren: auszeichnen, ehren

Prämierung: Auszeichnung, Ehrung

Prämisse: Bedingung, Vorbehalt, Voraussetzung

präparieren (s.): pauken, üben, lernen, s. vorbereiten

präsent: 1. zugegen, anwesend, gegenwärtig, hier 2. verfügbar, greifbar

präsentieren: 1. vorlegen, zeigen 2. geben, überreichen

Präsident: Vorsitzender, Präses, Vorstand

prassen: schwelgen, verschwenden, schlemmen

Prasserei: Verschwendung, Übertreibung, Schlemmerei, Genussfreude

präventiv: vorbeugend, prophylaktisch

Praxis: 1. Erfahrung, Routine, Vertrautheit 2. Kontor, Anwaltskanzlei 3. Sprechstunde, Sprechzimmer, Arztpraxis 4. Wirklichkeit, Fakten

Präzedenzfall: Musterfall, Musterbeispiel

präzise: 1. zuverlässig, sorgsam, fehlerlos, sorgfältig, richtig, gewissenhaft, ordentlich 2. unbedingt, gerade 3. klar, treffend, exakt, deutlich, unmissverständlich, eindeutig, genau

Präzision: 1. Zuverlässigkeit, Sorgfalt, Gewissenhaftigkeit, Pflichtgefühl, Genauigkeit, Exaktheit, Bestimmtheit 2. Peinlichkeit, Sorgsamkeit, Ausführlichkeit

Preis: 1. Lob, Anerkennung, Würdigung 2. Preislage, Kaufpreis, Wertbetrag, Gebühr 3. Siegestrophäe, Auszeichnung, Siegespreis

Preisanstieg: Preissteigerung, Verteuerung, Kostenexplosion, Preiserhöhung

Preisaufgabe: Preisrätsel, Preisfrage

preisen: rühmen, hochhalten, loben, verherrlichen, ehren, feiern

preisgeben: 1. ausliefern, übergeben 2. verzichten, aufgeben, abstellen 3. verraten, abfallen 4. weitersagen, weitererzählen, ausplaudern

preisgekrönt: ausgezeichnet, prämiert

Preisgericht: Jury, Preisrichter

Preisliste: Preisverzeichnis, Prospekt

Preissenkung: Verbilligung, Senkung, Herabsetzung, Ermäßigung

Preisträger: Gewinner, Sieger, Hauptgewinner

preiswert: erschwinglich, billig, günstig

prekär: problematisch, verfänglich, delikat, heikel, kritisch

prima: sagenhaft, toll, ausgezeichnet, nett, erstklassig, großartig

primär: vorab, zuerst, zuvörderst, ursprünglich, originär, eigentlich, original, ursächlich

primitiv: 1. ungebildet, uninformiert, unwissend, unerfahren 2. unzulänglich, provisorisch, notdürftig, behelfsmäßig 3. schlicht, karg, eingeschränkt, anspruchslos, einfach 4. vulgär, niveaulos, ordinär, gewöhnlich, unfein, nieder

Primitivität: 1. Unerfahrenheit, Unwissenheit 2. Behelfsmäßigkeit, Unzulänglichkeit 3. Unfeinheit, Banalität, Gemeinheit 4. Einfachheit, Anspruchslosigkeit, Schlichtheit

Primus: Klassenbester, bester Schüler

prinzipiell: elementar, fundamental, entscheidend, wesentlich, grundlegend

Prise: ein bisschen, ein wenig, etwas

privat: 1. inoffiziell, außerdienstlich 2. vertraulich, intern 3. individuell, eigen 4. familiär, vertraut

Privileg: Vorrecht, Sonderrecht

privilegiert: bevorrechtet, bevorzugt

Probe: 1. Kostprobe, Warenprobe 2. Kraftprobe, Test, Machtprobe, Belastungsprobe 3. Nachweis, Erweis, Bestätigung 4. Versuch, Experiment

Probeabdruck: Probeabzug, Fahne, Korrekturabzug

proben: üben, durchproben, durchgehen

Probezeit: Bewährungsfrist, Prüfungszeit

Problem: Schicksalsfrage, Angelegenheit, Problematik, Frage

problematisch: 1. ungeklärt, dubios 2. zwiespältig, heikel, kritisch 3. mühsam, kompliziert, verwickelt

problemlos: unproblematisch, einfach, spielend, bequem, unkompliziert

Produkt: Erzeugnis, Ware

Produktion: Anfertigung, Herstellung, Fabrikation, Schaffung, Fertigstellung

produktiv: 1. schöpferisch, gestalterisch, künstlerisch, einfallsreich, erfinderisch 2. willig, leistungsfähig, arbeitsam, strebsam 3. fruchtbar, nützlich, gedeihlich

Produzent: Hersteller, Erzeuger, Fabrikant

produzieren: erzeugen, herstellen, machen, anfertigen, erschaffen

s. produzieren: s. aufspielen, s. zeigen

profan: 1. alltäglich, gewöhnlich 2. irdisch, diesseitig, weltlich

Profi: Professional, Berufssportler, Könner

Profil: 1. Querschnitt, Längsschnitt 2. Umriss, Schattenriss, Silhouette, Seitenansicht, Aufriss

profiliert: 1. markant, ausgeprägt 2. gut, fundiert, genau, gründlich, exakt

Profit bringend: einträglich, profitabel, rentabel

Profit: Nutzen, Gewinn

profund: umfassend, umfangreich, tief, grundlegend, detailliert, gründlich, erschöpfend, groß, ausführlich

Prognose: Vorhersage, Vorausbestimmung

Programm: 1. Spielplan, Festordnung, Festplan 2. Ablauf, Tagesordnung, Spielfolge

progressiv: 1. fortschrittlich, wegweisend, modern, zeitgemäß, richtungweisend 2. s. steigernd, s. entwickelnd

Projekt: Konzept, Vorhaben, Absicht, Entwurf, Arbeit

Prolog: Vorspiel, Einführung, Vorrede, Einleitung

prompt: 1. natürlich, erwartungsgemäß 2. sofort, gleich

Propaganda: 1. Aufklärung, Öffentlichkeitsarbeit, Aufklärungstätigkeit, Schulung 2. Werbung, Werbetätigkeit

Propagandist: 1. Werber, Werberedner 2. Aufklärer, Propagandamacher

prophetisch: voraussehend, hellseherisch, wahrsagerisch

Prophylaxe: Vorbeugung, Vorsorge

prosaisch: sachlich, nüchtern, fantasielos, poesielos

Prosaist: Schriftsteller, Romanschreiber, Erzähler, Dichter, Autor, Prosaschreiber, Publizist

Prospekt: 1. Preisliste, Preisverzeichnis 2. Werbeschrift, Katalog, Werbeprospekt

prostituieren: s. verkaufen, s. hingeben

Prostituierte: Straßenmädchen, Dirne, Freudenmädchen, Hure

Protest: 1. Einspruch, Beschwerde, Einwand 2. Widerspenstigkeit, Widerstand, Auflehnung

protestieren: 1. widersprechen, ablehnen, s. verwahren, zurückweisen 2. zischen, pfeifen

provisorisch: 1. vorerst, einstweilen 2. notdürftig, vorübergehend 3. behelfsmäßig, vorläufig, versuchsweise

Provisorium: Behelf, Überbrückungsmaßnahme, Hilfseinrichtung

Prozente: Rabatt, Ermäßigung, Skonto, Nachlass

Prozess: Rechtsstreit, Verfahren, Rechtsverfahren, Verhandlung

prüde: zimperlich, schamhaft, spröde

Prüderie: Zimperlichkeit, Scham, Schamhaftigkeit

prüfen: 1. kontrollieren, inspizieren 2. ausprobieren, versuchen 3. überprüfen, durchsehen, einsehen, testen, untersuchen, durchgehen 4. abfragen, abhören, examinieren

Prüfer: 1. Dienstvorgesetzter, Vorgesetzter 2. Prüfender, Examinator

Prüfling: Prüfungskandidat, Examenskandidat, Kandidat

Prüfung: 1. Examen, Abschlussprüfung 2. Durchsicht, Test

Prüfungsarbeit: 1. Klassenarbeit, Schulaufgabe 2. Stegreifaufgabe, Kurzprobe 3. Klausur, Examen

Prügel: Züchtigung, Abreibung, Schläge, Hiebe

Prügelei: Schlägerei, Rauferei, Keilerei

Prunk: Herrlichkeit, Überfluss, Üppigkeit, Schönheit, Aufwand, Pracht, Reichtum, Prunkentfaltung, Glanz, Luxus

prunklos: natürlich, unauffällig, bescheiden, schmucklos, einfach

prunkvoll: übertrieben, prachtvoll, pompös, glänzend, prächtig, aufwendig, glanzvoll

prusten: schnauben, schnaufen, japsen

Pseudonym: Künstlername, Deckname

Psychiater: Nervenarzt, Seelenarzt, Seelenklempner

Pubertät: Geschlechtsreife, Reifezeit, Entwicklungsalter

publizieren: drucken, veröffentlichen, herausbringen

pudern: einstäuben, einpudern

pulsieren: 1. klopfen, hämmern, pochen 2. wogen, branden, s. ergießen, pulsen

Pult: Schreibtisch, Katheder

pulverig: pulverförmig, puderig

pumpen: entleeren, leer pumpen

punktgleich: im Gleichstand, unentschieden, patt

pünktlich: fristgerecht, beizeiten, fristgemäß, fahrplanmäßig, rechtzeitig

Pünktlichkeit: Genauigkeit, Exaktheit

Puppe: 1. Püppchen, Spielpuppe 2. Schneiderbüste, Schneiderpuppe 3. Mädchen, Freundin, Geliebte

Puppenspiel: Marionettentheater, Kasperltheater

pur: unversetzt, rein, unvermischt

Pustel: Mitesser, Pickel, Eiterpickel, Hautunreinheit

Pute: Truthenne, Truthuhn

Putsch: Revolte, Umsturz, Staatsstreich

putzen: säubern, scheuern, spülen, reinigen, aufwaschen, rein machen
s. putzen: s. schön machen, s. herausputzen, s. zurechtmachen, s. fein machen

Putzfrau: Zugehfrau, Scheuerfrau, Raumpflegerin, Reinmachefrau, Hausangestellte

Putzlappen: 1. Staubtuch, Wischtuch 2. Feudel, Aufwischlappen, Putztuch, Scheuerlappen

Pyjama: Schlafanzug

Q

Qual: 1. Tortur, Strapaze, Quälerei, Höllenqual, Hölle, Plage, Mühsal, Beschwernis, Drangsal 2. Schmerz, Schmerzen, Leiden, Pein, Beschwerden, Leid

quälen: tyrannisieren, peinigen, drangsalieren, schinden, foltern, martern, misshandeln **s. quälen:** s. schinden, s. fordern, s. plagen, s. aufreiben, s. abmühen, s. abarbeiten

quälend: qualvoll, schmerzlich, peinigend, martervoll

Quälerei: Leidensweg, Marter, Tortur, Hölle, Mühsal, Plage, Qual, Beschwernis, Drangsal

Quälgeist: Quengler, Störenfried, Plager, Nervensäge, Peiniger

qualifizieren (s.): s. weiterbilden, s. fortbilden, bestehen

qualifiziert: werkgerecht, sachgerecht, sachverständig, sachkundig, gekonnt, fachgerecht, fachmännisch, meisterhaft, sachgemäß

Qualität: Niveau, Brauchbarkeit, Zustand, Wertbeständigkeit

Qualitäten: Vorzüge, Begabung, Anlagen, Stärken

qualvoll: 1. schlimm, bitter 2. ziehend, schmerzvoll, stechend, schmerzhaft, peinigend, nagend, quälend, schmerzlich

Quantität: Fülle, Menge, Anzahl, Vielzahl, Vielheit, Masse

quantitativ: mengenmäßig, zahlenmäßig

Quark: 1. Albernheit, Unsinn, Blödsinn, Quatsch 2. Schichtkäse, Weißkäse

Quartal: Vierteljahr, drei Monate

quecksilbrig: zappelig, ruhelos, nervös, lebhaft, quicklebendig, rastlos, aufgeregt, unruhig, flatterig

Quelle: 1. Bach, Quellwasser 2. Urschrift, Original, Urfassung 3. Wurzel, Anfang, Herkunft, Ursprung 4. Kaufgelegenheit, Bezugsquelle 5. Informant, Informationsquelle 6. Quell, Brunnen

quellen: 1. s. verbreiten, s. ergießen, herauskommen, heraustreten, herausfließen 2. s. vollsaugen, s. ausdehnen, auftreiben, aufgehen

quengelig: weinerlich, knatschig, nörgelig

quer treiben: verfeinden, verleumden, aufrühren, aufhetzen, aufstacheln, hetzen, aufreizen, aufwiegeln

quer: schief

querköpfig: widersetzlich, widerspenstig, verschlossen, störrisch, starrsinnig, stur, verstockt, unbelehrbar, kompromisslos, unzugänglich, halsstarrig, starrköpfig, bockig, rechthaberisch, fest, eisern, aufsässig, eigensinnig

Querschiff: Querhaus

Querschnitt: Zusammenschau, Übersicht, Überschau, Auszug, Überblick

Quertreiber: Wühler, Unruhestifter, Aufhetzer, Stänker, Scharfmacher, Hetzer

Querulant: 1. Aufwiegler, Hetzer, Aufhetzer, Quertreiber, Unruhestifter 2. Nörgler, Kritiker, Meckerer

quietschen: quieken, janken, kreischen

quitt: einig, wett, pari

Quittung: Ausgabenbeleg, Empfangsbescheinigung, Einzahlungsschein, Empfangsschein

Quiz: Fragespiel, Frage-und-Antwort-Spiel

Quote: 1. Anteil, Rate 2. Einschaltquote, Zuschauerquote

R

Rabatt: Prozente, Abzug, Preisnachlass, Emäßigung

rabiat: 1. gewalttätig, wüst, brutal, bestialisch 2. angriffslustig, zanksüchtig, offensiv, streitbar 3. unbarmherzig, schonungslos, grausam, gnadenlos, erbarmungslos 4. wütend, wutentbrannt, heftig, jähzornig, tobsüchtig, aufgebracht

Rache: Blutrache, Vergeltungsmaßnahme, Heimzahlung, Bestrafung, Abrechnung, Revanche

Rachen: Kehle, Schlund, Gurgel

rächen: heimzahlen, vergelten, abrechnen

rachsüchtig: feindselig, rachgierig, nachtragend

rackern: s. fordern, s. anstrengen, s. plagen, s. quälen, s. abplagen

Rad fahren: 1. strampeln, radeln 2. kriechen, schöntun, s. anbietern

Radargerät: Funkmessgerät, Radar

Radau: Ruhestörung, Krach, Unruhe, Aufsehen, Lärm, Gelärme, Gepolter, Geschrei

Rädelsführer: Kopf, Hauptmann, Führer, Anführer, Häuptling, Anstifter

radieren: ausradieren, entfernen, wegmachen, löschen

Radiergummi: Gummi, Radierer

radikal: 1. völlig, ganz, komplett, vollkommen, absolut 2. anarchistisch, zerstörerisch 3. brutal, verroht 4. extremistisch, übersteigert, kompromisslos

Radikalismus: Rücksichtslosigkeit, Unbarmherzigkeit, Skrupellosigkeit, Gewissenlosigkeit

Radio: Radioapparat, Rundfunkgerät

Radius: Aktionsradius, Horizont

Raffinesse: 1. Verschlagenheit, Durchtriebenheit, Taktik, Gerissenheit, Hinterlist 2. Feinheit

raffiniert: taktisch, geschickt, routiniert, geschäftstüchtig, gerieben, gerissen, clever, durchtrieben, listig, schlau, ausgekocht

rahmen: fassen, einrahmen

Rahmen: 1. Einfassung, Rand, Umgrenzung, Einrahmung 2. Fahrzeuggestell, Chassis 3. Flair, Umgebung

Rakete: 1. Marschflugkörper, Fernlenkwaffe, Flugkörper 3. Feuerwerksrakete

Rand: 1. Saum, Kante 2. Krempe, Hutrand 3. Umgrenzung, Umrahmung, Grenze, Abschluss, Einfassung, Ufer, Begrenzung

randalieren: gewalttätig werden, Radau machen, Krawall schlagen, herumbrüllen, lärmen

Randbemerkung: Anmerkung, Randvermerk

Randgebiet: Randzone, Randbezirk

Rang: 1. Dienststellung, Stellung, Rangbezeichnung, Rangstufe, Dienstrang, Dienstgrad 2. Platz, Stelle

Range: Frechdachs, Flegel, Wildfang

Rangordnung: Stufenordnung, Rangfolge, Hierarchie, Stufenleiter, Klassifikation, Werteskala

rank: dünn, schlank, grazil

ranken, s.: s. schlingen, klettern, s. emporranken, s. winden

Ranzen: 1. Fettbauch, Bierbauch 2. Schultasche, Büchertasche 3. Bündel, Rucksack, Tornister

ranzig: ungenießbar, alt, verdorben

rapide: rasch, schnell, geschwind, flink, eilig, rasant

rar: spärlich, beschränkt, knapp, vereinzelt

Rarität: Seltenheit, Sammlerstück, Kostbarkeit

rasant: 1. geschwind, schnell, flink, rapide, eilig 2. schwungvoll, schmissig, rassig

rasch: zügig, rasant, geschwind, schnell, eilig

rascheln: wispern, wispeln, säuseln

rasen: 1. wüten, s. aufregen, toben, wettern, schnauben, schäumen, zetern 2. stürmen, laufen, rennen, schnell fahren

Rasen: Rasenfläche, Grünfläche, Grasstück, Grasfläche

rasend: 1. wild, heftig, ungestüm, intensiv, stürmisch 2. tobend, frenetisch

Raserei: Zorn, Ärger, Tobsucht, Erbitterung, Wut, Erregung, Entrüstung, Empörung

rasiert: bartlos, geschoren

rasseln: poltern, lärmen, klirren, klappern

Rast: 1. Ruhepause, Atempause, Verschnaufpause 2. Mußestunde, Besinnung

rasten: 1. s. besinnen, einkehren 2. verweilen, unterbrechen, halten, s. ausruhen, entspannen, verschnaufen

Raster: Kategorie, Schema, Muster

Rate: 1. Abschlagszahlung, Ratenbetrag, Teilzahlung, Abzahlung 2. Anteil, Anzahl

raten: 1. zureden, einschärfen, vorschlagen, empfehlen, anraten, beraten 2. lösen, erraten, enträtseln

Ration: Zuteilung, Quantum

rational: 1. überlegt, sachlich 2. vernunftmäßig, vernunftgemäß

rationell: zeitsparend, sinnvoll, zweckdienlich, durchdacht, zweckmäßig, vernünftig, planvoll

ratlos: verzweifelt, hilflos, hoffnungslos, durcheinander

Ratschlag: Hinweis, Rat, Vorschlag, Tipp

Rätsel: Preisaufgabe, Denkaufgabe, Denksportaufgabe, Quiz

rätselhaft: 1. unerklärbar, undurchsichtig, unbegreifbar, unergründlich, unbegreiflich 2. dunkel, geheimnisvoll

rau: 1. unwirsch, unfreundlich, raubeinig, grob, barsch, deftig, rüde, schroff 2. schrundig, spröde, borstig, rissig 3. heiser, belegt 4. ungesund, streng, beißend, scharf, unangenehm, heftig

Raub: Eroberung, Diebesgut, Beute, Fang

rauben: 1. entreißen, nehmen, wegnehmen 2. entmutigen, ernüchtern

Räuber: Straßenräuber, Wegelagerer, Plünderer, Dieb

räuberisch: raubsüchtig, diebisch

Rauch: Ruß, Qualm, Dampf, Schwaden, Dunst

rauchen: 1. qualmen, paffen 2. schwelen, dampfen, räuchern

räuchern: selchen, haltbar machen

rauchig: dampfig, trübe, rauchgeschwärzt, dunstig, qualmig, verräuchert

Rauchwaren: Tabakwaren, Tabakerzeugnisse

Raufbold: Rowdy, Streitsüchtiger, Schläger, Raufbruder

raufen (s.): s. schlagen, s. balgen, ringen

Rauferei: Schlägerei, Balgerei, Handgemenge

Raum: 1. Zimmer, Stube, Saal, Kammer 2. Entwicklungsmöglichkeit, Spielraum 3. Umgebung, Gegend 4. Ort, Stelle, Platz

räumen: 1. wegziehen, verlassen, ausziehen, fortziehen 2. wegräumen, entfernen, fortschaffen 3. entleeren, verlegen, verlagern, ausräumen, leeren

Raumfahrer: Weltraumfahrer, Astronaut

Raumfahrt: Weltraumfahrt, Astronautik

räumlich: lokal, örtlich, regional

Raumschiff: Spacelab, Raumstation, Raumfahrzeug, Orbitalstation, Raumkapsel

Rausch: 1. Erregungszustand, Erregung 2. Delirium, Bewusstseinstrübung

Rauschgift: Betäubungsmittel, Suchtmittel, Rauschmittel, Drogen

Rauschgiftabhängiger: Rauschmittelsüchtiger, Drogenabhängiger

Razzia: Durchsuchung, Polizeikontrolle, Fahndungsaktion

Reaktion: 1. Verhaltensweise, Verhalten, Antwort, Rückwirkung, Erwiderung 2. Rückschritt, Fortschrittsfeindlichkeit

reaktionär: rückschrittlich, unzeitgemäß, rückständig, fortschrittsfeindlich

reaktionsschnell: geistesgegenwärtig, schnell, flink, entschlossen

real: 1. wirklich, unbestreitbar, tatsächlich, wahr, echt 2. substanziell, stofflich, dinglich, materiell, sachlich, greifbar

realisierbar: möglich, durchführbar, erreichbar

Realismus: Sachlichkeit, Wirklichkeitstreue

realistisch: 1. sachlich, klar, leidenschaftslos, nüchtern 2. wirklichkeitsnah, lebensnah

Realität: Wirklichkeit, Sachverhalt, Gegebenheit, Sachlage

Rebe: Weinstock, Rebstock

rebellieren: s. wehren, s. empören, s. aufbäumen, s. auflehnen, s. widersetzen, meutern, s. dagegenstemmen, s. erheben, aufmurren, s. dagegenstellen, s. sträuben

rebellisch: umstürzlerisch, zerstörerisch, zersetzend, aufrührerisch, auflehnend, aufsässig, aufständisch

Rechenschaftsbericht: Geschäftsbericht, Tätigkeitsbericht, Jahresbericht

Rechner: 1. Computer, EDV-Anlage, Laptop, Notebook, PC, Mac, Personalcomputer 2. Taschenrechner

Rechnung: 1. Zeche, Faktur, Kostenrechnung 2. Verrechnung, Berechnung, Anrechnung, Rechenaufgabe 3. Quittung, Kaufbeleg

recht haben: im Recht sein, recht behalten

recht machen: genügen, befriedigen, zufrieden stellen

recht: rechtmäßig, zutreffend, passend, gut, angemessen, ordnungsgemäß, geeignet, entsprechend, genau, angebracht

Recht: 1. Freiheit, Freibrief, Zustimmung, Berechtigung, Anrecht 2. Erlaubnis, Genehmigung 3. Gesetzeskunde, Rechtsgelehrsamkeit, Rechtswissenschaft 4. Gesetz, Rechtsordnung, Rechtsprechung

rechtfertigen: entschuldigen, entlasten

s. rechtfertigen: s. entlasten, s. wehren, s. entschuldigen

Rechtfertigung: Entlastung, Entschuldigung

rechtgläubig: strenggläubig, religiös, überzeugt, fromm

rechtlos: schutzlos, entrechtet

rechtmäßig: rechtlich, gesetzmäßig, zulässig, gesetzlich, begründet, ordnungsgemäß, vorgeschrieben

Rechtmäßigkeit: Erlaubnis, Billigkeit, Berechtigung

rechts: 1. konservativ, rückständig 2. steuerbord

Rechtsanwalt: Verteidiger, Rechtsbeistand, Anwalt, Fürsprecher

rechtschaffen: vertrauenswürdig, rechtlich, zuverlässig, unbescholten, untadelig, ordentlich, ehrlich, aufrichtig, aufrecht, charakterfest, echt, angesehen

Rechtschaffenheit: Zuverlässigkeit, Pflichtbewusstsein, Redlichkeit, Unbescholtenheit, Ehrlichkeit, Vertrauenswürdigkeit

Rechtschreibung: Schreibweise, Orthographie

rechtsgültig: gesetzlich, rechtskräftig, rechtlich

Rechtsgültigkeit: Gesetzeskraft, Rechtskraft, Rechtszustand

Rechtsprechung: Gerichtsbarkeit, Rechtswesen, Rechtspflege

Rechtssache: Rechtsfrage, Streitfall, Rechtsfall, Rechtsangelegenheit

Rechtsstreit: Rechtsverfahren, Verfahren, Streit, Prozess

Rechtsweg: Beschwerdeweg, Instanzenweg, Klageweg

rechtswidrig: verboten, verfassungswidrig, widerrechtlich, unrechtmäßig, gesetzwidrig, strafbar

Rechtswissenschaft: Gesetzkunde, Rechtslehre, Jura, Recht, Rechtskunde

rechtzeitig: beizeiten, zeitig, pünktlich

Rede: 1. Vortrag, Ansprache, Referat, Festrede 2. Unterredung, Äußerung, Gespräch

redegewandt: wortreich, zungenfertig, beredt, sprachgewandt, geläufig, sprachgewaltig, redefertig, schlagfertig, redegewaltig

Redegewandtheit: Redefertigkeit, Sprachgewalt, Sprachgewandtheit, Redegewalt, Schlagfertigkeit, Wortgewandtheit, Redegabe, Zungenfertigkeit

Redekunst: Rhetorik, Sprachgewalt, Wortgewandtheit, Eloquenz

reden: 1. formulieren, vortragen 2. bereden, besprechen, s. unterhalten 3. s. äußern, s. artikulieren

Redensart: Redewendung, Floskel, Gemeinplatz, Redefloskel, Phrase

Redescheu: Zurückhaltung, Wortkargheit

Redeweise: Redewendung, Formulierung, Ausdruck, Redensart

Redewendung: Sprichwort, Idiom, Redensart, Wendung

redlich: wahrheitsliebend, zuverlässig, untadelig, lauter, anständig, unbescholten, rechtschaffen, charakterfest, aufrichtig, ehrlich

Redlichkeit: Zuverlässigkeit, Charakter, Unbescholtenheit, Anstand, Ehrlichkeit, Aufrichtigkeit, Rechtschaffenheit, Lauterkeit

Redner: 1. Rhetoriker 2. Sprecher, Referent, Vortragender

redselig: geschwätzig, tratschsüchtig, redelustig, gesprächig, mitteilsam

Redseligkeit: Schwatzhaftigkeit, Redefreudigkeit, Redelust, Mitteilsamkeit, Gesprächigkeit, Geschwätzigkeit, Klatschsucht

reduzieren: 1. verringern, vermindern, verkleinern, begrenzen, senken, schmälern 2. verbilligen, herabsetzen, ermäßigen

Reduzierung: 1. Verringerung, Begrenzung, Verkleinerung, Verminderung, Senkung 2. Prozente, Ermäßigung, Herabsetzung, Verbilligung, Nachlass

Reeder: Schiffsherr, Schiffseigner

reell: 1. solide, gut, wertbeständig, stabil, gediegen 2. tatsächlich, wirklich, echt 3. untadelig, redlich, rechtschaffen, ehrlich

Referendum: Abstimmung, Volksentscheid, Volksabstimmung

Reflex: 1. Rückstrahlung, Widerschein, 2. Reaktion

Reform: Wandel, Veränderung, Umwandlung, Umgestaltung, Neuregelung, Neuerung, Neugestaltung, Neuordnung

reformieren: wandeln, verbessern, umwandeln, verändern, umstellen, umgestalten

Refrain: Kehrreim, Ritornell

Regal: Bücherregal, Bücherbord, Gestell

Regatta: Bootswettkampf, Bootsrennen

rege: betriebsam, unternehmungslustig, geschäftig, unternehmend, tatkräftig, aktiv

Regel: 1. Gesetzmäßigkeit, Regelmäßigkeit 2. Vorschrift, Richtsatz, Spielregel, Richtschnur, Regelung, Norm, Richtlinie, Grundsatz, Lebensregel, Leitsatz, Richtmaß, Merkspruch, Faustregel

regellos: durcheinander, chaotisch, wirr

Regellosigkeit: Durcheinander, Chaos

regelmäßig: 1. üblich, alltäglich, gewöhnlich 2. dauernd, geordnet, gewohnheitsmäßig 3. wiederholt, immer 4. gleichmäßig

Regelmäßigkeit: 1. Alltag, Normalität 2. Wiederholung, Pünktlichkeit, Beständigkeit 3. Wohlgestalt, Ebenmaß

regeln: 1. beilegen, geradebiegen, zurechtbiegen, bereinigen 2. lenken, leiten, führen, erledigen, ordnen

Regelverstoß: Unsportlichkeit, Unsauberkeit, Foul

regelwidrig: verkehrt, unnormal, normwidrig, falsch, abnormal

Regelwidrigkeit: 1. Unsportlichkeit, Foul, Unsauberkeit 2. Verstoß, Regelverstoß

Regen: Niederschlag, Regenguss, Wolkenbruch

regenarm: trocken, heiß, wasserlos, ausgetrocknet, wüstenhaft

Regeneration: Belebung, Wiederherstellung, Erneuerung, Auffrischung

regenerieren: erneuern, beleben, wiederherstellen, auffrischen

Regenguss: Schauer, Wolkenbruch, Regenschauer, Regen, Dusche, Unwetter, Guss

regenreich: 1. regnerisch, nass, feucht 2. fruchtbar, ertragreich

Regentschaft: Regierungszeit, Herrschaft, Regiment, Amtszeit

Regierung: 1. Kabinett, Regierungskabinett 2. Regime, Staatsmacht

Regierungsform: Regierungssystem, Staatsform, System

Regierungsstelle: 1. Verwaltung, Behörde 2. Ministerium

regional: 1. mundartlich, landschaftlich 2. räumlich, lokal, örtlich, strichweise, begrenzt

registrieren: 1. verzeichnen, eintragen, aufzeichnen, vermerken, erfassen 2. beobachten, feststellen

registriert: 1. gesehen, bemerkt, aufgefasst 2. gebucht, erfasst, verzeichnet, aufgezeichnet, eingeschrieben, eingetragen

Registrierung: 1. Vermerk, Buchung, Aufzeichnung, Erfassung 2. Beobachtung, Feststellung

Reglement: Regelwerk, Satzung, Vorschriften, Bestimmungen

regnen: rinnen, gießen, schütten

regnerisch: feucht, regenreich, niederschlagsreich, nass

regulär: vorschriftsmäßig, alltäglich, ordungsgemäß, gebräuchlich, gewohnt, gewöhnlich

Regulierung: Schadensausgleich, Schadensregulierung, Schadensbegleichung

Regung: Gefühlsäußerung, Anwandlung, Gemütsbewegung, Gefühlsregung, Empfindung

regungslos: unbeweglich, still, reglos, bewegungslos, starr, erstarrt

Reh: Rehkitz, Ricke, Rehgeiß

rehabilitieren: zurückführen, richtig stellen, rechtfertigen, wiederherstellen

Rehabilitierung: Ehrenrettung, Rechtfertigung

reiben: 1. raffeln, raspeln 2. wetzen, scheuern **s. reiben:** aneinander geraten, s. streiten

reich: 1. wohlhabend, wohlsituiert, vermögend, finanzstark, reich begütert 2. vielfältig, mannigfaltig, reichhaltig, verschiedenartig, ausgiebig 3. groß, unermesslich, beträchtlich, ansehnlich, umfangreich 4. üppig, einträglich, fruchtbar, ergiebig

reichen: 1. darreichen, vorlegen, zeigen, auftischen 2. hinhalten, hinstrecken, hinreichen, anbieten 3. s. hinziehen, s. erstrecken, s. ausdehnen, s. ausbreiten 4. übertragen, überreichen, übergeben, geben 5. auskommen, hinreichen, genügen

Reicher: Millionär, Krösus, Kapitalist, Milliardär

reichhaltig: 1. zahllos, viel, unzählig, überreichlich, reichlich, genügend, ausreichend, verschwenderisch 2. unerschöpflich, üppig, mannigfaltig, opulent

Reichtum: 1. Zuviel, Luxus, Überfluss, Überschuss 2. Wohlstand, Güter, Schätze, Vermögen, Besitz, Geld, Kapital 3. Reichhaltigkeit, Vielfalt, Buntheit, Farbigkeit

Reichweite: Umkreis, Einflussbereich, Radius

reif: 1. überlegt, ausgearbeitet, ausgeklügelt 2. genießbar, ausgereift, saftig 3. mündig, großjährig, volljährig, groß, erwachsen 4. lebenskundig, abgeklärt, erfahren, gefestigt, gereift

Reife: 1. Vollkommenheit, Perfektion 2. Höhe, Blüte, Hoch 3. Vollreife, Reifezeit, Reifung 4. Erfahrenheit, Erwachsensein

reifen: ruhen, lagern

Reifen: Pneu, Pneumatik

Reifenschaden: Reifendefekt, Reifenpanne, Autopanne

Reifeprüfung: Abitur, Hochschulreife, Gymnasialabschluss

Reifezeit: 1. Pubertät, Entwicklungsjahre 2. Reifung, Reife, Alterungsprozess

Reihe: 1. Kette, Linie 2. Schlange, Schwanz 3. Glied, Serie

Reihenfolge: 1. Ordnung, Nacheinander, Abfolge, Aneinanderreihung, Aufeinanderfolge 2. Rangfolge, Stufenleiter

reihum: abwechselnd, wechselweise, einer nach dem anderen

reimen: dichten, Verse schmieden

rein: 1. makellos, unbeschmutzt, hygienisch, gereinigt, gesäubert, reinlich, sauber 2. völlig, vollkommen, absolut, komplett, vollständig 3. unverdorben, unschuldig, jungfräulich, unberührt, keusch 4. richtig, schlechthin, nachgerade, geradezu, ausgesprochen, regelrecht 5. unvermischt, pur, natürlich, unverfälscht, echt

Reinfall: 1. Niederlage, Zusammenbruch, Fiasko, Bankrott, Fehlschlag 2. Ernüchterung, Enttäuschung

reinigen: 1. bereinigen, klären 2. sauber machen, rein machen, putzen, säubern, wienern

Reinigungskraft: Scheuerfrau, Putzfrau, Raumpflegerin, Hausangestellte, Reinemachefrau

Reinigungsmittel: Putzmittel, Putzzeug

reinlich: sauber, makellos, adrett, schmutzfrei, fleckenlos, hygienisch

Reise: 1. Trip, Rausch 2. Weg, Trip, Ausflug, Tour, Abstecher, Fahrt

Reiseandenken: Souvenir, Mitbringsel, Andenken

Reisebegleiter: 1. Betreuer, Führer 2. Beifahrer, Begleiter

reisefertig: marschfertig, marschbereit, gerüstet, startbereit

reisen: verreisen, aufbrechen, abreisen, wegreisen

Reisespesen: Verpflegungsmehraufwand, Aufwandsentschädigung, Tagegeld

Reisevertreter: Handelsvertreter, Reisender, Handlungsreisender, Vertreter

Reisig: Reisigholz, Zweige, Dürrholz

reißen: 1. zerren, schleppen 2. zerbrechen, zerspringen, auseinanderbrechen, entzweigehen, durchbrechen

reißend: wild, stark, ungestüm, rasend, gewaltig, rasch

Reißwolf: 1. Schredder, Schredderanlage 2. Papierwolf, Papierzerkleinerer

Reißzwecke: Zwecke, Reißnagel, Reißstift, Heftzwecke

Reitbahn: 1. Rennstrecke, Rennbahn, Bahn 2. Vorführfläche, Manege

reiten: traben, galoppieren

Reiz: 1. Antrieb, Stimulus, Reizung 2. Wirkung, Verlockung, Bann, Anfechtung, Anreiz, Attraktivität, Verführung 3. Zauber, Schönheit, Sexappeal, Liebreiz, Ausstrahlung, Flair, Anmut

reizbar: aufbrausend, überempfindlich, explosiv, hitzig

reizen: 1. schädigen, angreifen 2. entzücken, verlocken, verzaubern 3. provozieren, aufbringen, herausfordern

reizend: 1. zuvorkommend, nett, freundlich, entgegenkommend, höflich 2. interessant, sehenswert 3. lieblich, sympathisch, goldig, niedlich, süß, reizvoll, entzückend, attraktiv, hübsch, anmutig, lieb, charmant, einnehmend, bestrickend, anziehend, angenehm, aufreizend, allerliebst, betörend 4. spannend, packend, reizvoll, informativ

reizlos: wirkungslos, uninteressant, trostlos, üblich, öde, langweilig, einförmig, fade, alltäglich, gleichförmig, einfach, fantasielos

Reklame: Werbung, Propaganda, Promotion

Rekonstruktion: 1. Kopie, Nachbildung 2. Wiedergabe, Wiederherstellung

Rekord: Spitzenklasse, Rekordmarke, Rekordzahl, Gipfelleistung, Spitzenleistung, Höchstleistung, Glanzleistung

rektal: anal, durch den Darm

relativ: 1. vorbehaltlich, eingeschränkt, bedingt 2. vergleichsweise, verhältnismäßig

relevant: wesentlich, geboten, unerlässlich, zwingend, notwendig, unentbehrlich, unumgänglich, erforderlich, unausweichlich, bedeutungsvoll, dringend, wichtig

Religion: 1. Ansicht, Glaube 2. Frömmigkeit, Gottesfurcht

Religionsgemeinschaft: 1. Kultgemeinschaft, Sekte 2. Kirchengemeinschaft, Kirche, Kirchengemeinde

religiös: kirchlich, gottesfürchtig, fromm, gläubig, gottgefällig

Religiosität: Gottesfurcht, Frömmigkeit, Gläubigkeit

Rendite: Ertrag, Gewinn, Profit

Rennbahn: Kampfbahn, Aschenbahn

rennen: stürmen, spurten, jagen, rasen, sprinten, sausen, hasten, eilen

Rennen: 1. Wettfahrt, Jagd 2. Lauf, Wettrennen, Wettlauf

Rennplatz: 1. Reitbahn, Rennbahn 2. Turf, Pferderennbahn

renommieren: angeben, rühmen, prahlen, loben, preisen

renovieren: verbessern, wiederherstellen, erneuern, ausbessern, umbauen

Renovierung: Wiederherstellung, Ausbesserung, Erneuerung

rentabel: Profit bringend, ertragreich, einträglich, wirtschaftlich, vorteilhaft, Gewinn bringend

Rente: Ruhegeld, Ruhegehalt, Altersrente

Rentner: Pensionär, Ruheständler

Reparatur: Wiederherstellung, Ausbesserung, Instandsetzung

reparieren: ausbessern, wiederherrichten, wiederherstellen, aufbessern

Repertoire: Programm, Spielplan, Vorrat

Replik: 1. Kopie, Wiederholung 2. Entgegnung, Erwiderung

replizieren: erwidern, antworten

Reportage: Tatsachenbericht, Berichterstattung, Augenzeugenbericht

Repression: Unterdrückung, Unfreiheit, Unterjochung

repressiv: willkürlich, unumschränkt, uneingeschränkt

Reproduktion: Imitation, Plagiat, Kopie, Abguss, Nachahmung

reproduziert: imitiert, kopiert

Requisiten: Zubehör, Ausrüstung, Ausstaffierung, Utensilien, Beiwerk, Accessoires

reservieren: 1. aufheben, zurücklegen 2. bestellen, ordern 3. besetzen, belegen

reserviert: 1. vergeben, besetzt, vorgemerkt, belegt 2. zurückhaltend, zugeknöpft, unzugänglich, kühl, unterkühlt, distanziert, verschlossen, schweigsam, abweisend, unnahbar

Reserviertheit: Zurückhaltung, Unnahbarkeit, Kühle, Unzugänglichkeit, Verschlossenheit, Distanziertheit, Schweigsamkeit

Reservoir: 1. Bestand, Vorrat 2. Wasserbehälter, Wasserbecken, Speicher

residieren: seinen Amtssitz innehaben, Hof halten, thronen

Resignation: Ergebenheit, Ergebung, Verzicht

resignieren: verzichten, passen, s. unterordnen, s. beugen, aufgeben, s. fügen

resistent: robust, unempfindlich, widerstandsfähig, immun

resolut: zupackend, zielstrebig, zielbewusst, entschlossen, entschieden, willensstark, bestimmt, energisch, tatkräftig

Resonanz: 1. Echo, Widerhall, Gefallen 2. Mitschwingen, Mittönen

Respekt: Verehrung, Hochachtung, Bewunderung, Rücksicht, Ehrerbietung, Achtung, Ehrfurcht

respektabel: überraschend, verblüffend, ungewöhnlich, überragend, großartig, beachtlich, eindrucksvoll, ansehnlich, fabelhaft, beträchtlich, erstaunlich, beeindruckend, außergewöhnlich, ausgefallen, einzigartig

respektieren: 1. würdigen, bewundern, achten, ehren, schätzen, honorieren, anerkennen 2. ernst nehmen, anerkennen

respektive: anderenfalls, sonst, oder

respektlos: entwürdigend, abschätzig, verächtlich, geringschätzig

respektvoll: höflich, ehrfurchtsvoll, ehrerbietig, achtungsvoll

Rest: 1. Neige, Überrest, Rückstand, Abfall 2. Satz, Bodensatz

Restaurant: Lokal, Gaststätte

retten: erretten, herausholen, helfen, bergen, erlösen, in Sicherheit bringen, Rettung bringen

Retter: Erlöser, Erretter

Rettung: Hilfe, Erlösung, Bergung, Entsatz, Befreiung

Rettungsauto: Rettungswagen, Krankenwagen, Unfallwagen, Krankenauto, Notarztwagen

Reue: Schuldgefühl, Umkehr, Selbstvorwurf, Reumütigkeit, Zerknirschung, Besserung, Gewissensbisse, Bußbereitschaft, Bedauern, Einkehr

reumütig: zerknirscht, beschämt, reuig, schuldbewusst, bußfertig

Revers: Umschlag, Kragenaufschlag, Mantelaufschlag

reversibel: wiederherstellbar, rückgängig zu machen

Revier: 1. Brutgebiet, Jagdgebiet 2. Gebiet, Bezirk, Bereich 3. Krankenstube, Krankenstation 4. Polizeistation, Meldestelle

Revision: 1. Überprüfung, Kontrolle, Prüfung, Nachprüfung 2. Rechtsmittel, Wiederaufnahme 3. Verbesserung, Richtigstellung, Korrektur, Änderung

Revolution: 1. Freiheitskampf, Bürgerkrieg, Aufstand 2. Umsturz, Umwälzung, Umbruch 3. Veränderung, Wende, Wandlung, Reform, Neuorientierung, Neubelebung, Neuregelung, Fortschritt

revolutionär: 1. umstürzlerisch, aufrührerisch, zersetzend, zerstörerisch 2. bahnbrechend, wegweisend, zukunftsorientiert

Revolutionär: Verschwörer, Rebell, Umstürzler, Terrorist, Aufrührer, Partisan, Aufständischer

Revolver: Pistole, Handfeuerwaffe, Schusswaffe, Schießeisen, Colt

Revue: Show, Varieté

Rezept: 1. Kochvorschrift, Kochrezept 2. Verordnung, Verschreibung

Rezeption: Empfangsraum, Empfangsbüro, Empfang, Empfangshalle, Aufnahme

Rhetorik: Sprachgewalt, Wortgewandtheit, Eloquenz, Redekunst

Rheuma: Gliederreißen, Gliederschmerzen, Rheumatismus

Rhythmus: Takt, Gleichmaß, Regelmäßigkeit

Richter: 1. Laienrichter, Schöffe 2. Unparteiischer, Jurist

richtig: 1. echt, tatsächlich, wirklich, wahrlich 2. zutreffend, mustergültig, vollkommen, wahr, recht, grundrichtig, fehlerfrei, tadellos, genau, einwandfrei, korrekt 3. zutreffend, günstig, geeignet, angemessen, passend 4. logisch, stichhaltig, gebührend

Richtigkeit: Unanfechtbarkeit, Wahrheit, Korrektheit

Richtlinie: Richtschnur, Leitschnur, Regel

Richtplatz: Richtstätte, Hinrichtungsplatz, Gerichtsstätte, Hinrichtungsstätte

Richtung: Lauf, Fahrtrichtung, Wegrichtung

richtunggebend: 1. wegweisend, richtungweisend 2. richtungweisend, maßgebend

riechen: 1. ahnen, spüren 2. schnuppern, wittern, schnüffeln 3. schnüffeln, schnuppern

Riecher: 1. Riechorgan, Nase 2. Spürsinn, Ahnung

Riegel: Schloss, Sicherheitsvorrichtung

Riese: Hünengestalt, Ungeheuer, Bulle, Hüne, Gigant

rieseln: 1. plätschern, rinnen 2. nieseln, tröpfeln

riesengroß: 1. wuchtig, unermesslich, riesenhaft, kolossal, gewaltig, übermächtig, außerordentlich, gigantisch 2. unlösbar, groß

Riff: Klippe, Felsenklippe

rigoros: 1. skrupellos, unmenschlich, unbarmherzig, gewissenlos, bedenkenlos, rücksichtslos, kalt, gnadenlos, mitleidlos 2. streng, schroff, strikt, energisch, gebieterisch, massiv, bestimmt, scharf

Rigorosität: 1. Unbarmherzigkeit, Kälte, Mitleidlosigkeit, Skrupellosigkeit, Rücksichtslosigkeit, Gewissenlosigkeit 2. Strenge, Schärfe, Schroffheit, Bestimmtheit

Rille: Furche, Kerbe, Vertiefung

Rinde: 1. Kruste, Brotrinde 2. Baumrinde, Borke

Ring: Zone, Gürtel, Umgebung

ringen: 1. kämpfen, raufen, streiten 2. verzweifeln, nachdenken, überlegen

Ringen: 1. Verzweiflung, Überlegung, Nachdenken 2. Streithandlung, Rauferei, Streit, Kampf

ringsum: ringsherum, herum, überall, reihum, rings

Rinnsal: Gerinnsel, Bach, Gewässer

Rinnstein: Gosse, Rinne

Rippe: 1. Blattnerv, Blattader, Blattrippe 2. Pfeiler, Bogen

risikolos: unverfänglich, gefahrlos, unschädlich

risikoreich: tödlich, gewagt, riskant, kritisch, lebensgefährlich, gefährlich, gefahrvoll, abenteuerlich

Riss: Spalte, Spalt, Öffnung, Loch, Bruch, Bruchstelle

rissig: schrundig, aufgesprungen, rau

ritterlich: wohlerzogen, zuvorkommend, vornehm, sittsam, korrekt, rücksichtsvoll, taktvoll, galant, höflich, kavaliersmäßig, entgegenkommend, gesittet, fein

Ritterlichkeit: Zuvorkommenheit, Wohlwollen, Zugeständnis, Nachgiebigkeit, Verbindlichkeit, Entgegenkommen, Konzilianz, Höflichkeit, Freundlichkeit, Eifer, Liebenswürdigkeit, Artigkeit, Gefallen, Dienstwilligkeit

Ritual: Ritus, Brauch, Zeremoniell

ritzen: einritzen, verewigen **s. ritzen:** s. verletzen, s. reißen, s. schrammen, s. schürfen, s. aufschürfen, s. aufreißen

Rivalität: Wetteifer, Streit, Kampf

robben: rutschen, kriechen, krabbeln

Roboter: Maschine, Androide, künstlicher Mensch

robust: zäh, rüstig, widerstandsfähig, stramm, sehnig, kernig, sportlich, fest, kräftig, kraftvoll, athletisch, drahtig, stark, markig

Robustheit: Zähigkeit, Härte, Stärke, Stabilität, Widerstandsfähigkeit, Kraft

Rock: 1. Jacke, Kittel 2. Damenrock, Röckchen

roden: ernten, ausroden, ausmachen

Rodung: Urbarmachung, Abholzung, Kahlschlag

roh: 1. natürlich, unbearbeitet 2. unzugänglich, unmenschlich, verroht, kompromisslos, mitleidlos, hart, kaltblütig, schonungslos, herzlos, unbarmherzig, grausam, gnadenlos, erbarmungslos, gefühllos, abgestumpft, brutal, gefühlskalt, eisig 3. ungebraten, ungekocht, natur

Rohheit: Mitleidlosigkeit, Unmenschlichkeit, Schonungslosigkeit, Unbarmherzigkeit, Kaltherzigkeit, Härte, Brutalität, Erbarmungslosigkeit, Gnadenlosigkeit, Gefühlsrohheit, Lieblosigkeit, Kälte

Rohr: 1. Röhre, Schlauch, Wasserrohr 2. Rohrdickicht, Schilf

Röhre: 1. Rohr, Wasserrohr, Schlauch 2. Unterschlupf, Bau 3. Fernsehgerät, Fernseher

röhren: schreien, brüllen

Rohstoff: Werkstoff, Ausgangsmaterial, Grundstoff, Naturprodukt

Rollbahn: Landebahn, Landeplatz, Startbahn

Rolle: 1. Walze, Rad, Spule 2. Charge, Partie, Figur

rollen: 1. spedieren, befördern 2. s. wälzen, rotieren, kreiseln, laufen, s. drehen

Rollladen: Jalousien, Rollo, Rouleau, Lamellen

Romantik: Zartheit, Empfindsamkeit, Träumerei, Gefühlstiefe

romantisch: 1. verträumt, reizvoll, ländlich, abgelegen, malerisch, friedlich, idyllisch 2. zartbesaitet, zartfühlend, träumerisch, verinnerlicht, zart, schwärmerisch, überempfindlich, sensibel, innerlich, feinfühlend, gemütvoll, einfühlsam, gefühlvoll, empfindsam, gefühlsbetont, feinsinnig, rührselig

röntgen: durchleuchten

rosig: 1. vielversprechend, erfolgreich, positiv, aussichtsreich, gut 2. angenehm, golden, optimistisch 3. rosafarbig, rosafarben 4. durchblutet, gesund

Rosine: Sultanine, Korinthe

rösten: toasten, bräunen

rostfarben: rostig, rostfarbig, rostbraun, rostrot

Rotor: Propeller, Luftschraube, Drehflügel

Rotte: Schar, Bande

Route: Strecke, Weg, Fahrtrichtung, Schifffahrtsstraße, Flugrichtung

Routinier: Fachmann, Könner

routiniert: 1. vielseitig, geschickt, fingerfertig, anstellig 2. professionell, sachverständig, sachgemäß, sachgerecht, werkgerecht, kunstgerecht, fachmännisch, fachkundig, meisterhaft

Rowdy: Raufbold, Flegel

ruchlos: verwerflich, gemein, wüst, scheußlich, niederträchtig, schrecklich

Ruchlosigkeit: Niedertracht, Gemeinheit, Scheußlichkeit

Ruck: Schlag, Schubs, Anstoß

Rückbildung: Rückgang, Verkümmerung

Rückblick: Rückschau, Rückerinnerung, Rückblende, Erinnerung

rückblickend: zurückblickend, zurückschauend, nachträglich, rückschauend

rücken: verstellen, umstellen, verrücken, bewegen, schieben

Rückfahrt: Heimreise, Rückreise, Rückkehr, Rückweg, Heimfahrt

Rückfahrt: Heimfahrt, Heimweg, Nachhauseweg, Rückweg

Rückgabe: Rücksendung, Zurückgabe, Reklamation

Rückgang: 1. Rückwärtsentwicklung, Niedergang 2. Bezugnahme, Rückgriff, Anlehnung 3. Verlust, Einbuße 4. Schwund, Abbau, Verringerung, Rücklauf, Verminderung, Nachlassen 5. Abnahme, Senkung, Verminderung, Verringerung, Schwund

Rückkehr: Rückkunft, Zurückkommen, Heimkehr

Rücklicht: Rückleuchte, Rückstrahler, Schlusslicht

rückschrittlich: unzeitgemäß

Rückseite: Schattenseite, Hinterseite, Hinterfront, Kehrseite, Hofseite

Rücksicht: 1. Rücksichtnahme, Schonung, Diskretion, Vorsicht, Behutsamkeit 2. Wertschätzung, Verehrung, Ansehen, Hochachtung, Schätzung, Ehrfurcht, Respekt, Anerkennung, Bewunderung, Achtung

rücksichtslos: selbstsüchtig, egoistisch, unerbittlich, lieblos, unmenschlich, unbarmherzig, skrupellos, kalt, mitleidlos, kalt lächelnd, schonungslos

Rücksichtslosigkeit: Willkür, Unbarmherzigkeit, Schonungslosigkeit, Kälte, Gewissenlosigkeit, Skrupellosigkeit, Lieblosigkeit

rücksichtsvoll: verbindlich, zuvorkommend, schonungsvoll, vorsichtig, nachsichtig, schonend, aufmerksam, einfühlend

Rückstand: 1. Verzögerung, Verzug, Ausstand 2. Bodensatz, Rest

Rückstände: Außenstände, Schulden, Geldforderungen

rückständig: zurückgeblieben, unterentwickelt

Rückstoß: Rückschlag, Rückprall

Rückstrahlung: Reflex, Spiegelung, Widerschein

Rücktritt: Kündigung, Ausscheiden, Abdankung, Abschied

Rückvergütung: Rückerstattung, Rückzahlung

rückwärts: zurück, gegenläufig, rückläufig

Rückweg: Heimweg, Nachhauseweg

Rückzahlung: Rückvergütung, Rückgabe, Entschädigung, Rückerstattung

Rückzieher: Einschränkung, Zurücknahme

Rückzug: Räumung, Zurückweichen, Abzug

rüde: unhöflich, unliebenswert, ungeschliffen, unverbindlich, rüpelhaft, taktlos, brüsk, ungehobelt, unfreundlich, abweisend

Rudel: Gang, Horde, Bande, Schar, Gruppe, Meute

Ruf: 1. Angebot, Berufung 2. Ehre, Ruhm, Ansehen, Achtung

rufen: 1. grölen, brüllen, johlen, lärmen, schreien 2. nennen, anreden, heißen 3. zurufen, anrufen, alarmieren

Rufname: Vorname, Name

Rufnummer: Telefonnummer, Fernsprechnummer, Handynummer

Rüge: Vorwurf, Tadel, Maßregelung, Rüffel, Anpfiff, Strafpredigt, Verweis, Missbilligung, Ermahnung

rügen: verurteilen, missbilligen, zurechtweisen, tadeln, anpfeifen, beanstanden

Ruhe: 1. Untätigkeit, Trägheit, Sesshaftigkeit, Gleichgültigkeit, Lässigkeit, Teilnahmslosigkeit 2. Muße, Urlaub, Zurückgezogenheit, Atempause, Ferien, Entspannung 3. Kaltblütigkeit, Geistesgegenwart 4. Pause, Stillstand 5. Stille, Frieden, Schweigen, Lautlosigkeit 6. Unerschütterlichkeit, Seelenruhe, Gleichmut, Haltung, Ausgeglichenheit, Gleichgewicht, Gefasstheit, Beschaulichkeit, Gelassenheit, Besonnenheit

Ruhegehalt: 1. Rente, Ruhegeld 2. Pension, Pensionszahlung

ruhelos: überreizt, unruhig, fieberhaft, hastig, rastlos

Ruhelosigkeit: Erregung, Unruhe, Zappeligkeit, Aufregung, Aufgeregtheit, Hochspannung, Hektik

ruhen: 1. pausieren, s. ausruhen, s. verschnaufen, s. erholen, s. entspannen 2. stocken, stillstehen, lahmliegen, aussetzen 3. dämmern, schlafen

Ruhepause: Rast, Verschnaufpause, Atempause, Pause, Unterbrechung

Ruhetag: Urlaubstag, Ferientag, Feiertag

ruhig: 1. still, verkehrsarm 2. einsam, abgelegen 3. still, glatt 4. mild, lau, windstill 5. verschwiegen, sprachlos, einsilbig, wortkarg, redescheu, schweigsam, stumm 6. kaltblütig, geistesgegenwärtig 7. uninteressant, monoton 8. ungerührt, kühl 9. würdevoll, sicher, überlegen, gemächlich, still, harmonisch, abgeklärt, kaltblütig, gleichmütig, gemessen, gefasst, ruhevoll 10. überlegen, unerschütterlich, gelassen, besonnen, bedacht, gefasst, gleichmütig, gesetzt 11. still, leise, gedämpft, geräuschlos

Ruhm: Weltruhm, Weltgeltung, Weltruf, Glanz, Glorie

rühmen: würdigen, preisen, feiern, loben, verherrlichen, ehren, beloben, auszeichnen, anerkennen **s. rühmen:** prunken, übertreiben, angeben, großtun, prahlen, s. brüsten

rühmlich: ruhmreich, verdienstvoll, dankenswert, rühmenswert, musterhaft, gut, lobenswert, ehrenhaft, ehrenvoll, anerkennenswert, achtbar, beachtlich

ruhmlos: unrühmlich, schmachvoll, schändlich, schmählich, scheußlich

ruhmvoll: rühmlich, ehrenvoll, glänzend, ruhmreich, glorreich

rühren: 1. regen, bewegen 2. verrühren, durchrühren, anrühren, umrühren, mischen

rührig: schwärmerisch, übereifrig, mitgerissen, eifrig, leidenschaftlich, begeistert

rührselig: tränenselig, gefühlvoll, empfindsam, sentimental, gefühlsselig

Rührseligkeit: Empfindsamkeit, Sentimentalität, Gefühlsüberschwang, Gefühlsseligkeit, Tränenseligkeit

Rührung: 1. Bewegung, Mitleid, Betroffenheit, Erregung, Bewegtheit 2. Sentimentalität, Gefühlsseligkeit, Rühren

Ruin: Zerstörung, Zusammenbruch, Bankrott, Vernichtung

Ruine: Trümmer, Überrest, Rudimente

ruinieren: vernichten, zerstören, zerrütten, verderben, fertigmachen, abwirtschaften

s. ruinieren: s. kaputtmachen, abwirtschaften

ruiniert: fertig, zahlungsunfähig, bankrott, überschuldet

ruinös: schädlich, vernichtend, schadhaft

rülpsen: aufstoßen, Bäuerchen machen

Rummelplatz: Festplatz, Festwiese

rumpeln: donnern, aufziehen

Run: Andrang, Ansturm

rund: 1. aufgerundet, abgerundet 2. kugelrund, ringartig, ringförmig 3. umfangreich, wohlgenährt, rundlich, vollschlank, üppig, pummelig, pausbäckig, mollig, beleibt, kräftig, füllig, dick, fett, breit, fettleibig 4. ungefähr, etwa

Rundblick: Panorama, Rundsicht

Rundfrage: Meinungsumfrage, Research, Erhebung

Rundfunkprogramm: Sendeprogramm, Sendefolge, Hörfolge, Radioprogramm

Rundfunksender: Sender, Radiostation, Rundfunkanstalt, Radiosender, Rundfunkstation

Rundschreiben: Bekanntmachung, Umlauf, Verordnung

runzelig: schrumpelig, zerschründet, verrunzelt, verhutzelt, faltig, runzlig, welk, hutzelig

runzeln: furchen, zusammenziehen

rüpelhaft: unverschämt, ungezogen, unverfroren, unartig, flegelhaft, ungesittet, schamlos, unmanierlich, frech

rußen: schwelen, rauchen, qualmen

rüsten: aufrüsten, bewaffnen, mobilisieren

rüstig: 1. sportlich, jung 2. kräftig, fit, beweglich, leistungsfähig

rustikal: 1. ländlich, bäuerlich, dörflich 2. deftig, herzhaft

rutschig: glatt, glitschig, spiegelglatt

S

sabbern: speicheln, geifern

Sache: 1. Sachverhalt, Angelegenheit 2. Gegenstand, Ding 3. Verfahren, Streitfall, Rechtsangelegenheit

sachgemäß: sachkundig, zutreffend, sachgerecht, angemessen, richtig, meisterhaft, gekonnt

Sachkenner: Sachverständiger, Ass, Experte, Professioneller, Sachkundiger, Fachkraft, Könner, Fachmann, Meister

sachkundig: wissend, gelernt, bewandert, erfahren, ausgebildet, sachverständig

Sachlage: Tatbestand, Umstand, Sache, Sachverhalt

sachlich: vorurteilslos, verstandesbetont, unbefangen, unvoreingenommen, leidenschaftslos, nüchtern, real, vorurteilsfrei, klar

sächlich: neutral

sachte: 1. unmerklich, leise, still, lau, leicht 2. schonend, vorsichtig, behutsam, fürsorglich, sorgsam, rücksichtsvoll, sacht, sanft

Sachverhalt: Tatbestand, Umstand, Sachlage, Sache

sachverständig: wissend, sachkundig, ausgebildet, geschult, bewandert, erfahren

Sack: Beutel, Tasche, Säckel

sadistisch: brutal, grausam, gefühllos, gewalttätig, kaltblütig

säen: 1. pflanzen, ausstreuen, anbauen, bestellen 2. verursachen, bewirken, herbeiführen, schaffen, auslösen, anrichten

saftig: 1. zu hoch, überhöht 2. zweideutig, schlecht, unziemlich, pikant, zotig, verdorben, unsolide, anstößig, verworfen, unanständig, ungehörig, unsittlich 3. dickfleischig, saftvoll, voller Saft

saftlos: unbedeutend, verbraucht, stumpfsinnig, schal, stupide, mechanisch, phrasenhaft, dumpf, oberflächlich, leer, geisttötend, abgegriffen, einfallslos, gehaltlos, abgeschmackt, billig, trocken, ohne Saft

sagen: 1. widerlegen, entgegnen, widersprechen, vorbringen, einwenden, dagegenreden, entkräften, dazwischenrufen, einwerfen, dazwischenwerfen 2. offenbaren, zugeben, aussagen, bekennen 3. verkörpern, zählen, bedeuten, vorstellen 4. meinen, mitteilen, behaupten, äußern, finden

sagenhaft: 1. legendär, mythisch 2. traumhaft, wunderbar, zauberhaft, fantastisch, fabelhaft

Saison: 1. Hauptreisezeit, Reisezeit 2. Theatersaison, Spielsaison

Sakko: Jacke, Jackett

Sakrileg: Religionsvergehen, Gotteslästerung, Kirchenraub

säkular: weltlich, diesseitig, irdisch

Salär: Einkommen, Gehalt, Verdienst

Salbe: Balsam, Creme, Paste

salben: 1. segnen, heiligen, weihen 2. einfetten, einreiben, eincremen, balsamieren

salbungsvoll: 1. schmalzig, übertrieben 2. priesterhaft, pastoral

Salon: Wohnstube, Wohnzimmer

salonfähig: 1. schicklich, passend 2. wohlerzogen, zuverlässig, anständig, schicklich, manierlich, gesellschaftsfähig, höflich

salopp: leger, zwanglos, ungeniert, ungezwungen, offen, frei, unbefangen, natürlich, familiär, formlos, lässig, unverkrampft

Salut: Ehrenbezeigung, Gruß

Salzbrühe: Salzlösung, Salzlake

salzen: verfeinern, würzen, abschmecken, abstimmen

salzlos: flau, ungesalzen, schal

Samen: Saatgut, Samenkorn

Sammelbecken: Sammelplatz, Auffangbecken, Sammelstelle

Sammelmappe: Schnellhefter, Ordner, Hefter

sammeln: 1. einsammeln, eintreiben 2. bündeln, zusammenfassen 3. fangen, auffangen, einfangen 4. mitkriegen, mitbekommen, auffangen 5. zusammenschließen, verbinden, einen, vereinen 6. zusammenscharren, aufheben, lagern, aufbewahren, zusammentragen 7. zusammenfassen, zusammenziehen 8. erheben, einziehen, einsammeln, einheimsen, kassieren, einstecken, einnehmen 9. versammeln, vereinigen **s. sammeln:** 1. s. zusammenschließen, s. zusammentun, s. organisieren, s. vereinigen, s. verbinden 2. s. versenken, s. vertiefen, s. fassen, s. hineindenken, s. hineinversenken, s. treffen, s. konzentrieren

Sammelort: Treffpunkt, Sammelplatz, Sammelstelle

Sammelsurium: Mischung, Unordnung, Verwirrung, Krimskrams, Wirrsal, Mischmasch, Wust, Kunterbunt, Knäuel, Gewirr, Allerlei

Sammlung: 1. Erfassung, Zählung, Aufnahme 2. Dokumentation, Zusammenstellung 3. Aufmerksamkeit, Konzentration 4. Augenmerk, Achtsamkeit, Anspannung 5. Kollekte, Geldsammlung 6. Auswahl, Almanach, Zusammenstellung, Album, Auslese 7. Vorrat, Vielzahl, Reihe, Menge, Anhäufung, Fülle

samt: plus, zusätzlich, und, eingeschlossen, mitsamt, einschließlich

samtartig: seidig, samtig, flauschig, zart, samtweich

samtig: 1. kuschelweich, flauschig 2. dunkel klingend, mit leichtem Timbre

sämtlich: 1. lückenlos, ganz, vollends, absolut 2. vollzählig, alle, geschlossen, total, allesamt, jedermann

Sanatorium: Heilstätte, Genesungsheim, Heim

Sandpapier: Schleifpapier, Schmiergelpapier

sanft: 1. zart, weich, sachte, behutsam 2. gedämpft, schwach 3. weich, leise, flüsternd 4. wohlwollend, weichherzig, menschlich, sanftmütig, lieb, warmherzig, gut, gütig, barmherzig, freundlich 5. wohltuend, mild 6. lau, mild

sänftigen: vermitteln, versöhnen, begütigen, einschläfern, beruhigen, besänftigen

Sanftmut: Zuwendung, Liebenswürdigkeit, Hilfsbereitschaft, Zuneigung, Warmherzigkeit, Anteilnahme, Freundlichkeit, Güte, Selbstlosigkeit

sanftmütig: 1. wohlwollend, zuvorkommend, wohlgesinnt, warmherzig, menschlich, gütig, sympathisch, lieb, barmherzig, gnädig, herzlich, herzensgut 2. zahm, lammfromm

Sänger: Bänkelsänger, Gesangskünstler, Chorsänger, Straßensänger

Sängervereinigung: Sängerschaft, Singgruppe, Chor

sanguinisch: lebendig, temperamentvoll, impulsiv

sanieren: 1. wiederherrichten, wiederherstellen, ausbessern, reparieren 2. wiederherstellen, kurieren, helfen, retten, stärken, durchkriegen, durchbringen, abheilen

Sanitäter: 1. Sanitätssoldat, Krankenpfleger 2. Sani, Rettungssanitäter

Sarg: 1. Totenschrein, Sarkophag 2. Urne, Aschenkrug

Sarkophag: Sarg, Totenschrein, Schrein

Satan: 1. Antichrist, Widersacher, Teufel, Höllenfürst, Luzifer, Mephisto 2. Ungeheuer, Scheusal, Bestie, Unmensch, Gewaltmensch, Unhold

satanisch: verloren, verteufelt, diabolisch, verdammt, bösartig, schändlich, niederträchtig, dämonisch, gottlos

Satire: Karikatur, Spott

satirisch: spitz, beißend, bissig, sarkastisch, scharfzüngig, ironisch, scharf

Satisfaktion: Befriedigung, Genugtuung, Abgeltung

satt: 1. voll, zufrieden, übersatt, gesättigt, gemästet 2. lebhaft, kräftig, leuchtend

Sattel: Pass, Bergsattel, Joch

sattelfest: unterrichtet, versiert, bewandert, gewandt, klug, gebildet, belesen, beschlagen, informiert

Sattheit: Völle, Übersättigung, Fülle, Sättigung, Überfluss

saturiert: satt, verwöhnt, gleichgültig, träge, übersatt

Satz: 1. Bodensatz, Rest 2. These, Gedankengebäude, Lehrsatz, Lehre, Lehrmeinung, Behauptung 3. Zitat, Ausspruch, Gedankenblitz, Kernspruch, Losung, Sprichwort, Bemerkung, Lebensregel, Denkspruch 4. Sprung, Flucht, Hüpfer

Satzung: Verordnung, Weisung, Ordnung, Regel, Vorschrift, Bestimmungen, Verfassung, Konstitution

Satzzeichen: Interpunktionszeichen, Interpunktion, Zeichen

sauber machen: reinigen, rein machen, putzen

sauber: 1. böse, auffällig, unangenehm 2. aufgeräumt, tadellos, einwandfrei 3. sportlich, gerecht, redlich, rechtschaffen, zuverlässig, ehrenhaft, gebührlich, anständig, aufrecht, fair 4. ordentlich, sorgfältig, genau, gewissenhaft 5. unbeschmutzt, unbenutzt, schmutzfrei, makellos, rein, ordentlich, gereinigt, reinlich, adrett, klar, gepflegt, blank, fleckenlos, gesäubert

Sauberkeit: 1. Keuschheit, Reinheit 2. Fleckenlosigkeit, Makellosigkeit, Ordnung, Unbeschmutztheit, Reinheit

säubern: 1. Staub saugen, rein machen, sauber machen, abreiben, aufwaschen, aufräumen, abstauben, abwischen 2. töten, beseitigen **s. säubern:** reinigen, abseifen, waschen, abwaschen, duschen

sauer: 1. unreif, essigsauer, scharf, herb, durchsäuert 2. vergoren, gegoren 3. ärgerlich, verdrossen

Sauertopf: Isegrim, Griesgram, Brummbär

Saufbold: Saufbruder, Trinker, Trinkbruder, Trunkenbold

saufen: zechen, hinunterkippen, hinuntergießen

Säufer: Zecher, Trinker, Alkoholiker, Trunkenbold

Saufgelage: Zechgelage, Bacchanal, Gelage, Trinkgelage

saugen: 1. säugen, nähren 2. einsaugen, ziehen 3. lutschen, lecken

Sauger: Schnuller, Lutscher

Säugling: Baby, Neugeborenes, Wickelkind

Säule: Pfeiler, Stütze, Eckpfeiler

Saum: Einfassung, Bund, Rand

säumen: 1. zögern, zagen 2. einfassen, einsäumen

säumig: nachlässig, langsam, unpünktlich

Saumpfad: Pfad, Steig

saumselig: träge, langsam, schleppend, gemütlich, gemessen

Sauna: Schwitzbad, Dampfbad, Saunabad

säuseln: 1. rascheln, fächeln 2. schönreden, süßreden 3. flüstern, tuscheln

sausen: spurten, sprinten, stürmen, vorbeizischen, rennen, eilen, hasten, laufen, rasen, s. beeilen

scannen: einscannen, mit dem Scanner erfassen

schaben: 1. kratzen, schuppen 2. rasieren, barbieren 3. wetzen, reiben, rubbeln

Schabernack: 1. Schelmenstück, Streich, Jungenstreich, Lausbüberei, Dummheit, Bubenstreich 2. Ulk, Possen

schäbig: 1. schmutzig, schnöde, ekelhaft, schändlich, niedrig, hinterlistig 2. zerlesen, ausgedient, zerrissen, abgenutzt, verschlissen, abgetragen, abgefahren, abgelaufen 3. geizig, raffgierig, kleinlich, habsüchtig 4. spärlich, unergiebig, lumpig, geringwertig, schmal

Schäbigkeit: 1. Knickerei, Habgier, Geldgier, Knauserei, Sparsamkeit, Besitzgier 2. Übelwollen, Schufterei, Unverschämtheit, Niedertracht, Schlechtigkeit, Garstigkeit, Gehässigkeit, Hinterlist, Bosheit, Gemeinheit, Abscheulichkeit

Schablone: Zeichnung, Schema, Musterstück, Modell, Vorlage, Vorbild, Muster

schablonenhaft: schematisch, gleichförmig

schachbrettartig: gewürfelt, gekästelt, kariert

Schachtel: 1. Frau, Weib 2. Karton, Pappschachtel, Dose

schaden: verderben, übel wollen, schädigen, beeinträchtigen, Nachteile bringen, ruinieren, zum Schaden gereichen

Schaden: 1. Störung, Schwäche, Bruch, Schadhaftigkeit, Fehler 2. Einbuße, Ausfall, Verlustgeschäft, Nachteil, Misserfolg 3. Zerstörung, Beschädigung, Beeinträchtigung 4. Verunstaltung, Makel, Gebrechen, Entstellung, Verletzung

Schadenersatz: Wiedergutmachung, Schadensersatz, Rückzahlung, Sühne, Rückerstattung, Vergütung, Gegenwert, Anstandssumme, Entschädigung, Gegenleistung, Ersatz, Erstattung, Abstand, Ausgleich, Abfindung, Abgeltung

schadenersatzpflichtig: verantwortlich, haftbar, ersatzpflichtig

Schadenfeuer: Feuersbrunst, Feuer, Brand

Schadenfreude: Rachsucht, Bosheit, Übelwollen

schadenfroh: rachsüchtig, boshaft, rachedurstig, höhnisch, hämisch

schadhaft: lückenhaft, defekt, durchlöchert, brüchig, wurmstichig, baufällig, abgestoßen, mitgenommen, angestoßen, fehlerhaft

schädigen: verderben, beeinträchtigen, benachteiligen, übel wollen

Schädigung: Verlust, Minus, Aderlass, Schaden, Einbuße, Fehlbetrag

schädlich: 1. verderblich, nachteilig, abträglich, ungünstig, schlecht, hemmend, hinderlich 2. gesundheitsschädlich, ungesund, gefährlich, unbekömmlich

Schädling: Ungeziefer, Schmarotzer, Parasiten

Schaf: Hammel, Lamm, Widder, Bock

schaffen: 1. verspeisen, vertilgen, aufessen, verzehren, verdrücken, aufzehren 2. s. betätigen, s. beschäftigen, arbeiten, leisten 3. vollbringen, verwirklichen, erreichen, hervorbringen, ausführen 4. machen, produzieren, erschaffen, bilden 5. zurechtkommen, vollbringen, können, vollenden, verwirklichen, erreichen, beikommen, erledigen, ausführen, zwingen, bezwingen, bewältigen 6. fortbringen, abliefern, transportieren, verfrachten

Schaffensdrang: Spannkraft, Tüchtigkeit, Unternehmungsgeist, Kraft, Leistungsfähigkeit, Wille, Tatkraft, Aktivität, Entschlusskraft, Betriebsamkeit, Elastizität

Schaffensfreude: Tätigkeitsdrang, Schaffenslust, Arbeitseifer, Fleiß, Arbeitslust, Hingabe

schaffensfreudig: unverdrossen, tatkräftig, tüchtig, rastlos, unermüdlich, produktiv, pflichtbewusst, fleißig, eifrig, arbeitswillig, diensteifrig, dabei, arbeitsam, bestrebt, strebsam

Schafott: Hinrichtungsgerüst, Guillotine, Richtbühne, Blutgerüst

schal: 1. wässrig, geschmacklos, fade, abgestanden, dünn 2. reizlos, wirkungslos, unoriginell, fantasielos, nüchtern, uninteressant, alltäglich, langweilig, gleichförmig, einfach, einförmig, ermüdend

Schale: 1. Becher, Trinkschale, Tasse 2. Schote, Haut, Hülle, Pelle 3. Kruste, Borke, Rinde 4. Napf, Schüssel

schälen: abschälen, pellen **s. schälen:** verlieren, s. schuppen, s. häuten

Schalk: Spaßmacher, Possenreißer, Spaßvogel, Hofnarr, Narr, Clown, Schelm

schalkhaft: ulkig, witzig, komisch, neckisch, scherzhaft, possenhaft, spaßhaft

Schall: Ton, Echo, Lärm

schallen: klingen, tönen, erschallen, dröhnen, gellen, erklingen, hallen

schallend: vernehmbar, ohrenzerreißend, ohrenbetäubend, lauthals, laut, gellend, hörbar

Schallplatte: Langspielplatte, Single

Schaltbrett: Schalttafel, Armaturenbrett, Schaltzentrum, Konsole

schalten: mitbekommen, erfassen, verstehen, auffassen

Schalter: Auskunftsschalter, Postschalter, Fahrkartenschalter, Bankschalter

Scham: 1. Schamgefühl, Beschämung, Reue 2. Schamhaftigkeit, Schüchternheit, Befangenheit, Scheu 3. Geschlechtsteil, Vulva, Genitalien

schamhaft: 1. zurückhaltend, schüchtern 2. gesittet, anständig, sittsam

Schamhaftigkeit: Schüchternheit, Prüderie

schamlos: 1. zweideutig, zotig, unmoralisch, unziemlich, ungesittet, unzüchtig, unschicklich, anstößig, sittenlos, verrucht, pikant, unanständig, verdorben 2. vorlaut, vorwitzig, ungesittet, unverfroren, anstößig, frivol

Schamlosigkeit: 1. Zuchtlosigkeit, Unzucht, Unmoral, Unkeuschheit, Lasterhaftigkeit, Sittenlosigkeit, Schlüpfrigkeit, Anstößigkeit, Amoralität 2. Unverfrorenheit, Frechheit, Dreistigkeit, Zumutung

schandbar: verwerflich, verächtlich, schändlich, schimpflich, schmählich, gemein, niederträchtig, abscheuerregend, abscheulich, elend

Schande: Schmach, Verruf, Kränkung, Unehre, Schimpf, Erniedrigung, Demütigung, Bloßstellung, Beschämung

schänden: 1. entwürdigen, beschmutzen, entehren, beflecken 2. vergewaltigen, misshandeln

Schandfleck: Fleck, Makel

schändlich: 1. schimpflich, würdelos, verächtlich, verwerflich, verabscheuenswert, greulich, scheußlich, gemein, elend, schandbar, abscheulich, niedrig, schmählich 2. verletzend, entehrend, entwürdigend, verächtlich

Schandmal: Schandfleck, Makel

Schandmaul: Lästerzunge, Lästerer, Klatschmaul

Schandtat: Kapitalverbrechen, Vergehen, Verbrechen, Bluttat, Straftat, Übertretung, Gewaltverbrechen, Gewalttat

Schändung: 1. Zwang, Vergewaltigung 2. Entheiligung, Entweihung

Schanktisch: Tresen, Ausschank

Schankwirt: Wirt, Schenkwirt, Kneipenwirt, Gastwirt

Schanze: 1. Sprungschanze, Backen 2. Verschanzung, Wehr, Zitadelle, Mauer, Bastei, Bollwerk, Kastell, Befestigungswerk, Befestigungsanlage, Festung

Schar: 1. Verband, Abteilung, Einheit, Truppe 2. Pulk, Rudel, Herde, Horde, Haufen 3. Kreis, Gemeinschaft, Runde, Gruppe 4. Vielzahl, Masse

scharen: zusammenrufen, herbeirufen

s. scharen: zusammentreten, zusammenströmen, s. sammeln, s. zusammenfinden, versammeln

scharenweise: viel, haufenweise, schwarmweise, hordenweise

scharf: 1. gefährlich, eng 2. überhöht, hoch 3. grell, durchdringend 4. stechend, durchdringend 5. wach, scharfsinnig, geweckt, klug 6. stur, engstirnig, engherzig 7. salzig, beißend, brennend, gepfeffert 8. zerstörend, ätzend 9. aggressiv, bissig 10. streng, strikt, unerbittlich, bissig, gnadenlos, rigoros, rücksichtslos 11. wild, ungestüm, hitzig, gewaltig, kraftvoll 12. spitz, eckig, scharfkantig, geschärft 13. merklich, augenfällig, genau, sichtbar, deutlich 14. spürbar, merklich, gewichtig, fühlbar, einschneidend, nachhaltig 15. rau, grimmig, harsch, kalt, stark

Scharfblick: Auffassungsgabe, Geistesgegenwart, Intelligenz, Scharfsicht

Schärfe: 1. Härte, Gewalt, Hitzigkeit 2. Deutlichkeit, Genauigkeit 3. Schonungslosigkeit, Ungerührtheit, Härte, Unnachsichtigkeit, Strenge, Striktheit, Gnadenlosigkeit, Hartherzigkeit

schärfen: 1. vervollkommnen, verfeinern, ausbilden, entfalten, ausgestalten 2. zufeilen, spitzen, wetzen, schleifen, abziehen, abstreichen

scharfkantig: scharf, spitz, kantig, eckig

scharfmachen: 1. aufputschen, aufhetzen, anstacheln, aufheizen, anführen 2. betören, erregen, aufreizen, anmachen

Scharfmacher: Wühler, Unruhestifter, Stänker, Hetzer, Aufhetzer

Scharfrichter: Henker

Scharfsinn: Weisheit, Schlauheit, Klugheit, Gelehrtheit, Gescheitheit, Intelligenz, Fähigkeit, Befähigung

scharfsinnig: verwendbar, weitblickend, talentiert, tauglich, verständig, klug, geschickt, tüchtig, scharf blickend, schlau, vernunftbegabt, scharfsichtig, klar denkend, geweckt, gewandt, intelligent, gescheit, befähigt

Scharlatan: 1. Quacksalber, Dilettant, Nichtskönner, Kurpfuscher 2. Spitzbube, Geschäftemacher, Schwindler, Schieber, Preller, Bauernfänger, Gauner, Betrüger

Scharte: 1. Schürfung, Riss, Kratzer, Schramme 2. Schnitt, Spalt, Einkerbung, Einschnitt

Schattenbild: Schattenspiel, Silhouette, Schattenriss

Schattendasein: Schattenleben, Scheindasein

schattenhaft: 1. unbestimmt, ungenau, verschwommen, undeutlich, unscharf, dunkel, andeutungsweise, nebelhaft, unklar, schemenhaft 2. unheimlich, schrecklich, schaurig, schauderhaft, spukhaft, greulich, fürchterlich, grauenerregend, horrend, grauenhaft, grauenvoll, entsetzlich, schauerlich

schattenlos: heiß, wolkenlos, sonnig

Schattenreich: Totenreich, Hades, Geisterwelt, Hölle

Schattenseite: 1. Ungunst, Nachteil, Schaden, Kehrseite 2. Dunkel, Nachtseite

schattieren: abschattieren, abstufen, abtönen

Schattierung: Abtönung, Abstufung, Abschattierung

schattig: 1. lichtarm, schummerig, dunkel, dämmerig 2. umschattet, beschattet, sonnenlos, kühl

Schatulle: Etui, Kästchen, Kassette, Kasten

Schatz: 1. Liebste, Geliebte, Liebling, Auserwählte, Freundin, Herzallerliebste 2. Freund, Herzensfreund, Liebling 3. Glanzstück, Prunkstück, Prachtexemplar, Schaustück 4. Kostbarkeit, Wertsache, Wertstück, Juwel, Wertgegenstand, Schmuck

schätzen: 1. hochrechnen, überschlagen, veranschlagen, ansetzen, abschätzen 2. wähnen, glauben, mutmaßen, annehmen 3. verehren, hoch halten, anerkennen, achten, wertschätzen

schätzenswert: vergöttert, verdient, verehrt, geehrt, umschwärmt, beliebt, anerkannt, geliebt, angebetet, geachtet, bekannt, angesehen, geschätzt, bewundert

Schätzung: 1. Taxierung, Veranschlagung 2. Wertschätzung, Verehrung, Ehrerweisung, Ehrfurcht, Hochschätzung, Achtung, Bewunderung, Anerkennung

schätzungsweise: fast, zirka, rund, beinahe, gegen, annähernd, überschlägig, einigermaßen, beiläufig

Schau: 1. Ausstellung, Musterausstellung, Verkaufsmesse 2. Blickpunkt, Warte, Standpunkt, Sicht 3. Vorstellung, Schaustellung, Darbietung, Vorführung, Aufführung, Darstellung

Schauder: 1. Schauer, Frösteln 2. Widerwille, Hass, Schauer, Antipathie, Ungeneigtheit, Feindschaft, Ekel

schauderhaft: 1. überaus, sehr 2. verabscheuenswert, schrecklich, furchtbar, abscheulich, entsetzlich, gräßlich, schlimm, fürchterlich

schaudern: 1. s. schütteln, s. entsetzen 2. erschauern, schauern 3. zittern, frieren, frösteln 4. zittern, zusammenfahren, beben, s. scheuen, s. fürchten, zurückscheuen, s. gruseln, ängstigen, erbeben, erschrecken

schauen: wahrnehmen, unterscheiden, gewahren, sichten, sehen, blicken, bemerken, finden, beobachten, ausmachen, spähen, erkennen, entdecken

Schauer: 1. Frösteln, Schauder 2. Widerwille, Grauen, Ekel, Ungeneigtheit, Hass, Voreingenommenheit, Abgeneigtheit, Abscheu, Aversion, Feindschaft 3. Wolkenbruch, Regenschauer, Guss, Unwetter, Platzregen, Regenguss, Regen

Schauergeschichte: Spukgeschichte, Gespenstergeschichte, Gruselgeschichte

schauerlich: unheimlich, schaurig, schauervoll, grauenerregend, schaudererregend, entsetzlich, fürchterlich, gruselig, grausig, ängstigend, grauenvoll, gespenstig, entsetzenerregend, katastrophal

schauern: 1. regnen, prasseln 2. frieren, zittern 3. schaudern, erschauern

Schauerroman: Spukgeschichte, Schauergeschichte

Schaufel: Spaten, Schippe

schaufeln: schürfen, schippen, aushöhlen, scharren, ausheben

Schaufenster: Auslage, Vitrine, Schaukasten

schaukeln: 1. wippen, kippeln 2. zurechtkommen, vollbringen, zwingen, schaffen, beikommen, erreichen, ausführen, erledigen 3. schlingern, stampfen, dümpeln, wiegen, rollen

Schaulustige: Zuschauer, Zaungäste, Besucher, Schlachtenbummler, Anwesende, Beobachter, Publikum, Neugierige, Gaffer

Schaum: Gischt, Schaumkrone 2. Speichel, Geifer

schäumen: 1. zischen, brodeln, brausen, sprudeln 2. sprudeln, perlen, prickeln 3. schimpfen, wüten, toben, schreien, s. aufregen

Schaumschläger: Blender, Angeber, Effekthascher

Schaumschlägerei: Aufschneiderei, Prahlerei, Effekthascherei, Angeberei, Wichtigtuerei, Großsprecherei

Schaumwein: Sekt, Perlwein, Prosecco, Champagner

Schauplatz: Stelle, Stätte, Lokalität, Szenarium, Örtlichkeit

schaurig: unheimlich, schauderlich, grauenerregend, schaudervoll, schaudererregend, schrecklich, entsetzenerregend, fürchterlich, gruselig, grauenvoll, grausig, entsetzlich, furchtbar, beängstigend

Schauspiel: 1. Zwischenfall, Vorfall, Wirbel, Episode, Geschichte, Vorgang, Ereignis, Einmaligkeit, Phänomen, Eklat, Geschehnis, Begebenheit 2. Theaterstück, Drama

Schauspieler: Akteur, Bühnenkünstler, Mime

Schauspielerei: Theater, Komödie, Heuchelei, Verstellung

schauspielern: vortäuschen, heucheln, verbergen, täuschen, s. verstellen

Schauspielhaus: Theater, Kammerspiele, Festspielhaus

Schaustellung: Vorführung, Vorstellung, Spiel, Darstellung, Darbietung, Aufführung

Schaustück: 1. Schatz, Glanzstück, Prachtexemplar, Prachtstück 2. Muster, Messemuster, Ausstellungsstück, Ausstellungsgegenstand

scheckig: mehrfarbig, gefleckt

scheel: neidisch, eifersüchtig, missgünstig, neiderfüllt

Scheibe: 1. Schallplatte, LP, Single, Platte, CD 2. Zielscheibe, Schießscheibe 3. Schnitte, Brotscheibe

Scheich: 1. Stammeshäuptling, Nomadenhäuptling 2. Hauptprediger 3. Herzensfreund, Liebling, Geliebter, Freund

scheiden: 1. s. empfehlen, s. verabschieden, s. beurlauben 2. verscheiden, sterben 3. unterscheiden, differenzieren, abheben 4. trennen, separieren, absondern

Scheiden: Trennung, Weggang

Scheidewand: Wandschirm, Paravent, Trennwand

Scheidung: Ehescheidung, Trennung

Schein: 1. Banknote, Geldschein 2. Licht, Schimmer, Strahlenkegel, Glanz 3. Anschein, Eindruck 4. Vision, Trugbild, Sinnestäuschung, Täuschung, Bilder, Fantasiebild, Erscheinung

scheinbar: 1. trügerisch, täuschend, falsch 2. eingebildet, gedacht 3. wirklich, anscheinend

scheinen: 1. schimmern, strahlen, glitzern, leuchten, blitzen, blinken, glänzen, funkeln 2. vorkommen, erscheinen, anmuten

scheinheilig: unredlich, unwahrhaftig, unehrlich, vielzüngig, scheinfromm, pharisäisch, unlauter, falsch, lügnerisch, unaufrichtig, frömmelnd, heuchlerisch, hinterhältig, lügenhaft

Scheinheiliger: Schöntuer, Lügner, Pharisäer, Schönredner, Heuchler, Duckmäuser, Schmeichler

Scheinheiligkeit: Vortäuschung, Verstellung, Falschheit, Doppelzüngigkeit, Unaufrichtigkeit, Pharisäertum

Scheinname: Pseudonym, Deckname, Künstlername

Scheinwerfer: Flutlicht, Lichtorgel, Laserkanone

Scheitel: Kreuzungspunkt, Kreuzung, Schnittpunkt, Knotenpunkt

scheitern: zusammenbrechen, s. zerschlagen, missraten, fehlschlagen, misslingen

Schelch: Schaluppe, Barke, Nachen, Kahn

Schelle: 1. Glocke, Klingel 2. Ohrfeige, Watsche, Backpfeife

schellen: läuten, klingeln

Schelm: 1. Spaßmacher, Possenmacher, Clown, Bajazzo, Possenreißer, Harlekin 2. Spaßvogel, Witzbold 3. Lausekerl, Schlingel, Bengel, Lausejunge, Frechdachs

Schelte: Zurechtweisung, Warnung, Kritik, Strafpredigt, Vorhaltung, Schimpfe, Tadel, Missbilligung, Lehre, Denkzettel, Rüge, Ermahnung, Maßregelung

schelten: tadeln, schimpfen, rügen, anherrschen, ausschimpfen, attackieren, beschimpfen, anschreien, anbrüllen

Schema: Schablone, Musterzeichnung, Vorbild, Zeichnung, Vorlage, Muster, Modell

schematisch: 1. übersichtlich, einprägsam, plastisch, verständlich, bildlich, vereinfacht 2. s. wiederholend, unveränderlich, regelmäßig, gewohnheitsmäßig, gleichförmig, schemenhaft, erstarrt, eingefahren, gängig, automatisch, feststehend

schematisieren: vergröbern, verwässern, verflachen, verharmlosen, schablonisieren

Schematismus: Vereinfachung, Vergröberung

Schemel: Hocker, Drehbein

schemenhaft: 1. unheimlich, gespenstisch 2. verschwommen, unscharf, nebelhaft, ungenau, schattenhaft

Schenke: Wirtshaus, Gasthaus, Lokal, Kneipe, Gasthof

schenken: verteilen, herschenken, verehren, spendieren, wegschenken, stiften, bescheren, übertragen, überlassen, fortgeben, hergeben, spenden, abtreten, darbringen

Schenkung: Zueignung, Zuwendung, Spende, Gabe, Geschenk, Stiftung

Schenkwirt: Wirt, Gastwirt, Kneipenwirt

scheppern: rasseln, klirren, klappern

Scherbe: Splitter, Scherben

scheren: wegschneiden, abscheren, kupieren, trimmen, kürzen, stutzen

s. scheren: kürzen, stutzen, s. rasieren

Schererei: Unannehmlichkeit, Krach, Verdruss, Ungemach, Ärger

Scherflein: Spende, Beitrag, Almosen

Scherz: Posse, Streich, Ulk, Spaß, Schabernack, Ausgelassenheit, Humor, Albernheit, Clownerie

scherzen: ulken, spaßen, necken, narren, albern

scherzhaft: spaßig, neckend, witzig, humorvoll, lustig

Scherzname: Spitzname, Spottname, Beiname

scheu: zaghaft, verschämt, unsicher, schamhaft, schüchtern, gehemmt, befangen

Scheu: 1. Widerwille, Abneigung, Ekel, Abscheu, Unlust, Überdruss, Lustlosigkeit 2. Unsicherheit, Schüchternheit, Verklemmtheit, Befangenheit, Verlegenheit, Gehemmtheit, Hemmung 3. Furcht, Unterwürfigkeit, Demut

scheuchen: wegtreiben, verjagen, verscheuchen, wegjagen, vergrämen, wegscheuchen, entfernen, fortscheuchen, forttreiben, entlassen, austreiben

scheuen: ausbrechen, durchgehen

s. scheuen: umgehen, s. fürchten, s. fern halten, s. entziehen

Scheuer: Stadel, Schober, Feldscheune

Scheuerfrau: Reinigungskraft, Putzfrau, Hausangestellte, Raumpflegerin

Scheuerlappen: Scheuertuch, Aufwischlappen, Feudel, Aufwischtuch

scheuern: 1. säubern, sauber machen, reinigen, aufwischen, putzen, rein machen 2. schrubben, ausreiben, wischen, feudeln

Scheuertuch: Feudel, Scheuerlappen, Aufwischtuch, Aufwischlappen

Scheune: Stadel, Feldscheune, Schober

Scheusal: 1. Schurke, Ekel, Barbar 2. Unhold, Vandale, Unmensch, Übeltäter, Schurke, Bestie, Gewaltmensch 3. Ungetüm

scheußlich: 1. schauerlich, widerlich, erschreckend, missgestaltet, abstoßend 2. feuchtkalt, nasskalt 3. verächtlich, schmählich, verabscheuenswert, widerlich, würdelos, verwerflich, schimpflich, schandbar, schändlich, elend, niederträchtig, grässlich, böse, nichtswürdig, gemein, abscheulich 4. sehr, überaus

Scheußlichkeit: Verbrechen, Grausamkeit, Gräueltat

Schicht: 1. Gesellschaftsschicht, Klasse, Kaste 2. Dienstzeit, Arbeitszeit 3. Haut, Decke 4. Überzug, Schutzschicht, Belag

schichten: stapeln, türmen, aufhäufeln

schick: vornehm, schön, geschmackvoll, stilvoll, apart, elegant, schmuck, modisch

Schick: 1. Vornehmheit, Stil, Eleganz 2. Zartgefühl, Tugendhaftigkeit, Anstand, Taktgefühl, Lauterkeit, Sittlichkeit, Benehmen, Feingefühl, Höflichkeit 3. Wendigkeit, Routiniertheit, Geschicktheit, Geschicklichkeit, Diplomatie

schicken: 1. weisen, entsenden, beauftragen, senden, bescheiden, berufen 2. zusenden, versenden, zuschicken, senden, übermitteln, überweisen, übersenden, einwerfen **s. schicken:** 1. s. ziemen, s. gehören, anstehen 2. s. hetzen, s. beeilen

schicklich: passend, korrekt, gesittet, gebührend, angemessen, entsprechend, angezeigt, geeignet, anständig

Schicklichkeit: Taktgefühl, Takt, Zartgefühl, Unbescholtenheit, Benehmen, Sittlichkeit, Anstand, Feingefühl, Lauterkeit

Schicksal: Schicksalsfügung, Zufall, Los, Geschick, Vorsehung, Fügung, Bestimmung, Schickung

schicksalhaft: vorbestimmt, unausbleiblich, schicksalsschwer, unvermeidlich, schicksalmäßig

Schicksalsfrage: Problematik, Problem, Angelegenheit, Frage

Schicksalsfügung: Verhängnis, Vorsehung, Los, Zufall, Geschick, Fügung, Bestimmung, Schicksal

Schicksalsgenosse: Leidensgenosse, Leidensgefährte, Schicksalsgefährte

Schicksalsschlag: Verhängnis, Unglücksfall, Verderben, Unglück, Trauerspiel, Plage, Prüfung, Tragödie, Notlage, Unheil, Katastrophe, Bürde, Last, Heimsuchung

schicksalsschwer: schicksalhaft, unvermeidlich, unabweislich, unausbleiblich

Schickung: Vorsehung, Bestimmung, Verhängnis, Geschick, Schicksal, Schicksalsfügung

schieben: 1. hehlen, schmuggeln 2. stoßen, rollen, abrücken, drücken

Schieber: 1. Spekulant, Geschäftemacher 2. Scharlatan, Spitzbube, Bauernfänger, Schwindler, Geschäftemacher, Preller, Betrüger

Schiebung: 1. Manipulationen, Machenschaften 2. Machenschaft, Unterschlagung, Hintergehung, Täuschung, Betrügerei, Schwindel, Gaunerei, Bauernfängerei, Nepp, Irreführung, Betrug

Schiedsrichter: Ringrichter, Unparteiischer, Zeitnehmer, Preisrichter, Kampfrichter

schief gehen: misslingen, s. zerschlagen, straucheln, schief laufen, missraten, fehlschlagen

schief laufen: schief gehen, straucheln, missraten, fehlschlagen, misslingen, s. zerschlagen, verunglücken, in die Hose gehen, platzen

schief: 1. formlos, ungestalt, unförmig, gestaltlos, ungeformt 2. s. senkend, windschief, krumm, abschüssig, abfallend 3. widersinnig, unlogisch, unrecht, verfehlt, unrichtig, falsch, regelwidrig, unhaltbar, widerspruchsvoll, grundverkehrt, irrig, grundfalsch 4. unzutreffend, verkehrt, unhaltbar, widersprüchlich, unlogisch, fehlerhaft, falsch 5. vorurteilsvoll, verdreht, einseitig, verzerrt, frisiert, unsachlich, subjektiv

Schiefe: Schräge, Schräglage

Schienen: Schienenstrang, Eisenbahnschienen, Gleis, Eisenbahngleis

schier: nahezu, bald, beinahe

Schießeisen: Revolver, Knarre, Pistole, Büchse, Schießgewehr, Gewehr, Handfeuerwaffe, Schusswaffe, Flinte

schießen: 1. treffen, erschießen, abschießen, jagen 2. werfen, schnellen, hochwerfen, schleudern 3. feuern, knallen, böllern

Schießerei: Gefecht, Schlacht

Schiff: Frachter, Kahn, Dampfer

Schiffbruch: Katastrophe, GAU, Fiasko, Misserfolg, Niederlage, Einbruch, Desaster

Schifffahrt: Schiffsverkehr, Wasserverkehr

Schifffahrtsstraße: Schifffahrtsweg, Kanal, Wasserstraße, Wasserweg

Schiffsbesatzung: Mannschaft, Schiffsmannschaft, Crew

Schikane: Unverschämtheit, Rachsucht, Übelwollen, Tücke, Gemeinheit, Schadenfreude, Niedertracht, Garstigkeit, Bosheit, Heimtücke, Gehässigkeit, Hinterlist, Schurkerei

Schild: Hinweisschild, Tafel, Aufkleber, Etikett

schildern: 1. vorbringen, aussagen, mitteilen, auspacken 2. zutragen, weitererzählen, kundtun, verkünden, vermelden, sagen, ausdrücken, beschreiben, mitteilen, äußern, kundmachen 3. ausführen, vortragen, ausmalen, wiedergeben, veranschaulichen

Schilderung: 1. Veröffentlichung, Verkündigung, Referat, Nachricht, Reportage, Berichterstattung, Reisebericht, Neuigkeit, Ausführung, Dokumentation, Mitteilung, Erzählung, Darstellung, Darbietung, Dokumentarbericht, Bekanntmachung, Abhandlung, Lagebericht, Bekanntgabe, Bericht 2. Mitteilung, Darstellung, Äußerung, Darlegung

Schildwache: Wachmannschaft, Wachposten, Leibgarde, Bewachung, Wachdienst, Garde

Schilf: 1. Gras, Teichrohr, Rohr, Ried 2. Röhricht, Schilfdickicht

schillernd: unbeständig, wechselnd, wechselhaft, schwankend, unausgeglichen, launisch, flatterhaft, flatterig, launenhaft, wandelbar

Schimmel: Moder, Schwamm

schimmelig: sporig, moderig, verschimmelt, ungenießbar

schimmeln: verschimmeln, vermodern, faulen

Schimmer: 1. Wahrscheinlichkeit, Schein, Anschein, Augenschein 2. Schein, Glanz, Licht

schimmern: strahlen, funkeln, glänzen, leuchten, glimmern, blitzen, spiegeln, blinken, glitzern

Schimpf: Entehrung, Bloßstellung, Schande

schimpfen: tadeln, zanken, auszanken, anbrüllen, schelten, zurechtweisen, ausschimpfen, angreifen

Schimpfen: Geschimpfe, Schimpferei, Gekeife

schimpflich: würdelos, schmählich, widerlich, verächtlich, schauderhaft, gemein, niederträchtig, verabscheuenswert, schandbar, elend, greulich

schinden: 1. drillen, schleifen 2. enthäuten, abstreifen, abhäuten, abziehen 3. tyrannisieren, foltern, terrorisieren, quälen, drangsalieren **s. schinden:** s. abplacken, s. abquälen, s. mühen, s. abplagen, s. abarbeiten, s. quälen, s. plagen

Schinder: 1. Peiniger, Unterdrücker 2. Schandmähre, Mähre, Gaul, Klepper

Schinderei: 1. Rackerei, Plackerei, Sklavenarbeit, Knochenarbeit, Plage, Fron 2. Tyrannei, Quälerei, Folter, Drangsalierung, Körperverletzung

Schinken: Buch, Schmöker, Schwarte

schippen: schürfen, schaufeln, aushöhlen, ausheben, scharren, graben

Schirm: 1. Wandschirm, Paravent 2. Krempe, Hutrand

schirmen: 1. behüten, bewahren, schützen, bewachen, abschirmen 2. abwehren, verteidigen, absichern

Schirmherr: Schutzpatron, Beschützer, Schutzherr

Schirmherrschaft: 1. Protektorat, Schutzherrschaft 2. Betreuung, Schutz

Schiss: Furcht, Panik, Bammel, Angst

Schlacht: 1. Völkermord, Gemorde, Tötung, Massaker, Gemetzel, Blutbad 2. Treffen, Schießerei, Scharmützel, Kampf, Gefecht

schlachten: töten, abschlachten, metzeln

Schlachtenbummler: Teilnehmer, Zuschauer, Schaulustige, Zaungäste, Neugierige, Betrachter, Besucher, Beobachter, Publikum

Schlacke: Unrat, Abfall

Schlaf: Nachtruhe, Schlummer, Ruhe, Mittagsschlaf, Nachtschlaf

Schlafanzug: Nachtanzug, Pyjama

schlafbedürftig: übermüdet, übernächtigt, todmüde, ruhebedürftig, bettreif, schläfrig, müde, ermüdet

schlafen: einschlafen, schlummern

schlaff: 1. zerschlagen, verbraucht, schwach, schlapp, leblos, überanstrengt, müde, kaputt, matt, gleichgültig, urlaubsreif, entnervt, stumpf, erholungsbedürftig, erschöpft, abgespannt, ermattet, abgestumpft, gerädert, entkräftet, aufgerieben, abgekämpft, angegriffen, geschafft, energielos, angeschlagen 2. schlapp, locker, lasch, schlotterig

Schlaffheit: Übermüdung, Zerschlagenheit, Schwachheit, Schwunglosigkeit, Kräfteverfall, Schwäche, Mattheit, Schlappheit, Ermattung, Abspannung, Erschöpfungszustand, Ermüdung

Schlafgelegenheit: Unterkunft, Bett, Übernachtungsmöglichkeit, Schlafstelle

Schlafgemach: Kammer, Schlafzimmer, Schlafkammer

Schlafmütze: 1. Tranfunzel, Langweiler, Tränentier 2. Schlafhaube, Nachtmütze

schläfrig: schlaff, schlaftrunken, verschlafen, übernächtigt, übermüdet, müde, ruhebedürftig, ermüdet

Schläfrigkeit: 1. Erschöpfung, Bettschwere, Müdigkeit 2. Interesselosigkeit, Trägheit, Phlegma, Gleichgültigkeit, Teilnahmslosigkeit, Faulheit

schlaftrunken: verschlafen, übernächtigt, bettreif, unausgeschlafen, müde, schläfrig

schlafwandeln: herumgeistern, umherirren, nachtwandeln

Schlafwandler: Traumwandler, Somnambule, Mondsüchtiger

Schlag: 1. Wagentür, Autotür 2. Gewitter, Donner, Donnerschlag 3. Pleite, Reinfall, Enttäuschung 4. Gehirnschlag, Hirnschlag, Schlaganfall 5. Bretterverschlag, Verschlag 6. Streich, Klaps, Hieb, Stoß 7. Gattung, Typ, Art 8. Schneise, Lichtung, Waldlichtung, Rodung

Schlagader: Pulsader, Aorta, Halsschlagader, Arterie

Schlaganfall: Hirnschlag, Gehirnschlag

schlagartig: unversehens, überraschend, sprunghaft, urplötzlich, schnell, plötzlich, jäh, jählings

Schlagbaum: Schranke, Begrenzung, Grenze, Fallbaum, Abgrenzung

schlagen: 1. überrunden, überbieten, übertrumpfen, überragen, ausstechen 2. branden, s. brechen, wogen 3. pfeifen, zwitschern, singen, trillern 4. hämmern, pulsieren, pochen 5. losschlagen, zusammenschlagen, zuschlagen, züchtigen, dreschen, zuhauen, prügeln, balgen, ohrfeigen 6. klopfen, nageln 7. prägen, einschlagen 8. vernichten, überwinden, überwältigen, aufreiben, unterwerfen, besiegen 9. spielen, zupfen 10. umlegen, abschlagen, fällen, einschlagen

s. schlagen: schießen, streiten, kämpfen, aneinandergeraten

schlagend: zwingend, verständlich, offenkundig, unzweideutig, überzeugend, plausibel, klar, beweiskräftig, stichhaltig, einsichtig, einleuchtend, glaubhaft

Schlager: 1. Zugnummer, Glanznummer, Zugstück, Attraktion, Glanzstück 2. Evergreen, Gassenhauer, Hit

Schläger: Streitsüchtiger, Streithammel, Raufbruder, Rowdy, Raufbold

Schlägerei: Prügelei, Rauferei

schlagfertig: sprühend, zungenfertig, spritzig, geistesgegenwärtig

Schlagkraft: Wirkung, Durchschlagskraft, Wirksamkeit, Zugkraft

schlagkräftig: 1. kampffähig, vorbereitet 2. unwiderlegbar, stichhaltig, zwingend, überzeugend, schlüssig, treffend, plausibel, bestechend, schlagend, glaubwürdig

Schlagsahne: Schlagrahm, Rahm

Schlagwort: 1. Stichwort, Merkwort 2. Äußerung, Redensart

Schlagzeile: Überschrift, Titel, Balkenüberschrift

schlaksig: hochgewachsen, lang

Schlamassel: Ungemach, Verdruss, Ärger, Schererei, Unannehmlichkeit, Bredouille, Dilemma, Krise

Schlamm: Morast, Brei, Sumpf, Matsch, Brühe, Schlick

schlammig: verschlammt, morastig, sumpfig, dickflüssig, matschig

Schlampe: Vettel, Schmutzfink

schlampen: sudeln, stümpern, pfuschen, schludern

Schlamperei: Trödelei, Schlendrian, Misswirtschaft, Unordnung, Trott

schlampig: vernachlässigt, unsorgsam, unsorgfältig, liederlich, sorglos, unordentlich, schludrig

Schlange stehen: warten, anstehen, sich anstellen

Schlange: 1. Reptil, Kriechtier 2. Warteschlange, Menschenschlange, Autoschlange, Stau, stockender Verkehr, Stoßverkehr

Schlangenbrut: Pack, Lumpengesindel, Mob, Sippschaft, Brut, Pöbel, Abschaum, Drachenbrut, Gezücht, Gesindel

schlank: grazil, schmal, schmächtig, schlankwüchsig, rank, dünn, abgezehrt, dürr, mager

Schlankheitskur: Fastenkur, Diät, Abmagerungskur, Hungerkur

schlankweg: 1. unverhüllt, rundweg, offenherzig, offen, unverhohlen, freiweg, unumwunden, aufrichtig, rundheraus, ungeschminkt, ehrlich, unverblümt, geradeheraus, direkt 2. kurzweg, kurzerhand

schlapp: urlaubsreif, zerschlagen, überlastet, schwach, kraftlos, überanstrengt, schlaff, gerädert, müde, mitgenommen, entnervt, kaputt, groggy, ermattet, erschlagen, aufgerieben, abgewirtschaftet, angegriffen

Schlappe: Ruin, Zusammenbruch, Pech, Abfuhr, Rückschlag, Fiasko, Misserfolg, Misslingen, Katastrophe, Reinfall

Schlappen: Pantoffeln, Pantoletten, Hausschuhe

Schlappheit: Zerschlagenheit, Unwohlsein, Schwächlichkeit, Übermüdung, Schlaffheit, Schwachheit, Mattheit, Abgespanntheit, Entkräftung, Kräfteverfall, Ermattung, Erschöpfung, Erschöpfungszustand, Mattigkeit

schlappmachen: 1. erlahmen, schwächen, erschöpfen, ermatten 2. zusammenklappen, zusammenbrechen 3. unterliegen, zurückfallen, versagen, ausfallen, enttäuschen

Schlappschwanz: Zärtling, Pantoffelheld, Muttersöhnchen

schlau: pfiffig, listig, verschmitzt, raffiniert, verschlagen, gewieft, ausgekocht, gerissen, gewitzt, geschickt, findig, durchtrieben, abgefeimt, clever

Schlauberger: Schlaumeier, Schlawiner, Schlaukopf, Schlaufuchs, Schlauer

Schlauch: 1. Trinker, Schluckspecht 2. Strapaze, Zerreißprobe, Kraftaufwand, Mühseligkeit, Bemühung, Mühe, Stress, Beschwernis, Kraftakt, Beschwerde, Arbeit, Belastung, Anstrengung, Anspannung

Schläue: Geschäftstüchtigkeit, Verschmitztheit, Verschlagenheit, Raffiniertheit, Bauernschläue, Schlauheit, Findigkeit

Schlaufe: Schleife, Schlinge

Schlauheit: Taktik, Raffiniertheit, Findigkeit, Mutterwitz, Cleverness, Verschmitztheit

schlecht gelaunt: zornig, wutschnaubend, wutentbrannt, übellaunig, unwillig, unwirsch, gereizt, erbost, mürrisch, wütend, grimmig, verdrossen, empört, missmutig, erbittert, missgelaunt, aufgebracht, erzürnt, böse, entrüstet

schlecht machen: verlästern, verunglimpfen, herabwürdigen, entwürdigen, verteufeln, diskriminieren, abqualifizieren, verleumden

schlecht: 1. unrühmlich, blamabel 2. zerstörend, zerreißend, herabwürdigend 3. miserabel, fehlerhaft 4. nasskalt, kühl, feuchtkalt, stürmisch 5. unerquicklich, schlimm, miserabel 6. kurzsichtig, weitsichtig 7. Not leidend, verelendet, unvermögend, bedürftig, arm, armselig, güterlos 8. kariös, ungepflegt 9. verwest, verkommen, verdorben, alt, ungenießbar, faul 10. undeutlich, unleserlich, unsauber 11. verdammenswert, verworfen, unwürdig, niedrig, verabscheuenswert, scheußlich, ruchlos, charakterlos, ehrlos, gemein, abscheulich 12. unwohl, übel, hilfsbedürftig, schwächlich, jämmerlich, mitgenommen, elend, kläglich 13. krank, zerbrechlich, geschwächt, ausgehungert

Schlechtigkeit: Schurkerei, Charakterlosigkeit, Gemeinheit

Schlechtmacherei: Unterstellung, Verunglimpfung, Rufmord, Hetze, Herabwürdigung, Anschwärzung, Ehrverletzung

Schlechtwetter: Wettersturz, Tiefdruckgebiet, Tief

Schleckermaul: Schlecker, Naschkatze, Feinschmecker

Schlegel: Schenkel, Keule, Hinterkeule

schleichend: allmählich, unmerklich, langsam, unmerkbar

Schleicher: Schwächling, Weichling, Heuchler, Duckmäuser, Kriecher, Feigling

schleierhaft: unfassbar, vage, unverständlich, undurchschaubar, geheimnisumwittert, mehrdeutig, unerklärlich, unbegreiflich

Schleife: 1. Wende, Windung, Krümmung, Abbiegung, Biegung, Kurve 2. Zopfband, Haarschleife 3. Schlips, Halsbinde, Krawatte, Fliege, Binder 4. Schlaufe, Schlinge

schleifen: 1. trimmen, stählen, drillen 2. ausgleichen, begradigen, planieren 3. wetzen, abziehen, zufeilen, spitzen 4. glatt schleifen, glätten, abschleifen, ebnen, abfeilen, schmirgeln, hobeln 5. ziehen, schleppen, zerren 6. vervollkommnen, verfeinern, entfalten, ausbilden, verbessern, ausgestalten 7. zerstören, vernichten, abbrechen

Schleim: 1. Auswurf, Sputum 2. Plapperei, Schwätzerei, Rederei, Unsinn, Quatscherei, Geschwätz, Gequassel, Gewäsch, Banalität, Phrasendrescherei

schleimen: daherreden, schwafeln, faseln, s. anbiedern

schleimig: 1. seifig, schmierig, dickflüssig, schlüpfrig 2. schmeichlerisch, schmierig, heuchlerisch, katzenfreundlich, honigsüß, unterwürfig

schleißen: zerstückeln, zerreißen, einreißen

schlemmen: 1. verspielen, vertun, verschwenden, verschleudern, verschlemmen, verpulvern, verschwelgen, vergeuden, verjubeln, verbringen, prassen, durchbringen 2. frönen, schwelgen, genießen

Schlemmer: 1. Verschwender, Vergeuder, Prasser 2. Lebemann, Gourmet, Lukullus, Schwelger, Kulinarier, Genießer, Feinschmecker, Kenner

Schlemmerei: 1. Gelage, Schwelgerei 2. Vergeudung, Prasserei, großer Aufwand

schlendern: umherschlendern, bummeln, gondeln, zotteln

Schlendrian: Unordnung, Schlamperei, Misswirtschaft, Trödelei, Trott

schlenkern: pendeln, rudern, schwingen

schleppen: 1. transportieren, befördern 2. ziehen, lotsen **s. schleppen:** s. aufrichten, s. aufraffen

schleppend: 1. unmerklich, stufenweise, schrittweise, stückweise, allmählich 2. zögernd, saumselig, säumig, langsam, gemächlich, kriechend, geruhsam, bedächtig, sachte

Schlepper: Motorschlepper, Schleppdampfer, Schleppschiff

Schleppkahn: Lastkahn, Schlepper

schleudern: 1. hochwerfen, schnellen, schießen, werfen 2. stampfen, schaukeln, rollen, schlingern

Schleuderware: Unrat, Kram, Altwaren, Tand, Zeug, Ladenhüter

schleunig: rasant, zügig, flugs, schleunigst, eilends, geschwind, flott

Schliche: 1. Intrige, Ränke 2. Dreh, List, Kunstgriff, Trick

schlicht: 1. gelassen, anspruchslos, einfach, zurückhaltend 2. weltfremd, unbedarft, arglos, kritiklos, naiv, harmlos, treuherzig, kindhaft 3. farblos, unscheinbar 4. ungeschmückt, natürlich, schmucklos, ungekünstelt, unkompliziert, einfach, primitiv, glatt, kunstlos 5. bescheiden, genügsam, anspruchslos

schlichten: zurechtrücken, klären, bereinigen, richtig stellen, beseitigen, vermitteln, versöhnen, regeln, begraben

Schlichtheit: 1. Kritiklosigkeit, Urteilslosigkeit 2. Urwüchsigkeit, Naturzustand, Natürlichkeit, Naturnähe 3. Verständlichkeit, Klarheit, Übersichtlichkeit, Unkompliziertheit 4. Unschuld, Leichtgläubigkeit, Einfalt, Harmlosigkeit, Arglosigkeit 5. Offenheit, Einfachheit, Natürlichkeit, Geradlinigkeit

Schlichtung: Kompromiss, Vergleich, Vermittlung, Bereinigung, Beilegung, Begleichung, Beseitigung

Schlick: Schlamm, Sumpf, Brei, Morast, Brühe, Modder

schließen: 1. beschließen, beenden, aufgeben, begraben, aufhören, aussteigen 2. zuschrauben, zukorken, verstopfen, zuknöpfen, zuschnallen 3. fertigstellen, vollenden, erledigen 4. aufhören, versiegen, endigen, verebben, ausklingen, erlöschen, abreißen 5. wegschließen, sicherstellen, versperren, einschließen 6. zunageln, zuschieben, zuwerfen, zuschmettern, zuriegeln, zuklappen, vernageln, absperren, zusperren, verriegeln, zudrehen, verschließen, abriegeln, zumachen 7. zuschütten, füllen, einfügen, zugießen, zustopfen 8. anfügen, s. anschließen, angliedern, anreihen 9. vereinbaren, abmachen, abschließen, festmachen 10. ersehen, folgern, urteilen, herleiten, entwickeln, entnehmen **s. schließen:** 1. einschnappen, zugehen 2. zusammenwachsen, zusammengehen

Schließfach: 1. Bankfach, Depot, Tresor 2. Gepäckaufbewahrung

schließlich: 1. streng genommen, eigentlich, ursprünglich, ordnungsgemäß, sozusagen, rechtens, genau genommen 2. jedoch, wenigstens, freilich, jedenfalls, allerdings 3. endlich, zuletzt, letztlich

Schliff: 1. Verhalten, Betragen, Umgangsformen, Form, Sitte, Haltung, Benehmen, Etikette, Benimm, Auftreten, Aufführung, Art, Anstand 2. Unterricht, Schulung, Ausbildung, Formung

schlimm: 1. garstig, bitterböse, unausstehlich, übelwollend, übel gesinnt, boshaft, böse, übel 2. ansteckend, übertragbar, heimtückisch 3. wesentlich, schwerwiegend, tief greifend, arg, ernsthaft, gravierend, folgenreich 4. zugespitzt, gefährlich, kritisch, Unheil bringend, beunruhigend, unangenehm, bedenklich, gefahrvoll, ernst, bedrohend, beängstigend

schlimmstenfalls: nötigenfalls, erforderlichenfalls

Schlinge: 1. Schleife, Schlaufe 2. Binde, Armschlinge

Schlingel: Lausejunge, Flegel, Lausekerl, Lausebengel, Schelm, Bengel

schlingen: schlucken, hinunterschlingen, verschlingen

schlingern: stampfen, schütteln, dümpeln, rollen, schaukeln

Schlips: Fliege, Krawatte, Binder

Schlitten: 1. Straßenkreuzer, Luxuskarosse 2. Rodel, Bob

Schlittenbahn: Bobbahn, Abfahrtsstrecke, Rodelbahn

Schlitterbahn: Rutschbahn, Eisbahn

Schlittschuhlaufen: Eislauf, Eistanz, Eisschnelllauf

Schlitz: Spalte, Loch, Fuge, Ritze

Schloss: 1. Palais, Palast 2. Vorhängeschloss, Riegel, Sicherheitsschloss

Schloße: Eiskorn, Graupel, Hagelkorn, Hagelschloße

schloßen: schauern, graupeln, hageln

Schlot: Schornstein, Rauchfang, Esse, Kamin

Schlotfeger: Schornsteinfeger, Kaminkehrer

schlottern: 1. baumeln, schlenkern 2. beben, erzittern, zittern, flattern

Schlucht: Spalte, Abgrund, Tiefe, Klamm, Kluft

schluchzen: ausheulen, s. ausweinen, wimmern, heulen, jammern

Schluchzer: Stoßseufzer, Ächzer

Schluck: Zug, Mundvoll

Schluckauf: Gluckser, Hickser, Schluckser

schlucken: 1. essen, trinken, verschlucken, einnehmen 2. s. schicken, ertragen, s. ergeben, hinunterschlucken, hinnehmen, dulden, leiden, tragen, erleiden

Schluderei: 1. Misswirtschaft, Unordnung, Trott, Trödelei, Schlamperei 2. Stümperei, Sudelei, Murkserei, Hudelei, Pfuscherei, Pfuscharbeit

schludern: stümpern, pfuschen, sudeln

schludrig: unordentlich, schlampig, unkorrekt, oberflächlich, flüchtig, pflichtvergessen, liederlich

Schlummer: Dämmerzustand, Nickerchen, Schläfchen

schlummern: dösen, schlafen, ruhen

Schlund: 1. Kluft, Tiefe, Klamm, Schlucht, Abgrund 2. Rachenhöhle, Hals

schlüpfen: herausschlüpfen, herauskriechen, kommen, auskriechen

Schlüpfer: Slip, Unterhose, Höschen

Schlupfloch: 1. Eingang, Einfahrt, Mauerloch, Ausgang, Durchschlupf, Durchlass 2. Versteck, Schlupfwinkel, Zuflucht

schlüpfrig: 1. schmierig, schleimig, feucht, rutschig 2. verworfen, zotig, unsittlich, zweideutig, unzüchtig, ungehörig, verrucht, unziemlich, liederlich, sittenlos, unschicklich, unmoralisch, schlecht, lasterhaft, obszön, unanständig, anstößig, pikant 3. eisglatt, spiegelglatt

Schlüpfrigkeit: 1. Zweideutigkeit, Frivolität, Unanständigkeit, Unsittlichkeit, Unzucht 2. Glätte

Schlupfwinkel: Schlupfloch, Zuflucht, Nest

schlürfen: trotten, schlurfen, s. schleppen

Schluss: 1. Torschluss, Schlusspunkt, Endpunkt, Ende, Schlussakt, Ausklang, Beendigung 2. Folge, Ableitung, Schlussfolgerung, Konsequenz, Folgerung

Schlüssel: 1. Hausschlüssel, Autoschlüssel 2. Resultat, Lösung, Ergebnis, Ausweg, Aufklärung

Schlüsselblume: 1. Primel 2. Himmelschlüsselchen

Schlüsselfigur: Hauptperson, Hauptdarsteller, Protagonist, Mittelperson, Hauptfigur

Schlussergebnis: Schlussfolgerung, Wirkung, Gewinn, Summe, Ertrag, Endsumme, Produkt, Resultat, Endresultat, Folge, Endstand, Bilanz, Befund, Effekt

schlussfolgern: schließen, entwickeln, folgern, ersehen

Schlussfolgerung: Schlussfolge, Schluss, Herleitung, Ableitung

schlüssig: überzeugend, zwingend, beweiskräftig, folgerichtig, stichhaltig, triftig

Schlusskampf: Finale, Schlussrunde, Endkampf, Endspiel

Schlusslicht: 1. Rückstrahler, Rücklicht, Rückleuchte 2. Letzter, Schlechtester

Schlussmann: Torhüter, Tormann

Schlusspunkt: Schlussakt, Schluss, Torschluss, Ausklang, Ende, Ausgang, Endpunkt

Schlussverkauf: Ausverkauf, Räumungsverkauf

Schlusswort: 1. Nachwort, Epilog 2. Nachschrift, Postskriptum

Schmach: Unehre, Schande, Schimpf, Kränkung, Entehrung, Demütigung, Erniedrigung, Blamage

schmachten: 1. hungern, darben, fasten 2. verlangen, trachten, lechzen, gieren 3. überleben, durchstehen, vertragen, quälen, überstehen, leiden, ausstehen, erdulden, mitmachen, aushalten, tragen, bestehen, s. fügen 4. missen, vegetieren, entbehren

Schmachten: Verlangen, Sehnsucht, Drang, Wunsch, Heimweh

schmächtig: dürr, mager, hager, dünn, abgezehrt

Schmachtlocke: Locke, Haarlocke

schmachvoll: 1. schnöde, schmutzig, schmählich, schändlich, gemein, niederträchtig, schäbig 2. erniedrigend, verletzend

schmackhaft: vollmundig, würzig, fein, pikant, kräftig, köstlich, lecker, delikat, aromatisch, knusprig, appetitlich

Schmackhaftigkeit: Würze, Blume, Aroma, Bukett

schmähen: 1. zetern, schelten, schimpfen, belästigen, zurechtweisen, beschimpfen, zanken, attackieren, beleidigen 2. kritisieren, missbilligen, tadeln, rügen, auszanken, anbrüllen, heruntermachen 3. verunglimpfen, herabsetzen, entwürdigen, verletzen, erniedrigen, demütigen, diffamieren

schmählich: 1. würdelos, skandalös, niederträchtig, widerlich, abscheulich, gemein, schändlich 2. unrühmlich, jämmerlich, mitleiderregend, bedauernswürdig, elend, erbärmlich, kläglich, beklagenswürdig

Schmährede: Kränkung, Verleumdung, Ehrenkränkung, Verletzung, Schmähung, Beschimpfung, Affront, Lästerung, Ehrverletzung, Beleidigung

schmal: 1. mager, dürr, abgezehrt, hager, dünn 2. gering, klein, bescheiden, mager 3. begrenzt, schmalspurig, eng

schmalbrüstig: schwach, engbrüstig, kränklich, schwächlich

schmälern: 1. vermindern, begrenzen, kürzen, verringern, eingrenzen 2. verengen, einengen, begrenzen

Schmälerung: Abtrag, Abbruch, Minderung, Schaden, Schädigung

schmalspurig: 1. eingeengt, schmal, begrenzt 2. oberflächlich, mangelhaft, unzureichend, ungenau

Schmalz: 1. Gefühlsüberschwang, Sentimentalität, Tränenseligkeit, Gefühlsseligkeit 2. Fett, Speck

schmalzig: fetthaltig, fetttriefend, tranig

Schmant: Schlagsahne, Rahm

schmarotzen: s. durchfechten, schnorren, s. durchbetteln

Schmarotzer: Schnorrer, Faulenzer

Schmarre: Schmiss, Schramme, Narbe

Schmatz: Schmätzchen, Kuss, Busserl

schmatzen: 1. schnäbeln, küssen, s. abküssen, knutschen 2. schnalzen, schnippen

Schmauch: Rauch, Schwaden, Qualm, Dampf, Rauchschwaden

schmauchen: qualmen, rauchen

Schmaus: Mahl, Gericht, Mahlzeit, Essen

schmausen: schlemmen, schwelgen, naschen, essen, tafeln, s. einverleiben, speisen, genießen, aufessen

Schmauserei: Festessen, Essen, Mahlzeit

schmecken: 1. versuchen, begutachten, probieren, vorkosten 2. zufrieden stellen, passen, behagen, imponieren, entsprechen, belieben, bestechen, ansprechen, mögen 3. munden, zusagen

Schmeichelei: Schöntuerei, Schönrednerei, Kompliment, Unterwürfigkeit, Schmeichelrede, Artigkeit

schmeichelhaft: ehrend, ehrenvoll

Schmeichelkatze: Schönredner, Schmeichler, Schmeichelkätzchen, Schöntuer, Duckmäuser, Schmeichelzunge, Radfahrer

schmeicheln: umschmeicheln, hofieren, schöntun, schönreden

Schmeichelrede: Unterwürfigkeit, Schönrednerei, Schmeichelei, Schöntuerei, Artigkeit, Kompliment, Geschmeichel

Schmeichler: Schönredner, Schöntuer, Duckmäuser, Schmeichelkätzchen, Schmeichelkatze, Radfahrer

schmeichlerisch: unterwürfig, schmierig, heuchlerisch, schönrednerisch, katzenfreundlich

Schmelze: Schneeschmelze, Eisschmelze

schmelzen: 1. verflüssigen, auslassen 2. s. verringern, s. verkleinern, s. reduzieren, s. vermindern, schwinden, abnehmen, s. verkürzen, dahinschmelzen 3. auftauen, zerrinnen, zergehen, zerfließen 4. zerschmelzen, aufschmelzen

Schmelztiegel: Sammelstelle, Tummelplatz, Auffangbecken

Schmer: Speck, Fett

Schmerbauch: Ranzen, Wampe, Bierbauch, Fettbauch

Schmerz: Weh, Pein, Plage, Beschwernis, Qual, Mühsal, Leiden

schmerzen: 1. ziehen, bohren, stechen, schneiden, brennen 2. verwunden, brüskieren, schmähen, kränken, verletzen, verbittern, betrüben, beleidigen 3. plagen, belasten, beklemmen, drücken, bedrücken

Schmerzensruf: Ächzer, Seufzer

schmerzhaft: ziehend, stechend, schmerzlich, qualvoll, brennend, peinigend, bohrend, schmerzend, quälend

schmerzlich: traurig, quälend, grausam, bitterlich, peinigend, leidvoll, kummervoll, schmerzvoll, betrüblich

schmerzlos: 1. gesund, wohl 2. schmerzfrei

Schmetterling: 1. Falter 2. Schmetterlingsstil, Butterflystil

schmettern: 1. klingen, lauten, schwingen, hallen, dröhnen, erschallen, schallen, ertönen, erklingen 2. schlagen, nageln 3. schnellen, hochwerfen, schießen, schleudern, werfen 4. blasen, trompeten

schmiegen (s.): s. ankuscheln, s. anschmiegen, s. andrücken

schmiegsam: geschmeidig, weich, flexibel, nachgiebig, dehnbar, biegsam, elastisch, anpassungsfähig

schmieren: 1. anpinseln, streichen 2. ohrfeigen, verprügeln 3. ölen, abschmieren, einfetten 4. anbieten, bestechen, erkaufen 5. einfetten, einreiben, eincremen, einschmieren, balsamieren, salben

Schmiererei: Gekritzel, Gekrakel, Kritzel

Schmiergeld: Handmittel, Schmiermittel, Schweigegeld, Handgeld, Bestechungsgeld

schmierig: 1. schmutzig, fettig, fleckig, speckig 2. schlüpfrig, schleimig 3. unterwürfig, heuchlerisch, schmeichlerisch, schönrednerisch, honigsüß, katzenfreundlich

Schminke: Puder, Rouge, Make-up

schminken: s. anmalen, s. herausputzen

schmirgeln: walzen, nivellieren, abschmirgeln, ausgleichen, glätten, polieren, glatt feilen, hobeln, abfeilen, ebnen, abschleifen, schleifen, begradigen

Schmiss: 1. Elan, Dynamik, Temperament, Schwung 2. Schramme, Narbe, Ritzer

schmissig: zackig, schwungvoll, wendig, beweglich, flott, schneidig, sportlich

Schmöker: Schinken, Schwarte, Wälzer

schmollen: zürnen, grollen, ärgern, hadern

schmoren: 1. rösten, grillen, braten, dünsten, brutzeln, backen, garen 2. dampfen, schwitzen

schmuck: 1. sauber, adrett, unbenutzt 2. smart, kultiviert, fesch, elegant

Schmuck: 1. Zierrat, Zier, Verschnörkelung, Putz, Dekor, Schnörkel, Ausschmückung, Rankenwerk, Ornament 2. Wertstück, Geschmeide, Schmuckstück, Schmucksachen, Kleinod

schmücken: verzieren, verschönern, ausgestalten, behängen, schön machen, herausputzen **s. schmücken:** s. zurechtmachen, s. schön machen, s. schniegeln, s. putzen, s. fein machen, s. ausstaffieren

schmucklos: schlicht, ungekünstelt, natürlich, glatt, einfach

Schmuckstein: Juwel, Edelstein

Schmuggel: Zollvergehen, Schmuggelei, Schwarzhandel

Schmuggelware: Konterbande, Schleichware

Schmuggler: Pascher, Schleichhändler, Schwarzhändler

schmunzeln: grinsen, feixen, lächeln

Schmuser: Schmeichelkatze, Schöntuer, Duckmäuser, Schönredner, Radfahrer, Schmeichler, Schmeichelkätzchen

Schmutz: Unflat, Staub, Unrat, Dreck

Schmutzfink: Dreckspatz, Schmierfink, Saubartel

Schmutzfleck: Fleck, Dreckfleck, Klecker, Klecks

schmutzfrei: säuberlich, unbeschmutzt, gesäubert, gepflegt, reinlich, hygienisch, rein, makellos, fleckenlos, gereinigt, ordentlich, blitzsauber, blank

schmutzig: 1. pikant, schlüpfrig, anzüglich, frech, lose, schamlos, anstößig, locker 2. ungewaschen, verunreinigt, verschmutzt, trübe, verstaubt, unrein, schmutzstarrend, speckig, klebrig, unansehnlich, unsauber, angeschmutzt, angestaubt, schmierig, fett, beschmutzt, ölig, fleckig 3. schnöde, gemein, schäbig, schmachvoll, schimpflich, niederträchtig, schändlich

Schmutzigkeit: 1. Verdorbenheit, Unzüchtigkeit, Unzucht, Unanständigkeit, Sittenlosigkeit, Schlüpfrigkeit, Anstößigkeit 2. Unverschämtheit, Perfidie, Niedrigkeit, Übelwollen, Schufterei, Schadenfreude, Hinterlist, Schikane, Gehässigkeit, Gemeinheit, Böswilligkeit, Niedertracht, Bösartigkeit, Verruchtheit 3. Unreinheit, Ungepflegtheit, Verschmutztheit, Schmutz, Unreinlichkeit

Schnabel: 1. Tülle, Ausguss 2. Mundwerk, Mund, Klappe

schnäbeln: schmatzen, s. abküssen, knutschen, küssen

schnabulieren: tafeln, schmausen, s. stärken, schlemmen, schwelgen, s. einverleiben, speisen, naschen, essen, aufessen

Schnack: Wortwechsel, Geschwätz, Unterhaltung, Plausch, Gerede, Plauderei

schnacken: plauschen, schwatzen, s. unterhalten, plaudern

Schnake: Mücke, Moskito

Schnalle: Schließe, Verschluss

schnallen: 1. klar werden, fassen, nachvollziehen, kapieren, nachempfinden, ermessen, einsehen, begreifen, ergründen, durchschauen, s. erschließen, erfassen, herausfinden, durchblicken, auffassen 2. schnalzen, schmatzen

schnalzen: schnipsen, schnipsen, schnallen

schnappen: 1. wegnehmen, veruntreuen, unterschlagen, stehlen, entreißen, mitnehmen, plündern, entwenden, entwinden, nehmen, einstecken, ausrauben, entführen, berauben, bestehlen, abjagen, abnehmen, ausräumen 2. festnehmen, verhaften, gefangen nehmen, holen, inhaftieren, abholen 3. beißen, zuschnappen 4. erwischen, überraschen, ertappen, abfassen

Schnaps: Branntwein, Alkohol, Feuerwasser, Lebenswasser

schnarchen: sägen, röcheln, einen Wald sägen

schnattern: 1. schwätzen, schwatzen, plappern, quasseln, quatschen 2. zittern, vibrieren, erzittern, beben, erbeben, schlottern

schnauben: 1. wüten, schimpfen, rasen, toben, s. aufregen, schäumen 2. schniefen, blasen, schnaufen, keuchen, prusten, fauchen **s. schnauben:** s. schnäuzen, trompeten

schnaufen: 1. röcheln, plustern, japsen, keuchen 2. schnauben, pusten, atmen, blasen, prusten

Schnauzbart: Schnurrbart, Schnauzer, Lippenbart, Bart

Schnauze: 1. Ausguss, Tülle 2. Mund, Schnabel, Klappe, Mundwerk

schnauzen: schimpfen, schreien, brüllen, belfern, bellen, bläffen

Schnecke: 1. Faulenzer, Schlafmütze 2. Spirale, Windung

schneckenförmig: schraubenförmig, gewunden

Schneckentempo: Langsamkeit, Bummelei

Schneebesen: Schaumschläger, Mixer, Schläger

Schneegestöber: Gestöber, Flockentreiben, Flockentanz, Flockenwirbel

Schneeglätte: Glattheit, Eisglätte

schneereich: winterlich, weiß

Schneeschmelze: Eisschmelze, Tauwetter

Schneeschuh: Schi, Ski

Schneetreiben: Flockentreiben, Flockentanz, Flockenwirbel

Schneewehe: Wechte, Wehe

schneeweiß: weiß, blütenweiß

Schneid: Zivilcourage, Unverzagtheit, Tollkühnheit, Courage, Unerschrockenheit, Kühnheit, Forschheit, Heldengeist, Mut, Tapferkeit, Beherztheit, Heldenhaftigkeit, Furchtlosigkeit, Mannesmut, Herzhaftigkeit

schneiden: 1. wegschneiden, beschneiden, scheren, abtrennen, abzwicken, abschneiden, kappen, kürzen, stutzen 2. schnitzeln, schnitzen 3. zerteilen, zerkleinern, zerstückeln

schneidend: 1. stark, kalt, grimmig, heftig 2. geschärft, scharf

schneidig: 1. schmuck, rassig, vornehm, modern, schick, stilvoll, nobel, elegant, fein, apart 2. vermessen, verwegen, waghalsig, unerschrocken, tapfer, todesmutig, kämpferisch, tollkühn, beherzt, mutig, furchtlos, kühn, heldenhaft 3. wendig, schnittig, forsch, sportlich, schmissig, flott, schwungvoll 4. resolut, dynamisch, munter, energisch

Schneise: Waldlichtung, Schlag, Rodung, Lichtung

schnell: 1. zeitweise, kurzzeitig, zeitweilig, kurzlebig, kurz, flüchtig 2. rasch, geschwind, rasant, hurtig, rapide, flott, eilig, blitzschnell, flugs, atemlos, fix 3. unverzüglich, sofort, gleich, alsbald, kurzerhand

Schnelle: Tempo, Schnelligkeit, Behendigkeit, Eile, Hast

schnellfüßig: rasch, wendig, flink, fingerfertig, gelenkig, agil, gewandt, geschmeidig, leichtfüßig, behände

Schnellfüßigkeit: Gewandtheit, Gelenkigkeit, Fingerfertigkeit, Wendigkeit, Elastizität, Fertigkeit, Flinkheit, Beweglichkeit

Schnellhefter: Sammelmappe, Ordner, Schnellheftmappe

Schnelligkeit: 1. Flinkheit, Gewandtheit, Raschheit, Fertigkeit, Elastizität 2. Eile, Tempo, Raserei, Geschwindigkeit

Schnellschrift: Kurzschrift, Stenografie

Schnellzug: ICE, Intercity, D-Zug

schniegeln: stylen, ausstaffieren, schmücken, schön machen, zurecht machen

schnippeln: zerschneiden, zerstückeln, schnitzeln, schnipseln, durchschneiden

schnippen: 1. knipsen, schnalzen 2. knipsen, schnipsen, wegschnellen

schnippisch: spitz, spöttisch, bissig, scharf, frech, forsch

Schnipsel: Stück, Fetzen

schnipseln: zerstückeln, zerschneiden, schnitzeln, schnippeln

schnipsen: 1. knipsen, schnellen, wegschnellen 2. knipsen, schnalzen

Schnitt: 1. Vorteil, Profit, Verdienst, Überschuss, Gewinnspanne, Erlös, Plus, Handelsspanne, Gewinn, Einkommen, Geschäft, Ertrag 2. Zweiteilung, Trennung, Abspaltung, Unterteilung, Spaltung, Aufteilung, Absonderung, Aufspaltung 3. Durchschnitt, Durchschnittswert 4. Einschnitt, Einkerbung, Spalt, Scharte

Schnitte: Brotschnitte, Scheibe

schnittig: vornehm, todschick, stilvoll, kultiviert, schmuck, schneidig, fesch, nobel, schick, rassig, apart, piekfein, modern, fein, ausgesucht, auserlesen

Schnittpunkt: Scheitel, Kreuzung, Kreuzungspunkt, Knotenpunkt

Schnitz: Papierschnitzel, Stück, Schnitzel

schnitzeln: durchschneiden, zerstückeln, schnipseln, zerschneiden

schnitzen: schneiden, schnitzeln

Schnitzer: Dummheit, Vergehen, Verstoß, Patzer, Verfehlung, Fehler, Übertretung

Schnörkel: Zier, Zierrat, Rankenwerk, Dekor, Verschnörkelung, Ornament, Verzierung, Schmuck, Arabeske, Ausschmückung

schnörkelhaft: verschnörkelt, barock, verziert, geschmückt, schnörkelig

schnorren: 1. bitten, betteln 2. s. durchfechten, schmarotzen, s. durchbetteln

Schnorrer: 1. Faulenzer, Schmarotzer 2. Bettelbruder, Bettler

Schnösel: Rowdy, Rüpel, Lackel, Flegel, Lümmel, Grobian

schnöselig: unmanierlich, derb, ungezogen, unhöflich, rüpelig, ungehobelt, lümmelhaft, ruppig, frech, unerzogen

schnüffeln: 1. schnuppern, riechen 2. suchen, ausforschen, spionieren

Schnüffler: Zuträger, Spitzel, Agent, Spürhund, Spion

Schnuller: Sauger, Lutscher

Schnulze: Schlager, Gassenhauer

schnuppern: schnüffeln, riechen

Schnur: Strippe, Kordel, Band, Faden

Schnürband: Schnürsenkel, Schuhband, Schnürriemen

schnüren: 1. binden, zusammenschnüren, zusammenknoten, zusammenknüpfen, knoten, flechten 2. zumachen, zubinden, sichern, verpacken, zuknoten, zuknüpfen

schnurgerade: linear, pfeilgerade, gerade

Schnurrbart: Schnauzer, Bart, Schnauzbart, Bärtchen

Schnurre: Streich, Scherz, Ulk, Ausgelassenheit, Narretei, Spaß, Eulenspiegelei, Posse, Humor

Schnürsenkel: Schnürriemen, Schuhband, Schnürband, Schuhriemen

schnurstracks: 1. unverzüglich, sofort, sogleich, unmittelbar, augenblicklich, geradewegs, postwendend, schnellstens 2. direkt, zielbewusst, geradezu, durchgehend

Schock: 1. Trauma, Erschütterung 2. Schrecken, Erschrecken, Entsetzen, Panik

schockieren: entrüsten, empören, verärgern

schockiert: bestürzt, getroffen, betroffen, aufgeregt, geschockt

Schöffe: Laienrichter, Geschworener

Scholle: Krume, Erdscholle, Ackerscholle, Bodenkrume

schön machen: schminken, pudern, zurechtmachen, putzen, herausputzen, anmalen, fein machen, aufputzen

schon: 1. sowieso, ohnehin, ohnedies 2. bereits, längst 3. allein, einzig, lediglich, nur

schön: 1. überaus, sehr 2. wundervoll, wohlgestaltet, wunderbar, schmuck, ästhetisch, wunderschön, makellos, fotogen, bildschön, blühend, wohlgeformt 3. traumhaft, wonnevoll, vollkommen, sagenhaft, wonniglich, großartig, bezaubernd, herrlich, ungetrübt, angenehm, berückend, strahlend, glanzvoll 4. warm, sommerlich, heiter 5. idyllisch, malerisch 6. verführerisch, gewinnend, reizvoll, begehrenswert, faszinierend, reizend, attraktiv

schonen: 1. wegsehen, nachsehen 2. hegen, warten, pflegen

schonend: 1. weitherzig, zahm, großzügig, gemäßigt, nachsichtig, freizügig, duldsam, verständnisvoll 2. umsichtig, vorsichtig, zart, sorgsam, sorglich, sacht, pflegsam, schonungsvoll, behutsam, aufmerksam, bedachtsam, schonsam, gewissenhaft, achtsam, fürsorglich, pfleglich, rücksichtsvoll

Schoner: Futteral, Schutzhülle, Überzug, Hülle

schönfärben: verharmlosen, beschönigen, ausschmücken, verbrämen

Schönheit: 1. Wohlgestalt, Grazie, Pracht, Herrlichkeit, Erhabenheit, Erlesenheit, Liebreiz, Glanz, Anmut, Harmonie 2. Helena, Beauté, Schöne, Venus

Schönheitspflege: Kosmetik, Make-up, Verschönerung, Gesichtspflege

Schönheitssinn: Stilgefühl, Stil, Geschmack, Stilempfinden, Kunstverständnis, Qualitätsgefühl, Formgefühl

Schonkost: Diät, Krankenkost

Schönling: Snob, Stutzer, Laffe, Geck, Dandy

schönreden: umschmeicheln, schöntun, honorieren, schmeicheln, hofieren

Schönredner: Schmuser, Schöntuer, Duckmäuser, Radfahrer, Schmeichelkätzchen, Schmeichler

Schönrednerei: Unterwürfigkeit, Schöntuerei, Kompliment, Schmeichelrede, Schmeichelei, Lobhudelei, Geschmeichel

schöntun: 1. umschmeicheln, hofieren, schönreden 2. turteln, tändeln, liebäugeln, anbändeln, liebeln, balzen, schäkern, gurren, flirten

Schonung: 1. Zuchtbetrieb, Gehege 2. Rücksichtnahme, Sorgfalt, Pflege, Fürsorge 3. Schonwald, Hegewald 4. Zartheit, Nachsicht, Weichheit, Behutsamkeit, Milde, Rücksicht, Sanftmut

schonungslos: unzugänglich, unbarmherzig, unnachsichtig, verroht, hart, inhuman, unmenschlich, gemütsarm, herzlos, unnachgiebig, eisig, lieblos, kaltblütig, roh, streng, brutal, gnadenlos, mitleidlos, erbarmungslos, gefühlsarm, gefühlskalt, gefühllos

Schonungslosigkeit: Willkür, Selbstsucht, Lieblosigkeit, Rücksichtslosigkeit, Unbarmherzigkeit, Kälte, Gewissenlosigkeit, Bedenkenlosigkeit, Skrupellosigkeit

schonungsvoll: zart, vorsichtig, sorglich, verantwortungsbewusst, rücksichtsvoll, sorgfältig, umsichtig, sanft, pfleglich, pflichtbewusst, bedachtsam, gewissenhaft, achtsam, fürsorglich, bedacht, schonend, behutsam

Schopf: Haarschopf, Haar

schöpfen: erschaffen, hervorbringen, erzeugen, schaffen, hervorrufen

Schöpfer: 1. Richter, Gottheit, Jahwe, Herr, Allvater, Gott, Jehova, Er 2. Verfasser, Erschaffer, Vater 3. Löffel, Schöpflöffel, Kelle

schöpferisch: produktiv, gestaltend, fruchtbar, künstlerisch, originell, erfinderisch

Schöpferkraft: Produktivität, Einfallsreichtum

Schöpflöffel: Suppenkelle, Soßenlöffel, Schöpfkelle

Schöpfung: 1. Erschaffung, Kreation 2. Produkt, Kunstwerk, Werk 3. Ware, Fabrikat, Arbeit, Produkt, Artikel, Erzeugnis

Schorf: Wundschorf, Borke, Kruste

Schornstein: Kamin, Schlot, Rauchfang, Esse

Schornsteinfeger: Kaminfeger, Schlotfeger, Kaminkehrer

Schoß: 1. Rock, Rockschoß 2. Hüften, Lenden 3. Setzling, Reis, Schößling

Schoßkind: 1. Zärtling, Schwächling, Nesthäkchen, Pantoffelheld, Weichling, Muttersöhnchen 2. Kind, Kleinkind

Schößling: Setzling, Schoß, Reis

Schote: Hülse, Kapsel, Schale

schräg: 1. absteigend, abfallend, geneigt, schief, abschüssig 2. quer, kursiv

Schräge: Schräglage, Schiefe

schrägen: abdachen, abschrägen, fasen

Schramme: Verletzung, Schrunde, Riss, Kratzer

schrammen: 1. verewigen, einritzen 2. s. aufschürfen, s. reißen, s. aufritzen, s. aufreißen, s. schrammen

Schrank: Spind, Kasten

Schranke: 1. Barriere, Schlagbaum 2. Grenze, Grenzlinie, Abgrenzung

schrankenlos: vollkommen, total, uneingeschränkt, unbegrenzt, absolut

Schraube: Inbusschraube, Gewindestift

schraubenförmig: gewunden, spiralig

Schreck: Panik, Erschütterung, Schrecken, Grauen, Schauder, Grausen, Betroffenheit, Schock, Erschrecken, Entsetzen, Angst, Erschrockenheit

Schreckensherrschaft: Diktatur, Tyrannei, Gewaltherrschaft

Schreckensherrscher: Herrscher, Unterdrücker, Diktator, Gewaltherrscher, Tyrann

Schreckensnachricht: Hiobskunde, Hiobsbotschaft

Schreckgespenst: Kinderschreck, Nachtgespenst, Alptraum, böser Geist

schreckhaft: zähneklappernd, schüchtern, zaghaft, verschreckt, verschüchtert, ängstlich, gehemmt, kleinmütig, angstvoll, angstschlotternd, scheu, mutlos, angstverzerrt, angsterfüllt, bang

schrecklich: 1. widerlich, verächtlich, verabscheuenswert, schauerlich, unwürdig, verheerend, ruchlos, schauervoll, unheimlich, gemein, hässlich, scheußlich, ängstigend, katastrophal, schaudervoll, beängstigend, grausig, grauenvoll, furchtbar, Grauen erregend, ehrlos, erbärmlich, gespenstig 2. irrsinnig, kolossal, unsinnig, sehr, fürchterlich, unheimlich, furchtbar

Schrei: Hilferuf, Notschrei, Jammerlaut

Schreibart: Schreibweise, Ausdrucksform, Ausdrucksart

schreiben: 1. darlegen, verfassen, abfassen, formulieren, darstellen 2. vermerken, kopieren, malen, notieren, abfassen, formulieren, aufschreiben, niederschreiben 3. mitteilen, übermitteln, anschreiben, senden

Schreiben: 1. Urkunde, Papier, Unterlage, Akte, Schriftstück 2. Benachrichtigung, Zeilen, Zuschrift, Sendbrief, Mitteilung, Post, Leserbrief, Schriftstück, Botschaft

Schreiber: 1. Federheld, Schriftsteller, Poet, Autor, Dichter 2. Verfasser, Autor, Schriftsteller

Schreibfeder: Feder, Zeichenfeder

Schreibkraft: Sekretärin, Stenotypistin, Büroangestellte, Tippse

Schreibstil: Schrift, Stil, Ausdruck

Schreibtisch: Sekretär

schreien: schrillen, rufen, grölen, lärmen, johlen, brüllen, kreischen

schreiend: 1. scheckig, kunterbunt, blendend, grellfarben 2. verblüffend, ungewöhnlich, auffallend, reißerisch, augenfällig, hervorstechend

Schreier: Störenfried, Unruhestifter, Radaubruder, Hetzer, Radaumacher

Schreierei: Lärm, Brüllen, Krach, Johlen, Gebrüll, Geschrei, Gekreisch

Schrein: 1. Kommode, Truhe 2. Spind, Kasten

schreiten: wandeln, schleichen, wandern, trödeln, schlurfen, marschieren, stapfen, s. begeben, s. fortbewegen

Schrift: 1. Schriftzeichen, Type, Buchstabe 2. Handschrift, Schreibweise 3. Veröffentlichung, Untersuchung, Studie, Publikation, Beitrag

Schriftleiter: Hauptschriftleiter, Chefredakteur, Lektor, Redakteur

schriftlich: niedergeschrieben, maschinenschriftlich, handschriftlich

Schriftsetzer: Anzeigensetzer, Maschinensetzer, Setzer

Schriftsprache: Bühnensprache, Hochsprache

Schriftsteller: Schreiber, Texter, Verfasser, Stückeschreiber, Dichter, Autor, Poet, Literat

schriftstellerisch: dichterisch, erzählerisch, poetisch

schriftstellern: schreiben, reimen, dichten

Schriftstück: 1. Schreiben, Papier, Urkunde, Akte, Unterlage, Aktenstück 2. Dokument, Akte, Diplom 3. Urschrift, Manuskript, Original

Schrifttum: Poetik, Poesie, Dichtung, Dichtkunst, Wortkunst, Literatur

Schriftverkehr: Schriftwechsel, Briefwechsel, Briefverkehr, Korrespondenz

Schriftzeichen: Letter, Buchstabe, Type, Hieroglyphen, Ideogramm

schrill: überlaut, laut, lautstark, durchdringend, gellend, ohrenbetäubend, grell

schrillen: plärren, schreien, kreischen, lärmen, johlen, brüllen, donnern, grölen

Schritt: 1. Maßregel, Regelung, Einrichtung, Maßnahme 2. Tritt, Lauf, Gang

Schrittmacher: Wegbereiter, Vorläufer, Pionier, Vorkämpfer, Bahnbrecher

schrittweise: unmerklich, stückweise, nacheinander, allmählich

schroff: 1. unfreundlich, ungeschliffen, unhöflich, abweisend, taktlos, plump, brüsk, barsch, ruppig 2. schräg, abfallend, jäh, abschüssig

schröpfen: ausbeuten, ausräubern, erleichtern, ausnehmen

schroten: zerschroten, zerstoßen, mahlen, zermahlen

Schrott: 1. Altwaren, Altmetall, Alteisen, Altmaterial, Altstoff, Abfallmaterial 2. Zeug, Tand, Ramsch, Schund, Altwaren, Schleuderware, Kitsch, Unrat

schrubben: wischen, scheuern, säubern, sauber machen, wienern, rein machen, spülen, feudeln, reinigen, putzen, abschrubben, reiben, fegen

Schrulle: 1. Tick, Fimmel, Spleen, Mucke 2. Anwandlung, Stimmung, Laune

schrullig: wunderlich, sonderlich, grillenhaft, verschroben, skurril, schnurrig, sonderbar, eigenartig, kauzig, seltsam

schrumpelig: zerschründet, welk, zerfurcht, schrundig, verrunzelt, kraus, durchfurcht, hutzelig, runzelig, runzlig, knitterig, zerklüftet

schrumpfen: 1. zusammenfallen, s. zusammenziehen, verdorren, zusammenschrumpfen, s. verkleinern, einfallen, schrumpeln, einlaufen, eintrocknen 2. schwinden, verringern, abnehmen, s. reduzieren

Schrumpfung: 1. Zusammenziehung, Eintrocknung, Einschrumpfung 2. Kürzung, Verringerung, Schwund

Schub: Tritt, Stoß, Puff, Ruck

Schubfach: Tischkasten, Kasten, Schubkasten, Schiebkasten, Schublade

Schubkarre: Handkarre, Schubkarren

Schubs: Tritt, Schub, Ruck

schubsen: knuffen, stoßen, rempeln

schüchtern: 1. verklemmt, befangen, scheu, verkrampft, gezwungen 2. zähneklappernd, verängstigt, zag, kleinmütig, bang, scheu, argwöhnisch, feigherzig, besorgt, angstschlotternd, verschüchtert, befangen, mutlos, angstbebend, angstverzerrt, ängstlich, gehemmt 3. zart, achtsam, vorsichtig, klein

Schüchternheit: 1. Verkrampfung, Unsicherheit, Verlegenheit, Komplex, Hemmung, Gehemmtsein, Befangenheit, Scheu 2. Verlegenheit, Unsicherheit, Ängstlichkeit, Beklemmung, Bangigkeit, Scheu, Panik, Befangenheit, Hemmungen, Furcht 3. Schamhaftigkeit, Scham 4. Scheu, Verschüchterung, Angst, Ängstlichkeit, Befangenheit

schuften: s. fordern, s. schinden, rackern, s. abschleppen, s. bemühen, s. abplagen, abmühen, anspannen, s. anstrengen, s. abmühen, s. quälen, s. abarbeiten, s. mühen, s. abquälen, s. befleißigen, s. plagen

schuftig: schnöde, schmachvoll, schmutzig, niederträchtig, schäbig, schimpflich, gemein

Schuhcreme: Wichse, Fett, Lederfett

schuhlos: barfuß, bloßfüßig

Schulanfänger: Abc-Schütze, Erstklässler, Anfänger

Schuld: 1. Verpflichtungen, Rückstände, Verschreibungen, Verbindlichkeiten, Obligationen 2. Versagen, Verstoß, Entgleisung, Fehltritt 3. Haftung, Verantwortung

Schuldbekenntnis: Beichte, Geständnis

Schulden: Rückstände, Verbindlichkeiten, Verpflichtungen

schuldenfrei: unverschuldet, lastenfrei, unbelastet, abbezahlt

schuldfrei: schuldlos, unschuldig

Schuldgefühl: Zerknirschung, Schuldkomplex, Zerknirschtheit, Gewissensnot, Gewissenspein, Gewissensbisse, Skrupel, Gewissensangst, Gewissensskrupel

schuldig: verantwortlich, fehlerhaft, schuldhaft, sündig, schuldbeladen

schuldlos: 1. unverdorben, unberührt, unbefleckt, keusch, lauter 2. tadellos, tadelfrei, makellos, unschuldig

Schuldner: Wechselschuldner, Kreditnehmer

Schuldspruch: Verurteilung, Urteil, Urteilsspruch

Schule: 1. Schulhaus, Schulgebäude 2. Lehranstalt, Unterrichtsanstalt, Bildungsanstalt

Schüler: Schulmädchen, Schulkind, Schuljunge

Schulfach: Unterricht, Unterrichtsfach

Schulfreund: Schulkamerad, Mitschüler, Klassenkamerad

Schulgebäude: Schule, Schulhaus

Schulkamerad: Schulfreund, Mitschüler, Klassenkamerad

Schulleiter: Rektor, Direktor, Rex, Direx

Schulmappe: Mappe, Schultasche, Schulranzen, Ranzen

schulmeisterlich: lehrerhaft, paukerhaft, kleinlich

Schultasche: Mappe, Ranzen, Schulranzen, Schulmappe

Schulterklappe: Schulterstück, Achselstück, Achselklappe

Schulzeit: Schülerzeit, Ausbildungszeit

Schulzeugnis: Zeugnis, Abiturzeugnis, Abschlusszeugnis, Reifezeugnis

Schund: 1. Zeug, Schundware, Schleuderware, Unrat, Kram, Ramschware, Kitsch, Ladenhüter 2. Dreigroschenheft, Schundliteratur, Groschenroman

schüren: 1. steigern, anspornen, ankurbeln 2. einheizen, anzünden, entzünden, anfeuern, anschüren, anbrennen

Schurke: Halunke, Spitzbube, Kreatur, Strolch, Gangster, Lump, Ganove

Schurkenstreich: Lumperei, Schurkerei, Bubenstreich

schurkisch: schnöde, schmachvoll, schändlich, schmählich, niederträchtig, schäbig, schimpflich, gemein

Schuss: Einschuss, Schussfaden

Schüssel: Napf, Terrine

Schuttabladeplatz: Müllhalde, Deponie, Müllkippe, Müllabladeplatz, Schuttplatz, Mülldeponie

Schüttelfrost: Schauer, Fieberschauer

schütter: dürftig, licht, spärlich

Schutz: 1. Bewahrung, Verteidigung 2. Zuflucht, Hort 3. Wahrung, Sicherheit, Obhut, Bedeckung, Beschützung, Abschirmung, Hilfe 4. Geleit, Bewachung, Gefolge, Begleitung, Bedeckung

schützen: 1. bewahren, sichern, absichern, verteidigen, behüten, abwehren, bewachen, decken 2. wahren, retten, erhalten

Schutzengel: Schutzpatron, Schutzheilige, Schutzherr

Schutzgebiet: Naturpark, Reservat, Naturschutzgebiet

Schutzheilige: Schutzpatron, Patron, Schutzherr

Schutzherr: Patron, Schutzpatron

Schutzhülle: Überzug, Hülle, Futteral, Schoner

Schutzimpfung: Impfung, Immunisierung

schutzlos: ungeschützt, ungeborgen, schirmlos, preisgegeben, unbehütet, ausgeliefert, hilflos

Schutzpatron: Schutzherr, Patron

schwach bevölkert: unterbevölkert, schwach besiedelt, dünn besiedelt

schwach: 1. geräuschlos, flüsternd, lautlos, leise 2. nicht tragend, einsturzgefährdet 3. widerlegbar, angreifbar 4. einflusslos, wehrlos, schutzlos, machtlos, ohnmächtig 5. ungenügend, mangelhaft 6. schmal, wenig, gering, karg, dürftig, mäßig, kümmerlich 7. verbraucht, zerschlagen, müde, erschlagen, schlaff, überfordert, schlapp, mitgenommen, kaputt, urlaubsreif, erledigt, angegriffen, krank, ermattet, abgespannt, erholungsbedürftig, angeschlagen, entkräftet, abgeschlafft, anfällig, erschöpft, ausgelaugt 8. zerbrechlich, fein, dünn 9. labil, willensschwach, verführbar, gefährdet, haltlos, charakterlos 10. zweitklassig, schäbig, gehaltlos, langweilig, oberflächlich, erbärmlich

Schwäche: 1. Vorliebe, Zug, Veranlagung, Sehnsucht, Neigung, Hinneigung, Bedürfnis, Sympathie 2. Zerschlagenheit, Schwächezustand, Übermüdung, Unwohlsein, Schwunglosigkeit, Kräfteverfall, Mattheit, Schlappheit, Abgespanntheit, Entkräftung, Ermattung, Schwachheit, Kraftlosigkeit, Erschöpfung 3. Haltlosigkeit, Willensschwäche, Weichheit, Unentschlossenheit 4. Ohnmacht, Einflusslosigkeit, Machtlosigkeit

schwächen: ermatten, ermüden, erschöpfen, erlahmen, erschlaffen

schwächlich: widerstandslos, kränklich, schwach, energielos, schlaff, hinfällig, müde, entkräftet, gebrechlich, kraftlos, geschwächt, matt, anfällig

Schwächling: Weichling, Pantoffelheld, Schlappschwanz, Muttersöhnchen

schwachsichtig: sehgestört, fehlsichtig

Schwachsinn: Geisteskrankheit, Geistesschwäche, Schwachsinnigkeit

schwachsinnig: verrückt, geisteskrank, geistesschwach

Schwaiger: Sennhirt, Senn, Almhirt, Alpenhirt

Schwall: Menge, Haufen, Masse, Schwung, Fülle

schwanger sein: ein Kind erwarten, in anderen Umständen sein, ein Kind unter dem Herzen tragen, Mutter werden

schwängern: befruchten, zeugen

Schwangerschaft: andere Umstände, Gravidität, Zustand

schwanken: 1. wechseln, s. verändern, s. wandeln 2. zittern, schwingen, wanken, taumeln, wackeln, torkeln, schlingern, schaukeln

schwankend: 1. wankend, lose, wacklig 2. zögernd, entschlusslos, unsicher, zaghaft, unbeständig, unschlüssig, unstet, unentschieden, labil

Schwanz: Wedel, Schweif, Blume, Rute, Fahne, Lunte

schwänzen: krankfeiern, wegbleiben, bummeln, fernbleiben, fehlen, blaumachen

schwappen: überlaufen, überfließen, schwadern

Schwärmer: Fantast, Träumer, Illusionist, Schwarmgeist, Idealist, Fanatiker

Schwärmerei: 1. Fantasterei, Träumerei 2. Verliebtheit, Überschwang

schwärmerisch: 1. verzückt, leidenschaftlich, begeistert, hingerissen 2. weltfremd, wirklichkeitsfern, fantasievoll, verträumt, weltverloren, weltentrückt, lebensfremd, hochfliegend, romantisch, fantastisch, träumerisch

Schwarmgeist: Träumer, Idealist, Schwärmer, Illusionist, Fanatiker

schwarzsehen: schwarz malen, mies machen

schwarz: 1. rechts, konservativ 2. verdreckt, schmutzig 3. düster, dunkel, stockdunkel 4. rußfarben, nachtfarben 5. illegal, heimlich

Schwarzarbeit: Schattenwirtschaft

Schwarzer: Afrikaner, Farbiger, Afroamerikaner, Negroider

schwarzhaarig: dunkel, tiefschwarz, dunkelhaarig

Schwarzhandel: Schwarzmarkt, Schleichhandel

Schwarzseher: Unheilsprophet, Pessimist, Fatalist, Miesmacher

schwatzen: unterhalten, reden, plappern, quatschen, quasseln, schwätzen, erzählen

Schwätzer: Salbader, Wortemacher, Quasselstrippe, Plauderer, Plapperer, Phrasendrescher

Schwätzerin: Waschfrau, Klatschbase, Schwatzbase, Plaudertasche, Klatschtante, Schnatterliese, Plapperliese

schwatzhaft: geschwätzig, klatschsüchtig, schwätzerisch, redselig

Schwatzhaftigkeit: Redseligkeit, Geschwätzigkeit, Klatschsucht

Schweif: Schwanz, Lunte, Fahne, Blume, Rute

schweifen: schlendern, treiben, streifen

schweigen: verhehlen, verstummen, verbergen, verschweigen, s. ausschweigen, totschweigen, stillschweigen

Schweigen: Ruhe, Stille, Geräuschlosigkeit, Frieden, Lautlosigkeit

schweigend: wortlos, stillschweigend, stumm

Schweigepflicht: Amtsgeheinmis, Geheimhaltung, Dienstgeheimnis

schweigsam: zurückhaltend, verschwiegen, verschlossen, einsilbig, karg, stumm, still, redescheu, ruhig, steif

Schwein: 1. Sau, Hausschwein, Borstentier 2. Ferkel, Schmutzfink

Schweiß: Transpiration, Aussonderung

schweißen: verschmelzen, verbinden, anlöten, zusammenlöten

Schweiz: Helvetia, Eidgenossenschaft

schwelen: rumoren, sieden, gären, kochen

schwelgen: schlemmen, genießen

schwellen: zunehmen, s. verdicken, s. ausdehnen, s. ausweiten, s. wölben, s. blähen, aufquellen, auftreiben, quellen, aufschwellen

Schwellung: Horn, Beule

schwemmen: ablagern, antreiben, ans Ufer spülen

schwenken: 1. wedeln, schlendern, schwingen 2. wenden, drehen, abbiegen, abzweigen

schwer beschädigt: körperbehindert, invalid, versehrt, behindert

schwer verständlich: unverständlich, verworren, unklar, dunkel

schwer: 1. schwül, betäubend 2. unangenehm, ungut, schrecklich, peinigend, traurig, beängstigend, quälend, beklemmend, bedrückend 3. strikt, hart, scharf, streng, ernst 4. verwickelt, verständlich, problematisch, mühsam, langwierig, schwierig, kompliziert 5. lastend, gewichtig, bleischwer, wuchtig, drückend 6. ungeschickt, unbeholfen, tölpelhaft, plump, ungelenk

Schwerbeschädigte: Versehrte, Körperbehinderte

Schwere: Körpergewicht, Eigengewicht

schwerelos: schwebend, federleicht, ohne Gewicht

schwerfällig: 1. ungerührt, unempfindlich, unbeteiligt, unbewegt, unaufgeschlossen, träge, stumpfsinnig, teilnahmslos, desinteressiert, lasch, dickfellig, gleichgültig, lahm, interesselos, denkfaul, gefühllos, leidenschaftslos 2. engstirnig, dumm, zurückgeblieben, beschränkt, begriffsstutzig 3. ungelenk, unbeholfen, langsam, umständlich

Schwergewicht: Hauptgewicht, Schwerpunkt, Hauptbedeutung, Hauptsache

Schwerkraft: Gravitation, Anziehungskraft, Schwere, Erdanziehung

schwerlich: kaum, unwahrscheinlich

Schwermut: Verzweiflung, Traurigkeit, Niedergeschlagenheit, Wehmut, Trübsinn, Trauer, Betrübtheit, Weltschmerz, Kummer, Melancholie

schwermütig: wehmütig, trübsinnig, traurig, melancholisch, unfroh, bedrückt, gebrochen, freudlos, niedergeschlagen, deprimiert

Schwerpunkt: Schwergewicht, Hauptbedeutung, Hauptgewicht, Hauptsache

schwerwiegend: gewichtig, schwer, folgenschwer, spürbar, fühlbar, gewaltig, ernstlich, bedeutend, entscheidend, eingreifend, ausschlaggebend, folgenreich

Schwester: Nonne, Ordensschwester, Krankenschwester

schwesterlich: freundschaftlich, einträchtig, harmonisch, redlich

Schwiele: Hornhaut, Kallus, Druckstelle

schwierig: unübersichtlich, verzwickt, verwickelt, schwer, langwierig, verflochten, komplex, kniffelig, dornig, problematisch, steinig, mühsam

Schwierigkeit: 1. Verwicklung, Problem, Streitgegenstand, Klippe, Streitfrage, Problematik, Hauptfrage, Kernfrage 2. Zwangslage, Misere, Druck, Übel

Schwimmbecken: Swimmingpool, Bassin, Becken

schwimmen: 1. tauchen, kraulen, paddeln, baden 2. driften, treiben

Schwindelgefühl: Taumel, Schwindel, Schwindelanfall

schwindeln: erfinden, erdichten, lügen, beschwindeln, verfälschen

schwinden: 1. weggehen, entweichen 2. vermindern, abflauen

schwindlig: 1. schwindelerregend, schwindelhaft 2. dumm, schwummerig, taumelig, benommen, nebelig

schwingen: 1. federn, vibrieren 2. s. wiegen, wogen, flattern, schlendern, ausschlagen, schaukeln, wackeln

schwitzen: 1. s. beziehen, s. bedecken, anlaufen 2. transpirieren, dampfen, ausdünsten, durchschwitzen

schwören: zusichern, versprechen, beeiden, geloben

schwül: 1. beklemmend, drückend 2. tropisch, stickig, feuchtwarm, gewittrig, gewitterschwer

schwülstig: verschnörkelt, theatralisch, überladen, hochtrabend, hochtönend, pathetisch, geschraubt, bombastisch, geschwollen, barock

Schwund: Verminderung, Verringerung, Abnahme, Rückgang, Schrumpfung, Schmälerung

Schwung: Vitalität, Spannkraft, Temperament, Begeisterung, Elan, Lebhaftigkeit, Leidenschaft, Aktivität, Dynamik, Energie, Tatkraft

schwunghaft: voller Schwung, rege, lebhaft, aktiv, geschäftig

schwunglos: langweilig, monoton, uninteressant, ermüdend, einförmig, einschläfernd

schwungvoll: 1. unternehmungslustig, tätig, unternehmend, regsam, aktiv 2. wendig, schneidig, temperamentvoll, schmissig, lebhaft, begeistert, energiegeladen, leidenschaftlich 3. heiter, beschwingt

Schwur: Eid, Gelöbnis

sedieren: ruhig stellen, beruhigen, betäuben

See: 1. Binnensee, Binnenmeer 2. Ozean, Meer 3. Teich, Gewässer

Seegang: Wellen, Dünung, Gewoge

Seele: Sinn, Herz, Psyche, Gemüt, Brust, Inneres, Innerlichkeit

seelenruhig: harmonisch, sicher, ruhig, abgeklärt, geruhsam, gezügelt, würdevoll, ruhevoll, gemächlich, gefasst, gleichmütig, gemessen, beherrscht

seelisch: emotional, psychisch, gefühlsmäßig

Seelsorger: Pastor, Pfarrer

seelsorgerisch: seelsorglich, geistlich

Seemann: Seebär, Seefahrer, Schiffer

Seeräuber: Pirat, Freibeuter

Seeräuberei: Freibeuterei, Piratentum

Seerose: Seeanemone, Wasserrose

seetüchtig: seetauglich, seefest, geeignet

seeuntüchtig: seeuntauglich, veraltet

Segelboot: Jolle, Windjacht, Segeljacht, Segelschiff

Segen: Hilfe, Gunst, Gnade

segensreich: zweckvoll, tauglich, sinnvoll, nützlich, förderlich, gedeihlich, segensvoll, einträglich, heilsam, hilfreich

Segment: Abschnitt, Kreisabschnitt

segnen: 1. weihen 2. beschenken, auszeichnen, beglücken

sehen: 1. erleben, mitmachen 2. s. sorgen, s. kümmern 3. wahrnehmen, unterscheiden, sichten, schauen, gewahren, erspähen, ansehen, beobachten, bemerken, entdecken, erblicken, ausmachen, finden 4. erfahren, erleben 5. merken, feststellen, begreifen, einsehen

sehenswert: interessant, aufschlussreich, viel sagend, sehenswürdig, erhellend, informativ

Seher: Hellseher, Wahrsager, Prophet, Weissager

Sehfeld: Blickfeld, Gesichtsfeld

Sehkraft: Sehvermögen, Augenlicht

sehnlich: sehnsuchtsvoll, sehnsüchtig

Sehnsucht: Heimweh, Verlangen, Drang, Wunsch, Sehnen, Fernweh

sehnsuchtsvoll: verlangend, sehnlich

sehr: 1. zutiefst, unbeschreiblich, stark, höchst, arg, unsagbar, recht, ausnehmend, äußerst, ungeheuer, ungemein 2. horrend, heillos, grenzenlos, gar, viel, bitterlich 3. verflucht, verdammt, irrsinnig, furchtbar, entsetzlich, mordsmäßig, verflixt, ekelhaft, riesig, kolossal, so, rasend, unheimlich, fürchterlich

seicht: 1. niedrig, untief, klein, flach 2. witzlos, ideenlos, verbraucht, unbedeutend, billig, phrasenhaft, gehaltlos, banal, abgegriffen, einfallsarm, alltäglich, oberflächlich, hohl

Seil: Tau, Trosse, Strick, Kabel, Leine, Strang, Fall, Reep

sein: 1. vorkommen, geben, da sein 2. bilden, gelten, abgeben 3. zubringen, leben, wohnen, weilen, s. aufhalten, liegen, s. befinden, stehen, bestehen 4. s. fühlen, ergehen

Sein: 1. Leben, Wirklichkeit 2. Gegenwart, Dasein, Existenz, Vorhandensein

seinetwegen: wegen ihm, ihm zuliebe, um seinetwillen, mit Rücksicht auf ihn

seit: von da an, seitdem, von dem Zeitpunkt an

seitdem: von da an, seit, von dem Zeitpunkt an, seit damals

Seitenansicht: Seitenbild, Profil

Seiteneingang: Seitenpforte, Nebeneingang, Seitenportal

seitenlang: weitschweifig, langatmig, umständlich, ausführlich

seitens: vonseiten, auf der Seite von, aufseiten

Seitenstraße: Nebenstraße, Parrallelstraße

seitenverkehrt: spiegelverkehrt, spiegelbildlich, verkehrt herum

seitlich: neben, nächst, daneben

Sekret: Ausfluss, Absanderung, Exkretion

Sekt: Schaumwein, Perlwein, Champagner, Prosecco

Sektierer: Abtrünniger, Irrgläubiger, Abweichler

Sektion: 1. Obduktion, Autopsie 2. Ausschuss, Gruppe

sekundär: 1. nebensächlich 2. wesenlos, uninteressant, unscheinbar, zweitrangig, nichts sagend, unerheblich, unwesentlich, nichtig, gleichgültig, unwichtig, einflusslos, farblos, belanglos

selber: unmittelbar, höchstpersönlich, persönlich, eigenhändig

selbst: 1. unmittelbar, persönlich, eigenhändig, direkt 2. sogar, auch, schon

Selbstachtung: Ehre, Selbstbewusstsein, Selbstwertgefühl

Selbstaufopferung: Uneigennützigkeit, Selbstverleugnung, Selbstlosigkeit, Aufopferung, Hochherzigkeit, Edelmut, Selbstüberwindung, Verzicht

Selbstbeherrschung: Zügelung, Beherrschung, Selbstdisziplin, Selbstbezwingung

selbstbewusst: siegessicher, überheblich, selbstüberzeugt, stolz, aufgeblasen, ichbewusst, erfolgssicher, hochmütig, selbstsicher, eingebildet

Selbstbewusstsein: Stolz, Selbstsicherheit, Selbstgefühl, Durchsetzungskraft, Selbstvertrauen, Selbstbehauptung, Selbstwertgefühl, Selbstverliebtheit, Arroganz

selbstlos: wohltätig, selbstverleugnend, mildtätig, uneigennützig, entsagungsvoll, gemeinnützig, opferbereit, edelmütig, aufopfernd, großherzig, barmherzig, hingebend

Selbstlosigkeit: Verzicht, Selbstverleugnung, Selbstaufopferung, Uneigennützigkeit, Edelsinn, Aufopferung, Hochherzigkeit

Selbstmord: Suizid, Selbstvernichtung, Selbsttötung, Freitod

selbstsicher: siegessicher, selbstbewusst, stolz, selbstüberzeugt, erfolgssicher, ichbewusst

Selbstsicherheit: Sicherheit, Selbstwertgefühl, Stolz, Selbstbehauptung, Selbstbewusstsein, Selbstgefühl, Durchsetzungsvermögen

selbstständig: uneingeschränkt, selbstverantwortlich, eigenverantwortlich, unkontrolliert, ungebunden, emanzipiert, eigenständig, frei, unbehindert, unabhängig

Selbstständigkeit: Unabhängigkeit, Zwanglosigkeit, Ungebundenheit, Eigenständigkeit, Freiheit, Selbstbestimmung, Freizügigkeit, Eigenverantwortlichkeit

Selbstsucht: Selbstliebe, Ichsucht, Eigenliebe, Ichbezogenheit, Eigensucht, Egoismus, Eigennützigkeit

selbstsüchtig: ichbezogen, eigennützig, ichsüchtig, egoistisch, selbstisch

selbstverständlich: sicherlich, zweifellos, freilich, sicher, natürlich, gewiss, gerne, anstandslos, bestimmt, selbstredend, erwartungsgemäß

Selbstvertrauen: Selbstbewusstsein, Selbstwertgefühl, Selbstsicherheit

Selbstverwaltung: Selbstbestimmung, Eigenverantwortlichkeit, Autarkie, Unabhängigkeit, Souveränität

Selektion: Auslese, Auswahl

selig: zufrieden, glücklich, glückstrahlend, freudestrahlend, beglückt, glückselig

Seligkeit: 1. Wohl, Glück, Freude, Heil 2. Gottesreich, Himmel, Paradies

selten: 1. wertvoll, kostbar, außergewöhnlich, gesucht, einmalig, geschätzt, erlesen 2. verstreut, spärlich, sporadisch, rar, manchmal, knapp, beschränkt, gelegentlich

Seltenheit: Besonderheit, Ausnahme

seltsam: verschroben, sonderbar, verwunderlich, merkwürdig, komisch, eigentümlich, eigen, wunderlich, befremdend, eigenartig

Semmelmehl: Paniermehl, Semmelbrösel, Brösel

senden: 1. beauftragen, beordern 2. zuleiten, übersenden, absenden, überweisen, schicken, übermitteln, einwerfen 3. bringen, übertragen, ausstrahlen, aussenden

Sender: Sendeanlage, Rundfunkstation, Sendestation

Sendestation: Sendeanlage, Rundfunkstation, Sender, Funkstation

Sendung: 1. Amt, Berufung, Bestimmung, Auftrag 2. Zustellung, Zulieferung, Fracht, Ladung, Lieferung, Postsendung, Warensendung 3. Rundfunksendung, Ausstrahlung, Übertragung, Aufnahme, Fernsehsendung

Senf: 1. Meinung, Äußerung 2. Mostrich

senil: weißhaarig, alt, betagt, bejahrt, ältlich, angejahrt, altersschwach

Seniorenheim: Altersheim, Seniorenresidenz, Seniorenwohnheim, Alterswohnheim

Senke: Bodenvertiefung, Mulde

senken: 1. neigen, beugen 2. verringern, nachlassen, abbauen, verbilligen, heruntersetzen, herabsetzen 3. herunterlassen, versenken, niederlassen **s. senken:** 1. setzen, zusammensinken, absinken 2. s. setzen, s. beugen

Senker: Steckreis, Absenker, Steckling, Pfropfreis

Senkgrube: Jauchegrube, Kloake, Sickergrube

senkrecht: vertikal, lotrecht

Senkung: 1. Verbilligung, Verringerung, Herabsetzung, Nachlass, Preissenkung, Entgegenkommen, Ermäßigung 2. Steile, Schräge, Neigung, Gefälle, Abfall, Abschüssigkeit

Senn: Schwaiger, Alpenhirt, Sennhirt

sensationell: verblüffend, sagenhaft, unvergleichlich, überragend, überwältigend, ohnegleichen, überraschend, erstaunlich, abenteuerlich, beeindruckend, bedeutend, enorm

Sensationspresse: Boulevardpresse, Revolverpresse

sensibel: verletzbar, zartbesaitet, überempfindlich, nachtragend, schwierig, empfindsam, feinfühlig, hochempfindlich, anfällig, gefühlvoll, empfindlich, feinbesaitet

Sentenz: Lebensweisheit, Ausspruch, Merkspruch, Sinnspruch

sentimental: 1. überempfindlich, zartfühlend, zart, gefühlsbetont, sinnenhaft, weich, überspannt, gemüthaft, rührselig, gefühlvoll, feinfühlend, feinsinnig, seelenvoll, beseelt, schwärmerisch, gemütvoll, gefühlstief, mimosenhaft, empfindsam, feinfühlig 2. zartfühlend, seelenvoll, innig, gefühlvoll, warm, fühlend, innerlich, einfühlsam, empfindend, einfühlend, teilnehmend 3. verwundbar, verletzbar

separat: vereinzelt, abgesondert, isoliert, gesondert, abgetrennt

Serenade: Nachtmusik, Abendmusik

Serie: Garnitur, Reihe

serienmäßig: vom Band, in Serie, als Massenanfertigung, seriell

seriös: ehrlich, ernsthaft, aufrichtig, gediegen, solide

servieren: vorsetzen, bewirten, auftragen, auftischen, reichen, auffahren

Sessellift: Gondelbahn, Seilbahn, Sesselbahn, Lift

sesshaft: wohnhaft, ansässig, niedergelassen, ortsansässig, beheimatet, heimisch

Set: 1. Reihe, Gruppe, Serie 2. Bühnenbild, Filmkulisse, Filmteam 3. Platzdeckchen

setzen: 1. wetten, tippen 2. anbauen, stecken, bebauen, einpflanzen, anpflanzen 3. hinsetzen, legen, stellen, hinstellen 4. aufrichten, hochziehen

s. setzen: 1. s. niederlassen, s. hinsetzen, s. niedersetzen 2. s. absetzen, s. ablagern 3. zusammensinken, absinken, einsinken, s. senken

Setzling: Schössling, Ableger, Jungpflanze, Steckling, Schössling

Seuche: Epidemie, Krankheit

Seufzer: Ächzer, Stoßseufzer, Schluchzer

Sex: Sexualität, Sexus, Geschlechtlichkeit

Sexualdelikt: Sexualverbrechen, Sittlichkeitsverbrechen

sexy: reizvoll, sympathisch, toll, erotisch, gewinnend, betörend, anziehend, bezaubernd, liebenswert, attraktiv, anmutig, aufreizend, einnehmend

sezieren: öffnen, obduzieren

Shampoo: Shampoon, Haarwaschmittel

Shifttaste: Umschalttaste

sicher: 1. überheblich, wichtigtuerisch, selbstüberzogen, stolz, selbstüberzeugt, hochnäsig, anmaßend, eingebildet, erfolgssicher, aufgeblasen, selbstgefällig, hochmütig, selbstbewusst, herablassend 2. ungefährdet, behütet, unbedroht, beschirmt, gerettet, beschützt 3. untrüglich, überzeugt 4. zweifelsfrei, zuverlässig, wirklich, unzweifelhaft, untrüglich, unleugbar, tatsächlich, unwiderlegbar, unbestreitbar, unbezweifelbar, unangreifbar, verbürgt, offiziell, gewiss, fehlerfrei 5. ungefährdet, gefahrlos, unverfänglich, harmlos, ungefährlich, geschützt 6. zutreffend, wahr, vollkommen, tadellos, einwandfrei, richtig, fehlerlos, korrekt, genau, mustergültig

Sicherheit: 1. Gesichertheit, Abschirmung, Schutz, Geborgensein, Sicherung, Geborgenheit 2. Zuverlässigkeit, Richtigkeit, Wahrheit, Gewissheit, Unwiderlegbarkeit, Kenntnis, Unangreifbarkeit, Klarheit, Überzeugung, Unanfechtbarkeit 3. Selbstvertrauen, Selbstsicherheit, Selbstgefühl, Selbstbewusstsein, Selbstwertgefühl

sichtbar: 1. wahrnehmbar, erkennbar, aufnehmbar, sehbar, kenntlich 2. beachtlich, spürbar, erheblich, sichtlich, deutlich, auffallend

Sieb: Durchschlag, Seihe, Filter

Siedegrad: Siedetemperatur, Siedepunkt

Siedlung: Niederlassung, Ansiedlung

Sieg: Triumph, Gewinn, Erfolg

Siegel: Stempel, Wappen, Logo

siegen: 1. triumphieren, s. durchsetzen, übertreffen 2. vernichten, überwinden, unterwerfen, schlagen, niederringen, bezwingen, besiegen

Sieger: Gewinner, Held, Besieger, Überwinder

Siegerkranz: Ehrenkranz, Lorbeerkranz, Eichenkranz

siegreich: sieggekrönt, begünstigt, preisgekrönt, erfolgreich

signiert: unterzeichnet, gegengezeichnet, abgezeichnet, unterschrieben

Silbe: Nachsilbe, Vorsilbe

Silbentrennung: Trennung, Abtrennung

Silberpapier: Alufolie, Stanniolpapier, Silberfolie

Silhouette: Profil, Schattenbild, Kontur, Skyline

Silo: Depot, Speicher, Magazin, Lagerhaus, Lager, Vorratshaus

Silvester: Jahreswende, Jahresausklang, Jahreswechsel

simpel: 1. schlicht, dumm 2. unproblematisch, unschwer, spielend, einfach, unkompliziert, problemlos, mühelos, kinderleicht

simsen: eine SMS verschicken, eine Kurzmitteilung verschicken

singen: 1. tremolieren, schmettern, trillern, trällern, summen, anstimmen 2. zwitschern, trillern, schilpen, zirpen, piepen, pfeifen, tirilieren, quirilieren

Singkreis: Singgruppe, Sängervereinigung, Chor, Sängerkreis

Singular: Einzahl, Singularis

sinken: 1. versacken, versinken, wegsacken, hinuntersinken, untergehen, hinabsinken, niedersinken, absinken 2. zurückgehen, nachgeben, schwinden, s. senken, abflauen

Sinn: 1. Spürsinn, Empfindung, Neigung, Einsehen, Empfänglichkeit, Verständnis, Gefühl 2. Zusammenhang, Inhalt, Bewandtnis, Bedeutung 3. Sinngehalt, Bedeutung, Gehalt

sinnähnlich: synonym, bedeutungsähnlich, sinnverwandt, sinngleich, bedeutungsverwandt, sinngleich

Sinnenfreude: Sexualität, Sinnlichkeit, Genussfreude, Erotik, Fleischeslust, Eros

Sinnestäuschung: 1. Wahnvorstellung, Gesicht, Vision, Trugbild, Erscheinung, Täuschung, Fantasiebild 2. Fieberfantasie, Fieberwahn

sinnig: sinnreich, zweckvoll, vernünftig, sinnvoll

sinnlich: 1. triebhaft, sinnenhaft, fleischlich, kreatürlich, genussfreudig, sexuell, körperlich 2. hörbar, spürbar, wahrnehmbar, sichtbar

Sinnlichkeit: Sinnenlust, Sinnenfreude, Eros, Erotik, Sexualität, Fleischeslust, Genussfreude

sinnlos: widersinnig, unvernünftig, töricht, unlogisch, ungereimt, vernunftwidrig, unsinnig, blödsinnig, lächerlich, absurd

Sinnlosigkeit: Wahnsinn, Widersinnigkeit, Unsinnigkeit, Unvernunft, Torheit, Widersinn, Blödsinnigkeit, Unsinn, Narrheit, Lächerlichkeit, Irrsinn

sinnreich: wohl überlegt, zweckvoll, sinnig, sinnvoll

Sinnspruch: Ausspruch, Merkspruch, Lebensweisheit, Zitat, Sentenz

sinnvoll: wohlüberlegt, sinnreich, zweckvoll, sinnig

sinnwidrig: ungereimt, widersinnig, unlogisch, töricht, sinnlos, falsch, abwegig, folgewidrig

Sintflut: Hochwasser, Überschwemmung, Wassernot

Sirene: Alarmsirene, Feuersirene

Sitte: 1. Sittsamkeit, Züchtigkeit, Sittenstrenge 2. Tradition, Überlieferung, Brauch 3. Lebensform, Takt, Anstand, Umgangsformen, Haltung, Höflichkeit, Betragen, Lebensart 4. Wertmaßstäbe, Wertvorstellungen, Sinnvorstellungen, Moral, Ethik, Sittlichkeit

sittenfest: züchtig, wohlerzogen, tugendrein, tugendhaft, sittlich, anständig, sittsam, tugendreich

Sittenlehre: Morallehre, Tugendlehre, Ethik

sittenlos: zuchtlos, wüst, zweideutig, verdorben, ungehörig, unkeusch, unzüchtig, lasterhaft, unanständig, unsittlich, ungebührlich, schlecht, unmoralisch, ruchlos, anstößig

Sittenlosigkeit: Zuchtlosigkeit, Unmoral, Verruchtheit, Verdorbenheit, Unsittlichkeit, Lasterhaftigkeit, Unkeuschheit, Verderbtheit

sittenstreng: züchtig, sittlich, tugendhaft, tugendreich, puritanisch, ethisch, moralisch, anständig, korrekt, sittenfest

Sittenstrenge: Züchtigkeit, Tugendhaftigkeit, Sitte

sittsam: züchtig, tugendreich, wohlerzogen, sittenstreng, anständig, sittenfest, korrekt, tugendhaft, sittenreich

Sittsamkeit: Züchtigkeit, Sitte, Tugend, Tugendhaftigkeit

sitzen bleiben: durchfallen, versagen, hängen bleiben

sitzen: 1. dahocken, hocken, dasitzen, thronen 2. treffen, einschlagen

Sitzgelegenheit: Sitz, Sitzplatz

Sitzplatz: 1. Sitzgelegenheit, Sitz 2. Sperrsitz, Logenplatz, Balkon

Sitzung: Versammlung, Session, Konferenz, Beratung

Skelett: Gerippe, Knochengerüst, Gebein

Skepsis: Zurückhaltung, Ungläubigkeit, Vorbehalt, Argwohn, Misstrauen

Skeptiker: Kritiker, Zweifler, Ungläubiger

skeptisch: zweiflerisch, zweifelnd, misstrauisch, argwöhnisch, ungläubig, kleingläubig

Ski: Schi, Schneeschuh

Skiabfahrt: Hangabfahrt, Talfahrt, Schussfahrt

Skizze: 1. Aufzeichnung, Studie 2. Zeichnung, Modell, Aufzeichnung, Plan, Entwurf, Projektierung 3. Rohzeichnung, Faustskizze

Skonto: Abzug, Rabatt, Prozente, Preisnachlass

Skrupel: Schuldgefühl, Gewissenspein, Gewissensbisse, Schuldbewusstsein

skrupellos: unmenschlich, bedenkenlos, rücksichtslos, mitleidlos, gewissenlos, gnadenlos, herzlos, lieblos

Skulptur: Statue, Plastik, Büste, Torso, Figur

Slang: Jargon, Umgangssprache, Soziolekt

Slip: Schlüpfer, Höschen, Unterhose, Tanga

Slum: Elendsviertel, Armenviertel, Getto, Favela

Smalltalk: Unterhaltung, Plauderei, Konversation, Schnack, Klön, Plausch

Smog: Dunstglocke, Diesigkeit, Qualm

Smoking: Frack, Abendanzug

SMS: SMS-Mitteilung, Kurzmitteilung

so: 1. solcherweise, solcherart, dermaßen, solchermaßen, derartig, derart, dergestalt, folgenderweise, dahingehend, folgendermaßen, dementsprechend 2. ernsthaft, echt, wirklich

sobald: direkt, sowie

Sockel: Standfuß, Postament, Piedestal, Fuß

soeben: momentan, jetzt, gerade, eben

Sofa: Schlafcouch, Ruhebett, Bettcouch, Liege, Couch

sofern: gegebenenfalls, vorausgesetzt, falls, wenn, wofern

sofort: unverzüglich, ungesäumt, umgehend, unmittelbar, schnurstracks, stracks, gleich, schleunigst, prompt, alsbald, sogleich, augenblicklich, direkt, geradewegs

sofortig: unverzüglich, alsbaldig, schleunig

sogar: außerdem, überdies, selbst, auch

sogleich: unverzüglich, unverweilt, ungesäumt, schleunigst, alsbald, schnellstens, unmittelbar, stracks, direkt, umgehend, augenblicks, geradewegs, gleich, momentan, flink, prompt, sofort

Sohn: Sprössling, Stammhalter, Junge, Bub, Knabe, Jüngling

solch: so, dieserlei, solcherlei, derartig, derlei, dergleichen

solcherart: solcherweise, folgenderweise, folgendermaßen, dahingehend, dermaßen, dergestalt, solchergestalt, derartig, solchermaßen, derart, demgemäß

solcherlei: dieserlei, solch, so, dergleichen, dementsprechend, derlei

Söldner: Söldling, Berufssoldat, Landsknecht

solidarisch: verbündet, vertrauensvoll, eng, zuverlässig, geschlossen, gemeinsam, vereint

solidarisieren (s.): s. zusammenschließen, s. verbünden, s. zusammentun, s. verbrüdern, s. anschließen

Solidarität: Zusammengehörigkeitsgefühl, Übereinstimmung, Kameradschaft, Gemeinsamkeit, Gemeinsinn, Verbundenheit

solide: 1. zuverlässig, pünktlich 2. verehrt, geschätzt, angesehen 3. anständig, sittsam, rechtschaffen, korrekt, höflich 4. wertbeständig, echt, gediegen

Soll: 1. Passiva 2. Verpflichtung, Verbindlichkeit, Auflage, Obliegenheit, Forderung, Plan

solvent: zahlungsbereit, flüssig, zahlungsfähig

Solvenz: Liquidität, Zahlungsfähigkeit

Sommerhaus: Ferienhaus, Datsche, Ferienwohnung, Landhaus, Wochenendhaus

sommerlich: warm, südlich, sonnig, tropisch, heiß

sonderbar: 1. wunderlich, seltsam, komisch, verschroben, merkwürdig, kauzig, eigen, absonderlich 2. unüblich, merkwürdig, neu, ungewöhnlich

Sonderling: Unikum, Wunderling, Einzelgänger, Original, Eigenbrötler, Kauz

sondern: 1. dagegen, vielmehr, hingegen, aber, jedoch, doch 2. trennen, isolieren

Sonnenaufgang: Morgenröte, Tagesgrauen, Tagesanbruch, Morgen, Morgengrauen

sonnendurchflutet: sonnenhell, freundlich, hell, strahlend, heiter

Sonnenschein: Sonnenstrahlen, Strahlen, Sonnenlicht, Sonne

Sonnenuntergang: Abendröte, Abenddämmerung, Abend

sonnig: 1. sorglos, heiter, vergnügt, fröhlich, fidel 2. sonnendurchflutet, sonnenhell, sommerlich, wolkenlos, prächtig, hell, heiter, aufgeheitert, schön, freundlich

sonntäglich: feiertäglich, festtäglich

Sonntagskind: Glückskind, Glückspilz, Hans im Glück

sonstig: anderes, anderswo, anderweitig, abweichend

sooft: jedes Mal wenn, soviel, immer wenn

Sore: Diebesgut, Hehlerware

Sorge: 1. Furcht, Unruhe, Beunruhigung, Scheu, Angst, Bekümmernis, Besorgnis, Kümmernis, Befangenheit, Bangigkeit, Bedenken 2. Versorgung, Fürsorge, Hilfe

sorgen (s.): 1. umsorgen, betreuen, s. annehmen, pflegen, s. kümmern, helfen 2. s. beunruhigen, s. abzehren, s. härmen, s. grämen, s. bekümmern, s. ängstigen, s. abhärmen

sorgenlos: vergnügt, leicht, unbekümmert, unbeschwert, leichtlebig, ruhig, heiter, glücklich, übersprudelnd, arglos, gelassen, beruhigt, sorglos

sorgenvoll: vergrämt, zentnerschwer, sorgenvoll, gedrückt, verzagt, gramvoll, bedrückt, freudlos, unruhig, gramerfüllt, besorgt, bekümmert

Sorgfalt: 1. Schärfe, Sorgsamkeit, Sorgfältigkeit, Ausführlichkeit, Behutsamkeit, Peinlichkeit, Genauigkeit, Pflichtgefühl, Gewissenhaftigkeit 2. Vorsicht, Pflege, Fürsorge, Schonung, Achtsamkeit, Obacht

sorgfältig: 1. sorgsam, pingelig, genau, gründlich, gewissenhaft, peinlich, geschliffen, ordentlich 2. behutsam, bedächtig, bedacht, vorsichtig

sorglos: 1. unbedenklich, unvorsichtig, lieblos, nachlässig, gleichgültig, achtlos 2. vergnügt, unkompliziert, sorgenfrei, unbekümmert, leichtlebig, ruhig, beruhigt, glücklich, gelassen, übersprudelnd, leicht

Sorglosigkeit: Unbesorgtheit, Schlamperei, Nachlässigkeit, Unbekümmertheit, Arglosigkeit

sorgsam: peinlich, genau, ordentlich, geschliffen, ängstlich, gewissenhaft, sorgfältig

Soße: Tunke, Saft

soufflieren: vorsagen, zuflüstern, vorsprechen

Souvenir: Mitbringsel, Reiseandenken, Andenken, Erinnerungsstück

souverän: unabhängig, überlegen, eigenständig, selbstständig

Souverän: Alleinherrscher, Herrscher

Souveränität: 1. Alleinherrschaft, Unabhängigkeit 2. Selbstsicherheit, Sicherheit

sowieso: ohnedem, ohnedies, ohnehin

sozial: wohltätig, hilfsbereit, uneigennützig, barmherzig, karitativ, gesellschaftlich, gemeinnützig

Sozialarbeiter: Fürsorger, Wohlfahrtspfleger, Streetworker

Sozialhilfe: Fürsorge, Wohlfahrt, Stütze

Sozialisation: Erziehung, Anpassung, Integration, Eingliederung

spachteln: 1. essen, stopfen 2. reparieren, zustreichen

spähen: äugen, verhoffen, sichern

Spalt: Loch, Spalte, Fuge, Schlitz

Spalte: 1. Grabensenke, Erdspalte, Mulde, Graben 2. Rubrik, Abschnitt 3. Spalt, Loch, Ritze, Fuge 4. Kluft, Tiefe, Abgrund, Klamm, Schlucht

spalten: aufspalten, zerhacken, zerteilen, zerspalten, entzweihacken

Span: Holzspan, Splitter

Spange: Klammer, Haarspange, Agraffe

spannen: 1. stramm ziehen, straffen, anziehen, anspannen 2. ausdehnen, dehnen, ausziehen, ausweiten, strecken 3. fühlen, wahrnehmen, bemerken 4. anmachen, einspannen, anbringen 5. vorspannen, anspannen, anschirren

spannend: spannungsreich, packend, faszinierend, fesselnd, atemberaubend, aufwühlend, dramatisch, erregend

Spannkraft: Energie, Elan, Leistungsstärke, Spannkraft, Potenzial

Spannung: 1. Ruhelosigkeit, Erregung, Hektik, Aufregung, Überreiztheit 2. Vorfreude, Ungeduld, Unruhe, Hochspannung, Anspannung, Nervosität, Gespanntheit, Neugierde 3. Feindseligkeit, Unbehagen, Unstimmigkeit

Spannungen: Differenzen, Verstimmung, Unfriede, Missstimmung, Gereiztheit

spannungsgeladen: feindselig, verhärtet, kritisch, explosiv, erregt, gespannt, dramatisch

spannungslos: wirkungslos, fantasielos, trocken, uninteressant, trostlos, üblich, öde, ermüdend, einförmig, trist, langweilig, einfach, gleichförmig, alltäglich

sparen: 1. unterdrücken, unterlassen 2. zusammenraffen, haushalten, absparen, anhäufeln, ansammeln 3. ersparen, weglegen, zurücklegen, einteilen, einsparen, aufsparen

spärlich: 1. knapp, wenig 2. sparsam, dünn gesät, gelichtet, licht, selten 3. schmal, kläglich, mager, gering, jämmerlich

sparsam: 1. wirtschaftlich, sorgfältig, überlegt, vorsichtig, eingeschränkt, genau, knapp, haushälterisch 2. selten, kümmerlich, dünn gesät, licht

Spaß: 1. Vergnüglichkeit, Ergötzen, Vergnügen, Freude 2. Ulk, Witzigkeit, Witz, Spielerei, Schelmerei, Possen, Scherz, Schabernack, Albernheit, Ausgelassenheit, Spaßerei, Humor, Schelmenstreich

spaßen: witzeln, sticheln, scherzen

spaßig: unterhaltsam, spaßhaft, witzig, ulkig, humorvoll, scherzhaft, schalkhaft, komisch, possenhaft, schelmisch, trocken, gelungen, humoristisch, lustig

Spaßmacher: Original, Spaßvogel, Schelm, Humorist, Possenmacher, Schalk, Komiker, Clown, Faxenmacher, Narr, Hofnarr, Hofzwerg, Hanswurst

spät: 1. spätabends, abends 2. zuletzt, endlich

später: 1. späterhin, demnächst, irgendwann 2. weiter, nächst, künftig, kommend, darauf folgend 3. forthin, hinfort, fernerhin, weiterhin

spazieren gehen: ausgehen, s. ergehen, s. bewegen, spazieren, hinausgehen

Spaziergang: Spazierweg, Bummel, Gang

Spazierstock: Wanderstab, Wanderstock, Stecken, Stab

Speck: Fettgewebe, Fett, Fettpolster

Spedition: Transportfirma, Speditionsbetrieb, Fuhrunternehmen, Speditionsgeschäft

Speed: Geschwindigkeit, Tempo, Zahn, Karacho

Speichel: Geifer, Spucke

Speicher: 1. Festplatte, Diskette, Disk 2. Magnetband 3. Reservoir, Trinkwasserspeicher, Wasserspeicher, Trinkwasserreservoir 4. Speicheranlage, Silo, Depot, Lager, Lagerhaus

speichern: 1. eingeben, eintippen 2. zurückbehalten, horten, lagern, ablegen, einlagern

Speiseeis: Halbgefrorenes, Eis, Sorbet

Speisekarte: Menü, Karte

Speisesaal: Messe, Mensa, Kantine

Spekulant: Geschäftemacher, Fixer

spendabel: weitherzig, freigebig, verschwenderisch, verschwendungssüchtig, großzügig, honorig, hochherzig

Spende: Unterstützung, Gabe, Almosen, Beitrag, Geschenk

spenden: 1. zeichnen, übereignen, zuwenden, stiften, widmen, darbringen, opfern, überlassen, spendieren, geben 2. trösten, aufmuntern

Spender: Geber, Wohltäter, Gönner

spendieren: widmen, übereignen, zuwenden, spenden, überlassen, übergeben, verehren, geben, stiften, schenken, opfern

Sperma: Samenflüssigkeit, Ejakulat, Spermien

Sperre: Wegsperre, Hindernis, Absperrung, Barriere

sperren: versperren, absperren, abriegeln, abschließen **s. sperren:** s. widersetzen, s. entgegensetzen, s. verschließen

sperrig: unzweckmäßig, umständlich, ungeeignet

Spesen: Reisespesen, Diäten

Spezi: Freund, Gefährte, Kumpel, Vertrauter

Spezialgebiet: Sonderfach, Spezialität, Domäne, Fach

Spezialist: 1. Facharzt, Spezialarzt 2. Sachverständiger, Meister, Fachkraft, Sachkundiger, Sachkenner, Könner, Fachmann, Facharbeiter, Professioneller, Autorität

speziell: 1. insbesondere, ausdrücklich 2. punktweise, detailliert

Spezies: Art, Familie, Gattung, Sorte, Klasse

spiegelblank: geputzt, schimmernd, poliert

spiegelglatt: rutschig, eisglatt

Spiel: 1. Darbietung, Vorführung, Aufführung 2. Streich, Possen, Schabernack, Spielerei 3. Glücksspiel, Tombola, Lotterie 4. Lächerlichkeit, Bagatelle, Kinderspiel 5. Bühnenstück, Schauspiel, Theaterstück 6. Wettkampf, Wettrennen, Turnier, Wettfahrt, Match

Spielbank: Spielkasino, Spielhölle, Kasino, Bank

spielen: 1. verkörpern, darstellen, auftreten, aufführen 2. pokern, würfeln

Spieler: 1. Aktiver, Sportler 2. Abenteurer, Glücksritter, Glücksspieler 3. Musikant, Musiker

Spielerei: Lächerlichkeit, Kinderspiel, Kleinigkeit

Spielfeld: Sportplatz, Platz, Spielfläche, Feld, Rasen

Spielfreund: Spielkamerad, Freund

Spielkarte: Karte, Blatt

Spielplan: Programm, Spielfolge

Spielplatz: 1. Sandplatz, Spielwiese, Sandkasten 2. Platz, Spielfläche, Feld, Rasen, Spielfeld

Spielzeit: Theatersaison, Spielsaison

Spießbürger: Kleinbürger, Spießer, Biedermann, Banause

spießbürgerlich: kleinlich, spießerhaft, spießig, hausbacken, kleinbürgerlich, engherzig, banausenhaft, bieder, eng

Spinner: Verrückter, Trottel

Spionage: Geheimnisverrat, Verrat, Agentendienst, Auskundschaftung, Beobachtung

spionieren: auskundschaften, observieren, beobachten

Spirale: Schnecke, Windung

Spiritismus: Okkultismus, Geisterbeschwörung, Spiritualismus

Spirituosen: Alkoholika, scharfe Getränke, Hochprozentiges

Spital: Hospital, Krankenhaus, Klinik

spitz: 1. knochig, dünn, eingefallen 2. höhnisch, ironisch, spöttisch, zynisch, bitter, schnippisch, bissig 3. scharfkantig, zugespitzt, nadelspitz, stechend, geschliffen 4. scharf, lüstern

Spitze: 1. Dorn, Stachel 2. Leitung, Chefetage, Führung, Geschäftsleitung, Vorstand, Direktion 3. Stichelei, Anspielung, Gestichel, Seitenhieb

Spitzel: Spion, Zuträger, Aufpasser, Spürhund, Agent

Spitzelei: Auskundschaftung, Bespitzelung

spitzen: hineinspitzen, hineinschauen

Spitzenklasse: Meisterstück, Glanzstück

Spitzenleistung: Höchstleistung, Rekord

Spitzenreiter: Erster, Bester, Champion, Sieger

Spitzensportler: Leistungssportler, Berufssportler, Champion, Meister

Spitzname: Neckname, Scherzname, Beiname, Spottname

Spleen: Eigenheit, fixe Idee, Schrulle, Tick, Macke

spontan: impulsiv, unüberlegt

sporadisch: selten, vereinzelt, knapp, manchmal

Sport: Körperkultur, Leibeserziehung, Turnen, Körpererziehung, Körperertüchtigung

Sportanlage: Stadion, Arena, Turnhalle

Sportdress: Trikot, Dress, Sportkleidung

Sportfeld: Stadion, Übungsplatz, Platz, Spielfeld

Sportkleidung: Turnzeug, Sportanzug, Trikot, Dress, Turntrikot

Sportlehrer: Trainer, Turnlehrer

Sportler: 1. Wettkämpfer, Athlet, Sportsmann, Kämpfer 2. Amateur, Freizeitsportler 3. Profisportler, Berufssportler, Leistungssportler

sportlich: 1. stark, sehnig, athletisch, drahtig, kräftig, frisch, rank 2. flott, zügig, schneidig, rasant

Sportplatz: Spielfeld, Sportfeld, Platz, Übungsplatz

Sporttrophäe: Medaille, Urkunde, Siegerkranz, Cup, Pokal, Plakette

Spot: Werbefilm, Reklame, Werbetext, Einblendung, Fernsehspot

Spott: 1. Persiflage, Satire, Parodie 2. Zynismus, Verspottung, Spottsucht, Hohn, Ironie, Spötterei, Verhöhnung, Anzüglichkeit

spotten: sticheln, witzeln, höhnen, spötteln

Spötter: 1. Ironiker, Zyniker 2. Parodist, Satiriker

spöttisch: 1. zynisch, mokant, kalt, spitz, scharf, satirisch, anzüglich, höhnisch, scharfzüngig, ironisch, bissig 2. parodistisch, satirisch

Sprache: 1. Sprechfähigkeit, Sprechvermögen 2. Umgangssprache, Rede, Ausdrucksweise

Sprachwissenschaft: Linguistik, Sprachforschung

sprechen: vortragen, s. unterhalten, weitertragen, unterrichten, kundtun, weitererzählen, reden, informieren, erklären, sagen, wiedergeben, mitteilen, bekannt geben, zugeben, äußern, begründen, diskutieren, widerrufen, versprechen, anreden, andeuten, überreden, vermuten, ansprechen, entgegnen, formulieren, meinen, aufklären

Sprecher: Ansager, Wortführer, Vortragender

Sprechstunde: Praxis, Ordination

spreizen: wegstrecken, grätschen

sprengen: 1. wässern, berieseln, bespritzen, besprühen, befeuchten, einspritzen, anfeuchten, benetzen 2. auflösen, zerstreuen, auseinander jagen 3. auseinanderreißen, aufbrechen, aufsprengen 4. zerstören, zertrümmern

Sprengstoff: 1. Sprengmittel, Zündstoff, Dynamit 2. Konfliktstoff, Brisanz

sprießen: wachsen, knospen, grünen, keimen, sprossen, ausschlagen

springen: 1. zerspringen, zersplittern, zerbrechen, platzen, entzweigehen, zerbersten 2. heraussprühen, hervorschießen 3. hopsen, hüpfen

Sprint: Wettrennen, Kurzstreckenlauf

spritzen: 1. einspritzen, injizieren 2. herauskommen, hervorschießen, heraussprühen

spritzig: 1. ideenvoll, unterhaltsam, witzig, einfallsreich, ideenreich, geistreich, produktiv, geistvoll, anregend, erfinderisch, originell 2. schneidig, schnell, wendig, sportlich, flott

spröde: 1. zerbrechlich, strohig, unelastisch, brüchig, mürbe, splitterig, bröckelig 2. züchtig, schamhaft, zurückhaltend, verschämt, kühl, abweisend

Spruchband: Banderole, Transparent

sprudeln: schäumen, perlen, prickeln

Sprung: 1. Satz, Hüpfer, Flucht 2. Knacks, Riss

sprunghaft: 1. wetterwendisch, wankelmütig, wechselhaft, unbeständig, flatterig, unausgeglichen, unstet, schwankend, launenhaft 2. urplötzlich, unvorhergesehen, unverhofft, jählings, überstürzt, unvermutet, schnell, plötzlich, unerwartet, blitzschnell, ruckartig

Spucke: Speichel, Sabber, Schaum

spuken: irrlichtern, geistern, gespenstern

spulen: aufwickeln, aufrollen, aufspulen

spülen: durchspülen, schwenken

Spülmaschine: Geschirrspülmaschine, Geschirrspüler

Spund: Stopfen, Korken, Stöpsel, Pfropfen, Zapfen

Spundloch: Zapfenloch, Abstichloch

Spur: Fußstapfen, Fußspur

spürbar: merklich, fühlbar, zusehends, beachtlich, deutlich, erheblich, erkennbar

spüren: wittern, merken, herausfühlen, fühlen, durchfühlen, ahnen, riechen

spurlos: unmerklich, ohne Spuren, ohne Hinweise

Spürnase: Witterung, Spürsinn, Scharfsinn, Gespür

staatlich: national, volkseigen

Staatsform: Regierungsform, Herrschaftsform, Regierungssystem, System

Staatsgebiet: Territorium, Hoheitsgebiet

Staatsgewalt: Herrschaft, Staatsmacht, Regierungsgewalt

Staatsoberhaupt: Oberhaupt, Regent, Herrscher

Staatsstreich: Putsch, Umsturz

stabil: 1. beständig, dauerhaft 2. widerstandsfähig, unverwüstlich, massiv, solid, fest, bruchfest, haltbar, strapazierfähig

stachelig: struppig, stechend, ruppig, stachlig, kratzig

Stadion: Sportstadion, Arena, Sportarena

stadtbekannt: berühmt, wohlbekannt, prominent, namhaft

Stadtbewohner: Städter, Stadteinwohner, Stadtmenschen

Stadtgespräch: Aufsehen, Skandal, Sensation, Affäre

städtisch: weltstädtisch, kleinstädtisch, großstädtisch

Stadtmitte: Zentrum, Stadtzentrum, City, Innenstadt

Stadtoberhaupt: Oberbürgermeister, Bürgermeister

Stadtrand: Vorstadt, Einzugsgebiet, Vorort, Außenbezirk

Stagnation: Stillstand, Stockung, Nachlassen, Rückschlag, Pause, Halt, Rückgang, Flaute, Abfall

staksig: hölzern, linkisch, steif, ungelenk

Stallbursche: Reitknecht, Pferdejunge

Stamm: 1. Volk, Volksstamm 2. Belegschaft, Kader

Stammbaum: Stammtafel, Ahnentafel, Abstammungstafel

stämmig: 1. zäh, stark, stramm, kraftvoll, athletisch, markig, kraftstrotzend, sportlich, sehnig, robust, rüstig 2. wohlgenährt, vollschlank, üppig, stramm, kräftig, unförmig, stark, gewaltig, breit, massig, rund, fett, wohlbeleibt, füllig, dick

stampfen: 1. trampeln, stapfen 2. zerstoßen, zertreten, quetschen, breit drücken, zusammendrücken, zerdrücken, zerkleinern

Stand: 1. Verkaufsstand, Marktstand, Bude, Kiosk, Warenstand 2. Gruppe, Schicht 3. Lage, Zustand, Sachlage, Tatbestand, Verhältnisse, Umstände, Situation, Sachverhalt

Standbild: Statue, Skulptur, Plastik, Denkmal

standfest: fest, sicher stehend, standsicher

standhaft: 1. willensstark, unbeirrt, konsequent, aufrecht, charakterfest, durchhaltend 2. zugeknöpft, verstockt, widersetzlich, unerbittlich, unaufgeschlossen, unbelehrbar, unzugänglich, stur, rechthaberisch, halsstarrig, fest, eisern, kompromisslos, starrköpfig

standhalten: aushalten, widerstehen

ständig: 1. unheilbar, chronisch, schleichend 2. ununterbrochen, stetig, unausgesetzt, unaufhörlich, konstant, immer, pausenlos, beständig, immerfort, stets, fortdauernd, dauernd, gleichbleibend, andauernd

Standort: Stellung, Standpunkt, Lage, Ort, Stand

Standpauke: Zurechtweisung, Strafpredigt, Warnung, Lektion, Maßregelung, Belehrung

Standpunkt: 1. Stand, Stellung, Lage, Ort 2. Schau, Position, Blickpunkt, Warte

Stangenweißbrot: Baguette, Teebrot, französisches Brot, Ciabatta

Stapel: Stoß, Haufen, Turm, Berg, Anhäufung

stapfen: stampfen, trotten, gehen, trampeln

Star: Sternchen, Starlet, Filmstar, Filmstern, Filmheld, Filmdiva, Filmgröße

stark bevölkert: bevölkert, volkreich

Stärke: 1. Potenz, Leistung 2. Stärkemittel, Steife 3. Härte, Zähigkeit, Anstrengung 4. Wucht, Kraft, Körperkräfte 5. Gehalt, Bedeutung, Reichweite, Folge 6. Festigkeit, Halt 7. Umfang, Ausmaß, Dicke

stärken: 1. unterstützen, helfen, aufrichten, ermutigen 2. festigen, kräftigen 3. steifen, härten

Starkstrom: Drehstrom, Dreiphasenstrom

starr: 1. glasig, verglast, gläsern 2. still, ruhig, erstarrt, reglos, bewegungslos, leblos, regungslos, unbewegt 3. verknöchert, uneinsichtig, störrisch, starrköpfig, engstirnig, unbelehrbar, stur 4. ungelenkig, steif

Starre: Starrheit, Dogmatik

starren: gaffen, stieren

Starrkopf: Dickkopf, Querkopf, Dickschädel, Trotzkopf

starrköpfig: verstockt, widerspenstig, verbohrt, verschlossen, widersetzlich, unnachgiebig, ungehorsam, widerborstig, unfolgsam, unversöhnlich, uneinsichtig, trotzig, stur, rechthaberisch, unerbittlich, störrisch, unbequem, fest, kompromisslos, halsstarrig, unbelehrbar, aufmüpfig, eigensinnig, standhaft

Start: 1. Weggang, Abflug, Abfahrt, Aufbruch 2. Anfang, Beginn, Auftakt

Startbahn: Rollbahn, Piste, Start-und-Lande-Bahn

starten: 1. loslaufen, loseilen, losstürzen 2. wegziehen, abziehen, abfahren 3. wegfliegen, anheben, fortfliegen, abheben 4. eröffnen, anbrechen, anfangen, einsetzen

stationär: 1. standörtlich, gebunden 2. bleibend, unveränderlich

statisch: ruhig, unbewegt, starr

Statist: 1. Komparse, Figurant 2. Nebenfigur, Marionette, Randfigur

Stätte: Lokalität, Örtlichkeit, Schauplatz, Räumlichkeit

stattfinden: sein, s. zutragen, vorfallen, s. abspielen, vorkommen, passieren, s. begeben, s. vollziehen, s. einstellen, s. ereignen

stattgeben: genehmigen, erlauben, zustimmen, einräumen, gewähren, zugestehen, gestatten, bewilligen

statthaft: rechtmäßig, gestattet, rechtens, gesetzlich, zulässig, erlaubt

stattlich: 1. hoch, viel 2. stämmig, hünenhaft, groß, hochgewachsen 3. üppig, nennenswert, respektabel, ungeheuer, ansehnlich, erheblich, eindrucksvoll, imponierend, beachtlich, reichlich

Statue: Standbild, Denkmal, Skulptur, Figur, Plastik, Torso, Büste

Statuten: Bestimmungen, Regeln, Verfassung, Satzung, Vorschriften

staubfrei: rein, sauber, entstaubt

staubig: verstaubt, angestaubt, schmutzig

stauchen: zurechtweisen, anbrüllen, tadeln, ausschelten, auszanken, zanken, schimpfen

Staudamm: Wehr, Stauanlage, Talsperre

stauen: hemmen, speichern, abdämmen, sammeln, aufdämmen, aufstauen, anstauen

s. stauen: s. steigern, s. anhäufen, s. summieren, zunehmen, s. mehren, s. ansammeln, s. aufspeichern, s. vervielfachen

staunen: s. verwundern, s. wundern

staunenswert: 1. unvergleichlich, stattlich, sensationell, ungeläufig, ungewöhnlich, sondergleichen, überragend, nennenswert, ohnegleichen, bedeutend, aufsehenerregend, entwaffnend, beträchtlich, außerordentlich, bedeutungsvoll 2. verwirrend, überraschend, verblüffend, auffallend

stechen: schmerzen, piken

Stechuhr: Stempeluhr

Steckdose: Dose, Steckkontakt, Anschlussdose

stecken bleiben: stehen bleiben, festsitzen, festlaufen, s. festfahren, festliegen

stecken: 1. einsetzen, pflanzen, setzen 2. sein, kleben, festhängen, s. befinden, haften 3. hineinschieben, stopfen, drücken

Steckkontakt: Steckdose, Dose, Anschlussdose

Steckling: Ableger, Jungpflanze, Schössling, Pflänzling

stehen bleiben: 1. unterbrechen, anhalten, einhalten, ausruhen, Halt machen, einstellen 2. versagen, stillstehen, stocken, aussetzen, anhalten, aufhören, halten

stehlen: 1. wegtragen, s. vergreifen, mitnehmen, s. bemächtigen, wegnehmen, entwenden, bestehlen, veruntreuen, abnehmen, ausräumen, berauben, erbeuten, s. aneignen, ausräubern 2. rauben, plündern

steif: 1. böig, stürmisch, starkwindig 2. verkrampft, verspannt, gezwungen, förmlich, ungeschickt, eckig 3. erstarrt, maskenhaft 4. ungelenkig, hart, unbiegsam, starr, fest 5. gefroren, vereist, eisig

steifen: härten, stärken

Steifheit: 1. Starre, Starrheit 2. Förmlichkeit, Verschrobenheit

steigen: 1. schwellen, ansteigen 2. hinaufsteigen, erklimmen, aufklettern, emporsteigen, ersteigen 3. anziehen, s. verteuern 4. s. erweitern, s. ausweiten 5. zunehmen, s. verdichten, anschwellen, s. erhöhen, s. vergrößern, anwachsen 6. klettern, hochklettern

steigern: 1. verteuern, anziehen, heraufsetzen 2. vorantreiben, verbessern, ausbauen, erhöhen, ankurbeln, vertiefen 3. vermehren, verstärken, erhöhen, vergrößern, verschärfen, anheben

Steigerung: 1. Crescendo 2. Übertreibung 3. Höhepunkt 4. Hebung, Zunahme, Verstärkung, Erhöhung 5. Zuwachs, Vermehrung, Anstieg, Erhöhung, Vergrößerung

Steigung: 1. Ansteigen, Höhenunterschied 2. Steile, Schräge

steil: schroff, abfallend, absteigend, schräg, jäh

Stein: Fels, Felstrümmer

steinalt: uralt, sehr alt, betagt, hochbejahrt, greis

Steinblock: Quaderstein, Block

steinig: 1. schwierig, mühevoll, schwer 2. steinreich, felsig

Steinpilz: Herrenpilz, Edelpilz, Herrenschwamm

steinreich: 1. stinkreich, sehr reich, schwerreich, millionenschwer 2. felsig, steinig

Stelldichein: Treffen, Date, Verabredung, Rendezvous

stellen: 1. niederstellen, abstellen, absetzen 2. setzen, hinstellen, zuweisen, platzieren, hinbringen **s. stellen:** 1. beantragen, fordern 2. s. bezichtigen, s. ergeben, s. ausliefern, s. melden

stellenweise: verstreut, streckenweise, strichweise, gebietsweise, manchmal, gelegentlich, regional

stellungslos: unbeschäftigt, stellenlos, arbeitslos

Stellvertreter: Vertreter, Verweser, Verwalter, Sachverwalter, Ersatz

stemmen: reißen, heben, stoßen, drücken

s. stemmen: s. auflehnen, s. wehren

Stenotypistin: Schreibkraft, Sekretärin, Schreiberin, Datentypistin

sterben: versterben, verlöschen, verscheiden, verschwinden, hinsterben, schwinden, einschlafen, umkommen, vergehen, heimgehen, ableben, entschlafen, hinscheiden, das Zeitliche segnen

sterblich: zeitlich, kurzlebig, begrenzt, vergänglich, endlich

steril: sterilisiert, keimfrei, antiseptisch, aseptisch

Sterilisation: 1. Sterilisierung, Entkeimung 2. Vasektomie, Unfruchtbarmachung

Stern: Planet, Gestirn

Sternkunde: Astronomie, Himmelskunde

Sternstunde: Glücksstunde, Krönung, Höhepunkt, Glanzpunkt

stet: unaufhörlich, immerzu, gleichbleibend, ununterbrochen

Stethoskop: Hörrohr, Otofon

stetig: ständig, ununterbrochen, unaufhörlich, beharrlich, dauernd

Stetigkeit: Dauer, Wiederkehr, Beharrlichkeit, Beständigkeit

stets: unausgesetzt, pausenlos, ständig, immerwährend, kontinuierlich, unaufhaltsam, immer, anhaltend, immerfort, dauernd, fortdauernd, beständig, fortgesetzt, unaufhörlich, beharrlich, allezeit

Steuer: 1. Lenkrad, Volant, Steuerung 2. Besteuerung, Steuerauflage, Versteuerung 3. Steuerruder, Ruder, Schiffssteuer 4. Steuerknüppel, Steuerhebel 5. Beitrag, Abgabe, Abzüge

steuerfrei: ohne Steuern, nicht besteuert, abgabenfrei

stichhaltig: unangreifbar, unwiderlegbar, überzeugend, zwingend, schlagend, bündig, triftig, glaubwürdig, beweiskräftig

Stichprobe: Test, Überprüfung, Probe

Stichwort: Schlagwort, Merkwort

stickig: verräuchert, schlecht, dumpf, ungelüftet, rauchig, drückend, beißend

Stiel: 1. Griff, Stange 2. Stängel, Halm

stier: verglast, starr, glasig

Stierkämpfer: Torero, Matador

Stigma: Merkmal, Signum, Kennzeichen

Stil: Schreibweise, Schreibart, Ausdruck, Ausdrucksart

stilgemäß: abgestimmt, passend, stilvoll, stilgerecht, harmonisch, auserlesen, geschmackvoll, vollendet

still: 1. verträumt, abgeschieden, romantisch, malerisch, friedvoll, idyllisch, harmonisch 2. ruhig, ruhevoll, gefasst, bedacht, gezügelt, besonnen 3. geräuschlos, flüsternd, leise 4. verschwiegen, zurückhaltend, verschlossen, einsilbig, schweigsam, redescheu, stumm, ruhig 5. unhörbar, lautlos

Stille: Totenstille, Friede, Lautlosigkeit, Grabesstille, Stillschweigen

stillhalten: verwinden, verkraften, ertragen, tragen, ausstehen, vertragen, dulden, hinnehmen

stilllegen: abschaffen, stoppen, lahm legen, auflassen

stillos: stilwidrig, flach, gewöhnlich, gemein, abgeschmackt

Stillschweigen: Totenstille, Schweigen, Friede, Lautlosigkeit, Geräuschlosigkeit

Stillstand: Stauung, Pause, Rückschlag, Flaute, Stockung, Halt, Einhalt, Abfall, Rückgang

stillstehen: 1. stehen bleiben 2. stocken, versagen, ausfallen, stehen bleiben, aufhören

stilvoll: passend, stilgerecht, stilgemäß, vollendet, auserlesen, geschmackvoll, harmonisch, abgestimmt

stilwidrig: stillos, flach, abgeschmackt, geschmacklos, gewöhnlich, platt

stimmberechtigt: wahlberechtigt, abstimmungsberechtigt

Stimmbruch: Stimmwechsel, Mutation

stimmen: 1. s. eignen, passen 2. wählen, abstimmen 3. einstellen, regulieren 4. s. bestätigen, zutreffen

Stimmlage: Tonhöhe, Tonlage

Stimmung: 1. Klima, Atmosphäre 2. Verfassung, Gefühlslage, Gemütszustand, Gemütslage

Stock: Rohrstock, Stecken, Prügel, Knüppel

stockdunkel: düster, dunkel

Stöckelschuhe: Pumps, High Heels, hochhackige Schuhe

stocken: 1. versiegen, nachlassen, versanden, festliegen, aufhören, abbrechen, stehen bleiben, erlahmen, ruhen, festsitzen 2. stottern, stammeln

stockend: stückweise, stotternd, abgehackt, holprig, zusammenhanglos, stoßweise, stammelnd

Stockwerk: Stock, Etage

Stoff: Materie, Masse, Substanz

stofflich: körperlich, materiell

stöhnen: 1. klagen, jammern 2. ächzen, seufzen, krächzen

Stöhnen: Gestöhne, Geseufze

stoisch: kaltblütig, überlegen, besonnen, abgeklärt, gleichmütig, gemächlich, gemessen, gefasst, bedachtsam, bedacht, beherrscht

stolz: überheblich, siegessicher, selbstüberzeugt, selbstgefällig, selbstsicher, selbstbewusst, hochnäsig, herablassend, aufgeblasen, eingebildet, erfolgssicher, anmaßend, arrogant

Stolz: Würde, Vornehmheit, Wertbewusstsein, Selbstvertrauen, Erhabenheit, Selbstsicherheit, Größe, Selbstwertgefühl, Selbstgefühl, Selbstachtung

stolzieren: flanieren, schreiten, wandeln

Stopfen: Zapfen, Pfropfen, Korken, Kork, Spund

Stopp: Halt, Pause, Zwischenstation, Unterbrechung, Rast

stoppelig: rau, kratzig, unrasiert, borstig

stoppen: 1. abbrechen, abschließen, aussetzen, unterlassen 2. haltmachen, halten, stocken, bremsen, abstellen 3. abstoppen, messen, timen

Stöpsel: Spund, Zapfen, Stopfen, Korken, Kork, Pfropfen

störanfällig: reparaturfeindlich, reparaturanfällig

stören: 1. hindern, sabotieren 2. unterbrechen, s. einmischen, dazwischenreden 3. behelligen, plagen

störend: unwillkommen, unvorteilhaft, zeitraubend, mühsam, ungünstig, hinderlich, beschwerlich, behindernd, mühevoll, nachteilig, lästig

stornieren: tilgen, zurücknehmen, löschen, berichtigen

Stornierung: Ungültigkeitserklärung, Löschung, Tilgung, Berichtigung

störrisch: widerspenstig, unfolgsam, widersetzlich, unnachgiebig, widerborstig, verständnislos, trotzig, rechthaberisch, unaufgeschlossen, unzugänglich, unbelehrbar, ungehorsam, kompromisslos, stur, starrköpfig, aufmüpfig

Störung: 1. Unterbrechung, Belästigung, Behinderung, Ablenkung, Stockung, Behelligung 2. Schaden, Panne 3. Kurzschluss, Stromunterbrechung

störungsfrei: 1. hervorragend, einwandfrei 2. reparaturfreundlich, wartungsfrei

Stoß: Stups, Schub, Puff, Rippenstoß, Knuff

stoßen: knuffen, puffen, stauchen

stottern: stammern, stammeln

strafbar: verfassungswidrig, verboten, unstatthaft, widerrechtlich, unrechtlich, unerlaubt, ungesetzlich, unrechtmäßig, unbefugt, illegal, rechtswidrig, ordnungswidrig, kriminell, strafwürdig

Strafe: Vergeltungsmaßnahme, Vergeltung, Sühne, Bestrafung, Denkzettel, Abrechnung, Lehre, Heimzahlung

strafen: s. revanchieren, züchtigen, bestrafen, abrechnen, vergelten, maßregeln

Straferlass: Straffreiheit, Strafnachlass, Amnestie, Begnadigung

straff: 1. gerade, aufgerichtet 2. strikt, militärisch, eisern 3. prall, faltenlos 4. stramm, fest, gespannt

straffen: spannen, stramm ziehen, anspannen **s. straffen:** s. strecken, s. dehnen

Straffreiheit: Strafnachlass, Straferlass, Begnadigung, Amnestie

Strafmandat: Strafzettel, Knolle, Knöllchen, Bußzettel

Strafpredigt: Tadel, Zurechtweisung, Moralpredigt, Strafrede, Donnerwetter, Lektion, Standpauke

Strafprozess: Rechtsverfahren, Gerichtsverhandlung, Rechtsstreit, Gerichtsverfahren

Strafsache: Vergehen, Straftat

Strafstoß: Elfmeter, Freistoß, Penalty, Elfer

Straftat: Verbrechen, Vergehen, Delikt, Übertretung

Strafvollstreckung: Strafvollziehung, Strafvollzug

Strafvollzugsanstalt: Zuchthaus, Gefängnis, Strafanstalt, Haftanstalt

Strahl: Schein, Lichtstrahl, Sonnenschein

strahlend: 1. poliert, glänzend, blank 2. vergnügt, lustig, aufgelegt, heiter, ausgelassen, fröhlich 3. sonnig, sonnenhell, sonnendurchflutet

Strahlung: Sonnenstrahlung, Radioaktivität

strähnig: ungekämmt, fettig, zottelig

stramm: 1. hauteng, eng anliegend 2. sportlich, athletisch, robust, kräftig 3. prall, faltenlos 4. gedehnt, gespannt, angespannt, straff gezogen 5. strikt, eisern, militärisch

Strand: Küste, Küstenstreifen, Strandbad, Badestrand

Strapaze: Überbelastung, Anstrengung, Mühe, Last, Beschwerlichkeit

strapazieren: überbeanspruchen, belasten, anstrengen, missbrauchen, abnutzen, ermüden, beanspruchen

strapazierfähig: widerstandsfähig, unzerbrechlich, solide, bruchfest, haltbar, massiv

strapaziös: schwer, schwierig, mühevoll, ermüdend, anstrengend, ermattend, aufreibend, beschwerlich

Straße: 1. Fahrweg, Fahrstraße 2. Landstraße, Fernverkehrsstraße

Straßenbahn: Trambahn, Bahn, Tram

Straßenverkehr: Fernverkehr, Autoverkehr, Reiseverkehr, Berufsverkehr

Strategie: 1. Kalkül, Berechnung, Verhandlungskunst 2. Kriegskunst, Taktik

sträuben: aufrichten, stellen

s. sträuben: s. erheben, s. widersetzen, s. auflehnen, s. aufbäumen, s. empören, s. dagegenstellen

Strauch: Staude, Busch

Strebe: Versatzung, Träger, Stützbalken

streben: anstreben, trachten

Streber: 1. Musterschüler, Musterknabe 2. Karrieremacher

strebsam: lernbegierig, tüchtig, streberhaft, hochstrebend, lerneifrig, geschäftig, fleißig, aufstrebend, ehrgeizig, betriebsam, arbeitsam, eifrig

Strebsamkeit: 1. Arbeitsfreude, Schaffenslust, Fleiß 2. Tatendrang, Rührigkeit, Streben, Bereitschaft, Tatenlust, Betriebsamkeit, Ehrgeiz, Bereitwilligkeit, Eifer, Bestreben, Gefälligkeit

Strecke: 1. Schienenweg, Verkehrslinie 2. Wegstrecke, Entfernung, Etappe, Distanz 3. Anfahrt, Anfahrtsweg

strecken: 1. spannen, ausweiten, dehnen, ausziehen 2. panschen, verwässern, verdünnen **s. strecken:** s. recken, s. ziehen, s. ausspannen

Streich: Schelmenstreich, Lausbüberei, Schabernack, Jungenstreich, Dummheit, Bubenstreich

streicheln: liebkosen, kraulen, tätscheln, zärtlich sein

streichen: 1. weglassen, entfernen, kürzen, ausklammern, aussparen, herausnehmen, ausschließen 2. durchstreichen, durchkreuzen 3. verkleinern, verringern, vermindern, abstreichen, abziehen 4. auftragen, bestreichen 5. anmalen, weißen, übertünchen, bemalen

Streichholz: Reibholz, Zünder, Zündholz

Streifzug: Ausflug, Trip, Spritztour, Bummel, Tour

Streik: Ausstand, Arbeitskampf, Arbeitsniederlegung, Arbeitseinstellung

Streit: Zank, Zusammenstoß, Zusammenprall, Tätlichkeit, Unzuträglichkeit, Zwistigkeit, Widerstand, Streiterei, Missverständnis, Wortgefecht, Szene, Missklang, Handgemenge, Gezänk, Auftritt, Konflikt, Entzweiung, Reibung, Gegensätzlichkeit, Hader, Fehde, Kontroverse

streitbar: zanksüchtig, rechthaberisch, reizbar, hitzig, streitsüchtig, unverträglich, feindselig, militant, kampfesfreudig, kampfbereit, streitlustig, aggressiv, herausfordernd, bissig

streiten (s.): 1. zusammenstoßen, s. zanken, s. verzanken, s. zerstreiten, s. befehden, s. anfeinden, s. verfeinden, s. überwerfen, s. entzweien, kollidieren, aneinandergeraten, s. auseinandersetzen, s. bekriegen 2. differieren, widersprechen

Streitgespräch: Wortstreit, Erörterung, Polemik, Streit, Debatte, Diskurs, Disput

Streitkräfte: Truppen, Militär, Armee

Streitobjekt: Streitgrund, Streitpunkt, Zankapfel, Streitursache

Streitsucht: Zanksucht, Streitlust, Streitsüchtigkeit, Händelsucht

Streitsüchtige: Streithahn, Zankteufel, Streithammel, Unruhestifter

streng: 1. konservativ, intolerant, rechthaberisch 2. schlimm, unglücklich 3. stechend, scharf 4. hart, schneereich 5. unerbittlich, straff, unnachsichtig, unwidersprechlich, strikt, scharf, herrisch, konsequent, rigoros, hart, barsch, gestreng, schwer, energisch, fest, diktatorisch, bestimmt, entschieden

Strenge: 1. Ungerührtheit, Unnachsichtigkeit, Gnadenlosigkeit, Unerbittlichkeit, Hartherzigkeit, Massivität, Schonungslosigkeit 2. Schärfe, Gewalt, Härte 3. Deutlichkeit, Genauigkeit, Ordnung

strenggläubig: fromm, religiös, gottesfürchtig

Stress: Überbelastung, Strapaze, Mühe, Druck, Last, Anstrengung, Arbeit

streuen: 1. entstehen, bilden 2. säen, verteilen, ausbreiten, zerstreuen, zerwehen, umherstreuen, ausstreuen 3. s. unterscheiden, abweichen

streunen: s. herumtreiben, umherlaufen, vagabundieren

strichweise: verstreut, stellenweise, streckenweise, mancherorts, regional, gebietsweise

strikt: unwidersprechlich, streng, unbarmherzig, schwer, herrisch, scharf, drakonisch, gebieterisch, bündig, straff, bestimmt, fest, entschieden, massiv

Striptease: Strip, Nackttanz, Peepshow

strittig: zweifelhaft, ungeklärt, unsicher, fraglich, undurchschaubar, umstritten, problematisch, offen, bedenklich, bestreitbar

strohig: ungenießbar, ausgetrocknet, trocken, mürbe

Strohmann: Unterhändler, Mittelsmann, Vertreter

strömen: wogen, wallen, sprudeln, fließen, quellen, s. ergießen, herausströmen

Stromschnelle: Katarakt, Schnelle

Strömung: Strom, Sog, Drift

strubbelig: zerzaust, unordentlich, zottig, unfrisiert, ungekämmt, struppig, strähnig

strukturiert: untergliedert, klassifiziert, unterteilt, systematisiert, aufgeteilt, geordnet, aufgegliedert, gegliedert

strukturlos: ungestaltet, gestaltlos, formlos, unförmig, ungegliedert

Strumpf: Socke, Kniestrumpf, Söckchen

struppig: unordentlich, strubbelig, ungekämmt, borstig, zottig, rau, zerzaust, strähnig, unfrisiert

stubenrein: 1. anständig, sauber 2. trocken, rein, reinlich, erzogen

Stück: 1. Happen, Bissen 2. Brotstück, Schnitte, Stulle 3. Lumpen, Fetzen 4. Etappe, Teilstück 5. Bruchstück, Teil

stückeln: zusammensetzen, ausbessern

stückweise: brockenweise, happenweise

Student: Kommilitone, Studierende, Studiosus

studieren: lernen, forschen, eine Hochschule besuchen

studiert: gebildet, gelehrt, versiert, qualifiziert, belesen, weise, wissend, erfahren

Studio: 1. Atelier, Werkstätte, Aufnahmestudio, 2. Fitnesscenter, Sportstudio

Stuff: 1. Droge, Rauschgift, Dope 2. Filmteam, Personal

Stuhlverstopfung: Darmträgheit, Hartleibigkeit, Verstopfung

Stulpe: Manschette, Aufschlag, Umschlag

stumm: wortlos, tonlos, schweigend, sprachlos, still

Stümperei: Stückwerk, Murkserei, Gestümper

stümperhaft: 1. wertlos, geringwertig, minderwertig 2. pfuscherhaft, schäbig, kläglich, schlecht

stumpf: 1. ungespitzt, verbraucht, ungeschliffen, ungeschärft 2. unbewegt, ungerührt, unaufgeschlossen, schwerfällig, träge, gefühllos, leidenschaftslos, interesselos, denkfaul, gleichgültig, stumpfsinnig 3. glanzlos, matt, beschlagen, dumpf 4. abgestumpft, schartig

Stumpf: Strunk, kurzes Stück

Stumpfsinn: Langeweile, Dumpfheit

stumpfsinnig: 1. beschränkt, kurzsichtig 2. träge, teilnahmslos, stumpf, abgestumpft, gleichgültig

stunden: hinausschieben, verlängern

Stuntman: Double

stur: widerborstig, unzugänglich, trotzig, unnachgiebig, unaufgeschlossen, verbohrt, verständnislos, unbelehrbar, dogmatisch, fest, beharrlich, starrsinnig, rechthaberisch, störrisch, dickschädelig, eigensinnig, renitent, kompromisslos

Sturheit: Widerspenstigkeit, Trotz, Starrheit, Beharrlichkeit, Unbelehrbarkeit, Eigensinn, Hartgesottenheit, Rechthaberei

Sturm: 1. Ansturm, Angriff 2. Unwetter, Wirbelsturm, Orkan 3. Temperament, Hitzigkeit, Leidenschaft

stürmen: 1. einnehmen, erobern 2. toben, wehen, sausen, tosen, wüten, brausen, fegen, johlen, pfeifen, dröhnen, heulen 3. eilen, rennen 4. attackieren, angreifen

stürmisch: 1. windig, böig 2. maßlos, gewaltig, toll, wuchtig, heftig, kraftvoll 3. unbändig, glutvoll, leidenschaftlich, heißblütig, temperamentvoll, wild

stürzen: 1. verdrängen, entthronen, absetzen, ausschalten, entmachten 2. hinstürzen, ausgleiten, fallen 3. rennen, eilen, rasen, hasten

Stütze: 1. Säule, Tragstütze, Grundpfeiler, Pfeiler 2. Rückgrat, Pfeiler, Eckpfeiler, Halt, Eckstein

stützen: 1. fundieren, untermauern, erhärten, belegen 2. verstreben, unterstützen, unterstellen, unterbauen, abstützen, sichern 3. helfen, beistehen

subjektiv: 1. privat, persönlich, individuell 2. verzerrt, unobjektiv, tendenziös, einseitig

Subjektivität: Subjektivismus, Unsachlichkeit, Parteilichkeit

Subkultur: Underground, Alternativbewegung, Protestbewegung

subsumieren: unterordnen, zuordnen, eingliedern

Subvention: Spende, Beihilfe, Förderung, Zuwendung

Suche: Erkundung, Nachforschung, Fahndung, Überprüfung

suchen: wühlen, fahnden, s. umsehen, s. umtun, durchsuchen, forschen

Sucht: Vorliebe, Verlangen, Manie, Abhängigkeit, Gewöhnung, Gier, Begierde, Besessenheit, Lust

süchtig: abhängig, drogensüchtig

Sühne: Vergeltung, Buße, Reue, Sühnung

Suizid: Freitod, Selbstmord, Selbsttötung

Sujet: Frage, Gegenstand, Thema, Themenstellung

Summe: 1. Resultat, Resümee, Endsumme 2. Betrag, Geldsumme

summen: brummen, surren

Sumpf: Schlamm, Moor, Morast

sumpfig: moorig, morastig, schlammig

Sünde: Übertretung, Zuwiderhandlung, Todsünde, Missetat, Unrecht, Vergehen, Fehltritt, Frevel, Verbot

Sündenbock: Lückenbüßer, Prügelknabe, Zielscheibe

sündhaft: 1. frevelhaft, sündig 2. sehr, enorm 3. lästerlich, schändlich, abscheulich 4. verkommen, verdorben, lasterhaft, unmoralisch

sündig: unheilig, unandächtig, sündhaft, heuchlerisch, unfromm

sündigen: fehlen, s. versündigen, fluchen, s. vergehen, schuldig werden, freveln, einen Fehltritt tun

Supermacht: Weltmacht, Großmacht

Supermarkt: Selbstbedienungsladen, Discounter, Markt, Handel, Laden

surreal: unwirklich, übernatürlich, rätselhaft, mysteriös

süß: 1. reizend, lieb 2. zuckrig, zuckersüß, gesüßt, süßlich, verzuckert, honigsüß

Süße: Süßigkeit, Zuckerung, Versüßung, Überzuckerung

süßen: überzuckern, zuckern, versüßen

süßlich: 1. zuckersüß, gesüßt 2. unecht, geschraubt, unnatürlich

Süßspeise: Nachtisch, Nachspeise, Creme, Zuckerwerk, Leckereien

Symbol: Sinnbild, Farbe, Zeichen, Wahrzeichen

symbolisch: sinnbildlich, übertragen, allegorisch

symmetrisch: 1. ebenmäßig, ausgewogen, im richtigen Verhältnis, proportioniert, gleichmäßig 2. spiegelbildlich, spiegelungsgleich

Sympathie: Wohlgefallen, Interesse, Zuneigung, Schwäche, Hang, Liebe, Vorliebe

Sympathisant: Mitläufer, Anhänger, Verehrer, Fan, Mitstreiter, Gefolgsmann, Parteigänger

sympathisch: liebenswert, lieb, reizend, freundlich, einnehmend, gewinnend, nett

Symptom: Zeichen, Signal, Merkmal, Anhaltspunkt, Eigenschaft, Hinweis, Fingerzeig

Syndrom: Krankheitsbild, Krankheit

Synode: Kirchenversammlung

synonym: sinnverwandt, bedeutungsähnlich, bedeutungsgleich, sinngleich, sinnähnlich

Synthese: Zusammenfügung, Verbindung

System: 1. Regierungsform, Staatsform 2. Ordnungsprinzip, Aufbau, Lehrgebäude

systematisch: planmäßig, methodisch, durchdacht, überlegt

systematisieren: ordnen, sortieren, strukturieren, unterteilen

Szenerie: Kulisse, Szene, Bühnenbild, Dekoration

T

Tablette: Dragee, Pille, Kapsel

Tadel: Rüge, Schelte, Warnung, Zurechtweisung, Standpauke, Lehre, Belehrung, Verweis, Maßregelung, Ermahnung, Denkzettel, Lektion

tadellos: 1. geordnet, wohlgeordnet, untadelig, sorgfältig, sauber, gepflegt, adrett, genau, aufgeräumt 2. vorbildlich, zutreffend, vollendet, richtig, vollkommen, fehlerlos, recht, makellos, meisterhaft, genau, korrekt, einwandfrei, ordentlich 3. zuverlässig, fein, ordentlich, rechtschaffen, gesittet, anständig

tadeln: verweisen, auszanken, zurechtweisen, monieren, rügen, ausschimpfen, heruntermachen, schelten, ausschelten, missbilligen

tadelnswert: 1. verstockt, eigensinnig, zugeknöpft, halsstarrig, dickköpfig, bockig, unbelehrbar, unfolgsam, unbequem 2. ungezogen, frech, unartig, unmanierlich 3. unschön, widerlich, verwerflich 4. anstößig, liederlich, schlecht 5. unmoralisch, unsolide, sittenlos, unzüchtig, verrucht

Tafel: 1. Tisch, Festtafel, Festtisch 2. Schiefertafel, Schultafel

täfeln: vertäfeln, auslegen, verkleiden, austäfeln

Tagesanbruch: Morgengrauen, Morgendämmerung, Tagesbeginn, Frühe, Morgen

Tagesende: Abend, Abenddämmerung, Sonnenuntergang

Tagesheim: Kinderhort, Kindertagesstätte, Hort

Tagung: Beratung, Konferenz, Versammlung, Kongress, Sitzung

Takt: 1. Versmaß, Rhythmus, Gleichmaß 2. Zurückhaltung, Verschwiegenheit, Anstand, Feinfühligkeit

taktlos: 1. unpassend, unangebracht, geschmacklos 2. ungeschliffen, ungefällig, ungehörig, unverschämt, verletzend, aufdringlich

Taktlosigkeit: 1. Geschmacklosigkeit 2. Unverschämtheit, Aufdringlichkeit, Unhöflichkeit, Ungefälligkeit

taktvoll: diskret, verschwiegen, zurückhaltend, feinfühlig

Tal: Bergeinschnitt, Mulde, Senke, Schlucht

talentiert: 1. talentvoll, begabt 2. begabt, tüchtig, intelligent, fähig, veranlagt, befähigt, hochbegabt

talentlos: 1. untalentiert, unbegabt 2. schwach, leistungsschwach

Tand: Flitter, Firlefanz

tanken: auffüllen, nachfüllen

Tanz: Tanzveranstaltung, Tanzvergnügen, Ball

Tänzerin: Balletttänzerin, Revuetänzerin, Balletteuse

Tanzlokal: Diskothek, Tanzbar

Tanzorchester: Big-Band, Unterhaltungsorchester

Tanzveranstaltung: Ball, Tanzvergnügen, Party

tapfer: waghalsig, verwegen, vermessen, unerschrocken, tollkühn, herzhaft, kühn, stark, kämpferisch, heldenhaft, entschlossen, beherzt, heroisch, mutig, furchtlos

Tapferkeit: Unverzagtheit, Mut, Kühnheit, Furchtlosigkeit, Unerschrockenheit, Heldenhaftigkeit, Beherztheit

tarnen: verwischen, vernebeln, verschleiern, maskieren, verbergen, verkleiden

Tarnung: Verschleierung, Verhüllung, Vermummung, Verstellung

Tasche: Mappe, Beutel

Taschentuch: Sacktuch, Einstecktuch

Tat: 1. Werk, Großtat, Leistung 2. Vorfall, Aktion, Alleingang

tatendurstig: rege, unternehmungslustig, aktiv, unternehmend

tatenlos: ungerührt, träge, untätig, unbewegt, schwerfällig, leidenschaftslos, unbeteiligt, stumpfsinnig, stumpf, interesselos

Tatenlosigkeit: Ungerührtheit, Untätigkeit, Unempfindlichkeit, Teilnahmslosigkeit, Trägheit, Stumpfsinnigkeit, Gleichgültigkeit, Stumpfsinn, Leidenschaftslosigkeit, Abstumpfung, Interesselosigkeit

tätig: 1. unternehmend, rege, aktiv, unternehmungslustig 2. wirksam, strebsam, unermüdlich, rastlos, ehrgeizig, geschäftig, arbeitsam, fleißig

Tätigkeit: Geschäft, Gewerbe, Arbeit, Handeln, Beschäftigung, Betätigung, Tun

Tatkraft: Unternehmungsgeist, Spannkraft, Rührigkeit, Tatwille, Leistungsfähigkeit, Entschlusskraft, Betriebsamkeit, Elastizität, Aktivität, Energieaufwand

Tatsache: Sachlage, Tatbestand, Wirklichkeit, Sachverhalt, Realität, Gegebenheit, Gewissheit

tatsächlich: 1. praktisch, gemäß, wirklich 2. doch, wirklich, bestimmt

taub: 1. desinteressiert, gleichgültig 2. schwerhörig, gehörlos 3. unempfindlich, blutleer 4. leer, unbefruchtet

Taubheit: Schwerhörigkeit, Gehörschwund, Gehörlosigkeit

tauen: schmelzen, entfrosten, auftauen

Taugenichts: Tunichtgut, Galgenvogel, Strolch, Faulenzer, Nichtsnutz, Gammler, Herumtreiber, Landstreicher

tauglich: 1. kriegstüchtig, wehrfähig 2. hilfreich, sinnvoll, nützlich, ersprießlich, wirksam, förderlich, heilsam 3. lohnend, ergiebig, einträglich, nutzbar, vorteilhaft

Tausch: 1. Wechsel, Austausch 2. Umtausch, Tauschgeschäfte

tauschen: 1. wechseln, austauschen 2. eintauschen, umtauschen

täuschen: 1. betrügen, überlisten, anlügen, hineinlegen 2. nasführen, irreführen

Täuschung: 1. Spiegelfechterei, Trug, Irreführung 2. Betrug, Schwindel

Tauziehen: 1. Kampf, Engagement, Hin und Her, Kraftanstrengung, Streben 2. Seilziehen

Taxi: Mietwagen, Mietauto, Taxe, Droschke

Teich: Weiher, See, Binnengewässer

Teil: 1. Bestandteil, Detail, Einzelheit 2. Passage, Bruchteil, Bereich, Ausschnitt, Absatz 3. Rest, Fragment

teilen: 1. zerstückeln, trennen, durchschneiden, parzellieren, tranchieren 2. auseinandernehmen, sezieren 3. abtreten, abgeben 4. zerteilen, auseinander nehmen, dividieren

Teilhaber: Sozius, Kommanditist, Gesellschafter, Mitinhaber, Partner

Teilnahme: 1. Wärme, Verständnis, Takt, Verstehen, Höflichkeit, Entgegenkommen, Rücksicht, Einfühlungsgabe, Mitgefühl, Anteilnahme 2. Verpflichtung, Mitwirkung, Aktivität, Engagement, Einsatz

teilnahmslos: ungerührt, unbewegt, unempfindlich, interesselos, unaufgeschlossen, tatenlos, gefühllos, stumpfsinnig, leidenschaftslos, gleichgültig, schwerfällig, anteilslos, desinteressiert

Teilnahmslosigkeit: Ungerührtheit, Unaufgeschlossenheit, Leidenschaftslosigkeit, Stumpfheit, Sturheit, Trägheit, Interesselosigkeit, Desinteresse, Geistesabwesenheit, Abstumpfung, Gefühllosigkeit, Stumpfsinn

teilnahmsvoll: empfindend, rücksichtsvoll, zartfühlend, fühlend, taktvoll, teilnehmend, einfühlsam, gefühlvoll, beseelt

teilnehmen: 1. mitleiden, bedauern, mitfühlen 2. zuhören, mitwirken, dabeisein, mitarbeiten, s. beteiligen, mitspielen, mitmachen

Teilnehmer: Anwesende, Beteiligte, Mitglied

Teilung: Trennung, Halbierung

Teilzahlung: Ratenzahlung, Abschlag, Abzahlung

Teint: Gesichtsfarbe, Hauttönung

Telefax: Fernkopie, Fax

Telefonat: Telefongespräch, Anruf, Gespräch

Telefongespräch: Telefonat, Anruf, Gespräch, Telefonanruf

Telefonnummer: Rufnummer

Telefonzelle: Fernsprechzelle, Telefonhäuschen

Telefonzentrale: Fernsprechzentrale, Fernsprechamt, Fernamt

telegrafieren: 1. kabeln, drahten 2. morsen, funken

Telegramm: Fernschreiben, Funkspruch, Kabel

Temperament: Taumel, Munterkeit, Enthusiasmus, Vitalität, Elan, Leidenschaft, Hochstimmung, Schwung, Überschwang, Energie, Glut

temperamentlos: unbewegt, ungerührt, langweilig, unempfindlich, reizlos, stumpfsinnig, unaufgeschlossen, gleichförmig, ermüdend, träge, leidenschaftslos, gleichgültig, einfallslos, einfach, interesselos

temperamentvoll: wild, schwungvoll, unruhig, lebhaft, quecksilbrig, vital, glühend, impulsiv, beweglich, flammend, feurig, heiß

Temperatur: 1. Wärmegrad 2. Fieber

Tempo: 1. Wichtigkeit, Dringlichkeit, Notwendigkeit 2. Behendigkeit, Zügigkeit, Fahrt, Überstürzung 3. Unruhe, Treiberei, Hetzerei, Rastlosigkeit, Unrast, Eile, Gehetztheit, Hetze, Gejage, Hast 4. Beschleunigung,Geschwindigkeit, Endspurt

Tendenz: 1. Zug, Trend 2. Schattierung, Färbung

tendenziös: 1. subjektiv, parteigebunden, vorurteilsvoll, parteiisch, einseitig, unsachlich, befangen 2. einseitig, gefärbt

Teppich: Läufer, Vorleger, Bodenbelag, Teppichboden, Brücke

termingemäß: fristgemäß, pünktlich

Terminologie: Fachausdrücke, Fachsprache, Nomenklatur

Terminus: Fachbegriff, Fachwort, Fachbezeichnung

Terrasse: Veranda, Freisitz

Terrine: Suppenschüssel, Schale

Terrorismus: 1. Despotismus, Schreckensherrschaft, Gewaltherrschaft 2. Extremismus, Radikalismus

teuer: 1. unerschwinglich, überteuert, aufwendig 2. unersetzlich, wert, heißgeliebt, geliebt, lieb, verehrt 3. wertvoll, unschätzbar, selten, hochwertig, edel, erstklassig, kostspielig, fein, unbezahlbar, erlesen

Teuerung: Preiserhöhung, Preisanstieg, Preissteigerung

Teufel: Widersacher, Versucher, Verführer, Höllenfürst, Verderber, Mephisto, Luzifer, Satan

Teufelskreis: Irrkreis

teuflisch: verteufelt, schurkisch, unrettbar, verdammt, teufelhaft, hasserfüllt, schändlich, niederträchtig, gottlos, schuftig, dämonisch, infernalisch, diabolisch, bösartig

Text: Handschrift, Wortlaut, Manuskript

Textbuch: Libretto, Drehbuch

Textdichter: Textverfasser, Texter

Textilien: Wirkwaren, Textilwaren, Webwaren

Theater: Kammerspiele, Schauspielhaus, Opernhaus, Festspielhaus

Theaterstück: Bühnenwerk, Bühnenstück, Bühnendichtung, Bühnenspiel

theatralisch: unecht, gemacht, unnatürlich, gekünstelt

Theke: Tresen, Schanktisch, Ausschank

Thema: Stoff, Materie, Inhalt, Problem, Aufgabenstellung

Theologe: Geistlicher, Religionswissenschaftler, Priester, Pastor, Pfarrer

theoretisch: wissenschaftlich, praxisfern, abstrakt, vorgestellt, gedanklich, begrifflich

Theorie: 1. Lehrgebäude, Wissenschaft, Lehre, Lehrsatz, Ansicht, Lehrmeinung, Bekenntnis, Glaubenssystem 2. Trugbild, Vorstellung, Einbildung, Luftschloss

Therapie: Heilmethode, Heilbehandlung, Behandlung

These: 1. Wissenschaft, Überzeugung, Lehrsatz, Lehrgebäude, Lehrmeinung, Bekenntnis, Ansicht, Lehre 2. Unterstellung, Voraussetzung, Feststellung, Mutmaßung

Thron: 1. Königsstuhl, Kaiserstuhl, Königshaus 2. Macht, Regierungsgewalt

tief betrübt: trübe, unfroh, trübselig, schwermütig, melancholisch, elend, betrübt, bekümmert, traurig, hypochondrisch, unglücklich, freudlos, bedrückt

tief: 1. intensiv, satt 2. dunkel, voll 3. gedankenvoll, vielsagend 4. bodenlos, abgründig, grundlos

Tief: 1. Trübsinn, Verzagtheit, Niedergeschlagenheit, Mutlosigkeit, Gedrücktheit 2. Tiefdruckzone, Zyklone, Tiefdruckgebiet

Tiefe: 1. Ausmaß, Ausdehnung 2. Tal, Klamm, Schlucht, Kluft, Spalte, Abgrund 3. Würde, Größe, Bedeutung

tiefgefrieren: einfrieren, einfrosten, gefrieren, eingefrieren

tiefgründig: tiefsinnig, gewichtig, gedankenvoll, tief gehend, vielsagend, bedeutsam, gedankenreich, bedeutungsvoll, feinsinnig

Tiefpunkt: Tief, Störung, Krise

Tiefschlaf: Schlaftherapie, Heilschlaf

Tiefstand: Niedergang, Flaute, Baisse, Konjunkturrückgang, Rezession

Tierbändiger: Raubtierbändiger, Dompteur, Dresseur

Tiergarten: Zoo, Tierpark

tierisch: 1. brutal, roh 2. tierhaft, triebhaft, animalisch

Tierleiche: Aas, Kadaver

Tiermedizin: Veterinärkunde, Tierheilkunde

Tierreich: Fauna, Tierwelt

Tierwelt: Tierreich, Fauna, Tierleben

tilgbar: abtragbar, zahlbar

tilgen: 1. abwaschen, löschen 2. streichen, abwischen, entfernen, auslöschen, löschen, beseitigen, ausrotten 3. abarbeiten, zurückzahlen, erledigen, abtragen, abzahlen, zurückerstatten, abgelten, begleichen

Tilgung: Löschung, Amortisation, Bezahlung, Abtragung, Absetzung, Ablösung, Abdeckung

Timbre: Klangfarbe, Ton, Färbung

tippen: 1. eintippen, Maschine schreiben, abtippen 2. schätzen, meinen, vermuten, glauben

Tirade: Redeschwall, Erguss, Wortschwall

tischfertig: zubereitet, fertig, angerichtet

Tischtuch: Tafeltuch, Tischdecke

Toast: 1. Weißbrot, Kastenbrot, geröstetes Weißbrot 2. Trinkspruch

toben: 1. umherspringen, s. austoben, herumspringen, s. tummeln, s. ausleben 2. rasen, wüten 3. blasen, brausen, sausen, winden

Tobsucht: Jähzorn, Zornausbruch, Wutanfall, Raserei

Tod: 1. Sensenmann, Schnitter, Knochenmann 2. Verscheiden, Sterben, Ende, Hingang, Erblassen, Erlösung, Heimgang, Abschied, Auflösung, Hinscheiden, Abscheiden

Todesfall: Trauerfall, Sterbefall, Verlust

Todeskampf: Todespein, Tod, Agonie

Todesschlaf: Todesschlummer, Grabesschlummer

Todfeind: Erzfeind

todkrank: unheilbar, sterbenskrank

tödlich: verderblich, todbringend, mörderisch, zerstörerisch

todmüde: überanstrengt, schwach, mitgenommen, fertig, ermattet, geschafft, müde

tolerant: vorurteilsfrei, versöhnlich, weitherzig, duldsam, offen, verständnisvoll, freizügig, nachsichtig, großmütig, aufgeklärt, einsichtig, entgegenkommend, geduldig

Toleranz: Verständnis, Rücksicht, Nachsicht, Milde, Liberalität, Geduld, Duldsamkeit, Großzügigkeit, Entgegenkommen, Aufgeklärtheit, Hochherzigkeit

tolerieren: zulassen, respektieren, ertragen, akzeptieren, erlauben, dulden, anerkennen

toll: sensationell, überraschend, imposant, verblüffend, stattlich, super, großartig, ungewöhnlich, erstaunlich, brillant, ungeläufig, ohnegleichen, eindrucksvoll, bedeutungsvoll, bewundernswert, enorm, außerordentlich, auffallend, beträchtlich, bedeutend, ansehnlich

tollkühn: verwegen, unverzagt, tolldreist, waghalsig, unbesonnen, abenteuerlich, mutig, gefährlich, halsbrecherisch, beherzt, furchtlos, draufgängerisch

Tollpatsch: Trampel, Ungeschick, Dummkopf

tollpatschig: tappig, ungeschickt, tapsig

tölpelhaft: 1. ungeschickt, linkisch, unbeholfen, schwerfällig, ungelenk 2. treuherzig, kindlich, einfältig, naiv

Tombola: Auslosung, Lotteriespiel, Ausspielung

Ton: 1. Lehm, Mergel 2. Schall, Laut

tönend: hallend, schwingend, klingend

Tonfall: Akzent, Betonung, Ton

Tonfolge: Töne, Klänge, Motiv, Melodie

tonlos: stumm, schweigend, wortlos

Tonne: Schwergewichtler, Dicke, Schwergewicht

Tonsur: Glatze, Kahlkopf, Platte, Glatzkopf

Töpferware: Tonware, Keramik, Steingut

Tor: 1. Torweg, Tür, Einfahrt 2. Grünschnabel, Dummkopf 3. Fußballtor, Kasten

Torheit: Vernunftlosigkeit, Dummheit, Unverstand, Sinnlosigkeit, Narrheit, Einfalt, Gedankenlosigkeit

Torhüter: Torwart, Tormann

töricht: unvernünftig, leichtgläubig, unklug, blöd, dumm, albern, ungeschickt, kindisch, einfältig

Torwart: Torhüter, Schlussmann, Tormann

tosen: toben, rasen, stürmen, brausen

tot: 1. unbevölkert, verlassen, einsam, verödet, öde, unbelebt, menschenleer, entvölkert 2. verschieden, abgeschieden, gefallen, verstorben, hingeschieden, erledigt, verblichen, gestorben

total: vollständig, wirklich, absolut, genau

totalitär: unumschränkt, unbeschränkt, uneingeschränkt, allgewaltig, autoritär, absolut

töten: 1. vergiften, totschlagen, verbrennen, totstechen, vergasen, niederstrecken, erstechen, kreuzigen, niederschlagen, morden, meucheln, erwürgen, steinigen, hinrichten, ersticken, ertränken, ermorden, erschießen, erdrosseln, erdolchen, ausrotten, hängen, erschlagen 2. erlegen, schlachten, ersäufen, abstechen, schächten

Totenmesse: Totenamt, Seelenamt, Requiem

Toter: Verstorbener, Todesopfer, Gefallener, Entschlafener, Abgeschiedener, Verblichener, Heimgegangener, Hingeschiedener, Leiche

totmachen: schlachten, schächten, schießen, abstechen, ersäufen, jagen, erlegen

Totschlag: Ermordung, Kapitalverbrechen, Bluttat, Mord

Tötung: Totschlag, Blutbad, Mord, Vernichtung, Attentat, Anschlag

Toupet: Haarteil, Haarersatz, Teilperücke

Tourismus: Fremdenverkehr, Urlaubsverkehr, Reiseverkehr

Tourist: Urlaubsreisender, Feriengast, Urlauber, Gast, Reisender

Tower: Flugsicherungsturm, Kontrollturm

Trabant: Erdbegleiter, Mond

Trabantenstadt: Vorort, Satellitenstadt, Wohnstadt

trächtig: beschlagen, tragend

Tragbahre: Krankenbahre, Bahre

tragbar: mobil, transportabel, beförderbar, beweglich

Trage: Tragbahre, Krankenbahre

träge: 1. unempfindlich, unaufgeschlossen, unbewegt, untätig, inaktiv, stumpfsinnig, schwerfällig, teilnahmslos, passiv, leidenschaftslos, schwunglos, desinteressiert, lasch, schläfrig, apathisch, gefühllos, gleichgültig, interesselos 2. zähflüssig, teigig, viskös

tragen: 1. schleppen, befördern 2. aufhaben, anhaben

Träger: 1. Stützbalken, Stützpfeiler, Konsole 2. Achselträger

Trägheit: Ungerührtheit, Teilnahmslosigkeit, Unempfindlichkeit, Schläfrigkeit, Gleichgültigkeit, Sturheit, Gefühllosigkeit, Faulheit, Leidenschaftslosigkeit, Stumpfheit, Abgestumpftheit, Desinteresse, Apathie, Interesselosigkeit

Tragik: Unglück, Missgeschick

tragisch: 1. katastrophal, fürchterlich, verhängnisvoll 2. trist, qualvoll, freudlos, unerfreulich, unglücklich, düster, hoffnungslos, elend, herzergreifend, jammervoll, beklagenswert, bedauerlich, erschreckend, bemitleidenswert, betrüblich

Tragödie: 1. Trauerspiel, Drama 2. Unglück, Elend

trainiert: geschult, vorbereitet, ausgebildet

Trakt: 1. Strecke, Strang 2. Gebäudeteil, Seitentrakt, Flügel

Traktor: Schlepper, Bulldog, Trecker

Trance: Hypnose, Dämmerzustand

Tranquilizer: Beruhigungsmittel, Sedativum, Tranquillans

Transit: Durchreise, Durchfahrt

transparent: 1. selbstverständlich, unbestreitbar, fest umrissen, unbezweifelbar, erwiesen, gewiss 2. unzweideutig, präzise, eindeutig, greifbar, deutlich, exakt, klar, unverblümt, anschaulich, genau 3. sauber, ungetrübt, rein, hell, glasklar, gläsern, durchscheinend

Transplantation: Organübertragung, Organverpflanzung

transplantieren: verpflanzen, übertragen

Transport: Versand, Expedition, Beförderung, Verschickung

transportabel: mobil, fahrbar, tragbar, beweglich

transportieren: expedieren, befördern, spedieren

Trasse: Bahntrasse, Bahngleis, Fahrbahn

Traubenernte: Weinlese, Traubenlese

Traubenzucker: Stärkezucker, Glukose

trauen: vermählen, einsegnen

s. trauen: s. getrauen, s. erkühnen, riskieren, s. unterstehen, wagen

Trauer: Weltschmerz, Verzweiflung, Verzagtheit, Schwermut, Trübsinnigkeit, Trübsinn, Trübsal, Freudlosigkeit, Schmerz, Mutlosigkeit, Leid, Bekümmernis, Betrübtheit, Kummer

Trauerfeier: Einäscherung, Totenmesse, Totenfeier, Leichenfeier, Seelenamt, Beerdigung

trauern: beweinen, weinen, beklagen, klagen, s. grämen, s. bekümmern, s. betrüben

Trauerspiel: Drama, Tragödie

traulich: wohlig, behaglich, heimelig, traut

Traum: Wunsch, Traumgesicht, Wunschtraum, Gesicht, Wachtraum

Trauma: Erschütterung, Verletzung, Schock

Träumer: Traumtänzer, Fantast, Tagträumer

träumerisch: verträumt, geistesabwesend

traurig: untröstlich, trübe, gebrochen, wehmutsvoll, trübsinnig, niedergeschlagen, verzweifelt, schwermütig, leidend, kummervoll, freudlos, bekümmert, unglücklich, schmerzerfüllt, bedrückt, betroffen, deprimiert, gedrückt, elend, betrübt

Traurigkeit: Verzweiflung, Wehmut, Sorge, Trauer, Trübsal, Pein, Schmerz, Misere, Gram, Last, Kummer, Kümmernis, Jammer, Qual, Not, Leid

Trauung: Verheiratung, Vermählung, Hochzeit, Eheschließung, Heirat

treffen: 1. stimmen, passen 2. nahegehen, berühren **s. treffen:** s. finden, zusammenkommen, zusammentreffen, s. begegnen

treffend: zutreffend, wohlgezielt, exakt, haarscharf, genau, passend

trefflich: vorzüglich, exzellent, vorbildlich, köstlich, fein, gut

Treffpunkt: Treff, Sammlungsort, Sammelplatz, Meetingpoint

treiben: 1. wachsen, anschwellen, quellen 2. bewegen, antreiben 3. keimen, austreiben 4. driften, schwimmen 5. vollführen, ausüben, nachgehen

Treibhaus: Glashaus, Gewächshaus

Trend: Bewegung, Tendenz, Strömung, Mode, Richtung

trennen: 1. absondern, vereinzeln, aussperren, scheiden 2. zergliedern, zertrennen, durchtrennen, zerschneiden, durchhauen, durchhacken, auftrennen, abschneiden, abtrennen, durchschneiden, spalten 3. verfremden, auseinanderbringen, verfeinden, spalten **s. trennen:** 1. weggehen, s. lossagen, s. verabschieden, s. losreißen, s. loslösen, auseinander-gehen, s. lösen 2. austreten, s. abspalten, s. absplittern, s. spalten

Trennung: 1. Vereinzelung, Loslösung, Entfernung, Ausschluss 2. Scheidung, Ehescheidung, Bruch, Abbruch, Entzweiung 3. Weggang, Abschied, Lebewohl 4. Zweiteilung, Unterteilung, Abspaltung, Aufteilung, Spaltung, Abtrennung

Treppe: Aufgang, Stufe, Stiege

Treppenabsatz: Podest, Treppenpodest, Absatz

Tresor: Stahlfach, Safe, Geldschrank, Schließfach, Panzerschrank

treten: 1. stoßen, drücken 2. verletzen, missachten 3. drängen, bedrängen, antreiben

treu: zuverlässig, treu gesinnt, getreu, anhänglich, fest, ergeben

Treue: Geradlinigkeit, Unwandelbarkeit, Standhaftigkeit, Zuverlässigkeit, Beständigkeit, Anhänglichkeit

treuherzig: einfältig, zutraulich, offenherzig, vertrauensselig, gutgläubig

treulos: verräterisch, untreu, treubrüchig, unsolidarisch, wortbrüchig

Treulosigkeit: Ehrlosigkeit, Wortbrüchigkeit, Verrat, Treuebruch, Abtrünnigkeit

Tribunal: Gerichtshof, hohes Gericht

Trick: Schliche, Dreh, List

Trieb: 1. Drang, Instinkt 2. Sprösling, Spross

Triebfeder: Triebkraft, Motor, Antrieb

Triebwerk: Maschine, Motor

triefend: tropfnass, nass, patschnass

triftig: 1. dringend, zwingend, unerlässlich, wichtig 2. bestechend, überzeugend, schlagend

Trinität: Dreifaltigkeit, Dreieinigkeit, Vater, Sohn und Heiliger Geist

Trinkbruder: Zechkumpan, Zechbruder, Trinker, Saufkumpan

trinken: 1. schlürfen, s. erfrischen, genießen, nippen, kippen, austrinken 2. süffeln, zechen, schlucken, bechern

Trinker: Trunksüchtiger, Zecher, Säufer, Alkoholiker

Trinkgefäß: Glas, Becher

Trinkgelage: Zechtour, Zechgelage

Trinkspruch: Toast

trippeln: tänzeln, tapsen, tippeln

trist: 1. unbevölkert, menschenleer, unbewohnt 2. trübselig, traurig, kummervoll, untröstlich, elend, trostlos, bedrückt 3. unglücklich, bedauerlich, bemitleidenswert, tragisch

Triumph: 1. Erfolg, Sieg, Gelingen, Gedeihen 2. Freude, Vergnügen, Jubel

triumphal: überwältigend, einzigartig, phänomenal

triumphieren: 1. jubeln, jauchzen, strahlen 2. auftrumpfen 3. gewinnen, siegen

trivial: hohl, stumpfsinnig, oberflächlich, geistlos, seicht, abgegriffen

trocken: 1. stubenrein, erzogen 2. originell, humorvoll 3. welk, verdörrt, entwässert, verdorrt, abgestorben, dürr, vertrocknet 4. nüchtern, unpersönlich 5. ausgetrocknet, wasserarm, wüstenhaft 6. uninteressant, wirkungslos, trist, ermüdend, reizlos, alltäglich, fantasielos, üblich, einfallslos, gleichförmig

trockengelegt: 1. entwässert, getrocknet, dräniert, entsumpft 2. gewindelt, gewickelt

Trockenheit: Wassernot, Dürre, Wasserarmut

trockenlegen: entsumpfen, dränieren, trocknen, entwässern

trocknen: 1. dörren, darren, ausdörren 2. verwelken, eintrocknen, verdorren, versiegen 3. abwischen, abfrottieren, abtrocknen, fönen

Trödelei: Bummelei, Schneckentempo

trödeln: schlendern, bummeln

Trödler: Hausierer, Lumpensammler, Altwarenhändler, Altstoffhändler

Trommel: 1. Schlaginstrument 2. Rolle, Walze

tröpfeln: 1. tropfen, rieseln, sickern, heraustropfen 2. sprühen, nieseln

tropfen: triefen, tröpfeln, träufeln

Trophäe: Auszeichnung, Siegestrophäe, Jagdtrophäe, Cup, Pokal

tropisch: schwül, drückend, heiß

Trost: Zuspruch, Aufheiterung, Lichtblick, Aufrichtung, Beruhigung, Tröstung

trösten: ermutigen, aufheitern, beruhigen, aufrichten, stärken

tröstlich: trostreich, beruhigend, lindernd

trostlos: 1. unbewohnt, verlassen, abgeschieden, unbevölkert, öde, menschenleer 2. unglücklich, tragisch, trist, traurig, leidvoll, herzergreifend, leiderfüllt, herzbewegend, erbarmungswürdig, ergreifend, bedauerlich, erschütternd, elend, entmutigend, beklagenswert, freudenleer, bejammernswert, betrüblich, freudlos, bemitleidenswert, düster

trostreich: ermutigend, tröstlich, tröstend

Tröstung: Zuspruch, Lichtblick, Linderung, Wohltat, Aufrichtung, Trost, Hoffnungsschimmer, Hoffnung

Trott: Langeweile, Monotonie, Eintönigkeit, Alltag

Trottoir: Bürgersteig, Fußgängerweg

trotz: wenngleich, ungeachtet, obschon, entgegen, obwohl

Trotz: Starrheit, Eigenwille, Eigensinn, Dickköpfigkeit

trotzdem: jedenfalls, doch, dennoch

trotzen: s. aufbäumen, s. auflehnen, rebellieren, bocken

trotzig: verbohrt, widerspenstig, verstockt, unzugänglich, ungehorsam, trotzköpfig, kompromisslos, starrsinnig, starrköpfig, unnachgiebig, bockig, eigensinnig, rechthaberisch, aufmüpfig, eigenwillig, aufsässig, störrisch, hartnäckig

trübe: 1. verhangen, unfreundlich, schummrig, dunstig, neblig, grau, lichtlos, bewölkt, bedeckt, dunkel, bezogen, düster 2. verschmutzt, schmutzig, unklar, unsauber 3. trostlos, traurig

Trubel: Rummel, Betrieb, Unruhe

trüben: 1. beschatten, eindämmen, verdunkeln, beeinträchtigen, dämpfen, schmälern 2. verunreinigen, verschmutzen

Trübsal: Traurigkeit, Trostlosigkeit, Trauer, Last, Gram, Kümmernis, Schmerz, Sorge, Kummer, Pein

trübselig: bedrückt, unfroh, betrübt, elend, traurig

trübsinnig: 1. zentnerschwer, gramerfüllt, gramvoll, sorgenvoll 2. trist, wehmütig, unfroh, schwermütig, traurig, trübselig, freudlos, betrübt, kummervoll, bekümmert, unglücklich, bedrückt, elend

Trübung: 1. Verschmutzung, Verunreinigung 2. Dämpfung, Beeinträchtigung

trügerisch: 1. betrügerisch, täuschend 2. unwirklich, unecht, täuschend, irreführend

Trugschluss: Denkfehler, Täuschung, Irrtum

Truhe: Schrein, Kommode, Kasten

Trümmer: 1. Überreste, Ruinen, Überbleibsel, Reste 2. Wrack

Trunk: Getränk, Trank, Gebräu, Gesöff

Trunksucht: Alkoholismus, Alkoholmissbrauch, Alkoholproblem

Truppe: Schar, Truppeneinheit, Regiment, Einheit, Bataillon, Kompanie

Truthahn: Puter, Truthuhn

Tuch: Gewebe, Stoff, Textil

tüchtig: 1. gewaltig, groß 2. rastlos, unermüdlich, leistungsfähig, fleißig, strebsam, arbeitswillig, eifrig, ehrgeizig, geschäftig, arbeitsam 3. befähigt, geschickt, begabt, fähig

Tücke: Verschlagenheit, Hinterlist, Falschheit, Böswilligkeit, Unaufrichtigkeit, Niedertracht, Arglist, Gemeinheit, Hintergedanken

tückisch: unaufrichtig, versteckt, hinterlistig, gemein, verschlagen, boshaft, falsch, arglistig, niederträchtig

Tugend: Unbescholtenheit, Züchtigkeit, Sittenhaftigkeit, Sittsamkeit, Anstand, Sitte, Moral

tugendhaft: moralisch, tugendrein, korrekt, züchtig, sittlich, anständig, sittsam

tugendrein: züchtig, tugendsam, sittlich, tugendhaft, korrekt, anständig, sittsam

Tülle: Schnabel, Ausguss

Tumor: Wucherung, Knoten, Geschwulst

Tümpel: Teich, kleiner See, Weiher

Tumult: Durcheinander, Unordnung, Verschwörung, Aufruhr, Aufstand

tun: 1. s. widmen, verrichten, s. beschäftigen, werken, s. betätigen, s. regen, s. befassen, unternehmen, anstellen, beginnen, treiben, arbeiten, s. rühren 2. anfertigen, herstellen

tünchen: weißen, streichen

Tunnel: Unterführung, Subway

Tupfen: Tüpfel, Punkt

Tür: Tor, Öffnung, Zugang, Pforte, Eingang, Ausgang

turbulent: wirbelnd, gereizt, wild, hitzig, heftig, lebhaft, erregt

Türgriff: Türklinke, Klinke

Türgriff: Türdrücker, Drücker, Türklinke, Klinke

Türhüter: Torwächter, Türsteher, Pförtner

Turnier: Wettkampf, Wettspiele, Ausscheidung, Meisterschaft

tuscheln: zischeln, hauchen, murmeln, munkeln

Type: 1. Ausführungsart, Bauweise, Machart, Typ, Version 2. Letter, Schrifttyp, Schrift

tyrannisch: 1. unzugänglich, unnachsichtig, streng, schonungslos, gefühllos, unbarmherzig, inhuman, kompromisslos, hart, hartherzig, unmenschlich, grausam, roh, gefühlskalt, gnadenlos, erbarmungslos, brutal, eisig, barbarisch 2. streng, herrisch

U

übel gelaunt: unlustig, missgelaunt, verdrossen, unleidlich, mürrisch, missmutig

übel gesinnt: übel wollend, böse, schlimm, boshaft

übel nehmen: verübeln, ankreiden, anlasten, verdenken

übel riechend: stinkig, duftend, stinkend

übel schmeckend: 1. Ekel erregend, ekelhaft 2. faulig, faul, schal 3. verdorben, widrig, ungenießbar, ranzig

übel wollend: übel gesinnt, bösartig, böse, boshaft, schlimm, feindlich

übel: 1. katastrophal, bedenklich, gefährlich 2. bedauerlich, verdrießlich, arg, unangenehm 3. böse, ekelhaft 4. verpestet, verräuchert, stickig 5. unwohl, elend, schlecht

Übel: 1. Krankheit, Leiden 2. Verhängnis, Verderb, Übelstand, Not, Ungemach, Unglück, Leid, Katastrophe, Missstand, Schaden

Übelkeit: Brechreiz, Unwohlsein, Unpässlichkeit, Nausea

Übeltäter: Verbrecher, Täter, Missetäter, Schurke

üben: trainieren, durchüben, s. beibringen, s. einprägen, proben, einüben, lernen, durchproben, einstudieren, exerzieren

über: darüber, droben, oberhalb

überall: vielerorts, allerorts, ringsum, allerorten, allseits

Überangebot: Üppigkeit, Anhäufung, Überfluss, Menge, Überschuss

überanstrengen (s.): 1. s. bemühen, s. schinden, anspannen, s. fordern, s. abarbeiten, s. befleißen, s. abplagen, s. quälen, s. anstrengen, s. abquälen, s. abmühen, s. mühen 2. s. überschätzen, s. übernehmen, s. überfordern, s. überarbeiten

überanstrengt: überfordert, erschöpft, überlastet

Überanstrengung: Überlastung, Arbeitsüberlastung, Überarbeitung

überarbeiten: vervollkommnen, korrigieren, verbessern **s. überarbeiten:** s. übernehmen, s. überfordern

überarbeitet: abgeschafft, abgearbeitet, schlaff

überbevölkert: übervölkert, volkreich, dicht besiedelt

überbewerten: überschätzen, beschönigen

überbieten: überrunden, übertreffen, übersteigen, ausstechen, überragen, schlagen

Überbleibsel: Bruchstück, Rest, Fragment, Rudiment

Überblick: Überschau, Zusammenfassung, Übersicht, Querschnitt, Abriss, Zusammenschau, Aufriss

überbringen: zustellen, bestellen, überantworten, ausrichten, geben, aushändigen

Überbringer: Bote, Kurier, Botenjunge

überbrücken: 1. überwinden, hinwegkommen, hinüberhelfen, ausfüllen 2. s. aussöhnen

Überdachung: Dach, Bedachung

überdauern: durchdauern, weiter bestehen, standhalten, überstehen, bleiben

überdimensional: immens, enorm, voluminös

Überdruss: Unlust, Übersättigung, Widerwille, Abscheu, Abneigung

überdurchschnittlich: superb, hervorragend, unübertroffen, ausgezeichnet

Übereifer: 1. Überschwänglichkeit, Enthusiasmus 2. Strebsamkeit, Pflichteifrigkeit, Beflissenheit, Diensteifrigkeit

übereilt: unüberlegt, unbedacht, vorschnell, kopflos, hastig, überhastet

Übereinkunft: Vereinbarung, Übereinkommen, Einigung, Vertrag

übereinstimmen: 1. korrespondieren, einiggehen 2. zusammenpassen, s. treffen, s. decken, harmonisieren, s. entsprechen

übereinstimmend: 1. gleich, vereint, gleich gestimmt, einmütig, einträchtig, einig 2. zusammenfallend, eins, konvergierend, gleichbedeutend, gleichartig, s. deckend, ununterscheidbar

Übereinstimmung: 1. Verbundenheit, Gleichgesinntheit, Einmütigkeit, Einigkeit, Brüderlichkeit, Frieden, Gleichtakt 2. Wesenseinheit, Deckung

Überfall: 1. Überraschung, Besuch 2. Raubzug, Handstreich, Anschlag, Attentat 3. Angriff, Attacke, Einbruch, Invasion

überfallen: 1. besuchen, überraschen 2. anfallen, übermannen, überwältigen 3. angreifen, eindringen

überfliegen: überschlagen, durchfliegen, anlesen

überfließen: überwallen, überlaufen, überströmen, überschwappen

überflügeln: übertrumpfen, überbieten, schlagen, ausstechen, überrunden

Überfluss: Überschwang, Zuviel, Übermaß,

Überangebot, Überproduktion, Überfülle, Fülle, Anhäufung, Überschuss, Menge, Reichtum

Überflussgesellschaft: Wohlstandsgesellschaft, Konsumgesellschaft, Wegwerfgesellschaft

überflüssig: 1. ungeeignet, zwecklos, unnütz, nutzlos, umsonst, unwirksam, wertlos, fruchtlos, erfolglos, aussichtslos 2. zu viel, übrig, überschüssig

überfordern: 1. s. überladen, s. überarbeiten 2. s. aufreiben, s. überanstrengen, s. fordern, s. abmühen, s. bemühen, s. abrackern, anspannen, s. anstrengen, s. quälen, s. mühen, s. abplacken, s. abarbeiten

überfüllt: vollgestopft, besetzt, überbelegt, belegt

überfüllt: überbelegt, gerammelt voll, rappelvoll, überbucht, sehr voll

Übergabe: 1. Preisgabe, Auslieferung 2. Übereignung, Übertragung, Abtretung, Überantwortung, Abgabe, Überbringung

übergeben: 1. vererben, übermachen, hinterlassen, zuweisen 2. zustellen, weitergeben, überbringen, bringen, überantworten, übermitteln, ausrichten, weiterreichen

s. übergeben: s. erbrechen, brechen

übergehen: 1. s. transformieren, s. verwandeln, s. wandeln, wechseln 2. überwechseln, überleiten

Übergewicht: 1. Übermacht, Vorherrschaft, Mehrzahl, Mehrheit, Überlegenheit, Überzahl 2. Korpulenz, Körperfülle

überglücklich: zufrieden, glückstrahlend, glückselig, beglückt, freudestrahlend

Überhang: Überfülle, Übermaß, Überangebot, Zuviel, Fülle

überhängen: 1. vorspringen, vorstehen, hervorstehen, herausragen 2. bedecken, zudecken 3. überlegen, umhängen, umlegen, überstreifen

überhastet: leichtfertig, vorschnell, überstürzt, blind, hastig, kopflos, unüberlegt

überhaupt: eigentlich, denn

überheblich: selbstüberzogen, selbstsicher, hochmütig, selbstgefällig, wichtigtuerisch, großspurig, aufgeblasen, selbstgerecht, anmaßend, selbstbewusst, eingebildet, herablassend

Überheblichkeit: Selbstgerechtigkeit, Selbstgefälligkeit, Hochmütigkeit, Stolz, Einbildung, Herablassung, Aufgeblasenheit, Eingebildetheit

überholen: 1. hinüberfahren, übersetzen 2. ausbessern, renovieren, restaurieren 3. überrunden, einholen

überhören: 1. verpassen, entgehen 2. ignorieren, vernachlässigen

überirdisch: übersinnlich, engelgleich, jenseitig, himmlisch

überkleben: verdecken, kaschieren

überklug: übergescheit, superschlau, schlau

überkochen: übersieden, überlaufen, überschäumen

überkommen: erfassen, übermannen, ergreifen, befallen, ankommen, s. bemächtigen, überlaufen, überwältigen

überladen: 1. überlasten, überfüllen 2. pompös, geschmacklos, zu viel, verschnörkelt, aufgebläht, voll, erdrückend

überlassen: 1. veräußern, verkaufen 2. anheim geben, freistellen, einräumen 3. zustellen, übergeben, weiterleiten, überantworten, weitergeben, bringen, abgeben, aushändigen 4. zuweisen, anvertrauen, übermachen, vererben

überlastet: entnervt, überanstrengt, schlaff, schlapp, zerschlagen, ermattet, müde, abgeschlafft, erschöpft, aufgerieben, kraftlos, kaputt, angegriffen

überlaufen: 1. desertieren, überwechseln 2. belegt, voll, ausgebucht 3. überschäumen, übergehen, übersprudeln, überfließen

überleben: 1. überdauern, durchhalten, überstehen, s. halten, s. erhalten 2. verkraften, aushalten, ertragen

überlebt: verstaubt, vorbei, veraltet, abgetan, überholt

überlegen: überragend, übermächtig, leistungsfähiger, beherrschend, bestimmend, souverän, erhaben **s. überlegen:** überschlagen, s. besinnen, erwägen, bedenken, abwägen, nachdenken

Überlegenheit: Übergewicht, Überzahl, Vorherrschaft, Primat, Führung, Mehrheit, Mehrzahl

überlegt: still, würdevoll, sicher, harmonisch, gefasst, bedachtsam, durchdacht, ruhevoll, gemessen, abgeklärt, bedacht, besonnen

Überlegung: Nachdenken, Berechnung, Gedankengang, Abwägung, Kopfzerbrechen

überleiten: übergehen, sich zuwenden, hinführen, hinleiten

überlesen: 1. übersehen, hinweglesen 2. querlesen, überfliegen, durchfliegen

überlisten: 1. mogeln, betrügen 2. übertölpeln, fangen

Übermacht: Vorherrschaft, Übergewicht, Überlegenheit, Mehrheit, Mehrzahl, Majorität

übermächtig: Achtung gebietend, tonangebend, machtvoll, mächtig

übermenschlich: gewaltig, übernatürlich, ungeheuer

übermitteln: 1. überbringen, schicken 2. zutragen, vorbringen, informieren, weitererzählen, s. unterhalten, bekannt geben, sagen, kundtun, aufklären, ausrichten

übermüde: müde, todmüde, schlaftrunken

übermüdet: erschöpft, übernächtigt

übermütig: unbekümmert, übersprudelnd, strahlend, vergnügt, lebensfroh, munter, wohlgemut, lustig, froh gestimmt, heiter, lebenslustig, aufgeheitert, frisch, froh, freudestrahlend, freudig, aufgeweckt, aufgelegt, ausgelassen

übernachten: die Nacht verbringen, schlafen, übernächtigen

übernatürlich: 1. immens, gewaltig 2. übersinnlich, jenseitig, himmlisch, engelgleich 3. magisch, spiritistisch 4. ungeheuer, übermenschlich, gigantisch

übernehmen: 1. entgegennehmen, abnehmen, empfangen 2. plagiieren, entlehnen, nachahmen, nachmachen **s. übernehmen:** s. verausgaben, s. überfordern, s. abarbeiten, s. quälen

überprüfen: s. vergewissern, nachprüfen, s. überzeugen, prüfen, nachschauen, durchgehen, durchsehen, kontrollieren

Überprüfung: 1. Visite, Besuch, Visitation 2. Prüfung, Nachprüfung, Inspektion, Untersuchung, Durchsicht

überqueren: hinüberwechseln, vorüberziehen, überschreiten, vorübergehen, durchgehen

überraschen: 1. überrumpeln, überfallen 2. verwundern, verblüffen

überrascht: entgeistert, verwundert, verblüfft, fassungslos, erstaunt, sprachlos

Überraschung: Verwunderung, Überrumpelung

überreden: breitschlagen, umstimmen, werben, bearbeiten, einwickeln, bekehren, erweichen

überreichen: 1. überlassen, übertragen, abliefern, verabreichen, übergeben, darbieten, reichen, überantworten 2. zueignen, vermachen, zuteilen, teilen, mitbringen, verehren, schenken, beschenken

überrollen: überrennen, niederwalzen

überrumpeln: 1. überfallen, übermannen 2. überraschen

übersät: bedeckt, gespickt, voll von

überschätzen: beschönigen, überwerten, überbewerten

überschaubar: zugänglich, übersichtlich, erkennbar, übersehbar, absehbar, klar, ersichtlich, erfassbar

Überschlag: 1. Flickflack, Salto, Purzelbaum 2. Schätzung, Überlegung, Voranschlag, Berechnung, Kostenaufstellung

überschlagen: 1. mild, lauwarm, lau 2. erwägen, veranschlagen, berechnen, ansetzen, einschätzen, rechnen, hochrechnen, schätzen 3. überspringen, übergreifen

überschneiden (s.): zusammenfallen, zusammenlaufen, s. überkreuzen, s. schneiden, s. kreuzen

überschreiben: zuschreiben, abgeben, umschreiben, vererben

überschreiten: 1. zuwiderhandeln, s. hinwegsetzen, übertreten, abweichen 2. vorübergehen, vorüberziehen, passieren, hinüberwechseln, durchgehen

Überschrift: Headline, Titelzeile, Titel, Hauptüberschrift, Balkenüberschrift, Schlagzeile

Überschuss: Zuviel, Überfluss, Übermaß, Plus, Überschwang, Reichtum, Menge, Luxus

überschüssig: unerwünscht, restlich, überzählig, übrig, zu viel

Überschwall: Überschwang, Ausgelassenheit, Überschwänglichkeit, Begeisterung

überschwänglich: verstiegen, übersteigert, ausgelassen, überspannt, überschäumend, maßlos, übermäßig

Überschwänglichkeit: Begeisterung, Überschwall, Überschwang

überschwemmen: überspülen, überfluten, überströmen

übersehbar: klar, überschaubar, zugänglich, verstehbar, erkennbar, absehbar, erfassbar

übersehen: 1. überschauen, zurechtkommen, überblicken, erfassen, klar sehen 2. überlesen, übergehen

übersetzen: 1. verdeutschen, verdolmetschen, dolmetschen 2. hinüberfahren, überqueren

Übersetzer: Interpret, Dolmetscher, Translator, Sprachmittler

Übersetzung: Verdolmetschung, Übertragung

Übersicht: Überblick, Zusammenschau, Auszug, Kurzfassung, Querschnitt

übersichtlich: überschaubar, zugänglich, klar, erkennbar, verstehbar, berechenbar, einfach

übersinnlich: 1. himmlisch, engelgleich 2. jenseitig, spirituell, übernatürlich, immateriell, überirdisch

überspannt: verstiegen, fantastisch, überschwänglich, überstiegen

überspitzt: überdeutlich, übersteigert, überzogen, polemisch

überstehen: verkraften, überleben, überwinden, ertragen, aushalten, durchstehen

übersteigen: verdrängen, übertreffen, abhängen, überholen, überflügeln, bezwingen, schlagen

übersteigern (s.): überziehen, überspannen, überspitzen, aufbauschen, s. hineinsteigern

übersteigert: übertrieben, überschwänglich, exzentrisch

überstreifen: überwerfen, überhängen, umhängen

überstülpen: überziehen, überstreifen, anlegen, aufsetzen

überstürzen: übereilen, unbedacht vorgehen, übers Knie brechen, überhasten

übertragbar: übersetzbar, brauchbar, lesbar

übertragen: 1. bildlich, symbolisch 2. kopieren, austauschen 3. anvertrauen, beauftragen 4. anstecken 5. dolmetschen, übersetzen 6. aussenden, senden

übertreffen: verdrängen, überragen, schlagen, abhängen, besiegen, überflügeln, überholen

übertreiben: s. hineinsteigern, überspannen, ausweiten, überziehen, überspitzen

Übertreibung: Prahlerei, Angeberei

übertreten: missachten, zuwiderhandeln, s. hinwegsetzen, abweichen

übertrieben: überspitzt, allzu, übermäßig, maßlos, extrem

übertroffen: überflügelt, übertrumpft, besiegt, ausgestochen

übertrumpfen: besiegen, übertreffen, gewinnen, trumpfen

übervölkert: volkreich, überbevölkert, dicht besiedelt

übervorteilen: überlisten, hintergehen, ausbeuten, betrügen, bluffen

überwachen: bewachen, beaufsichtigen, beschatten, bespitzeln

Überwachung: Bespitzelung, Beschattung, Aufsicht, Beobachtung

überwältigend: 1. unauslöschlich, mitreißend, packend, dramatisch, außergewöhnlich, unvergesslich, ergreifend 2. beschwerend, hemmend, erdrückend, einengend

überwältigt: beeindruckt, bewegt, erschüttert, beeinflusst

überweisen: 1. einzahlen, anweisen 2. einliefern, weiterreichen, schicken

überwerfen (s.): 1. s. trennen, s. zerstreiten, s. verzanken, s. spalten, auseinandergeraten 2. umlegen, überhängen, umhängen

überwiegend: besonders, weitgehend, meist, hauptsächlich, in erster Linie, vornehmlich, namentlich, vor allem

überwinden: verwinden, verschmerzen, überstehen **s. überwinden:** s. beherrschen, s. bezwingen

Überzahl: Mehrzahl, Mehrheit, Majorität, Großteil

überzeugen: belehren, beeinflussen, überreden, bekehren

überzeugend: zwingend, schlagend, vernünftig, unzweideutig, offenkundig, glaubhaft, klar, beweiskräftig, einsichtig, einleuchtend, augenfällig

überzeugt: 1. uneingeschränkt, ausgemacht, gewohnheitsmäßig, ausgesprochen 2. aktiv, tätig

Überzeugung: 1. Sicherheit, Dogma, Glaube 2. Behauptung, Vorstellung, Standpunkt, Meinung, Ansicht, Gesichtspunkt

überziehen: 1. übersteigern, überspannen, übertreiben, aufbauschen, s. hineinsteigern, hochspielen 2. umkleiden, bespannen **s. überziehen:** s. überstreifen, anziehen

Überzieher: Trenchcoat, Sommermantel, Regenmantel, Mantel

üblich: verbreitet, vorschriftsmäßig, alltäglich, ortsüblich, normal, landläufig, gewohnt, gebräuchlich

übrig: verbleibend, übrig geblieben, überflüssig, zu viel, überzählig

übrigens: im Übrigen, beiläufig erwähnt, apropos

Übung: 1. Erfahrung, Fertigkeit, Routine 2. Schulung, Training, Wiederholung, Probe

Ufer: Strand, Küste, Meeresufer, Gestade

uferlos: endlos, ausgedehnt, unüberschaubar, unermesslich

Uhr: Zeitmesser, Stundenglas

ulkig: witzig, komisch, spaßhaft, trocken, spaßig

Ultimatum: Aufforderung, Fristsetzung, Verlangen, Ermahnung

um: zirka, etwa, ungefähr, annähernd

umändern: 1. abändern 2. ändern, umarbeiten

Umänderung: 1. Abänderung, Wandlung 2. Umarbeitung, Änderung

umarbeiten: abändern, wandeln

umarmen: umklammern, umfassen

Umarmung: Umschlingung, Umklammerung, Liebkosung

Umbildung: Umformung, Umgestaltung

umbinden: umwickeln, umgürten, anlegen

umblättern: umschlagen, eine andere Seite aufschlagen, umwenden

umdrehen: umstülpen, umwenden, umkehren **s. umdrehen:** kehrtmachen, s. umwenden

Umdrehung: 1. Rotation, Umlauf 2. Umwandlung, Umkehrung

umfahren: überrollen, zusammenfahren

umfallen: 1. umschwenken, ändern 2. zusammenbrechen, umsinken, niedergehen, umschlagen, umstürzen, niedergehen

Umfang: Ausmaß, Ausdehnung, Dehnung, Dicke, Größe, Weite

umfangreich: 1. umfassend, groß 2. bedeutend, universell 3. wohlgenährt, vollschlank, gewaltig, üppig, stark, massig, stramm, rund, breit, füllig, fett, stämmig, beleibt, dick, plump 4. ausgedehnt, weitläufig, umfänglich, gewissenhaft

umfassen: 1. umschlingen, liebkosen 2. s. zusammensetzen, einbegreifen, umschließen, einschließen, umgreifen, beinhalten

umfassend: 1. groß, ungewöhnlich 2. erschöpfend, umfänglich, ausführlich, weitläufig

umformen: 1. umschreiben, abändern 2. verbessern, erneuern, umbilden, umstoßen

Umfrage: Volksbefragung, Zuschauerumfrage, Rundfrage, Befragung, Interview, Repräsentativbefragung, Meinungsumfrage

umgänglich: 1. hilfsbereit, diensteifrig, gefällig 2. zuvorkommend, aufmerksam, gefällig, verbindlich, einfühlend 3. liebenswürdig, berückend, verlockend, anziehend, herzbetörend 4. übermütig, vergnügungssüchtig, lebensfroh, schwungvoll, humorvoll, entgegenkommend, fröhlich, aufgelegt, froh 5. gefügig, wohlerzogen, zahm, lenkbar, anständig, ergeben, gutwillig

Umgangssprache: Alltagssprache, Gemeinsprache

umgarnen: verführen, bestricken

umgeben: 1. einhüllen, umhüllen 2. umkreisen, einrahmen, umringen

Umgebung: Umgegend, Gegend, Nähe, Umwelt, Einzugsgebiet, Landschaft

umgehen: 1. herumgeistern, spuken, irrlichtern 2. s. herumsprechen, zirkulieren 3. ausweichen, s. fern halten

umgehend: sofort, jetzt, soeben, gleich, augenblicklich

Umgehungsstraße: Ortsumgehung, Tangente

umgekehrt: umgedreht, seitenverkehrt, verkehrt herum, verkehrt

umgestalten: verwandeln, ändern, umbilden, abändern, umstürzen, umändern, umformen, ummodeln

Umgestaltung: Veränderung, Änderung, Umänderung, Umformung, Umbildung, Abänderung

umgraben: auflockern, umstechen, pflügen

umgrenzen: einzäunen, eingrenzen

Umhang: Cape, Überwurf, Poncho

umhängen: umlegen, überwerfen, anlegen

umhauen: 1. überraschen, verwundern, verblüffen 2. abholzen, abhauen, fällen, umschlagen

umhergehen: laufen, schlendern

umherstreuen: austeilen, zerstreuen

umhertollen: umherspringen, herumrennen, herumspringen

umherziehen: herumziehen, umherschweifen

Umhüllung: Schutzkarton, Verpackung, Hülle

Umkehr: 1. Wandlung, Besserung, Neubeginn, Bekehrung 2. Zurückweichen, Abzug, Aufgabe, Räumung

umkehren: 1. wenden, zurückgehen, kehrtmachen 2. umschlagen, umwenden, umdrehen

Umkehrung: Umdrehung, Reversion

umkippen: 1. zusammenbrechen, umsinken, niedergehen 2. untergehen, umfallen, umstürzen, umwerfen, kentern, kippen, umschlagen

umklammern: s. anklammern, umfassen, s. anhalten

umklappen: umlegen, umschlagen, umkippen

umkleiden (s.): s. umziehen, die Kleidung wechseln, s. etwas anderes anziehen

Umkleideraum: Ankleideraum, Kabine, Umkleide, Ankleide, Ankleidekabine

umkommen: 1. heimgehen, verscheiden, dahinscheiden, sterben 2. verwesen, vermodern, verrotten, schimmeln, faulen

Umland: Randgebiet, Umkreis, Hinterland, Nachbarschaft

umlegen: 1. überwerfen, überhängen 2. töten, ermorden 3. verlegen, verlagern 4. verteilen, aufteilen

umleiten: verlegen, wegführen, in eine andere Richtung führen, anders leiten

umliegend: umgebend, allseitig, nahe, eingemeindet, rundherum

umnachtet: blöde, irre, geisteskrank

umpflanzen: umsetzen, umtopfen

umranden: einkreisen, umzirkeln, einringeln

Umriss: Schattenriss, Silhouette, Kontur, Linie

umsatteln: wechseln, umsteigen

Umsatz: Absatz, Vertrieb

Umschalttaste: Shifttaste

Umschlag: 1. Kompresse, Wickel, Packung 2. Briefumschlag, Schutzumschlag, Kuvert, Einband

Umschreibung: Paraphrase, Periphrase, Metaphrase

Umschrift: Transliteration, Lautschrift

umschwärmt: angebetet, geschätzt, angehimmelt, vergöttert

Umschwung: 1. Umsturz, Staatsstreich, Revolution, Umbruch, Umwälzung 2. Wandlung, Veränderung, Wende, Wendung, Erdrutsch, Wandel, Neuregelung, Fortschritt

umsehen (s.): zurücksehen, s. umschauen, s. umblicken

umseitig: umstehend, rückseitig, auf der Rückseite

Umsicht: Weitsicht, Überblick, Weitblick, Abgeklärtheit, Besonnenheit, Bedachtheit, Gleichmut, Bedacht, Ruhe

umsichtig: vorsichtig, würdevoll, beherrscht, still, gezügelt, ruhig, ruhevoll, bedachtsam, bedächtig, gemessen, harmonisch, gefasst, abgeklärt, ausgeglichen

umsiedeln: 1. verlagern, umlegen, aussiedeln, verpflanzen 2. umziehen, ausziehen, fortziehen, wegziehen

umso: desto

umsonst: 1. vergebens, vergeblich, nutzlos, überflüssig, ergebnislos 2. kostenlos, kostenfrei, unentgeltlich, gebührenfrei, gratis

umständlich: 1. unbeweglich, unbeholfen, ungeschickt, linkisch 2. zeitraubend, weitschweifig, langatmig

Umstandswort: Modalwort, Adverb

umsteigen: 1. aussteigen, s. verändern 2. weiterfahren

umstellen: umzingeln, einschließen, einfassen, einkreisen, umgeben

umstoßen: umwerfen, niederstoßen, umkippen, umstürzen, umreißen

umstritten: zweifelhaft, bestreitbar, strittig, anfechtbar

umstürzen: 1. umwerfen, umwälzen, ändern, umorganisieren 2. umsinken, umfallen

Umstürzler: Rebell, Aufwiegler, Aufrührer, Aufständischer

umstürzlerisch: revoltierend, aufrührerisch, aufsässig, zersetzend, aufbegehrend, aufständisch

Umtausch: Rückgabe, Wechsel, Tausch

umtauschen: tauschen, wechseln

Umtrunk: Dämmerschoppen, Frühschoppen

umtun: umhängen, überwerfen

umwälzend: 1. richtungweisend, wegweisend 2. bahnbrechend, epochemachend

umwandeln: verwandeln, verändern, umändern, ändern, ummodeln, umsetzen

Umwandlung: 1. Übertragung, Umformung 2. Blutübertragung, Transfusion 3. Zertrümmerung, Verschmelzung, Verwandlung, Umformung, Angleichung

Umweg: Abstecher, Abschweifung

Umwelt: Mitwelt, Umgebung, Milieu, Lebenskreis

Umweltverschmutzung: Luftverschmutzung, Wasserverschmutzung, Umweltbelastung

umwerfen: 1. umstoßen, umstürzen, niederstoßen, umreißen 2. verändern, ändern, wandeln, umstellen

umwickeln: umbinden, bandagieren, einen Verband anlegen

umzäunen: vergittern, umgeben, umfrieden, begrenzen, einzäunen, eingrenzen

Umzäunung: Zaun, Umhegung, Gitter, Umfassung, Einhegung, Eingrenzung, Abzäunung

umziehen: s. verändern, übersiedeln, wegziehen, verziehen, ausziehen, umsiedeln

Umzug: 1. Auszug, Wohnungswechsel 2. Prozession, Festzug, Aufzug

unabänderlich: unwiderruflich, feststehend, bindend, unwiederbringlich, beschlossen, endgültig, unumstößlich, abgemacht, entschieden

unabdingbar: zwingend, unerlässlich, unvermeidlich

unabgeschlossen: 1. unfertig, fragmentarisch, unvollständig, unbeendet 2. offenstehend, offen

unabhängig: ungebunden, eigenständig, eigenverantwortlich, souverän, selbstständig

Unabhängigkeit: 1. Spielraum, Freiheit, Freiraum, Bewegungsfreiheit, Selbstständigkeit 2. Selbstverwaltung, Selbstbestimmung, Freiheit, Eigenständigkeit

unabkömmlich: wichtig, unentbehrlich, vonnöten, unersetzbar, erforderlich

unablässig: dauernd, anhaltend, ununterbrochen

unabsehbar: 1. ewig, endlos 2. unmessbar, unvorhersehbar, unberechenbar

unabsichtlich: unbewusst, ungeplant

Unabsichtlichkeit: Ungewolltheit, Fahrlässigkeit, Versehen, Absichtslosigkeit

unabweisbar: 1. unabdingbar 2. nicht zu leugnen

unachtsam: 1. sorglos, unvorsichtig, lieblos, gedankenlos, nachlässig, achtlos, leichtfertig 2. unaufmerksam, verträumt

Unachtsamkeit: Unbedachtsamkeit, Nachlässigkeit, Gedankenlosigkeit, Leichtfertigkeit, Achtlosigkeit, Gleichgültigkeit

unähnlich: abweichend, verschieden, ungleich, unterschiedlich

Unähnlichkeit: Abweichung, Unterschied, Ungleichheit

unanfechtbar: erwiesenermaßen, zweifelsfrei, belegt, sicher, gesichert

unangebracht: unangemessen, unpassend

unangemeldet: unangekündigt, unerwartet, unaufgefordert

unangemessen: unqualifiziert, unangebracht, ungehörig

unangenehm: 1. verwünscht, unvergnüglich, unwillkommen, ungut, ungelegen, unerquicklich, prekär, unerfreulich, bedauerlich, unbefriedigend, unerwünscht, arg, schrecklich, misslich, unbequem, leidig, peinlich, genant, fatal, lästig, genierlich 2. unschön, kühl, ungemütlich, unfreundlich, kalt 3. ekelhaft, ekelerregend

unannehmbar: unvertretbar, unakzeptabel, unvernünftig, unbrauchbar, indiskutabel, untauglich, unmöglich, übertrieben

Unannehmlichkeit: Ungemach, Verdruss, Ärger, Schererei, Ärgernis, Schlamassel

unanschaulich: losgelöst, ungegenständlich, begrifflich, abstrakt

unansehnlich: abscheulich, scheußlich, geschmacklos, missgestaltet, widerlich

unanständig: verdorben, zweideutig, verworfen, unschicklich, unsittlich, unkeusch, sittenlos, ungebührlich, schmutzig, schlüpfrig, ruchlos, lasterhaft, pikant, gemein

Unanständigkeit: 1. Unsauberkeit, Unsportlichkeit 2. Unkeuschheit, Lasterhaftigkeit, Unzüchtigkeit, Sittenlosigkeit

unanstößig: unverdorben, korrekt, sittsam, durchsichtig, astrein

unantastbar: 1. unberührbar, unverletzlich 2. tabu, unberührbar, verboten

unappetitlich: schmierig, widerlich, unausstehlich, widrig, übel, abschreckend, unliebsam, schauderhaft, grauenhaft, abstoßend, scheußlich, ungenießbar

unartig: vorwitzig, ungezogen, unverschämt, kess, unmanierlich, naseweis, frech, ungesittet

unartikuliert: stammelnd, undeutlich, abgehackt, murmelnd

unästhetisch: abstoßend, unvorteilhaft, geschmacklos, widerlich, schrecklich

unaufdringlich: einfach, bescheiden, schlicht, zurückhaltend

unauffällig: 1. zurückhaltend, unaufdringlich, schlicht, dezent 2. unscheinbar, einfach, schlicht

unaufgefordert: ungeheißen, selbstverständlich, freiwillig, ungezwungen

unaufgeklärt: 1. unwissend, naiv, ahnungslos 2. dunkel, rätselhaft

unaufgeräumt: 1. wüst, ungepflegt, wild, kunterbunt 2. unsorgfältig, nachlässig, unordentlich

unaufhörlich: unablässig, unausgesetzt, ständig, immerfort, fortwährend, immer, allzeit, fortdauernd, laufend, dauernd, stetig, allezeit, endlos, beharrlich

unaufmerksam: 1. unerzogen, unhöflich 2. zerstreut, zerfahren, unkonzentriert, abwesend, fahrig, abgelenkt, unachtsam

Unaufmerksamkeit: Zerstreutheit, Unachtsamkeit

unaufrichtig: verstellt, unehrlich, unwahrhaftig, unreell, unlauter, lügenhaft, falsch, heuchlerisch, doppelzüngig

Unaufrichtigkeit: Verlogenheit, Lüge, Unwahrhaftigkeit, Unehrlichkeit, Heuchelei

unausbleiblich: zwangsläufig, unabwendbar, unumgänglich, unweigerlich, sicher, unvermeidlich

unausführbar: unmöglich, unerreichbar, undurchführbar, hoffnungslos, undenkbar

unausgebildet: unterdrückt, zurückgeblieben, rückgebildet

unausgefüllt: 1. leer, weiß 2. trostlos, einfallslos, fade, unoriginell, trist, ermüdend, gleichförmig, reizlos, unausgeglichen

unausgeglichen: wechselnd, unbeständig, unberechenbar, verletzt, empfindlich, launenhaft, launisch, missgelaunt

Unausgeglichenheit: 1. Zwiespältigkeit, Missklang, Zerrissenheit 2. Unstetigkeit, Launenhaftigkeit, Zerfahrenheit, Wankelmut

unausgegoren: unreif, ungenügend, unausgereift, unfertig

unausgelastet: einförmig, trist, gleichförmig

unausgeprägt: unfertig, kindlich, unsicher, wechselnd

unausgeschlafen: übernächtigt, müde

unausgewogen: wahllos, ziellos

unausstehlich: wutschäumend, übellaunig, verdrießlich, erbittert, griesgrämig, mürrisch, böse, unwillig, missmutig, aufgebracht, wütend

unbändig: 1. überaus, sehr 2. maßlos, unbeherrscht 3. wild, heftig

unbar: bargeldlos, per Scheck, per Überweisung, mit Karte

unbarmherzig: 1. verroht, unerbittlich, unsozial, unmenschlich, kalt, gnadenlos, mitleidlos, rigoros, grausam, erbarmungslos, herzlos, barbarisch, brutal, seelenlos, schonungslos 2. grob, unnachsichtig

Unbarmherzigkeit: Unmenschlichkeit, Rücksichtslosigkeit, Brutalität, Gnadenlosigkeit

unbeabsichtigt: ungewollt, unbewusst, versehentlich, irrtümlich

unbearbeitet: unbehandelt, natürlich, roh

unbeaufsichtigt: aufsichtslos, unkontrolliert, unbewacht

unbebaut: unbestellt, unbearbeitet, brach

unbedacht: wahllos, unvorsichtig, unverantwortlich, unbesonnen, sträflich, leichtfertig, sorglos, gedankenlos, bedenkenlos

unbedenklich: 1. gutartig, ungefährlich 2. glattweg, einfach, anstandslos

unbedeutend: 1. sekundär, nebensächlich 2. geringfügig, unbeträchtlich, gering, wenig 3. unwichtig, nichtig, wesenlos, unscheinbar, klein, unerheblich, farblos, belanglos

unbedingt: partout, absolut

unbeeindruckt: 1. ungerührt, gleichgültig 2. überheblich, kalt

unbeeinflusst: wertneutral, unvoreingenommen, nüchtern, sachlich, vorurteilslos, unbefangen, gerecht, parteilos

unbefangen: zwanglos, ungehemmt, offen, gelöst, leger, ungeniert, frei, formlos, lässig

unbefleckt: 1. unberührt, unverdorben, rein, anständig, ahnungslos, keusch 2. sauber, rein

unbefriedigend: unzureichend, ungenügend, schlecht, mangelhaft, halbwertig

unbefugt: willkürlich, selbstständig, unberechtigt, eigenmächtig

unbegabt: schwach, ungeschickt, unfähig

unbegleitet: solo, allein

unbegreiflich: unverständlich, unergründlich, undurchsichtig, undurchschaubar, rätselhaft, unerklärlich, dunkel

unbegrenzt: 1. uneingeschränkt, unbeschränkt, absolut 2. unerschöpflich, endlos

Unbegrenztheit: Unermesslichkeit, Endlosigkeit, Unbeschränktheit

unbegründet: hinfällig, unmotiviert, gegenstandslos, haltlos

Unbehagen: Missfallen, Missbehagen, Beklemmung, Beklommenheit, Unruhe, Widerwille

unbehaglich: 1. unangenehm, beklommen 2. kühl, unwirtlich, unwohnlich

unbeherrscht: grimmig, zornig, erbittert, wutentbrannt, empört, jähzornig, aufgebracht, erzürnt

unbehindert: ungehindert, unbelästigt, ruhig, ungeschoren, glatt, leicht

unbeholfen: 1. unklar, holperig, undeutlich, einfach 2. ungeschickt, linkisch, unbeweglich, steif

unbeirrt: beharrlich, unerschütterlich

unbekannt: 1. ungeläufig, fremd 2. unentdeckt, vernachlässigt, namenlos

unbekleidet: enthüllt, unverhüllt, nackt, ausgezogen, entkleidet

unbekümmert: unkompliziert, sorglos, freudig, naiv

Unbekümmertheit: Sorglosigkeit, Ungezwungenheit, Unbeschwertheit

unbelebt: menschenleer, entfernt, einsam, abgelegen, unbevölkert

unbelehrbar: zugeknöpft, unnachgiebig, widersetzlich, unbotmäßig, verschlossen, verstockt, halsstarrig, bockig, eisern, unfolgsam, fest, aufsässig, starrköpfig, stur, rechthaberisch, dickschädelig

unbeliebt: unsympathisch, unpopulär, unausstehlich, missliebig

Unbeliebtheit: Verhasstheit, Missliebigkeit

unbemerkt: 1. unerlaubt, illegal 2. verstohlen, verborgen, geheim, unbeachtet, diskret

unbemittelt: unvermögend, mittellos, besitzlos, arm, güterlos

unbequem: 1. störend, lästig 2. kalt, ungemütlich 3. widersetzlich, zugeknöpft, verbohrt, unversöhnlich, verstockt, kompromisslos, ungehorsam, unerbittlich, stur, unbelehrbar, starrsinnig, eigensinnig, dickköpfig, trotzig, rechthaberisch, finster, bockig

Unbequemlichkeit: 1. Unnachgiebigkeit, Rechthaberei, Trotz, Standhaftigkeit, Sturheit, Unzugänglichkeit 2. Kälte, Unbehaglichkeit

unberechenbar: unkalkulierbar, unmessbar

unberührt: 1. abgeschieden, einsam 2. gleichgültig, wurstig 3. rein, jungfräulich, ahnungslos, unerfahren 4. unbenutzt, ungebraucht

unbeschädigt: unversehrt, heil, unverletzt, wohlbehalten, ganz

unbeschäftigt: stellenlos, untätig, brotlos, arbeitslos

unbescheiden: wählerisch, verwöhnt, anmaßend, überheblich

unbescholten: züchtig, tugendhaft, gesittet, anständig, rein, korrekt

unbeschränkt: schrankenlos, absolut, unbegrenzt, frei, vollkommen

unbeschreiblich: 1. verblüffend, ungewöhnlich, sagenhaft, überwältigend, abenteuerlich, überragend, bedeutungsvoll, auffallend, erstaunlich, einzigartig, groß, imposant 2. überaus, sehr 3. unvorstellbar, unerhört, ungeheuerlich, unbegreiflich

unbeschrieben: 1. leer, neu, weiß 2. unbescholten, sittsam, korrekt, tugendhaft, schicklich, gesittet, anständig, geachtet

unbeschwert: heiter, ungetrübt, beruhigt, ruhig, froh, sorgenlos, unbekümmert

unbesiegbar: unüberwindbar, uneinnehmbar, unbezwingbar

unbesiegbar: unschlagbar, unbezwingbar, uneinnehmbar

unbesiegt: ungeschlagen, überlegen

unbesonnen: nachlässig, ziellos, unüberlegt, unvorsichtig, übereilt, fahrlässig, impulsiv, blind, leichtfertig

Unbesonnenheit: Unverstand, Gedankenlosigkeit, Unüberlegtheit, Unbedachtsamkeit

unbesorgt: unbeschwert, beruhigt, unbekümmert, sorgenlos

Unbesorgtheit: Unbeschwertheit, Unbekümmertheit

unbeständig: wetterwendisch, veränderlich, wechselhaft, wandelbar, unstetig, abwechselnd, flatterig, launisch, sprunghaft, unsicher

Unbeständigkeit: Veränderlichkeit, Wechselhaftigkeit, Unstetigkeit, Unbestand, Unsicherheit, Flatterigkeit

unbestechlich: vertrauenswürdig, unerschütterlich, redlich, korrekt, fest, charakterfest, objektiv

unbestellt: brach, unbebaut

unbestimmt: 1. unsicher, zweifelhaft, ungewiss, ungeklärt, umstritten, fraglich 2. vage, unklar, unverständlich, andeutungsweise

Unbestimmtheit: 1. Unklarheit, Fraglichkeit, Unentschiedenheit, Zweifelhaftigkeit 2. Unschärfe, Verschwommenheit, Ungenauigkeit

unbestreitbar: unwiderlegbar, unbestritten, sicher, gewiss, anerkannt, belegt, bewiesen, fraglos

unbeteiligt: ungerührt, unaufgeschlossen, gleichgültig, lasch, interesselos, stumpf, denkfaul, schwerfällig

unbeträchtlich: klein, winzig, gering, wenig

unbeugsam: unerschütterlich, zäh, unbeirrbar, steinern, eisern, nervenstark, standhaft, hart, aufrecht, durchhaltend, fest, stark

unbewacht: ungesichert, aufsichtslos, unkontrolliert, unbeaufsichtigt

unbewaffnet: waffenlos, wehrlos, nicht bewaffnet, ohne Waffen

unbewältigt: verdrängt, ungelöst, offen

unbewandert: ungeschult, ungebildet, unwissend, unbelesen, unerfahren, unkundig

unbewegbar: unbeweglich, leblos, starr, bewegungslos, regungslos

unbeweglich: 1. engstirnig, schwerfällig, unflexibel, einseitig, uneinsichtig 2. leblos, bewegungslos, regungslos, unbewegt

unbewiesen: fragwürdig, unwahrscheinlich, zweifelhaft, fraglich

unbewohnt: unbesiedelt, unbevölkert, einsam

unbewölkt: wolkenlos, heiter, sonnig, klar

unbewusst: 1. gefühlsmäßig, instinktmäßig 2. unwillkürlich, unabsichtlich 3. unterschwellig

unbezahlbar: unerschwinglich, kostspielig, teuer

unbezahlt: offen, unbeglichen

unbezähmbar: 1. maßlos, übersteigert 2. ungebändigt, wild, unbändig

unbezwingbar: 1. unüberwindbar, unbezwinglich 2. wild, unbesiegbar

unbiegsam: undehnbar, unbeweglich, fest

Unbiegsamkeit: Steife, Starre, Unbeweglichkeit, Festigkeit

unbrauchbar: nutzlos, unpraktisch, unzweckmäßig, wertlos

und: 1. zuzüglich, obendrein, außerdem 2. wohingegen, aber, doch 3. wie, plus, zugleich, auch

undankbar: 1. ungerecht 2. unersprießlich, unrentabel

undefinierbar: unbestimmt, fragwürdig

undenkbar: ausgeschlossen, unvorstellbar

Underground: Subkultur, Protestbewegung, Alternativkultur, Gegenkultur

Understatement: Untertreibung, Zurückhaltung, Unterbewertung, falsche Bescheidenheit

undeutlich: verschwommen, zweifelhaft, verworren, unbestimmt, ungenau, unverständlich, andeutungsweise, unscharf, unausgegoren

undicht: 1. durchlässig, löcherig, porös 2. schadhaft, defekt

undiszipliniert: zügellos, zuchtlos, hemmungslos, ungezügelt

unduldsam: voreingenommen, engherzig, unaufgeschlossen, starr

Unduldsamkeit: Voreingenommenheit, Engstirnigkeit, Intoleranz

undurchdringlich: 1. unzugänglich, menschenscheu 2. geheimnisvoll, dunkel, vieldeutig 3. unzugänglich, verwachsen, dicht, unwegsam

undurchführbar: unmöglich, unausführbar, aussichtslos, undenkbar, utopisch

undurchlässig: dicht, luftdicht, fest

undurchsichtig: 1. zwielichtig, undurchschaubar, unheimlich 2. opak, dunkel, milchig 3. unübersichtlich, undeutlich, unklar

uneben: 1. bergig, hügelig 2. ungleichmäßig, zerklüftet

unecht: 1. falsch, kopiert, nachgeahmt, nachgemacht 2. künstlich

unehelich: vorehelich, außerehelich, illegitim

Unehre: Schimpf, Beschämung, Bloßstellung, Schande

unehrenhaft: würdelos, unsauber, unaufrichtig, ehrlos

unehrlich: verstellt, lügenhaft, unaufrichtig, falsch, unwahrhaftig

Unehrlichkeit: Heuchelei, Verstellung, Scheinheiligkeit, Unaufrichtigkeit

uneigennützig: hingebend, wohltätig, barmherzig, selbstlos, aufopfernd, mildtätig, gemeinnützig

Uneigennützigkeit: Selbstlosigkeit, Barmherzigkeit, Hochherzigkeit, Mildtätigkeit

uneingeschränkt: 1. unbedingt, absolut, vollständig 2. grenzenlos, unbeschränkt

uneinheitlich: verschieden, vielfältig, mannigfaltig, individuell

Uneinheitlichkeit: Verschiedenartigkeit, Vielfalt, Mannigfaltigkeit

uneinig: entzweit, zerstritten, uneins, zerfallen

Uneinigkeit: Zwietracht, Unausgeglichenheit, Zwiespältigkeit

uneinsichtig: 1. verständnislos, lernunfähig, unverbesserlich, unbelehrbar 2. starr, stur, verstockt, unversöhnlich

unelastisch: 1. unbiegsam, unflexibel 2. unnachgiebig, stur, eisern

unelegant: geschmacklos, stillos, unschön

unempfänglich: unzugänglich, unaufgeschlossen, kontaktscheu, distanziert

unempfindlich: abgestorben, gefühllos, ungerührt, empfindungslos

unendlich: zahllos, unübersehbar, unzählbar, endlos, grenzenlos, unabsehbar, unbeschränkt

unentbehrlich: 1. unersetzlich, einmalig, unbezahlbar 2. lebenswichtig, notwendig, lebensnotwendig

unentgeltlich: 1. umsonst, kostenfrei, frei, geschenkt 2. freiwillig, unbezahlt, ehrenamtlich

unentschieden: 1. zaudernd, unsicher, ratlos, zweifelnd, unentschlossen, entschlusslos 2. remis, patt 3. ungewiss, offen, fraglich

unentschlossen: 1. zaghaft, zweifelnd, unschlüssig, ratlos, zögernd, vorsichtig 2. zwiespältig, ängstlich, beklommen, furchtsam, verschreckt

Unentschlossenheit: 1. Scheu, Angst, Panik, Furcht 2. Gezauder, Zaghaftigkeit, Unentschiedenheit, Unsicherheit, Wankelmütigkeit

unentschuldbar: unverzeihlich, unverantwortlich, verantwortungslos

unentwegt: 1. unverdrossen, beharrlich 2. ununterbrochen, unausgesetzt, dauernd

unentwickelt: 1. zurückgeblieben, kindlich, heranwachsend 2. unterentwickelt, kümmerlich

unerbittlich: unnachgiebig, unzugänglich, verroht, schonungslos, mitleidlos, streng, gleichgültig, kaltblütig, hart, gefühllos, erbarmungslos, herzlos, gefühlskalt, abgestumpft

unerfahren: 1. unberührt, jungfräulich, unschuldig 2. unschuldig, kindlich, naiv, unreif 3. unkundig, unwissend, jung

unerforscht: nicht erschlossen, unberührt, unbekannt

unerfreulich: 1. ekelerregend, ekelhaft 2. kalt, unfreundlich, unschön 3. unwillkommen, unerquicklich, peinlich, widrig, unangenehm, ärgerlich, schlecht, ungut

unerfüllbar: unmöglich, utopisch, undenkbar

unergiebig: unproduktiv, unrentabel

unerhört: unglaublich, haarsträubend, ungeheuerlich, bodenlos, allerhand, skandalös

unerklärlich: unerklärbar, dunkel, unverständlich, geheimnisvoll, unbegreiflich

unerlässlich: notwendig, wichtig, nötig

unerlaubt: verboten, widerrechtlich, unstatthaft, rechtswidrig, unrechtlich, sträflich, untersagt, eigenmächtig, gesetzwidrig, kriminell

unerledigt: unfertig, unausgeführt, offen, unabgeschlossen, abhängig, anstehend

unermesslich: 1. überaus, sehr 2. weit, unübersehbar, zahllos, unbeschränkt, unzählbar, grenzenlos

unermüdlich: unaufhörlich, verbissen, stur, unentwegt, hartnäckig, entschlossen, unverdrossen

unerquicklich: 1. ekelerregend, ekelhaft 2. ungut, unerfreulich, widrig, schlimm, ärgerlich, unerwünscht, peinlich, schlecht 3. ungemütlich, kühl, unschön

unerreichbar: utopisch, unausführbar, undurchführbar, aussichtslos, undenkbar, unmöglich

unersättlich: unmäßig, maßlos, unstillbar, gierig, esslustig

Unersättlichkeit: Hunger, Unmäßigkeit, Esssucht, Gefräßigkeit, Fressgier

unerschöpflich: unversiegbar, unermesslich, reichlich

unerschrocken: tapfer, waghalsig, tollkühn, unverzagt, vermessen, kämpferisch, heldenmütig, beherzt, mutig

unerschütterlich: 1. würdevoll, ruhig, überlegen, bedachtsam, abgeklärt, gemächlich, gleichmütig 2. zäh, beherrscht, willensstark, fest 3. standhaft, unverdrossen, verzweifelt, hartnäckig, ausdauernd

unerschwinglich: 1. überteuert, überhöht, aufwendig 2. unersetzbar, kostspielig, wertvoll, fein, erstklassig, edel, erlesen, selten

unersetzlich: unersetzbar, nicht ersetzbar, nicht mit Gold aufzuwiegen

unersprießlich: unnötig, oberflächlich, unbefriedigend, dürftig, inhaltsleer, nutzlos

unerträglich: 1. unbeschreiblich, ungewöhnlich, grauenhaft, ungemein, unheimlich, schrecklich 2. unfolgsam, widerborstig, zugeknöpft, unversöhnlich, störrisch, unbequem, bockig, eigensinnig, aufsässig 3. widerwärtig, zuwider, ungenießbar, unausstehlich, unsymphatisch

unerwartet: unvermittelt, blitzschnell, zufällig, plötzlich, jäh, überraschend, unverhofft, unvorhergesehen

unerwünscht: unangenehm, unwillkommen, ungewollt, ungebeten

unerzogen: vorwitzig, vorlaut, unartig, unverschämt, frech, dreist, keck

unfähig: untüchtig, untauglich, unbegabt, unvermögend

Unfähigkeit: Unvermögen, Machtlosigkeit, Schwäche, Kraftlosigkeit, Untauglichkeit, Inkompetenz

unfair: unsportlich, regelwidrig, unschön, unredlich

Unfallschaden: Sachschaden, Totalschaden, Blechschaden

unfassbar: 1. unsäglich, unaussprechlich, unbeschreiblich, beispiellos, namenlos, unbegreiflich 2. unerklärlich, unverständlich, unbegreiflich, mysteriös

unfehlbar: sicher, offiziell, amtlich, erwiesen, zweifelsfrei, wahrhaftig, fehlerfrei

unfertig: 1. ungenügend, unausgewogen, unausgegoren, unreif 2. unvollständig, unvollendet, halb, bruchstückhaft

unfolgsam: verzogen, unartig, ungehorsam

unförmig: gestaltlos, formlos, ungestalt

unfrei: 1. zaghaft, besorgt, schüchtern, beklommen, ängstlich 2. leibeigen, untertan, abhängig, entrechtet, untergeordnet

Unfreiheit: 1. Überwachung, Aufsicht, Zensur 2. Zwang, Abhängigkeit, Hörigkeit, Sklaverei

unfreiwillig: zwangsweise, gezwungen, widerstrebend

unfreundlich: 1. schrecklich, düster, finster, feucht 2. böse, grob, unangenehm 3. unkultiviert, unzivilisiert, unfein, ungalant 4. unhöflich, schroff, abweisend, brüsk, ungnädig, unwirsch

Unfreundlichkeit: Unliebenswürdigkeit, Schroffheit, Ungeschliffenheit, Unhöflichkeit, Unaufmerksamkeit

Unfrieden: Zusammenstoß, Streitigkeiten, Konflikt, Spannungen, Auseinandersetzung

unfrisiert: ungekämmt, verstrubbelt, struppig, strähnig

unfruchtbar: 1. zeugungsunfähig 2. inhaltsleer, unproduktiv, unersprießlich, mager, kümmerlich 3. mager, karg

ungeahnt: ungewöhnlich, aussichtsreich, großartig, unerwartet

ungebärdig: ungestüm, zügellos, ausgelassen

ungebeten: unwillkommen, unaufgefordert, ungefragt, ungeladen

ungebildet: 1. unerfahren, unaufgeklärt, unwissend, ahnungslos, ungeschliffen 2. kleinlich, eng

ungebräuchlich: ungewohnt, unüblich, rar, selten

ungebührlich: unschicklich, unzumutbar, ungebührend, respektlos

ungebunden: uneingeschränkt, unabhängig, autonom, selbstständig, unbelastet, frei, emanzipiert, selbstverantwortlich, souverän

Ungebundenheit: Selbstbestimmung, Eigenständigkeit, Selbstständigkeit, Zwanglosigkeit, Freiheit

Ungeduld: Ruhelosigkeit, Erregung, Rastlosigkeit, Anspannung, Hektik, Aufregung

ungeduldig: 1. erwartungsvoll, angespannt 2. zappelig, unruhig, unstet, nervös, erregt, aufgeregt, hektisch

ungeeignet: 1. nutzlos, untauglich, unpassend, unbrauchbar 2. sinnlos, nutzlos, ergebnislos, aussichtslos, unwirksam

ungefähr: gegen, beiläufig, zirka, beinahe, überschlägig, annähernd, schätzungsweise

ungefährlich: 1. gesichert, gefahrlos, sicher 2. unverfänglich, gefahrlos, unschädlich, harmlos

ungefällig: unhöflich, unfreundlich, abweisend

ungehalten: unwillig, missgelaunt, verdrossen, aufgebracht, erbost, mürrisch, gereizt, erbittert, entrüstet

ungeheizt: kühl, kalt, ungemütlich

ungehemmt: 1. bedenkenlos, verantwortungslos, hemmungslos 2. zwanglos, ungezwungen, ungeniert, frei, hemmungslos, unbefangen 3. lebendig, temperamentvoll, leidenschaftlich, heftig, wild, hemmungslos, impulsiv, heißblütig

ungeheuer: unermesslich, sehr, mächtig, außerordentlich, groß, gewaltig, außergewöhnlich, imposant

Ungeheuer: Untier, Monstrum, Ungestüm

ungehobelt: 1. rüde, schroff, barsch, rüpelhaft, unwirsch, abweisend 2. unzivilisiert, unmanierlich, derb, roh, unfein, ungeschliffen 3. rau, ungeschliffen, roh

ungehörig: 1. vorwitzig, unverschämt, unartig, ungebührend, unziemend, ungesittet, keck, taktlos, impertinent, unschicklich, frech, schamlos, dreist 2. egoistisch, rücksichtslos, unerbittlich

ungehorsam: widersetzlich, verstockt, ungezogen, stur, unfolgsam, starrsinnig, unbelehrbar, dickköpfig, eigensinnig, rechthaberisch, kompromisslos, unartig

Ungehorsam: Unnachgiebigkeit, Rechthaberei, Eigensinn, Dickköpfigkeit, Trotz

ungeklärt: unverbürgt, umstritten, ungewiss, unentschieden, fraglich

ungekünstelt: zwanglos, ungeziert, formlos, unbefangen, natürlich, einfach

ungekürzt: in voller Länge, ungeschnitten, in der Originalversion

ungeläufig: unbekannt, ungewohnt, unüblich

ungelegen: ungünstig, störend, unpassend, unbequem

ungelenk: unbeholfen, ungeschickt, plump, linkisch

ungelöst: offen, ungeklärt, ungewiss, strittig

ungemein: 1. ungeläufig, unvergleichlich, überraschend, einzigartig, sondergleichen, stattlich, sagenhaft, imposant, ansehnlich, bedeutungsvoll, enorm, ausgefallen, außergewöhnlich 2. sehr, überaus

ungemütlich: 1. lustlos, beklommen 2. unwohnlich, kühl, unbequem, kalt

ungenannt: namenlos, unbekannt, anonym, inkognito

ungenau: 1. unordentlich, schlampig, oberflächlich, nachlässig, flüchtig 2. verschwommen, zweifelhaft, unpräzise, unverständlich, unsicher, fraglich, undeutlich, andeutungsweise, unklar

ungeniert: zwanglos, unbefangen, natürlich, frei, leger, gelöst, nonchalant, ungezwungen, hemmungslos

ungenießbar: 1. unfreundlich, verärgert, gereizt, grantig, missmutig, schlecht gelaunt 2. abgestanden, schal 3. sauer, versalzen, scharf 4. ranzig, schlecht, faulig, unbekömmlich, verschimmelt, madig, schädlich, unverträglich

ungenügend: mangelhaft, unzulänglich, unbefriedigend, unzureichend

ungenutzt: neu, unbenutzt, ungetragen, ungebraucht

ungeordnet: 1. planlos, wüst, verworren 2. wirr, unübersichtlich, durcheinander, kunterbunt, chaotisch

ungepflegt: 1. schmutzig, ungewaschen 2. unsorgsam, unordentlich, liederlich, nachlässig, schlampig

ungerecht: unrecht, undankbar, unsachlich, subjektiv, einseitig, rechtswidrig, parteiisch

Ungerechtigkeit: Einseitigkeit, Subjektivität, Unsachlichkeit, Undankbarkeit

ungern: abgeneigt, widerwillig, unwillig, unlustig

ungerührt: 1. unsozial, unmenschlich, streng, seelenlos, gefühllos, hart, gemütsarm, lieblos, abgestumpft, gleichgültig, erbarmungslos 2. unempfindlich, unbewegt, interesselos, gleichgültig, unbeteiligt, teilnahmslos, apathisch

ungesalzen: fade, ungewürzt, geschmacklos

Ungeschick: Zuwiderhandlung, Verfehlung, Vergehen, Fehltritt, Taktlosigkeit, Entgleisung

ungeschickt: unpraktisch, unbeholfen, schwerfällig, tölpelhaft, eckig, linkisch, ungelenk

ungeschoren: 1. mit Winterfell, nicht geschoren 2. ungehindert, unbehelligt

ungesellig: unwirtlich, ungastlich, zurückhaltend, unfreundlich, abweisend

ungesetzlich: verboten, kriminell, sträflich, widerrechtlich, ordnungswidrig, illegal, unstatthaft, unrechtlich, gesetzwidrig, rechtswidrig

Ungesetzlichkeit: Unrechtmäßigkeit, Rechtsverdrehung, Rechtsverletzung, Illegalität, Gesetzwidrigkeit

ungesittet: unsolide, zweideutig, ungehörig, anstößig, unanständig, unschicklich

ungestört: alleine, in Ruhe, ungetrübt

ungestüm: 1. temperamentvoll, wild, heiß, dynamisch, lebhaft, lebendig, heftig, impulsiv 2. stürmisch, heftig

ungesund: 1. blass, bleich 2. gesundheitsschädlich, unverdaulich, gesundheitsschädigend, gefährlich, nachteilig 3. leidend, krank

Ungetier: Untier, Ungeheuer, Scheusal, Monstrum

ungetragen: ungenutzt, ungebraucht, unbenutzt, neu

ungetrübt: 1. unbeschwert, sorgenfrei, schattenlos, rein 2. transparent, sauber, geputzt, klar

Ungetüm: Untier, Monstrum, Moloch, Scheusal

ungewiss: zweifelhaft, unsicher, ungeklärt, umstritten, unentschieden, fraglich, offen, unbestätigt

Ungewissheit: Zweifelhaftigkeit, Unbestimmtheit, Ungewisse, Fraglichkeit, Unsicherheit

ungewöhnlich: 1. überaus, sehr 2. unüblich, ungewohnt, absonderlich 3. spektakulär, auffallend, unvergleichlich, imposant, erstaunlich, auffällig, sensationell, eindrucksvoll, enorm, außerordentlich, ausgefallen

ungewohnt: 1. unmöglich, ungebührend 2. unüblich, neu, ungewöhnlich

ungezähmt: wild, ungebändigt, nicht domestiziert

ungezogen: vorwitzig, vorlaut, unmanierlich, unartig, missraten, nichtsnutzig, frech, ungehorsam, keck

ungezwungen: zwanglos, offen, unbefangen, natürlich, nachlässig, aufgelockert, lässig, frei, leger, gelöst

Ungezwungenheit: Zwanglosigkeit, Natürlichkeit, Unbefangenheit, Gelöstheit

unglaubhaft: unglaubwürdig, zweifelhaft, unwirklich

ungläubig: 1. freigeistig, glaubenslos, unreligiös 2. zweifelnd, misstrauisch

Ungläubiger: Freidenker, Atheist, Heide

unglaublich: unaussprechlich, unfassbar, unerhört, maßlos, unvorstellbar

unglaubwürdig: zweifelhaft, fantastisch, verlogen, unglaubhaft

ungleich: ungleichmäßig, unegal, verschieden, unähnlich

Ungleichheit: 1. Verschiedenartigkeit, Ungleichartigkeit, Nichtübereinstimmung 2. Unterschied, Unstimmigkeit, Abweichung

ungleichmäßig: 1. unregelmäßig, unebenmäßig 2. zweierlei, verschieden, wesensfremd, grundverschieden, abweichend, unterschiedlich, ungleich

Unglück: 1. Verelendung, Notstand, Not, Geldnot, Krise, Elend, Armseligkeit, Beschränkung, Armut 2. Verhängnis, Unheil, Pech, Panne, Katastrophe, Schlag

unglücklich: 1. unfroh, wehmütig, trübselig, traurig, schwermütig, bekümmert, bedrückt, elend, kummervoll, betrübt 2. unpäßlich, schwach, übel, bedauernswert, schlecht, unwohl, erbärmlich, jämmerlich

unglücklicherweise: leider, schade, bedauerlicherweise, jammerschade

Unglücksmensch: Unglücksvogel, Unglücksrabe, Pechvogel, Pechmarie

Unglücksrabe: Pechvogel, Unglückskind, Unglücksvogel

ungültig: wertlos, unbrauchbar, entwertet, verfallen

ungünstig: 1. widrig, unvorteilhaft, schlecht, unerfreulich, unratsam, nachteilig 2. unwillkommen, verdrießlich, unangenehm, störend, unerwünscht, ärgerlich, ungut

ungut: 1. unerfreulich, unangenehm 2. unerfreulich, schlimm, böse, bösartig, schlecht, übel gesinnt, boshaft

unhaltbar: 1. falsch, unzutreffend 2. schlimm, verheerend, unerträglich, unzumutbar

unhandlich: ungeeignet, unzweckmäßig, umständlich

unharmonisch: 1. unstet, zerrissen, rastlos, labil, schwankend 2. unverträglich, gestört, schwierig

Unheil: Elend, Grauen, Verderben, Gefahr, Übel

unheilbar: unrettbar, verloren, hoffnungslos, aussichtslos, tödlich

unheildrohend: ungesund, finster, unheilvoll, schwarz

unheilvoll: finster, unheildrohend, Unheil bringend, ungesund

unheimlich: 1. ungeheuer, sehr, übermäßig 2. gespenstig, entsetzenerregend, schaurig, schauerlich, gruselig, beklemmend

unhöflich: unritterlich, unfreundlich, unverbindlich, unliebenswert, grob, unkultiviert, barsch

Unhöflichkeit: Schroffheit, Unfreundlichkeit, Unliebenswürdigkeit, Ungehobeltheit, Barschheit, Grobschlächtigkeit

unhörbar: unmerklich, still, lautlos, tonlos

unhygienisch: schmutzig, ekelhaft

uni: unifarben, einfarbig

Uniform: Dienstkleidung, Dienstbekleidung

Unikat: Einzelstück, solitär

unintelligent: unwissend, unerfahren, dumm

uninteressant: 1. unbedeutend, wesenlos, unwichtig, nichts sagend, einflusslos, belanglos, gleichgültig, unscheinbar 2. wirkungslos, üblich, einförmig, reizlos, monoton, trocken, langweilig, eintönig

uninteressiert: unbewegt, unbeteiligt, schwerfällig, ungerührt, stumpfsinnig, desinteressiert, träge, interesselos, gleichgültig, leidenschaftslos

universell: vielseitig, gemein, allgemein gültig, umfassend, allgemein, weltweit

Universität: Uni, Hochschule

unkameradschaftlich: unzuverlässig, unsolidarisch, unfair

unkenntlich: schemenhaft, vage, nebelhaft, verwaschen

Unkenntnis: Ahnungslosigkeit, Wissensmangel, Unwissenheit

unkeusch: wüst, zweideutig, unzüchtig, unschicklich, anstößig, sittenlos, unsolide, verrucht, schlecht, liederlich

Unkeuschheit: Unsittlichkeit, Zuchtlosigkeit, Liederlichkeit, Verdorbenheit

unklar: 1. dunkel, diffus, schemenhaft 2. unbestimmbar, ungewiss, ungeklärt, unzugänglich 3. zusammenhanglos, unübersichtlich, wirr, undeutlich, unentschieden, unbestimmt, andeutungsweise, unscharf, vage, fraglich

Unklarheit: 1. Schwierigkeit, Ungenauigkeit 2. Verwicklung, Durcheinander, Unübersichtlichkeit

unklug: unvernünftig, unbesonnen, unüberlegt, ziellos, unvorsichtig, gedankenlos, sorglos, leichtfertig, unbedacht

Unklugheit: Unverstand, Unüberlegtheit, Unbedachtsamkeit

unkollegial: unversöhnlich, unzugänglich, unbelehrbar, eigensinnig, starrsinnig, rechthaberisch, unnachgiebig, kompromisslos, unaufgeschlossen

unkompliziert: 1. weltfremd, leichtgläubig, arglos, kindhaft, einfältig 2. anspruchslos, zurückhaltend, gelassen, bescheiden 3. ungekünstelt, natürlich, einfach, glatt, ungegliedert, schlicht 4. genügsam, simpel, anspruchslos, elementar

unkonventionell: ungewöhnlich, ungewohnt, rar, ungeläufig, außergewöhnlich

unkonzentriert: unbeteiligt, abgelenkt, unaufmerksam, zerfahren, abwesend

unkorrekt: 1. falsch, unzutreffend, unrecht 2. unordentlich, oberflächlich, flüchtig, ungenau, schlampig, liederlich

Unkosten: Zahlungen, Spesen, Auslagen, Kosten, Aufwendungen, Aufwand

Unkraut: Wildkräuter, wild wachsende Kräuter

unkritisch: leichtgläubig, bequem, urteilslos, treuherzig

unkultiviert: ungeschliffen, unhöflich, unzivilisiert, unfein, roh

unlängst: vorhin, jüngst, kürzlich, letzthin

unleserlich: 1. krakelig, schwer zu entziffern 2. geschwärzt, getilgt, ausgeixt

unliebsam: unerwünscht, unwillkommen, unangenehm, unlieb

unlogisch: sinnwidrig, widerspruchsvoll, folgewidrig, gegensätzlich, widersinnig

Unlust: 1. Verdruss, Missmut, Unmut 2. Abneigung, Unwilligkeit, Widerwillen, Ekelgefühl

unlustig: 1. zentnerschwer, sorgenschwer, gramvoll, gramerfüllt 2. traurig, trübsinnig, trübe, elend, schwermütig, freudlos, bedrückt, kummervoll, bekümmert 3. missmutig, lustlos

unmanierlich: vorwitzig, dreist, unverfroren, schamlos, ungesittet, frech, unartig

unmäßig: übertrieben, extrem, zügellos, maßlos, unersättlich, schrankenlos, sehr

Unmensch: Unhold, Ungeheuer, Satan, Monstrum, Gewaltmensch, Schurke, Bestie, Übeltäter, Scheusal, Grobian, Berserker

unmenschlich: mitleidlos, unnachsichtig, grausam, lieblos, verroht, unzugänglich, ungesittet, abgestumpft, inhuman, gefühllos, roh, hartherzig, erbarmungslos, gefühlskalt, brutal

Unmenschlichkeit: Wandalismus, Brutalität, Kannibalismus

unmerklich: 1. unmerkbar, leise, unvernehmlich, unhörbar, still 2. schleichend

unmessbar: unzählbar, unberechenbar

unmissverständlich: 1. unzweideutig, einfach, genau, eindeutig, anschaulich, offen, bildhaft 2. nachdrücklich, eigens, entschlossen, gewichtig, betont, ausdrücklich

unmittelbar: 1. natürlich, geradewegs, direkt, urtümlich, geradlinig 2. sofort, dichtauf

unmodern: veraltet, altmodisch, unzeitgemäß, rückständig

unmöglich: hoffnungslos, utopisch, undenkbar, ausgeschlossen, keineswegs

unmoralisch: zweideutig, verrucht, zuchtlos, unsolide, anstößig, sittenlos, unschicklich, ungebührlich, unzüchtig, ungehörig

unmündig: unreif, minderjährig

unmusikalisch: unmusisch, unschöpferisch, amusisch

Unmut: Unwille, Missmut, Spannung, Verdrossenheit, Ärger, Verstimmtheit, Groll

unnachgiebig: verschlossen, unzugänglich, widersetzlich, unerbittlich, stur, verstockt, störrisch, ungehorsam, dickköpfig, felsenfest, starr, aufsässig, unbelehrbar, eigensinnig, starrsinnig

unnachsichtig: scharf, entschieden, streng, hart, energisch

unnahbar: zurückhaltend, herb, verschlossen, unzugänglich, abweisend, kühl

unnatürlich: 1. unecht, widernatürlich, geziert, gekünstelt, gemacht, geschwollen 2. künstlich, synthetisch, chemisch

unnötig: vergebens, unbrauchbar, nutzlos, fruchtlos, aussichtslos, überflüssig

unordentlich: 1. chaotisch, wüst, ungepflegt, durcheinander 2. sorglos, schlampig, nachlässig

Unordnung: Schlamperei, Chaos, Liederlichkeit

unparteiisch: wertneutral, sachlich, gerecht, passiv, neutral, unentschieden

unpassend: 1. verfehlt, peinlich, unangemessen, ungeeignet, geschmacklos 2. unzeitig, ungelegen, unangenehm

unpassierbar: unbefahrbar, undurchdringlich, versperrt, unbezwingbar, blockiert

unpässlich: leidend, unwohl, krank, bettlägerig, kränklich

Unpässlichkeit: Beschwerden, Unwohlsein, Störung, Erkrankung

unpersönlich: 1. herzlos, gefühlsarm, gefühlskalt 2. äußerlich, konventionell, steif

unplanmäßig: unmethodisch, ungeplant

unpraktisch: 1. ungewandt, ungelenk, umständlich, unbeholfen, linkisch 2. unbequem, unhandlich, umständlich, unzweckmäßig

unpräzise: verworren, zusammenhanglos, ungenau, missverständlich, unbestimmt, unsicher

unproblematisch: unkompliziert, bequem, unschwer, leicht, einfach

unproduktiv: zwecklos, unschöpferisch, ergebnislos, sinnlos

unpünktlich: überfällig, verspätet

unqualifiziert: 1. verfehlt, unangebracht, geschmacklos, ungehörig 2. inkompetent, unvermögend, unbegabt

Unrast: Ruhelosigkeit, Nervosität, Ungeduld, Erregtheit, Anspannung, Unruhe

Unrat: Abfall, Schmutz

unratsam: unsinnig, unvernünftig, ungünstig, nicht angezeigt

unrealisierbar: hoffnungslos, aussichtslos, illusorisch, undurchführbar

unrealistisch: versponnen, wirklichkeitsfremd

unrecht: verfehlt, verkehrt, falsch, irrtümlich, unrichtig, unbillig

Unrecht: Übertretung, Entgleisung, Pflichtverletzung, Zuwiderhandlung

unrechtmäßig: verboten, ungesetzlich, gesetzwidrig, kriminell, rechtswidrig, unerlaubt

unredlich: unwahrhaftig, verstellt, unaufrichtig, unlauter, betrügerisch, scheinfromm, falsch, lügnerisch

unregelmäßig: 1. gelegentlich, manchmal 2. ungleichmäßig, ungleich

Unregelmäßigkeiten: Übertretung, Unterschlagung, Machenschaften, Veruntreuung

unreif: 1. grün, hart 2. unmündig, unerfahren, schülerhaft, kindlich 3. ungenügend, unentwickelt, unfertig

unrein: 1. misstönend, falsch, unpräzise 2. vermischt, gemischt 3. unsauber, schmutzig, ungeputzt

unrichtig: unzutreffend, verkehrt, falsch

Unruhe: 1. Tumult, Lärm, Geschrei, Donnern, Gepolter 2. Nervosität, Ruhelosigkeit, Rastlosigkeit, Aufgeregtheit

Unruhestifter: Schreier, Krawallmacher, Störenfried, Hetzer, Rowdy, Radaubruder

unruhig: 1. ungeduldig, nervös, rastlos, wirbelig, flatterig, hastig, flackerig, fieberhaft, bewegt 2. brisant, gefahrvoll 3. sorgenvoll, angsterfüllt, kummervoll, ängstlich

unrühmlich: ungenügend, schäbig, spärlich, kärglich, mager

unsachgemäß: 1. unprofessionell, unsachgemäß, unfachmännisch 2. missbräuchlich, zweckentfremdet

unsachlich: 1. sachfremd 2. voreingenommen, persönlich, subjektiv

unsagbar: unfassbar, unbeschreiblich, unglaublich, unvorstellbar

unsanft: grob, rau, roh, hart, rücksichtslos

unsauber: 1. unrein, misstönend, falsch, ungenau 2. trübe, verschmutzt, ungewaschen, schmutzig, fettig, befleckt

Unsauberkeit: Verschmutztheit, Schmutz, Schmutzigkeit, Unreinheit

unschädlich: ungefährlich, gutartig, unverfänglich

Unschädlichkeit: Bekömmlichkeit, Zuträglichkeit, Ungefährlichkeit

unscharf: verwackelt, verzittert, unklar

unschätzbar: wertvoll, hochwertig, edel, fein

unscheinbar: schlicht, einfach, nichtssagend, ausdruckslos, farblos

unschicklich: unzüchtig, schlecht, unziemlich, zweideutig, ungebührlich, unsittlich

unschlüssig: zuwartend, zaudernd, unentschieden

unschön: 1. unfair, unsportlich 2. abschreckend, ekelhaft, unansehnlich, hässlich

unschöpferisch: unproduktiv, fantasielos, unfruchtbar

Unschuld: Keuschheit, Unberührtheit, Jungfräulichkeit

unschuldig: 1. unverschuldet, einwandfrei, tadellos, untadelig, schuldlos 2. unverdorben, unerfahren, naiv, jungfräulich, anständig, keusch

Unschuldsmiene: Verstellung, Schauspielerei

unschuldsvoll: unverdorben, ahnungslos, unerfahren, naiv, rein

unschwer: problemlos, spielend, mühelos, auf den ersten Blick

unselbstständig: gebunden, abhängig, unsicher, hilfsbedürftig

Unselbstständigkeit: Abhängigkeit, Unmündigkeit

unselig: 1. trostlos, traurig 2. entsetzlich, verhängnisvoll, katastrophal

unsensibel: gleichgültig, gefühlskalt

unsentimental: empfindungslos, gefühlsarm, sachlich, trocken

unseriös: undurchsichtig, unsauber, dunkel

unsicher: 1. verkrampft, gehemmt, verklemmt, ängstlich, scheu, schüchtern 2. ausgesetzt, ungeschützt, unbeschirmt, schutzlos 3. zweifelhaft, offen, angreifbar, ungesichert, unbestätigt, problematisch, unentschieden 4. riskant, gefährlich, bedroht 5. wankend, schwach

Unsicherheit: 1. Ungeborgenheit, Ungeschütztheit, Ungesichertheit, Schutzlosigkeit 2. Verlegenheit, Gehemmtheit 3. Ungewissheit, Zweifelhaftigkeit, Fraglichkeit, Unbestimmtheit 4. Scheu, Angst, Furcht

unsichtbar: verborgen, versteckt

Unsinn: 1. Unding, Wahnwitz, Blödsinn, Quatsch, Torheit 2. Torheiten, Albernheit, Narrheiten, Späße

unsinnig: 1. widersinnig, unverständlich, sinnlos, töricht, lächerlich 2. gewaltig, übergroß, sehr

Unsitte: Eigenheit, Schwäche, Marotte, schlechte Angewohnheit, Untugend, Macke, schwacher Punkt

unsittlich: zweideutig, sittenlos, verdorben, ungebührlich, unziemlich, unmoralisch, verworfen, lasterhaft, liederlich, schlecht

Unsittlichkeit: Zuchtlosigkeit, Unmoral, Anstößigkeit, Unkeuschheit, Sittenlosigkeit

unsolidarisch: unzuverlässig, treulos, illoyal, abtrünnig

unsolide: 1. locker, flatterhaft, ausschweifend, leicht 2. unsittlich, unzüchtig, unanständig, sittenlos

unsozial: 1. verroht, brutal 2. asozial, unmenschlich, gesellschaftsschädigend

unsportlich: 1. eckig, unbeweglich, ungelenk 2. unkameradschaftlich, foul

Unsportlichkeit: 1. Unkameradschaftlichkeit, Foul 2. Steifheit, Trägheit, Ungelenkigkeit, Schwerfälligkeit

unstatthaft: verboten, widerrechtlich, unzulässig, ungesetzlich, unrechtmäßig, unbefugt, illegal, rechtswidrig, strafbar, gesetzwidrig, ordnungswidrig

unsterblich: 1. sehr, überaus 2. unvergänglich, bleibend, ewig, immerwährend

unstet: wetterwendisch, sprunghaft, flatterhaft, unruhig, fahrig, launenhaft

unstillbar: stark, maßlos, unersättlich

Unstimmigkeit: 1. Versehen, Widerspruch, Verrechnung, Irrtum, Fehlschluss, Fehler, Missgriff, Fehlgriff 2. Auseinandersetzung, Streitigkeit

unstrittig: unstreitig, unbestritten, bestimmt, klar

Unsumme: Unmenge, Menge, Masse

unsymmetrisch: unregelmäßig, ungleichmäßig

unsympathisch: zuwider, widerwärtig, abstoßend, unerträglich, ungenießbar, unlieb, unausstehlich

unsystematisch: unüberlegt, unmethodisch, planlos, undurchdacht

untalentiert: untauglich, unbegabt, unqualifiziert, talentfrei

Untat: Gewaltverbrechen, Bluttat, Greueltat, Massaker

untätig: faul, bequem, arbeitsscheu, inaktiv, lethargisch, phlegmatisch

untauglich: 1. unbrauchbar, unpraktisch 2. unfähig, unvermögend

Untauglichkeit: Inkompetenz, Unfähigkeit

unteilbar: untrennbar, unzerlegbar

unten: unterwärts, unterhalb, darunter

untendenziös: unbeeinflusst, unparteiisch

unter: 1. dazwischen, innerhalb, zwischendurch, zwischenhinein 2. dank, mittels 3. tiefer, unterhalb, abwärts

Unterbau: Unterteil, Grundmauer, Fundament, Grundfeste, Postament

unterbewerten: gering schätzen, herabsetzen, verharmlosen

unterbewusst: unbewusst, unterschwellig, verdrängt

unterbrechen: 1. abbrechen, stoppen 2. pausieren, halten, einhalten

Unterbrechung: Pause, Aufenthalt, Störung, Stockung, Interruption

unterbrochen: zusammenhanglos, abgehackt, stückweise

unterdessen: dabei, zwischenher, indessen, währenddessen, derweil, solange

unterdrücken: 1. unterlassen, s. zusammennehmen, zurückhalten, verdrängen, hindern, ersticken, hinunterwürgen, dämpfen, betäuben 2. auslöschen, abtöten, bezwingen 3. niederhalten, drangsalieren, bedrücken, versklaven

Unterdrücker: Tyrann, Diktator, Gewaltherrscher

unterdrückt: untertan, versklavt, abhängig, unselbstständig, unfrei

Unterdrückung: Zwang, Unfreiheit, Versklavung, Sklaverei, Einschränkung, Bedrückung

untereinander: geschlossen, vereint, gemeinsam

unterentwickelt: 1. zurückgeblieben, rückständig 2. zurückgeblieben, infantil

unterernährt: abgezehrt, unterversorgt, untergewichtig

Unterfangen: Unternehmen, Versuch, Vorhaben, Übung

unterfassen: s. einhängen, s. unterhaken, Arm in Arm gehen

Unterführung: Subway, Passage, Tunnel

Untergang: 1. Abgrund, Verderben, Sturz, Verderb 2. Zusammenbruch, Zerrüttung, Verfall, Verschlechterung, Abstieg

untergeben: unterstellt, untergeordnet

untergehen: 1. umschlagen, kentern 2. auseinanderfallen, zusammenbrechen, absterben, s. auflösen, dahinschwinden, verkommen 3. sinken, versinken, wegsacken, versacken 4. verschwinden, entschwinden, niedersinken

untergeordnet: 1. nebensächlich, sekundär 2. unterstehen, unterstellt, einfallslos, klein

3. wesenlos, unerheblich, unscheinbar, unwichtig, nichtig

Untergeschoss: Souterrain, Tiefparterre

untergraben: 1. aushöhlen, unterwühlen 2. ruinieren, erschüttern, durchlöchern, schwächen 3. zersetzen, hintertreiben, aufweichen

Untergrund: 1. Anonymität, Illegalität 2. Unterlage, Grundlage, Basis

unterhalb: darunter, unten, unterwärts

unterhalten: 1. leiten, führen, betreiben 2. erhalten, sorgen, pflegen **s. unterhalten:** reden, schwatzen, plaudern

unterhaltsam: 1. vergnüglich, belebend, abwechslungsreich, spaßig, launig, erheiternd, interessant 2. packend, aufschlussreich, amüsant, anregend

Unterhaltsbeitrag: Alimente, Unterhaltszahlung

Unterhaltung: 1. Plauderei, Gespräch 2. Ablenkung, Kurzweil, Zerstreuung, Zeitvertreib

Unterhemd: Hemd, Leibchen, Torselett

Unterhose: Höschen, Schlüpfer, Slip, String, Tanga

Unterkunft: Schlafstelle, Unterschlupf, Bleibe, Logis, Quartier, Absteige

Unterlage: Grundlage, Plattform, Ausgangslage, Fundament

Unterlagen: Akten, Dokumente, Papiere, Dateien

unterlassen: verzichten, vermeiden, ablehnen, bleiben lassen

Unterleib: Bauch, Unterbauch

Unternehmen: Firma, Geschäft, Betrieb

unternehmend: tatkräftig, rührig, unternehmungslustig, handelnd, lebendig

Unternehmer: Industrieller, Produzent, Fabrikant, Fabrikbesitzer

unternehmerisch: kaufmännisch

Unternehmungsgeist: Tatendurst, Unternehmungslust, Abenteuerlust

unternehmungslustig: unternehmerisch, tatkräftig, tatendurstig, kühn, abenteuerlustig

unterordnen: 1. unterstellen, unterwerfen 2. zurückstellen **s. unterordnen:** gehorchen, nachgeben, anpassen

Unterricht: 1. Übung, Vorlesung, Unterrichtsstunde, Kurs, Schule, Lehrgang, Kursus 2. Fernstudium, Selbststudium 3. Lehre, Anleitung

unterrichten: 1. zeigen, ausbilden, lehren, mitteilen, anleiten, unterweisen 2. informieren, orientieren

Unterrichtsfach: Schulfach, Schulgegenstand, Lehrgegenstand, Fach

Unterrichtsstunde: Stunde, Lektion

Unterrichtung: Information, Erklärung, Benachrichtigung, Auskunft, Meldung

Unterrock: Unterkleid, Halbrock, Petticoat

untersagen: versagen, verweigern, verbieten, s. verbitten

unterschätzen: verkennen, herabsetzen, verharmlosen

unterscheiden: abheben, trennen, sondern

Unterschied: Anderssein, Verschiedenheit, Andersartigkeit, Ungleichheit, Missverhältnis, Abstand, Gefälle, Gegensatz, Abweichung

unterschiedlich: verschiedenartig, ungleich, anders, unvereinbar, zweierlei

unterschiedslos: übereinstimmend, gleich, gleichmäßig, einheitlich

unterschlagen: veruntreuen, betrügen, hinterziehen

Unterschlagung: Hinterziehung, Veruntreuung

Unterschlupf: Versteck, Schlupfloch, Zufluchtsort, Obdach

unterschreiben: abzeichnen, unterzeichnen, gegenzeichnen

Unterschrift: Autogramm, Namenszug, Signatur

Unterseeboot: U-Boot, Tauchboot

untersetzt: dicklich, korpulent, stämmig, rundlich

Unterstand: Schutzdach, Wetterdach, Schutzbau

unterstellen: 1. unterbringen, abstellen 2. verdächtigen, unterschieben 3. voraussetzen, annehmen

unterstützen: zuschießen, fördern, zusteuern

Unterstützung: 1. Beistand, Stütze, Rückhalt, Hilfe 2. Zuschuss, Förderung, Zuwendung, Beihilfe

untersuchen: 1. abhören, abklopfen 2. durchforschen, zergliedern

Untersuchung: Arbeit, Studie, Beobachtung, Abhandlung

untertänig: schmeichlerisch, unterwürfig, knechtisch, demütig, ergeben

Untertänigkeit: Unterwürfigkeit, Liebesdienerei, Schmeichelei

untertauchen: 1. verschwinden, s. entziehen, entschwinden 2. tauchen, ertrinken

unterteilen: aufgliedern, untergliedern, einteilen

Untertreibung: Abschwächung, Zurücknahme, Herabminderung

untervermieten: weiter vermieten, zur Untermiete geben

unterwandern: s. einschleichen, untergraben, s. einschmuggeln, eindringen

Unterwäsche: Dessous, Reizwäsche, Leibwäsche

Unterweisung: Einweisung, Anleitung, Einführung, Training

Unterwelt: 1. Verbrecherwelt, Gangstertum, Syndikat, Ring, Mafia 2. Geisterwelt, Totenreich, Schattenreich

unterwerfen: bezwingen, unterordnen, knechten, drücken, besiegen **s. unterwerfen:** s. unterordnen, s. ergeben, s. beugen

Unterwerfung: 1. Knechtschaft, Diktatur 2. Kniefall

unterwürfig: untertan, schmeichlerisch, untertänig, sklavisch, devot, ergeben

Unterwürfigkeit: Schmeichelei, Dienerei, Untertänigkeit

Unterzeichnung: Abzeichnung, Signierung, Unterschrift

untief: niedrig, flach

Untiefe: 1. Sandbank, Barre 2. Abgrund, Undurchschaubarkeit

Untier: Monstrum, Ungetier, Scheusal

untragbar: unerhört, widerwärtig, unannehmbar, unhaltbar

untrennbar: zusammengehörig, fest

untreu: unstet, wortbrüchig, ungetreu, unbeständig, treulos, abtrünnig

Untreue: 1. Ehebruch, Seitensprung 2. Wankelmütigkeit, Unbeständigkeit, Treulosigkeit, Abfall, Unredlichkeit

untröstlich: wehmütig, trübe, trübsinnig, elend, todunglücklich, betrübt, traurig

untrüglich: gewiss, sicher, zweifelsfrei

Untugend: Laster, Unsitte

unüberbrückbar: unversöhnlich, unüberwindlich, unlösbar

unüberlegt: wahllos, planlos, unvernünftig, gedankenlos, ziellos, fahrlässig, unbedacht, leichtsinnig, kopflos, blind, leichtfertig, nachlässig

Unüberlegtheit: Unvernunft, Unverstand, Unbedachtheit, Unbesonnenheit

unübersehbar: 1. auffallend, markant, evident, offenbar 2. unendlich, unabsehbar, weit

unübersichtlich: planlos, verworren, unzusammenhängend, chaotisch, ungeordnet

unübertroffen: 1. unbesiegt, ungeschlagen 2. ausgezeichnet, hervorragend, vollkommen, unübertrefflich

unüblich: ungewöhnlich, unkonventionell, ungeläufig, neu, ausgefallen, ungebräuchlich

unumgänglich: 1. unabänderlich, unausweichlich, unvermeidlich 2. notwendig, unentbehrlich, erforderlich

unumschränkt: uneingeschränkt, unbeschränkt, absolut, allgewaltig

unumstößlich: unwiderruflich, beschlossen, unabänderlich, endgültig, irreversibel

unumstritten: 1. bewährt, zuverlässig, anerkannt, erprobt 2. unbestritten, unbestreitbar, sicher

ununterbrochen: stetig, unaufhaltsam, unverwandt, immerfort, fortdauernd, pausenlos, dauernd, fortlaufend, andauernd

unveränderlich: fest, unverbrüchlich, unzerstörbar, gleichmäßig, dauernd, bleibend

unverantwortlich: unvorsichtig, verantwortungslos, unbekümmert, nachlässig, leichtfertig, oberflächlich, fahrlässig

unverbesserlich: uneinsichtig, reuelos

unverbürgt: ungesichert, unsicher, zweifelhaft, ungeklärt, unbestimmt, unbestätigt, offen

unverdächtig: rein, gut beleumdet

unverderblich: konserviert, haltbar

unverdorben: 1. einwandfrei, genießbar 2. frisch, sauber, gesund 3. unerfahren, anständig, unberührt

unverdrossen: zäh, unentwegt, verbissen, unbeirrbar, hartnäckig, ausdauernd

unvereinbar: umgekehrt, widerspruchsvoll, gegensätzlich, widersprüchlich, verschieden, entgegengesetzt

unverfälscht: rein, echt

unverfänglich: ungefährlich, harmlos

unverfroren: ungezogen, vorwitzig, ungesittet, schamlos, unverschämt, keck, frech, dreist

unvergänglich: unsterblich, dauernd, bleibend

Unvergänglichkeit: Zeitlosigkeit, Ewigkeit, Dauer

unvergesslich: unverlöschbar, eingeprägt, unauslöslich

unvergleichbar: 1. anders, verschieden, verschiedenartig 2. unverhältnismäßig, unvergleichlich 3. ausgefallen, außergewöhnlich

unvergleichlich: 1. wesentlich, sehr, weitaus, viel 2. fabelhaft, verblüffend, überwältigend, sensationell, überragend, hervorragend, ansehnlich, bedeutend, außergewöhnlich, beträchtlich, ausgefallen, auffallend

unverhältnismäßig: hemmungslos, zu viel, unkontrolliert, übermäßig, unmäßig

unverhofft: übergangslos, unvermittelt, zufällig, schlagartig, unversehens, plötzlich

unverhohlen: zutraulich, vertrauensselig, mitteilsam, aufrichtig, offenherzig

unverhüllt: 1. unverhohlen, offen, aufrichtig 2. unbekleidet, nackt, ausgezogen

unverkäuflich: privat, unveräußerlich, nicht zum Verkauf bestimmt

unverkennbar: kennzeichnend, eindeutig, erkennbar

unverletzt: ganz, wohlbehalten, unbeschädigt, gesund, heil

unvermeidbar: nötig, unausweichlich, unabwendbar, unvermeidlich

unvermeidlich: unvermeidbar, unabwendbar, unausweichlich, nötig

unvermindert: gleich bleibend, anhaltend, fortdauernd, nicht weniger werdend

Unvermögen: Untauglichkeit, Versagen, Unzulänglichkeit, Schwäche, Unfähigkeit

unvermögend: 1. untüchtig, unbegabt 2. mittellos, arm 3. unfähig, außerstande

unvermutet: zufällig, plötzlich, unvorhergesehen, unvermittelt, übergangslos, unverhofft, jäh

unvernehmbar: leise, lautlos, unhörbar

Unvernunft: 1. Einfalt 2. Vernunftlosigkeit, Unverstand, Unbedachtsamkeit, Unbesonnenheit

unvernünftig: 1. verantwortungslos, unbekümmert, töricht, unklug, unüberlegt, unvertretbar, leichtfertig, sinnlos, leichtsinnig, sorglos, gedankenlos, bedenkenlos 2. einfältig, beschränkt

unveröffentlicht: unbekannt, geheim

unverpackt: offen, lose

unverrichteter Dinge: erfolglos, ergebnislos, ohne Resultat

unverrückbar: dauerhaft, fest

unverschämt: vorlaut, ungezogen, unverfroren, schamlos, frech, keck, ungesittet, dreist, naseweis

Unverschämtheit: Zumutung, Beleidigung, Schamlosigkeit, Frechheit

unverschlossen: 1. befahrbar, erschlossen, begehbar 2. aufgeschlossen, offen

unverschlüsselt: offen, entschlüsselt, klar, unkodiert

unverschuldet: unangreifbar, schuldlos, untadelig

unversehrt: 1. unbeschädigt, ganz, heil 2. wohlbehalten, gesund

unversöhnlich: widerspenstig, verschlossen, verstockt, unerbittlich, fest, verbohrt, starrsinnig, rechthaberisch, unnachgiebig, stur, halsstarrig, kompromisslos, eigensinnig, bockig, trotzig, aufsässig

Unverstand: Engstirnigkeit, Unverständigkeit, Dummheit, Unbegabtheit

unverständig: unerfahren, dumm, unbedarft

Unverständigkeit: Unverstand, Unbegabtheit, Engstirnigkeit, Beschränktheit

unverständlich: 1. durcheinander, wirr 2. unfasslich, unbegreiflich 3. undeutlich 4. sonderbar, rätselhaft

Unverständnis: Verständnislosigkeit, Kopfschütteln

unverträglich: 1. zankhaft, böse, rechthaberisch, streitbar, herausfordernd, bissig, kampflustig 2. entgegengesetzt, gegensätzlich, umgekehrt 3. ungesund, schwer verdaulich, schlecht, gefährlich, ungenießbar

Unverträglichkeit: 1. Aggression, Streitsucht, Rechthaberei, Feindseligkeit 2. Unbekömmlichkeit, Unverdaulichkeit

unverzagt: verwegen, tollkühn, tapfer, heldenmütig, beherzt, vermessen, kühn, kämpferisch, furchtlos, mutig

unverzeihlich: unvertretbar, verantwortungslos

unverzüglich: sogleich, sofort, prompt

unvollkommen: unvollständig, abgebrochen, unfertig, mangelhaft, unvollendet, fehlerhaft

unvoreingenommen: vorurteilsfrei, wertneutral, unbeeinflusst, sachlich, gerecht

unvorhergesehen: unerwartet, zufällig, jäh, plötzlich, schroff, unvermittelt

unvorhersehbar: unwägbar, unabsehbar, unkalkulierbar, ungeahnt

unvorsichtig: unverantwortlich, unbekümmert, verantwortungslos, ziellos, fahrlässig, sorglos, sträflich, gedankenlos, leichtfertig

Unvorsichtigkeit: Unverstand, Unvernunft, Unbedachtheit, Unbesonnenheit

unvorstellbar: 1. sehr, überaus 2. ungeheuerlich, unaussprechlich, bodenlos, unglaublich

unvorteilhaft: nachteilig, abträglich, ungünstig, schädlich, verderblich

unwägbar: unabsehbar, unkalkulierbar, ungeahnt

unwahr: verkehrt, unrecht, unzutreffend, falsch, erlogen, unbegründet, irrtümlich, lügnerisch

Unwahrheit: Lüge, Märchen, Erfindung

unwahrscheinlich: 1. falsch, verlogen, unglaubwürdig 2. zweifelhaft, unsicher

unwandelbar: bleibend, beständig, konstant

unwegsam: unzugänglich, wild, pfadlos, unbegehbar, unerschlossen, unbefahrbar, ungangbar

Unwetter: Wetter, Gewitter

unwichtig: wesenlos, uninteressant, wertlos, unbedeutend, gleichgültig, bedeutungslos, unauffällig

Unwichtigkeit: Wertlosigkeit, Nichtigkeit, Bedeutungslosigkeit

Unwille: 1. Disharmonie, Uneinigkeit 2. Entrüstung, Unzufriedenheit

unwillig: unmutig, verbittert, mürrisch, misslaunig, verdrossen, grimmig, erzürnt, ärgerlich, gekränkt, schlecht gelaunt, entrüstet

unwillkommen: unangesehen, ungelegen, unerwünscht

unwillkürlich: 1. zwangsläufig, automatisch 2. ungewollt, unabsichtlich

unwirklich: trügerisch, irreführend, eingebildet, täuschend

Unwirklichkeit: Wunschtraum, Fantasie, Vorstellung, Erdichtung, Täuschung

unwirksam: verfehlt, umsonst, wirkungslos, unnötig, erfolglos, nutzlos

unwirsch: abweisend, barsch, unkultiviert, unverbindlich, missmutig, unfreundlich

unwirtlich: vereinsamt, verlassen, abgelegen, geisterhaft, einsam, unbelebt

unwirtschaftlich: unbezahlbar, teuer, unökonomisch, aufwendig

unwissend: ununterrichtet, unerfahren, unkundig, ahnungslos, nicht wissend

Unwissenheit: Ahnungslosigkeit, Unkenntnis, Nichtwissen

unwissentlich: versehentlich, ahnungslos, ungewollt

unwohl: übel, indisponiert, krank, unpässlich, unbehaglich

Unwohlsein: Unpässlichkeit, Krankheit, Übelkeit

unwohnlich: unangenehm, ungemütlich, kahl, unbequem

unwürdig: charakterlos, nichtswürdig, ehrvergessen

unzählbar: zahllos, unerschöpflich, unbegrenzt, unendlich, endlos

unzählige: viele, zahlreich

unzeitgemäß: unmodern, veraltet, konservativ, gestrig, alt

unzerbrechlich: robust, fest, stabil

unzivilisiert: wild, ungebildet, ungeschliffen, einfach, primitiv

Unzucht: Unsittlichkeit, Hurerei, Orgie, Unanständigkeit

unzüchtig: zweideutig, unmoralisch, zuchtlos, unsittlich, sittenlos, unziemlich, schlecht, unanständig, anstößig, lasterhaft

unzufrieden: missmutig, unausgefüllt, verbittert, enttäuscht, unbefriedigt, verstimmt

Unzufriedenheit: Verdrossenheit, Missbehagen, Unlust, Missmut, Bitterkeit, Unbehagen

unzulänglich: 1. mangelhaft, schlecht, ungenügend 2. unzureichend, mangelhaft, gering, kümmerlich, einfach, schlecht

unzulässig: unrechtmäßig, verpönt, widerrechtlich, kriminell, ordnungswidrig, untersagt, ungesetzlich, unbefugt, strafbar

unzurechnungsfähig: schwachsinnig, irrsinnig, wahnsinnig, geisteskrank, geistesgestört

unzureichend: unzulänglich, ärmlich, dürftig, unbefriedigend, schlecht, knapp

unzusammenhängend: zusammenhanglos, durcheinander, ungeordnet

unzutreffend: irrtümlich, falsch, unrichtig, widersprüchlich

unzuverlässig: vergesslich, unverlässlich, pflichtvergessen, unpünktlich

unzweckmäßig: 1. unnütz, nutzlos, zweckentfremdet 2. ungünstig, unpraktisch, unbequem

unzweideutig: präzis, handfest, klar, anschaulich, eindeutig, genau, bildhaft

up to date: angesagt, modern, zeitgemäß, aktuell

üppig: 1. fett, wuchernd 2. wohlgenährt, stämmig, stramm, vollschlank, rund, korpulent, dick, gewaltig, fett, breit, füllig, massig, beleibt 3. reichlich, lukullisch, kulinarisch 4. verschwenderisch, teuer, schwelgerisch, luxuriös, ausladend

Urahn: Stammvater, Ahnherr, Vorfahre

Uraufführung: Premiere, Erstaufführung

urban: 1. städtisch, weltstädtisch 2. weltgewandt, weltmännisch

urbar: fruchtbar, nutzbar, gerodet

Urfassung: Urschrift, Quelle, Original, Grundtext

Urgeschichte: Vorzeit, Geschichte, Vorgeschichte

urgeschichtlich: vorgeschichtlich, geschichtlich, vorzeitlich

Urheberrecht: Copyright

Urin: Wasser, Harn, Pipi

Urkunde: Beglaubigung, Beurkundung, Diplom, Zeugnis, Zertifikat, Wertpapier

Urlaub: Urlaubszeit, Erholung, Ferien, Regeneration

Urlauber: Ausflügler, Sommerfrischler, Tourist, Erholungssuchender

Ursache: Voraussetzung, Anlass, Grund, Verursachung, Hintergrund

ursächlich: begründend, bewirkend, kausal

Ursprung: Wurzel, Wiege, Quelle, Ausgangspunkt

Urteil: Richterspruch, Bescheid, Entscheid, Rechtsspruch, Entscheidung

Usus: Brauch, Sitte, Gewohnheit, Tradition

Utensilien: Dinge, Gegenstände, Requisiten

utopisch: idealisierend, illusionistisch, realitätsfern, unwirklich

V

Vabanquespiel: Experiment, Risiko, Wagnis, Abenteuer

Vamp: Femme fatale, Verführerin

Vampir: 1. Blutsauger, Untoter 2. Ausbeuter, Profitmacher

variabel: wechselhaft, veränderlich, unbeständig, schwankend

Variante: 1. Spielart, Abart 2. Lesart, Version

Variation: Abänderung, Umformung, Abweichung

variieren: verändern, abändern, abweichen, ändern

Vaterland: Geburtsland, Heimatland

Vegetarier: Veganer, Vegetarianer, Rohköstler

vegetieren: gammeln, dahinleben, dahindämmern

Vehikel: Auto, Verkehrsmittel, Fahrzeug

Vene: Blutbahn, Blutader

verabreden: ausmachen, abmachen, aushandeln, abschließen, vereinbaren

verabredet: festgelegt, ausgemacht, vereinbart, geregelt, abgesprochen, sicher

Verabredung: 1. Treffen, Stelldichein 2. Abrede, Vertrag, Abmachung, Übereinkunft

verabreichen: einflößen, eingeben, applizieren

verabscheuen: hassen, verachten

verabscheuenswert: ekelhaft, gemein, schimpflich, verwerflich, abscheulich, schandvoll

verabschieden: stürzen, abberufen, entlassen **s. verabschieden:** s. trennen, s. empfehlen

verachten: missachten, verschmähen, herabwürdigen, gering achten

verächtlich: abfällig, missfällig, entehrend, geringschätzig

Verachtung: Respektlosigkeit, Zurücksetzung, Entwürdigung, Nichtbeachtung, Missachtung, Nichtachtung, Demütigung, Herabsetzung

verachtungswürdig: verabscheuungswert, würdelos, ehrlos

veralbern: irreführen, anführen, täuschen, aufziehen

verallgemeinern: pauschalisieren, generalisieren

veraltet: 1. vorbei, gewesen 2. vorweltlich, überlebt, unzeitgemäß, altmodisch, überholt

veränderlich: veränderbar, schwankend, wechselvoll, unbeständig

verändern: umwandeln, ändern, umgestalten, verwandeln **s. verändern:** 1. s. entwickeln, s. wandeln, s. wenden 2. kündigen, weggehen

Veränderung: Neubeginn, Neuregelung, Erneuerung, Neuordnung, Umschwung, Umstellung, Änderung, Wechsel

verängstigt: schüchtern, verschüchtert, bang, scheu, gehemmt, angstvoll, ängstlich, befangen, aufgeregt

verankern: festsetzen, festmachen

veranlagen: einschätzen, veranschlagen, anschlagen, schätzen

veranlagt: angelegt, disponiert, beschaffen, begabt

Veranlagung: 1. Beschaffenheit, Anlage 2. Wesensart, Talent, Befähigung, Eignung

veranlassen: bewegen, verursachen, herbeiführen, bestimmen, anregen, auslösen

Veranlassung: Anlass, Ursache, Grund, Antrieb

veranschaulichen: verdeutlichen, erklären, beleuchten, zeigen, erläutern

Veranschaulichung: Vergegenständlichung, Verdeutlichung

veranschlagen: schätzen, berechnen, ansetzen

Veranschlagung: Überschlag, Anschlag, Ansatz

veranstalten: unternehmen, ausrichten, durchführen, abhalten

Veranstaltung: 1. Organisation, Unternehmung, Durchführung, Fest 2. Konzert, Theater

verantworten (s.): s. erklären, Rechenschaft ablegen, s. rechtfertigen

verantwortlich: 1. pflichtbewusst, verantwortungsbewusst, gewissenhaft 2. führend, ehrenvoll, leitend, verantwortungsvoll 3. haftbar, zuständig

Verantwortung: 1. Verantwortungsgefühl, Pflichtgefühl 2. Verantwortlichkeit, Haftung

verantwortungsbewusst: zuverlässig, pünktlich, gewissenhaft, pflichtgetreu, verlässlich, verantwortungsvoll

Verantwortungsgefühl: Pflichtbewusstsein, Pflichtgefühl

verantwortungslos: unverantwortlich, fahrlässig, unvorsichtig, unüberlegt, nachlässig, leichtsinnig, unachtsam

Verantwortungslosigkeit: Unvorsichtigkeit, Leichtfertigkeit, Unüberlegtheit, Pflichtvergessenheit, Unachtsamkeit, Nachlässigkeit

verantwortungsvoll: verantwortungsreich, schwer, ehrenvoll

verarbeiten: 1. aufarbeiten, überlegen 2. formen, aufbereiten, herrichten

Verarbeitung: 1. Aufarbeitung 2. Herstellung, Nutzbarmachung, Bearbeitung, Aufbereitung

verärgert: unwillig, unwirsch, aufgebracht, ungehalten, mürrisch, erbost, empört

verarmt: unbemittelt, vermögenslos, mittellos, elend, bettelarm

Verarmung: Armut, Verelendung, Besitzlosigkeit, Elend, Geldnot, Mangel

veräußern: abgeben, anbringen, absetzen, verkaufen

Veräußerung: Verkauf, Abgabe, Vertrieb

Verb: Tuwort, Zeitwort, Tätigkeitswort

verbal: mündlich, wörtlich, mit Worten

verbalisieren: ausdrücken, sagen, formulieren, vorbringen

verbannen: verschicken, verstoßen, ausbürgern

Verbannung: Verstoßung, Ausweisung, Ausbürgerung

verbarrikadieren: verschließen, verstellen, sperren, zumauern, verbauen

verbergen: 1. verhüllen, verdecken, zudecken, verstecken 2. verschleiern, überspielen, verwischen, tarnen 3. vorenthalten, geheim halten, verschweigen **s. verbergen:** s. verstecken, s. abschließen

verbessern: 1. umwandeln, verwandeln, ändern 2. vervollkommnen, verfeinern, entwickeln, ergänzen, aufbessern 3. berichtigen, umändern, richtig stellen 4. steigern, vorantreiben **s. verbessern:** 1. s. aufklaren, s. aufheitern 2. s. bekehren, s. bessern

Verbesserung: 1. Verschönerung, Veredelung, Besserung 2. Richtigstellung, Berichtigung 3. Zunahme, Ausbau

verbeugen (s.): grüßen, s. niederneigen, s. verneigen

Verbeugung: Verneigung, Gruß, Bückling

verbeulen: eindrücken, einbeulen, eindellen

verbieten: verhindern, verweigern, s. verbitten, untersagen

verbilligen (s.): unterbieten, herabsetzen, senken

Verbilligung: Senkung, Herabsetzung, Preisabschlag, Reduzierung, Preisnachlass

verbinden: 1. vermitteln, herstellen 2. verkleben, einbinden 3. zusammenbringen, anschließen, zusammensetzen, vereinigen, verzahnen **s. verbinden:** s. zusammentun, s. verbünden

verbindlich: 1. unwiderruflich, geltend, fest, verpflichtend, definitiv 2. wohlgesinnt, gefällig, hilfsbereit, freundlich, dienstwillig

Verbindlichkeit: 1. Pflicht, Verpflichtung 2. Verpflichtungen, Rückstände 3. Rechtsgültigkeit, Geltung 4. Freundlichkeit, Höflichkeit

Verbindung: 1. Heirat, Ehe, Hochzeit 2. Verschmelzung, Verknüpfung, Vereinigung, Beziehung, Zusammenfügung 3. Anschluss, Umgang, Berührung, Gemeinsamkeit

verbissen: unbeirrt, zäh, unverdrossen, beharrlich, stur

verbittert: verstimmt, unzufrieden, unlustig, schlecht gelaunt

verblödet: stumpfsinnig, stupide, apathisch, interesselos

Verblüffung: Fassungslosigkeit, Verwunderung, Erstaunen, Überraschung

verblühen: vergehen, abblühen, welken, vertrocknen, eingehen

verblüht: 1. verdorrt, welk 2. alt, verbraucht

verbogen: verkrümmt, gebogen, gewölbt, krumm

verbohren (s.): s. versteifen, s. festbeißen, s. verrennen, beharren

verbohrt: unbelehrbar, blindgläubig, verrannt, fanatisch

Verbohrtheit: Unbelehrbarkeit, Dickköpfigkeit, Beharrlichkeit

verborgen: 1. stillschweigend, ungesehen, geheim, unerkannt, unbeachtet 2. herleihen, ausleihen, vorstrecken, ausborgen, überlassen 3. unbemerkt, versteckt, unsichtbar, verschleiert, verhüllt

Verbot: Vorschrift, Untersagung, Sperre, Machtwort, Befehl

verboten: verfassungswidrig, widerrechtlich, unrechtmäßig, gesetzwidrig, untersagt, rechtswidrig, ordnungswidrig, unerlaubt, unrechtlich

verbrannt: verkohlt, versengt, angebrannt, schwarz

Verbrauch: 1. Konsum, Verzehr 2. Abnutzung, Verschleiß

verbrauchen: 1. aufwenden, ausgeben, verausgaben 2. strapazieren, auslaugen, angreifen, erschöpfen 3. abbrauchen, verschleißen, abnutzen, strapazieren 4. verzehren, aufbrauchen, verwirtschaften

Verbraucher: Käufer, Abnehmer, Konsument, Kunde

verbraucht: 1. abgelebt, verlebt 2. bekannt, alt 3. abgearbeitet, abgespannt

Verbrechen: Vergehen, Delikt, Straftat, Gewalttat, Missetat, Übertretung

Verbrecher: Täter, Rechtsbrecher, Gesetzesbrecher, Krimineller, Missetäter, Gangster, Bandit

verbreiten: weiterverbreiten, verkünden, kundtun, erzählen, bekannt machen, ausstreuen, ausbreiten **s. verbreiten:** s. weiterverbreiten, s. ausweiten, s. ausbreiten

verbrennen: 1. einäschern, kremieren 2. niederbrennen, einäschern, anzünden, abbrennen **s. verbrennen:** s. verletzen, s. verbrühen

verbünden (s.): s. zusammenschließen, s. anschließen, s. verbrüdern, s. solidarisieren, s. vereinigen, s. verbinden, s. zusammentun

verbunden: 1. verschmolzen, unzertrennlich, fest 2. dankbar, erkenntlich

Verbundenheit: Verbindung, Einheit, Zusammenschluss, Gemeinsinn

verbündet: vereinigt, zusammengeschlossen, alliiert

Verbündete: Genossen, Freunde, Anhänger, Bündnispartner

verbürgen: versichern, beteuern **s. verbürgen:** gewährleisten, bürgen, dafürstehen

verbürgt: gesichert, sicher, zuverlässig, garantiert, untrüglich, belegt

verbüßen: sühnen, absühnen, büßen

Verdacht: Vermutung, Misstrauen, Zweifel, Bedenken

verdächtig: zwielichtig, fragwürdig, bedenklich, undurchsichtig, dunkel, unheimlich

verdächtigen: verleumden, misstrauen, nachsagen, anlasten, bezichtigen, beschuldigen, anschuldigen, anklagen

Verdächtigung: Herabwürdigung, Verunglimpfung, Verleumdung, Beleidigung

verdammen: verwünschen, verfluchen, beschimpfen

verdammenswert: verwerflich, verdammungswürdig, schändlich

Verdammnis: 1. Fluch, Gottesstrafe 2. Hölle, Unterwelt

Verdammung: Verwünschung, Verfluchung, Bann, Verfemung, Exkommunikation, Fluch

verdampfen: eindicken, eindampfen, verkochen

verdanken: Dank schulden, danken, zuzuschreiben haben

verdaulich: verträglich, gesund

Verdeck: Wagendach, Stoffdach, Hardtop, Autodach

verdecken: 1. zudecken, verstecken, verbergen, überdecken, abdecken 2. bekleben, überkleben

verderben: 1. vereiteln, verleiden, verpfuschen 2. übel wollen, schaden 3. vergiften, verseuchen 4. verschimmeln, faulen 5. reißen, hinabziehen, bringen, zerstören 6. verpesten, verschmutzen

Verderben: Verhängnis, Sturz, Unheil, Ende

verderblich: 1. unheildrohend, tödlich, lebensgefährlich 2. verlustreich, hinderlich, schlimm, schädlich, abträglich

verdeutlichen: veranschaulichen, beleuchten, klarmachen

Verdeutlichung: Veranschaulichung, Vergegenständlichung

verdichten: konzentrieren, ansammeln, bündeln

verdicken: zunehmen, anschwellen

Verdickung: Knoten, Verhärtung

verdienen: 1. zustehen, zukommen, gebühren 2. erhalten, bekommen

Verdienst: 1. Lohn, Einkünfte, Vergütung, Einkommen, Entlohnung, Arbeitslohn, Bezahlung, Bezüge, Gehalt 2. Tat, Ergebnis, Erfolg, Leistung, Produkt

verdienstvoll: gut, rühmenswert, untadelig, achtbar, lobenswert

verdient: gerecht, verdienterweise

Verdikt: Urteil, Urteilsspruch, Richterspruch, Verurteilung

verdoppeln: doppeln, verzweifachen

verdorben: 1. unsittlich, unziemlich, unanständig, schlecht, liederlich, ungehörig, lasterhaft 2. gärig, ungenießbar, ranzig, faul, alt, schimmelig, schlecht

verdorrt: verwelkt, vertrocknet, ausgetrocknet, verblüht, trocken

verdrängen: wegdrängen, ausstechen, abdrängen, zurückdrängen

verdrecken: vollspritzen, verschmieren, verschmutzen, beschmieren, beflecken, voll schmieren, beschmutzen, einschmutzen

verdreckt: verschmutzt, verunreinigt, schmierig, beschmutzt, unsauber, unrein, fleckig, dreckig, unansehnlich, fettig

verdrehen: verzerren, verzeichnen, verkehren, entstellen, ummünzen

verdreht: 1. entstellt, schief, verzerrt 2. verrückt

Verdrehung: Verzerrung, Entstellung, Verfälschung

verdrießlich: unleidlich, schlecht gelaunt, brummig, muffig, missmutig, unbefriedigt, knurrig, bärbeißig, missgelaunt, gereizt

Verdruss: Streit, Unannehmlichkeit, Unzufriedenheit, Verstimmung, Ärger, Laune

verdunkeln: 1. verschleiern, verwischen 2. verfinstern, verdüstern, abblenden **s. verdunkeln:** s. zuziehen, s. verdüstern, s. beziehen, s. eintrüben, s. bedecken, s. bewölken

verdünnen: verlängern, strecken, versetzen, verwässern, pantschen

verdursten: austrocknen, eingehen, dehydrieren

verebben: verstummen, nachlassen, abflauen, abreißen, erlöschen, aufhören

veredeln: 1. vergüten, verbessern 2. impfen, pfropfen

Veredelung: Besserung, Vervollkommnung, Kultivierung, Verbesserung

verehren: bewundern, vergöttern, schätzen, anbeten, lieben, achten

verehrt: wert, hoch geschätzt, geehrt, hochwürdig

Verehrung: 1. Vergötzung, Bewunderung, Vergötterung, Anbetung 2. Respekt, Achtung

verehrungswürdig: alt, ehrwürdig, teuer, würdig

vereidigen: unter Eid nehmen, verpflichten, einen Eid abnehmen

vereinbaren: ausmachen, absprechen, übereinkommen, abmachen

vereinbart: abgemacht, beschlossen, abgesprochen

Vereinbarung: Verabredung, Übereinkunft, Abmachung, Abschluss

vereinen: 1. harmonisieren, vereinigen 2. verbinden, vereinigen, zusammenführen, zusammenschließen

vereinfachen: 1. klären, vereinheitlichen 2. verharmlosen, vergröbern, verwässern

Vereinfachung: Schematisierung

vereinigen: verbinden, zusammenschließen, integrieren, zusammenfassen, vereinen **s. vereinigen:** s. zusammenschließen, s. sammeln, s. verbinden, verschmelzen

Vereinigung: 1. Verschmelzung, Fusion 2. Einigung, Zusammenschluss 3. Verein, Organisation, Bruderschaft, Verband, Körperschaft, Bund

vereinsamt: isoliert, weltverloren, vereinzelt, allein, verlassen, abgeschieden, einzeln, einsam, abgesondert

vereinzelt: 1. zuzeiten, stoßweise, verschiedentlich, manchmal, zeitweise, bisweilen, stellenweise, mitunter 2. verstreut, selten, gelegentlich

vereist: gefroren, zugefroren, mit Eis bedeckt

vereiteln: durchkreuzen, verhindern, hintertreiben, untergraben

Vereitelung: Verhinderung, Hinderung, Durchkreuzung

verelendet: minderbemittelt, unvermögend, verarmt, elend, vermögenslos, mittellos, pleite, bedürftig

Verelendung: Spärlichkeit, Besitzlosigkeit, Mangel, Elend, Geldnot, Knappheit, Armut

verenden: eingehen, verrecken, sterben

vererben: zurücklassen, überlassen, vermachen, weiterreichen, hinterlassen, überschreiben, übermachen

vererbt: geerbt, vermacht, übernommen

Verfahren: 1. Rechtsverfahren, Verhandlung, Gerichtsverfahren, Prozess 2. Verfahrenstechnik, Verfahrensweise, Methode

Verfall: 1. Verwesung, Zersetzung, Auflösung 2. Zerrüttung, Zusammenbruch, Untergang, Abstieg, Vernichtung, Fall

verfallen: 1. dünn, knochig, abgemagert 2. verjähren, ablaufen 3. untergehen, entarten, aussterben, absterben, niedergehen 4. abmagern, zusammenfallen, auszehren 5. willfährig, abhängig, hörig, gefügig 6. zusammenbrechen, zusammenstürzen, zusammenfallen 7. wertlos, ungültig

verfälschen: 1. fälschen, nachmachen 2. verlängern, verwässern, pantschen, strecken 3. verzerren, verdrehen, verzeichnen

verfälscht: 1. verändert, unrichtig, falsch 2. gepanscht, verwässert

Verfälschung: Verzerrung, Verdrehung, Entstellung, Verkehrung

verfänglich: bedenklich, schädlich, gefährlich

verfassen: abfassen, schreiben, aufsetzen

Verfasser: 1. Schöpfer, Urheber 2. Schriftsteller, Autor

Verfassung: 1. Zustand, Kondition, Befinden, Allgemeinbefinden, Gesundheitszustand 2. Staatsverfassung, Grundgesetz 3. Stimmung, Gemütslage, Gemütsverfassung

verfassungsfeindlich: staatsfeindlich, zersetzend

verfassungsmäßig: rechtlich, vorschriftsmäßig, gesetzmäßig, gesetzlich, legal, ordnungsgemäß

verfassungstreu: staatstreu, gesetzestreu

verfassungswidrig: widerrechtlich, gesetzwidrig, unrechtmäßig, rechtswidrig, ungesetzlich, ordnungswidrig, unzulässig

verfaulen: verrotten, vermorschen, vermodern, verwesen

verfault: ungenießbar, faulig, schlecht, verkommen, schimmelig, faul, alt

verfehlen: 1. versäumen, verpassen 2. danebengehen, vorbeischießen, fehlen, danebentreffen

verfehlt: 1. fehlgeschlagen, missraten 2. unangebracht, falsch

Verfehlung: 1. Fehltritt, Entgleisung 2. Vergehen, Straftat, Delikt, Verstoß

verfeinden (s.): s. zerstreiten, s. verkrachen, s. überwerfen, s. entzweien, s. trennen, s. entfremden

verfeindet: zerstritten, zerfallen, verkracht, gespalten, uneinig

Verfeindung: Entzweiung, Bruch

verfeinern: 1. vergeistigen, veredeln, erhöhen 2. vervollkommnen, verbessern

verfeinert: 1. verbessert, vervollkommnet 2. vergeistigt, veredelt, geläutert

Verfeinerung: Verbesserung, Veredelung, Vervollkommnung, Besserung

verfinstern (s.): s. verdunkeln, s. verdüstern, s. bedecken, s. eintrüben

Verfinsterung: Bewölkung, Verdunkelung

verflechten: verbinden, vermischen, einhergehen

verflossen: vormalig, früher, ehedem, sonstig, derzeitig, gewesen, einstig, damalig, alt

Verflossener: Exfreund, Ehemaliger, Ex

verfluchen: verwünschen, verdammen, beschimpfen

verflucht: verwunschen, verwünscht, verhext

verflüchtigen (s.): verdampfen, verfliegen

verflüssigen: s. auflösen, verdichten

verfolgen: 1. aufpassen, s. anhören, zuhören 2. anstreben, beabsichtigen 3. bedrängen, nötigen 4. treiben, nachsetzen, hetzen, nachlaufen, jagen

Verfolger: 1. Bittsteller, Anwärter, Bewerber 2. Häscher, Scherge

Verfolgung: Nachstellung, Jagd, Verfolgungsjagd, Suche, Fahndung, Hetze

verfrachten: 1. verladen, einladen, abladen 2. befördern, überführen, fahren, schaffen 3. wegräumen, fortschaffen, fortbringen

verfressen: gefräßig, fresssüchtig, unmäßig, esslustig

Verfressenheit: Unersättlichkeit, Gefräßigkeit, Fresssucht, Fressgier

verfrüht: frühzeitig, vorzeitig, voreilig, überhastet

verfügen: 1. innehaben, besitzen 2. beaufsichtigen, verordnen, herrschen 3. bestimmen, festlegen 4. veranlassen, bestimmen, anordnen, verordnen

Verfügung: 1. Disposition, Verfügungsgewalt 2. Verordnung, Anordnung, Bestimmung, Veranlassung, Dekret, Gebot, Instruktion, Maßregel

verführen: 1. zwingen, entehren, schänden 2. versuchen, verleiten

Verführer: 1. Auftraggeber, Hintermann, Anstifter, Verleiter 2. Herzensbrecher, Schürzenjäger, Casanova, Frauenheld

Verführerin: Sirene, Circe

verführerisch: sympathisch, lieb, betörend, anmutig, attraktiv, verlockend, aufreizend, anziehend, gewinnend

Verführung: 1. Schändung, Zwang, Entehrung 2. Verlockung, Versuchung, Lockung

vergangen: zurückliegend, verflossen, versunken, passe, verjährt, begraben, tot, abgelebt, vorbei, ehemalig, gewesen, erledigt

Vergangenheit: 1. Vorleben, Biografie, Werdegang 2. Historie, Geschichte, Vorzeit

vergänglich: zeitlich, vorübergehend, flüchtig, verweslich, kurzlebig, begrenzt

Vergänglichkeit: Zeitlichkeit, Sterblichkeit, Flüchtigkeit, Endlichkeit

vergeben: 1. verteilen, ausgeben, austeilen 2. nachgeben, verzeihen, entschuldigen 3. aufteilen, verabfolgen, überantworten, austeilen, verteilen 4. veräußern, abgeben, herschenken, hergeben

vergeblich: zwecklos, nutzlos, vergebens, umsonst

Vergebung: 1. Nachsicht, Verzeihung, Verständnis, Entschuldigung, Barmherzigkeit 2. Begnadigung, Straferlass, Freisprechung

vergehen: 1. erstaunen, staunen 2. abflauen, nachlassen 3. verblühen, welken 4. veralten, abkommen 5. aussterben, verschwinden 6. zerrinnen, vorbeigehen, verrinnen, verlaufen, gleiten, dahingleiten, enteilen, fliehen, ablaufen, schwinden, entrinnen

s. vergehen: vergewaltigen, missbrauchen

Vergehen: Zuwiderhandlung, Unrecht, Straftat, Entgleisung, Delikt

vergelten: 1. wettmachen, abrechnen, heimzahlen 2. s. abfinden, danken, s. revanchieren

Vergeltung: 1. Revanche, Belohnung 2. Vergeltungsmaßnahme, Rache, Gegenschlag 3. Gegenstoß, Gegenangriff 4. Entschädigung, Sühne, Abrechnung

vergesellschaften: 1. enteignen, verstaatlichen 2. sozialisieren

vergessen: entfallen, verlernen, übersehen

s. vergessen: s. erhitzen, s. erzürnen, s. ärgern

vergesslich: zerstreut, gedankenverloren, gedankenlos, unzuverlässig

Vergesslichkeit: Gedächtnisstörung, Gedächtnisschwäche, Erinnerungslücke

vergeuden: verprassen, verschleudern, vertun, durchbringen

Vergeudung: Schlemmerei, Verschwendung, Prasserei

vergewaltigen: verführen, schänden, entehren

Vergewaltigung: Schändung, Notzucht, sexueller Missbrauch

vergewissern (s.): s. versichern, sichergehen

vergiften (s.): Gift nehmen, sich eine Vergiftung zuziehen

Vergleich: 1. Begleichung, Ausgleich, Schlichtung, Bezahlung 2. Entsprechung, Gegenüberstellung

vergleichbar: verwandt, sinngemäß, entsprechend, ähnlich

vergleichen: 1. nebeneinanderhalten, gegenüberhalten, konfrontieren, dagegenhalten, abwägen, messen 2. s. verständigen, s. versöhnen, s. einigen

Vergleichsform: Steigerungsform, Steigerungsstufe, Komperativ, Superlativ

vergleichsweise: diesbezüglich, verhältnismäßig, ziemlich

verglühen: auslöschen, ausgehen, verglimmen

vergnügen (s.): s. unterhalten, s. amüsieren

Vergnügen: Lust, Spaß, Lebensfreude, Entzücken, Fröhlichkeit, Vergnügtheit, Glück, Freude, Belustigung

vergnüglich: spaßig, vergnügsam, anregend, kurzweilig, lustig, gesellig, amüsant

vergnügt: vergnüglich, heiter, übermütig, froh, ausgelassen, strahlend, fidel, fröhlich

Vergnügung: Belustigung, Unterhaltung, Aufheiterung, Zerstreuung, Erheiterung, Vergnügen

Vergnügungsfahrt: Partie, Trip, Tour, Abstecher, Ausflug, Sonntagsausflug

vergönnen: zugestehen, zubilligen, einräumen

vergöttern: 1. feiern, verherrlichen 2. verehren, achten, bewundern, anbeten, anschwärmen, schätzen

Vergötterung: Vergötzung, Bewunderung, Verehrung, Anbetung

vergrämt: 1. verzweifelt, verzagt, mutlos, sorgenvoll, gedrückt, entmutigt, kleinmütig 2. sorgenvoll, bedrückt, gramvoll, verbittert

vergreifen (s.): 1. wegtragen, s. aneignen, veruntreuen, erbeuten, s. bemächtigen, stehlen, ausräubern 2. verführen, vergewaltigen, schänden, entehren

vergriffen: verkauft, ausgebucht

vergrößern: 1. dehnen, entfalten, ausbreiten 2. steigern, vermehren, aufwerten, anheben, erhöhen 3. anbauen, erweitern **s. vergrößern:** 1. s. erhöhen, zunehmen, s. verdichten 2. s. ausbreiten, s. ausweiten

Vergrößerung: 1. Erweiterung, Ausdehnung, Zunahme 2. Anbau, Erweiterung

Vergrößerungsglas: Lupe, Fernrohr

Vergünstigung: 1. Vortritt, Vorrecht, Sonderrecht, Bevorzugung 2. Preisminderung, Entgegenkommen, Verbilligung

vergüten: 1. bezahlen, nachzahlen, zurückerstatten, zurückzahlen, verausgaben, erstatten, abzahlen, aufwenden 2. honorieren, entlohnen

Vergütung: Gehalt, Provision, Honorar, Kostenerstattung

verhaften: schnappen, gefangennehmen, festnehmen, holen

Verhaftung: Festnahme, Ergreifung, Inhaftnahme, Abführung

verhallen: verwehen, ersterben, aushallen, ausschwingen, abklingen

verhalten: leise, lautlos, flüsternd **s. verhalten:** s. aufführen, s. bewegen, s. halten, s. geben, s. benehmen

Verhalten: Handlungsweise, Betragen, Gehabe, Benehmen, Führung, Auftreten, Umgangsformen

Verhaltenheit: Verschlossenheit, Wortkargkeit, Schweigsamkeit, Reserviertheit, Unnahbarkeit, Einsilbigkeit

Verhaltensmaßregel: Ordnung, Vorschrift, Mussbestimmung, Satzung

Verhältnis: 1. Geliebter, Freundin, Geliebte, Freund, Bekannter, Bekannte 2. Liebesverhältnis, Romanze, Liaison 3. Bedingung, Proportion 4. Verkehr, Verbindung, Beziehung

Verhältniswort: Präposition, Beiwort

verhandeln: erörtern, beraten, konferieren

Verhandlung: Verfahren, Gerichtsverfahren, Prozess, Rechtsverfahren

verhangen: bezogen, bedeckt, wolkig

verhängen: zuhängen, zudecken

Verhängnis: Unheil, Unfall, Unglück, Schlag, Panne, Bescherung, Elend, Pech, Missgeschick

verhängnisvoll: unglücklich, schicksalhaft, folgenschwer, unheilvoll, erschütternd, bedenklich, schauderhaft, erschreckend, gefährlich, Besorgnis erregend

verharmlosen: verniedlichen, beschönigen, verschönern, herunterspielen

verhärmt: vergrämt, sorgenvoll, kummervoll

verharren: wohnen, dableiben, zubringen, hierbleiben, leben, bleiben, weilen, verweilen

verhärten: versteinern, verstocken, erstarren

verhaspeln (s.): s. versprechen, stammeln, stottern, s. verheddern

verhasst: 1. unsympathisch, unbeliebt 2. verworfen, gemein, scheußlich, verabscheuenswert, verwerflich

verhätscheln: verzärteln, verwöhnen, verziehen

verheeren: brennen, verwüsten, sengen

verheerend: 1. unheimlich, furchtbar, schrecklich, entsetzlich 2. gewaltig, stark, wild

verheilen: abheilen, zuwachsen, zuheilen, vernarben

verheilt: 1. zugeheilt, heil, abgeheilt, verwachsen 2. vergessen, abgeschlossen

verheimlichen: vorenthalten, geheim halten, unterschlagen, verschweigen, verbergen

Verheimlichung: 1. Vorenthaltung, Unterschlagung 2. Tarnung, Geheimhaltung

verheiraten: trauen, verehelichen **s. verheiraten:** heiraten, s. vermählen, s. verehelichen

verheiratet: vermählt, getraut

Verheiratete: Vermählte, Ehepaar, Eheleute, Ehepartner, Getraute

Verheiratung: Vermählung, Hochzeit, Trauung, Eheschließung, Verehelichung

verheißen: zusichern, beteuern, versprechen

Verheißung: Zusicherung, Versicherung, Beteuerung, Zusage

verheißungsvoll: vielversprechend, aussichtsreich, Glück bringend

verhelfen: zuspielen, unterstützen, ermöglichen, aufbringen, vermitteln, herbeischaffen

verherrlichen: rühmen, lobpreisen, verklären, vergöttern, feiern, ehren

Verherrlichung: Lob, Lobgesang, Lobpreisung

verhexen: beschwören, bannen, verwandeln, verzaubern

verhindern: verhüten, verwehren, durchkreuzen, abblocken, abwehren, hintertreiben, abhalten, abwenden

Verhinderung: Vorbeugung, Verhütung, Abwehr

Verhör: Vernehmung, Befragung

verhören: ausfragen, vernehmen, befragen
s. verhören: missdeuten, missverstehen

verhüllen: 1. tarnen, überspielen 2. verschließen, zudecken, umhüllen

verhüllt: 1. umhüllt, verborgen, bedeckt 2. angezogen, verblümt, vage

Verhüllung: Verheimlichung, Verschleierung

verhungern: an Unterernährung sterben, den Hungertod erleiden

verhutzelt: faltig, runzlig, schrumpelig, verrunzelt

verirren (s.): s. verlaufen, s. verfahren, fehlgehen, s. verfliegen

verjagen: wegtreiben, wegjagen, vertreiben, davonjagen

verjubeln: vertun, durchbringen, verschleudern

verjüngen: erneuern, überholen
s. verjüngen: s. zuspitzen, s. verengen, s. verdünnen

Verjüngung: Erneuerung, Überholung

verkalkt: senil, dement, vergreist

Verkauf: Vertrieb, Warenumschlag, Abgabe, Veräußerung

verkaufen: vertreiben, verschieben, überlassen, anbieten, absetzen, umsetzen, anbringen, abgeben
s. verkaufen: 1. s. ausliefern, s. stellen 2. s. prostituieren, s. hingeben

Verkehr: 1. Straßenverkehr, Verkehrswesen 2. Akt, Geschlechtsverkehr, Begattung

verkehren: verfälschen, verzerren, entstellen, verdrehen

verkehrsarm: 1. ruhig, leer, still 2. einsam, verträumt

verkehrsreich: lebhaft, belebt

verkehrt: 1. umgedreht, verdreht, verkehrt herum, seitenverkehrt 2. unwahr, erlogen, unlauter, verlogen, lügnerisch, unaufrichtig, arglistig 3. verfehlt, unrichtig, sinnwidrig, widersprüchlich, regelwidrig, unkorrekt, falsch, fehlerhaft

verklagen: prozessieren, anklagen, beschuldigen

verklären: 1. idealisieren, verherrlichen 2. erhellen, aufheitern

verklausulieren: verschlüsseln, unverständlich ausdrücken

verkleiden: 1. einschalen, verschalen 2. täfeln, auslegen **s. verkleiden:** s. vermummen, s. maskieren, s. kostümieren

Verkleidung: 1. Kostümierung, Vermummung, Maskerade 2. Verschalung, Schalung 3. Vertäfelung, Täfelung

verkleinern: 1. herunterspielen, verniedlichen 2. vermindern, abmindern 3. abscheren, kürzen, abschneiden 4. verunglimpfen, herabsetzen **s. verkleinern:** sparen, s. bescheiden

Verkleinerung: 1. Verächtlichmachung, Erniedrigung, Herabsetzung, Demütigung 2. Verringerung, Minderung, Verminderung, Verkürzung

verklemmt: verängstigt, befangen, scheu, bang, zaghaft, ängstlich, schüchtern, beklommen

Verklemmtheit: Schüchternheit, Hemmung, Gehemmtheit

verklingen: verwehen, verhallen, abklingen, vertönen, aushallen, schwinden, ausschwingen

verknacken: verurteilen, mit einer Strafe belegen, bestrafen

verknacksen: verstauchen, prellen

verknallt: verliebt, verschossen, vernarrt

verknüpfen: verbinden, verzahnen

Verknüpfung: Verschmelzung, Verzahnung, Zusammenfügung, Beziehung, Verflechtung, Vereinigung

verkochen: verdicken, verdampfen, eindicken, eindampfen

verkommen: 1. verschimmeln, faulen, vermodern 2. verwahrlosen, verderben, abgleiten, herunterkommen 3. herabgekommen, heruntergekommen, verworfen

Verkommenheit: Verworfenheit, Verderbtheit, Lasterhaftigkeit

verkonsumieren: bewältigen, verzehren, verspeisen, aufessen

verkorksen: verpatzen, vergeigen, verderben, verpfuschen

verkörpern: wiedergeben, darbieten, vorstellen, darstellen

verköstigen: beköstigen, bewirten

Verköstigung: Beköstigung, Verpflegung

verkracht: zerrüttet, verfeindet, zerstritten

verkrampft: 1. ungeschickt, hölzern 2. schüchtern, gehemmt, ängstlich, blockiert, befangen 3. verspannt, fest

verkriechen: verstecken, verbergen **s. verkriechen:** s. isolieren, s. abkapseln

verkrümmt: verformt, deformiert, verbogen

verkrüppelt: verwachsen, missgestaltet, krüppelig, bucklig, behindert, verbildet

Verkrüppelte: Körperbehinderte, Versehrte, Krüppel

verkümmern: 1. dahinsiechen, schrumpfen, s. zurückbilden 2. welken, absterben, eingehen, vertrocknen

verkünden: kundtun, veröffentlichen, verkündigen, kundgeben, bekannt geben

Verkündigung: Mitteilung, Kundgabe, Eröffnung, Erklärung, Bekanntgabe

verkuppeln: zusammensetzen, verschlingen, zusammenbringen, zusammenfügen, vereinigen, aneinanderfügen, verknüpfen

verkürzen: abschneiden, kürzen, verkleinern

Verkürzung: Verminderung, Begrenzung, Verringerung, Herabsetzung

Verladebühne: Verladerampe, Ladebühne, Rampe

verladen: einladen, verfrachten, abladen

verlagern: räumen, verlegen, auslagern

verlangen: 1. erfordern, beanspruchen, gebieten 2. s. ausbedingen, fordern

Verlangen: 1. Forderung, Anspruch 2. Wunsch, Hunger, Drang, Bedürfnis, Gelüste 3. Heimweh, Sehnsucht, Sehnen

verlangend: sehnsuchtsvoll, sehnlich, sehnsüchtig

verlängern: 1. herauslassen, ansetzen 2. stunden, vertagen, aufschieben, hinausschieben 3. strecken, verwässern

Verlängerung: Verschiebung, Hinauszögerung, Verzögerung

verlangsamen: verzögern, verringern, herabsetzen

Verlangsamung: Verzug, Aufschub, Verzögerung

verlassen: 1. weggehen, fortgehen 2. weggehen, kündigen 3. unbewohnt, unbevölkert, unbesiedelt, abgelegen

Verlassenheit: 1. Einöde, Wüste 2. Einsamkeit, Abgeschiedenheit

verlässlich: wahr, zuverlässig, aufrichtig, glaubwürdig, vertrauenerweckend

Verlässlichkeit: Zuverlässigkeit, Ehrlichkeit, Redlichkeit, Wahrhaftigkeit

Verlauf: Prozess, Gang, Lauf, Ablauf

verlaufen: 1. s. ausdehnen, s. erstrecken 2. laufen, s. vollziehen, s. begeben, stattfinden, s. ereignen, ablaufen, geschehen, s. abwickeln, s. abspielen

verlautbaren: verlauten, ausrufen, ankündigen, kundtun, bekannt machen

Verlautbarung: Verkündung, Ankündigung, Bekanntgabe, Kundgabe, Rundschreiben

verleben: 1. genießen, zubringen 2. ausgeben, verschwenden

verlebt: verbraucht, abgelebt

verlegen: 1. verwirrt, betreten, befangen, kleinlaut, schamhaft 2. verlagern, auslagern 3. umbuchen, verschieben, umlegen 4. veröffentlichen, herausgeben

Verlegenheit: 1. Bedrängnis, Zwangslage 2. Armut, Not 3. Unsicherheit, Ratlosigkeit, Unschlüssigkeit, Verlegensein

verleiden: vermiesen, verekeln, vergraulen

verleihen: 1. ehren, würdigen, auszeichnen, überreichen, übergeben 2. leihen, hergeben

Verleihung: Preis, Auszeichnung

verleiten: animieren, überreden, verführen

verlernen: vergessen, aus der Übung kommen

verletzbar: zartbesaitet, verletzlich, mimosenhaft, sensibel, empfindlich, feinfühlend

verletzen: verwunden, beschädigen, versehren, kränken, peinigen, ärgern **s. verletzen:** s. stechen, s. verbrennen, s. abschürfen

verletzend: schmachvoll, entwürdigend

verletzt: verwundet, versehrt

Verletzung: 1. Verwundung, Stich, Wunde 2. Beleidigung, Kränkung

verleugnen: zurückweisen, bestreiten, abstreiten, verneinen

verleumden: verunglimpfen, schmähen, entwürdigen, herabsetzen, anschwärzen, schlecht machen, verschreien

Verleumdung: Unterstellung, Herabwürdigung, Anschwärzung, Ehrverletzung, Rufmord, Beleidigung

verliebt: schmachtend, entbrannt

Verliebtheit: Verbundenheit, Hinneigung, Zuneigung, Liebe, Innigkeit, Hingabe

verlieren: 1. abtreten, weggehen 2. unterliegen, verspielen 3. verwirken, einbüßen, zuzahlen 4. verlegen, verlorengehen 5. nadeln, abfallen **s. verlieren:** 1. s. verirren 2. abirren, s. verzetteln, abschweifen

Verlobte: Brautpaar, Brautleute

Verlobung: Brautzeit, Aufgebot

verlocken: 1. verleiten, verführen, anstiften 2. anmachen, bezaubern, hinreißen 3. versuchen, anreizen, reizen

verlockend: 1. lecker, appetitanregend 2. verführerisch, versprechend, anregend 3. liebenswert, bezaubernd, anmutig, bestrickend

Verlockung: 1. Reiz, Anmut, Anziehungskraft, Anziehung 2. Verführung, Versuchung, Reiz

verlogen: hinterlistig, verstellt, unredlich, tückisch, falsch, unehrlich

Verlogenheit: Unwahrheit, Unlauterkeit, Tücke, Unehrlichkeit, Hinterlistigkeit, Heuchelei

verloren: 1. verspielt, zerronnen, unersetzlich, unwiederbringlich 2. weg, verschwunden, fort, abgängig

verlöschen: 1. verglimmen, ausgehen 2. verrauschen, vergehen

Verlust bringend: unzweckmäßig, unzuträglich, ungünstig, schlecht, nachteilig

Verlust: 1. Schaden, Minus, Einbuße 2. Wegfall, Schwund, Lücke, Ausbleiben, Ausfall

vermachen: 1. hinterlassen, überschreiben, vererben 2. geben, spenden

vermählen (s.): s. verehelichen, s. heiraten, s. vermählen

vermählt: verheiratet, verehelicht

Vermählung: Verheiratung, Trauung, Hochzeit, Eheschließung, Heirat

vermehren: erhöhen, verstärken, vergrößern **s. vermehren:** s. vergrößern, zunehmen, s. verdichten, s. ausdehnen, s. erhöhen, anwachsen

Vermehrung: 1. Fortpflanzung 2. Zunahme, Aufstockung, Verstärkung

vermeintlich: scheinbar, angeblich, vorgeblich

vermengen: zusammenschütten, durchmischen, vermischen

Vermerk: Notiz, Anmerkung

vermerken: 1. aufschreiben 2. erfassen, verzeichnen 3. beachten, bemerken, wahrnehmen

vermessen: 1. abstecken, abmessen 2. hochmütig, überheblich, anmaßend

Vermessenheit: Hochnäsigkeit, Anmaßung, Überheblichkeit, Hochmut

vermieten: verleasen, verpachten, untervermieten

Vermieter: Hausherr, Besitzer

Vermieterin: Hausherrin, Besitzerin

Vermietung: Verpachtung, Leasing

vermindern: verlangsamen, senken, schmälern, verringern, streichen, beschränken, heruntergehen, abziehen, verkürzen, begrenzen, einschränken, herabsetzen

s. vermindern: 1. nachlassen, abflauen 2. s. verringern, s. verkleinern, s. verkürzen, s. reduzieren, schwinden

Verminderung: 1. Schwund, Minderung 2. Nachlass, Rabatt

vermischen: vermengen, durchmischen, zusammenschütten, mixen

vermisst: überfällig, verschollen, unauffindbar

vermitteln: 1. versöhnen, ausgleichen, zurechtbiegen 2. verschaffen, herbeiholen, beschaffen, versorgen, beibringen, heranschaffen, heranholen

Vermittler: 1. Schmuser, Kuppler 2. Mittelsperson, Verbindungsmann, Mittler

Vermittlung: 1. Mittlerrolle, Schlichtung 2. Fernsprechamt

vermodern: verfaulen, verrotten, vergammeln, verwesen

vermöge: mittels, durch

Vermögen: 1. Wohlstand, Vermögenswerte, Schätze, Reichtum, Gut, Kapital, Barschaft, Barvermögen, Besitz, Bargeld, Geld 2. Talent, Veranlagung, Können, Befähigung, Fähigkeit, Begabung

vermögend: 1. finanzkräftig, wohlsituiert, begütert, reich 2. übermächtig, allmächtig, mächtig

Vermögensverhältnisse: Finanzlage, Etat

vermuten: wähnen, tippen, voraussetzen, s. zusammenreimen, erwarten, riechen, mutmaßen, ahnen, befürchten, schätzen, fürchten, erahnen, s. einbilden

vermutet: geahnt, geschätzt, angenommen

vermutlich: wohl, wahrscheinlich, mutmaßlich, höchstwahrscheinlich, voraussichtlich

Vermutung: 1. Mutmaßung, Unterstellung, Argwohn, Befürchtung, Zweifel 2. Verdacht, Annahme, Hoffnung

vernachlässigen: verschlampen, unterlassen, missachten

vernascht: naschsüchtig, naschhaft

vernehmbar: vernehmlich, lauthals, hörbar, laut, deutlich, unüberhörbar

vernehmen: 1. wahrnehmen, erfahren, verstehen 2. ausfragen, verhören

Vernehmung: Verhör, Befragung

Verneigung: Diener, Verbeugung, Höflichkeitsbezeugung, Bückling, Referenz

verneinen: 1. zurückweisen, leugnen, abstreiten 2. ausschlagen, ablehnen, negieren

Verneinung: Ablehnung, Negierung

vernichten: 1. zerstören, verderben 2. verwüsten, zermalmen, umbringen, ausrotten, tilgen, ausmerzen, auslöschen, niedermachen, aufreiben, beseitigen

vernichtend: abwertend, negativ

Vernichtung: Zertrümmerung, Zerschlagung, Zersetzung, Verheerung, Verwüstung

Vernichtungslager: KZ, Konzentrationslager, Massenvernichtungslager, Todeslager

verniedlichen: herunterspielen, verlieblichen, beschönigen, verharmlosen, bagatellisieren, unterschätzen

Vernunft: Wirklichkeitssinn, Verstand, Verständnis, Einsicht, Verständigkeit, Besinnung

vernünftig: 1. zurechnungsfähig, normal 2. zweckvoll, sinnvoll, sinnig 3. annehmbar 4. willig, einsichtig, versöhnlich 5. rational, verstehend, einfühlend, verständig, besonnen, klug

vernunftwidrig: widersinnig, ungereimt, abwegig, vernunftlos, sinnwidrig

veröffentlichen: 1. verbreiten, herausgeben 2. verlegen, herausbringen, abdrucken 3. verlautbaren, bekannt machen, verkündigen, verkünden, kundtun, kundgeben

Veröffentlichung: Publikation, Abdruck, Druck, Herausgabe

verordnen: 1. verschreiben, aufschreiben 2. verfügen, bestimmen, anweisen, anordnen, erlassen

Verordnung: 1. Verfügung, Gesetz, Tagesbefehl, Edikt, Erlass 2. Anordnung, Weisung, Entscheidung, Verfügung, Entscheid

verpachten: vermieten, überlassen

verpacken: einwickeln, abpacken, einrollen

verpackt: 1. gesichert, geschützt 2. versandfertig, verschnürt 3. eingepackt, eingewickelt

Verpackung: Tüte, Umhüllung, Hülle, Karton, Schachtel

verpassen: 1. verschlafen, versäumen, verfehlen 2. verabreichen, ohrfeigen

verpesten: 1. anstecken, stinken, verräuchern 2. vergiften, verseuchen

verpfeifen: verraten, anzeigen, preisgeben, verpetzen, denunzieren

verpflanzen: umtopfen, aussetzen, auspflanzen, umpflanzen, vertopfen

verpflegen: verköstigen, versorgen, bewirten, abspeisen, beköstigen

Verpflegung: 1. Beköstigung, Verköstigung 2. Zehrung, Vorrat, Mundvorrat, Marschverpflegung, Ration, Wegzehrung

verpflichtend: unwiderruflich, bindend, endgültig, fest, verbindlich, feststehend

verplaudern: verreden, verquatschen, verquasseln

verplempern: vertrödeln, sinnlos vertun

verplombt: versiegelt, plombiert

verprassen: vergeuden, verschwenden, vertun

verprügeln: verhauen, verklopfen

Verputz: Anwurf, Anstrich, Putz

verquicken: aneinanderfügen, zusammenfügen, vereinigen

verrammeln: versperren, schützen

Verrat: 1. Vertrauensbruch, Wortbrüchigkeit, Untreue, Abfall, Abtrünnigkeit, Treulosigkeit 2. Hochverrat, Staatsverrat

verraten: 1. anschwärzen, ausliefern, preisgeben 2. verlassen, s. abkehren 3. ausplaudern, ausposaunen

Verräter: 1. Wortbrecher, Abtrünniger 2. Petzer, Zuträger, Angeber

verräterisch: untreu, wortbrüchig, illoyal, abtrünnig

verrechnen: anrechnen, aufrechnen

s. verrechnen: s. verkalkulieren, s. irren

verrecken: krepieren, eingehen, verenden, elend sterben

verregnet: verdorben, regnerisch, nass

verreisen: reisen, umherreisen

verrenken: verstauchen, verdrehen, verprellen

verrichten: ausführen, tun, abwickeln, machen

verringern: vermindern, schmäleren, senken, verkleinern

Verringerung: Rückgang, Abbau, Abnahme

verrosten: Rost ansetzen, korrodieren

verrotten: verfaulen, vermodern, vergammeln

verrückbar: beweglich, verschiebbar

verrücken: umstellen, versetzen

verrückt: 1. schwachsinnig, geisteskrank 2. verdreht, toll, durchgedreht, wirr, närrisch, anstaltsreif, dumm

Verrücktheit: 1. Dummheit, Irrsinn 2. Schwachsinnigkeit, Geisteskrankheit

verrufen: zwielichtig, berüchtigt, verdächtig, undurchsichtig, zweifelhaft, bedenklich, lichtscheu, anrüchig, fragwürdig

Vers: Strophe, Gedichtzeile

versagen: 1. vergeben, vorenthalten 2. zurückfallen, enttäuschen, unterliegen, ausfallen 3. untersagen, verbieten 4. s. verweigern, verzichten

Versager: Schwächling, Taugenichts, Blindgänger, Null, Nichtsnutz

versammeln: zusammentreffen, zusammenrufen **s. versammeln:** zusammentreten, s. sammeln, s. zusammenfinden, zusammenströmen, s. scharen

Versammlung: Zusammenkunft, Tagung, Beratung, Sitzung

Versand: Zuführung, Zustellung, Versendung, Übergabe, Transport, Überstellung, Lieferung, Auslieferung

versäumen: versitzen, unterlassen, verpassen, vergessen, verbummeln

Versäumnis: Unterlassung

verschalen: verkleiden, beziehen, ausschlagen, bedecken, täfeln, einschalen

verschämt: zurückhaltend, verschüchtert, schüchtern, gehemmt, zaghaft, ängstlich, scheu, bang

verschanzen (s.): 1. s. eingraben, s. einwühlen 2. s. zurückziehen, s. isolieren

verschärfen: verschlimmern, verschlechtern **s. verschärfen:** s. verschlechtern, s. zuspitzen, s. verschlimmern

Verschärfung: Verschlimmerung, Verschlechterung, Zuspitzung

verschätzen (s.): danebenschätzen, s. verkalkulieren, fehlplanen

verschenken: wegschenken, verteilen, bescheren, spenden, vergeben, herschenken, hergeben, schenken

verscheuchen: wegtreiben, hinausekeln, fortjagen, wegscheuchen, verjagen

verschieben: 1. versetzen, umstellen 2. hinausschieben, aufschieben **s. verschieben:** s. hinauszögern, s. verlängern

Verschiebung: Vertagung, Aufschub

verschieden: verschiedenartig, zweierlei, unterschiedlich, grundverschieden, abweichend, andersartig, heterogen, unähnlich

Verschiedenartigkeit: Verschiedenheit, Unvereinbarkeit, Gegensätzlichkeit, Ungleichartigkeit

verschiedenfarbig: mehrfarbig, bunt

Verschiedenheit: Gegensatz, Verschiedenartigkeit, Unterschied, Abweichung

verschlafen: 1. verpassen, versäumen, verfehlen 2. schläfrig, verquollen, müde

Verschlag: Schlag, Bretterverschlag, Koben, Lattenverschlag, Schuppen

verschlagen: gerissen, ausgekocht, schlau, hinterlistig

verschlechtern: verschlimmern, zuspitzen, verschärfen **s. verschlechtern:** s. zuspitzen, s. verschlimmern

Verschlechterung: Zuspitzung, Rückfall, Verschlimmerung

verschleiern: 1. s. zuziehen, bewölken 2. verstecken, verwischen, verhüllen, verbergen, verdunkeln

Verschleiß: Abnutzung, Verbrauch

verschleißen: abnützen, verbrauchen

verschleppen: verzögern, aufschieben

verschließen: 1. aufheben, bewahren 2. zusperren, zuschließen, abriegeln, versperren, verriegeln, sichern, absperren **s. verschließen:** s. abkapseln, s. isolieren

verschlimmern: s. verschärfen, s. verschlechtern, zuspitzen

Verschlimmerung: Verschlechterung, Zuspitzung, Verschärfung

verschlossen: 1. verschreckt, verschüchtert, undurchschaubar, zugeknöpft, schweigsam, zag, verstockt, abweisend, frostig, kühl, unzugänglich 2. zu, zugesperrt, abgeriegelt, geschlossen, abgesperrt

Verschlossenheit: Zugeknöpftheit, Sprödigkeit, Frostigkeit, Zurückhaltung, Kontaktschwäche, Kühle, Verhaltenheit, Unnahbarkeit, Menschenscheu

Verschluss: 1. Deckel, Kappe 2. Schnalle, Schließe

verschlüsseln: verbergen, sichern

Verschlusssache: Geheimdokument, Geheimakte

verschmähen: verneinen, verweigern, versagen, ablehnen, zurückweisen

verschmelzen: verbinden, s. vereinen, zusammenfügen, vereinigen

verschmerzen: vergessen, s. trösten

verschmiert: 1. unsauber, schmutzig, dreckig 2. ausgefüllt, zugemacht

verschmutzen: verschmieren, voll schmieren, beflecken, beschmutzen, beschmieren

verschmutzt: schmutzig, beschmutzt

Verschmutzung: Schmutz, Verschmutztheit, Unsauberkeit

verschneit: winterlich, eingeschneit, zugeschneit

verschnörkelt: verziert, verbrämt, barock, schnörkelhaft

verschnupft: gekränkt, verstimmt, beleidigt, getroffen

verschnüren: sichern, zuknoten, verpacken, zumachen, zuschnüren

verschönern: 1. verzieren, schmücken, verschönen 2. erheitern, aufhellen

verschrotten: recyceln, abwracken

Verschulden: Verantwortung, Schuld

verschweigen: verheimlichen, geheim halten, vorenthalten, verbergen, unterschlagen

verschwenden: verwirtschaften, verschwelgen, durchbringen, prassen, vertun, verjubeln, verschleudern

Verschwender: Vergeuder, Verschleuderer

verschwenderisch: 1. prunkend, üppig, feudal, ausladend 2. verschwendungssüchtig, großzügig

Verschwendung: Vergeudung, Aufwand, Schlemmerei, Schwelgerei

verschwiegen: 1. abgelegen, heimlich 2. still, ruhig, zurückhaltend, einsilbig, redescheu 3. treu, zuverlässig, vertrauenswürdig

Verschwiegenheit: 1. Zurückhaltung, Takt 2. Zuverlässigkeit, Treue

verschwimmen: verfließen, verwischen, unklar werden

verschwinden: 1. versinken, absterben, untergehen 2. verloren gehen, wegkommen 3. weggehen, s. aufmachen, s. absetzen 4. s. entziehen, untertauchen, s. entfernen, entweichen, fortgehen

verschwitzt: schweißtriefend, feucht

verschwommen: schemenhaft, undeutlich, wirr, verworren, nebelhaft, unklar, unscharf, unsicher, unübersichtlich, undurchschaubar, andeutungsweise, unbestimmt, fraglich, unausgegoren

verschwören (s.): s. auflehnen, losbrechen, s. empören, s. erheben, s. verbünden

Verschwörer: Landesverräter, Verführer, Volksverschwörer, Aufwiegler, Unruhestifter, Hochverräter, Empörer, Aufständischer

verschwörerisch: konspirativ, geheim

Verschwörung: Unterwanderung, Volkserhebung, Übergriff, Tumult, Aufstand, Putsch, Erhebung, Gewaltakt, Krawall, Revolution, Anschlag

verschwunden: abgängig, weg, unauffindbar, verschollen

versehen: 1. ausstatten, ausstaffieren 2. verrichten, betreiben, ausführen, erledigen, erfüllen, nachkommen

Versehen: Unrichtigkeit, Fehlschluss, Irrtum, Fehler

versehentlich: unwillkürlich, ungeplant, absichtslos, unbewusst, unabsichtlich

versehrt: verletzt, schwer beschädigt, invalide

versenden: wegschicken, fortschicken, abschicken, verschicken

versengen: ansengen, leicht anbrennen, ankokeln

versenken: hinunterlassen, eintauchen, torpedieren **s. versenken:** meditieren, abschalten

versetzen: 1. vorrücken, aufsteigen, weiterkommen 2. umstellen, verrücken, verlegen, umschieben

verseucht: verschmutzt, verpestet, verdorben

versichern: 1. s. vergewissern, s. rückversichern 2. versprechen, verbürgen, behaupten, beteuern 3. vorbeugen, vorausblicken, vorkehren

versickern: versiegen, eintrocknen, vertrocknen, einsickern, s. verlaufen, versanden

versiegeln: zusiegeln, plombieren

versiegen: 1. vertrocknen, austrocknen 2. nachlassen, enden

versiert: wissend, weise, kundig, erfahren, klug, bewandert

versinken: untergehen, niedergehen, untersinken, sinken, hinabsinken

Version: 1. Gesamtprogramm, Vollversion 2. Testprogramm, Testversion

versklaven: unterjochen, knebeln, niederhalten, beherrschen

versnobt: überheblich, anmaßend, arrogant, aufgeblasen, eingebildet, hochnäsig, von sich überzeugt

versöhnen: begütigen, beruhigen, einigen **s. versöhnen:** s. einigen, s. aussöhnen, s. vertragen

versöhnlich: 1. einsichtig, versöhnend, friedlich, tolerant, verständnisvoll 2. einträchtig, verträglich, friedliebend

Versöhnung: Einigung, Verständigung, Ausgleich, Befriedung, Schlichtung

versonnen: verträumt, nachdenklich

versorgen: verpflegen, speisen

Versorgung: Verpflegung, Erhaltung

verspätet: verzögert, säumig, unpünktlich, überfällig

Verspätung: Verzögerung, Rückstand, Unpünktlichkeit

versperren: 1. zusperren, abschließen, wegschließen 2. verschanzen, zurammen, verriegeln, verbarrikadieren, vermauern

verspielen: verwürfeln, verlieren

verspotten: 1. verlachen, auslachen 2. parodieren, karikieren

versprechen: zusichern, schwören, zusagen, s. verbürgen, s. verpflichten, beteuern, beeiden, geloben **s. versprechen:** s. verheddern, s. verhaspeln

Versprechen: Zusicherung, Wort, Versicherung, Gelübde, Eid, Verheißung, Beteuerung

Versprecher: Fehler, Lapsus

verstaatlichen: enteignen, vergesellschaften

Verstand: 1. Weitblick, Witz, Scharfsinn, Geisteskraft, Geist, Beobachtungsgabe, Klugheit 2. Urteilsfähigkeit, Verständnis, Begabung, Klugheit, Urteilskraft

verständig: verstehend, klug, verständnisvoll, besonnen, einsichtig

verständigen: bekannt geben, mitteilen, informieren

verständlich: 1. unzweideutig, eindeutig, anschaulich, deutlich, genau 2. einfach, begreiflich 3. lebensnah, fassbar, klar, sprechend, bildlich, deutlich, anschaulich

Verständnis: 1. Verstehen, Feingefühl, Einfühlungsgabe 2. Gespür, Spürsinn, Empfindung

verständnislos: verschlossen, zugeknöpft, dickköpfig, einsichtslos, bockig, unnahbar

verständnisvoll: 1. nett, warm, entgegenkommend 2. verständig, aufgeschlossen, einsichtig, vernünftig

verstärken: vervielfachen, vergrößern, vermehren, verschärfen, steigern, heraufsetzen, aufwerten **s. verstärken:** zunehmen, s. ausweiten, s. steigern, s. ausdehnen

Verstärkung: Steigerung, Zunahme

verstauchen: verletzen, verzerren

verstauen: aufheben, wegräumen

Versteck: Schlupfwinkel, Nest, Zuflucht, Unterschlupf

verstecken: verbergen, vergraben **s. verstecken:** s. verkriechen, s. verbergen, s. verschanzen

versteckt: 1. verdeckt, verborgen, unmerklich, schlummernd 2. hinterlistig, scheinheilig, falsch, unlauter

Verstehbarkeit: Deutlichkeit, Verständlichkeit

verstehen: nachempfinden, schnallen, s. erschließen, durchschauen, klar sehen, erfassen, erkennen, begreifen, durchblicken, auffassen, herausfinden **s. verstehen:** s. vertragen, s. gern haben, s. lieben, s. mögen

versteifen: absteifen, stützen, abfangen **s. versteifen:** 1. aufrichten, erigieren 2. beharren, s. verbeißen

verstellen: versperren, verschanzen, zubauen, vermauern, verbauen **s. verstellen:** verbergen, schauspielern, heucheln, vortäuschen, s. stellen, täuschen

verstellt: 1. unwahrhaftig, unehrlich 2. versperrt, verbaut, verschanzt

Verstellung: Komödie, Verstellungskunst, Schauspielerei

verstimmen: verletzen, kränken, ärgern, aufbringen, erzürnen, verbittern, beleidigen

verstimmt: verletzt, missmutig, verdrossen, ärgerlich, verbittert, erzürnt, beleidigt

Verstimmung: 1. Unwille, Verstimmtheit, Ärger 2. Streit, Auseinandersetzung, Zwistigkeit

verstockt: 1. widerspenstig, trotzig, verbohrt, eigensinnig, bockig 2. unzugänglich, kontaktscheu, zurückhaltend

verstohlen: verborgen, verschwiegen, heimlich, ungesehen, unauffällig

verstopft: 1. zu, dicht 2. hartleibig

Verstopfung: Darmverstopfung, Stuhlverstopfung, Darmverschluss, Darmträgheit

verstöpseln: verschließen, zukorken

verstorben: verschieden, verewigt, abgeschieden, heimgegangen

verstört: überrascht, entsetzt, durcheinander, konfus, verwirrt

Verstoß: Vergehen, Verbrechen, Missetat, Straftat, Entgleisung, Untat, Frevel

verstoßen: verbannen, ausweisen, ächten, ausstoßen

verstreuen: verteilen, zerstreuen

verstummen: 1. abklingen, verklingen, verhallen 2. s. ausschweigen, schweigen

Versuch: Probe, Experiment, Prüfung, Test

versuchen: 1. verführen, verlocken 2. probieren, verkosten 3. ausprobieren, probieren, prüfen

Versunkenheit: Betrachtung, Nachdenken, Meditation, Andacht

Vertäfelung: Wandverkleidung, Täfelung, Holzverkleidung, Wandtäfelung

vertagen: verzögern, aufschieben, verlangsamen, verlegen

verteidigen: 1. s. einsetzen, s. verwenden 2. entschuldigen, rechtfertigen, s. wehren 3. s. stellen, absichern, s. erwehren, abwehren

Verteidiger: Syndikus, Vertreter, Anwalt, Jurist, Rechtsbeistand

Verteidigung: Selbstverteidigung, Notwehr, Selbsterhaltung, Kampf, Abwehr, Selbstschutz, Gegenwehr

verteidigungsbereit: gerüstet, gepanzert, abwehrbereit, gewappnet

verteilen: 1. übertragen, zuteilen, austeilen, vergeben, distribuieren, aufteilen 2. wegschenken, schenken, bescheren, beschenken, herschenken 3. übergeben, ausschütten, ausgeben, austeilen
s. verteilen: s. zerstreuen, verlaufen, verstreuen, auseinanderstieben, auseinander laufen, vereinzeln, s. ausbreiten, s. auflösen, auseinander gehen

Verteilung: 1. Zuweisung, Zumessung, Ausgabe, Verabfolgung, Zuteilung, Bemessung, Verabreichung, Austeilung 2. Vergabe, Austeilung, Distribution, Aufteilung

verteuern: hoch schrauben, steigern, hoch treiben, erhöhen, aufschlagen, anheben, heraufsetzen **s. verteuern:** s. steigern, hochgehen, anziehen, zunehmen, s. erhöhen, ansteigen, hoch klettern

Verteuerung: Preissteigerung, Preiserhöhung, Teuerung

vertiefen: 1. ausheben, ausbaggern, ausschachten, ausgraben 2. ausbauen, festigen, sichern, untermauern, zementieren 3. verstärken, steigern, vorantreiben, vergrößern **s. vertiefen:** s. beschäftigen, s. befassen, s. auseinander setzen

vertieft: träumerisch, verträumt, gedankenvoll, nachdenklich, versonnen

Vertiefung: Mulde, Einbuchtung, Höhlung, Furche

vertikal: lotrecht, senkrecht

vertilgen: 1. zerstören, beseitigen, entfernen, vernichten, abschaffen, ausrotten 2. aufessen, verspeisen

Vertrag: Übereinkunft, Pakt, Vereinbarung, Abkommen, Handel, Abmachung, Konvention, Abschluss

vertragen: standhalten, aushalten, ertragen, erdulden **s. vertragen:** s. verstehen, s. lieben, s. gern haben, s. mögen, harmonieren

vertraglich: vertragsmäßig, vertragsgemäß, durch Vertrag

verträglich: 1. versöhnlich, weitherzig, harmonisch, friedfertig, einfühlend, tolerant 2. zusammenpassend, kombinierbar, vereinbar 3. zuträglich, bekömmlich, gesund

Vertrauen: Zuversicht, Glauben, Gewissheit, Hoffnung, Zutrauen

vertraulich: 1. diskret, intim, geheim 2. zwanglos, vertraut, locker, familiär, frei, leger

verträumt: 1. unansprechbar, versonnen, grübelnd, selbstvergessen, abwesend, traumverloren, zerstreut, geistesabwesend 2. abgelegen, schön, abgeschieden 3. schwärmerisch, fantasievoll, romantisch

vertraut: 1. wohlbekannt, alltäglich, geläufig 2. unverkrampft, zwanglos, frei, locker, leger, heimisch

Vertrauter: Bekannter, Getreuer, Weggefährte

vertreiben: 1. ausbürgern, verjagen, wegtreiben, wegjagen, treiben, forttreiben, fortjagen, austreiben, entfernen 2. verkaufen, veräußern, anbieten

vertretbar: tauglich, zufriedenstellend, annehmbar, passend, dienlich, geeignet, ausreichend

vertreten: 1. s. engagieren, verteidigen 2. eintreten, aushelfen

Vertreter: 1. Stellvertreter 2. Reisender, Verkäufer

Vertretung: 1. Aushilfe, Vertreter 2. Abordnung, Delegation

vertrocknen: 1. welken, verblühen 2. versickern, versanden, versiegen 3. ausdörren, eintrocknen, versengen

vertrocknet: 1. regenarm, wüstenhaft 2. altbacken, alt 3. welk, saftlos, ausgetrocknet, abgestorben

vertuschen: zudecken, verheimlichen, verbergen, verschweigen

verübeln: verdenken, nachtragen, verargen, krumm nehmen

Verunglückter: Unfallgeschädigter, Unfallopfer, Opfer

verunreinigt: schmutzig, unsauber, dreckig, fleckig

Verunreinigung: Befleckung, Verschmutzung

verunstalten: verstümmeln, entstellen, verunzieren, verschandeln

veruntreuen: betrügen, unterschlagen

verursachen: 1. erwecken, veranlassen, hervorrufen, erregen, bedingen, bewirken, herbeiführen 2. verschulden, anrichten

verursacht: hergeleitet, veranlasst, erweckt

verurteilen: aburteilen, bestrafen

Verurteilung: Schuldspruch, Urteilsspruch, Aburteilung, Richterspruch, Urteil

vervielfachen: 1. abziehen, vervielfältigen 2. multiplizieren, malnehmen 3. verstärken, verschärfen, vermehren, steigern, vergrößern

Vervielfältigung: Reproduktion, Abschrift, Kopie

vervollkommnen: 1. vollenden, ergänzen, vervollständigen, überarbeiten 2. verschönern, verfeinern, abrunden, verbessern **s. vervollkommnen:** s. bilden, s. weiterbilden

Vervollkommnung: Ergänzung, Verbesserung, Abrundung

verwachsen: 1. unzugänglich, überwuchert, dicht, undurchlässig 2. verschmelzen, zusammenwachsen 3. missgestaltet, bucklig

verwahren: zurücklegen, verpacken, weglegen, erhalten, einlagern, einpacken, behalten, aufspeichern, sicherstellen, einkellern, bewahren, aufheben **s. verwahren:** dagegenreden, protestieren

verwahrlosen: verfallen, verkommen, verwildern

verwahrlost: 1. verwildert, abgewirtschaftet, verdorben 2. wüst, ungepflegt, vernachlässigt, chaotisch

verwaist: unbewohnt, einsam, unbevölkert

verwalten: 1. bewirtschaften 2. leiten, regieren

Verwalter: Inspektor, Wirtschafter

Verwaltungsbezirk: Landesteil, Regierungsbezirk, Bezirk

verwandeln: ändern, umwandeln, umformen **s. verwandeln:** s. ändern, s. wenden

Verwandlung: Wandlung, Umformung, Umgestaltung

verwandt: 1. versippt, verschwistert, verschwägert 2. gleich, ähnlich

Verwandter: Familienangehöriger, Nachfahr, Abkömmling, Vorfahr, Familienmitglied, Angehöriger, Anverwandter

verwarnen: tadeln, zurechtweisen, rügen, mahnen

Verwarnung: Tadel, Verweis, Rüge

verwechseln: s. irren, vertauschen, s. täuschen, durcheinander bringen

verwegen: waghalsig, unerschrocken, vermessen, tapfer, mannhaft, beherzt, furchtlos, kämpferisch

verwehren: 1. verhindern, abwehren 2. verweigern, versagen, untersagen 3. vorenthalten, versagen

verweichlichen: verzärteln, verbilden, verwöhnen, verziehen

verweichlicht: verzärtelt, weichlich, verzogen, verwöhnt

Verweichlichung: Verwöhnung, Verziehung

verweigern: 1. vorenthalten, entziehen 2. untersagen, verwehren 3. ablehnen, verneinen **s. verweigern:** unterlassen, verzichten

verweilen: 1. wohnen, hausen, s. aufhalten 2. zögern, s. besinnen

Verweis: 1. Ermahnung, Rüge, Bemängelung, Tadel 2. Andeutung, Tip

verweisen: 1. rügen, bemängeln, missbilligen, tadeln 2. andeuten, hinzeigen 3. ausweisen, ausbürgern

Verweisung: Vertreibung, Ausbürgerung, Ausweisung, Verbannung

verwelken: welken, vertrocknen, verblühen, eingehen, abblühen, verkümmern

verwelkt: 1. runzelig, faltig 2. verdorrt, abgeblüht, welk

verwendbar: nützlich, verwertbar, praktisch, tauglich, brauchbar, geeignet

verwenden: einsetzen, benützen, anwenden, verwerten

Verwendung: Inanspruchnahme, Einsatz, Nutzbarmachung

verwerfen: ablehnen, negieren, abweisen, zurückweisen

verwerflich: abscheulich, verächtlich, schändlich, scheußlich, hässlich, elend, schimpflich

verwertbar: praktisch, nutzbar, wieder verwertbar, verwendbar, dienlich, anwendbar

verwerten: verarbeiten, ausschlachten

verwesen: verfaulen, faulen

verwickelt: 1. unübersichtlich, verzwickt, kompliziert, problematisch, schwierig 2. wirr, durcheinander

Verwicklung: Verknüpfung, Komplikation, Knoten

verwildern: 1. verwahrlosen, verschlampen, verrohen, herunterkommen, verkommen 2. einfallen, veröden

verwildert: 1. verkommen, verwahrlost, verdorben, ruiniert, verschlampt 2. unverschämt, frech, ungezogen, schlimm

verwinden: verkraften, überleben

verwirklichen: tun, ausführen, erfüllen

Verwirklichung: Ausführung, Erfüllung, Realisierung

verwirren: 1. verflechten, verschlingen, verwickeln 2. verunsichern, ablenken, irremachen, verstören, durcheinanderbringen, beirren

verwirrt: 1. starr, verdutzt, verstört, bestürzt, entgeistert 2. durcheinander, verdreht, verstört, wirr 3. betreten, verlegen

Verwirrung: Verblüfftheit, Verdutzheit, Wirrheit, Kopflosigkeit, Auflösung, Aufregung

verwischen: tilgen, verschleiern, vernebeln

s. verwischen: verschwimmen, entgleiten, verfließen

verwischt: 1. vernebelt, unkenntlich, verschleiert, unscharf 2. verschwunden, ausgelöscht, fort

verwöhnt: 1. anspruchsvoll, wählerisch 2. verzogen, verzärtelt, verweichlicht

verworfen: verkommen, verdorben, unschicklich, sittenlos, liederlich

verworren: 1. wirr, konfus, verwirrt 2. verschwommen, unübersichtlich, fraglich, zusammenhanglos, ungeordnet, unscharf, unklar, undeutlich

verwunden: 1. verletzen, stechen 2. schmerzen, beleidigen

verwunderlich: sonderbar, eigenartig, wunderlich, merkwürdig

verwundet: 1. verletzt 2. getroffen, beleidigt

verwünschen: beschimpfen, verfluchen

verwünscht: verzaubert, verwunschen

verwüsten: vernichten, zerrütten, zerstören, beschädigen

verzagt: verzweifelt, geknickt, lebensmüde, niedergeschlagen, gedrückt, entmutigt

verzärtelt: verwöhnt, verweichlicht, verzogen

Verzeichnis: Register, Tabelle, Zusammenstellung, Katalog, Liste, Aufstellung, Kartei, Sachverzeichnis

verzeihbar: 1. leicht, lässlich 2. erlassbar, verzeihlich

verzeihen: vergeben, nachsehen, entschuldigen

verzeihlich: erlassbar, verzeihbar

Verzeihung: Entschuldigung, Verständnis, Schonung, Nachsicht, Erbarmen, Vergebung

verzerren: 1. verzeichnen, entstellen 2. s. verstauchen, s. verrenken 3. verziehen, verkneifen 4. verspotten

verzerrt: 1. verzeichnet, entstellt, verdreht 2. hässlich, fratzenhaft 3. verletzt, verstaucht

Verzicht: 1. Verzichtleistung, Überlassung, Abtretung 2. Selbstlosigkeit, Entsagung, Schlichtheit, Einfachheit

verzichten: zurückstehen, s. enthalten, s. trennen, lassen, abgeben, s. versagen

verziehen: 1. vereinzeln 2. wegziehen, fortziehen 3. verweichlichen, verzärteln 4. verkneifen, verzerren **s. verziehen:** 1. vergeben, vergessen 2. s. wellen, s. aufwerfen, s. werfen 3. wegziehen, davonziehen 4. s. entfernen, wegschleichen

verzieren: verfeinern, verschnörkeln, schmücken, garnieren, verbrämen

verziert: verschönert, geschmückt, verfeinert, verbrämt, garniert

Verzierung: Zierrat, Schmuck, Zier, Beiwerk, Ausschmückung, Verschnörkelung

verzogen: 1. verdorben, verzärtelt, verweichlicht 2. fortgezogen, weggezogen

verzögern: verschleppen, vertagen, hinausziehen, verlängern, aufschieben, hinschleppen **s. verzögern:** s. verspäten, s. hinausziehen

verzögert: vertagt, hinausgezögert, verlängert, verlangsamt, unpünktlich, aufgeschoben

Verzögerung: Verzug, Vertagung, Verschiebung, Aufenthalt, Aufschub, Verschleppung, Saumseligkeit

Verzug: Verzögerung, Frist, Rückstand, Aufschub

verzweifelt: verzagt, mutlos, entmutigt, gebrochen, niedergeschmettert, niedergedrückt, lebensmüde

Verzweiflung: Trauer, Ausweglosigkeit, Tief, Hoffnungslosigkeit, Verdüsterung, Mutlosigkeit, Gedrücktheit, Freudlosigkeit

verzwickt: unübersichtlich, schwierig, verwickelt, schwer

Vesper: Nachmittagskaffee, Brotzeit, Zwischenmahlzeit

vielsagend: 1. gehaltvoll, bedeutungsvoll, substanzhaltig, inhaltsvoll 2. informativ, beredt, lehrreich, sprechend

viel: 1. überreichlich, verschwenderisch, genügend, reichlich, unzählig 2. vielmals, sehr

vieldeutig: missverständlich, doppelsinnig, dehnbar, zweideutig

viele: scharenweise, unzählige, zahlreiche, massenhaft, unendliche, ungezählte

vielfach: mehrfach, vielmals, wiederholt, oft

Vielfalt: Vielgestaltigkeit, Farbigkeit, Palette, Verschiedenartigkeit, Reichtum, Abwechslung

vielfältig: mannigfaltig, abwechslungsreich, vielseitig

vielleicht: 1. ungefähr, annähernd, etwa, zirka 2. womöglich, möglicherweise, eventuell

vielmals: wiederholt, nochmalig, vielfach, mehrfach

vielseitig: 1. vielfältig, mannigfaltig, vielförmig, abwechslungsreich 2. universell, allseitig

virtuos: perfekt, meisterhaft, hervorragend

Vogelbauer: Vogelkäfig, Voliere, Käfig

Vogelnest: Horst, Nest, Brutplatz

Volk: 1. Volksgemeinschaft, Nation 2. Öffentlichkeit, Allgemeinheit, Volksmenge 3. Bevölkerung, Einwohnerschaft, Bürgerschaft

Volksabstimmung: Wahl, Volksbefragung, Volksentscheid

voll laden: voll packen, verladen, beladen, aufpacken, einladen

voll: 1. wohlgenährt, breit, rundlich, stattlich 2. voll gepumpt, euphorisch 3. vollzählig, umfassend, ganz, restlos, erschöpfend, lückenlos, total 4. voll gegessen, satt 5. randvoll, gefüllt 6. belegt 7. gänzlich, total 8. betrunken, trunken, volltrunken

vollauf: vollständig, völlig, voll, vollkommen, absolut, total

vollenden: verrichten, beenden, erledigen, durchführen, abschließen, fertigstellen

vollendet: 1. vollkommen, vorbildlich, untadelig, perfekt, makellos, unvergleichbar, abgerundet, mustergültig, fehlerlos, tadellos, einwandfrei 2. reif, fertig, fertig gestellt, beendet, abgeschlossen

vollends: vollkommen, vollständig, ganz, völlig, voll

Vollendung: Vollkommenheit, Reifheit, Reife

Völlerei: Fresserei, Schwelgerei, Esserei, Gelage, Prasserei

völlig: vollständig, voll, ganz, vollkommen, vollauf

vollkommen: 1. unübertroffen, vorbildlich, unvergleichbar, vollendet, beispiellos, hervorragend, unerreicht, unübertroffen, mustergültig, fehlerlos, abgerundet, einwandfrei, köstlich, ideal, perfekt 2. ganz, total, völlig, komplett

Vollkommenheit: Vollendung, Vollendetheit, Meisterschaft, Reife, Kunstfertigkeit

Vollmacht: Genehmigung, Ermächtigung, Auftrag, Befugnis

vollschlank: wohlgenährt, üppig, stämmig, fett, dick, korpulent, unförmig

vollständig: umfassend, völlig, lückenlos, vollzählig, vervollständigt, abgeschlossen, total, restlos

vollzählig: 1. vollständig, geschlossen, alle, ausnahmslos 2. abgeschlossen, komplett

vollziehen: vollstrecken, vollführen, verwirklichen, ausführen

vor: 1. zuerst, vorab 2. heraus, hervor 3. wegen, aufgrund

vorangehen: 1. anführen, zuvorkommen 2. wegweisen, bahnbrechen, vorstoßen 3. vorankommen, vorwärts kommen

vorantreiben: antreiben, beschleunigen, nachhelfen

voraus: 1. vorneweg, vorher, vorne, vor 2. zuvor, vorab

Voraussage: Vorhersage, Prophezeiung, Offenbarung, Vorausbestimmung, Weissagung, Prognose

voraussagen: weissagen, voraussehen, vorhersagen

vorausschauend: weitblickend, vorausschend, seherisch

vorausschicken: vorwegsagen, voranstellen

voraussehen: weissagen, prophezeien, vorhersagen, absehen, voraussagen, hellsehen, spüren

voraussehend: seherisch, vorausschauend, weit blickend

Voraussetzung: 1. Vorbedingung, Bedingung, Annahme 2. Grundlage, Plattform, Ausgangspunkt

voraussichtlich: vermutlich, wahrscheinlich

vorauszahlen: borgen, vorstrecken, vorauslegen, leihen, vorschießen

vorauszusehen: übersehbar, absehbar, überschaubar

Vorbehalt: 1. Ungläubigkeit, Bedenken, Zurückhaltung 2. Nebenbestimmung, Einschränkung, Auflage, Nebenbedingung

vorbeimarschieren: paradieren, aufmarschieren

Vorbemerkung: Vorwort, Einleitung, Vorrede, Einführung

vorbereiten: 1. s. wappnen, s. vorbereiten, s. präparieren, planen, entwerfen 2. bereitmachen, zurechtmachen, zurechtlegen, herrichten, bereithalten, rüsten 3. einleiten, anbahnen

vorbereitet: bereitgehalten, zurechtgemacht, bereitgestellt, zurechtgelegt, bereitgelegt

vorbestellen: bestellen, vorausbestellen

vorbeugend: schützend, verhütend

Vorbild: 1. Beispiel, Wunschbild, Richtschnur, Leitbild 2. Vorlage, Muster, Schablone 3. Idol, Angebeteter, Schwarm

vorbildlich: unnachahmlich, beispielgebend, unübertroffen, mustergültig, nachahmenswert

vorbringen: ansprechen, vortragen

Vorderfront: Front, Hauptansicht, Vorderseite, Straßenseite, Vorderteil, Gesicht

vordergründig: 1. unglaubwürdig, offenkundig, durchsichtig 2. nichtssagend, geistlos, oberflächlich

Vorderseite: Stirnseite, Vorderteil, Vorderfront, Vorderansicht, Fassade, Gesicht

vordrängen (s.): 1. durchdrängen, s. drängeln 2. s. aufdrängen, s. aufspielen

vordringen: vorstürmen, angreifen, vorstoßen, vorpreschen

vordringlich: vorrangig, wichtig, notwendig, bedeutend

voreilig: unüberlegt, hastig, unbedacht, leichtfertig, überhastet

voreingenommen: vorurteilsvoll, unsachlich, einseitig, befangen

vorenthalten: 1. verweigern, versagen 2. geheim halten, verschweigen, verheimlichen

vorerst: zunächst, vorab, vorläufig, zuerst

Vorfahr: Ahne, Urahne

vorfahren: 1. auffahren, anfahren 2. leiten, vorausfahren, voranfahren 3. überholen, vorbeifahren

vorführen: darbieten, zeigen, aufführen, geben, spielen

vorgefertigt: 1. vorgefasst, befangen, subjektiv, voreingenommen 2. vorfabriziert, vorbereitet

Vorgeschichte: 1. Frühgeschichte, Urgeschichte 2. Vorleben, Entwicklungsgeschichte, Biografie, Werdegang

Vorgesetzter: 1. Dienstvorsteher, Dienstvorgesetzter 2. Vorsitzender, Chef, Direktor, Manager

vorhaben: abzielen, hinzielen, wollen, bezwecken, planen

Vorhaben: Absicht, Plan

vorhalten: 1. tadeln, vorwerfen 2. bedecken, umhüllen

vorhanden: vorrätig, lieferbar

vorher: zuvor, vorzeiten, vormals, früher, einst, einmal, damals, ehedem

Vorherrschaft: Übermacht, Vormachtstellung, Vormacht, Führung, Überlegenheit, Führerschaft

vorhersagen: weissagen, voraussagen, voraussehen

vorhersehbar: vorauszusehen, übersehbar, voraussagbar, absehbar, überschaubar

vorhersehen: 1. überschauen, absehen 2. voraussehen, voraussagen, weissagen

vorläufig: 1. zunächst, vorerst, einstweilen, inzwischen 2. vorübergehend, unzureichend, behelfsmäßig

vorlaut: vorwitzig, frech, altklug, naseweis, keck

vorlegen: 1. auftafeln, bedienen 2. unterbreiten, überreichen, auflegen, übergeben, einreichen

vorlesen: vortragen, ablesen, vorsprechen

Vorliebe: Neigung, Sympathie, Schwäche, Hang

vormachen: 1. zeigen, anlernen, unterrichten, erklären, anleiten 2. vorspiegeln, heucheln, lügen, mogeln, vortäuschen, schwindeln, täuschen

Vormund: Pfleger, Erziehungsberechtigter

vorn: vornweg, vorne, voraus, davor

vornehm: 1. teuer, exklusiv 2. manierlich, honorig, feinsinnig, würdevoll, fein, adlig, herrschaftlich, feinfühlend, edel

vornehmen (s.): 1. angehen, beabsichtigen, planen 2. s. vorknöpfen, s. greifen, zurechtweisen

Vornehmheit: Noblesse, Würde, Feinheit

vornherein: vorher, davor

Vorort: Außenbezirk, Vorstadt, Trabantenstadt, Stadtrand

vorrangig: erstklassig, vordringlich

Vorrat: Rücklage, Reserve

vorrätig: vorhanden, flüssig, verfügbar

Vorrecht: 1. Freiheit, Sonderrecht, Vergünstigung 2. Alleinrecht, Monopol

vorsagen: einflüstern, zuflüstern, einsagen, vorsprechen, soufflieren

Vorsatz: Absicht, Sinnen, Trachten, Wollen, Plan, Ziel, Bestreben, Zweck, Intention

vorsätzlich: beabsichtigt, bezweckt, absichtlich, wissentlich, gewollt

vorschieben: s. herauslügen, s. herauswinden, s. herausschwindeln

vorschießen: borgen, vorstrecken, ausleihen

Vorschlag: Tip, Rat, Empfehlung, Angebot

vorschlagen: zuraten, empfehlen, anregen, anbieten

vorschnell: unüberlegt, überstürzt, unbedacht, hastig, übereilt

vorschreiben: veranlassen, bestimmen, verfügen, festlegen, anweisen, anordnen, aufgeben

Vorschrift: Verhaltensmaßregel, Weisung, Mussvorschrift, Auftrag, Ordnung, Verfügung, Mussbestimmung, Anweisung, Befehl, Geheiß, Aufforderung, Bestimmung, Satzung

vorschriftsgemäß: richtig, ordentlich, regelrecht, vorschriftsmäßig, regelgemäß

vorschriftsmäßig: richtig, vorschriftsgemäß, regelrecht, ordentlich

vorsetzen: servieren, auftragen, anrichten, bewirten

Vorsicht: 1. Unsicherheit, Skepsis, Ängstlichkeit 2. Wachsamkeit, Achtsamkeit

vorsichtig: 1. skeptisch, wachsam, argwöhnisch 2. achtsam, wachsam, bedächtig, umsichtig, besonnen

Vorsitzender: Chef, Vorstand, Leiter, Direktor

Vorspeise: Vorgericht, Entree, Horsd'oeuvre

vorspiegeln: vormachen, täuschen, blenden

Vorspiegelung: 1. Einbildung, Gesicht, Trugbild 2. Blendung, Bluff 3. Gaukelei, Täuschung

Vorspiel: 1. Vorrede, Vorbemerkung, Einleitung 2. Eröffnungsstück, Ouvertüre

vorspielen: vortragen, aufführen, auftreten, interpretieren, vorführen, darbieten

vorspringen: herausragen, vorragen, vorstehen, herausstehen, überhängen

Vorsprung: 1. Zipfel, Ausläufer, Zunge 2. Trumpf, Vorteil, Plus

vorstehen: vorsitzen, lenken, führen, verwalten

vorstehend: 1. vorgesetzt, führend 2. vorspringend, vorragend, herausragend

vorstellbar: erdenkbar, ausdenkbar

vorstellen: 1. zusammenführen, zusammenbringen, bekannt machen 2. nachahmen, darstellen, verkörpern 3. darstellen **s. vorstellen:** s. ausmalen, s. vergegenwärtigen

Vorstellung: 1. Einbildung, Vorspiegelung 2. Bekanntmachung, Einführung 3. Auftritt, Vorführung, Aufführung 4. Idee, Gedanke 5. Bild, Meinung, Begriff, Auffassung, Standpunkt, Anschauung

Vorstoß: Erstürmung, Überrumpelung, Überfall, Einfall, Angriff, Sturm

vorstoßen: vorrücken, eindringen, vordringen, losstürmen, vorpreschen, angreifen, stürmen, anfallen

vorstrecken: vorauszahlen, ausleihen, borgen, vorlegen

vortasten (s.): erforschen, erkunden, s. umsehen, vorfühlen, anfragen

vortäuschen: vorzaubern, vorspiegeln, vorschützen, vorgeben, heucheln, vorgaukeln

Vorteil: 1. Überlegenheit, Trumpf, Oberhand 2. Nutzen, Gewinn

vorteilhaft: 1. lohnend, einträglich, rentabel, nützlich 2. verheißungsvoll, viel versprechend, Erfolg versprechend, günstig

Vortrag: Darbietung, Rezitation, Rede

vortragen: 1. vorsprechen, vorsingen, vorlesen, verlesen, aufsagen, hersagen, lesen 2. anführen, vorantragen

Vortragskünstler: Sprecher, Schauspieler

vortrefflich: fein, unübertrefflich, köstlich, vorzüglich, hervorragend, überragend, bestens, ausgezeichnet

vorübergehen: zerrinnen, vergehen, verschwinden, vorbeigehen

vorübergehend: zeitweise, kurz, momentan, stoßweise, zeitweilig, augenblicklich, flüchtig, stellenweise

Vorurteil: Engherzigkeit, Parteilichkeit, Befangenheit, Voreingenommenheit

vorwärts gehen: 1. weiterwissen, weiterkommen 2. vorwärts kommen, s. vorwärtsbewegen, vorrücken

vorwärts: hinauf, bergauf, aufwärts

vorweg: vorab, vorerst, zuerst, vorderhand, anfänglich

Vorwegnahme: Vorhersage, Vorgriff, Vorschau, Vorausnahme

vorwegnehmen: zuvorkommen, voranstellen, vorgreifen

vorwiegend: meist, besonders, insbesondere, zumeist, fast immer, gößtenteils, im Allgemeinen, durchweg

Vorwort: Einleitung, Vorrede, Einführung, Vorbemerkung, Geleit

Vorwurf: Beschuldigung, Zurechtweisung, Vorhaltung, Anklage, Beanstandung, Tadel, Verweis, Anschuldigung, Beschuldigung

Vorzeichen: Anzeichen, Vorbote, Bote, Zeichen

vorzeigen: zeigen, ausweisen, vorführen, vorweisen

Vorzeit: Vorgeschichte, Urzeit

vorzeitig: vorangehend, früher, vorher, verfrüht, davor

vorziehen: 1. verdunkeln, zumachen 2. bevorzugen, fördern, protegieren, herausstellen, begünstigen

Vorzug: 1. Qualität, Vorteil 2. Vorrecht, Vortritt, Sonderrecht

vorzüglich: 1. sicher, gewandt, spannend, abwechslungsreich 2. überwältigend, köstlich, vortrefflich, hervorragend, ausgezeichnet, fein

W

wach: munter, ausgeschlafen

Wache: Wachmannschaft, Wachposten, Posten, Bewachung

wachen: 1. aufpassen, aufmerken 2. aufbleiben, wach bleiben

wachrufen: wecken, aufrütteln, wachrütteln

wachsam: 1. skeptisch, vorsichtig 2. aufmerksam, gefällig, hilfsbereit

Wachsamkeit: 1. Kritik, Vorsicht 2. Hilfsbereitschaft, Aufmerksamkeit, Entgegenkommen

wachsen: 1. s. entwickeln, s. entfalten, heranwachsen, aufschießen 2. voranschreiten, gedeihen, s. steigern, gut gehen, s. entfalten, angehen, s. entwickeln 3. einbohnern, einwachsen 4. s. verbreiten, anwachsen, zunehmen, s. erweitern, s. vergrößern, anlaufen

Wachstum: 1. Veränderung, Reife, Entfaltung 2. Zustrom, Verbesserung, Zunahme, Vermehrung, Steigerung, Anstieg, Hebung

Wächter: Aufseher, Wachposten

Wachtmeister: Polizeibeamter, Polizist

wackelig: 1. zittrig, schwach, schwächlich, kraftlos, gebrechlich 2. wankend, labil 3. gelockert, lose 4. schwach, unsicher

Waffen: Verteidigungswaffen, Schutzwaffen, Angriffswaffen, Kernwaffen

Waffenlager: Zeughaus, Arsenal, Magazin, Waffenkammer

waffenlos: ungeschützt, abgerüstet, wehrlos, schutzlos, machtlos

Wagemut: Vermessenheit, Waghalsigkeit, Mannhaftigkeit, Furchtlosigkeit, Tapferkeit, Unerschrockenheit, Heldenmut

wagemutig: waghalsig, vermessen, tapfer, heldenmütig, kühn, kämpferisch, unerschrocken, furchtlos, beherzt, mutig

wagen: s. trauen, s. getrauen, s. unterstehen

Wagen: 1. Gefährt, Gespann, Fuhrwerk 2. Fahrzeug, Auto

Wagnis: Abenteuer, Risiko, Unterfangen

Wahl: 1. Alternative, Entscheidung 2. Abstimmung, Wahlgang 3. Sortiment, Auslese, Auswahl

wählen: 1. senden, abstimmen, beauftragen 2. aussuchen, küren, erküren, bestimmen 3. s. durchringen, s. entschließen

Wähler: Wahlvolk, Wählerschaft

wählerisch: verfeinert, eigen, heikel, anspruchsvoll, kritisch

wahllos: beliebig, leichtfertig, unbesonnen, ziellos

Wahlspruch: Leitspruch, Leitsatz, Parole

Wahn: 1. Erscheinung, Wahnvorstellung 2. Erfindung, Illusion, Wunschbild

Wahnsinn: 1. Umnachtung, Schwachsinn, Geisteskrankheit, Bewusstseinsspaltung 2. Unsinn

wahnsinnig: 1. schwachsinnig, irrsinnig, geisteskrank, geistesgestört 2. unwahrscheinlich, sehr, ungewöhnlich

wahr: 1. wirklich, zutreffend, unwiderlegbar, tatsächlich, richtig, glaubwürdig, wahrhaftig, beglaubigt, gewiss 2. offen, wahrhaftig, ehrlich, zuverlässig, unverhohlen, gerade, aufrichtig

wahren: 1. erhalten, schützen, schonen 2. weitermachen, pflegen, beibehalten

währen: s. hinziehen, bestehen, bleiben, s. halten, fortdauern, andauern

während: zwischenzeitlich, indes, solange, als, da, einstweilen

währenddessen: unterdessen, dazwischen, indessen, solange

wahrhaftig: ehrlich, offen, zuverlässig, unverhohlen, wahr, gerade

Wahrheit: Tatsächlichkeit, Tatsache, Gewissheit, Richtigket, Realität, Wirklichkeit

wahrheitsgetreu: wirklichkeitsgetreu, lebensnah, wirklichkeitsnah

Wahrheitsliebe: Geradheit, Offenherzigkeit, Lauterkeit, Aufrichtigkeit

wahrnehmen: erblicken, gewahren, bemerken, erkennen, fühlen

Wahrsager: Weissager, Zukunftsdeuter, Kartenleger, Traumdeuter, Vorhersager, Prophet, Hellseher, Seher

wahrscheinlich: wohl, möglicherweise, vermutlich, sicherlich, anscheinend, vielleicht

Wahrzeichen: Zeichen, Sinnbild

Wald: Gehölz, Wäldchen, Holz, Dickicht, Forst

wallen: 1. wandern, pilgern, wallfahren 2. schäumen, zischen, brodeln, brausen

Wallfahrer: Pilger, Wanderer

Wandel: Umänderung, Wende, Umgestaltung, Änderung, Neubeginn, Umbruch, Neuregelung, Wechsel

wandelbar: wechselhaft, unbeständig, wechselvoll, schwankend

wandeln: 1. wallen, spazierengehen, gehen 2. umwälzen, ändern, variieren, erneuern, umändern, bessern **s. wandeln:** s. entwickeln, s. wenden, s. ändern

wandern: 1. spazieren gehen, s. fortbewegen, streifen, ziehen 2. gleiten, schweifen

Wandlung: Wandel, Umbruch, Umgestaltung, Wende, Änderung, Umkehr, Neubeginn, Umänderung

Wankelmut: 1. Wankelmütigkeit, Flatterhaftigkeit, Sprunghaftigkeit, Veränderlichkeit 2. Entschlusslosigkeit, Unentschlossenheit, Zaghaftigkeit

wankelmütig: 1. zögernd, entschlusslos, unschlüssig 2. unzuverlässig, leichtfertig, sprunghaft

wanken: torkeln, schwingen, schwanken

Ware: Massenartikel, Marke, Fabrikat, Produkt, Artikel, Markenware, Gut

Warenlager: Lager, Magazin, Abstellraum, Lagerhaus

warm: 1. überschlagen, sonnig, tropisch, lauwarm, lind, heiß 2. wohlmeinend, entgegenkommend, herzlich, hilfsbereit 3. überschlagen, geheizt, behaglich

Wärme: 1. Weichherzigkeit, Seelengüte, Güte, Herzensgüte 2. Wärmestrahlung, Hitze, Glut

wärmen: 1. feuern, aufdrehen, andrehen, einheizen, heizen, auflegen 2. aufwärmen, erwärmen

warmherzig: zuvorkommend, wohlwollend, wohlgesinnt, nett, gutmütig, höflich, sanftmütig, freundlich, gefällig, gutherzig, liebenswürdig, gut gelaunt, entgegenkommend, gut

Warnung: 1. Abschreckung, Drohung 2. Verwarnung, Ermahnung

Warnzeichen: Schlusslicht, Signallicht, Blinklicht, Richtungsanzeiger

warten: 1. aufbleiben, wachen 2. s. gedulden, zuwarten, harren, abwarten

Wärter: 1. Wächter, Aufpasser, Aufsicht, Gefängniswärter 2. Pfleger, Krankenpfleger

Wartezeit: Überbrückung, Übergangszeit, Übergang

Wartung: Schonung, Behandlung, Pflege, Service, Versorgung, Instandhaltung, Inspektion

warum: weswegen, wieso, wozu

waschen: säubern, spülen, durchwaschen, reinigen, durchziehen

Waschmittel: Waschpulver, Seifenpulver, Seifenflocken, Seife

wasserarm: regenarm, wüstenhaft

wasserdicht: wasserundurchlässig, dicht, isoliert

wässern: spritzen, sprengen, bewässern, befeuchten, beregnen, benetzen

Wasserreservoir: Wasserturm, Zisterne, Wasserspeicher, Wasserhochbehälter

Wasserstraße: Wasserweg, Schifffahrtsstraße, Kanal

wässrig: 1. gepanscht, verwässert 2. schal, geschmacklos, fade, geschmacklos, langweilig 3. wasserhaltig, dünn, flüssig

WC: Toilette, Abort, Klosett

Wechsel: 1. Zahlungsanweisung, Verpflichtung 2. Halbzeit, Spielunterbrechung, Seitenwechsel 3. Reihenfolge, Turnus 4. Ablösung, Auswechslung 5. Wende, Umschwung, Wandel

Wechselbeziehung: Wechselseitigkeit, Gegenseitigkeit

wechselhaft: unzuverlässig, wetterwendisch, flatterig, unbeständig, launisch

wechseln: 1. erneuern, austauschen, vertauschen 2. tauschen, einwechseln, eintauschen, umwechseln 3. ablösen, umstellen, umbesetzen

wechselseitig: wechselweise, abwechselnd, umschichtig

Wechselübertragungsvermerk: Giro, Indossament

wecken: 1. aufrütteln, wachrufen, erwecken 2. hervorrufen, erregen

wedeln: 1. wehen, fächeln 2. schwänzeln 3. schwenken, schwingen

weg: 1. unterwegs, abwesend, fort 2. aus, ausverkauft 3. verschwunden, verloren, geflohen

Weg: 1. Chance, Möglichkeit 2. Pfad, Gehweg, Fahrweg 3. Strecke, Anfahrt, Anmarsch

Wegbereiter: Vorläufer, Schrittmacher, Bahnbrecher, Vorbereiter

wegblasen: fortblasen

wegbringen: entfernen, wegschaffen, räumen, fortbringen

wegen: infolge, zwecks, angesichts, kraft, dank

wegfahren: abreisen, abfahren, verreisen, s. begeben

wegfallen: ausfallen, unterbleiben

wegfegen: wegräumen, fortkehren

wegfliegen: davonfliegen, wegziehen, abfliegen, fortfliegen

Weggabelung: Wegkreuz, Abzweigung, Kreuzung

Weggang: 1. Verlassen, Abgang, Abzug 2. Abschied, Trennung

weggehen: wegtreten, s. fortmachen, s. wegbegeben, s. aufmachen, zurückweichen, s. umdrehen, s. absetzen, losgehen, davongehen, s. abkehren, s. abwenden, s. fortbegeben, abrücken, s. entfernen, s. auf den Weg machen, abrücken

weggießen: abgießen, fortgießen

wegjagen: wegtreiben, verscheuchen, davonjagen, vertreiben

weglassen: 1. ausklammern, ausschließen, vernachlässigen 2. kürzen, tilgen, herausnehmen, ausklammern

weglaufen: 1. umgehen, meiden, ausweichen 2. wegschleichen, entlaufen, fliehen, fortlaufen, verschwinden, s. absetzen, durchgehen, davonlaufen, entrinnen

weglocken: wegnehmen, ausspannen, abwerben

wegmachen: 1. wegräumen, beseitigen 2. entfernen, abschlagen **s. wegmachen:** wegschleichen, s. davonstehlen, s. fortstehlen

wegnehmen: 1. nehmen, veruntreuen, fortnehmen, stehlen, abnehmen, entreißen, entführen, einstecken, mitnehmen, ausrauben, berauben 2. wegstellen, weglegen 3. verdunkeln, abdecken 4. abziehen, abbuchen 5. herunterlegen, wegtun

wegräumen: fortschaffen, wegschaffen, wegtun, forträumen, beseitigen, entfernen, aufräumen, an seinen Platz stellen

wegrennen: türmen, verschwinden, entwischen, fortlaufen, davoneilen, durchbrennen, entlaufen, s. absetzen

wegschaffen: wegräumen, wegbringen, fortschaffen, beseitigen, räumen

wegschenken: verschenken, verteilen, schenken, spenden

wegschicken: 1. hinauswerfen, abweisen 2. abschicken, fortschicken

wegschieben: wegrücken, verdrängen, abrücken

wegschleichen (s.): s. fortschleichen, s. wegstehlen, s. fortstehlen

wegschleppen: 1. wegtragen, s. aneignen, s. bemächtigen, stehlen 2. wegschaffen, fortbringen, wegpacken, fortschaffen, entfernen 3. verschleppen, rauben, entführen

wegschließen: versperren, einschließen, verschließen, abschließen

wegstellen: wegräumen, wegschaffen, forträumen

wegtreiben: 1. wegjagen, davonjagen, verjagen, fortjagen, forttreiben 2. abweichen, abkommen

wegtreten: weggehen, s. umdrehen, s. abwenden

Wegweiser: Richtungsanzeiger, Hinweistafel, Hinweisschild, Wegmarkierung

wegwerfen: ausmustern, ausrangieren, fortwerfen

wegwerfend: geringschätzig, verächtlich, abfällig, abwertend

wegziehen: 1. verweigern 2. verziehen, weggehen, ausziehen, umsiedeln 3. s. verziehen, verschwinden

wehen: 1. wedeln, fliegen, baumeln 2. wirbeln, auffrischen, toben, ziehen, aufwirbeln, brausen, pfeifen, blasen, stürmen

Wehklage: Klage, Wehklagen, Gewimmer, Jammer, Geklage

wehleidig: zimperlich, unleidlich, empfindlich, jammernd, weichlich

Wehmut: Wehmütigkeit, Trübseligkeit, Freudlosigkeit, Betrübtheit

wehmütig: trübe, trübselig, freudlos, traurig, elend, bekümmert, unglücklich

Wehrdienst: Militärdienst, Kriegsdienst, Militär, Bundeswehrzeit, Heeresdienst, Waffendienst

wehren: hindern, zurückhalten **s. wehren:** 1. s. sträuben, s. widersetzen 2. s. verteidigen, s. rechtfertigen

wehrlos: waffenlos, schutzlos

Wehrmacht: Armee, Streitkräfte, Bundeswehr, Streitmacht

weiblich: fraulich, feminin

weich: 1. locker, mürbe, fertig 2. verletzbar, verwundbar 3. zugfähig, dehnbar, federnd 4. samtweich, zart, flaumig, mollig, samten 5. zart, zartbesaitet, überempfindlich, schwärmerisch, sanft, mimosenhaft, feinfühlend, überspannt, empfindsam, romantisch, sensibel, gutmütig

weichen: 1. fortgehen, s. zurückziehen 2.s. zurückziehen, ausweichen, s. verkriechen, s. verstecken 3. nachgeben, lockerlassen, s. zurückziehen, s. fügen, aufgeben

Weichheit: Schwäche, Willenlosigkeit, Nachgiebigkeit

weichlich: 1. feige, schwach 2. zimperlich, weich, verzärtelt, empfindlich, verweichlicht, feminin, mimosenhaft

Weichling: Schwächling, Pantoffelheld, Muttersöhnchen, Feigling, Zärtling

Weide: Viehweide, Wiese, Grünland, Weideplatz

weidlich: gründlich, zünftig, anständig, ordentlich

weigern (s.): missbilligen, verneinen, verwerfen, zurückweisen, ablehnen, verschmähen, abweisen, absagen

Weigerung: Ablehnung, Abweisung, Absage, Zurückweisung

Weihe: 1. Ordination, Priesterweihe 2. Feier 3. Enthüllung, Einweihung

weihen: 1. einweihen, enthüllen 2. zueignen, widmen, schenken 3. darbringen, opfern 4. konsekrieren, salben, segnen

weihevoll: getragen, würdevoll, feierlich, gehoben, andächtig

Weihnachten: Heiligabend, Weihnachtsfest, Christfest

Weihnachtsbaum: Tannenbaum, Christbaum

Weile: Sekunde, Augenblick, Minute

weilen: 1. verharren, zubringen, wohnen, aufhalten 2. zubringen, s. aufhalten, wohnen, verbringen

Weiler: Flecken, Dorf

Wein: 1. Rebe, Weinstock 2. Rebensaft, Traubensaft

Weinbauer: Weingutsbesitzer, Kellermeister, Winzer

Weinbeere: Traube, Rosine, Sultanine

Weinberg: Rebanlage, Weingarten

weinen: wimmern, s. ausweinen, jammern, beklagen, schluchzen

Weinen: Wehklagen, Geschrei, Geheule

weinerlich: wehleidlig, rührselig

Weinlese: Lese, Traubenernte

Weinlokal: Schenke, Weinschenke, Weinstube, Probierstube

weise: wissend, welterfahren, klug, lebenserfahren, überlegen, erfahren, abgeklärt

weisen: 1. s. vornehmen, schimpfen, hinauswerfen, tadeln, ausschimpfen 2. deuten, zeigen

Weisheit: Klugheit, Gelehrtheit, Bildung, Weltkenntnis, Reife, Schlauheit

weismachen: einreden, einflüstern, erzählen, aufbinden, auftischen, vormachen

weiß: 1. unbewohnt, unerforscht 2. weißlich, reinweiß 3. blass, bleich 4. ergraut, weißhaarig, grauhaarig

weissagen: wahrsagen, voraussagen, hellsehen

Weissager: Hellseher, Wahrsager, Zukunftsdeuter

Weisung: 1. Belehrung, Unterrichtung, Verhaltensmaßregel 2. Verfügung, Gebot, Bestimmung, Vorschrift, Gesetz, Auftrag, Erlass, Anordnung, Order, Anweisung

weit blickend: klug, weit schauend, vorausschauend, weitsichtig

weit reichend: erheblich, folgenschwer, wesentlich, außerordentlich, zentral

weit: 1. weitläufig, riesig, geräumig, ausgedehnt 2. weitab, fernab, entlegen, unzugänglich, fern liegend, abgelegen

Weitblick: Überblick, Weitsicht, Klugheit

Weite: 1. Tiefe, Höhe, Durchmesser, Ausbreitung, Ausmaß 2. Ferne, Abstand, Entfernung

weiten: ziehen, spannen, dehnen, ausdehnen

s. weiten: 1. vergrößern, erweitern, ausweiten, ausbreiten 2. s. verbreiten, s. entwickeln, s. ausbreiten, s. ausdehnen, ansteigen

weiter bestehen: weiterleben, weiterwirken, s. fortsetzen, fortleben, fortdauern, überdauern, s. erhalten

weiter: obendrein, später, überdies, weiterhin, dazu, ferner, außerdem

weiterbilden (s.): s. qualifizieren, s. fortbilden, s. bilden, s. vervollkommnen

Weiterbildung: Fortbildung, Qualifizierung, Vervollkommnung

weiterentwickeln: vorwärtsbringen, weiterbringen, stärken, vergrößern, erweitern, fördern, ausbauen, steigern

Weiterentwicklung: Fortschritt, Steigerung, Vertiefung, Erweiterung, Ausbau

weiterfahren: wegfahren, fortfahren, abfahren, aufbrechen

weiterführen: weitermachen, fortfahren, fortschreiten, fortsetzen

Weiterführung: 1. Fortbestand, Beständigkeit, Weiterbestehen 2. Fortsetzung, Fortführung

Weitergabe: Erbe, Überlieferung

weitergeben: weiterreichen, vererben, übergeben, weiterleiten

weitergehen: 1. s. weiterentwickeln 2. weggehen, weiterlaufen, fortfahren, aufbrechen 3. laufen, ticken

weiterhelfen: unterstützen, helfen, vorwärts bringen, fördern, aufbauen, emporbringen

weiterhin: 1. weiter, später 2. künftig, zukünftig 3. ansonsten, zudem, dazu, später, ferner, obendrein, daneben, sonst

weiterkommen: 1. aufrücken, aufsteigen

2. weitergehen, vorankommen, weiterschreiten

weiterlaufen: weitergehen, aufbrechen, fortfahren

weiterleiten: weitersagen, weiterreichen, weitergeben, übermitteln, leiten, senden, melden

weitermachen: weiterführen, fortführen

weitersagen: weitertragen, weitererzählen, plaudern, ausplaudern

weitherzig: verschwendungssüchtig, nobel, freigebig, hochherzig, verschwenderisch, großzügig

weitläufig: weitverzweigt, endlos, weit, ausgedehnt

weitschweifig: genau, umständlich, wortreich, erschöpfend, breit, ausführlich, langatmig

Weitsicht: Vorausschau, Kenntnis, Klugheit

weitsichtig: weit schauend, voraussehend, klug, vorausschauend

welk: verwelkt, verdorrt, vertrocknet, runzelig, geschrumpft, schlaff, trocken

welken: verwelken, abwelken, verdorren, vertrocknen

Welle: 1. Mittelwelle, Kurzwelle, Langwelle 2. Woge, Gischt, Brecher, Seegang 3. Locke, Krause

wellen: dauerwellen, locken

s. wellen: s. werfen, s. verziehen

wellig: 1. bergig, uneben, gebirgig 2. wuschelig, gelockt, lockig, gewellt, gekräuselt

Welt: Erde, Diesseits

Weltall: Weltraum, Himmel, Unendlichkeit, Universum, All, Unermesslichkeit

weltberühmt: gefeiert, geehrt, verehrt

Weltbild: Lebensansicht, Weltanschauung

weltfremd: 1. einsam, zurückgezogen 2. wirklichkeitsfremd, weltentrückt, lebensfremd, unrealistisch, versponnen, verträumt, weltabgewandt 3. schwärmerisch, träumerisch

Weltkugel: Globus, Erdglobus

weltlich: irdisch, diesseitig

Weltmacht: Großreich, Großmacht, Weltreich

weltmännisch: taktisch, geschickt, sicher, gewandt, aufgeweckt, erfahren

weltoffen: offen, zugänglich, gestimmt, geweckt, aufnahmefähig, aufgeschlossen, aufnahmebereit, tolerant, interessiert

Weltraum: Weltall, Universum, Kosmos, All, Himmel, Unendlichkeit

Weltreisender: Weltenbummler, Globetrotter

Weltruhm: Weltruf, Weltgeltung, Glanz, Ruhm

Weltschmerz: Trübsinn, Melancholie, Schwermut, Kummer, Trauer

Weltstadt: Millionenstadt, Metropole, City

weltumfassend: weltweit, weltumspannend, global

Wende: 1. Krümmung, Abbiegung, Kurve, Bogen, Kehre, Knie 2. Neubelebung, Veränderung, Wandlung, Fortschritt, Neuregelung, Wandel 3. Markstein, Wendepunkt 4. Drehung, Schwenkung, Wendung 5. Umwälzung, Umschwung, Umsturz, Umbruch

wenden: umwenden, umkehren, umschwenken, kehrtmachen, zurückgehen **s. wenden:** s. ändern, s. wandeln, s. drehen

wendig: 1. gelenkig, rasch, beweglich, leichtfüßig, behände 2. sportlich, schnell

Wendigkeit: Beweglichkeit, Gewandtheit, Fertigkeit, Geschicklichkeit

Wendung: Redewendung, Formel, Redensart

wenig: 1. zu wenig, gering 2. spärlich, winzig, kümmerlich, knapp, karg, mager, dürftig, klein, gering 3. verschwindend, unbedeutend, belanglos, minimal, kümmerlich

weniger: abzüglich, minus

wenigstens: 1. zumindest, mindestens 2. schließlich, immerhin, jedenfalls

werben: 1. freien, umwerben 2. inserieren, annoncieren 3. mieten, heuern

Werber: 1. Bewerber, Freier 2. Werbefachmann, Werbetexter 3. Agitator, Propagandist

Werbeschrift: Wurfsendung, Anzeigenblatt, Prospekt

werbewirksam: zugkräftig, verkaufsfördernd, reißerisch, ansprechend, anziehend, anspornend

Werbung: Reklame, Werbetätigkeit, Kundenwerbung, Kundenfang, Verkaufsförderung, Angebot

Werdegang: 1. Laufbahn, Karriere 2. Geschichte, Entfaltung, Fortentwicklung

werden: 1. glattgehen, gelingen 2. s. entwickeln, gedeihen, ansteigen, aufblühen, s. entfalten 3. gedeihen, beginnen, aufkommen, entstehen

werfen: 1. schnellen, hochwerfen, schleudern 2. hinschleudern, hinwerfen, zuwerfen 3. jungen, frischen, gebären

Werk: 1. Komposition, Musikstück 2. Leistung, Handlung, Tat 3. Buch, Dichtung, Manuskript 4. Produkt, Schöpfung, Arbeit 5. Werkanlage, Arbeitsplatz, Fabrik, Firma, Betrieb, Unternehmen

Werktag: Alltag, Wochentag

werktätig: tätig, beschäftigt, berufstätig, angestellt

Werkzeug: Maschine, Handwerkszeug, Ausrüstung, Vorrichtung, Arbeitsgerät, Gerät, Hilfsmittel, Instrument

wert: 1. wichtig, unentbehrlich, unerlässlich, gewichtig 2. geliebt, unersetzlich, kostbar, geschätzt 3. verehrt, geschätzt, geehrt, lieb, teuer

Wert: 1. Preis, Gegenwert, Preislage 2. Nutzen, Gewinn, Profit 3. Gewicht, Bedeutung 4. Wertbeständigkeit, Güte, Zustand

wertlos: unbrauchbar, unwichtig, nutzlos, minderwertig, alt, schäbig

Wertschätzung: Geltung, Achtung, Ansehen, Prestige, Einfluss

Wertung: 1. Zensierung, Beurteilung, Einschätzung, Berechnung 2. Stellungnahme, Kritik

wertvoll: rar, teuer, edel, hochwertig, fein, ausgesucht, erlesen

Wesen: 1. Person, Jemand, Geschöpf, Lebewesen 2. Substanz, Sinn, Kern, Kernstück, Gehalt

Wesensart: Sinn, Wesen, Eigenart, Charakter, Veranlagung, Natur

wesentlich: unerlässlich, unvermeidlich, geboten, unumgänglich, erforderlich, bedeutsam, lebenswichtig, gewichtig, substantiell

Wetter: 1. Gewitter, Unwetter 2. Klima, Witterung

Wetteränderung: Wetterumschlag, Umschlag, Wettersturz, Klimaänderung, Klimaerwärmung, Treibhauseffekt

Wetterbericht: Wettervoraussage, Wettervorhersage, Wetterdienst

wetterfest: dauerhaft, regenfest, undurchlässig

wettern: 1. donnern, grollen 2. schelten, zanken, schimpfen, poltern

Wetterprophet: Meteorologe, Wetterfrosch

Wettkampf: Wettstreit, Wettspiel, Spiel, Treffen, Begegnung, Match, Kampf

wetzen: 1. sprinten, rennen, rasen, hasten, laufen, eilen 2. abziehen, schärfen, schleifen 3. reiben, scheuern

Wicht: 1. Dreikäsehoch, Knirps 2. Zwerg, Liliputaner, Gnom, Kobold

wichtig: 1. wesentlich, gründlich, maßgebend, schwerwiegend, grundlegend, bestimmend, einschneidend, bedeutend, maßgeblich 2. zwingend, unvermeidlich, lebenswichtig, ernstlich, folgenreich, bedeutend, schwerwiegend, beachtlich, dringend, unerlässlich, gewichtig

Wichtigkeit: 1. Arroganz, Unbescheidenheit 2. Zweck, Wirksamkeit, Tiefe, Vordringlichkeit, Rang, Schwere, Ernst, Geltung, Belang, Bedeutsamkeit, Größe

Wichtigtuer: Sprücheklopfer, Besserwisser, Alleswisser, Prahlhans, Rechthaber, Angeber

Wichtigtuerei: Rechthaberei, Sprüchemacherei, Prahlerei, Besserwisserei, Angeberei

wichtigtuerisch: hochtrabend, großspurig, rechthaberisch, besserwisserisch, angeberisch

wickeln: 1. abrollen, entrollen, auseinander rollen 2. aufspulen, aufwickeln 3. aufpacken, aufwickeln, auswickeln 4. zuschnüren, einrollen, einschlagen, einpacken, verschnüren

widerfahren: 1. unterlaufen, zustoßen, passieren, begegnen, geschehen 2. erleiden, erdulden

Widerhall: Widerschall, Gegenhall, Echo

widerhallen: widertönen, widerschallen, widerklingen

widerlich: widrig, übel, unliebsam, eklig, unappetitlich, verhasst, verabscheuungswürdig, schleimig, abschreckend, abstoßend, schauderhaft, ekelerregend, unbeliebt,
grauenhaft, abscheulich, unangenehm

widernatürlich: unüblich, abnorm, abartig, unnatürlich, fremdartig

widerraten: abmahnen, warnen

widerrechtlich: unbefugt, verfassungswidrig, unstatthaft, unrechtlich, ordnungswidrig, strafbar

Widerrede: Widerspruch, Zweifel, Gegenstimme, Klage, Beschwerde, Einspruch, Anfechtung, Gegenargument, Beanstandung, Einwurf

widerreden: bestreiten, anfechten, verneinen

Widerruf: Sinneswechsel, Antwort, Sinneswandlung, Ableugnung, Absage, Berichtigung, Gegenerklärung, Zurücknahme, Dementi

widerrufen: zurückziehen, zurücknehmen, antworten, verleugnen, ableugnen, abstreiten

Widersacher: Rivale, Todfeind, Gegenspieler, Feind, Gegner

Widerschein: Spiegelung, Abglanz

widerscheinen: zurückwerfen, widerspiegeln, spiegeln

widersetzen (s.): 1. s. weigern, s. wehren, s. aufbäumen, s. empören, s. sperren, s. sträuben, s. erheben, s. dagegenstellen, s. dagegenstemmen, s. auflehnen 2. bleiben, widerstehen, aushalten

widersetzlich: unnachgiebig, ungehorsam, eigensinnig, unbelehrbar, aufsässig, widerspenstig

Widersetzlichkeit: Widerborstigkeit, Trotz, Eigensinn, Widerspenstigkeit

Widersinn: Unsinn, Sinnlosigkeit, Unlogik

widersinnig: unsinnig, verrückt, sinnwidrig, vernunftwidrig, unlogisch, abwegig, lächerlich, sinnlos, unverständlich, töricht, absurd

widerspenstig: widersetzlich, verstockt, verbohrt, verschlossen, rechthaberisch, unerbittlich, dickköpfig, unversöhnlich, ungehorsam, unbelehrbar, kompromisslos, eigensinnig

Widerspenstigkeit: Störrigkeit, Trotz, Widersetzlichkeit, Eigensinn

widerspiegeln: zurückwerfen, reflektieren, widerscheinen

widersprechen: widerreden, widerstreiten, entgegnen, einwenden, bestreiten, erwidern, verneinen

Widerspruch: 1. Gegenmeinung, Widerrede, Einspruch, Einwand, Gegenargument, Einwurf 2. Widerstreit, Unvereinbarkeit, Ungleichartigkeit, Missverhältnis, Unstimmigkeit, Polarisierung, Gegenteiligkeit, Gegensätzlichkeit, Gegenteil

widersprüchlich: unvereinbar, widerspruchsvoll, ungleichartig, widersprechend, unstimmig, umgekehrt, gegensätzlich, gegenteilig, entgegengesetzt

widerspruchslos: anstandslos, kurzerhand, gern, bereitwillig, selbstverständlich, unbesehen

Widerstand: 1. Streik 2. Eigensinn, Ungehorsam 3. Reibungswiderstand, Hemmung, Reibung, Gegendruck 4. Widerspruch, Einwand 5. Widersetzlichkeit, Widerstreben, Abneigung, Abwehr, Verweigerung, Widerborstigkeit, Gegenwehr, Widerspenstigkeit, Gegendruck

widerstandsfähig: immun, zäh, kräftig, robust, gefeit, abgehärtet, stabil, unempfindlich

Widerstandsfähigkeit: Zähigkeit, Festigkeit, Härte, Unempfindlichkeit, Abhärtung, Stabilität, Beständigkeit, Robustheit, Haltbarkeit

Widerstandskampf: Aufstand, Revolution, Partisanenkampf, Freiheitskampf

Widerstandskämpfer: Aufständischer, Freiheitskämpfer, Partisan

widerstehen: 1. aushalten, standhalten 2. s. sperren, s. widersetzen, aushalten, s. durchsetzen, durchhalten, trotzen, s. entgegenstellen

widerstreben: 1. missfallen, anwidern 2. s. entgegenstellen, trotzen, s. widersetzen

widerstrebend: widerwillig, unwillig, ungern, abgeneigt, unlustig

Widerstreit: Unstimmigkeit, Widerrede, Zerwürfnis, Gegensatz, Streit, Protest, Unfriede, Spannung

widerstreiten: 1. s. entgegenstellen, s. sträuben, s. sperren, s. widersetzen, s. entgegensetzen 2. widersprechen, widerreden, bestreiten, anfechten, negieren, erwidern

widerwärtig: verabscheuungswürdig, verabscheuenswert, verhasst, unerträglich, übel, unliebsam, schmierig, schauderhaft, unappetitlich, ekelerregend, eklig, abschreckend, abscheulich, unausstehlich, grauenhaft, abstoßend

Widerwärtigkeit: Widrigkeit, Bitterkeit, Hässlichkeit

Widerwille: Unwilligkeit, Abneigung, Ekelgefühl, Scheu, Überdruss, Ekel

widerwillig: 1. angewidert, abgestoßen 2. abgeneigt, widerstrebend, unwillig, ungern

widmen: zueignen, schenken, zudenken, weihen **s. widmen:** 1. s. hingeben, aufgehen 2. s. befassen, s. zuwenden

Widmung: Zueignung, Schenkung

widrig: 1. gegenteilig, gegensätzlich 2. unerquicklich, nachteilig, leidig, unerfreulich, unerwünscht

wieder aufbauen: wiederherstellen, wieder errichten, aufbauen

wieder: nochmals, wiederholt, neuerlich, abermals, wiederum

Wiederaufbau: Wiedererrichtung, Wiederherstellung, Neubau, Aufbau

wiederbekommen: zurückbekommen, herausbekommen, zurückerlangen, wiedererlangen

Wiedergabe: Darstellung, Nachbildung, Vervielfältigung

wiedergeben: 1. wiederbringen, zurückgeben 2. verkörpern, spielen, darstellen 3. nachbilden, abbilden, vervielfältigen, reproduzieren 4. vorlesen, beschreiben, berichten, darlegen 5. besprechen, darlegen

Wiedergeburt: Erneuerung, Wiederbelebung, Neubelebung

wiedergutmachen: 1. wettmachen, büßen 2. klarstellen, klären, bereinigen 3. rückvergüten, ersetzen, abfinden

Wiedergutmachung: 1. Rückerstattung, Schadenersatz, Abfindung, Ersatz 2. Sühne, Buße, Strafe

wiederhergestellt: 1. gesundet, geheilt 2. repariert, erneuert

wiederholen: erneuern, wiederkäuen

s. wiederholen: wiederkehren, wiederkommen

wiederholt: wiederkehrend, mehrfach, mehrmals, vielmalig, vielmals, vielfach, mehrmalig, etliche Mal, abermalig, häufig

Wiederholung: 1. Wiederkehr, Erneuerung 2. Häufung, Anhäufung

Wiederkehr: 1. Rückfahrt, Rückkunft, Heimkehr, Wiederkunft 2. Erneuerung, Wiederholung

wiederkehren: 1. umkehren, zurückkommen, heimkommen, heimfinden 2. s. wiederholen, wiederkommen

wiederkehrend: wiederum, wiederholt, wieder, abermalig, einige Mal, mehrmals

wiedersehen: begegnen, zusammentreffen

s. wiedersehen: s. treffen, s. begegnen, s. sehen

Wiedersehen: Beisammensein, Treffen

Wiege: 1. Wurzel, Quelle, Ausgangspunkt, Ursprung 2. Babybett, Kinderbett

wiegen: 1. schneiden, zerkleinern 2. wippen, schaukeln

wild: 1. unzugänglich, weglos, unpassierbar, unbetretbar 2. ungezügelt, aufbrausend, ungebärdig, stürmisch, unbändig, rasend, hemmungslos, hitzig 3. unordentlich, unüberschaubar, durcheinander 4. ungezähmt, primitiv, wild wachsend, ungebändigt, unzivilisiert

Wilddieb: Wildschütz, Wilderer, Jagdfrevler

Wilddieberei: Jagdfrevel, Wilderei

Wildfang: Range, Frechdachs, Flegel

Wildnis: Wüste, Öde, Abgeschiedenheit, Urwald, Dschungel

Wille: Tatkraft, Entschlusskraft, Willensstärke, Absicht, Plan, Bestreben, Vorsatz

willenlos: willensschwach, schwach, sanft, weich, haltlos, beugsam, widerstandslos, sanftmütig, nachgiebig, schmiegsam

Willenlosigkeit: Willensschwäche, Widerstandslosigkeit, Weichheit, Gutmütigkeit

Willenskraft: Tatkraft, Entschlusskraft

willensschwach: willenlos, energielos, nachgiebig, weich

willensstark: zupackend, zielstrebig, unbeirrt, energisch, tatkräftig, zielbewusst, entschlossen

willentlich: wissentlich, wohlweislich, absichtlich, gewollt, beabsichtigt, vorsätzlich, bewusst

willig: 1. bereit, willens, gesonnen, entschlossen 2. zahm, wohlerzogen, artig, anständig, lenkbar, folgsam, ergeben, gehorsam, brav

willkommen: gelegen, erwünscht, gern gesehen, angenehm, günstig

Willkür: 1. Ermessen, Gutdünken, Belieben, Laune 2. Rücksichtslosigkeit, Eigenwilligkeit, Herrschsucht, Unbarmherzigkeit, Eigenmächtigkeit, Rigorosität

willkürlich: 1. selbstständig, unerlaubt, unberechtigt 2. beliebig, wahllos, eigenmächtig

Wind: Lufthauch, Zugluft, Luftzug, Luft, Windstoß, Bö, Brise

winden: 1. zusammenfügen, binden 2. entreißen, entwinden **s. winden:** s. schlingen, emporranken, ranken

windig: steif, auffrischend, zugig, frisch, luftig

windschief: schräg, geneigt, abfallend

windstill: geschützt, windgeschützt, ruhig

Windstille: Kalme, Stille, Flaute

Wink: 1. Hinweis, Bemerkung, Tip, Andeutung, Fingerzeig 2. Zeichen, Symbol, Erkennungszeichen

winken: 1. schwenken, zuwinken 2. signalisieren, blinken

winterlich: 1. verschneit, zugeschneit 2. kalt, eisig, unterkühlt, frostig, eiskalt

Winzer: Häcker, Weinbauer

Wipfel: Blätterkrone, Baumkrone, Spitze

wippen: schwingen, pendeln, wiegen

Wirbel: 1. Sog, Strudel 2. Gedränge, Erregung, Aufruhr, Unruhe

wirbeln: strudeln, schwirren, kreiseln

wirken: 1. bewirken 2. tun, arbeiten

wirklich: wahrhaftig, echt, tatsächlich,

dinglich, wahr, real, fassbar, greifbar, existent

Wirklichkeit: 1. Sachverhalt, Leben, Tatsache, Realität, Gegebenheit, Sachlage, Sachverhalt 2. Wahrheit, Gewissheit, Richtigkeit

wirklichkeitsfern: wirklichkeitsfremd, weltfern, verträumt, weltabgewandt, lebensfern, unrealistisch

wirklichkeitsgetreu: wahrheitsgetreu, real, lebensnah, wirklichkeitsnah

Wirklichkeitstreue: Sachlichkeit, Wirklichkeitssinn

wirksam: 1. anziehend, schlagkräftig, zugkräftig 2. nachdrücklich, durchschlagend, durchgreifend 3. tauglich, nützlich, fruchtbar

Wirksamkeit: Wirkung, Zugkraft, Durchschlagskraft, Schlagkraft

Wirkung: 1. Resultat, Folge, Auswirkung 2. Versuchung, Reiz, Anziehungskraft 3. Wirksamkeit 4. Einfluss, Einwirkung, Gewicht

Wirkungsbereich: Herrschaftsbereich, Einflussbereich, Machtbereich, Geltungsbereich, Einwirkungsbereich, Aktionsradius

wirkungslos: uneffektiv, zwecklos, erfolglos, unwirksam

wirkungsvoll: wirksam, entscheidend, unvergesslich, zugkräftig, eindrucksvoll, farbig

wirr: 1. unübersichtlich, durcheinander, ungeordnet 2. verwickelt, zerzaust, verworren, verschlungen 3. verwirrt, kopflos, verstört

Wirren: Empörung, Aufruhr, Aufstand, Unruhen, Tumult

Wirt: Kneipenwirt, Gastwirt

Wirtschaft: 1. Gut, Hof, Bauernhof 2. Schlendrian, Unordnung, Misswirtschaft 3. Wirtschaftsleben, Gewerbe, Geschäftsleben 4. Wirtshaus, Wirtsstube, Gasthaus, Lokal, Restaurant, Gasthof

wirtschaften: 1. verwalten, bewirtschaften 2. haushalten, sparen 3. arbeiten, werken

wirtschaftlich: sparsam, kaufmännisch, geschäftlich

Wirtshaus: Schenke, Wirtsstube, Lokal, Gaststätte, Gasthaus, Schänke

wischen: 1. schrubben, fegen, scheuern 2. ohrfeigen

wispern: raunen, hauchen, tuscheln, flüstern, murmeln

Wissbegier: Wissensdurst, Wissbegierde, Lerneifer, Lernbegierde, Interesse, Bildungshunger

wissbegierig: unersättlich, wissensdurstig, lerneifrig, interessiert, bildungshungrig, lernbegierig

wissen: 1. s. zurechtfinden, überschauen, s. auskennen, erfahren, beherrschen, kennen

Wissen: 1. Sicherheit, Überzeugung 2. Weisheit, Weltkenntnis, Reife, Weitsicht, Weitblick, Lebenserfahrung, Können, Überblick, Praxis, Kenntnis, Erkenntnis, Erfahrung, Bildung, Einblick, Gelehrsamkeit, Beschlagenheit, Routine

wissend: 1. verstehend, verständnisvoll 2. weise, erfahren, aufgeklärt

Wissenschaft: Forschung, Lehre

Wissenschaftler: Gelehrter, Geistesschaffender, Intellektueller, Akademiker

wissenschaftlich: gelehrt, fachwissenschaftlich

Wissensdrang: Interesse, Wissensdurst, Lerneifer, Wissbegierde

wissensdurstig: lerneifrig, interessiert, wissbegierig

Wissensgebiet: Gebiet, Zweig, Berufszweig, Spezialgebiet, Fach

wissenswert: nützlich, nutzbringend, lehrreich, aufschlussreich, interessant

wissentlich: vorbedacht, geplant, willentlich, absichtlich, beabsichtigt, absichtsvoll, gewollt, geflissentlich

wittern: spüren, fühlen

Witterung: Klima, Wetter

Witterungsumschlag: Wetterumschwung, Wetterumbruch, Wettersturz, Wetteränderung

Witz: 1. Spaß, Humor 2. Witzigkeit, Geist, Schlagfertigkeit

Witzbold: Spaßvogel, Spaßmacher, Clown, Schelm, Narr

witzeln: 1. verspotten, höhnen 2. scherzen, spaßen

witzig: 1. unterhaltsam, produktiv, spritzig, kreativ, erfinderisch, geistreich, anregend, ideenreich 2. spaßig, spitz, lustig, scherzhaft, amüsant, erheiternd

witzlos: unbedeutend, geistlos, trocken, stupide, gewöhnlich, nichts sagend, ideenlos, fad, stumpfsinnig, schal, leer, gehaltlos, abgegriffen, nüchtern, einfallslos, abgeschmackt

Witzlosigkeit: Fadheit, Stumpfheit, Schalheit, Humorlosigkeit, Langeweile, Geistlosigkeit

Wochenendhaus: Sommerhaus, Landhaus, Landsitz

wogen: 1. strömen, s. ergießen, fließen 2. branden

wohl bedacht: 1. bewusst, beabsichtigt, wohl überlegt 2. überlegt, ausgewogen, ausgearbeitet

wohl bekannt: 1. bedeutend, berühmt 2. unverkrampft, familiär, zwanglos, locker, leger

wohl geordnet: untadelig, aufgeräumt, tadellos, sorgfältig, geordnet, gepflegt

wohl überlegt: 1. überlegt, ausgewogen, ausgearbeitet 2. wohlerwogen, wohlweislich, wohl bedacht, bedacht, gewollt, bewusst, absichtlich

wohl: 1. vielleicht, wahrscheinlich 2. munter, blühend, wohlauf, gesund, frisch, gut 3. selbstverständlich, freilich, sicher

Wohl: 1. Wohlbefinden, Rüstigkeit, Frische 2. Segen, Glückssache, Heil

Wohlbefinden: Rüstigkeit, Wohlergehen, Frische

Wohlbehagen: Wohlgefühl, Zufriedenheit, Behagen, Wohlgefallen, Genugtuung

wohlbehalten: wohlauf, gesund, unverletzt

wohlbeleibt: wohlgenährt, vollschlank, umfangreich, stark, üppig, rundlich, füllig, gewaltig, dickleibig, massig, fettleibig

Wohlergehen: Heil, Wohlfahrt, Gesundheit, Wohlsein

wohlerzogen: 1. zuverlässig, wahr, aufrichtig 2. wohlwollend, entgegenkommend, herzlich 3. brav, höflich, anständig, artig

Wohlfahrt: 1. Fürsorge, Versorgung 2. Wohlsein, Heil

Wohlgefallen: 1. Stimmung, Hochgefühl, Begeisterung 2. Zufriedenheit, Wohlbehagen, Behagen

wohlgefällig: zusagend, angenehm, ansprechend, sympathisch

Wohlgefühl: Zufriedenheit, Gleichgewicht, Befriedigung, Wohlbehagen, Wohlgefallen

wohlgelaunt: wohlgemut, vergnügt, fröhlich, freudig, munter, lustig, froh, heiter

wohlgenährt: stämmig, dick, fett, korpulent, massig, rund

wohlgeraten: rechtschaffen, tugendhaft, zuverlässig, ordentlich, sittsam, korrekt, brav, anständig, gesittet

Wohlgeruch: Geruch, Duft

wohlgesinnt: wohlmeinend, leutselig, gönnerhaft, zugetan, gewogen, freund, geneigt, huldvoll

wohlgestaltet: wohlgebaut, ebenmäßig, wohlproportioniert

wohlhabend: vermögend, gut situiert, finanzstark, wohl situiert, begütert, reich

Wohlhabenheit: Wohlstand, Vermögen, Reichtum

wohlig: 1. warm, heimelig, gemütlich 2. erquicklich, wohltuend, erfreulich, willkommen, angenehm

Wohlklang: Wohllaut, Zusammenklang, Harmonie

wohlklingend: wohllautend, klangvoll, harmonisch

wohlmeinend: zugetan, günstig, wohlgesinnt, leutselig, huldvoll, gnädig, geneigt, gutgesinnt, freundlich

wohlriechend: parfümiert, aromatisch, duftend

wohlschmeckend: gut, vorzüglich, schmackhaft, appetitlich, köstlich, fein, delikat

Wohlsein: Wohlergehen, Mittel, Wohlleben, Schätze, Vermögen, Reichtum, Wohlbefinden, Heil

Wohlstand: Reichtum, Besitztum

Wohltat: Zuspruch, Stärkung, Aufrichtung, Auffrischung, Trost, Beruhigung, Labsal

Wohltäter: Stifter, Spender, Gönner, Geber, Förderer, Geldgeber

wohltätig: selbstlos, wertvoll, mildtätig, gütig, human, hilfsbereit, gutherzig, uneigennützig

Wohltätigkeit: Selbstlosigkeit, Mildtätigkeit, Gutherzigkeit, Hilfsbereitschaft, Uneigennützigkeit

wohltönend: weich, wohlklingend, einschmeichelnd, melodisch, klangvoll, harmonisch

wohltuend: wohlig, freudenreich, willkommen, angenehm, gut, annehmlich, erfrischend

wohnen: mieten, übernachten, bewohnen, leben, s. einrichten, s. aufhalten

wohnhaft: ortsfest, ansässig, sesshaft, ortsansässig

Wohnhaus: Anwesen, Gebäude, Haus

wohnlich: gemütlich, behaglich

Wohnort: Sitz, Wohnsitz, Domizil, Aufenthalt, Heimat

Wohnsitz: Wohnort, Domizil, Heimat, Standort

wölben: anschwellen, schwellen **s. wölben:** s. ausbauchen, s. runden, s. biegen

Wölbung: 1. Bogen 2. Ausbuchtung, Schwellung

Wolken: Wolkenmeer, Wolkendecke, Wolkenmassen

Wolkenbruch: Gewitterregen, Platzregen, Regenschauer, Sturzregen

wolkenlos: schön, unbewölkt, aufgeklart, sonnig, klar, heiter

wolkig: bewölkt, bezogen

wollen: 1. verlangen, beanspruchen 2. anstreben, erstreben 3. planen, beabsichtigen, vorhaben

Wollust: Sinnestaumel, Triebhaftigkeit, Körperlichkeit, Fleischeslust, Erotik, Sinnenrausch

wollüstig: körperlich, triebhaft, genussfreudig, sinnenfreudig, sinnenhaft, erotisch

womöglich: wahrscheinlich, allenfalls, gegebenenfalls, möglichenfalls, vielleicht

Wonne: Glückseligkeit, Zufriedenheit, Frohsinn, Freude, Beglückung

Wort: 1. Vokabel, Ausdruck, Bezeichnung, Benennung 2. Ehrenwort, Eid, Versprechen

wortarm: zurückhaltend, still, verschwiegen, verschlossen, schweigsam, einsilbig, sprachlos

Wortbildung: Wortschöpfung, Neuschöpfung, Neubildung

Wortbruch: Verrat, Treulosigkeit, Treuebruch, Vertrauensbruch

wortbrüchig: unzuverlässig, untreu, verräterisch, abtrünnig, treulos

Wortgefecht: Debatte, Wortstreit, Streitgespräch, Streit, Erörterung

wortgetreu: wortwörtlich, buchstäblich

wortkarg: zurückhaltend, wortarm, still, einsilbig, verschwiegen, sprachlos, verschlossen

Wortkargheit: Zugeknöpftheit, Einsilbigkeit

wörtlich: wortwörtlich, buchstäblich

wortlos: stumm, grußlos

wortreich: wortgewandt, redegewandt, beredt, breit, sprachgewaltig, redegewaltig

wortwörtlich: wortgetreu, buchstäblich, buchstabengetreu

Wucher: Preisschneiderei, Geldschneiderei, Halsabschneiderei

Wucherer: Ausbeuter, Halsabschneider

Wucherung: Schwellung, Tumor, Gewächs, Geschwulst, Geschwür

Wuchs: 1. Körperform, Gestalt, Körperbau, Figur 2. Wachstum, Gedeihen 3. Anpflanzung, Plantage

Wucht: Gewalt, Kraft, Stärke, Druck, Wuchtigkeit

wuchten: 1. hochheben, erheben, aufheben 2. stoßen, reißen, stemmen, heben, drücken

wuchtig: 1. drückend, schwer 2. kraftvoll, gewaltig, heftig 3. gewaltig, unermesslich, riesig, massig

wühlen: 1. empören, verfeinden, hetzen 2. graben

wund: wund geschürft, entzündet, aufgerissen, verletzt

Wunder: Erscheinung, Wundererscheinung, Wunderwerk

wunderbar: 1. fein, kulinarisch, delikat 2. zauberhaft, fabelhaft, sagenhaft, fantastisch

wunderlich: komisch, eigen, verwunderlich, seltsam, verschroben, eigentümlich, eigenartig, schrullig, sonderbar

wundern: verwundern, erstaunen **s. wundern:** s. verwundern, erstaunen

Wunsch: 1. Wunschziel, Wollen, Forderung, Vorhaben 2. Glückwunsch, Gratulation 3. Verlangen, Sehnsucht, Begehren, Wunschtraum 4. Ersuchen, Bitte, Anliegen

Wunschbild: Leitbild, Vorbild, Beispiel

wünschen: 1. wollen, fordern, verlangen 2. mögen, ersehnen, begehren, erhoffen

wünschenswert: erstrebenswert, anstrebenswert

wunschlos: zufrieden gestellt, satt, bescheiden, beruhigt, genügsam

Wunschtraum: Verlangen, Begehren, Sehnsucht

Wunschvorstellung: Wahn, Fantasiegebilde, Hirngespinst, Luftschloss, Luftgebilde

Würde: Ehre, Würdigkeit, Hoheit, Vornehmheit, Majestät

würdelos: 1. schlimm, fürchterlich 2. verächtlich, unwürdig, charakterlos, ehrlos 3. verächtlich, lächerlich

würdevoll: 1. menschenwürdig, angemessen 2. würdig, hoheitsvoll, gesetzt, erhaben, gemessen

würdigen: schätzen, zulassen, herausheben, ernst nehmen, zustimmen, bewundern, anerkennen, auszeichnen, loben

Würdigung: Lobspruch, Lobgesang, Lobpreisung, Zustimmung, Beifall, Billigung, Bestätigung, Lob

würgen: erdrosseln, ersticken, strangulieren

Würze: Aroma, Würzstoff, Würzung

Wurzel: 1. Ursache, Anlass, Grund 2. Zwiebel, Wurzelstock, Knolle

würzen: abschmecken, salzen, pfeffern

würzig: 1. frisch, wohlriechend 2. wohlschmeckend, schmackhaft, pikant, scharf, gewürzt, herzhaft, feurig, kräftig

wüst: 1. zügellos, maßlos, ausschweifend 2. rigoros, brutal 3. wirr, chaotisch 4. öde, verlassen, einsam

Wüste: Einöde, Wüstensteppe, Wüstenlandschaft

Wüstling: 1. Wüterich, Gewaltmensch, Barbar, Unmensch 2. Wollüstling, Lüstling

Wut: Rage, Raserei, Zorn, Ärger, Entrüstung, Erregung, Empörung

wüten: 1. stürmen, winden, fauchen, pfeifen, brausen 2. schreien, toben, schäumen, s. aufregen, schimpfen

wütend: wutentbrannt, rasend, verärgert, gereizt, entrüstet, zornentbrannt, verbittert, aufgebracht, erbost, empört, grimmig

X

Xanthippe: Megäre, Drache, Hausdrache, Furie

x-beliebig: irgendwer, irgendeiner, jemand

x-fach: wiederholt, x-mal, öfter, etliche Mal, mehrmalig, ungezählt, vielmals, oft, häufig

Y

Yacht: Jacht, Vergnügungsschiff

Yankee: Nordstaatler, Nordamerikaner

Yeti: Eismonster, Eisriese, Schneegigant

Yuppie: Aufsteiger, Karrierist

Z

zackig: 1. kühn, schwungvoll, flott, zielbewusst, forsch, dynamisch 2. gezackt, spitz, gezähnt

zagen: zaudern, schwanken, verweilen, warten, s. besinnen, s. bedenken

zaghaft: wankelmütig, unentschlossen, unentschieden, verschreckt, bang, schüchtern, angstvoll, beklommen, befangen, ängstlich, scheu, gehemmt, mutlos

Zaghaftigkeit: Unschlüssigkeit, Unentschlossenheit, Entschlusslosigkeit, Schüchternheit, Befangenheit, Beklommenheit, Bangigkeit

zäh: 1. verzweifelt, unbeirrt, unverdrossen, beharrlich, ausdauernd, krampfhaft 2. alt, hart 3. andauernd, gesund, zählebig 4. widerstandsfähig, abgehärtet, unempfindlich, stabil 5. zähflüssig, dickflüssig 6. ledern, sehnig

Zähigkeit: 1. Festigkeit, Stabilität 2. Stetigkeit, Unerschütterlichkeit, Beharrungsvermögen, Zielstrebigkeit, Unverdrossenheit, Beharrlichkeit, Durchhaltevermögen, Standhaftigkeit

zahlen: 1. zuzahlen, zurückzahlen, vorlegen, unterstützen, auslegen, finanzieren, bezuschussen, aufkommen, bestreiten, abzahlen, tragen, anlegen, abtragen, erstatten 2. büßen, wiedergutmachen, wettmachen, entgelten

zählen: zuzählen, zusammenzählen, abzählen

Zähler: Stromzähler, Wasserzähler, Gaszähler

zahllos: unzählbar, unbegrenzt, zahlreich, endlos, unendlich, massenhaft

Zahlung: Entrichtung, Überweisung, Rückzahlung, Bereinigung, Ausgleich, Anzahlung, Barzahlung, Abfindung, Abstandszahlung

Zahlungsfrist: Zahlungsziel, Aufschub, Stundung, Zahlungsaufschub

zahlungsunfähig: finanzschwach, pleite, abgebrannt

Zahlungsunfähigkeit: Pleite, Bankrott, Konkurs, Ruin

zahm: 1. rücksichtsvoll, gemäßigt, behutsam, schonungsvoll 2. willig, brav, wohlerzogen, gefügig, gefügsam, anständig, lieb, gutwillig, ergeben, sanftmütig 3. gezähmt, gebändigt, zutraulich, abgerichtet

zähmen: zureiten, abrichten, bändigen, trainieren **s. zähmen:** s. zurückhalten, s. zusammenreißen, s. mäßigen, s. beherrschen, s. bezähmen

Zähmung: Abrichtung, Training, Bändigung

zähneknirschend: zornig, verärgert, unwirsch, missgelaunt, unlustig, übel gelaunt, missvergnügt, verdrossen, unmutig

Zank: Zwietracht, Reiberei, Zusammenprall, Widerstreit, Gezänk, Streitigkeit, Missklang, Tätlichkeit, Missverständnis, Unzuträglichkeit, Streit, Misshelligkeit, Auseinandersetzung, Gegensätzlichkeit, Entzweiung

zanken (s.): s. verfeinden, s. überwerfen, s. zerstreiten, s. befehden, s. verzanken, s. entzweien, s. anbinden, rechten, s. streiten, s. auseinandersetzen

zänkisch: zanksüchtig, unverträglich, unfriedlich, rechthaberisch, streitsüchtig, streitbar, kampflustig, reizbar, böse, kämpferisch, feindselig, herausfordernd

zapfen: abfüllen, einschenken

zappelig: ruhelos, umherirrend, zerfahren, lebhaft, hektisch, flatterig, unstet, aufgeregt

zappeln: wippen, schaukeln, wackeln, strampeln

zart: 1. mild, schonungsvoll, behutsam, sacht, schonend 2. zerbrechlich, zierlich, feingliedrig, schmal, schmächtig, fein gegliedert 3. sensibel, überspannt, überempfindlich, mimosenhaft, gemüthaft, gefühlsselig, schwärmerisch, innerlich, empfindsam, feinfühlend, feinsinnig, gefühlvoll, einfühlsam 4. weich, locker, leicht, dünn, duftig, fein

Zartgefühl: Sentimentalität, Anstand, Empfindsamkeit, Takt, Feingefühl

zärtlich: zart, weich, liebevoll, hingebend, sanft, rührend, warm, lieb, herzlich, empfindsam

Zärtlichkeit: Umarmung, Liebkosung, Kuss

Zauber: Reiz, Verlockung, Verzauberung, Anziehungskraft, Anreiz

Zauberei: Teufelswerk, Zauber, Zauberkunst, Magie, Hexerei

Zauberer: Zauberkünstler, Quacksalber, Wundertäter, Drude, Hexer, Wahrsager, Magier

zauberhaft: wunderbar, reizvoll, hübsch, einnehmend, sympathisch, betörend, gewinnend, attraktiv, anziehend, bezaubernd, anmutig

Zauberkünstler: Zauberer, Taschenspieler, Gaukler

zaubern: verzaubern, hexen

zaudern: zagen, verweilen, s. besinnen, warten, schwanken, s. bedenken

zaudernd: verängstigt, verschreckt, zaghaft, gehemmt, scheu, mutlos, beklommen, zurückhaltend, schüchtern, besorgt, kleinmütig, befangen, ängstlich, aufgeregt

zehren: schwächen, entkräften

Zeichen: Wink, Erkennungszeichen, Signal, Symbol

Zeichensprache: Mienensprache, Gestensprache, Mimik, Fingersprache

zeichnen: 1. malen, anzeichnen, aufzeichnen 2. stiften, schenken, spenden 3. abzeichnen, signieren, unterschreiben

Zeichner: Formgeber, Werbegrafiker, Formgestalter, Modezeichner

Zeichnung: Skizze, Bild, Handzeichnung, Radierung, Grafik

zeigen: 1. vorzeigen, anbringen, vorweisen, herzeigen 2. hinzeigen, deuten, hinweisen, anzeigen 3. erweisen, bekunden 4. schulen, lehren, anleiten, unterrichten, einweihen, erklären 5. verraten, ausdrücken, besagen 6. bezeugen, belegen, nachweisen

s. zeigen: s. produzieren, s. präsentieren, s. darstellen

Zeit: 1. Uhrzeit, Ortszeit 2. Frist, Zeitpunkt 3. Epoche, Zeitalter, Abschnitt, Zeitabschnitt, Dauer 4. Tage, Wochen, Jahre, Stunden, Sekunden, Minuten

Zeitalter: Geschichtsepoche, Epoche, Ära, Erdzeitalter

zeitgemäß: fortschrittlich, modern, neuzeitlich, aktuell, gegenwartsnah

zeitig: 1. fristgemäß, rechtzeitig 2. früh, bald

zeitlich: dauernd, fortbestehend, vorübergehend, sterblich

Zeitlichkeit: Vergänglichkeit, Begrenztheit, Sterblichkeit, Kurzlebigkeit

Zeitmessung: Zeitberechnung, Zeitbestimmung, Zeiteinteilung

Zeitpunkt: 1. Augenblick, Moment 2. Frist, Termin

Zeitraum: Zeitalter, Zeitspanne, Zeitabschnitt, Abschnitt, Phase, Spanne, Epoche, Weile, Ära, Periode, Kalenderjahr

Zeitschrift: Journal, Illustrierte, Magazin, Fachzeitung

Zeitung: Wochenzeitung, Blatt, Tageszeitung, Tageblatt, Lokalzeitung

Zeitvertreib: Unterhaltung, Zerstreuung, Beschäftigung, Ablenkung, Belustigung

zeitweilig: zeitweise, momentan, vorübergehend, kurzfristig, zuweilen, mitunter, stellenweise, manchmal, vereinzelt, bisweilen, stoßweise

zelten: übernachten, campen, lagern

zensieren: 1. prüfen, nachschauen, überprüfen, inspizieren 2. benoten, bewerten, prüfen

Zensur: 1. Untersuchung, Kontrolle, Prüfung 2. Benotung, Zeugnisnote, Note

Zentrum: 1. City, Stadtmitte, Stadtkern, Stadtzentrum 2. Zentralstelle, Kerngebiet, Achse, Kern, Knotenpunkt, Mittelpunkt

zerbrechen: 1. zerstören, zerhauen, brechen, zertrümmern 2. zersplittern, platzen, zerschellen, splittern

zerbrechlich: 1. zart, zierlich 2. spröde, brechbar 3. kränklich, krank

zerbrochen: kaputt, beschädigt, schadhaft

zerdrücken: zermalmen, zerquetschen, eindrücken, breitdrücken

Zeremonie: Zeremoniell, Akt

zerfahren: unkonzentriert, zerstreut, abgelenkt, unaufmerksam, abwesend

Zerfahrenheit: Unkonzentriertheit, Zerstreutheit, Geistesabwesenheit

Zerfall: Auflösung, Verfall, Zersetzung

zerfallen: 1. zersetzt, aufgelöst 2. aussterben, vergehen 3. zerbrechen, s. auflösen, s. zersetzen 4. brechen, auseinanderbrechen

zerlegen: 1. tranchieren, zerstückeln, zerhacken, teilen, schneiden, zerteilen, aufteilen 2. demontieren, abbauen, auseinander legen

zermahlen: malmen, zerstoßen, schroten

zermürben: aufreiben, zerrütten

zerreiben: mörsern, zermahlen

zerreißen: 1. trennen, s. verlieren 2. einreißen, zerfetzen, zerfleddern, zerstückeln, schleißen 3. angreifen, untersagen, beenden

zerren: ziehen, zupfen, reißen

zerrissen: 1. gespalten, zweifelnd 2. zerfetzt, abgerissen, zerlumpt

Zerrissenheit: Zwiespältigkeit, Missklang, Unausgeglichenheit

zerronnen: vertan, vergeben, verloren

zerrüttet: 1. mürbe, zermürbt 2. zerstört, defekt, brüchig 3. fertig, ruiniert, gebrochen

zerschlagen: 1. verbraucht, überanstrengt, mitgenommen, überlastet, durchgedreht, ermattet, entkräftet, schwach, erschöpft, geschafft, abgehetzt, erledigt, angegriffen, aufgerieben, abgeschlafft, angeschlagen, abgespannt 2. zerstören, zertrümmern, zerbrechen, eintreten, einwerfen **s. zerschlagen:** straucheln, misslingen, fehlschlagen, missraten

zerschneiden: entzweischneiden, zerstückeln

zersetzen: 1. hintertreiben 2. auflösen, zerstören **s. zersetzen:** zerfallen, s. auflösen, zerbrechen

zersetzend: umstürzlerisch, zerstörerisch

Zersetzung: 1. Zerfall, Auflösung, Verfall 2. Entmutigung, Untergrabung

zerspringen: entzweigehen, splittern, platzen, zersplittern, zerbrechen

zerstören: 1. beschädigen, zertrümmern, zerstampfen, einschlagen 2. zermalmen, verwüsten, vernichten, verheeren, zusammenschießen, ausradieren

zerstörerisch: umstürzlerisch, zersetzend

Zerstörung: 1. Zersetzung, Korrosion 2. Verheerung, Zerschlagung, Vernichtung, Zertrümmerung

Zerstörungswut: Zerstörungstrieb, Vernichtungswahn, Zerstörungslust

zerstreuen (s.): 1. beheben, aufheben, ausräumen, beseitigen 2. zerwehen, auseinanderstreuen, verteilen 3. zersplittern, auseinandertreiben, auflösen, versprengen, trennen 4. ablenken, aufmuntern, erheitern

zerstreut: 1. fahrig, ruhelos, unruhig 2. vergesslich, zerfahren, nachdenklich, verträumt, gedankenverloren, geistesabwesend, unansprechbar, abwesend, unerreichbar

Zerstreutheit: Zerfahrenheit, Unaufmerksamkeit, Geistesabwesenheit

Zerstreuung: Zeitvertreib, Belustigung, Kurzweil, Unterhaltung

zerstritten: uneins, entzweit, verfeindet

zerstückeln: zerschneiden, zerhacken

zerteilen: tranchieren, aufschneiden, zerschneiden, zerlegen, aufteilen

Zertifikat: Schein, Zeugnis, Beleg, Bescheinigung, Attest, Qualitätsnachweis, Nachweis

zertreten: zerstampfen, zertrampeln

Zerwürfnis: Zusammenstoß, Zwietracht, Zank, Streit, Widerstreit, Streitigkeit, Konflikt, Unfriede, Misshelligkeit, Missverständnis, Unzuträglichkeit, Bruch, Entzweiung, Gegensätzlichkeit, Reiberei

zerzausen: strubbeln, zerraufen

zerzaust: unordentlich, strähnig, struppig, ungekämmt, unfrisiert

Zeuge: Kronzeuge, Tatzeuge, Augenzeuge

Zeugnis: 1. Urkunde, Diplom, Schulzeugnis, Dokument 2. Bescheinigung, Nachweis 3. Indiz

zeugungsfähig: fortpflanzungsfähig, fruchtbar, potent

zeugungsunfähig: impotent, sterilisiert, unfruchtbar

Zeugungsunfähigkeit: Sterilität, Unfruchtbarkeit, Impotenz

Ziegel: 1. Dachpfanne, Dachziegel 2. Ziegelstein, Baustein, Mauerstein, Backstein

ziehen: 1. blasen, wehen 2. herausnehmen, zücken 3. wegziehen, ausziehen, fortgehen 4. zeitigen, wirken, einschlagen 5. wandern, gehen 6. heranziehen, züchten, veredeln, verbessern 7. reißen, dehnen, rütteln, zerren **s. ziehen:** s. erstrecken, s. ausweiten

Ziel: 1. Bestimmungsort, Reiseziel, Zielort 2. Wollen, Wunsch, Vorsatz, Endziel, Absicht, Endzweck, Plan

zielbewusst: 1. unbeirrt, zäh, verbissen, unbeirrbar, hartnäckig, ausdauernd, unentwegt 2. zielstrebig, unbeirrt, zupackend, aktiv, entschlossen, nachdrücklich, tatkräftig

zielen: anfliegen, anvisieren, anschlagen, anpeilen

ziellos: unbesonnen, fahrlässig, unvorsichtig, leichtfertig, unüberlegt, unbedacht, unentschlossen, planlos, impulsiv

zielsicher: zielbewusst, zielstrebig, willensstark, unbeirrt, entschlossen, tatkräftig, nachdrücklich

ziemlich: 1. stattlich, bedeutend, beträchtlich, ansehnlich 2. angemessen, gebührlich

Zierde: Verzierung, Verschnörkelung, Schmuck, Zier, Putz

zieren: verschönern, schönmachen, ausputzen, verschönen, schmücken, behängen, ausgestalten **s. zieren:** s. anstellen, s. spreizen

Ziererei: Geziere, Gespreiztheit, Gehabe

zierlich: 1. zwergenhaft, kurz 2. zerbrechlich, schlank, zart, durchsichtig, grazil, fragil, schmal

Ziffer: Nummer, Zahl

Zigarre: Zurechtweisung, Maßregelung, Strafpredigt, Verweis, Lehre, Standpauke, Lektion

Zimmer: Stube, Bude, Raum

zimperlich: 1. spröde, prüde, altjüngferlich 2. unsicher, ängstlich 3. unleidlich, weichlich, überempfindlich

Zins: 1. Mietzins, Miete 2. Erlös, Gewinn

zirka: schätzungsweise, ungefähr, fast, etwa, beinahe, annähernd

zirkulieren: kreisen, umgehen, kursieren

Zirkus: 1. Aufstand, Theater, Faxen, Rummel 2. Durcheinander, Gehabe, Umstand, Getue

zitieren: 1. nennen, belegen, anführen 2. befehlen, bestellen, laden 3. vorladen

zittern: 1. vibrieren, flattern, erzittern, beben 2. beben, s. ängstigen

zittrig: 1. zag, verschreckt, betroffen, verängstigt, bang, angstbebend, scheu, ängstlich, beklommen, aufgeregt, angstschlotternd, mutlos, angstvoll 2. alt, hinfällig

zivil: 1. preiswert, preisgünstig, angemessen, billig, erschwinglich 2. ordentlich, bürgerlich, solid

Zivilcourage: Unverzagtheit, Unerschrockenheit, Mut, Tapferkeit, Kühnheit, Furchtlosigkeit, Selbstsicherheit

Zofe: Kammerzofe, Kammermädchen

zögern: zagen, zaudern, s. besinnen, verweilen, offen lassen, s. bedenken, warten

zögernd: unschlüssig, unentschieden

Zölibat: Ehelosigkeit, Junggesellenstand

Zorn: 1. Zornröte, Bissigkeit, Wut, Groll, Verärgerung, Gereiztheit 2. Tobsuchtsanfall, Zornesausbruch, Entladung, Anwandlung

zornig: zähneknirschend, wutschnaubend, verärgert, wütend, verdrießlich, böse, erbittert, wutentbrannt, wutschnaubend, furios, misslaunig, ärgerlich, erzürnt, gekränkt, schlecht gelaunt, entrüstet, unerfreulich, missgelaunt, aufgebracht, tobsüchtig, missvergnügt

zu viel: üppig, übergenug

zu: 1. geschützt, sicher 2. pro, je 3. verschlossen, dicht, geschlossen, zugeschlossen, unbetretbar, abgesperrt 4. nach, an, herbei

zubauen: verbauen, anbauen

zubereiten: 1. zurichten, vorbereiten, anrichten, präparieren, bereiten, herrichten 2. verzieren, anrichten

zubereitet: zugerichtet, tischfertig, bereitgemacht, tafelfertig, angerichtet, hergerichtet

zubilligen: stattgeben, zugestehen, gewähren, billigen, beipflichten, erlauben, akzeptieren, anerkennen

zubinden: verschließen, zuschnüren

Zubringer: 1. Lude, Zuhälter 2. Zubringerstraße, Autobahnzubringer 3. Zuträger, Verräter, Hintermann

Zucht: 1. Kinderstube, Erziehung 2. Disziplin, Ordnung 3. Züchtung, Neuzüchtung, Kreuzung, Anzucht

züchten: vermehren, heranzüchten, paaren, aufziehen

Züchter: Viehzüchter, Tierzüchter, Hirt

Zuchthaus: Anstalt, Haftanstalt, Gefängnis

züchtig: 1. unverdorben, unberührt, enthaltsam, unschuldig 2. sittsam, sittlich, anständig

züchtigen: prügeln, schlagen, bestrafen

Züchtigkeit: Sittsamkeit, Anständigkeit

Züchtigung: Körperstrafe, Strafe, Prügelstrafe

zuchtlos: 1. disziplinlos, liederlich, zügellos 2. verworfen, wüst, unkeusch, lasterhaft, unsittlich, liederlich

Zuchtlosigkeit: 1. Unmoral, Unzüchtigkeit, Verruchtheit, Verworfenheit, Sittenlosigkeit, Unsittlichkeit, Lasterhaftigkeit 2. Liederlichkeit, Zügellosigkeit, Disziplinlosigkeit

Züchtung: Anzucht, Zucht, Neuzüchtung

zücken: ziehen, herausziehen

zudecken: 1. verschweigen, verheimlichen, tolerieren 2. verhüllen, verhängen, überdecken, schützen, abdecken

zudrehen: 1. umdrehen, abwenden 2. abdrehen, stoppen, abstellen, ausschalten

s. zudrehen: s. widmen

zudringlich: unverschämt, lästig, widerlich, plump, anmaßend, aufdringlich

Zudringlichkeit: Belästigung, Aufdringlichkeit, Anmaßung

zudrücken: 1. nachgeben, nachsehen 2. erwürgen

zueignen: 1. widmen, geben 2. zudenken, verehren, widmen

Zueignung: Widmung, Übergabe, Schenkung

zuerst: zuallererst, vorderhand, zuvor, anfänglich, voraus

Zufall: Gelegenheit, Zufälligkeit, Glücksfall, Glückssache

zufallen: 1. zufließen, zuströmen 2. zuschnappen, einschnappen, zuschlagen

zufällig: 1. absichtslos, unwillkürlich, unbewusst, unerwartet 2. willkürlich, beliebig

zufliegen: zuschnappen, zuschlagen, zufallen, zuklappen

Zuflucht: Unterschlupf, Versteck, Zufluchtsstätte

zuflüstern: hinterbringen, zubringen, zutragen

zufolge: laut, gemäß

zufrieden gestellt: wunschlos, bescheiden, genügsam, zufrieden, befriedigt, ausgeglichen

zufrieden: 1. voll, satt 2. wunschlos, befriedigt, bescheiden, anspruchslos, zufrieden gestellt 3. freudig, glücklich, überglücklich, beglückt, froh

Zufriedenheit: 1. Wunschlosigkeit, Bescheidenheit, Genügsamkeit, Anspruchslosigkeit 2. Wohlbehagen, Wohlgefühl, Wohlgefallen, Gleichgewicht, Erfüllung, Behagen

zufügen: ergänzen, hinzufügen, hinzusetzen

Zufuhr: Zustellung, Überweisung, Übergabe, Übermittlung, Zuleitung, Anlieferung, Auslieferung

Zug: 1. Bahn, Reisezug 2. Merkmal, Kennzeichen, Eigenschaft, Wesenszug, Besonderheit 3. Ziehen, Flug 4. Umzug, Festzug, Prozession 5. Talent, Veranlagung, Schwäche, Hang, Neigung 6. Abteilung, Kolonne, Truppe

Zugabe: Zutat, Beigabe

Zugang: 1. Zuwachs, Zufluss 2. Anlieferung, Belieferung 3. Eingang, Zutritt, Einfahrt, Pforte, Tür

zugänglich: 1. offen 2. zutraulich, offen, vertrauensselig, offenherzig 3. geweckt, interessiert, geneigt, aufgeschlossen, aufnahmebereit

zugeben: 1. zulassen, erlauben 2. zugestehen, gestehen, erklären, bekennen, aussagen

zugegen: vorhanden, anwesend, hier

zugehen: 1. s. schließen 2. s. nähern

zugehörig: 1. integriert, angeschlossen, dazugehörend 2. eigen, privat

zugeknöpft: verstockt, widerspenstig, unversöhnlich, verschlossen, unaufgeschlossen, unerbittlich, verbohrt, unbequem, unfolgsam, eigensinnig, eisern, hartgesotten, rechthaberisch

zugelassen: genehmigt, gestattet, statthaft, erlaubt

zügellos: 1. zwanglos, ungehemmt, frei, enthemmt 2. wild, ungezügelt, unkontrolliert, gierig, leidenschaftlich, ausschweifend, schrankenlos, triebhaft

zügeln: zurückhalten, mäßigen, bremsen

s. zügeln: s. überwinden, s. bezwingen, s. bezähmen, s. besiegen, s. mäßigen, s. bändigen, s. beherrschen

Zügelung: Selbstbeherrschung, Mäßigung, Bändigung

zugereist: eingewandert, zugezogen, zugewandert

Zugeständnis: Kompromiss, Konzession

zugestehen: gewähren, zubilligen, gestatten, erlauben, einräumen

zugetan: zuvorkommend, nett, wohlmeinend, großzügig, liebenswürdig, höflich, anständig, entgegenkommend, gutgesinnt

Zugfahrzeug: Fahrzeug, Zugwagen, Lastkraftwagen

zugig: böig, luftig, windig, auffrischend

zügig: ununterbrochen, schnell, flott, geschwind, flink, eilig

Zugkraft: Anziehungskraft, Attraktivität, Reiz

zugkräftig: wirkungsvoll, reißerisch, schlagkräftig, werbewirksam, attraktiv, erfolgreich, anziehend

zugleich: 1. zusammen 2. ebenso, auch

Zugnummer: Zugstück, Schlager, Galanummer, Knüller, Glanznummer

zugreifen: 1. verhaften, schnappen 2. zufassen, zulangen, helfen, anfassen 3. s. nehmen, s. bedienen

zugunsten: für, zuliebe

zuhören: lauschen, hinhören, s. anhören

Zuhörer: Teilnehmer, Zuhörerschaft, Besucher, Publikum

zuklappen: zuwerfen, zuschmettern, schließen

Zukunft: 1. Nachkommen, Nachwelt 2. Möglichkeit, Hoffnung, Aussicht

zukünftig: nächstens, nahe, bald

Zukunftsglauben: Zuversichtlichkeit, Fortschrittsglaube, Hoffnung

zukunftsgläubig: zuversichtlich, lebensbejahend, hoffungsfroh

Zulage: Zuwendung, Gratifikation, Prämie, Zuschlag

zulangen: 1. s. nehmen, zusprechen, bedienen 2. anfassen, zufassen, zugreifen

zulassen: 1. beglaubigen, legalisieren 2. dulden, anerkennen, zugeben 3. gestatten, freigeben, erlauben

zulässig: statthaft, zugestanden, gestattet, legal, berechtigt, freigegeben, gesetzlich, erlaubt, statthaft, genehmigt, bewilligt

Zulassung: 1. Beglaubigung 2. Gestattung, Erlaubnis 3. Anerkennung, Genehmigung, Duldung

Zulauf: 1. Nachfrage, Andrang 2. Zufluss, Zuwachs, Zugang

zulaufen: 1. s. einfinden, s. anschließen 2. einströmen, zuströmen

zulegen: 1. verstärken, steigern, angeben 2. hinzufügen, beigeben **s. zulegen:** s. aneignen, s. beschaffen

zuletzt: letztlich, eigentlich, schließlich

zumachen: zuriegeln, zuschlagen, verschließen, schließen

zumessen: zuweisen, zuteilen, dosieren

Zumessung: Dosierung, Zuteilung

zumindest: mindestens

zumutbar: 1. möglich, ausführbar 2. bezahlbar, normal

zumuten: verlangen, fordern, abverlangen, aufbürden

Zumutung: Unverfrorenheit, Ansinnen, Unverschämtheit

zunächst: 1. zuerst, vorab, vorerst 2. inzwischen, einstweilen

zunähen: zumachen, schließen

Zunahme: Wachstum, Steigerung, Zuwachs, Verdichtung, Zugang, Verbesserung, Vermehrung, Anstieg

zünden: anbrennen, entfachen, entzünden

zunehmen: 1. s. vergrößern, s. vermehren, s. ausweiten, s. verdichten, s. erhöhen, s. steigern, s. erweitern, anschwellen, anwachsen, s. ausdehnen 2. s. verschlimmern, s. verschlechtern

Zuneigung: 1. Wohlwollen, Aufgeschlossenheit, Aufmerksamkeit 2. Zuwendung, Wohlwollen, Gunst 3. Vorliebe, Hang, Interesse, Neigung 4. Liebe, Hinneigung, Hingabe

zünftig: 1. zunftgemäß, fachmännisch 2. tüchtig, gehörig, schön

zuordnen: 1. zugesellen, beiordnen, beifügen 2. einordnen, einsortieren

zupacken: packen, zufassen, fassen, anpacken, greifen

zuraten: 1. umstimmen, veranlassen, einreden, bereden, aufmuntern, beeinflussen, auffordern, ermutigen 2. raten, nahe legen, zureden

zurechnungsfähig: klar, bewusst, urteilsfähig, normal

zurechtbiegen: 1. biegen, umbiegen, falten, brechen, knicken 2. wiedergutmachen, einrenken, beilegen

zurechtkommen: 1. kooperieren, auskommen, zusammenarbeiten 2. s. zurechtfinden, s. durchfinden

zurechtlegen: ordnen, zurechtstellen

zurechtmachen: 1. schminken, anmalen 2. zurechtstellen, zurechtlegen, zurechtrücken 3. vorbereiten, bereiten **s. zurechtmachen:** s. fein machen, s. schön machen, s. herausputzen

zurechtrücken: 1. zurechtlegen, zurechtstellen, gerade rücken, wegräumen 2. richtigstellen, geraderücken

zurechtweisen: s. vornehmen, ausschimpfen, tadeln, schelten

Zurechtweisung: Maßregelung, Tadel, Abfuhr, Strafpredigt, Abfertigung

zureden: 1. zuraten, nahelegen, einschärfen, raten 2. umstimmen, veranlassen, bekehren, bearbeiten, überreden

zureichend: hinlänglich, zufrieden stellend, ausreichend

zürnen: übel nehmen, verübeln, s. ärgern, verärgern

zurück: 1. heimwärts, heim 2. unreif, unterentwickelt, zurückgeblieben 3. rückwärts, rückläufig

zurückbegeben (s.): heimfahren, zurückfahren, zurücklaufen, heimgehen

zurückbehalten: aufheben, verwahren, speichern, aufbewahren

zurückberufen: zurückziehen, abberufen, pensionieren, stürzen, entlassen

zurückbleiben: 1. übrig bleiben 2. hinterherhinken, zurückfallen, abfallen, nachlassen

zurückblicken: 1. s. wieder erinnern, s. zurückrufen 2. s. umsehen, s. umwenden, s. umblicken

zurückblickend: zurückschauend, rückblickend

zurückbringen: zurückgeben, wiederbringen

zurückdrängen: 1. abhalten, zurückstoßen 2. verdrängen, unterdrücken

zurückerhalten: wiedererhalten, herausbekommen, zurückbekommen, wiederbekommen

zurückerinnern (s.): s. erinnern, s. besinnen, zurückdenken, wieder einfallen

zurückerobern: bergen, retten

zurückerstatten: bezahlen, zurückgeben, begleichen

zurückfahren: zurückschrecken, zusammenfahren, zurückweichen

zurückfallen: nachlassen, abfallen, zurückbleiben, hintanbleiben

zurückfinden: zurückkommen, zurückkehren, heimfinden

zurückgeben: 1. zurücksenden, zurückbringen, wiederbringen, zurückschicken 2. reagieren, antworten 3. begleichen, zurückzahlen

zurückgeblieben: unterentwickelt, unentwickelt, unreif

zurückgehen: 1. nachlassen, abbröckeln 2. s. zurückbilden, verkümmern 3. zurücklaufen, s. heimbegeben, heimkehren, umkehren

zurückgezogen: vereinsamt, einsam, abgeschieden, weltabgewandt, abgesondert, allein, isoliert, einzeln

zurückhalten: 1. dabehalten, hierbehalten 2. einbehalten, festhalten 3. verdrängen, unterdrücken 4. hemmen, aufhalten, abhalten, bremsen

zurückhaltend: 1. prüfend, wachsam 2. wachsam, bedacht, besonnen, vorsichtig 3. verschwiegen, mundfaul, wortkarg, verschlossen, karg, schweigsam 4. abweisend, ungesellig, unzugänglich 5. bescheiden, anspruchslos, schlicht, einfach, zufrieden 6. kühl, undurchschaubar, verschlossen, frostig 7. sicher, still, geruhsam, gleichmütig, gefasst, ruhevoll, abgeklärt, beherrscht, bedacht, gemessen 8. verschlossen, zugeknöpft, kühl, abweisend, unnahbar, schweigsam, unzugänglich, unterkühlt 9. taktvoll, bescheiden, unauffällig, vornehm, höflich, schlicht

Zurückhaltung: 1. Unempfindlichkeit, Gelassenheit, Selbstbeherrschung, Gleichmut, Gefasstheit, Ruhe, Fassung, Ausgeglichenheit 2. Wortkargheit, Einsilbigkeit, Reserve, Zaghaftigkeit 3. Verschlossenheit, Unzulänglichkeit, Wortkargkeit, Distanz, Schweigsamkeit, Einsilbigkeit, Unnahbarkeit

zurückholen: holen, bremsen, zurückrufen

zurückkehren: zurückreisen, wiederkehren, zurückgehen, heimkommen, zurückfinden, heimfinden, zurückfliegen

zurücklassen: 1. vererben, vermachen 2. überholen, vorbeifahren 3. hinterlassen, stehen lassen, nachlassen

zurücklegen: 1. schaffen 2. reservieren

zurückliegend: vorbei, einst, vergangen

zurückmarschieren: s. zurückziehen, abziehen

Zurücknahme: Zurückziehung, Rückzug, Absage, Gegenerklärung

zurücknehmen: zurückziehen, aufheben, ableugnen, widerrufen

zurückreisen: umkehren, zurückfliegen, heimkehren

zurückrufen: 1. zurückholen, zurückpfeifen 2. abberufen, zurückholen

zurückschauen: 1. s. erinnern, s. zurückerinnern, s. besinnen, wieder einfallen 2. zurücksehen, s. umschauen, s. umsehen, s. umblicken

zurückschlagen: bewältigen, zurückweisen, abwenden, abschlagen

zurückschrecken: 1. zurückschaudern, zurückprallen, zurückbeben, zurückfahren 2. zurückscheuen, durchgehen

zurücksetzen: vernachlässigen, übergehen, zurückstellen, beeinträchtigen

zurückstecken: 1. s. unterordnen, s. unterwerfen, s. fügen, s. beugen, nachgeben 2. s. einschränken, s. begnügen

zurückstehen: s. versagen, entsagen, bleiben lassen, s. enthalten, absagen, abgeben, s. trennen

zurückstellen: 1. hintenansetzen, hintenanstellen 2. zurücklegen, reservieren 3. vernachlässigen, übergehen, benachteiligen 4. verschieben, aufschieben

zurücktreten: 1. gehen, kündigen 2. aufgeben, aufhören

zurückversetzen: zurückstufen, rückversetzen

zurückweichen: 1. nachgeben, s. beugen, s. fügen 2. weichen

zurückweisen: 1. ablehnen, verneinen 2. zurückschlagen, abschlagen, abwehren

Zurückweisung: Versagung, Verneinung, Weigerung, Abweisung, Ablehnung, Absage

zurückwerfen: 1. benachteiligen, aufhalten, zurückschlagen, hemmen 2. widerspiegeln, zurückstrahlen, wiedergeben **s. zurückwerfen:** weichen, zurückgehen

zurückzahlen: wiedererstatten, wiedergeben, zurückgeben, begleichen, ausgleichen

zurückziehen: 1. abberufen, zurückholen, zurückbeordern 2. abstreiten, widerrufen **s. zurückziehen:** 1. aufgeben, zurückmarschieren 2. s. fügen, nachgeben, s. beugen, s. unterordnen 3. aussteigen, aufhören 4. s. isolieren, s. abkapseln

Zusage: 1. Versprechen, Schwur, Versicherung, Ehrenwort, Beteuerung 2. Zustimmung, Erlaubnis, Einwilligung, Einverständnis 3. Berechtigung, Bevollmächtigung, Vollmacht

zusagen: 1. passen, entsprechen 2. wirken, ansprechen, behagen 3. versprechen, s. verbürgen, geloben, s. verpflichten, beschwören, beeiden

zusammen: 1. vollends, insgesamt 2. gleichzeitig, zugleich 3. nebeneinander, beisammen, beieinander 4. miteinander, vereinigt, gemeinsam, geschlossen

Zusammenarbeit: Teamwork, Gemeinschaftsarbeit

zusammenballen: 1. s. aufspeichern, s. stapeln, s. anstauen, s. anhäufen, s. stauen, s. aufstauen 2. s. nähern, aufziehen, s. zusammenziehen, s. ankündigen, s. entwickeln, drohen

zusammenbauen: installieren

zusammenbrauen: mischen, kochen **s. zusammenbrauen:** s. zusammenziehen, drohen, aufziehen

zusammenbrechen: 1. zusammenklappen 2. missglücken, verfehlen, scheitern 3. zusammenstürzen, zusammenfallen, einfallen

zusammenbringen: sammeln, zusammentragen

Zusammenbruch: 1. Einbruch, Zusammensturz 2. Pech, Bankrott, Niederlage, Misslingen, Enttäuschung, Misserfolg, Ruin

zusammendrängen: zusammenzwängen, zusammenquetschen, zusammenschieben, zusammendrücken

zusammenfahren: 1. zusammenstoßen, aufeinander stoßen, zusammenprallen, gegeneinander prallen 2. zusammenzucken, erschrecken

zusammenfallen: 1. s. kreuzen, s. schneiden, zusammenlaufen, s. überschneiden 2. abnehmen, abmagern 3. s. treffen, s. gleichen, s. entsprechen, übereinstimmen, harmonieren, stimmen 4. s. zusammenziehen, verkümmern, einfallen, schrumpfen, s. verkleinern 5. zusammenstürzen, einfallen, zusammenbrechen

zusammenfassen: resümieren, zusammenziehen

Zusammenfassung: Zusammenschau, Resümee, Übersicht, Überblick, Zusammenziehung, das Zusammengefasste

zusammenfinden (s.): s. sammeln, s. treffen, zusammenkommen

zusammenfügen: zusammensetzen, verzahnen, vereinigen, verketten, aneinander fügen

Zusammengehörigkeit: Zusammengehörigkeitsgefühl, Einheit, Verbundenheit, Geschlossenheit, Solidarität, Gemeinschaftsgeist

zusammengesetzt: gemischt, mehrteilig

Zusammenhalt: 1. Zusammengehörigkeitsgefühl, Klassengeist 2. Kameradschaftsgeist, Übereinstimmung, Verbundenheit, Gemeinsamkeit, Gemeinsinn

zusammenhalten: 1. danebenhalten, nebeneinanderhalten, aneinanderhalten 2. s. zusammentun, s. verbünden, s. verbrüdern, s. helfen, zusammengehören

Zusammenhang: Verbindung, Beziehung, Bezug

zusammenhängen: zusammenkoppeln, aneinanderkoppeln, zusammenkuppeln, aneinanderhängen

zusammenhängend: 1. geschlossen, verbunden, einheitlich 2. fortlaufend

zusammenhanglos: 1. unverständlich, undeutlich 2. stockend, unzusammenhängend

zusammenkommen: s. sammeln, s. zusammensetzen, s. wiedersehen, s. zusammenfinden, s. treffen

Zusammenkunft: Gesellschaft, Begegnung, Versammlung, Zusammentreffen, Treff

zusammenlaufen: 1. zusammenströmen, s. versammeln, s. vereinigen, s. treffen, s. sammeln 2. einmünden, s. treffen

zusammenlaufen: 1. s. überschneiden, s. überkreuzen 2. gerinnen 3. zusammenströmen, zusammenfließen

zusammennehmen: zusammenlesen, zusammenraffen, aufsammeln, aufheben

s. zusammennehmen: 1. s. konzentrieren, s. sammeln 2. s. anstrengen, s. aufraffen 3. s. beherrschen, s. zügeln, s. mäßigen

Zusammenprall: Zusammenstoß, Kollision, Aufprall, Karambolage

zusammenprallen: gegeneinanderprallen, zusammenstoßen, kollidieren, aufeinander prallen, aufeinanderstoßen

zusammenreißen: 1. s. mäßigen, s. beherrschen, s. zurückhalten 2. s. aufraffen, s. anstrengen

zusammenrotten (s.): zusammentreffen, s. versammeln, s. ansammeln, s. treffen, zusammenrufen

Zusammenschau: Übersicht, Zusammenfassung, Überblick

zusammenschlagen: 1. zertrümmern, zerschlagen 2. niederschlagen, verprügeln

zusammenschließen (s.): s. zusammentun, s. sammeln, s. verbünden, s. vereinen, s. organisieren, s. verbinden

Zusammenschluss: Vereinigung, Bündnis, Schutz-und-Trutz-Bündnis, Verbindung, Bund

zusammenschrumpfen: s. reduzieren, schrumpfen

zusammensetzen: bauen, anordnen

Zusammensetzung: Struktur, Gruppierung, Durchgliederung, Rangordnung, Aufbau, Anordnung, Gliederung, Einteilung, Fächerung

zusammenstellen: 1. einrichten, gestalten, aufbauen 2. nebeneinander halten, vergleichen, nebeneinander stellen 3. sortieren, ausrichten, s. formieren, ordnen

Zusammenstellung: Komposition, Gruppierung, Anordnung, Aufstellung, Auswahl

Zusammenstoß: Aufprall, Zusammenprall, Karambolage, Aufschlag, Anprall, Auffahrunfall

zusammenstoßen: zusammenprallen, zusammenfahren, karambolieren, rammen, aufeinander stoßen, auffahren, anfahren

Zusammensturz: Einbruch, Zusammenbruch

zusammenstürzen: einbrechen, zusammenfallen, zusammenbrechen

zusammentreffen: 1. s. berühren, zusammenstoßen 2. s. versammeln, zusammenkommen

zusammentreten: s. sammeln, s. versammeln, s. zusammenfinden

zusammenzählen: hinzufügen, addieren, zusammenrechnen

zusammenziehen: 1. addieren, zusammenzählen 2. versammeln, zusammenfassen

s. zusammenziehen: s. bewölken, s. beziehen

zusätzlich: weiter, sonst, außerdem, überdies

zuschauen: zugucken, zusehen, beobachten

Zuschauer: Anwesende, Teilnehmer, Umstehende, Besucher, Publikum, Neugierige, Beobachter, Augenzeugen

Zuschlag: Erhöhung, Aufpreis, Mehrpreis, Aufschlag

zuschlagen: 1. zuwerfen, zustoßen, zuschleudern 2. eingreifen, handeln

zuschließen: zusperren, verriegeln, abschließen, verschließen

zuschnüren: zubinden, verschließen

Zuschuss: Zuwendung, Unterstützung, Zuschlag, Fördermittel, Beihilfe

zusehen: 1. zuschauen, beobachten 2. s. gedulden, zögern, zuwarten

zusehends: spürbar, merkbar, fühlbar

zusenden: zuleiten, überweisen, senden, absenden, versenden, übersenden, schicken, übermitteln

Zusendung: Zustellung, Zulieferung, Lieferung, Fracht, Warensendung, Ladung

zusetzen: 1. beifügen, einrühren, beimischen 2. bestürmen, bedrängen

zusichern: s. verpflichten, s. verbürgen, beschwören, versprechen

Zusicherung: Beteuerung, Zusage, Versprechen, Gelöbnis, Versprechung

zuspielen: bedienen, abgeben, abspielen

zuspitzen: spitzen, schärfen

s. zuspitzen: 1. s. verjüngen 2. verschlimmern, verschärfen

Zusprache: Beruhigung, Trost, Aufrichtung, Zuspruch

zusprechen: trösten, beruhigen, aufrichten

Zuspruch: 1. Tröstung, Beruhigung, Zusprache, Aufheiterung 2. Echo, Anklang, Resonanz

zuständig: 1. ausschlaggebend, maßgeblich 2. befugt, berechtigt, ermächtigt

zustellen: überreichen, zubringen, liefern, beliefern, austragen, ausliefern, anliefern, bringen

Zusteller: Postbote, Bote, Paketzusteller, Telegrammbote, Briefträger

Zustellung: Zusendung, Überweisung, Überbringung, Übermittlung, Weiterleitung, Ablieferung, Lieferung, Aushändigung, Belieferung, Anlieferung

zustimmen: 1. unterstützen, ermutigen, helfen 2. gutheißen, genehmigen, zusagen, gewähren, billigen, einwilligen

zustimmend: würdigend, lobend, anerkennend, bekräftigend, positiv

Zustimmung: Billigung, Genehmigung, Jawort, Einwilligung, Einverständnis, Bejahung, Anerkennung

zustoßen: 1. zuwerfen, zuschlagen 2. geschehen, widerfahren, unterlaufen, hereinbrechen, begegnen

Zustrom: 1. Zulauf, Andrang 2. Zuwachs, Zufluss, Zugang

Zutat: Zusatz, Zugabe, Beigabe, Beiwerk

zuteilen: zuweisen, zumessen, zuerteilen, verteilen, dosieren

Zuteilung: Zuweisung, Dosis, Zumessung, Dosierung

zutiefst: überaus, höchst, außerordentlich

zutragen: weitertragen, unterrichten, s. unterhalten, vortragen, sprechen, kundtun, erklären, sagen, mitteilen, aufklären, bekannt geben, ausrichten, äußern **s. zutragen:** s. ereignen, eintreffen, eintreten, passieren

Zuträger: Zwischenträger, Verleumder, Hintermann, Spitzel, Zubringer

zuträglich: 1. verdaulich, gesund, bekömmlich 2. günstig, vorteilhaft, gut

Zutrauen: Hoffnung, Zuversicht, Glaube

zutraulich: 1. anschmiegsam, vertrauensvoll 2. gebändigt, zahm

zutreffen: s. bestätigen, s. bewahrheiten

zutreffend: gegeben, entsprechend, richtig, günstig, angemessen, geeignet

Zutritt: Eingang, Eintritt

zuverlässig: 1. wahrhaftig, offen, gerade, aufrichtig, ehrlich 2. unfehlbar, verbürgt, sicher, gesichert, echt, fest

Zuverlässigkeit: Wahrhaftigkeit, Ehrlichkeit, Sicherheit, Aufrichtigkeit

Zuversicht: Zutrauen, Aussicht, Lichtblick, Erwartung, Hoffnung

zuversichtlich: zukunftsträchtig, viel versprechend, optimistisch, verheißungsvoll, aussichtsreich, lebensbejahend, getrost, hoffnungsvoll, Erfolg versprechend

zuvor: 1. zuerst, vorab, voraus 2. davor

zuvorkommend: wohlwollend, liebenswürdig, verbindlich, wohlmeinend, gefällig, leutselig, aufmerksam, entgegenkommend, hilfsbereit, höflich, bereitwillig

Zuwachs: 1. Nachkomme, Neugeborene 2. Zunahme, Vermehrung, Verbesserung, Zugang, Steigerung, Verdichtung, Wachstum, Anstieg 3. Zugang, Zufluss

zuweilen: zuzeiten, stellenweise, vereinzelt, streckenweise, sporadisch, zeitweise, manchmal, bisweilen

zuweisen: 1. überweisen, einzahlen 2. zuteilen, zuerteilen, verteilen, zumessen

Zuweisung: Zuteilung, Verteilung

zuwenden: s. hindrehen, s. zukehren, s. hinwenden **s. zuwenden:** s. hinwenden, s. zudrehen

Zuwendung: 1. Zuschuss, Beihilfe, Unterstützung 2. Geschenk, Stiftung

zuwiderhandeln: übertreten, sündigen, abweichen

Zuwiderhandlung: Verstoß, Übertretung, Straftat

zuziehen: 1. hinzuziehen, befragen, herbeiziehen, heranziehen, einsetzen 2. zuwandern, einwandern, s. ansiedeln

zuzüglich: hinzukommend, plus

Zwang: 1. Sklaverei, Unfreiheit, Einengung, Muss, Nötigung, Kette, Gewalt, Drohung 2. Unerlässlichkeit, Erfordernis, Pflicht 3. Zwangsvorstellung, Hemmung

zwanglos: 1. ungehemmt, ungeniert, unzeremoniell, salopp, lässig, offen, leger, frei, gelöst, formlos 2. entspannt, ruhig, gelockert

Zwanglosigkeit: Ungeniertheit, Ungezwungenheit, Unbefangenheit, Lässigkeit, Gelöstheit

Zwangslage: Zwangsjacke, Schwierigkeit, Notfall, Notlage, Verlegenheit

zwangsläufig: 1. gezwungenermaßen, notgedrungen 2. unumgänglich, vonnöten, erforderlich, nötig, notwendig, unentbehrlich

Zwangsmaßnahme: Zwang, Nötigung, Gewaltmaßnahme, Druck

zwangsweise: unwillkürlich, gezwungenerweise, notgedrungen, unfreiwillig

zwar: zugegeben, natürlich, wohl, allerdings, gewiss

Zweck: Ziel, Absicht, Sinn

zwecklos: wirkungslos, sinnlos, vergeblich, nutzlos, fruchtlos, unbrauchbar, aussichtslos, umsonst, vergebens

zweckmäßig: tauglich, verwertbar, zweckdienlich, sinnvoll, richtig, geeignet, passend, praktisch, brauchbar

zweideutig: 1. obszön, zotig, frivol, verworfen, verdorben, unzüchtig, ruchlos, unsittlich, unschicklich, ungebührlich, sittenlos, unanständig, unkeusch, lasterhaft, schlecht 2. rätselhaft, schillernd, vieldeutig, doppeldeutig

Zweideutigkeit: 1. Unanständigkeit, Unsittlichkeit, Frivolität, Schlüpfrigkeit 2. Vieldeutigkeit, Doppelsinn, Doppelbödigkeit, Mehrdeutigkeit

Zweifel: 1. Vorbehalt, Verdacht, Misstrauen, Ungläubigkeit, Argwohn 2. Skrupel, Zerrissenheit, Zögern, Unsicherheit, Unentschiedenheit

zweifelhaft: ungewiss, unglaubwürdig, unbewiesen, unglaubhaft, ungeklärt, fraglich, unbestimmt, umstritten, fragwürdig, bedenklich, strittig

zweifellos: 1. zweifelsfrei, unzweifelhaft, fraglos 2. eindeutig, unanfechtbar, gewiss, unbestreitbar

zweifeln: wanken, anzweifeln, schwanken, infrage stellen

zweifelsfrei: wahrlich, zutreffend, verbürgt, unbestritten, wahr, stichhaltig, tatsächlich, sicher, erwiesen, fürwahr, treffend, echt, gewiss, fehlerfrei, bewiesen

zweifelsohne: unstreitig, sicherlich, bestimmt, natürlich, schon, selbstverständlich, freilich

zweischneidig: 1. unsicher, zweifelhaft 2. kritisch, dunkel, heikel, fragwürdig, problematisch, knifflig, differenziert, prekär

zweitrangig: unwichtig, unerheblich, nichts sagend, unbedeutend, nebensächlich

Zweitschrift: Abschrift, Durchschlag, Kopie, Duplikat

Zwerg: Wicht, Liliputaner, Kobold, Gnom, Däumling

zwergenhaft: gnomenhaft, pygmäenhaft, winzig

zwielichtig: zweifelhaft, bedenklich, verdächtig, übel beleumdet, undurchsichtig, fragwürdig, anrüchig

Zwiespalt: 1. Schwierigkeit, Engpass, Ratlosigkeit, Konflikt 2. Zwiespältigkeit, Zerrissenheit, Zweifel, Skrupel, Bedenken, Unsicherheit, Unentschiedenheit

zwiespältig: zweifelnd, widerstreitend, unentschieden, gespalten, uneins, widerstrebend

Zwietracht: Zwistigkeit, Feindschaft, Streitigkeit, Zwiespalt, Streitfrage, Streit, Spannung, Fehde, Meinungsverschiedenheit

zwingen: 1. bewältigen, schaffen 2. vergewaltigen, nötigen, bedrohen 3. überwältigen, besiegen, schlagen 4. schaffen, aufessen

zwingend: 1. unvermeidbar, erforderlich, nötig, unumgänglich 2. schlagend, überzeugend, einleuchtend

zwischen: zwischenhindurch, dazwischen, mitten, innerhalb, unter

Zwischenfall: Vorkommnis, Zwischenspiel, Wirbel, Ereignis, Erlebnis, Begebenheit, Besonderheit, Vorfall, Geschehnis, Sensation, Einmaligkeit

Zwist: Zwietracht, Zwistigkeit, Konflikt, Streitigkeit, Auseinandersetzung

zynisch: schnippisch, kalt, sarkastisch, bissig, spöttisch, wegwerfend, ironisch

Zynismus: Hohn, Sarkasmus, Stichelei, Anzüglichkeit, Ironie